D
ream
Pass

블루
행정학

머리말

1. 들어가는 말

최근에 치러진 공무원, 군무원 행정학 기출문제들을 각 단원별로 정리하면서 발견했던 공통점은 대부분의 출제문항들이 이전 시험에서 자주 출제되었던 단답형 문항들이 사라지고 문제의 지문이 서술형, 박스형으로 출제형태가 바뀌었다는 것과 행정학 시험문제의 깊이와 폭이 더욱 심화·확대되었다는 점이다. 이런 추세는 앞으로도 더욱 강화될 것이며, 수험생들이 시험에서 체감하는 난이도는 더욱 높아질 거라 생각된다.

그동안 내 강의를 수강하는 많은 학생들과 상담하면서 공통적으로 듣게 되는 고충들은, 행정학은 공부하면 할수록 더욱 어렵고 정리하기가 힘들다는 이야기를 많이 하는데, 그 이유는 아마 행정학을 대부분의 학생들이 단순하게 암기과목으로 생각하고 강의내용과 기본서를 요점정리해서 달달 외우면 해결되겠지 하는 방법으로 접근하다보니 실제 시험문제에서 지문의 표현들이 약간만 변형되어 출제되어도 어렵게 느껴지고 당황하게 된다. 오랫동안 행정학을 공부하고 강의해온 필자의 입장에서 생각해보면 행정학은 처음부터 끝까지 핵심개념과 이해를 중심으로 공부해나가야 하는 과목이라는 것이다.

2. 행정학 학습전략

이 부분에서 공무원시험을 목적으로 하는 여러분들이 행정학의 학습방향을 아래와 같이 제시된 몇 가지 방법에 따라 공부한다면, 행정학 시험에서 합격권이라 할 수 있는 고득점확보에 보다 효과적이지 않을까 생각된다.

첫째 전체를 보고 체계적인 학습을 하자

기본서의 정리된 제목에 맞춰 전체적인 흐름과 논리를 이해하고 파악하여야 한다. 행정학은 종합적인 학문이지만 그 나름의 체계를 바탕으로 구성되어 있기 때문에, 각 단원별로 기본적인 논리와 체계를 파악하고 흐름을 이해한 이후 세부적인 내용들은 기본개념과 의의를 명확히 하여 정리한다.

둘째 이해중심의 학습과 기출문제를 통해 확인하자

여러분들이 공부한 내용들을 제대로 이해했는지 기출문제를 풀어봄으로서 확인한다. 최근의 기출문제들은 앞서 공부한 내용들이 어떤 패턴으로 출제되고, 내가 무엇을 정확히 모르고 간과했는지 되돌아보는 중요한 자료가 될 것이며, 또한 기출문제는 내용이 조금씩 다르지만 비슷하게 반복되어 출제되기 때문에 반드시 확인하고 정리해 두어야 한다. 이러한 과정은 행정학 내용에 대한 이해의 폭을 넓히고 문제에 대한 적응력을 높여 갈 수 있다.

셋째 기본서 중심의 반복 학습이 필요하다

행정학은 비정형적인 사회과학에 해당하는 학문이다. 수학공식이나 과학공식처럼 요점정리노트를 만들어 암기하는 방식은 지양하고(물론 각 개념의 이해를 돕는 사례를 정리해두어야 한다), 기본서를 반복하여 공부하고 내용을 꾸준히 읽어가면서 새로이 추가된 사항이나 법 개정 부분들은 기본서에 첨삭하여 정리한다면 시험준비에 부족함이 없으리라 생각합니다.

넷째 나는 합격 할 수 있다는 자신감이 가장 중요하다

마지막으로 여러분들에게 무엇보다 중요한 것은 "나는 합격 할 수 있다는 자신감이다" 1~2년 긴 수험기간동안 슬럼프 없이 꾸준히 공부할 수 있도록 자기 자신의 체력관리와 자기 확신이 있다면 여러분의 목표는 꼭 이루어 질것입니다.

본서가 출간되기까지 많은 도움을 주셨던 듀오북스의 이승환 대표님, 서울 군무원학원의 이복동 원장님과 김철윤 부원장님께 지면을 통해 감사드리며, 앞으로도 본서의 부족한 부분과 법 개정 부분들은 계속적으로 보완해 갈 것을 약속드립니다. 끝으로 오랜 시간 변함없이 나의 곁을 지켜주었던 이현자씨, 그리고 힘든 앞날을 헤쳐 나갈 지현이와 지수에게 꿈과 희망을...

편저자 김 헌

Contents

Contents

Contents

Contents

출제율 15~20%

이 단원은 행정의 기능과 역할이 근대이후 오늘날에 이르기 까지 변화된 과정을 거시적 관점에서 이해하고, 이 과정에서 등장하는 행정학의 주요이론과 접근방법에 대한 기본개념과 특징을 설명한다.

또한 이 단원은 여러분 들이 앞으로 공부할 행정학 전 과정의 이론적 토대가 되는 부분이므로 암기보다는 이해를 바탕으로 전 과정의 흐름을 잘 파악하는게 중요하다.

1장은 행정의 개념과 특징을, 2장은 행정의 역할에 대한 변화과정을, 3장은 행정학의 주요이론과 접근방법에 대하여, 4장은 행정이 추구하는 이념과 가치에 대하여 설명한다.

제 **01** 편

행정학의 기초이론

제01장 행정의 본질

제01절 | 행정의 의의

1. 행정의 개념

행정의 개념은 행정의 성격과 그 범위가 불분명하고 다른 인접학문과의 연관성으로 인하여 그 한계를 설정하고 보편적으로 정의하기가 곤란하다 하겠다. 그러나 일반적으로 행정개념은 행정의 적용범위에 따라 다음 3가지로 정리할 수 있다.

(1) 일반적·광의의 개념

행정이란 '조직의 목적달성을 위한 협동적 노력'으로 정의한다. 이것은 조직 관리에 초점을 둔 행정개념으로, 이런 의미의 행정은 공·사 부문의 구별 없이 모든 형태의 조직에 적용될 수 있는 개념이다. 따라서 광의의 행정은 공공단체, 기업체, 민간단체 등 모든 조직 활동에 존재한다.

(2) 협의의 개념

행정이란 '정부 관료제를 중심으로 이루어지는 활동'으로 정의한다. 광의의 개념 중에서 행정부 중심의 행정에 초점을 두는 개념이다. 정부 관료제의 활동에는 정책결정과 집행 및 관리기능이 있다.

(3) 현대적 의미의 행정개념

최근에 강조되는 행정개념으로 '거버넌스(Governance)로서의 행정'이 있다. 거버넌스로서의 행정이란, '공공문제해결을 위한 정부−시장−시민사회로 구성된 연결망(Network)을 통한 집합적 노력'이라 할 수 있다. 거버넌스 개념에서는 공공부문과 민간부문의 업무가 명백히 구분된다고 보지 않고, 양자는 공공문제에 대한 공공성 개념을 통해 네트워크를 구성하여 활동한다는 사실에 착안하고 있다.

이러한 논의를 바탕으로 행정개념을 정의하면 "행정이란 공익목적을 달성하기 위한 공공문제의 해결 및 공공서비스의 생산·분배와 관련된 정부의 제반활동과 상호작용"을 의미한다고 할 수 있다.

2. 행정법학적 행정개념

1. 소극설(삼권분립공제설)

삼권분립공제설은 국가작용 중에서 입법과 사법을 제외한 나머지 작용을 행정이라고 보는 입장이다. 행정이라고 불리워지는 현상이 복잡·다양하므로 그의 적극적 개념규정을 단념하고 근대국가에 있어서 삼권분립의 헌법체계를 전제로 하여 사법도 입법도 아닌 나머지의 모든 국가 활동을 행정이라고 보는 견해이다. 소극설은 공제설이라고도 한다. Hatschek, W. Jellinek가 이러한 입장에 있다.

2. 적극설(국가목적실현설)

(1) 목적실현설

Otto Mayer는 행정은 국가가 법질서아래서 국가목적을 실현하기 위하여 행하는 작용이라고 하였다. 국가목적실현설은 국가가 법질서아래서 국가목적을 직접적·구체적으로 실현하기 위하여 행하는 작용을 행정이라고 본다.

(2) 양태설

양태설은 행정은 법아래서 법의 규제를 받으면서 현실적, 구체적으로 국가목적의 실현을 위하여 행하여지는 국가 활동이라고 보는 입장이다. 양태설은 결과실현설이라고도 한다. Forsthoff, F.Fleiner, H.Peters 등이 이 입장을 지지하고 있다.

3. 법함수설

법함수설은 행정을 일반적 법규범을 개별화하는 법적 작용으로 파악하려는 입장이다. 비엔나학파의 규범주의적 방법론과 법단계설을 전제로 해서만 성립할 수 있는 것이다.

4. 행정과정설

행정과정설은 미국의 행정법학계에서 제기된 것으로 행정을 규제(Regulation)의 작용으로 보는 것이다. 환언하면 독립규제위원회 등이 수행하는 준입법적 기능 및 준사법적 기능의 작용을 행정이라고 보는 것이다.

3. 행정학적 행정개념

행정학적 행정개념은 미국 행정이론을 시대적으로 구분하여 대표적인 학설을 중심으로 행정의 정치적 성격 및 기능과 역할·범위를 중심으로 행정개념을 파악하였다.

1. 행정관리설 (1880~1930년대)

(1) 행정관리설은 엽관주의의 폐단을 극복하기 위한 행정학 성립기(19C말)의 개념으로 행정의 무능과 타락한 정당정치로부터 행정을 독립시키려는 노력과 관련된다.

(2) 과학적 관리론의 영향으로 능률성을 중시하고, 행정을 정책집행을 위한 전문적 관리기술로 이해한다는 점에서 기술적 행정학이라고도 한다.

(3) 행정이란 이미 수립된 법이나 정책을 구체적으로 집행하고, 공공사무를 관리하는 것으로 파악한다.

(4) 정치는 가치배분의 활동이고 행정은 사실집행의 활동이므로 정치와 행정은 구별된다는 정치·행정이원론적 입장과, 행정의 가치판단적 기능을 배제하고 가치중립적인 기술적 과정을 중시함으로써 행정과 경영간의 유사점을 중시하는 공·사행정일원론의 입장을 취하고 있다.

(5) 대표적 학자는 윌슨(W. Wilson), 굿노우(F. Goodnow), 화이트(L. White), 귤릭(L. Gulick), 어윅(L. Urwick) 등이 있다.

2. 통치기능설 (1930~1940년대)

(1) 1929년 경제대공황이 발생하게 되자, 루즈벨트(F. Roosevelt) 대통령은 불황을 타개하기 위하여 뉴딜 (New Deal)정책을 포함한 대대적인 불황타개 및 복지정책을 시행함으로써 행정은 정책집행 기능에서 정책결정 기능까지 담당하게 되었으며 정부의 사회적 가치배분권을 강조하는 행정국가 모습을 본격적 으로 띠게 되었다.

(2) 행정이 사회문제를 해결하기 위하여 적극적인 역할을 하는 기능적 행정학의 개념으로서, 행정을 '사회 문제를 적극 처방하기 위한 가치판단 기능'으로 보고 정치·행정일원론의 입장과 공·사행정이원론의 입 장을 취하고 있다.

(3) 대표적인 학자인 디목(M. E. Dimock)은 "통치는 정치와 행정, 즉 정책결정과 정책집행으로 이루어지 며 이 두 과정은 배타적이기 보다는 협조적"이라고 하였으며 기계적 능률을 강조하는 행정관리설에 반 발하여 사회적 능률을 강조하였다. 애플비(P. H. Appleby)는 "행정을 정책형성"이라고 하였다.

3. 행정행태설 (1940~1960년대)

(1) 행정행태설은 행정관리설에서 주장하는 과학적 원리(조직의 원리)가 엄밀한 과학적 검증을 거치지 않 은 격언에 불과하다고 비판하고 행정학 연구의 과학화를 주창하면서 등장한 이론이다.

(2) Simon은 조직구성원의 행태(특히, 조직 내의 의사결정)를 중시하고, 행정을 공동목적을 달성하기 위한 협동적 집단행동으로 이해하여 정치·행정새이원론의 입장과 공·사행정새일원론을 취하고 있다.

(3) 대표적 학자로는 사이먼(H. A. Simon), 버나드(C. I. Barnard)등이 있다.

4. 발전기능설 (1960년대)

(1) 1960년대 발전도상국의 행정기능이 다양화함에 따라 나타난 발전을 위한 행정개념이다. 정치에 대한 행정우위적 입장에서 행정을 국가발전의 계획형성과 집행활동으로 이해하고, 정치·행정새일원론(공· 사 행정새이원론)의 입장을 취하고 있다.

(2) 발전기능설은 대체로 통치기능설과 기본적 입장을 같이 하고 있으나 정치사회가 각종 문제나 도전·갈 등에 직면하게 될 때 소극적으로 대처하기 보다는 능동적·적극적으로 발전정책을 추진하고 행정의 변 동대응능력을 강조하였다는 점에서 통치기능설과 차이가 있다.

(3) 발전기능설은 행정권을 지나치게 강화하는 경향이 있고, 행정이 국가의 발전목표를 위한 정책과 계획 을 주도함으로써 민주성을 극소화시킬 위험성이 크다.

(4) 대표적 학자로는 에스만(M. J. Esman), 와이드너(E. W. Weidner) 등이 있다.

5. 정책화 기능설 (1970년대)

(1) 1960년대 후반 월남전 패망, 흑백갈등 등 격동기의 미국사회를 배경으로 나타난 입장으로 행정을 사회 문제 해결을 위한 공공정책의 형성 및 집행과정으로 파악하고 행정의 정책지향성 및 가치지향성을 강 조하였다.

(2) 정책화 기능설은 발전기능설과 유사하나 행정의 정책형성기능(목표설정, 가치판단, 정책결정)을 강조하고, 정책결정과정상의 갈등의 완화와 순기능적 조정을 특히 중시한다는 점에서 차이가 있다.

(3) 1970년대 샤칸스키(I. Sharkansky), 드로어(Y. Dror), 라스웰(H. D. Lasswell), 왈도(D. Waldo) 등에 의하여 체계화되었다.

6. 국정관리설 (1980년대 이후)

(1) 1980년대 신행정국가에서 대두된 행정개념으로, 행정을 '정부 및 민간부문의 다원적 주체들 간의 협력적 통치(Governance, 국정관리)'로 본다.

(2) 시장지향적 작은 정부–신공공관리론(행정의 시장화) : 규제완화, 복지지출 축소, 전술적 집행기능의 민간이양 등을 통한 작고 효율적인 정부를 정립하는 데 주안점을 두었다.

(3) 참여지향적 작은 정부–거버넌스와 뉴거버넌스(행정의 정치화) : 1980년대 거버넌스에 이어 1990년대에는 신공공관리론의 시장주의에 대한 반발로 뉴거버넌스가 대두되었다. 뉴거버넌스는 국민을 주인의 위치로 격상시키고 다양한 주체가 신뢰를 바탕으로 상호작용하는 서비스연계망(network)을 이루면서 국정을 함께 이끌어가는 것에 주안점을 둔다.

4. 행정의 특징

(1) 공공성과 공익성

행정은 공공성을 지닌 이익, 즉 공익을 실현하기 위한 작용이다.

(2) 정치성

행정은 본질적으로 정치성을 내포하고 있으며 정치적 환경 속에서 수행된다. 행정은 정책결정이라 할 수 있으며 행정과정과 정치과정은 중첩된다.

(3) 권력성

행정은 권력수단이나 강제력을 통해 사회체제를 유지하고 통제기능을 수행한다. 행정은 법적 구속력이나 제재력을 가진 정책의 결정 또는 그 집행과 관련된다.

(4) 기술성과 합리성

행정은 공공사무의 관리라는 사회 기술적 과정 내지 기술적 체제이며 고도의 합리성을 추구한다.

(5) 안정성과 계속성

행정은 정치적 변동과 관계없이 행정서비스의 안정적·계속적인 제공이 요구된다.

(6) 변동대응성

행정은 미래 불확실성에 대응이라는 측면에서 환경에 대한 변동대응능력이 요구된다.

(7) 협동성·집단 행위성

행정은 협동적인 집단 행위를 통하여 그 목적을 구체화하는 과정이다.

1. 의의

(1) 정치

정치란 사회적가치의 권위적 배분으로, 정책의 형성·결정 내지 가치판단이나 국민(대의제하에서 국민의 대표)에 의한 국가의 목표를 설정하는 과정으로 나타나며, 본질적으로 민주성을 확보하는 과정이다.

(2) 행정

정치영역에서 결정된 목표를 달성하기 위한 정책의 집행 내지 사실판단과정으로, 행정은 목표달성과정에서의 능률성을 확보하는 과정이라 할 수 있다.

(3) 양자의 관계

모든 행정은 정치적 맥락 속에서 수행되며 행정은 본질적으로 정치성을 내포하고 있다. 또 한편으로 행정은 독자적인 역할·기능을 담당하기도 한다. 시대적으로 볼 때 행정의 영역을 정치의 영역과 구분하여 경영관리적 측면을 강조한 입장이 있는가 하면, 행정의 정치적 기능·정책결정기능을 중시하는 입장이 있다. 전자를 정치행정이원론, 후자를 정치행정일원론이라고 한다.

2. 정치·행정 관계에 대한 이론의 변천

1. 정치·행정이원론(1880년대~1930년대 : 기술적 행정학)

행정에 대해 정치가 우위를 점하였던 엽관주의시대의 병폐(정당정치의 부패, 행정의 비능률)를 극복하기 위해 ① '정치로부터 행정의 분리'를 주장하고, ② 행정을 정치영역에서 결정된 정책의 효율적 집행을 위한 관리의 영역으로 파악하였다.

(1) 성립배경

① '엽관주의(獵官主義)' 폐해 극복 : 집권한 정당에서 관직을 독차지하는 엽관주의는 1860년대 이후부터 부정부패의 만연, 행정의 비능률성 등 부작용이 심각해짐에 따라 이를 극복하고자 정치와 행정의 분리를 강조하게 되었다.

② '과학적 관리론'의 영향 : 19C 말부터 급격한 산업기술의 발달과 함께 노동운동이 격화되자, 경영합리화 차원에서 고용감축이나 임금인하 없이 기업의 능률성을 향상시키고자 하는 과학적 관리론이 발달하게 되었고 이의 영향을 받아 행정에 있어서 '능률과 절약'의 중요성을 인식하게 되었다.

③ 산업혁명과 행정국가화 : 19C 미국으로 확산된 산업혁명으로 교통·통신의 발달, 도시로의 인구집중, 기계화, 자본주의 심화로 인한 노사대립 등 많은 사회문제가 발생하고 이로 인한 대대적 변혁을 겪게 되었다. 따라서 정부의 적극적 개입이 요청되면서 행정기능과 예산이 대폭 강화·증가되고 산업혁명의 영향으로 조직을 기계시하는 풍토가 발생하였다.

(2) 내용 및 공헌

① 독자적인 학문으로서 행정학의 성립과 발전에 기여하였다.

② 행정의 정치적 중립성과 전문성을 강조하면서 직업공무원제와 실적주의의 확립에 관한 이론적 정당
성을 제공하였다.

③ 행정의 능률성(기계적 능률성)과 행정의 과학화에 기여하였다.

(3) 한계

① 행정과 정치가 반드시 분리되는 것이 아니며 상호유기적인 관계가 있다.

② 행정내부에서의 능률성만을 추구하였을 뿐, 외부환경과의 관계를 고려하지 못한 폐쇄이론이었다.

2. 정치·행정일원론(1930년대~1940년대 : 기능적 행정학)

1930년대 경제공황을 겪으면서, 행정의 전문화와 신속한 정책결정의 필요성 등으로 인하여, 행정부가 '정
책결정에서 적극적인 역할'을 수행할 수밖에 없다는 논거에서, 정치와 행정이 밀접한 관계에 있다는 정치·
행정 일원론이 주장되었다.

(1) 성립배경

① 경제대공황 : 1929년 경제대공황이 발생하게 되자, Keynes의 유효수요론을 이론적 배경으로 루즈
벨트(F. Roosevelt) 대통령은 뉴딜(New Deal)정책 및 복지정책을 시행함으로써 행정은 정책집행
기능에서 정책결정 기능까지 담당하게 되었으며 정부의 사회적 가치배분권을 강조하는 행정국가 모
습을 본격적으로 띠게 되었다.

> **✤ Keynes의 총수요확장정책**
>
> 1930년대 초 경제위기상황을 케인즈는 공급은 무한히 존재하지만 수요가 부족하여 경제위기가 초래되었으므
> 로 정부가 적극적인 총수요관리정책을 펼쳐야 한다고 보았다. 즉, 각종 일자리를 만들어 유효수요를 창출하고
> 그를 통해서 소비를 촉진시키고, 소비는 다시 기업들의 투자를 증가시키고, 이는 다시 일자리를 창출하여 국
> 민경제가 활성화될 것이라고 보는 견해이다. 따라서 케인즈는 국가의 개입을 통한 총수요관리정책이 경제를
> 회생시키는 가장 좋은 방법이라고 보았다.

② 위임입법의 증가 : 행정환경과 수요가 갈수록 복잡하게 됨에 따라 행정의 전문성·기술성도 증가하
게 되고 광범위한 위임입법(행정기관의 명령·규칙)도 증가하게 되었다.

③ 사회적 능률성과 민주성의 요구 : 고전적 행정학에서 중시하던 '기계적 능률'이 근로자의 비인간화
를 초래함으로써 노동조합의 극렬한 저항을 야기 시켰을 뿐만 아니라, 민주성과도 조화되기 어렵기
때문에 사회적 능률에 관심을 가지게 되었다.

(2) 내용 및 공헌

① 행정의 기능을 정책결정과 관리 및 집행으로 인식하였다.

② 현대 행정국가의 성립과 밀접한 관련이 있다.

(3) 한계

① 선진국의 경우에는 행정의 역할증가(특히, 복지재정 확대)에 따라 정부부채가 누적되는 현상에 직면
하여 1970년대 경제위기의 원인이 되기도 하였다.

② 개발도상국의 경우 행정의 적극적 역할에 따라서 행정의 독재와 재량권 남용의 사례가 많았다.

3. 새이원론(1940년대~1960년대 : 행정행태론)

1940년대 Simon등은, 행정의 정책결정기능을 인정한다는 점에서는 기존의 정치·행정 이원론과는 구별되나, ① 정책결정기능 내에서 가치와 사실의 구분을 강조하고, ② 행정은 '가치판단(정치영역)이 배제된 사실판단에 국한되어야 한다.'는 측면에서, 새로운 정치·행정 이원론을 주장한다. ③ 그리고, 이러한 사실판단의 영역에서 논리실증주의에 입각한 과학적 연구를 통해, 행정학의 과학성 확립을 주장하고 있다.

4. 새일원론(1960년대~1970년대 : 발전행정론, 신행정론)

(1) 발전행정론(1960년대)

1960년대 발전행정론은 1930년대의 정치우위론적 일원론에서 더 나아가 후진국의 경제·사회발전을 위해 '행정이 정치를 이끌고 심지어 대행까지 할 수 있다.'는 행정우위론적 일원론이 제기되었다.

(2) 신행정론(1970년대)

1960년대 흑인폭동 등 미국사회의 혼란과 관련하여 행정을 사실판단에 국한하여 파악하는 행태론의 현실적합성 및 문제해결능력 결여에 대한 비판과 함께, 사회과학에서 '적실성과 실천'으로 대표되는 후기행태주의 혁명이 시도되었다. 이러한 영향으로 '행정의 적극적인 가치판단, 사회적 형평성, 수혜자인 시민의 행정참여를 강조'하는 새일원론으로서 신행정학이 대두되었다.

5. 신정치·행정이원론의 부활(1980년대 이후)

1980년대 이후의 행정학은 정치·행정이원론으로 복귀하는 성향을 보이고 있다. 이러한 추세는 1970년대 자원 난 시대이후 행정을 '공공관리'로 파악하여, 행정의 효율성과 성과향상을 위해 '행정기능의 축소'와 '행정에서도 시장과 경영의 관리적 측면을 강조'하는 양상으로 나타났다. 이러한 신정치·행정 이원론적 견해는 신공공관리론(NPM), 신관리주의, 기업가적정부론, 뉴거버넌스(New Governance) 등으로 나타나고 있다.

▶ 정치와 행정의 변천과정

19세기 말 ~	정치·행정 이원론	① 엽관주의 폐단극복을 위해 등장 ② 정치로부터 행정의 분리를 주장 ③ 행정을 정책의 효율적 집행을 위한 관리의 영역으로 파악	행정관리론, 기술적 행정학	Wilson, Gulick, White
1930년대 ~	정치·행정 일원론	① 1930년대 경제공황 극복을 위해 등장 ② 행정의 정책결정기능을 강조	통치기능설, 기능적 행정학	Dimock, Appleby
1940년대 ~	새이원론	① 논리실증주의에 입각한 과학적 행정학수립을 위해 등장 ② 행정의 연구대상을 가치판단이 배제된 사실판단영역으로 국한	행정행태론	Simon, Barnard
1960년대 ~	새일원론	① 국가발전을 위한 발전목표수립을 강조(발전행정론) ② 현실의 사회문제해결을 위한 적실성과 실천이라는 가치지향성을 강조(신행정론)	발전행정론/ 신행정론	Esman, Weidner, Waldo
1980년대 ~	신정치·행정 이원론	① 행정의 경영화, 시장화강조 ② 민간의 참여와 협력에 의한 공공문제해결	신공공관리론/ 거버넌스	Hood, Peters, Rhodes

제03절 | 행정과 경영-공행정과 사행정

1. 의의

1. 개념

(1) 행정(공행정) : 국가 또는 공공기관이 공익이나 특정목표를 달성하기 위하여 정치권력을 배경으로 하여 행하는 활동을 의미한다.

(2) 경영(사행정) : 사기업이나 민간단체가 조직목표를 달성하기 위하여 행하는 활동을 의미한다.

(3) 공행정과 사행정에 대해서는 양자 간의 유사점을 강조하는 입장과 차이점을 강조하는 입장이 대립되면서 변천되어 왔다. 공·사행정일원론을 주장하는 정치·행정이원론, 과학적관리론, 행정관리설, 행정행태설 등은 행정과 경영의 유사점을 강조한다. 이에 대하여 정치·행정일원론, 통치기능설, 발전기능설 및 신행정론 등은 공·사행정이원론으로서 양자의 차이점을 강조하고 있다.

2. 행정과 경영의 유사점과 차이점

(1) 유사점

① 목표달성을 위한 수단성 : 행정과 경영이 추구하는 목표는 서로 다르지만 목표달성을 위한 수단이라는 점에 있어서는 유사하다.

② 관료제적 성격 : 행정이든 경영이든 전문화·분업, 계층제, 비정의성(非情誼性), 일반적인 법규체계 등을 구조적 특성으로 한다.

③ 협동행위 : 행정과 경영은 목표달성을 위한 협동적인 집단노력이라는 점에 있어서는 유사하다.

④ 관리기술 : 행정은 공·사를 막론하고 어떻게 하면 인적·물적 자원을 효율적으로 이용·관리하느냐 하는 것이 주된 임무이다. 그러므로 관리 기술성을 공통적으로 지니게 되며 광범위한 관리적 행위가 이루어지게 마련이다. 그러한 예로서 계획수립, 조직, 인사, 예산, 의사전달, 리더십(leadership), 통제 등을 들 수 있다.

⑤ 합리적 의사결정 : 공·사행정은 조직의 목표를 효율적으로 달성하기 위하여 많은 대안 중에서 최선의 것을 선택하는 행위를 하게 된다. 어떠한 목표를 추구하든 간에 의사결정의 과정은 필연적인 것일 수밖에 없다.

(2) 차이점

① 목적 : 행정은 공익을 추구하지만, 경영은 이윤의 극대화를 목적으로 한다. 행정은 공익을 행정가치의 최고기준으로 삼고 질서유지·봉사·공공복지 등 다원적 목적을 추구하고 있으나, 경영은 이윤의 추구라는 일원적 목적을 지향하고 있다. 사기업도 사회적 책임이나 윤리를 고려하면서 사회전체의 이익에 부합하고자 하지만, 이는 어디까지나 간접적인 것이며 직접적인 목적은 아니다.

② 정치적 성격 : 행정은 정당, 이익단체, 의회, 국민 등으로부터 통제, 감독, 비판을 직접적으로 받게 되는 정치적 성격을 내포하는데 반하여, 경영은 이윤추구를 위해서는 정치적 성격을 무시할 수는 없으나 행정만큼 강하지는 못하다.

③ 제공되는 재화와 서비스의 유형 : 행정과 경영의 목적상의 차이는 기본적으로 제공하는 재화와 서비스의 성질차이에서 비롯된다. 정부가 제공하는 재화와 서비스는 공공재의 성격이 강한 반면, 기업은 민간재(사적재)를 공급하여 이윤극대화를 추구한다.

④ 능률측정 : 행정은 능률측정이 곤란하고 계량화할 수 없는 경우가 많으나, 경영은 능률측정이 용이하고 계량화할 수 있다.

⑤ 법적규제 : 행정은 경영보다 엄격한 법적 규제를 받는 데 비하여, 경영은 정관이나 사칙에 의하여 사무를 처리한다.

⑥ 평등성 : 행정은 모든 국민에게 평등함을 원칙으로 하나, 경영은 이윤추구의 목적에 비추어 고객에 따라 다르게 취급할 수 있다.

⑦ 독점성 : 행정은 성격상 독점성을 지니고 있어 경쟁성이 없거나 극히 제한되어 있다. 경영은 독점성을 지니기 어렵고 경쟁성이 높기 때문에 능률성을 기할 수 있으며 따라서 봉사의 질이 높다.

⑧ 자율성과 획일성 : 사기업은 정부기관에 비하여 고도의 자율성과 행동의 자유를 가지고 있으나 각 행정기관은 상하관계를 이루고 획일성·일관성을 확보하기 위하여 일정한 규칙을 준수하도록 요구된다.

⑨ 규모와 영향력(관할과 영향의 범위) : 행정은 모든 국민이 대상이므로 규모나 영향력에 있어서 매우 크고 광범위한 반면, 경영은 고객관계가 형성된 특정범위에 한정된다.

⑩ 권력성 : 행정은 집행수단으로서 강제적인 권력도구(대집행, 벌금, 과태료 등)를 가지고 있는 반면, 경영은 경제적·공리적 권력(요금 연체 시 서비스 중지)만을 갖는다.

⑪ 공개성 : 행정은 국민의 알권리 충족을 위하여 정보공개를 해야 하므로 공개성을 띠는 반면, 경영은 기업 간의 경쟁관계상 경영내용에 대하여 비밀을 유지해야 하므로 비밀성을 띠게 된다.

⑫ 신분보장 : 행정을 담당하는 구성원에게는 국민에 대한 봉사의식과 충성심이 요구되므로 당파적 특수이익의 영향을 받지 않도록 정치적 중립과 함께 신분보장이 강하게 보장된다.

⑬ 변화 대응성 : 행정은 법에 의하여 운영되므로 정보·기술·문화 등 변화에 둔감하게 대응을 하는 반면, 경영은 자율적이므로 매우 민감하게 대응한다.

▶ 행정과 경영의 차이점

구 분	행정(공행정)	경영(사행정)
주체	정부	민간기업
목적	국민의 복리증진	사익이윤 극대화
정치성	강함	약함
권력성 여부	권력적 성격	비권력적 성격
독점성	강함	약함
법적 규제정도	강함	완화
평등원칙 적용정도	강함	약함
능률성 척도	사회적 능률	기계적 능률
경쟁성	경쟁력 약함	경쟁력 강함

2. 현대적 의미에 있어서 행정과 경영의 관계

1. 행정과 경영의 상대화

(1) 의의

오늘날 사기업의 거대화(다국적기업 등), 사기업의 정치적 영향력의 증대, 사기업의 사회적 책임의 강조, 행정의 실질적 개념대두 등으로 행정과 경영이 점점 상대화되는 경향이다. 즉 행정과 경영의 차이는 절대적·질적 차이가 아닌 상대적·양적 차이에 불과한 것이다.

(2) 상대화 요인

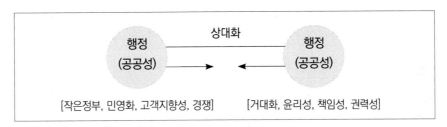

[행정과 경영의 상대화]

① 신자유주의 : 1980년대 국가장벽 철폐, 구조조정과 행정기능 감축, 노동시장의 유연화, 시장기능의 활성화 등을 강조하는 신자유주의(Neo-Liberalism)가 등장함에 따라 행정은 급속도로 경영화되었다.

② 서비스 대상집단의 축소 : 능률과 경쟁이 강조되면서 시민들의 전반적 복지가 전반적으로 소홀히 다루어지고 경제적 취약계층이 서비스에서 배제되면서 공공성이 약화되었다.

③ 제3섹터와 공동생산(Co-Production) : 공공서비스를 이양 또는 위탁받아 생산하거나 정부와 공동생산하는 준정부조직, 시민단체, 사회공익법인 등이 활성화되고 있다.

④ 공공서비스의 책임성 약화 : 위탁계약, 민간이양 등은 민간업체에 대한 정부의 통제를 약화시켜 공적 책임의 확보를 어렵게 하고 서비스 공급주체를 불분명하게 한다.

⑤ 기업의 거대화 : 1950년대부터 미국의 거대자본을 배경으로 탄생한 다국적 기업은 종류나 매출액도 증가하고 있으며 경제적 권력화를 구축하고 정치적 영향력을 행사하기도 한다.

⑥ 기업의 사회적 책임 : 민간부분의 역할이 점차 강화되면서 기업의 단기목표인 이윤추구와 함께 점차 장기목표를 위하여 사회적 책임과 윤리성이 강조됨에 따라 경영도 공공성을 띠게 되었다.

2. 행정의 경영화(기업형 정부)

1970년대부터 여러 재정적 위기가 닥치게 되자(석유파동으로 인한 자원난, 막대한 복지재정 부담, 조세저항 운동 등), 이를 극복하기 위한 행정적 연구와 행정개혁들이 1980년대부터 진행되어 왔다. 이러한 움직임의 핵심이 '작지만 효율적인 정부'를 지향하는 신공공관리론이다.

1. 행정의 변수

1. 의의

(1) 행정의 변수는 '행정행위에 영향을 미치는 요인' 즉 행정현상을 야기 시키는 요인이 무엇인가에 대한 것으로서 일반적으로 행정의 3대 변수는 구조, 인간, 환경을 들고, 4대 변수는 여기에 기능을 추가되며, 행정의 5대 변수는 이념이 추가된다.

(2) 행정의 변수 중 무엇이 강조되었는가는 행정학의 발달과정과 관련되며 국가나 시대적 상황에 따라 다르다.

2. 유형

(1) 행정구조

① 구조는 정부형태, 법령체계, 정부조직, 업무의 배분, 권한이나 책임, 의사전달체제, 집권과 분권, 행정기구와 관련되는 공식적 요인이나 제도일반으로서 고전적 이론에서 중시하였다.

② 기계적 능률을 강조한 '과학적 관리론', 피라미드형태의 조직구조를 강조한 '관료제 이론' 행정관리론, 조직원리론 등

(2) 행정인

① 인간의 행태(가치관, 태도, 신념)를 강조하는 입장으로서 지식, 기술, 인간관계, 귀속감 등 사회적·심리적·비공식적 요인으로서 신고전적 조직이론에서 중시하였다.

② 비공식적 조직과 인간의 심리적 측면을 강조한 '인간관계론', 인간행태를 과학적으로 분석한 '행정행태론' 등

(3) 행정환경

① 환경은 행정조직을 둘러싸고 있는 정치·경제·사회·문화 등 외부환경을 말한다.

② 외부환경을 최초로 인식한 '생태론', 환경을 바탕으로 한 거시적 체제연구 경향인 '체제론' 등

(4) 기능

① 국가에서 제도나 규칙이 수행하는 기능 즉 정부가 실제 수행하는 업무를 말하는 것이다.

② 구조기능주의적 접근을 강조하는 '비교행정론' 등

(5) 가치관과 태도

① 국가발전에 있어서 변동대응능력을 가진 인간의 창의적·쇄신적 가치관과 태도로서 인간의 적극적 측면이나 독립변수적 역할을 중시하였다.

② 쇄신적 관료를 중시한 '발전행정론', 사회적 형평성을 강조한 '신행정론' 등이 있다.

3. 행정이론의 변천과 행정변수

년대	1880년대	1930년대	1940년대	1950년대		1960년대 이후
행정이론	과학적 관리론, 관료제이론, 행정관리론	인간관계론	행태론	생태론, 체제론	비교행정론	발전행정론, 신행정론
행정변수	구조	인간	인간(행태)	환경	기능	(인간의) 가치관과 태도

2. 행정과정

1. 의의

행정과정이란 행정이 구체적으로 이루어지는 일련의 과정을 의미하는데, 행정이 담당하는 역할이나 기능에 따라 행정과정은 달라진다. 즉 정치행정이원론에 입각하여 행정을 정책집행으로 좁게 보면 행정과정의 폭은 좁아진다. 반면, 정치행정일원론에 입각하여 정책결정까지 포함시키는 것으로 보면 행정과정의 폭은 넓어지고 동태적 성격이 증가한다.

2. 전통적 행정과정(Gulick의 POSDCoRB)

(1) 의의

전통적인 정치행정이원론이나 '행정관리론'에서의 행정과정으로 Gulick의 POSDCoRB으로 표현된다. POSDCoRB이란 최고관리자의 기능을 의미하는 것으로, 기획(Planning), 조직화(Organizing), 인사(Staffing), 지휘(Directing), 조정(Coordinating), 보고(Reporting), 예산(Budgeting)을 의미한다. 전통적인 행정과정은 '계획 ➡ 조직화 ➡ 실시 ➡ 통제'의 단계로 이루어진다.

(2) 특징

① 행정을 환경과의 상호작용이 결여된 폐쇄체제로 인식하고 있으며, ② 행정과정내의 기능 하나하나를 정태적(Static)으로 파악하며, ③ 기획이 포함되어 있으나, 정치영역에서 설정된 목표달성을 위해 최적수단을 선택하는 '조작적 기획'으로 한정(행정과정에서 목표설정기능 제외)된다.

3. 현대적 행정과정

(1) 의의

현대행정국가시대, 특히 정치행정일원론이나 '발전행정론'에서의 행정과정으로 현대적 행정과정은 다음과 같이 7단계로 이루어진다.
① 목표설정 : 행정이 달성하고자 하는 바람직한 미래 상태를 설정하는 것으로서 행정과정에 있어서 가장 창조적인 과정이며, 행정자체의 존립에 관한 정당성의 근거를 마련하는 것이다.
② 정책결정 : 행정목표를 달성하기 위한 장래의 활동지침을 결정하는 것이다.

③ 기획 : 정책목표를 구체화하여 목표달성을 위한 합리적인 수단을 선택하는 것이다.

④ 조직화 : 조직을 구조적으로 편성하고 분업체계를 확립하거나 인적·물적 자원을 동원하고 효율적으로 관리하는 과정이다.

⑤ 동작화(동기부여) : 조직구성원이 자발적으로 성과를 낼 수 있도록 유인과 자극을 주는 활동을 말한다. 동작화를 위해서는 리더십, 의사소통, 참여, 인간관계 등이 중요하다고 본다.

⑥ 평가(통제) : 기준을 설정하여 실적이나 성과와 비교하는 심사분석 및 평가를 실시한다.

⑦ 환류 : 평가결과에 따라 시정이나 보완조치를 행하는 것을 말한다.

(2) 특징

① 행정과 환경과의 상호작용·시정조치·환류를 중시하는 개방체제적 관점이고, ② 과정내의 기능들이 동태적으로 움직여지는 것으로 파악하며, ③ 정치행정일원론의 '정책결정'과 발전행정론의 '발전기획'의 도입을 특징으로 한다.

제05절 | 행정수요와 행정(정부)의 역할

1. 행정수요

(1) 의의

행정수요란 행정기관에 의해 해결되기를 바라는 국민적 기대와 요구를 의미한다.

(2) 성격

팽창성, 다양성, 유동성, 복잡성, 변동성, 광역성, 불확실성 등이 특징이다.

2. 행정(정부)의 역할

1. 정부관

사회에는 이념상의 스펙트럼이 있는데 '보수주의-중도-진보주의'로 구분할 수 있다. 진보주의는 좌파, 보수주의는 우파로 불린다.

(1) 보수주의

보수주의자의 정부관은 기본적으로 자유시장을 신봉하고 정부를 불신한다. 정부는 개인의 자유를 위태롭게 할 뿐만 아니라 경제조건을 악화시키는 전제적 횡포라고 믿는다.

(2) 진보주의

진보주의의 정부관은 많은 영역에서 정부의 더욱 적극적인 역할을 지지하고, 더 많은 정부지출과 규제를 선호한다.

▶ 이념에 따른 정부의 역할범위

구분	보수주의	진보주의
인간관	• 합리적이고 이기적인 경제인	• 경제적 인간관부정 • 오류발생 가능성과 상호협동의 여지가 있는 인간관
가치관	• 자유(소극적 자유) : 자유＝정부로부터의 자유 • 기회균등과 경제활동의 자유를 강조 • 교환적 정의 중시	• 자유(적극적 자유)강조 : 자유＝개인의 자아실현을 위한 자유 • 자아실현의 자유를 위한 전제로 실질적인 기회균등과 평등강조 • 배분적 정의 중시
시장과 정부에 대한 평가	• 자유시장에 대한 신뢰 • 정부 불신 : 정부는 개인의 자유를 제약하며, 시장에 의한 자원배분을 왜곡	• 효율과 번영, 진보에 대한 자유시장의 잠재력은 인정 • 시장실패는 정부의 개입에 의해 교정가능
선호하는 정책	• 소외집단 지원정책반대 • 시장중심적 정책 : 경제적 규제완화, 조세감면	• 소외집단 지원정책 • 조세제도에 의한 소득재분배
이데올로기	• 자유방임적 자본주의, 신자유주의	• 규제된 자본주의, 혼합자본주의, 복지주의

2. 시대적 국가관의 변천

국가관은 서구선진국을 기준으로 볼 때 18세기 절대주의국가, 19세기의 입법국가·소극국가·자유국가 등으로 특징 지워지는 근대국가의 단계를 거쳐 행정국가·적극국가 등으로 일컬어지는 현대국가로 그 성격이 전환되어 왔다.

(1) 16C ~ 18C : 절대군주국가

시민혁명이전의 유럽의 국가관으로, 군주가 국가의 주권을 장악하고, 군주가 국민의 의사와는 무관하게 절대적·자의적인 권한을 행사하는 국가를 의미한다.

(2) 19C : 근대입법국가-소극국가, 야경국가

정부는 소극적으로 자주국방, 질서유지를 담당하고 나머지 국민생활에서는 최대한으로 개인의 자유를 방임하여 정부의 역할이 중립을 유지하는 데 그쳐야 한다고 보았다. 정부의 역할보다는 시장의 자율적 기능을 중요시하고, 자원의 효율적 배분은 시장의 '보이지 않는 손(Invisible hands)'에 의해 가능하다고 믿었다. 따라서 '최소의 행정이 최선의 정부(Jefferson)'로 받아들여졌으며 '작은 정부론'이 대표적인 예이다.

(3) 20C : 현대행정국가-적극국가, 복지국가

20세기 들어와서 정부는 단순히 국민의 정치적 자유의 보장에 그치지 않고, 공공복지를 증진하며 경제·사회·문화면에서 실질적인 자유와 평등을 보장하는 등 적극적으로 국민생활에 개입하지 않으면 안 된다고 인식하였다. 환경문제, 노사문제, 실업문제 등 정부가 해결해야 할 공공수요가 증대했다. 또한 세계대공황을 극복하기 위해 정부의 정책결정기능이 강화되었다. 20세기 후반에는 복지국가를 지향하면서 사회복지 프로그램을 확대하고 이 분야의 재정지출을 증대함으로써 정부의 기능이 크게 확대·강화되었다.

(4) 1980년대 이후의 신행정국가

1980년대 들어서는 복지병이라고 불리는 복지국가의 한계와 1970년대의 에너지위기 이후의 스태그플레이션(Stagflation)현상으로 야기된 경기침체에 대한 정부의 무력함이 드러나기 시작했다. 시장실패를 해결할 수 있다고 믿었던 정부였지만, 그 폐해가 오히려 더 크다는 정부실패에 대한 인식이 확산되었다. 이 시기에 신보수주의 또는 신자유주의 사상을 배경으로 정부기능축소, 민영화, 규제완화 등의 '작고 효율적인 정부'에 대한 시대적 요청이 강하게 대두되었다. 영국의 대처수상(대처리즘)과 미국의 레이건대통령(레이거노믹스)의 정책이 대표적인 예이다.

제06절 | 행정기능과 행정문화

1. 행정의 기능

1. 의의

행정의 기능이란 정부가 '하는 일'을 말한다. 즉 정부가 제도상 또는 사실상 담당 처리하는 행정 사무를 말한다. 현대행정국가의 행정기능은 고도의 다양성과 복잡성을 띠고 있다.

2. Dimock의 분류

(1) 보안기능 : 국방, 외교, 치안 등

(2) 규제기능 : 기업, 통화량, 출입국 등에 대한 규제정책

(3) 원호기능 : 개인이나 집단의 생계지원 등 재분배정책

(4) 직접봉사기능 : 교육, 공원, 교통, 보건 등 분배정책

3. Caiden의 분류(국가발전단계)

(1) 사회안정기능 : 정부의 전통적 기능으로서 독점적 분야인 법질서유지, 외교와 국방, 조세부과 등이 있다.

(2) 국민형성기능 : 행정을 통해서 국민적 일체감과 통일성을 이루는 국민형성(nation building)을 달성한다.

(3) 경제관리기능 : 국가의 경제안정과 성장을 관리하며 특히 국가가 경제변동의 지표로서 활동하며 특히 개도국정부에서의 주요기능이다.

(4) 사회복지기능 : 현대국가의 기능으로서 사회복지의 문제는 특히 개인의 문제가 아니라 국가의 문제로서 인식되어지며 매우 중요시된다.

(5) 환경통제기능 : 인간의 건강한 생활을 위한 기능으로서 비교적 행정의 새로운 분야에 속하는데 그 중요성은 더욱 가중되고 있는 기능이다.

(6) 인권기능 : 현대국가는 기본적 인권의 존중, 고용의 기회균등, 국민권익 등 국민의 기본적 인권을 지키는 기능이다.

4. Almond & Powell의 분류

(1) 국가형성단계(State Building) : 국가구성의 3요소인 국토, 국민, 주권을 갖추는 단계이다.

(2) 국민형성단계(Nation Building) : 구성원들이 국민으로서의 일체감을 갖는 과정으로 국민적 사회화, 국민적 일체감, 국가적 통일감 등이 중요한 요소이다.

(3) 경제발전단계 : 경제적으로 윤택한 생활을 보장하기 위하여 경제성장을 도모하는 단계이다.

(4) 참여의 단계(Participation) : 국민의 정치적 참여가 증진되는 단계로서 민주주의의 성숙단계에 해당한다.

(5) 분배단계(Distribution) : 구성원에 대한 재화나 가치의 배분에 있어 공익이나 형평성을 구현하기 위한 복지정책이 강조되는 복지사회단계이다.

5. 성격에 따른 행정기능

(1) 기획·집행기능

① 기획기능 : 정책결정이나 계획 수립을 위한 기능이다.

② 집행기능 : 이미 결정된 정책이나 계획을 집행하기 위한 기능이다.

(2) 규제·조장·중재 기능

① 규제기능 : 법령에 근거해서 국민들의 생활을 일률적으로 금지하거나 제한하는 기능

② 조장 및 지원기능 : 특정 분야의 사업이나 활동을 적극적으로 조장하거나 지원하는 기능으로 특정 분야를 위해 지원 법령을 제정하고 재정 및 금융상의 지원을 하며, 정부가 직접 사업 주체가 되기도 한다. 우리나라의 경우 경제개발을 추진하는 과정에서 이러한 조장 및 지원 기능은 중요한 역할을 한다.

③ 중재 및 조정기능 : 사회 내에서 이해 당사자들 간에 분쟁이 발생했을 때 정부가 그 사이에서 이해 관계를 조정하고 양측의 합의를 이끌어 내어 중재하는 기능으로 민주화가 진행되는 과정에서 각종 이익집단의 이익 표출이 심해질 때 특히 요구되는 기능이다.

2. 행정문화

1. 의의

행정체제를 구성하는 사람들이 공유하는 생활양식을 의미한다. 따라서 행정문화는 국가에 따라, 그리고 시대적 상황에 따라 변화하는 속성을 지니고 있다. 이러한 행정문화는 구성원들로 하여금 일치·단결하도록 하는 힘이 있는데 반하여, 행정개혁에 장애가 되기도 한다.

2. 선진국과 개발도상국의 행정문화

(1) 선진국의 행정문화

① 합리주의 : 정책의 결정에 있어서 모든 검증 가능한 지식들을 총동원하여 정책을 수행하는 것을 의미한다. 또한 행정과정에 있어서 개인적인 정(情)에 이끌려서 행정을 하는 것이 아니라 규칙에 따라 업무를 수행하는 것을 포함한다.

② 모험주의 : 적극적인 행정으로 행정의 성취를 중시한다. 즉, 항상 새로운 것을 추구하는 것과 관련된다. 따라서 시행착오를 두려워하지 않는다.

③ 전문주의 : 일반적 지식보다 전문적 지식과 기능을 강조하는 것과 관련된다. 즉, 행정에서의 전문가(Specialist)양성이 중요하다고 본다.

④ 성취주의 : 행정은 진취적으로 업무를 수행하는 사람에게 승진의 기회나 높은 보상의 기회를 마련해야 한다는 것과 관련된다. 공무원의 적극적인 동기부여를 위해서도 중요하다.

⑤ 사실지향주의 : 편견의 배제와 관련된다. 행정업무에 있어서 주관에 의한 판단보다는 객관적인 사실에 근거한 처분을 중요하다고 본다.

⑥ 중립주의 : 공평한 행정을 강조하는 경향이다.

(2) 개발도상국의 행정문화

① 온정주의 : 타인과 정적 유대관계를 중시하는 성향을 말한다. 법규에 따른 행정이 이루어지지 못하고 정에 이끌려서 행정을 수행하는 것을 의미한다.

② 운명주의 : 인간의 운명은 개인의 노력이 아니라 초자연적인 힘에 의해서 결정된다. 행정의 적극적인 환경에 대한 극복의지를 부정하여 소극적이고 수동적인 역할에 머물게 된다.

③ 일반주의 : 일반적인 지식이나 교양, 상식을 중시하는 경향을 말한다. 즉, 한 분야에 전문적인 지식을 지닌 사람이 아니라 다양한 분야에 걸쳐서 두루두루 조금씩의 지식을 습득한 일반행정가(Generalist)의 양성과 관련된다.

④ 연고주의 : 학연이나 지연과 관련된다. 즉, 같은 학교출신, 같은 지역출신의 인사를 능력이나 실적과 상관없이 기용하는 것과 주로 관련된다.

⑤ 가족주의 : 공식조직이나 집단에서도 가족과 같은 관계로 인식하는 것과 관련된다.

⑥ 관인지배주의 : 행정 관료를 높게 평가하는 경향이다. 즉, 관존민비사상이 만연하여 국민을 최우선으로 생각하지 않고 행정을 우선적으로 생각하여 공공서비스를 공급하는 것과 관련된다.

⑦ 형식주의 : 형식과 실제 간의 괴리, 공식적 행동규범과 실제 적용 간에 불일치 현상을 의미한다.

3. 신문화이론(New Cultural Theory)

(1) 신문화이론은 영국의 문화인류학자 더글라스(M. Douglas, 1978)에 의하여 창시된 이론으로 집단성(Group)과 규칙성(Rule)에 따라서 문화의 유형을 분류하였다. 신문화이론은 한 나라의 국정운영방식을 결정하는 중요한 독립변수로서의 문화를 강조한다.

(2) 신문화이론은 사회적 관계와 가치와의 관계, 그리고 더 나아가서 사회적 변화와 안정을 이해하는데 매우 유용한 개념적 도구로서 문화를 제시함으로써 사회현상을 분석하고 설명하는 획기적 계기를 제공하고 있다. 따라서 이러한 현상을 밝히기 위해 신문화이론은 인간의 자율성을 전제로 하고 있다. 즉 인간을 사회적 힘의 지배나 적용을 받는 수동적 대상이 아니라 자신이 속한 사회적 환경을 구성하는 적극적 주체로 이해한다.

제**01**절 | 근대입법국가와 시장실패

1. 근대입법국가

1. 시민혁명과 근대사회

(1) 의의

절대군주에 대한 시민사회의 승리로 이루어진 근대입법국가는 절대군주를 타파하고 시민의 대표로 의회를 구성하였으며, 의회에서 제정된 법률에 의한 지배만을 허용하였다는 점에서 입법부가 우위에 있는 국가체제이다.

(2) 권력분립

권력을 독점한 국가는 민주주의 원리에 따라 구성되고, 국가의 권력은 견제와 균형의 원리에 따라 입법·집행·사법으로 분리되었다.

(3) 자유주의원리

사회는 자유롭고 평등한 시민들의 사적자치원리에 의해 영위되었다. 국가는 이러한 시민들의 권리를 법에 의해 보장하며, 법 앞에서 모든 시민들은 평등하다.

2. 국가의 성격

① 정부의 기능 : 사회계약설 등에서 볼 수 있듯이, 이 시기의 국가는 시민의 소유(생명, 재산, 자유)를 보호하는 것을 그 임무로 하였다(야경국가).

② 작은 정부 : 정부의 활동영역은 공적부문과 공공재공급에 한정되었으며, 시민의 사적영역은 사적자치원리에 의해 맡겨져 있었다(자유방임주의).

③ 입법국가 : 행정은 국민의 대표기관인 국회가 정한 법의 테두리 안에서 운영되었으며, 국회가 결정한 정책을 집행하는 것으로 이해되었다.

3. 근대입법국가의 위기와 행정국가의 대두

① 근대입법국가는 자유주의원리에 의해 운영되었으나, 극심한 빈부격차와 사회갈등, 제1차 세계대전, 1929년의 세계대공황, 다양한 사회병리현상 등으로 인하여 인간의 이성에 대한 자유주의의 낙관적인 믿음이 위협받았다.

② 이에 따라, 국가개입주의가 강력하게 대두되었으며, 서구에서 그것은 복지국가, 사회주의국가로 나타났다. 특히, 정당정치가 발전하면서 모든 제도정치과정을 정당이 독점하고, 집권정당의 당수가 행정부의 수반으로서 의회와 집행부를 장악함으로써 행정이 국가의 모든 부문을 주도하는 행정국가화 경향이 나타났다.

2. 시장실패

1. 개념

시장실패란 불완전한 경쟁 등으로 인해 시장에 의한 자원배분이 효율성과 형평성을 달성하지 못하는 현상을 의미한다. 완전경쟁시장에서는 자원이 가장 합리적으로 배분되어 국민들의 경제적 후생이 극대화되는 이상적 상태를 이루는데, 이를 '파레토최적(Pareto Optimum)'이라 한다. 시장실패는 시장이 불완전하므로 이런 파레토 최적상태를 이루지 못하는 것을 의미한다.

2. 시장실패의 원인과 정부개입

(1) 공공재의 존재

① 공공재의 개념 : 시장에서 거래되는 민간재란 경합성과 배제가능성을 모두 갖는 재화인 반면, 공공재(Public Goods)란 비경합성과 배제불가능성을 모두 지니는 재화를 의미한다.

② 공공재의 존재로 인한 시장실패의 발생 : 공공재는 비배제성으로 인해 사회구성원들이 타인에 의해 생산된 공공재에 무임승차(Free-Riding)하려는 경향이 강하다. 따라서 공공재는 사회적으로 필요함에도 불구하고, 수익이 보장되지 않기 때문에 시장에 의해 적정하게 생산되지 않는 비효율성을 지닌다.

③ 공공재의 존재에 대한 정부개입 : 국방, 치안, 외교와 같은 공공재의 생산·공급은 전형적인 공공문제로 인식되어, 정부의 개입은 '공공재의 직접적 생산자로서의 정부'로 나타난다.

❖ **재화의 유형과 공공재의 특성**

(1) 재화의 종류

재화는 배제가능성과 경합성을 기준으로 다음과 같이 네 가지로 분류된다. 경합성이란 특정인의 소비가 다른 사람의 소비를 감소시키는 것을 말하고, 배제성이란 비용부담을 하지 않을 경우 재화를 이용할 수 없다는 것을 의미한다.

구분	비경합성	경합성
비배제성	공공재(집합재)	공유재(공동재)
배제성	요금재(유료재)	민간재(사적재)

① 공공재(집합재) : 비경합성과 비배제성을 띠며, 사회적으로 필요한 것이지만 시장기구에 의하여 공급되기 어려운 재화를 말한다. 국방, 외교, 치안, 소방, 등대 등이 있다.

---

② 공유재 : 소비는 경쟁적이지만(경합성) 배제가 불가능한 재화로서 구성원 모두가 공유하는 자연자원(강, 호수, 국립공원 등), 국립도서관, 도로 등이 여기에 해당한다. 소비가 경쟁적이어서 '고갈상태(공유지의 비극)'를 초래할 수 있다.

③ 요금재 : 공동으로 소비하지만(비경합성) 요금을 지불하지 않으면 배제가 가능하기 때문에 공기업이나 시장에서 공급될 수 있는 재화로서 통신, 전기, 대중교통, 상하수도 등이 있다.

> ### 공유지의 비극 (Tragedy of the commons)—Hardin
>
> 1. 의의
>
> 공유재는 경합성과 비배제성을 지닌 재화이다. 공유재의 비배제성으로 인해, 합리적·이기적인 개인들은 자신의 이익극대화를 위해 공유지를 무분별하게 사용한다. 그러나 개인들의 공유지에 대한 무분별한 사용은 결국 공유지의 자원고갈이라는 '공유지의 비극'을 발생시켜 사회적으로는 바람직하지 않은 결과를 초래하게 된다. 공유지의 비극(Tragedy of the commons)은 '개인적 차원에서의 최적행동이 사회적으로 최적이 아닌 결과를 야기하는 현상'을 설명하는 개념이다. 이는 A. Smith의 주장(개인들의 자유로운 최적화행위는 가격의 신호기능을 통해 자동적으로 사회적 공익을 달성한다)과 달리, 시장실패를 설명하는 이론적 근거로서 죄수의 딜레마, 구명보트의 윤리배반모형과도 유사한 내용이다.
>
> 2. 해결방안
>
> (1) 정부개입(전통적 견해) : ① 정부규제 ② Pigou 관점 ③ Coase 관점
>
> (2) 공동체의 자율해결(E. Ostrom) : 공동체 구성원인 사용자간에 공멸현상을 방지하기 위하여 합의를 통하여 규칙을 설정한다.

④ 민간재(사적재) : 경합성과 배제성을 가지며 시장에서 민간에 의해 생산되는 일반적인 재화이다.

(2) 공공재(Public Goods)의 특성

① 비경합성 : 한사람의 소비가 다른 사람의 소비량을 감소시키지 않는 것이다.

② 공동소비성(비분할성) : 모든 소비자가 공동으로 소비하는 것이다.

③ 비배제성 : 특정인을 소비에서 배제할 수 없는 것으로 수익자부담의 원칙이 지켜지지 않는다.

④ 무임승차자 문제 : 소비자의 자발적 선호표시가 없어 소비로부터 배제되지 않기 때문에 공공재의 소비대가를 지불하지 않으려는 현상을 발생시킨다.

⑤ 내생적 선호 : 시장에서처럼 개인의 선호에 따라 서비스를 자유롭게 선택할 수 없다.

⑥ 비축적성 : 공공재는 생산과 소비가 동시적으로 이루어져서, 생산되자마자 곧 소비되어 축적되지 않는다.(❸ : 국방, 치안)

(3) 가치재(Worthy Goods) : 최소한 일정수준이상 소비하는 것이 바람직한 재화나 서비스를 의미하는 것으로서 시장에 맡겨 둘 경우 재화의 생산량이 최적수준에 미치지 못해 정부가 공급에 개입하고 소비를 권장하는 재화(❸ : 의료, 교통, 주택공급, 의무교육 등)를 말한다.

(2) 독점 등 불완전경쟁의 존재

① 의의 : 현실의 경제에서는 자연독점과 기타 불완전경쟁상황이 광범위하게 존재하여, 적정공급보다 적은생산과 높은 가격으로 자원배분의 효율성이 달성되지 못하고 있다.

② 독점 등 불완전경쟁에 대한 정부개입

ㄱ 일반적인 불완전경쟁에 대한 정부개입은 '시장경쟁의 형성을 위한 규제자로서의 정부'로 나타난다. 즉, 정부는 독점발생의 원인인 진입장벽의 철폐, 독점기업의 규제를 위해 시장에 개입한다.

ㄴ 시장경쟁의 상황이 형성되어도 규모의 경제라는 기술적 속성으로 자연독점의 발생이 불가피하므로, 정부개입은 '자연독점 산업의 직접적 생산자로서의 정부(공적공급) 또는 자연독점에 대한 규제자'로 나타나기도 한다.

(3) 외부효과의 존재

① 외부효과의 개념 : 시장경제에서 외부효과란 경제주체의 행위가 타인에게 이익이나 손해를 야기함에도 불구하고, 이익이나 손해를 받은 자가 그 대가를 지불하지도 받지도 않는 현상을 의미한다. 공장의 오염물질 배출이 강 주변 주민들의 생활에 손해를 야기함에도 공장에서 그 대가를 지불하지 않는 현상과 같이, 공유재에서 현저하게 나타난다.

② 외부효과로 인한 시장실패 발생원인 : 외부효과 발생의 근본원인은, 외부적 비용이나 외부적 편익이 경제주체의 의사결정에 기초가 되는 개인적 비용이나 편익에 포함되지 못하여(재화의 비배제적 성격으로 인해) 시장가격에 반영되지 않기 때문이다. 따라서 외부적비용을 야기하는 생산물은 과다 생산되고(오염물질 배출), 외부적 편익을 발생하는 생산물은 과소 생산되어, 사회적으로 바람직한 자원배분이 이루어지지 못하게 된다.

③ 외부효과의 대책 – 내부화(Internalization) : 내부화란 그동안 반영이 되지 않았던 편익이나 비용을 포함한 사회적 편익이나 사회적 비용을 고려하여 적정가격과 생산량을 결정한다는 것이다.

ㄱ Pigou 관점 – 정부개입 : 외부경제인 경우 생산업체에게 각종 유인(보조금 지급 등 : 피구보조금)을 제공하여 적정생산이 이루어지도록 하는 반면, 외부불경제는 각종 제재(부담금 부과 등 : 피구세)를 부과함으로써 생산이 적정수준으로 감소되도록 해야 한다.

ㄴ Coase 관점 – 민간 자율해결 : 시장에서 외부효과가 발생하더라도 협상에 따른 거래비용이 적고 재산권(소유권, 점유권 – 이면도로 지정주차제)이 명확히 설정되어있다면 정부개입 없이도 당사자들 간의 자율적 협상을 통하여 외부효과가 시장에서 해결될 수 있다.

ㄷ 공유지이용규칙의 설정자로서의 정부 : 외부효과로 인해 고갈되는 바다나 강 또는 목초지 등 공유지가 지속적으로 재생산이 이루어 질수 있도록, '공유지이용규칙(어업면허제, 공원입장료 징수제, 오염배출허가제 등)의 설정자로서의 정부'로 나타난다.

(4) 불완전정보(정보비대칭)

① 의의 : 현실의 경제활동에서는 상품이나 거래상대방에 대한 정보가 불완전하거나, 거래의 일방당사자만이 정보를 지닌 비대칭적 상황이 광범위하게 존재한다. 이러한 상황에서 정보를 지닌 당사자의 기회주의적 행동(사기나 속임수)으로 인해, ㄱ 정보를 갖지 못한 당사자가 불리한 상품을 선택하는 '역선택'과 ㄴ 정보를 지닌 대리인이 정보를 갖지 못한 주인의 이익실현보다는 자신의 이익실현을 도모하는 '도덕적 해이'가 발생한다. 이는 결국 자원배분의 비효율성을 의미한다. 역선택과 도덕적 해이는 주인 – 대리인관계(주인인 국민과 대리인인 관료의 관계, 주인인 사장과 대리인인 사원의 관계)에서 주로 나타난다. 주인 – 대리인 관계에서 나타나는 도덕적 해이의 대표적 예로는, 대리인인 정치인·관료가 주인인 국민전체의 이익실현보다, 자신의 사익극대화를 도모하는 것이다.

② 불완전 정보에 대한 정부개입의 내용 : 정부의 개입은 '정보유통의 활성자·유도자로서의 정부 또는

규제자로서의 정부'로 나타난다. 상품의 품질을 보증하는 각종 인증제(KS 마크)나 자격증제도, 상품의 원산지표시제 등이 대표적이다.

(5) 소득분배의 불공평성

① 의의 : 시장이 이상적인 조건을 갖춘 경우에도, 시장에 의한 자원배분은 공평한 소득분배를 보장하지 못하여, 소득분배의 불공평을 초래한다.

② 소득분배의 불공평성에 대한 정부개입의 내용 : 정부의 개입은 소득재분배정책(누진세, 최저임금제, 국민기초생활보장제)을 통해 소득의 공평한 분배에 기여한다.

▶ 시장실패와 정부의 대응방식

구분	공적공급(조직)	공적유도(보조금)	정부규제(권위)
공공재의 존재	○		
외부효과의 발생		○	○
자연독점	○		○
불완전경쟁			○
정보의 비대칭성		○	○

제 **02** 절 | 행정국가와 정부규제

1. 행정국가의 의의

1. 개념

행정환경의 변화에 따른 행정의 기능과 역할 변화는 역사적으로 '19세기 근대 입법국가 → 20세기 현대행정국가 → 1980년대 이후의 신행정국가'로의 변화와 상응한다.

19세기 말부터 등장한 행정국가란, 입법·행정·사법 중에서 입법권이 상대적으로 우위에 있는 입법국가에 대응되는 개념으로, '행정부가 정책집행뿐만 아니라 정책결정까지 수행하여, 행정권이 상대적으로 우월한 지위에 있는 국가'를 의미한다.

2. 대두배경

① 경제·사회적 측면(시장실패 치유, 거대기업 규제) : 19C 말 산업혁명으로 인한 교통통신의 발달, 자본주의의 급격한 발전을 겪으면서 빈부격차, 독점자본 형성, 실업, 노사대립 등 심각한 폐해가 노정되었다.

② 정치적 측면(대의제 원리의 한계) : 최대다수의 최대행복의 실현을 주장하는 Bentham 등 공리주의자들의 노력으로 19C 후반부터 대중이 참정권을 획득하여 대중민주주의가 출현하게 되면서 대의민주주의는 위기에 처하게 되었다.

③ 사회구조적 측면(국가-사회의 동일화) : 현대행정 하에서는 수많은 사회문제에 대해 의회가 해결하지 못하고 정부가 직접 나서서 해결하게 됨으로써 국가는 더 이상 필요악이 아닌, 해결자로 부각되고 국가와 사회는 동질적 관계로 변모하였다.

④ 행정적 측면(행정기능의 팽창) : 각종 사회문제에 기인한 행정수요는 갈수록 전문화, 복잡화, 다양화되면서 이를 해결해야 하는 행정부의 기능팽창이 이루어졌다.

2. 현대행정국가의 특징

1. 구조적·양적 측면

(1) 행정기구의 확대 : 행정기능의 증가와 확대는 참모조직, 위원회, 공기업 등 행정기구의 수를 증가시켰다.

(2) 공무원 수의 증가 : 행정기능 및 기구의 증가는 공무원의 수를 증가시켰다.

> **✤ 파킨슨(Parkinson)의 법칙**
>
> 공무원의 수는 업무량과는 직접적 관계없이 심리적 요인에 의하여 꾸준히 증가한다는 이론으로서 큰 정부의 비효율성을 비판한 근거이론이다.
> ① 부하배증의 법칙(제1공리) : 특정 공무원이 과중한 업무에 허덕이게 될 때 동료를 보충 받아 그 업무를 반분하기를 원치 않고 그를 보조해 줄 부하를 보충받기를 원한다는 공리를 말한다.
> ② 업무배증의 법칙(제2공리) : 부하가 배증되면 과거 혼자서 일하던 때와는 달리 지시, 보고, 승인, 감독 등의 파생적 업무가 창출되어 본질적 업무의 증가 없이 업무량이 배증되는 현상을 일컫는다.
> ③ 부하배증의 법칙과 업무배증의 법칙이 악순환과정을 거쳐 공무원 수는 계속 증가한다.

(3) 예산규모의 팽창 : 행정기능의 확대·강화에 따라 정부의 공공지출도 팽창되었다.

(4) 행정기능의 확대·강화 : 자본주의의 문제를 해결하기 위해 정부규제, 사회복지기능이 확충되고, 도시문제, 교통문제, 환경문제 등에 관한 기능이 증가하였다.

2. 기능적·질적 측면

(1) 행정의 전문성·기술성·과학성 심화 : 사회의 복잡한 문제를 정부가 해결해야 하므로 행정의 전문성·기술성·과학성이 심화되었다. 특히 불확실성이 높아지면서 정확한 예측을 위한 각종 통계분석기법이 더욱 필요해졌다.

(2) 정책결정 및 기획 기능 중시 : 단순한 집행 기능을 넘어서 사회의 바람직한 목표를 설정하고 여기에 맞는 최적의 대안을 결정하는 기능이 중시됨에 따라, 정책결정과 기획의 중요성이 부각되었다.

(3) 자유재량권 확대와 준입법권·준사법권 보유 : 사회문제의 복잡성에 기인한 전문성·기술성의 증가로 의회의 행정부 통제가 무력화되고 입법과정은 전문성과 기술성을 갖춘 행정부에게 위임되었다.

(4) 환경의존성 심화 : 불확실한 환경에의 의존성이 갈수록 심화됨에 따라 행정체제가 유연하고 신축적인 행정체제로 전환되었다.
   ① 기계적·경직적 조직구조 ➡ 동태적·신축적 조직구조(팀제 등)
   ② 통제지향적인 품목중심 예산(품목별예산) ➡ 신축적인 사업중심 예산(성과주의예산, 계획예산 등)
   ③ 소극적·형식적 인사행정(실적제) ➡ 적극적·신축적 인사행정(개방형 임용 등)

(5) 행정의 광역화와 신중앙집권화 : 교통통신기술의 발달로, 효율적이고 통일된 행정서비스제공을 위해, 지방행정단위가 광역화되고 있다. 광역행정의 확대와 함께, 중앙정부의 지방자치단체사무 흡수와 지방자치단체에 대한 중앙통제의 강화현상이, 19세기 서구의 근대민주주의국가에서 이루어진 지방자치추세와 대칭된다는 의미에서 '신중앙집권화'로 표현된다.

(6) 행정책임과 통제 중시 : 행정국가 현상으로 국민에게 정치적 책임을 지지 않는 전문직업 관료들에게 실질적인 정책결정 권한과 광범위한 재량권이 부여되는 상황에 이르게 되고 이에 따라 국민의 권익과 자유가 침해될 가능성이 높아지자, 행정통제·행정책임·행정윤리·공익 등이 중시되었다.

✤ 정부팽창에 대한 논의

1. 과다공급설(정부기능의 팽창에 관한 논거)
   (1) Wagner의 법칙 : 바그너에 의하면 사회경제적 진보가 지속되는 한, 국가의 새로운 기능이 생겨나면서 국가경비가 팽창된다.
   (2) Peacock & Wiseman의 정부지출의 대체효과 : 전위효과라고도 하며 이는 전쟁 등의 위기 시에 국민이 조세에 대한 허용수준이 증대하면서 급격한 팽창이 이루어진다는 것이다. 이렇게 한번 증가한 재정수준은 경제가 정상으로 회복되더라도 단속적 효과(톱니바퀴 효과)가 발생하여 남는 재원이 새로운 사업계획을 추진하는데 이용됨으로써 원상태로는 돌아가지 않는다는 것이다.
   (3) Baumol's Disease(보몰병) : 정부가 생산·공급하는 것이 주로 서비스의 형태를 가지고 있기 때문에 정부부문의 생산성 증가속도는 상대적으로 느릴 가능성이 있다. 보몰은 정부부문의 생산성이 정체상태에 있기 때문에 비용절감이 힘들고 따라서 정부지출의 규모가 점차 커질 수밖에 없다고 하였다.

(4) **Niskanen의 예산극대화모형** : 관료들은 가능한 한 더 큰 예산을 따오려고 노력하는 성향을 보인다. 개인적인 이해관계에서 볼 때 예산이 클수록 더 유리하기 때문인데, 이런 성향에 적절한 제동을 걸지 못해 정부지출이 크게 늘어난다는 것이다.

(5) **Buchanan의 다수결투표** : 다수결투표는 예산규모를 팽창시키고 공공재의 과다공급을 초래한다. 그리고 투표의 거래, 즉 log-rolling에 의해 과대 지출될 수도 있다. 개별사업 하나하나를 보면 바람직하지 못하지만 표의 교환 행위를 통해 서로 불필요한 사업을 끼워넣어 거래함으로써 사업이 팽창하게 된다는 것이다.

(6) **양출제입의 원리** : 가계의 운영에 있어서 수입과 지출이 직접적으로 연계되어 수입한도 내에서 지출이 이루어진다(양입제출). 그러나 정부는 수입과 직접 연계되지 않는다. 정부는 양출제입의 원리에 입각하기 때문에 지출의 수요가 있으면 수입을 확대한다. 그리고 반대급부 없이 강제적으로 징수되는 세금원리에 입각하기 때문에 낭비적 지출이 가능해진다.

(7) **지출한도의 부재** : 정부의 지출에는 팽창을 통제할 수 있는 가시적인 길항력이 없다. 정부의 프로그램은 경직성이 강하여 한번 지출이 이루어지고 나면 좀처럼 없어지지 않는 자생력을 가지고 있기 때문에 정부부문이 팽창한다는 것이다.

2. 과소공급설

(1) **Duesenberry의 전시효과** : 민간재는 주위를 의식한 나머지 체면유지 때문에 실제 필요한 지출보다 더 많은 지출을 한다. 그러나 공공재는 전시효과가 나타나지 않기 때문에 공공재의 소비가 덜 이루어진다는 것이다.

(2) **Galbraith의 선전효과(의존효과)** : 민간의 사적재는 각종 선전을 통해 소비자들의 욕구를 촉발하는 데 비해 공공재는 선전이 이루어지지 않기 때문에 소비욕구를 유발하지 못한다고 주장한다.

(3) **Musgrave의 조세저항** : 대체로 일반인들은 조세를 납부하더라도 그로부터 편익을 얻는다는 것을 인지하지 못하기 때문에 가능하면 조세를 납부하지 않으려는 부정적인 조세의식을 갖고 있으며, 이로 인해 공공재의 과소공급이 이루어진다는 것이다.

(4) **Downs의 합리적 무지** : 공공재의 경우 정보수집비용이 정보수집편익보다 더 크기 때문에 정보수집 행위를 하지 않는다. 따라서 시민들은 합리적 무지에 놓이게 되어 공공서비스의 편익을 모른 채 공공서비스의 확대에 저항한다.

3. 정부규제

1. 의의

정부규제란 정부가 바람직한 경제사회 질서를 구현하기 위하여 시장에 개입하여 기업과 개인의 행위를 제약하는 것이다. 행정규제기본법에서는 정부규제의 개념을 '특정한 행정목적을 달성하기 위하여 국민의 권리를 제한하거나 의무를 부과하는 것'으로 규정하고 있다.

2. 필요성 – 시장실패의 시정

(1) **경쟁의 증진** : 규제는 독과점이나 불공정한 거래를 방지함으로써 유효적절한 경쟁상태를 조성하는 것을 목표로 한다.

(2) **공정성의 확보** : 규제는 공정성의 확보를 위한 것이고 이는 소비자·공급자 다 같이 해당된다.

(3) 외부효과의 해소 : 외부효과에는 교육과 같이 긍정적인 것이 있는가 하면, 공해와 같이 부정적인 것이 있는데 다 같이 정부개입의 대상이 된다. 긍정적인 경우에는 보조금을 지불할 수 있고 부정적인 경우에는 그 행위를 금지시키거나 벌과금을 부과할 수 있다.

(4) 불공정한 소득배분의 시정 : 자유경쟁시장 하에서 이루어지는 소득분배는 공정하지 못할 수가 있는데 불공정한 소득분배를 개선하기 위하여 최저임금제 같은 것을 제정할 수 있다.

3. 유형

(1) 경제적 규제와 사회적 규제

① 경제적 규제

　㉠ 의의 : 경제적 규제는 정부가 개입하여 개인과 기업의 본원적인 경제활동(기업설립, 가격결정, 생산량, 품질)에 대한 규제를 의미한다. 경제적 규제는 그 효과가 개별기업에 국한될 수 있기 때문에 특정기업으로부터 포획현상이나 지대추구현상이 나타날 수 있다. 이러한 경제적 규제의 목적은 자연독점에 의한 폐해를 방지하고, 폭리·부당이득을 방지하며, 과다경쟁을 방지하고, 특정산업을 보호하는 데 있다.

> ✤ **포획현상과 지대추구**
>
> 1. 포획(Capture)현상
>   규제기관(공무원)이 피규제기관(규제대상인 기업이나 이익집단)으로부터 뇌물, 향응 등 직무와 관련된 각종 편의를 제공받고 그들의 이익을 옹호하는 현상으로서 관료의 도덕적 해이(Moral hazard) 행태와 관련되며 규제행정의 공평성이 저해된다. 특히 퇴직자가 관련 민간단체로 취업하고 공무원에게 로비활동을 하면서[인사교류와 전관예우] 규제개혁이 어려워지고 공무원과 민간조직이 더욱 유착되는 관피아[관료＋마피아] 현상이 심화되고 있다.
>
> 2. 지대추구현상
>   지대추구란 국가가 승인한 독점권으로부터 발생하는 수익을 개인 또는 기업이 획득하고 유지하기 위한 행위이다. 즉, 기업들은 '비경쟁체제 하에서 발생한 독점적 이익'(지대)을 지속적으로 향유하기 위하여 경쟁체제에서라면 기술개발 등 건전한 생산에 투입하여야 할 자원을 정부관료에게 비생산적·낭비적 비용(뇌물, 향응 등 로비활동)으로 지출하게 된다. 따라서 지대추구는 자원의 비효율적 배분을 야기하고 독과점현상을 조장함으로써 사회 전체의 후생 감소와 공무원부패 및 포획을 초래한다.

　㉡ 유형

　　ⓐ 독과점금지 및 불공정거래규제 : 시장에서의 독과점적인 위치를 확보하여 불공정거래행위를 함으로써, 공정한 경쟁 질서를 해치고 경제력 집중을 초래할 가능성이 있을 때, 이를 방지·시정하기 위해 이루어지는 규제이다. 이 규제는 시장경쟁의 제약이 아니라 시장경쟁을 확보하는 방향으로 이루어진다는 점에서 시장경쟁을 제한하는 속성을 갖고 있는 일반적인 경제적 규제와는 성격이 다르다.

　　ⓑ 가격규제 : 시장에 의한 가격결정이 공익에 위배된다고 생각되는 경우 가계가 제공하는 생산요소의 가격과 기업이 생산하는 제품이나 가격을 직접 규제하는 것이다.
　　　예 최고·최저가격규제, 공공요금규제 등

ⓒ 진입규제와 퇴거규제 : 진입규제란 어떤 사업이나 직종에 참여하여 사업을 할 수 있는 영업의 자유를 제약하는 규제로서 각종 사업에 대한 인·허가, 직업면허, 특허, 수입규제 등이 그 예이다. 퇴거규제란 특정지역이나 특정계층의 소비자를 보호하기 위하여 기왕에 하고 있는 사업에서 탈퇴하지 않도록 하는 것이다.

ⓓ 품질규제 : 생산자가 시장에 공급하여 유통되는 재화와 서비스의 질을 규제하는 것이다.

② 사회적 규제

㉠ 의의 : 사회적 규제란 시장에서 적절하게 취급받지 못하는 사회적 가치와 이익을 보호하기 위해, 사회적으로 바람직하지 않은 결과를 초래할 수 있는 기업의 행동을 통제하여 기업의 사회적 책임을 강제하기 위한 규제를 의미한다. 경제적 규제에 비하여 규제의 대상이나 효과가 광범위하기 때문에 특정 피규제집단으로 부터의 포획이나 지대추구의 가능성이 거의 없다. 이러한 사회적 규제의 목적은 삶의 질을 확보하고, 인간의 기본적 권리를 신장시키며, 경제적 약자를 보호하고 사회적 형평성을 확보하는 데 있다.

㉡ 유형

ⓐ 소비자 보호규제 : 독과점이나 기업 간 담합으로 소비자가 입게 될 경제적 손실을 방지하고 기업의 부당행위로부터 소비자를 보호하기 위한 것이다.

　　🤍 의약품규제, 소고기 원산지표시, 식품안전규제 등

ⓑ 환경규제 : 산업화와 기술발전 등으로 환경오염이 심각해지면서 환경보호를 위한 규제가 중시되고 있다.

ⓒ 작업안전·보건규제 : 안전한 작업조건에서 근로자가 일을 할 수 있도록 근로자의 생명과 건강을 보호하기 위한 것이다.

ⓓ 사회적 차별에 대한 규제 : 고용·임금 등의 남녀차별, 장애인에 대한 고용차별, 학력이나 출신지역에 따른 차별 등에 대하여 규제하는 것이다.

▶ 경제적 규제와 사회적 규제

구분	역사	규제의 효과	재량여부	규제실패 우려 (포획 및 지대추구)	규제개혁 방향	개혁목표
경제적 규제	오래됨	개별기업	재량적 규제	높음	완화	부패방지, 경쟁촉진
사회적 규제	최근	광범위	비재량적 규제	낮음	강화	삶의 질 향상

(2) 규제 대상에 따른 유형

① 수단규제(투입규제) : 정부가 특정목표달성을 위하여 필요한 기술이나 행위 등 수단을 갖추거나 이행할 것을 사전적으로 규제하는 것이다. 🤍 작업장 안전 확보를 위한 안전장비 착용을 규제하는 것 등

② 성과규제(산출규제) : 특정 사회문제 해결에 대한 목표달성 수준만을 정하고 피규제자에게 이를 달성할 것을 요구하는 사후적 규제이다. 🤍 대기오염 방지를 위해 이산화탄소 농도를 일정수준으로 유지하도록 하는 것, 개발 신약에 대한 허용 가능한 부작용 발생 수준을 규제하는 것 등

③ 관리규제(과정규제) : 수단과 성과가 아닌 규제과정(규제절차)을 규제하는 것이다. 📖 식품안전성 확보를 위한 식품위해요소 중점관리기준(HACCP)을 규제하는 것 등

(3) 규제 수단에 따른 유형

① 직접적 규제(명령지시적 규제) : 국가가 직접규제를 위한 명령(시정명령), 처분(인가, 허가), 규칙이나 기준(환경오염기준, 성과기준)을 설정하여 의무화시키고 금지·제한하는 행위를 말한다.

② 간접적 규제(시장유인적 규제) : 국가가 강제적 수단에 의하지 아니하고 국민과 대등한 입장에서 간접적으로 민간의 활동에 영향을 미치는 행위로서 비강제적 방법(공해배출 부과금, 보조금 지급, 세제지원 등)에 의한다.

▶ 직접적 규제와 간접적 규제

구 분	명령지시적 규제(직접적 규제)	시장유인적 규제(간접적 규제)
내 용	규제기준을 설정하고 기준준수를 의무화하면서 이를 위반 시 처벌	의무부과하되, 순응여부를 민간판단에 맡기면서 순응 시 유인·불응 시 부담
이행수단	위반 시 형사 처벌	행정적 수단(세제혜택, 보조금 지급, 부담금 부과, 오염허가서·오염배출권 등)
재량성	민간재량성 작음, 정부재량성 큼(규제기준의 위임입법화, 대상기준의 선정 등) ∴정부 선호	민간재량성 큼(민간이 비용-편익을 비교하여 순응여부를 합리적으로 선택), 정부재량성 작음 ∴민간 선호
경제적 효율성	낮음	높음(경제적 판단에 따라 합리적 선택)

4. 규제에 관한 정치경제이론

(1) 집단행동의 딜레마-정부규제의 원인

집단행동의 딜레마란 수많은 기업 또는 수많은 사람으로 구성되는 집단 혹은 잠재적 집단이 공통의 이해관계가 걸려 있는 문제를 스스로의 노력으로 해결하지 못하는 상황을 말한다. 이는 무임승차(Free-ride)로 인해 나타나게 되는데 공공재는 비배제성으로 인해 구성원이 특별한 노력을 들이지 않아도 혜택을 보게 되므로 공공재의 공급에 누구도 자신의 노력을 제공하지 않으려는 현상이 발생하는데 이러한 '집단행동의 딜레마(1/N)'를 해결하기 위해 정부가 개입(정부규제)하게 된다.

(2) J. Q. Wilson의 규제정치이론

J. Q. Wilson은 규제의 비용과 편익이 집중되느냐, 분산되느냐에 따라 다음과 같이 네 가지 정치적 상황을 제시하였다.

		감지된 편익	
		좁게 집중	넓게 분산
감지된 비용	좁게 집중	이익집단 정치	기업가적 정치
	넓게 분산	고객 정치	대중적 정치

① 고객 정치 : 정부규제에 따른 비용은 상대적으로 작고 이질적인 불특정 다수인에게 분산되지만, 편익은 동질적인 소수에게 크게 귀속되는 경우(수입규제, 직업면허, 농산물 최저가격규제 등)이다. 규제기관에 대한 규제수혜자(수입업자, 면허취득자, 농민)의 강력한 영향력 행사가 이루어지고, 정부규제는 조용한 막후교섭과 로비 등에 의해, 공익집단의 반대가 없는 한 은밀하게 발생된다. 이 과정에서 규제기관이 피 규제기관에 의해 포획(Capture)될 가능성이 크다.

② 기업가적 정치 : 비용은 소수의 동질적 집단에 집중되고 편익은 대대수에 넓게 확산되어 있는 경우(환경오염규제, 원자력발전규제, 안전규제 등)이다. 조직화된 비용부담자는 강력히 저항하는 반면, 수혜자는 집단행동의 딜레마에 의해 활동이 미약하여, 규제가 발생하기 힘들다. 그러나 사회적 분위기나 정치적 사건, 기업가적 정치인(공익운동가, 기자, 국회의원 등)의 활동에 의해 규제가 발생한다.

③ 이익집단 정치 : 정부규제로부터 예상되는 비용과 편익이 소수의 동질적 집단에 국한되어, 대립하는 쌍방이 조직화와 정치행동의 유인을 가지고 첨예하게 대립하는 경우(한약분쟁, 의약분업정책, 노사분규 등)이다. 여기서 정부규제는 이익집단의 타협과 협상의 결과로서 발생하고, 정부는 중립적 조정자의 역할을 한다.

④ 대중적 정치 : 정부규제에 대한 비용과 편익이 이질적인 불특정다수에게 미치는 경우(차량10부제 운행, 낙태규제, 음란물규제 등)이다. 어느 누구도 규제로부터 특별한 이익이나 손해를 보는 것이 아니므로, 그러한 규제를 강력히 요구·반대하는 집단이 존재하지 않는다. 따라서 이러한 규제의 발생은 새로운 사상의 확산과 일반국민의 감정변화에 근거한 기업가적 정치인들의 주도적 역할로 가능해진다.

5. 규제의 폐단과 규제완화의 필요성

(1) 규제의 폐단

① 기회의 불평등야기 : 인·허가 등의 규제는 신규사업자의 사업 참여기회를 박탈·제약하여, 경제주체 간에 기회의 불평등을 야기한다. 이는 진입과정에서 불필요하고 치열한 경쟁과 이권개입 등을 초래하게 된다.

② 포획(capture)과 관료부패가능성 : 정부의 인·허가는 그 자체로 하나의 이권이 되므로, 이를 둘러싸고 규제기관이 어느 한 이익집단에 포획되기 쉽고, 관료부패가 발생하기 쉽다.

③ 경쟁의 결여와 기술개발에 소홀 : 정부의 인·허가 등 규제는 시장에서의 진입장벽구축과 독점적 지위부여를 통해 경쟁을 저해한다. 그리고 기술개발과 경쟁에 의한 생존보다는 규제로부터 비롯되는 독점적 지위의 획득에 의한 이득 즉, 지대추구(Rent seeking)를 통해 경제적 비효율이 증가한다.

④ 규제의 역설 : 정부에 의해 형성된 규제가 실제로 집행되는 과정에서 규제의 목적과 달리 정반대의 효과를 발생하는 현상을 의미한다.

⑤ 규제의 악순환 : Mckie의 '끈끈이 인형효과(Tar baby effect)'와 '규제의 조임쇠(Regulatory ratchet)'에서 보듯이 정부규제는 한 번 생기면 쉽게 사라지지 않고 규제가 규제를 낳게 된다.

(2) 규제완화의 필요성

① 의의 : 규제완화란 규제의 목적이 경제적 현실에 비추어 더 이상 부합하지 않거나 규제가 오히려 경제의 효율성을 저해하고 있다고 판단되는 경우, 규제를 폐지·축소하는 것이다.

② 규제완화의 배경 및 요인

   ㉠ 경제의 효율성 및 경쟁력저하 : 경제의 성장과 안정을 위한 정부의 역할이 강조되면서 그동안 꾸준히 증가해 온 정부의 시장개입의 결과가 오히려 경제의 활력을 위축시키고 경제의 효율성을 저하시키면서 경제구조의 경쟁력이 취약해졌다는 인식이 확산되었다.

   ㉡ 경제의 인플레이션 초래 : 복지정책이나 재정 및 금융정책의 추진을 위한 정부규제는 경제의 인플레이션을 초래하는 원인이 된다.

   ㉢ 정부기구의 비효율성 증대 : 정부개입의 확대 및 심화로 인해, 정부기구는 급격하게 팽창함으로써 정부부문에서 발생하는 비효율성이 매우 높아지고 있다는 인식이 확산되었다.

   ㉣ 새로운 산업의 성장 저해 : 정보화 등으로 기술 환경이 급격히 변화하면서, 기존의 규제는 새로운 산업의 성장에 장애가 된다.

6. 우리나라의 규제완화와 규제개혁

(1) 우리나라의 규제개혁 : 「행정규제기본법」

① 규제법정주의 : 규제는 법률에 근거하여야 한다.

② 본질적 내용의 침해금지 : 국가 또는 지방자치단체는 국민의 자유와 창의를 존중하고, 규제를 정하는 경우에도 그 본질적 내용을 침해하지 아니하도록 하여야 한다.

③ 실효성의 원칙 : 국가 또는 지방자치단체는 국민의 생명·보건과 환경 등을 보호하기 위한 규제를 실효성 있게 정하여야 한다.

④ 규제 최소한의 원칙 : 규제는 국민의 자유와 창의를 존중하고, 그 본질적 내용을 침해하지 않도록 하고, 규제의 목적달성에 필요한 최소한의 범위에 국한되어야 한다.

⑤ 규제일몰제 : 규제의 존속기한 또는 재검토기한은 최소한으로 하되 5년을 초과할 수 없다.

(2) 규제영향분석

① 의의

규제를 새롭게 도입하거나 기존의 규제를 강화하고자 할 때 규제의 사회적 편익과 비용을 점검하고 측정하는 체계적인 의사결정 도구를 의미한다.

② 내용

㉠ 규제의 신설 또는 강화의 필요성, ㉡ 규제 목적의 실현 가능성, ㉢ 규제 외의 대체 수단 존재 여부 및 기존규제와의 중복 여부, ㉣ 규제의 시행에 따라 규제를 받는 집단과 국민이 부담하여야 할 비용과 편익의 비교 분석, ㉤ 경쟁 제한적 요소의 포함 여부, ㉥ 규제 내용의 객관성과 명료성, ㉦ 규제의 신설 또는 강화에 따른 행정기구·인력 및 예산의 소요, ㉧ 관련 민원사무의 구비서류 및 처리 절차 등의 적정 여부

(3) 규제개혁위원회에 규제의 등록 및 공표제도

① 중앙행정기관의 장은 소관규제의 명칭·내용·근거·처리기관 등을 규제개혁위원회에 등록하여야 한다.

② 규제개혁위원회는 등록된 규제사무목록을 작성하여 공표하여야 한다.

③ 규제개혁위원회는 대통령 소속기관으로 위원장 2명(국무총리와 대통령이 위촉한자)을 포함한 20명 이상 25명 이하의 위원으로 구성한다.

(4) 규제완화 또는 규제개혁의 방향

① 규제의 합리화(경제적 규제의 완화와 사회적 규제의 강화) : 진입규제, 가격규제, 기타 영업활동에 대한 규제 등 경제적 규제는 국민의 자율성과 창의성 침해를 해소하도록 대폭 완화되어야 한다. 그러나 경제적 규제 중 독과점규제와 환경, 여성, 아동, 보건, 의료 등 사회적 약자를 위한 사회적 규제는 국민의 삶의 질을 향상시키기 위하여 그대로 유지하거나 오히려 강화되어야 한다. 이러한 규제 개혁은 부패방지, 경쟁촉진, 삶의 질 향상 등을 목표로 하여야 한다.

② 자율규제와 사후규제체제의 확립 : 가급적 시장과 사회의 자율규제에 맡기고, 직접규제에서 간접규제로, 사전규제에서 사후규제로 방식을 개선하며, 규제방식을 Positive system(원칙금지·예외허용체제)에서 Negative system(원칙허용·예외금지체제)로 전환할 필요가 있다.

③ 규제개혁의 3단계 : 규제개혁은 일반적으로 규제완화(규제총량감소) ➡ 규제품질관리(규제영향분석) ➡ 규제관리(전반적인 규제체계관리) 등의 단계로 진행된다.

단계	내용	의의	개혁 내용
1단계	규제완화 (양적 측면)	각종 규제에 의한 국민이나 기업의 부담을 경감	절차와 구비서류 간소화, 규제순응비용 감소, 규제총량 규제
2단계	규제품질관리 (질적 측면)	개별규제의 질적 관리, 즉 개별규제 수단의 적정성과 효율성에 대한 평가와 개선	유연하고 단순한 비규제적 수단의 모색, 신설 강화 규제에 대한 규제영향평가, 규제기획제도를 통한 규제의 품질ㄴ관리
3단계	규제관리 (전반적 효과측면)	전반적인 규제체계까지 관심을 갖는 거시적 접근, 즉 전반적인 규제체계가 원래 의도한 사회경제적 목표를 달성하고 있는가를 평가	성과지향적 규제체계 설계 및 구축, 규제목표 달성 시 적은 비용으로 순응 극대화

✤ 행정지도

(1) 의의 : 행정지도는 행정주체가 행정목적을 달성하기 위하여 시민에게 영향력을 행사하는 비법률적·비권력적 행정작용이다. 따라서 지도형식에 일률적인 제한을 받지 않으면서 국민에게 영향을 미치려는 의사표시적 행위이자 국민을 대상으로 하는 행정체제의 경계적 영역이다.

(2) 유용성 : 민간부문의 정부 의존도가 높을수록, 행정수요의 변화에 비해 입법조치가 탄력적이지 못할수록, 행정수요가 임시적·잠정적이어서 법적 대응이 곤란할 때 그 유용성이 크다.

(3) 유형 : 규제적 행정지도(행위 규제), 조정적 행정지도(이해관계 조정), 조성적 행정지도(지식이나 정보를 제공하는 등 시민의 이익을 증진)

(4) 장 점
  ① 행정의 원활화 : 국민과 정부 간의 의사소통만으로도 행정목적을 원활히 달성할 수 있다.
  ② 행정의 적시성·상황적응성 제고 : 새로운 행정수요에 탄력적으로 적응할 수 있다.
  ③ 행정의 간편성 : 간편한 절차로 시간과 비용을 절감할 수 있다.
  ④ 행정절차의 민주화 촉진 : 행정지도는 대개 상대방의 동의와 협조 하에 이루어지므로 행정기관과 국민 간 갈등과 마찰을 줄임으로써 행정의 민주화에 기여한다.

(5) 단 점
  ① 책임의 불명확성과 구제수단의 미흡 : 비법률적 행정작용인 행정지도의 특성상 법적 책임이 모호하여 국민이 그 피해를 구제받기 곤란하다.
  ② 행정의 과도한 팽창 : 행정지도에 따른 업무(각종 보고서 작성 등)의 증가로 행정이 과도하게 팽창된다.
  ③ 공무원의 재량권 남용 및 법치주의 침해 : 우월적 지위와 각종 권력을 배경으로 재량권 남용에 따른 자의적 결정이 이루어질 수 있으므로 법적 근거 없이 형평성을 훼손하고 국민권익을 침해함으로써 법치주의를 침해할 수 있다.
  ④ 안정성, 보편성, 일관성 취약 : 법에 근거가 없으며 그때그때의 상황에 따라 다른 내용의 지도가 이루어지므로 안정성, 보편성, 일관성을 갖추지 못한다.

(6) 행정절차법과 행정지도
  ① 원칙 : 최소한의 원칙(목적달성에 필요한 최소한에 그쳐야 함), 불이익금지의 원칙(행정지도에 따르지 않았다는 이유로 불이익한 조치를 해서는 안 됨)
  ② 행정지도 방식 : 행정지도를 행하는 자는 그 상대방에게 당해 행정지도의 취지, 내용 및 신분을 밝혀야 하며 행정지도가 구술로 이루어진 경우 상대방이 서면으로 교부를 요구하는 때에는 이를 교부해야 한다.
  ③ 행정지도에 대한 의견제출 : 행정지도의 상대방은 당해 행정지도의 방식과 내용 등에 관하여 행정기관에 의견을 제출할 수 있다.
  ④ 다수인을 대상으로 하는 행정지도 : 행정기관이 같은 행정목적을 실현하기 위하여 다수의 상대방에게 행정지도를 할 때에는 특별한 사정이 없는 한, 행정지도에 공통적인 내용이 되는 사항을 공표하여야 한다.

제03절 | 정부실패

1. 의의

1. 개념

정부실패란, 시장실패를 교정하기 위한 정부의 개입이 시장실패의 교정에도 실패하고, 오히려 자원배분의 비효율성과 불공정성을 초래하는 현상을 의미한다.

2. 대두배경

이러한 정부실패현상은 ① 1960년대 이후 복지병으로 대표되는 복지국가의 위기와 스테그플레이션으로 인한 경제안정화정책의 실패, 그리고 재정적자의 급증으로 인한 정부부문의 낭비와 비효율성에 대한 인식으로부터 출발한다. ② 또한, 정부실패는 행정국가의 정치적 비대응성, 비민주성의 측면에서 파악되기도 한다.

2. 정부실패를 야기하는 정부산출물의 수요와 공급측면의 특성에 따른 원인

1. 정부산출물의 수요측면의 특성

(1) 시장실패에 대한 일반인들의 인식고조 및 행정수요의 팽창

시장실패의 다양한 현상에 대한 일반인들의 인식이 고조되면서, 환경문제나 독점 등 시장실패에 대한 정부개입을 당연하게 요구하게 되고, 행정수요와 정부기능은 지속적으로 팽창하여 왔다.

(2) 정치인의 단견(정치인의 높은 시간할인율)

정치인들의 짧은 임기에 따른 단기적·근시안적 사고방식이 정치인의 시간할인율을 사회의 시간할인율보다 높게 한다(➡ 이에 따라 정치인은 장기적 이익과 손해의 현재가치를 낮게 평가하고, 단기적인 이익과 손해를 높게 평가한다). 결국 장기적 시계에서 결정·추진되어야 하는 정책을 단기적으로 추진토록 하여 국가적 낭비와 비효율을 초래한다.

(3) 정치적 보상구조의 왜곡

사회문제에 대한 정부활동과정에서 정치인이나 관료에 대한 정치적 평가와 보상이 실질적인 성과보다 상징적이고 현시적인 결과(사회문제의 해악강조나 문제해결의 당위성 강조)에 의존하여 이루어지는 왜곡성을 지니고 있다. 그 결과 정치인들이나 공무원들은 소위 '한건주의'나 '인기관리'에 치중한 문제와 행정수요를 제기하게 되고, 무책임하고 현실성 없이 정부활동을 확대시키는 경향이 나타난다.

2. 정부산출물의 공급측면의 특성

(1) 정부산출물의 정의와 측정의 곤란성(무형성)

정부가 생산하는 산출물(국방, 치안 등)은 서비스적 성질이 강해, 명확한 정의와 양적 측정이나 질적 평가가 곤란하고, 그 성과를 판단하기가 어렵다.

(2) 독점생산(경쟁의 부재)

정부의 산출물은 정부기관별로 독점적 관할권이 법적으로 인정되어 있기 때문에 공급과정에서 경쟁이 존재하지 않는다. 이러한 독점은 '경쟁의 편익(자원배분의 효율성, 창의성, 고객지향주의, X-효율성 등)'을 박탈하는 결과를 야기한다.

> ❖ X-효율성
>
> X-효율성이란 Leibenstein이 제시한 개념으로, 경쟁압력이 존재함으로써 나타나는 조직운영이나 경영상의 효율성(타 경쟁조직보다 조직운영을 효율화하려는 것)을 의미한다. 이런 점에서 X-효율성은 '내부적 효율성'으로, Pareto효율성으로 대표되는 '자원배분의 효율성'과는 구별되나, 양자 모두 경쟁이 존재함으로써 발생한다는 점에서 시장장치의 효율성에 대한 근거가 된다. 따라서 시장이 독점인 경우나 독점을 특징으로 하는 정부부문에서는 경쟁이 존재하지 않아, X-비효율성이 나타난다.

(3) 최저선 및 종결 메커니즘의 결여

정부부문에는 비용개념의 결여로 시장산출물에 대한 손익계산서와 같은 업적평가에 의한 종결 메커니즘이 부재하다. 또한 비효과적인 정책도 정치적 고려 등에 의해 그대로 유지되는 경우가 많아, 일단 한 번 정책으로 설정되면 폐지가 어렵다.

3. 유형

1. 비용과 편익의 절연

정부정책에서는 정책의 비용부담집단과 편익수혜집단이 서로 다르게 되는 절연이 존재한다. 이러한 편익과 비용 간의 절연으로 인해, 정책수혜집단은 정치적 조직화나 로비를 통해 과도한 정부개입을 창출하려고 시도하고, 정책비용부담집단은 정부의 비 개입을 창출하려고 시도한다. 이 경우 진정한 정책수요보다 과다·과소의 정부개입이 일어나게 되고, 이는 경제적 차원에서 비효율적일 수밖에 없다.

2. 내부성(내부조직 목표와 사회적 목표의 괴리)

정부조직의 내부목표는 정부기관으로서 당연히 추구해야 할 공익목적과 연계되지 않는 경우가 많다. 정부조직의 목표는 사회적 목표나 공익과 무관하게 사익적인 경우가 많은데, 이를 내부성(Internality)이라고 한다.

(1) 예산의 극대화

공공기관은 내부적으로 자신의 관할 하에 있는 예산이나 인력규모의 극대화를 통해, 관료의 이익과 영향력을 확대하려고 한다. 이는 'Niskanen의 예산극대화모형'이나 '파킨슨법칙'에서 알 수 있는 현상이다.

(2) 최신기술에 대한 집착

정부활동의 성과, 특히 정부산출물의 질에 대한 평가와 측정은 매우 어렵기 때문에 정부조직은 비용은 제대로 감안하지 않고 새로운 기술, 최신의 기술, 보다 복잡한 첨단과학기술을 도입하려 한다.

(3) 정보의 획득과 통제

정보를 취득하고 통제함으로써 자신의 영향력과 권력을 확대·유지하려는 경향이 나타난다. 이는 공유되어야 할 정보를 통제하게 되어 자원배분이 왜곡될 가능성을 높게 한다.

3. 파생적 외부효과

파생적 외부효과란 시장실패를 시정하기 위한 정부개입의 결과로 나타나는 예상치 못한 파급효과와 부작용을 말한다. 이는 주로 정치적 압력에 따라 조급하게 이루어지는 졸속행정이 주된 원인이다.

4. 권력과 특혜에 따른 분배적 불공평

정부개입 그 자체가 특정인이나 집단에 대해 권력과 특혜를 야기하여 새로운 불공평성을 발생시킨다. 분배의 정의를 실현하기 위한 정부의 직접개입이 각종 보조금이나 세제상의 우대조치, 특정산업의 보호·육성 등 포획현상으로 분배의 불공평을 초래할 수도 있다.

▶ 정부실패에 대한 정부의 대응방식

구분	민영화	정부보조 삭감	규제완화
사적목표의 설정	○		
X비효율·비용체증	○	○	○
파생적 외부효과		○	○
권력의 편재	○		○

1. 감축관리

1. 개념

감축관리(Cutback management)란 자원소비와 조직 활동의 수준을 낮추는 방향으로 조직의 변동을 관리하는 것으로, 불필요하거나 역기능적인 과다한 기능이나 조직 그리고 정책을 정비 또는 종결하는 행위를 의미한다. 감축관리는 단순한 정책이나 조직의 폐지가 아니라 조직전반의 전체적인 효과성을 높이기 위한 정비운동이다.

2. 대두요인

(1) 자원의 희소성에 대한 인식과 재정난

감축관리를 추구하는 가장 중요한 요인은 자원의 희소성이다. 특히 1970년대에 두 차례의 석유파동과 경기침체로 재정압박과 재정적자가 발생하면서 감축관리의 필요성이 대두되었다.

(2) 정부실패 초래

1970년대 석유파동으로 촉발된 감축관리론은, 정부실패와 신자유주의의 영향을 받아 등장한 '작은 정부론'의 등장과 함께 강화되고 있다.

(3) 정책유효성의 변화

사회의 변화에 따라 기존정책의 실효성이 약화되면서 해당 정책이나 조직의 폐지가 요구되었다.

3. 방법

(1) 구조·기능의 축소

불필요한 기구와 인력을 단순 축소하거나 기능을 대국대과주의에 입각하여 통폐합한다.

(2) 예산의 감축 – 예산의 점증적 증가 억제

① 영기준예산(ZBB) : 점증주의 예산방식에서 완전히 탈피하여 모든 사업을 원점에서 재평가함으로써 사업의 우선순위를 결정한 뒤 이 기준에 맞게 예산을 결정한다.

② 일몰법(Sunset Law) : 특정한 법규·정책·규제·사업 등에 대하여 존속기한(3~7년)을 설정하고 일정기간경과 후 재검토하여 존재가치가 없다고 판단되면 폐지 또는 소멸시키는 제도이다.

(3) 정책종결 및 통폐합

사업 성과가 미약하거나 우선순위가 낮은 정책이나 사업을 폐지하거나 유사한 사업을 통합하여 시행한다.

(4) 민영화

정부기능을 외부 민간조직에 완전히 이양(외부 민영화)하거나 민간조직과 위탁계약(내부 민영화)을 체결한다.

(5) 규제완화 및 행정절차 간소화

불필요한 규제를 축소·철폐하여 행정절차를 간소화한다.

4. 저해요인

(1) 조직의 생존본능과 동태적 보수주의

모든 조직은 생존본능이 강하기 때문에 감축관리가 힘들며, 조직의 존립목적인 목표가 달성되거나 또는 달성 불가능한 경우 환경의 변동을 시도하여 조직의 생존을 지속시키려는 동태적 보수주의를 나타낸다.

(2) 이해관계자의 저항

감축관리는 기구의 폐지나 축소를 수반하는 만큼 조직구성원의 이해관계에 미치는 영향이 크기 때문에 조직구성원의 반대에 직면하게 되고, 또한 특정조직의 고객집단(이해관계집단)의 강한 저항을 수반하게 된다.

(3) 복잡한 절차

정책이나 조직의 정비는 거기에 상응하는 절차의 소속을 요구한다. 그런데 그 절차가 까다롭고 복잡하면 감축관리의 저해요인이 된다.

5. 기본방향

(1) 행정의 전체적인 효율성추구

기구축소나 인력감축 또는 예산절감에만 치중하는 부분적·소극적인 감축논리에만 입각해서는 안 되며 조직의 목표달성도나 행정의 전체적인 효율성을 높이는데 기본목표를 두어야 한다.

(2) 행정의 변동관리능력의 확보

환경변동을 적극적으로 유도하고 발전목표의 달성에 능동적으로 대응한다는 관점에서 파악하여야 한다.

(3) 조직과 정책의 쇄신적 재형성지향

조직이나 정책의 단순한 정비·종결이 아닌 발전목표의 달성전략으로서의 쇄신적인 재조정·재형성의 성격을 가져야 한다.

(4) 가외성과의 조화

감축관리는 행정기능의 중첩·반복의 배제도 고려해야 하지만 기능의 중첩·반복이 역기능적 측면만 있는 것은 아니며 오히려 착오·실수를 방지할 수 있으므로 행정체제의 신뢰성과 적응성을 줄 수도 있다는 Landau의 가외성과 조화를 이루어야 한다.

2. 정부기능의 재배분과 민영화

1. 공공서비스의 공급주체와 공급유형

(1) 공급주체

① 정부부문

㉠ 정부부처 : 정부의 각 부와 처를 말한다.

㉡ 정부기업 : 정부조직법의 적용을 받으며 일반행정기관과 같은 조직 원리에 의해서 운영되는 정부 부처형태의 공기업(우편사업, 우체국예금, 조달, 양곡관리)을 말한다.

㉢ 책임운영기관 : 정부가 수행하는 사무 중 공공성을 유지하면서도 경쟁원리에 따라 운영하는 것이 바람직한 사무에 대하여 책임운영기관의 장에게 행정 및 재정상의 자율성을 부여하고 그 운영성과에 대하여 책임을 지도록 하는 행정기관을 말한다.

② 준정부 부문 : 정부조직법에 의해 설립된 정부기관은 아니지만 공공성을 지닌 업무를 수행하는 기관들을 의미하며, 정부가 투자·출자하였거나, 출연금을 지원했거나, 보조금을 지원하였거나, 국가의 업무를 위탁받은 법인·단체·기관으로, 공공기관운영에 관한 법률에서는 이를 공공기관으로 파악한다. 정부산하기관, 정부투자기관, 정부출연연구기관 등으로 표현되기도 한다.

③ 비영리민간부문 : 시민단체 등의 NGO가 대표적이며, 자원봉사자로서 공공서비스공급에 참여하는 시민도 이에 해당된다.

④ 영리민간부문 : 정부기능의 민간위탁이나 민간자본의 유치사업에 참여하는 민간기업도 공공서비스의 공급주체가 된다.

▶ 공공서비스 공급주체

공공부문							민간부문		
정부부문			준정부부문				비영리부문		영리부문
정부부처	정부기업 (우정사업 본부 등)	책임운영 기관 (국립의료원 등)	정부 투자 기관	정부 출자 기관	정부 출연 연구 기관	정부 산하 기관	시민단체 (참여 연대 등)	시민 (자원 봉사자)	기업(민간 위탁 기업)

(2) 공급유형

① 일반행정 방식 : 공공부문이 공권력에 기반하여 직접 생산하는 정부의 기본업무로서(경찰, 국방 등), 공익성이 우선되어 민간의 참여가 배제된다.

② 책임경영 방식 : 사회적 차원에서 중요성이 부각되어 정부의 직접적인 생산이 필요하다고 판단되는 경우에는, 정부조직 내 또는 산하에 단일 서비스의 생산만 담당하는 독립조직(책임운영기관)을 설치해, 책임경영방식으로 해당 서비스에 대한 생산과 공급을 담당시킨다.

③ 민간위탁생산 방식 : 공공성 기준이 상대적으로 완화될 수 있는 공공서비스 가운데, 시민들에 대한 서비스공급의 '책임'은 정부에 귀속되지만 '생산'기능은 민간에서 수행하는 것이 바람직하다고 판단될 경우, 민간에 위탁해 생산하는 방식을 선택할 수 있다(교도소 운영, 쓰레기 수거).

④ 민영화 방식 : 공기업이나 정부업무를 완전히 시장으로 이전하며, 시장의 책임 하에 공급되도록 하는 방식이다.

2. 정부기능의 재배분

(1) 의의

정부기능의 재배분이란 중앙정부와 지방정부, 정부와 민간, 정부와 시민사회 간에 가장 능률적으로 기능과 역할이 수행되도록 기존의 정부기능을 재배정하는 것을 의미한다.

(2) 내용 : 정부와 민간 간의 기능 재배분

① 시장성 테스트에 의한 기능 재배분 : 시장성 테스트라 함은 정부의 기능이 반드시 필요한지, 민간이 보다 잘할 수 있는 기능은 아닌지 여부를 평가하는 것을 말한다.

② 시장성 테스트의 적용 : 시장성 테스트는 다음의 질문에 의한다.

    ㉠ 새로운 환경에 반드시 필요한가? 그렇지 않을 경우 폐지

    ㉡ 반드시 정부가 책임을 맡아야 하는가? 그렇지 않을 경우 민영화

    ㉢ 정부가 직접 수행해야 하는가? 그렇지 않을 경우 민간위탁

    ㉣ 정부가 수행할 경우 효율성 증대방안은 무엇인가? 책임운영기관화 또는 업무혁신

3. 민영화(민간화)

(1) 의의

민영화란 정부가 그 기능이나 재산을 민간에 넘기거나 이양하는 것을 의미하는데 공공서비스의 공급주체가 공공부문에서 민간부문으로 이동함을 의미한다. 민영화는 크게 ① 공기업이나 국영기업을 민영화하는 협의의 민영화, ② 민간위탁, ③ 정부규제의 완화 등으로 정리할 수 있다.

> **✤ 협의의 민영화와 민간위탁**
>
> (1) 의의 : 협의의 민영화는 공기업과 정부업무를 민간기업에게 넘겨서 담당시키는 것으로, 주로 공기업을 민간기업에게 매각하는 형태로 추진된다. 민간위탁이란 정부가 민간기업이나 비영리조직(NPO)과의 위탁계약을 통해서 공공서비스를 제공하는 방식을 말한다. 이 경우 서비스 공급의 '책임'은 정부에 귀속되지만, '생산'기능은 민간에서 수행하는 것이 핵심이다.
>
> (2) 차이점 : 협의의 민영화에서 행정기능이 민간으로 완전히 이관되며, 민영화가 일단 완결되면 정부와 민간부문과의 특수한 관계는 없어진다. 반면, 민간위탁에서는 행정기능이 실질적으로는 수탁자(민간)의 권한으로 이관되지만 위탁자(정부)가 서비스의 제공에 책임을 지기 때문에 수탁자의 업무수행에 대한 관리·감독을 필요로 한다.

(2) 방식

① 정부자산의 매각 : 철도나 공공주택과 같은 정부재산을 민간에 파는 것이다.

② 위탁계약(Contracting out) : 좁은 의미의 민간위탁으로서 정부가 민간부문과 위탁계약을 맺고 비용을 지불하며 민간부문으로 하여금 공공서비스를 생산케 하는 방식으로서 서비스 구입자는 국민이 아니라 정부이다. 공공사업 및 교통사업, 건강 및 대민서비스, 공공안전서비스 등에 주로 적용된다.

③ 보조금(Granting)지급 : 민간조직 또는 개인의 서비스 제공활동에 대한 재정 또는 현물을 지원하는 방식으로서 서비스 자체는 공공성을 띠고 있지만, 정부가 직접 제공할 수 없기 때문에 보조금을 지급함으로써 공공서비스를 생산하게 하는 것(例 교육시설, 탁아시설, 사설박물관 운영비 지원 등)이다. 공공서비스에 대한 요건을 구체적으로 명시하기 곤란하거나 서비스가 기술적으로 복잡하고 서비스의 목표를 어떻게 달성할 것인지가 불확실한 경우에 사용된다.

④ 면허·독점적 판매권 부여(Franchise) : 정부가 민간조직에게 일정한 구역 내에서 특정 공공서비스를 제공하는 권리를 인정하는 방식으로서 서비스를 이용하는 시민이 서비스 제공자에게 비용을 지불하며 공급에 대한 책임이 정부에게 귀속되므로 서비스수준과 질은 정부가 규제한다. 독점적으로 수행하게 하는 방식(例 차량견인 및 보관, 폐기물 수거 및 처리)과 경쟁적으로 수행하는 방식(例 택시사업 면허)이 있다.

⑤ 구매권(Voucher) : 저소득층과 같은 특정계층의 소비자에게 특정재화나 서비스를 구매할 수 있는 현금액수로 표시된 권리증서(쿠폰, 이용권, 구매권)를 교부하는 방식이다. 소비자에게 현금을 직접 주지는 않지만 실질적인 구매력을 제공해 줌으로써 구입부담을 완화시켜주므로 가격보조 효과가 있다. 소비자가 폭넓은 선택권을 행사할 수 있으며 공급자에게는 경쟁을 유도하게 되므로 매우 시장지향적 방식(例 식품구매권, 방과후 수업제, 주택바우처, 산모돌봄서비스)이다.

⑥ 자원봉사자 방식(Volunteer) : 직접적인 보수는 받지 않으면서 서비스의 생산과 관련된 현금지출(실비)에 대해서만 보상받고 정부를 위해 봉사하는 사람들을 다양한 분야에서 활용하는 방식(例 레크리에이션, 안전모니터링, 복지사업 등)이다.

⑦ 자조활동(Self-help) 방식 : 자급 방식(self service)이라고도 하며 공공서비스의 수혜자와 제공자가 같은 집단에 소속되어 집단목적에 맞는 특정 서비스로 서로 돕는 형식으로 활동하는 경우(例 전과자의 소년범죄 예방활동, 노인의 노인보조서비스)를 의미한다.

⑧ 사용자부담주의 : 사용자부담주의는 공공재나 공공서비스를 이용하는 국민에게 이용대가로서 사용료를 징수하는 것을 말하며 운영비용이 많이 들어가는 공공서비스에 대한 '무임승차(Free-rider) 문제'나 '혼잡(Congestion)비용 문제'를 해결할 수 있는 내부화 전략의 일환이다. 최근 지방자치단체에서 공원입장료, 시설물 사용료 등을 신설하거나 대폭 인상하는 예가 늘어나고 있다.

▶ 외부민영화와 내부민영화

외부민영화 (외부에서 주도)	내부민영화 (행정기관이 주도)
• 정부기능의 민간 이양	• 계약에 의한 민간위탁(Contracting out)
• 주식이나 자산의 매각	• 리스(대여)
• 지정 또는 허가에 의한 독점 판매권(Franchising)	• 사용자부담원칙(응익주의)
• 보조금지급	• 책임운영기관제도, 기피선언권
• 구매권(Voucher or coupon)	• 성과급보수제도 및 성과협약제도
• 자원봉사활동	• 발생주의 회계방식, 내부경쟁체제(내부시장화)
• 규제완화 및 경쟁촉진	• 시민헌장제도

(3) 장점(필요성)

① 행정서비스의 효율성의 증진 : 정부는 경쟁 및 벤치마킹을 통하여 비용절감과 업무수행의 효율화를 도모할 수 있다.

② 정부규모의 적정화와 작은정부 구현 : 정부의 규모를 공무원 수 또는 필요한 시설·설비 등에서 최저 수준으로 유지할 수 있다.

③ 행정서비스의 질적 향상 : 민간은 근본적으로 경쟁체제하에서 이윤극대화를 위하여 항상 고객의 만족도를 제고하기 위해 노력하므로 같은 인력과 비용으로도 행정기관보다 더 나은 수준의 서비스를 제공할 수 있다.

④ 업무의 전문성제고 : 민간의 해당분야의 전문적 기술을 활용하여 보다 나은 서비스를 제공할 수 있다.

⑤ 민간경제의 활성화 : 정부의 대규모 공공사업이나 지역개발사업에 민간부문의 자본과 인력을 활용함으로써 민간경제를 활성화시킬 수 있다.

⑥ 정부재정의 건전화 : 부실공기업의 매각으로 정부재정부채를 줄이고 아울러 새로운 재원의 확보로 재정운영의 탄력성과 건전성이 높아진다.

(4) 폐단

① 책임성의 저하 : 책임을 지지 않는 민간에 의한 재량적인 업무집행은 오히려 시민에 의한 통제를 제약하는 것으로서 민주성이 저해될 우려가 있다.

② 독점화 : 민간공급자의 독점성을 부추겨 가격인상·능률성 저하 등의 폐단을 초래할 수 있다.

③ 형평성의 저해 : 구매력이 없는 저소득층 등에 대해서는 서비스를 기피하는 문제가 발생할 수 있다.

④ 서비스공급의 안정성 저해 : 민간부문은 이윤이 보장되지 않는 사업은 언제든 포기할 수 있다.

⑤ 가격의 인상 : 민영화가 될 경우에는 수익자부담주의나 원가계산 등 시장원리에 따르게 되므로 서비스가격이 인상될 우려가 있다.

⑥ 역대리인 이론(도덕적 해이) : 민간공급자 선정 시 정보부족으로 인해 올바른 공급자를 선정하지 못하는 경우가 일어날 수 있다. 정보격차로 인한 대리손실 문제는 정부와 국민 간에도 발생하지만 소비자의 무지를 이용하여 이윤을 추구하는 기업의 속성상 시장에서는 더욱 심해질 수 있다.

▶ **공급과 생산주체에 따른 공공서비스 공급방법**

구분		공급(provide)	
		정부	민간
생산 (Produce)	정부	• 정부서비스(직접 공급) • 정부 간 협약	• 정부서비스 판매
	민간	• 민간계약(위탁) • 독점허가(Franchising) • 보조금(Grant)	• 구매권(Voucher) • 시장(Market) • 자기생산(Self-service) • 자원봉사(Voluntary)

• 공급 : 정책결정, 생산자 결정, 서비스에 대한 감독과 최종책임을 의미한다.

• 생산 : 서비스의 구체적인 전달이나 집행을 의미한다.

3. 제3섹터(중간조직, 준정부조직)에 의한 서비스공급

1. 의의

(1) 제3섹터의 개념

제3섹터란 정부부문(제1섹터)과 민간부문(제2섹터)의 중간영역으로서 준정부조직과 준비정부조직들이 공적인 기능을 수행하는 영역을 말한다.

목적 ＼ 주체	공공부문	민간부문
비영리	제1섹터(정부조직)	제3섹터(시민단체, 준정부조직)
영리	제3섹터(공기업)	제2섹터(사기업)

(2) 제3섹터(중간조직)의 형성배경

① 공공재모형 : 시장에서 공급될 수 없는 공공성이 강한 재화는 주로 행정기구가 공급하지만 신축적인 공기업 등이 공급하는 것이 더 효율적이라는 모형이다.

② 시장실패와 정부실패모형 : 가격에 의하여 작동되는 시장과 계층제에 의하여 작동되는 정부 모두가 실패할 경우 그 해결책으로 중간조직이 형성된다는 모형이다.

③ 계약실패모형 : 거래비용이론에 근거한 것으로 서비스의 성격상(정보의 비대칭성) 영리기업서비스의 양과 질을 정확하게 파악하지 못할 때 비영리성을 띤 준(비)정부조직의 서비스를 더 신뢰하게 되어 중간조직이 형성된다는 모형이다.

④ 보조금이론 : 정부가 비영리단체로 하여금 그 업무를 수행하게하고 제반비용을 보조금으로 지급하면서 중간조직이 형성되었다고 보는 입장이다.

⑤ 관청형성모형 : 관료들은 예산극대화를 추구하기 보다는 집행위주의 계선조직을 정책위주의 참모조직으로 개편하려는 의도가 작용하여 준정부조직이라는 외부분봉(Hive-off)현상이 나타난다는 모형이다.

⑥ 대리정부모형 : 정부의 기능을 대리하는 제3의 정부조직으로 중간조직이 형성되었다는 모형이다.

2. 준정부조직(민관공동출자)

(1) 의의

법적으로는 민간의 조직형태를 취하면서 공적인 기능을 수행하는 조직을 말한다. 이는 공공부문과 민간부문이 합작하여 공익성과 기업성을 조화시키면서 제도적인 이익을 극대화하는 새로운 행정운영방식이다.

(2) 유형

우리나라에서는 공단(국민건강보험공단), 공사(한국전기안전공사), 기금(신용보증기금), 특수법인, 각종 연구기관, 정부출연기관, 정부보조기관 등이 이에 해당하며 정부의 산하단체, 관변단체 등으로 일컬어지기도 한다.

(3) 특징 및 효용

① 민간과 공공의 영역이 연속성이 있음을 보여준다.

② 법적인 면에서 민간부문의 조직형태를 띄고 있다.

③ 정부로부터 독립하여 운영되지만 정부의 통제(기관장의 임면)나 지원(재정상 보조)을 받는다.

④ 자율성과 신축성을 유지하여 관료제의 경직성을 극복할 수 있다.

⑤ 민간의 축적된 전문성을 활용할 수 있다.

(4) 문제점

① 행정부의 원격통제로 인해 자율성이 제한된다.

② 관료의 퇴직 후 자리보장을 위한 수단이 되기도 한다.

③ 책임소재가 불분명하다. 부실경영의 경우 그 원인을 서로에게 전가함으로써 경영상의 책임을 확보하기 어렵다.

④ 은닉된 정부팽창수단이 된다. P.Dunleavy의 '관청형성론'에 의하면 합리적인 고위관료들은 일상적이고 통제의 대상이 되는 계선이나 집행기능은 준정부조직 형태로 분리해내고, 통제를 덜 받으면서 전략적 정책기능을 수행하는 참모조직을 더 선호한다는 것이다.

> ✦ **관청형성모형**
>
> (1) 개념 : 관청형성론(P. Dunleavy)은 정책결정에 큰 영향력을 행사하는 고위관료들이 자율성이 낮고 책임이 무거운 계선(Line)조직보다는 자율성이 높고 책임이 가벼운 참모(staff)조직을 선호하기 때문에, 통제 대상이 되는 '정책집행 업무를 수행하는 계선조직'은 떼어내어 지방정부나 준정부조직으로 이양하고 '창의적으로 정책통제 업무를 수행하는 참모적 조직'으로 재편하고자 한다는 이론이다.
>
> (2) 관료예산극대화가설비판 : Dunleavy는 관료가 예산을 불필요하게 부풀린다는 Niskanen의 '관료예산극대화 가설'을 비판했는데, 이는 예산과 기관의 유형에 따라 예산증가에 따른 효용이 각각 다를 뿐만 아니라 고위관료들은 금전적 효용(예산 중시)보다는 업무적(참모기능 선호) 효용을 더욱 추구하므로 예산을 극대화하고자 하는 유인이 적다고 보았다.
>
> (3) 외부분봉 : 정책집행 위주의 조직은 정부부처로부터 외부로 분봉(Hiving-off)되어 준정부조직 등 중간조직과 책임운영기관이 탄생되는데 주로 퇴직 후 자리보장, 정부책임 회피수단, 정부팽창 은닉수단 등 부정적인 동기로 인하여 중간조직이 분봉된다.

3. 비정부조직(NGO)

(1) 개념

비정부조직이라는 의미의 NGO(Non-Governmental Organization)는 비영리조직(NPO : Non-Profit Organization), 자발적 조직(Voluntary Organization), 시민사회단체(Civil Society Organization)와 동일한 의미를 지니는데, 이들 모두는 기본적으로 '비정부성과 비영리성과 자발성'이라는 공통점을 지닌다.

(2) 특성

① 제3섹터의 조직 : 정부영역이나 시장영역과 구별되는 제3영역에서 활동하는 민간조직으로, 정부와 시장으로부터 상대적 자율성(독립성)을 가지는 중간매개체로서 시장실패와 정부실패의 공백을 메우는 역할을 한다.

② 자발성에 기초한 조직 : 시민의 자발적 참여에 기반한 민간의 시민조직이다.

③ 비영리조직 : 조직구성원을 위한 이윤획득과 배분을 추구하지 않으며, 공익을 추구한다.

④ 자치조직 : 시민들의 자발적 참여에 근거하여, 신뢰와 협력에 근거한 자주적 내부운영을 통해 사회문제를 스스로 해결하려는 자치조직이다.

⑤ 공식적·지속적 조직 : 공식적인 구성원 및 재정과 관련된 규정과 조직을 갖추고, 지속적으로 활동하는 것(임시적 모임은 NGO가 아님)을 특징으로 한다.

⑥ 비당파적(비정당적) 조직 : 국가권력의 장악이나 특정 정치집단의 정책을 지원하기 위한 것이 아니고, 불특정 다수를 위한 공공선을 추구한다.

(3) 기능

① NGO는 새로운 시민운동으로 공동생산이나 Governance(협력적 통치)의 기능을 수행한다.

② 국가나 경제권력에 대한 비판과 감시라는 권력견제적 역할(정책감시자)을 한다.

③ 재해구조나 사회봉사활동 등 공공서비스 공급주체로서의 역할을 한다.

④ 문제 발굴, 여론형성, 대안제시 등 정책제안자로서의 역할을 한다.

⑤ 기타 복지기능, 갈등조정기능, 시민교육기능, 사회적 약자의 이익대변기능을 한다.

▶ NGO와 사회적 기업의 비교

구분	NGO	사회적 기업
영역	제3섹터	제4섹터
설립	등록제	인증제
구성원	자원봉사자중심	유급근로자위주
활동	공익활동	공익활동＋영리활동
이윤배분여부	이윤의 비배분성	이윤의 배분성(연계기업에는 비배분)
주무부장관	주무부장관	고용노동부장관(5년마다 계획수립과 실태조사)

(4) 정부와 NGO관계에 대한 이론모형

① 일반적 관계모형(이종수 외)

㉠ 대체적(Supplementary) 관계 : 정부실패로 인하여 정부에 의해서는 공급되기 어려운 공공재에 대한 수요를 NGO가 정부를 대체하여 수행함으로써 형성되는 관계이다.

    ⓒ 보완적(Complementary) 관계 : 정부와 NGO가 서로 긴밀한 협력(Partnership)관계에 있는 입장으로 Salamon의 제3자 정부이론(보조금 이론)과 NGO실패가 보완적 관계를 설명한다.

    ⓒ 대립적(Adversarial) 관계 : 국가와 NGO간에 공공재의 성격이나 공급재에 대해 근본적으로 시각의 차이를 보이기 때문에 긴장관계에 있게 되는 경우이다.

    ⓔ 의존적 관계 : NGO가 재정상·운영상의 자율성이 부족하여 정부에 전적으로 의존하는(종속된) 관계를 말한다(개도국에서 많이 나타나며, 우리나라의 관변단체가 이에 해당된다).

  ② 정부의 태도와 NGO의 전략에 따른 분류

구분		정부의 태도	
		거부	수용
NGO의 전략	경쟁	대립형	NGO주도형
	협력	정부우위형	상호의존형

(5) NGO실패모형과 한계

  ① NGO실패모형(Salamon)

    Salamon의 NGO실패모형은 정부존재의 정당성을 NGO가 실패한 분야에 대한 대안적인 수단으로 이해하는 관점으로 자원부문실패라고도 한다. 이는 다음과 같은 네 가지 NGO의 실패이유로 인해 정부는 NGO를 불가피하게 보완하고 개입한다는 것이다.

    ㉠ 박애적 불충분성 : NGO는 활동에 필요한 자원을 지속적이고 안정적으로 획득할 수 없기 때문에 문제해결에 실패할 수 있다.

    ⓒ 박애적 배타주의 : NGO의 활동은 모든 대상자에게 전달되지 않으며 그 활동영역과 서비스공급 대상이 한정되어 있다.

    ⓒ 박애적 온정주의 : NGO의 활동내용과 방식을 결정하는 것은 NGO에게 가장 많은 자원을 공급하는 사람이나 집단의 결정에 의하여 좌우될 수 있다는 것이다.

    ⓔ 박애적 아마추어리즘 : NGO는 도덕적·종교적 신념에 바탕을 두므로 충분한 전문성과 책임성을 확보하기 어렵다.

  ② 한계

    ㉠ 책임성, 안전성, 구속력이 미흡하다.

    ⓒ 사업 분야가 인권, 환경 등으로 제한되고, 운영자금, 사업규모도 제한적이다.

    ⓒ 무경험과 비전문성으로 인하여 효율성이 저하된다.

    ⓔ 자율성이 부족한 경우 관변단체화의 가능성이 높다.

    ⓜ 주민을 내세워 책임을 회피하려는 수단으로 악용될 수 있다.

4. 공동생산

(1) 의의

공동생산이란 정부기관과 시민이 협력하여 공공서비스를 생산하고 전달하는 것을 말한다.

(2) 유형

① 개별적 공동생산(Individual co-production) : 편익이 개인적이고 지역주민이 조직화되지 못한 채, 개별적으로 공동생산을 하는 경우를 말한다. ⑩ 복지서비스에 참여하기, 집주변 청소, 공공시설 고장신고 등

② 집단적 공동생산(Group co-production) : 편익이 집단적이고 지역주민이 조직화하여 공동 생산하는 형태를 말한다. ⑩ 자율방범대, 환경감시단 등

③ 집합적 공동생산(Collective co-production) : 편익이 사회전체에 귀속되므로 서비스의 생산에 기여하지 않더라도 특정인을 서비스의 향유로부터 배제하지 않는 형태를 말한다. ⑩ 쓰레기분리수거, 자원봉사를 활용하는 경찰, 소방, 도서관 등의 사업 등

(3) 문제점

① 무임승차자의 문제 : 공공재의 생산과 공급에 참여하지 않은 시민들이 서비스의 혜택만 보고 이에 대한 대가를 지불하지 않고 서비스에 대해 무임승차만을 하게 되는 문제가 있다.

② 행정서비스의 효율성 저하 : 고도의 전문성을 요하는 서비스의 경우 비전문가인 시민이 서비스의 생산과 공급과정에 관여하게 되면 서비스의 효율성이 저하될 가능성이 크다.

③ 형평성의 문제 : 공생산에 참여한 시민과 참여하지 않은 시민 간에 있어서 서비스혜택에 대한 형평성문제가 발생할 수 있다.

▶ **주민참여와 공동생산의 비교**

구분	주민참여	공동생산
등장배경	행정통제	재정절감
공무원과의 관계	갈등관계	상호협력관계
참여자 역할	자문자	생산자

제 05 절 | 신행정국가

1. 1980년대 행정환경

1. 세계화(Globalization)

(1) 의의

① 개념 : 세계화란 국제사회의 상호 의존성이 증대되는 현상으로 서구에서 시작된 근대화 과정의 범지구적 확산을 의미한다.

② 배경 : 세계화는 자본이동의 자유화로부터 시작된 경제의 세계화, 정보통신기술의 발달로 인한 시간과 공간적 장벽의 제거, 인적 교류확대 등으로 인한 문화의 세계화 등으로 나타나고 있다.

③ 특징 : 세계화는 자본·정보·노동력 등의 이동성증대에 따른 국경의 퇴색과 WTO·다국적기업·NGO와 같은 초국적 행위자 등의 영향력 증대에 따른 국가주권의 쇠퇴를 수반하고 있다.

(2) 세계화와 행정체제의 변화

① 세계화는 자유민주주의의 가치를 보편적 가치로 승화시키고 있다. 또한, 자본주의체제를 형성하면서 시장주의 및 신자유주의를 확산시켰다.

② 세계화는 민간기업 뿐 아니라 공공조직을 경쟁 환경에 노출시킴으로써 환경에 보다 민감하고 신축적인 체제로의 개혁을 하도록 요구하고 있다.

2. 민주화, 지방화·분권화

(1) 민주화

① 배경 : 1980년대에 사회가 분화되고 복잡해짐에 따라 국가가 담당할 수 없는 영역이 점차 늘고, 시장 또한 한계가 있다는 점에서 제3의 대안으로 시민사회에 대한 관심이 증대되고 있다. 특히, 동구권과 제3세계 민주화과정에서 나타난 시민사회의 힘은 사회문제해결의 주체로서 시민을 대안으로 등장하게끔 한 것이다.

② 특징 : 국가의 행정력이 미치지 못하는 부분에 대해 시민들이 자율적으로 문제를 해결하려는 욕구가 증대되면서 국정운영에 있어서 시민참여가 증대되고 있고, 정부실패와 시장실패에 대한 대안으로 국가와 시장 그리고 시민사회의 권력균형과 협력적 파트너십이 강조되면서 참여적 거버넌스 현상이 나타나고 있다.

(2) 지방화·분권화

① 지방화란 중앙정부중심의 질서에서 탈피하기 위해 시도되는 지방의 자율과 분권운동으로 규정될 수 있다.

② 정보화·세계화와 같은 현대사회의 변화는 각국으로 하여금 분권화된 체제를 통해 대응하도록 만들고 있다.

3. 정보화

(1) 의의

① 정보통신기술의 혁명과 더불어 지식의 확산이 빠른 속도로 이루어짐에 따라 지식이 경쟁과 협력의 중심개념이 되고 있다.

② 이에 따라 지식과 정보가 가치를 창출하는 가장 중요한 자원이 되는 사회를 지식정보사회라 한다.

(2) 정보화와 행정체제의 변화

① 정보화는 행정의 집권화를 초래하기도 하지만, 유연성 증대와 다품종소량생산 체제로의 변화를 요구하고 있어, 사회 및 행정체제의 분권화 경향을 초래한다. 이에 대해 행위자들과 조직은 신축성을 높이고 여러 요소들을 통합함으로써 대응해 나간다.

② 기업은 지식관리체제를 도입하고 있고, 지역사회는 미국의 실리콘밸리의 경우처럼 다양한 행위주체들이 한 지역에 모여 단지를 형성하여 서로 반응하면서 시너지 효과를 거두려 한다.

4. 포스트모더니즘

(1) 근대성 비판

포스트모더니즘은 서구의 근대성에 대한 비판이다. 즉, 인간·주체-자연·객체, 이성(합리성)-감성(비합리성), 문명·서구-야만·비서구, 선-악으로 표상되는 근대적 이분법을 비판하면서, 전체성의 해체와 개체의 독자성인정, 주체와 객체 구별의 해소를 특징으로 한다.

(2) 상대주의적 세계관

포스트모더니즘은 인간이 발견할 수 있는 객관적 사실이 있다고 보는 객관주의를 부정하며, 사회적 현실은 구성된다고 본다.

(3) 인간중심의 사고

근대적 합리성이 부인된다면, 합리성의 이름으로 인간을 수단시했던 기존의 이론체계에 대한 비판과 해방주의적 성향을 띠게 된다. 즉, 포스트모더니즘은 개인은 사회적 제약으로부터 해방되고 다양성이 인정되는 자유로운 관계로 전환되어야 한다고 본다.

2. 신행정국가

1. 개념

신행정국가란 정부실패이후 행정국가의 역기능을 시정하기 위한 대안으로 등장한 개념으로, Caiden은 정부실패를 배경으로 나타나는 탈정치화현상을 신행정국가로 규정하고 있다.

2. 특징

(1) 국가의 역할과 권한

① 적극국가에서 규제국가로의 이동 : 적극국가에서의 국가는 소득 재분배와 경제안정화를 주요 기능으로 삼고, 이를 주로 국가의 세입과 세출에 관한 재정정책수단을 통해 수행하였다. 반면에 규제국

가는 소극적 의미의 시장실패를 시정하는 일에 치중하면서 그것을 재정정책 보다는 규칙제정과 금융정책수단을 통해 수행하려고 한다.

② 국가규모의 감축 : 국가의 기능 및 규모의 감축이 강조된다.

③ 국가권위의 지속성 : 정부감축에 성공하고, 그에 따라 국가능력의 한계에 대해 사람들의 의식화가 성공하고 있지만 국가의 권위와 능력은 계속 유지된다.

④ 복지혜택제공자에서 시장형성자로의 권력이동 : 국가의 역할 가운데 부를 재분배하고 복지정책을 수행하는 '혜택의 제공자'에서 시장의 규칙을 제정하고 갈등을 해소하는 '시장의 형성자'로서의 역할이 중시된다.

(2) 국정운영방식의 변화

신자유주의적 정부개혁은 전통적 국정운영모형인 소위 의회정체(Westminster Polity)에서 소위 분화된 정체(Differentiated Polity)로의 이행을 가져왔다. 이러한 분화된 정체모형의 특징은 다음과 같다.

① 정책연결망과 정부 간 관계 : 정책연결망은 일단의 자원의존적인 조직으로, 단단하게 통합된 정책공동체에서부터 느슨하게 통합된 이슈연결망에 이르기까지 여러 가지 유형이 있다. 공공서비스는 점차 중심의 통제가 불완전한 가운데 상호의존적이고, 또한 지방화 등에 의해 분권화된 정부 간 연결망에 의해 전달된다.

② 공동화국가 : 공동화는 위로는 유럽연합(EU)과 같은 국제기구로, 아래로는 구체적 목적을 위한 행정단위로, 외부로는 책임집행기관이나 지방정부로 국가의 기능과 조직이 방출되고 있음을 의미한다.

③ 핵심행정부 : 핵심행정부란 중앙정부의 정책들을 통합하고 협조하도록 하거나, 정부기구의 요소들 간의 갈등에 대한 행정부 내 최종 조정자로서 행동하는 모든 조직과 구조들을 의미한다.

④ 신국정관리 : 집중화 및 통제를 특징으로 하는 의회정체모형과는 달리, 이 경우 국가는 특권적이고 주권적인 위치를 점유하지 못하게 된다. 그러나 연결망을 간접적으로 불완전하게나마 조종할 수 있으며, 다른 행위단위들에 비해 합법적 행정자원을 더 많이 가지고 있음으로써 '비대칭적 상호의존성'의 특징을 갖는다.

▶ 의회정체모형 대 분화정체모형의 주요개념들

의회정체 모형	분화정체 모형
• 단방제 국가	• 정책연결망과 정부 간 관계
• 내각 정부	• 공동화 국가
• 의회 주권	• 핵심행정부
• 장관책임과 중립적 관료제	• 신국정관리

(3) 시장에서 제도적 분화로 변동

분화정체 모형의 주창자들은 오늘날 세기적인 환경변화에 직면하여 단지 공공서비스를 시장화하는 방법에 의해서만은 여러 가지 문제해결에 한계가 있다고 본다. 단순히 계층제를 시장으로 대체하기보다는 공공부문과 시장부문, 자발적 부문으로부터 유도된 자원 의존적 조직들의 연결망을 증폭시키는 제도적 분화가 더 바람직한 개혁방안이라고 본다. 따라서 국가는 간접적인 관리 도구를 사용해야 하며, 신뢰를 형성하고 협상을 통해 국정관리를 수행해야 한다.

제03장 행정학의 이론과 접근방법

제01절 | 행정학의 기원과 발달과정

현대 행정학은 두 가지 다른 지적전통을 배경으로 형성·발전하여 왔다. 하나는 관방학과 Stein의 행정학을 내용으로 하는 독일행정학이고, 다른 하나는 미국행정학이다. 독일행정학은 19세기 후반에 행정법학에 그 패권을 넘기고 쇠퇴하게 되었으며, 미국행정학이 현대행정학의 본류를 형성하게 되었다.

1. 관방학과 Stein행정학

1. 관방학

관방학은 16C~18C 프로이센에서 국내의 경제적·사회적 부흥과 절대군주제 유지를 위해, 관방관리들에게 국가통치에 필요한 행정기술과 지식을 제공하기 위한 목적에서 형성된 학문체계(국가경영의 학문)를 의미한다. 관방학은 관료양성을 목적으로 1727년 할레대학에 관방학 강좌를 설치한 시점을 기준으로 전기와 후기로 구분된다.

① 17C의 전기 관방학 : 농업·임업·재정학·경제학·경찰학 등을 모두 포괄하여 여러 사회과학이 미분화된 상태로 혼재—특히, 왕실과 국가의 재정관리를 의미하는 재정학의 성격을 강하게 띤다.

② 18C의 후기 관방학(Justi의 경찰학) : 계몽전제주의를 배경으로 경찰국가체제의 정비와 함께, 고유의 관방학에서 '유스티의 경찰학'이 하나의 독립된 학문으로 분화되었다.

2. 행정법학과 Stein의 행정학

프랑스혁명 후 절대군주제가 쇠퇴하고 시민적 법치국가의 구현과정에서 경찰학이 행정법학으로 대체되고, 시민적 법치국가구현을 위해 시민사회와의 관계에서 국가의 역할규명이 필요성이 제기되어 Stein의 행정학이 발달하였다.

2. 미국의 행정학

1. 행정학의 태동기(1789~1887년)

(1) 시기적 배경

1789년 미국 건국이후 미국의 정치체제는 자유주의와 민주주의 이념을 상징하는 제퍼슨-잭슨 철학이 지배했다. 자유주의 이념에 따라 '최소의 행정이 최선의 정부'라고 믿었기 때문에 정부의 역할과 존재 그 자체에 회의적이었다. 이러한 제퍼슨주의로 인해 미국에서는 건국 이후 아마추어리즘과 공직순환이 행정을 지배해왔으며, 특히 1829년에 잭슨(Jackson)이 대통령으로 당선되면서 엽관주의가 도입되었다.

(2) 미국행정학의 사상적 기초

① 해밀턴(Hamilton) 사상 – 연방주의, 중앙집권

워싱턴 대통령 시대 초대 재무장관(1789년) 해밀턴은 능동적이고 능률적인 행정과 국가기능의 확대를 강조하였으며, 특히 중앙집권화(연방주의)에 의한 능률적 행정방식이 최선임을 주장하였다.

② 제퍼슨(Jefferson) 사상 – 자유주의, 지방분권

3대 대통령 제퍼슨(1800년)은 해밀턴의 연방주의를 반대하여 자유주의적 관점에서 값싼 정부론(최소의 행정이 최선의 행정, Cheap government)을 주장하였다. 또한 지방분권화 및 주민자치에 의한 민주주의, 개인적 자유의 극대화를 위한 행정책임, 다양한 절차와 민주적 행정을 주장하였으며 강한 주정부, 빈번한 선거, 국민소환제도 등 권력 견제장치가 필요하며 엄격한 법적 제한을 통하여 최고관리자와 관료의 책임성 확보가 필요하다고 보았다.

③ 매디슨(Madison) 사상 – 다원주의

정치학자이자 미국 헌법의 아버지라 불리는 4대 대통령 매디슨(1808년)은 사회 내에 다양한 이익집단이 존재하고 이들 간의 견제와 균형을 통하여 민주주의가 구현된다고 보았다.

④ 잭슨(Jackson) 사상 – 민주주의

7대 대통령 잭슨(1828년)은 민주주의의 실천적 원리구현을 위하여 공직교체와 공직개방을 골자로 하는 엽관주의(1829년)를 도입하고 선거권 확대 등 일반대중의 정치참여 기회를 확대하여 잭슨 민주주의(Jackson democracy)라는 이데올로기가 20C 초반까지 미국에 영향을 끼쳤다.

⑤ 윌슨(Wilson) 사상 – 능률주의, 중립주의

Wilson은 「행정의 연구」(1887년)를 통하여 행정의 비능률과 부패를 초래한 정치로부터 독립된 능률적 행정을 주장함으로써 행정학이 학문으로서 체계를 갖추게 되었으며, 정치·행정의 분리를 위하여 유럽의 선진행정을 연구·도입하는데 힘썼으며, 이러한 경향은 Goodnow 등 초기 행정학자들에게도 나타나 Wilson 이래의 고전적 행정학을 윌슨-베버리언(Wilson-Weberian) 패러다임으로 칭하게 하였다.

2. 전통행정학의 성립과 발전기(1887~1930년대)

(1) 19세기 중엽에 이르러 엽관제로 인한 폐해가 만연됨에 따라 이를 혁신하기 위한 진보주의운동이라는 일종의 공직개혁운동이 전개되었다. 그 결과 팬들턴(Pendleton)법이 제정되어 연방인사위원회의 설치, 행정의 정치적 중립 천명, 실적주의 인사제도 도입, 공개경쟁 시험제도를 통한 공무원 채용 등이 이루어졌다.

(2) 정치·행정이원론

윌슨(W. Wilson)은 1887년에 발표한 「행정의 연구(The Study of Administration)」에서 행정의 탈정치화를 통해 정당정치의 개입으로부터 자유로운 행정영역을 확립하는 것을 이론적으로 뒷받침하기 위해 정치·행정이원론을 주장했고, 또한 유럽행정의 선진적인 면을 받아들여 미국의 민주적 정치체제와 조화롭게 나가는 것이 필요하다고 주장하였다.

(3) 시정개혁운동

뉴욕시정조사연구소는 능률과 절약의 실천방안과 시정에 대한 과학적 연구수행, 과학적 관리법을 정부에 적용하는 일을 추진하였다. 윌슨을 중심으로 주창된 정치·행정이원론은 행정을 정당정치의 오염으로부터 탈출시켜 비효율과 낭비·부패를 청산함으로써 좋은 정부구현의 이론적 토대가 되었고, 행정을 하나의 독립된 분과학문으로 정립하는 토대가 되었다.

(4) 전통행정학의 확립과 발전

19세기 말 이후 과학적 관리론, 인간관계론, 관료제이론, 정치행정이원론, 행정의 원리에 관한 연구를 중심으로 전통행정학이 성립되고 발전하였다.

3. 전통행정학에 대한 반발기(1930년대~1940년대)

(1) 시대적 배경

1930년대에 경제대공황을 극복하기 위해 뉴딜정책을 추진하는 과정에서 정부가 적극적인 역할을 수행하는 현대행정국가가 등장하였다.

(2) 정치행정일원론의 등장

① 입법과 행정의 관계, 정치와 행정의 관계에서 발생하고 있는 변화를 목도하면서 전통행정학의 토대가 되었던 정치·행정이원론은 현실의 행정실태를 정확히 인식할 수 없고, 규범에 기초해 성립된 잘못된 이론이라는 비판이 제기되었다.
② 주요 학자로는 Appleby, Waldo 등이 있다.
③ 조직이론 분야에서는 인간관계론, 조직과 환경의 교호작용을 연구하는 생태론 등이 등장하였다.

4. 행정학의 분화 및 다원화기(1950년대~1970년대)

(1) 1950년대

① 1950년대의 행태주의 혁명(행정행태론 : 1949년) : 관리기술이 아닌 조직 내 개인 간 행태, 즉 행정행태를 경험적 조사방법을 통해 분석하는 것을 연구의 중심주제로 삼았다. 이제까지 행정학연구의 관심이었던 정부기관과 정치제도를 조직 내 개인으로 옮기고, 정치학의 규범성보다 인간행태에 더 관심을 가졌으며, 정책의 처방적 성격을 배척하였다.
② 한편 이 시기에는 Gaus, Riggs 등을 중심으로 생태론적 접근방법이 활용되어 환경이 행정에 미치는 영향을 연구하기 시작하였다.

(2) 1960년대

① 비교행정론 : 각국의 행정에 대한 비교연구를 통해 행정학의 과학성을 높이고 일반화된 행정이론을 개발하기 위해 대두되었다.
② 발전행정론 : 비교행정론에서 간과하였던 행정의 독자성을 인정하고 행정이 환경에 미치는 영향도 아울러 고찰하였다. 주로 발전도상국가의 발전에 있어서 행정의 역할문제를 다루었다.

(3) 1970년대

① 시대적 배경

1960년대 이후 미국은 민권운동, 베트남전쟁, 워터게이트사건, 에너지위기 등을 겪으면서 정부의 능력과 성과에 대한 불신이 나타나기 시작하였다.

② 신행정학(New public administration)의 대두(1968년)

민주적 가치, 사회적 형평, 인본주의에 입각한 능동적 행정, 고객중심행정을 주창하면서 탈관료제 조직설계 대안을 제시하였으며, 논리실증주의와 행태주의를 비판하고 현상학적 접근방법을 제시하였다.

③ V. Ostrom은 미국행정학의 지적위기 문제를 지적하면서 이를 극복하기 위한 대안으로 공공선택론을 행정학에 도입할 것을 제안했다.

5. 행정학의 전환기(1980년대 이후~)

(1) 1980년대

① 정부실패를 배경으로 신보수주의의 부활과 작은 정부론을 전개하였다.

② 행정윤리와 책임성에 대한 관심이 제고되었다.

③ 비판행정학과 행동이론이 등장하였다.

④ 신공공관리론의 등장으로 민간의 역할강조, 경영기법이 행정에 도입되었다.

(2) 1990년대 이후

① 행정재정립운동 : Wamsley, Terry와 Goodsell

1980년대 이후 행정과 직업공무원제에 대한 불신이 높아지면서 엽관주의적 요소의 도입이 지속적으로 확대되자, 이에 대한 반작용으로 직업공무원제를 옹호하는 행정재정립운동이 등장하였다.

② 정부재창조운동(Reinventing government movement)

③ 뉴거버넌스 : 공공서비스 공급에 민간부문의 참여가 확대되고 새로운 공공서비스 전달체계가 등장하면서 강조되고 있다.

④ 전자정부론

1. 행정학의 과학성과 기술성

1. 과학성

(1) 개념 : 과학성이란 왜(Why)를 중심으로, 현상에 대한 인과관계의 규칙성을 경험적·실증적·통계적인 방법으로 규명하여 이론을 정립하는 것을 말한다.

(2) 행정관리론과 행태론 등 정치·행정 이원론의 이론들이 여기에 속한다. Simon이 대표적인 학자이다.

2. 기술성

(1) 개념 : 기술성이란 어떻게(How)를 중심으로, 행정의 활동 자체나 사회문제를 처방하고 치료하는 것으로서 규범성·처방성·실천성을 지향하며 가치성과 맥락을 같이 한다.

(2) 정치·행정 일원론의 이론들이 여기에 속한다. 신행정학의 Waldo가 대표적인 학자이다.

3. 기술성과 과학성의 조화

기술성을 강조한 Waldo도 행정의 과학성을 부인하지 않고, 과학성을 강조한 Simon도 행정의 기술성을 부인하지 않았듯이 기술성과 과학성은 상호보완적인 관계에 있다. 즉, 현실의 사회문제에 대한 분석에 있어서는 과학성이, 현실 사회문제를 처방하기 위해서는 기술성이 요구된다.

▶ 행정의 과학성과 기술성의 비교

과학성(Science)	기술성(Art)
Why 중심	How 중심
순수과학, 이론과학	응용과학·실천과학
원리·법칙의 모색	원리·법칙의 적용
Sein(존재론)	Sollen(당위론)
설명적·서술적(Descriptive)	처방적·응용적(Prescriptive)
가치중립적	가치지향적

2. 행정학의 전문직업적 성격

1. 행정은 공공서비스에 대한 충성의 맹세에 기반을 두고 있고, 제재가 뒤따르는 직업윤리적인 엄격한 강령에 의해 뒷받침된다. 이런 강령은 공익의 철학에 뿌리를 두고 있다. 따라서 행정은 전문적인 훈련, 독특한 기술, 헌신적인 생애를 통한 봉사, 분명한 지식체계 등에 있어서 전문직업이라고 인정해야 한다.

2. Price의 분류에 따르면 행정가는 의사나 법률가에 비해 전문직업적인 성격이 다소 떨어지는 것은 사실이지만 사회가 복잡해지면서 행정가들에게 점차 많은 전문성을 요구하고 있다. 따라서 행정학은 전문직업적 교육의 성격을 많이 띠고 있다.

3. 행정학의 보편성과 특수성

1. 보편성

각국의 역사적·문화적 차이와 관계없이 일반적으로 적용되는 것을 말한다. 보편성 때문에 각국의 제도나 사례들의 벤치마킹이 가능한 것이다.

2. 특수성

각국의 행정현상은 그 나라의 특수한 상황과 역사적 배경에 의하여 다르게 나타나는 것을 말한다. 따라서 특수성은 외국제도나 정책을 무분별하게 도입하는 것을 주의하여야 함을 시사한다.

3. 보편성과 특수성의 조화

큰 틀과 방향을 설정하는 데는 보편성이, 구체적인 적용에 있어서는 각각의 상황에 맞는 특수성이 전술적 접근이 필요하다.

4. 행정학의 가치성과 사실성(가치중립성)

1. 가치성(가치판단성)

가치성이란 가치(바람직 한 것)를 학문에 반영하는 것이다. 가치판단이 요구되는 정치영역인 정책결정을 행정의 기능으로 인정하는 정치·행정 일원론, 공·사행정 이원론 계통의 이론이 여기에 해당된다. 특히 통치기능설, 발전행정론, 신행정학, 현상학적 접근, 비판행정 등이 여기에 속한다.

2. 사실성(가치중립성)

사실(Fact)이란 있는 그대로의 실증적(Sein)인 것을 의미하며, 사실성이란 가치를 배제하고 객관적인 사실을 과학적으로 연구하는 것을 말한다. 정치·행정 이원론, 공·사행정 일원론 계통의 이론으로서 행정관리론, 행정행태론, 비교행정론 등이 여기에 속한다.

제1항 행정학 접근방법의 의의와 분류

1. 접근방법의 의의

어떤 분야의 학문이든 그 분야의 학문 연구에서 무엇을 어떻게 연구할 것인가와 관련하여 다양한 견해나 관점들이 제시되기 마련이다. 이러한 견해나 관점들은 흔히 접근방법이라 하며, 그것은 그 분야의 연구 활동을 안내해주는 일종의 일반적인 전략이나 지향이다.

2. 접근방법의 분류

1. 방법론적 개체주의와 방법론적 전체주의

(1) 방법론적 개체주의

부분이 전체를 결정한다고 보는 환원주의 입장으로서, 모든 사회현상은 개인적 사실로서만 설명될 수 있다고 본다. 따라서 모든 사회현상은 개인의 속성에 의하여 정의될 수 있으며 개인들의 행위에 따라 사회구조가 변화할 수 있으므로 개인을 주요 연구대상으로 한다. 행태론, 공공선택론, 합리적 선택이론, 현상학적 접근 등이 여기에 속한다.

(2) 방법론적 전체주의

전체가 부분을 결정한다고 보는 비환원주의 입장으로서, 집단은 개인의 합과는 다른 독특한 속성이 있으며 사회적 구조가 개인의 행동을 제약하므로 사회 전체를 직접 연구대상으로 한다. 체제론, 사회학적 신제도론, 조직군 생태론, 공동체생태론 등이 여기에 속한다. 우주론적 접근, 신비주의, 유기체적 접근이라고도 한다.

2. 연역적 접근방법과 귀납적 접근방법

(1) 연역적 접근방법

일반적 원리를 전제로 하여 특수한 다른 사실을 이끌어 내는 접근법으로 공공선택모형이 대표적이다.

(2) 귀납적 접근방법

개개의 사실을 종합하여 일반적인 법칙을 도출하는 접근법으로 행태론이 대표적이다.

3. 연구대상의 수준에 따른 분류

(1) 거시적(Macro)접근방법

광범위한 행정현상이나 행정체제 전반을 연구대상으로 하여, 현상이나 체제와 관련된 많은 변수들 간의 관계를 일반적으로 설명하는 접근방법을 의미한다(체제이론).

(2) 미시적(Micro)접근방법

특정하게 제한된 범위의 행정현상을 소수의 변수로서 설명하는 접근방법(조직속의 개인에 초점을 두어 개념과 가설을 개발하는 이론)을 의미한다.

(3) 중범위적(Middle range)접근방법

거시이론보다는 제한되나 미시이론보다는 확대된 행정현상을 한정된 변수로서 설명하는 접근방법(관료제론)을 의미한다.

4. 경험적 접근과 규범적 접근

(1) 경험적 접근

'있는 사실 그대로의 현상'에 초점을 두고 연구하는 접근법으로서 행태론 등 실증적·가치중립적 이론이 여기에 속한다.

(2) 규범적 접근

'있어야 할 바람직한 이상적 질서'에 초점을 두고 연구하는 접근법으로서 발전행정론, 신행정학, 현상학, 비판이론 등 처방적·가치지향적 이론이 여기에 해당된다.

5. 결정론적 접근과 임의론적 접근

(1) 결정론적 접근

어떤 현상도 우연히 일어나지 않으며 반드시 특정한 선행원인에 의하여 발생된다고 보는 이론이다. 인간의 종속변수적 성격을 강조하는 이론으로서 행태론, 비교행정론, 조직군 생태론, 상황적응론 등이 있다.

(2) 임의론적 접근

선행원인이 없어도 어떤 사실이 자발적으로 나타난다고 보는 이론이다. 인간의 독립변수적 성격을 강조하는 주의주의, 주관주의 이론으로서 발전행정론, 현상학, 비판이론, 전략적 선택이론 등이 있다.

제2항 행정학의 주요이론

1. 과학적 관리론과 인간관계론

1. 과학적 관리론

(1) 의의

① 개념 : Taylor의 과학적 관리론은 시간과 동작의 연구(Time & Motion Study)를 통해 근로자의 표준 과업량을 설정하고, 이를 통해 과업수행에 관한 유일·최선의 방법을 규정함으로써 조직의 기계적 능률을 극대화하려는 것이다. 과학적 관리론은 기업경영의 합리화와 능률화를 위해서 주장된 것이나, 행정부문에도 도입되어 행정운영상의 합리화와 능률화에 기여하였다.

② 성립배경 : 과학적 관리론은 이론이라기보다는 하나의 운동으로 출발하였다. 19C말 조업단축, 임금 삭감, 기업도산, 공장폐쇄 등 사회경제적 혼란이 야기됨에 따라 20C초 새로운 관리방법으로 이를 해결하고자 하는 경영합리화 운동이 일어나게 되었다.

(2) Taylorism : 시간·동작연구

① 과학적 업무분석 : F. W. Taylor는 공정과정을 과학적 분석을 통하여 분해하고, 이들 각각의 공정을 가장 효율적으로 수행하기 위한 표준적인 동작과 시간을 연구하였다.

② 과업표준의 제시와 임금·생산성의 연계 : 시간과 동작에 대한 과학적 분석에 의해 과업표준을 제시하고, 그 달성 여부에 따라 경제적 보상과 불이익을 연계시키려 하였다. 이때, 과업표준은 생산성이 가장 높은 노동자를 기준으로 삼았다.

③ 관리통제체제 : 근로자는 과학적 방법으로 선발하고 훈련하며, 적합한 업무에 배치한다. 관리자와 근로자는 책임을 적절히 분담하고 상호 협조해야 한다. 관리자는 기능별 십장제를 통해 전문화된 감독체제를 형성하고 이를 통해 작업과정을 통제한다.

(3) 내용

① 특성 : 과학적 기준과 업무분담에 의하여 행정의 전문화·과학화·객관화·합리화에 기여하였고 사무의 자동화 등을 통한 능률과 절약을 중시하였다.

② 변수 : 계층제나 분업체계 등 공식구조를 강조하고, 관료제모형을 토대로 하는 공식구조에 의한 인력관리를 중시하였으며, 최적의 공식구조가 최적의 업무수행을 보장해 준다고 보았다.

③ 인간관 : 인간을 명령이나 지시 내지는 경제적 보상에 따라 움직이는 피동적이고 기계적·경제적·합리적인 존재로 가정하였다(X이론적 인간관).

④ 동기부여의 수단 : 인간을 경제인으로 가정하고 경제적·물질적 자극을 유일한 동기부여의 수단으로 간주하였다.

⑤ 환경관 : 외부환경이나 비공식적 요인을 고려하지 않은 경직된 폐쇄적 조직이론이다.

⑥ 이념 : 기계적 능률성을 중시한다.

(4) 공헌과 한계

① 공헌

㉠ 행정을 권력현상이 아닌 관리현상으로 인식하고 정치행정이원론 및 공사행정일원론의 정립에 기여하였다.

㉡ 미국 행정학 성립과정에서 행정개혁 운동의 원동력(1910년 절약과 능률에 관한 대통령위원회 등)이 되어 엽관주의 폐단극복과 행정능률의 증진에 기여하였다.

② 한계

㉠ 인간의 기계화·부품화에 따른 인간성 무시와 인간소외현상을 야기하였다.

㉡ 조직을 폐쇄체제적 입장에서 관리함으로써 조직과 환경의 관계를 파악하지 못한다.

㉢ 인간을 지나치게 경제적 존재로만 파악함으로써 인간의 사회적·심리적 요인을 경시하고, 경제적 보상과 같은 동기부여의 외재적 요인만을 중시하였다.

㉣ 조직을 공식적 구조만을 중시함으로써 조직 내에 자생하는 비공식적 집단, 사기, 갈등 등의 연구에 소홀하였다.

> ✤ **행정관리론(공공관리론)**
>
> (1) 의의
>
>   ① 행정관리론은 엽관제 폐해를 방지하기 위하여 대두된 정치·행정이원론으로 집약되는 당시 행정이론과 고전조직이론이 접목하여 19C말부터 20C초에 개화된 이론으로서 결정(정책·계획)과 집행을 분리하고 권한과 책임을 명확히 규정하여 사무와 조직을 능률적으로 관리할 것을 강조하였다.
>
>   ② 특히 조직의 관리기능과 관리층에서 맡아야 할 조직 관리의 보편적 원리들을 개척하는데 초점을 두었으며, 행정관리론이 대두하게 되면서 미국 행정학은 독자적인 학문 영역을 구축하게 되었다.
>
> (2) 행정관리론의 조직원리
>
>   ① 귤릭(L. Gulick), 어윅(L. Urwick) : Gulick과 Urwick은 공저로 발간한 「행정과학 논문집(Papers on Science of Administration)」(1937)에서 조직의 원리(분업, 계층제, 조정, 통솔범위, 명령통일 등)를 제시하였으며 Gulick은 최고관리층의 7대 기능으로서 POSDCoRB를 제시하면서 "행정 제1공리는 능률이다."라고 주장하였다(능률지상주의).
>
>   ② 최고관리층의 7대 기능 : 기획(Planning), 조직화(Organizing), 인사(Staffing), 지휘(Directing), 조정(Coordi-nating), 보고(Reporting), 예산(Budgeting)

2. 인간관계론

(1) 의의

  ① 개념 : 인간관계론은 조직의 능률(생산성)향상을 위하여, 인간의 정서적·감정적 요인에 역점을 두는 관리기술이라 할 수 있다.

  ② 성립배경 : 인간관계론은 인간을 비인간적인 합리성과 기계적인 도구로 관리하는 고전적인 과학적 관리이론에 대한 반발로 제기된 것이며, 인간을 기계적 존재가 아닌, 사회적·심리적 존재로서 간주하는 것이다. E. Mayo는 서부전기회사의 호손공장에서 '호손실험(Hawthorne Experiment)'을 통해, 작업집단의 사회적·심리적 요인이 조직의 생산성향상에 있어서 중요한 것임을 밝혀냈다.

(2) Hawthorne공장실험

  ① 조명실험 : 조명과 같은 물리적 요인은 생산량과 직접적인 관계가 없다.

  ② 계전기조립실험 : 작업 중 휴식과 간식의 제공도 생산량과는 직접적인 관계가 없다.

  ③ 면접실험 : 종업원의 욕구 불만이나 감독자에 대한 인간적 감정이 생산량에 어느 정도 관련이 있다.

  ④ Bank선 작업실험 : 생산량은 관리자의 일방적인 지시나 종업원의 육체적 능력이 아니라 비공식적으로 합의된 사회적 규범에 의해 결정된다(호손 공장실험의 결론).

(3) 기본명제

  ① 조직속의 인간은 사회·심리적 존재이다.

  ② 조직구성원의 생산성은 그의 육체적 능력이 아니라, 사회적 능력이나 사회적 규범에 의해서 결정된다.

  ③ 사회적·심리적 만족과 같은 비경제적 보상이 조직구성원의 동기부여와 행복을 결정하는데 중요한 역할을 한다.

  ④ 조직규범의 형성과 그 수행에 있어서 비공식집단 및 비공식적 리더의 역할이 중요하다.

(4) 공헌과 한계

① 공헌

㉠ 조직관의 변화 : 공식적 조직보다는 비공식적 집단구성원 상호 간의 관계를 중시하게 되었다.

㉡ 인간관의 변화 : 과학적 관리론 등 고전적 관리이론의 기계적 인간, X이론적 인간, 미성숙한 인간관으로부터 사회적 인간, Y이론적 인간, 성숙한 인간관으로 변화를 초래하고, 관리에 있어서 민주적·인간적 관리가 중시되게 되었다.

㉢ 행태과학의 발전 계기 : 조직이나 집단 속의 인간의 행동을 연구하는 학문의 발달에 공헌하여, 후기 인간관계론이라는 행태과학(성장이론, 동기부여이론, OD 및 MBO)발전의 기초가 되었다.

㉣ 능률관 : 사회적 능률관을 정립하였다.

㉤ 인간관리의 인간화·민주화 : 통제중심의 과학적 인사를 탈피하고 상담제도, 브레인스토밍, 제안제도 및 고충처리제도, 소집단, 리더십과 커뮤니케이션 등 적극적이고 민주적인 인력관리를 확립하였다.

② 한계

㉠ 폐쇄체제 : 폐쇄체제적 시각으로 노조의 역할, 노동시장의 조건 등과 같은 환경적 요인들을 고려하지 못했다.

㉡ 경험적 연구를 통한 검증이 미약하였다.

㉢ 공식적 구조의 간과 : 조직목표를 상실하고 개인의 감정과 비공식적 집단의 요청만을 중시한다. 즉, 구조와 기술의 영향을 경시하였고, 계서제적 구조에 대한 대안을 제시하지 못하였다.

㉣ 근로자의 수단화 : 관리자의 입장에서 구성원들을 비윤리적인 조종의 대상으로 삼게 함으로써 근로자의 정당한 경제적 이익을 억압하는 보다 세련된 착취방법이라 비판받았다.

또한 근로자들의 사회적 욕구충족으로 모든 게 해결된다고 보았으며, "만족한 소가 더 많은 우유를 생산하듯 만족한 노동자는 더 많은 산출을 낼 것"이라는 주장은 '젖소 사회학(Cow Sociology)'이라 비판받는다.

▶ 과학적 관리론과 인간관계론의 비교

차이점			공통점
	과학적 관리론	인간관계론	
① 능률관	기계적 능률관	사회적 능률관	① 조직을 폐쇄체제로 인식
② 인간관	합리적 경제인관	사회적 인간관	② 생산성향상이 궁극적 목적
③ 조직관	공식적 조직의 중시	비공식적 조직의 중시	③ 인간가치의 수단화
④ 보수관	직무급	생활급	④ 관리층을 위한 연구
⑤ 조직목표와 인간의 욕구간의 균형문제	소극적인 방법(저해요인만 제거되면 균형이 이루어진다고 인식)	적극성(이상적 균형상태가 의식적으로 성립되어야 함)	⑤ 인간행동의 피동성 및 동기부여의 외재성 ⑥ 욕구의 단일성 중시
⑥ 연구	시간·동작연구	호손 실험	⑦ 정치·행정이원론

2. 행태론적 접근방법

1. 의의

(1) 행태론적 접근방법은 행정의 연구대상을 구조·제도·이념보다는 개인이나 집단의 행태에 초점을 두고 분석하려는 사회심리학적 연구방법을 말한다.

(2) 개인의 행태, 개인과 집단이 행정과정 속에서 서로 작용하는 데에는 일정한 법칙성·규칙성이 있다고 가정하고 이것을 경험적·계량적·논리적·실증적으로 검증하여 과학적 이론을 정립하자는 것이다.

2. 행태론의 전개

Simon은 「행정행태론(1949)」에서 고전적 행정학에서 주장된 행정의 원리는 보편성과 과학성이 결여된 검증되지 않은 격언에 불과하다고 비판하고, 행정행태 중 의사결정을 행정의 핵심으로 파악하여, 의사결정에 관한 과학적 연구가 행정학연구의 중심이라고 보았다.

3. 특징

(1) 연구대상으로서 행태

이 접근방법은 개인의 태도, 학습과정, 동기부여, 의사전달, 리더십 등에 나타난 행태를 주된 연구대상으로 삼아 인간행태에 대한 올바른 이해를 통해 관리의 유용한 지식을 얻는데 목적을 두고 전개되었다.

(2) 가치와 사실의 분리(가치중립성)

과학적·경험적 연구는 주관적인 가치가 배제되어야 하므로 가치와 사실을 분리하고 검증이 가능한 사실에만 연구범위를 국한하였다. 즉 변수들에 대해 조작적 정의를 하고 계량적 분석을 함으로써 행태의 규칙성·상관성·인과성을 경험적으로 입증하고 설명하고자 하였다.

(3) 계량적 분석 및 기법 중시

객관적 사실이나 경험적으로 검증될 수 있는 사실을 중시하며 행정행태에 대한 정확한 지식을 위해 계량적·미시적 분석에 중점을 둔다. 그리고 자료의 수집과 정확한 분석을 위해 조사기술이나 분석기법이 필요하다.

(4) 논리실증주의에 근거한 인과성의 입증과 규칙성 발견

사회현상도 자연과학과 마찬가지로 엄밀한 과학적 연구가 가능하다는 전제에서, 자연과학적 방법을 활용하여 개념의 조작적 정의, 가설설정, 자료수집, 가설검증이라는 과학적·경험적 절차에 의한 일반 이론(법칙) 정립을 중시한다.

(5) 방법론적 개체주의(미시적 접근)

집단이나 전체의 고유한 특성을 인정하지 않고, 개인의 행태를 통해 전체를 이해할 수 있다는 방법론적 개체주의에 입각한다.

(6) 순수과학·종합과학적 성격

자료의 입증을 위한 여러 처리기법에는 실험적 기법 등 자연과학·순수과학적인 신실증주의기법을 사용하며, 자료의 수집이나 적용에는 심리학·사회학·문화인류학·통계학 등이 광범위하게 활용되는 학제적 접근방법을 사용한다.

4. 공헌

(1) 행정연구의 과학화에 기여

과거의 고전적 연구나 행정원리는 속담이나 격언과 같은 비경험적인 규범적 기초이자 형식적 과학일 뿐이라고 지적하는 등 행정연구의 과학화에 기여하였다.

(2) 보편적 이론 구축에 기여

공·사조직 어디에서나 검증가능한 인간행태의 규칙성을 파악함으로써 보편적이고 일반법칙적인 이론 구축에 기여하였다.

(3) 의사결정 과정론과 사회심리학적 접근방법의 개발

의사결정을 둘러싸고 일어나는 권위·갈등·리더십, 동기부여 등에 관한 많은 과학적 이론 등을 사회심리학적 견지에서 연구·개발하였다.

5. 비판

(1) 연구범위·대상의 제약성

① 연구방법의 정확성·신뢰성에 너무 치중하게 됨으로써 연구대상이나 범위가 극히 제약될 수밖에 없다. 따라서 전체보다는 단편적인 것에 중점을 두는 미시적 분석에 치중하게 되고 문제의 사회적 중요성을 파악할 수 있게 하는 거시적 분석이 곤란하다.
② 연구방법과 기술에 급급한 나머지 정치나 행정의 본질보다는 그 기술에 지나치게 치중한다.

(2) 가치판단 배제의 비현실성과 보수주의 경향

정책결정에는 대립적인 가치체계간의 선택이 불가피하며 각 대안의 결과에 대한 판단이 요구되는데, 가치판단의 논리적인 배격은 극히 비현실적이다. 또한 가치중립적 입장은 객관적으로 존재하는 사실의 세계만을 다루게 되므로 경험적 보수주의에 빠지게 된다.

(3) 폐쇄적·이중 구조적 사회에의 적용 곤란성

행정실태나 관료의 행태유형 내지 심리적 현상이 쉽게 외부로 공개되고 정확한 자료를 구할 수 있는 개방사회와는 달리 폐쇄적·이중 구조적 성격이 강하고 조직의 잠재적 기능이 현재적 기능보다 강한 사회(개도국)에서는 적용하기가 곤란하다.

(4) 폐쇄체제적 관점 및 행정의 특수성 과소평가

환경적 요인을 고려하지 못한 폐쇄체제적 관점을 취하였고, 행정의 권력성, 정치성과 같은 행정의 특수성을 과소평가하였다.

6. 후기 행태론의 대두

후기행태론은 행태론이 지나친 자연과학적 방법론으로 이론을 만들기 위한 것일 뿐 당면한 사회문제를 해결하는 데 아무런 도움을 주지 못했다고 비판하고, 실천적·가치지향적 연구의 중요성을 강조하였다. 종래 행태론에서 배격하거나 소홀히 했던 가치문제, 처방, 사회적 형평성, 사회정의, 규범주의, 인간의 내면세계 등을 중시하는 후기행태론(탈행태론), 신행정론, 현상학, 정책과학 등이 1970년대에 대두되었다.

3. 생태론적 접근방법

1. 의의

(1) 생태론적 접근방법이란 행정체제를 하나의 유기체로 파악하고, 특정국가의 행정현상을 그 국가의 사회적·문화적 환경과 관련시켜 이해하려는 접근방법으로, 행정이 환경에 의해 결정된다는 환경결정론적 입장이다.

(2) 행정에 영향을 미치는 환경과의 관계를 처음으로 연구한 거시적 접근법이고, 환경에 대한 행정의 종속변수적 측면을 강조한 이론이다.

2. 내용

(1) Gaus의 생태론

「행정에 관한 성찰」에서 정부 및 행정에 영향을 미치는 환경적 요인으로서 ① 주민, ② 장소, ③ 물리적 기술, ④ 사회적 기술, ⑤ 사상, ⑥ 재난, ⑦ 인물 등 일곱 가지를 제시하였다.

(2) Riggs의 생태론

① Riggs는 문화횡단적 비교연구를 위하여 종래의 사회이원론자들의 모형을 새로운 개념으로 변형하여 농업사회와 산업사회라는 두 개의 사회로 나누고, 양 사회의 행정행태의 차이를 비교하기 위하여 다섯 개의 '행정의 환경변수'로 ㉠ 정치체제, ㉡ 경제적 기초, ㉢ 사회구조, ㉣ 이념적 요인, ㉤ 의사소통 5가지를 제시하였다.

▶ 사회이원론

생태요인	농업사회	산업사회
정치적 요인	형식상의 권력은 작지만 실질적 권력은 큼	형식상 권력은 크지만 실질적 권력은 작음
경제적 요인	• 자급자족적 경제체제 • 질서유지와 징세활동에만 국한하는 소극적 행동	• 시장경제중심의 상호의존적인 경제체제 • 최대의 행정이 최선의 행정
사회적 요인	배타성이 강한 1차 집단 중심사회	개방적인 2차 집단 중심 사회
의사소통	의사전달의 제약	의사전달의 원활

② Riggs의 프리즘적 사회의 특징 : 사회이원론이 개도국의 과도기적 상황을 설명하지 못한다는 비판이 제기되자 Riggs는 농업사회를 융합사회로, 산업사회를 분화사회로 명명하고 융합사회에서 분화사회로 변모하는 전이적·과도기적 사회로서 프리즘적 사회를 설정하고 이 모델을 개도국에 적용하였다.

▶ Riggs의 프리즘적 사회

구분	융합사회	프리즘적 사회	분화사회
특징	가치가 융합된 사회		가치가 평등하게 분화된 사회
사회구조	농업사회	전이사회	산업사회
관료제모형	안방모델 (Chamber model)	사랑방 모델 (Sala model)	사무실 모델 (Office model)

㉠ 고도의 이질성 : 전통적 요인과 현대적 특징이 고도로 혼합되어 있는 현상

㉡ 기능의 중첩 : 공식기능은 분화되어 있으나 실제기능은 중첩되거나, 분화된 기능과 분화되지 않은 기능이 공존

㉢ 연고우선주의 : 가족관계·친족관계 등에 의한 관직임용방식 답습

㉣ 형식주의 : 형식과 실제 간의 괴리, 공식적 행동규범과 실제 적용 간에 불일치 현상

㉤ 다분파주의와 파벌·도당 : 씨족적·종파적·지역적 유대에 의하여 결속되는 공동체의 존재로 말미암아 적대적 대립·투쟁이 난무

㉥ 다규범성·무규범성 : 현대적 규범과 전통적 규범·관습이 공존하면서 의견일치가 곤란하고 그때그때의 편의에 따른 규범적용으로 일관된 규범결여(이기주의적 무규범성)

㉦ 가격의 불확정성·불정가성 : 상품교환수단으로써 가격 메커니즘이 적용되고 있으나 정찰가가 없고 전통사회의 신분 보답성, 의리성 등 시장외적 요인이 작용

㉧ 양초점성 : 관료의 권한이 법제상으로 상당히 제약되고 있으나 현실적으로는 이를 상회하여 큰 영향력을 행사하는 이중적 특징

3. 공헌과 비판

(1) 공헌

① 행정체계를 개방체제로 파악하여 문화적·환경적 요인과의 상호관련성 속에서 행정을 고찰함으로써 행정연구에 있어 개방적·거시적 안목을 제공하였다.

② 행정환경에 의한 행정체제의 특수성 파악에 기여(후진국 행정현상 이해에 기여)하였다.

③ 행정의 보편적 이론보다 유사한 문화권이나 제도권 하에서 적용가능한 중범위이론 구축에 자극을 주어 행정학의 과학화에 기여하였다.

(2) 비판

① 환경결정론적 시각과 행정의 독립 변수성을 경시 : 특정사회의 행정체제의 특징은 문화적 환경요인에 의해 수동적으로 결정된다고 보아, 환경에 대한 행정의 주체적 역할을 경시(신생국발전에 대한 비관론·운명론 제시)하고 있다.

② 정태적 균형이론 : 결정론의 전제하에 환경과 행정체제의 관계를 정태적 균형관계로 파악하여, 동 태적 변동을 설명하지 못한다.

③ 행정이 추구해야 할 목표나 방향, 가치는 제시하지 못하였다.

④ 특정국가의 개별적 환경만을 연구함으로써 일반이론화에 실패하였다.

4. 체제론적 접근방법

1. 의의

(1) 체제론적 접근방법이란 체제(System)라는 개념을 통해 조직이나 행정을 연구하는 접근방법이다.

(2) 행정체제를 하나의 유기체로 보아 행정을 둘러싸고 있는 다른 환경적 제 요소와의 관련성 속에서 행정을 연구하려는 개방체제적 접근방법이다.

2. 주요관점

(1) 총체주의적 관점과 거시적 분석 : 하위체제들로 구성되는 체제는 그 자체가 보다 복잡한 상위체제에 대한 하위체제라고 한다. 그리고 모든 체제는 하나의 총체 또는 전체로서 그 구성부분들의 단순한 합계와는 다른 또는 그 이상의 특성을 지니게 되므로 총체에 대한 거시적 분석이 필요하다고 본다.

(2) 목표론적 관점 : 모든 체제는 목표를 가지도록 설계되었거나 목표를 가진 것이라고 본다.

(3) 계서적 관점 : 일련의 현상사이에 형성되는 관계의 배열이 계서적이라고 본다.

(4) 시간중시의 관점 : 체제는 시간선상에서 움직여 나가는 동태적 현상으로 이해한다.

❖ **체제(System)**

(1) 개념 : 체제는 공동의 목표달성을 지향하는 부분요소(상호작용관계)들로 구성된 하나의 전체를 의미하며, 환경과 경계를 이루고 항상 균형을 유지하려는 기본적 속성을 지닌다.

(2) 특징

① 전체성 : 체제의 여러 부분(하위체제)들이 서로 기능적으로 연결되어 있으며 전체 체제속의 하위체제로 인식된다.

② 경계 : 각 하위체제는 다른 하위체제와 구별되는 경계를 지니며, 전체체제는 그의 상위체제인 환경과 구별되는 경계를 갖는다.

③ 균형 : 체제는 정태적 균형을 유지할 수도 있고 동태적 균형을 유지할 수도 있다.

④ 체제는 '투입-전환-산출-환류'의 과정을 통해 환경과 상호작용한다.

⑤ 체제는 생존을 위해 적응, 목표달성, 통합, 체제유지의 필수적기능을 지닌다.

(3) 기능(T. Parsons의 AGIL)

① 적응기능(Adaptation) : 체제의 존속은 외부환경에 의존하고 있으므로 체제는 자체를 환경에 적응시켜야 하며 환경의 변동에 적응해야 한다.

② 목표달성기능(Goal attainment) : 환경으로부터 조달된 제 자원을 잘 체계화하여 조직의 목표를 실현하는 것이다.

③ 통합기능(Intergration) : 체제의 구성요소의 활동을 원활하게 조직화하고 여러 활동 간의 상호조정을 가능케 하며 조직의 확대 및 재편성을 행한다.

④ 체제(유형)유지기능(Latent pattern maintenence) : 체제가 자신의 기본적인 유형(Pattern)을 유지하고 자신의 가치와 규범을 재생산하는 것으로, 교육·문화작용이 이에 해당한다.

3. 행정체제의 과정과 개방체제의 특징

(1) 행정체제의 과정

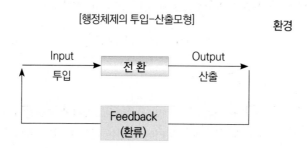

[행정체제의 투입-산출모형]

① 환경 : 체제로 유입되는 투입물을 생산하고 체제로부터의 산출물을 받아들이는 에너지의 근원이 되는 영역으로서 여기서는 외부환경을 말한다. 국민·수혜자·압력단체 등이 그 예이다.

② 투입 : 환경으로부터 행정체제내부로 유입되는 요구나 자원 등을 말한다. 특정정책·재화·서비스에 대한 요구, 인적·물적 자원, 지지, 반대, 무관심 등이 있다.

③ 전환 : 환경요소로부터의 투입을 받아 그 결과로서 어떤 산출을 내기위한 체제내의 작업절차로서 목표를 설정하고 필요한 정책을 결정하는 일련의 내부과정을 말한다. 그 예로는 행정의 공식구조, 정책결정절차, 공무원의 개인적 개성이나 경험, 조직의 관리기법 등이 있다.

④ 산출 : 환경으로부터의 투입을 받아 전환과정을 거쳐 다시 환경에 응답하는 결과물을 말한다. 정책, 법령, 재화, 규제, 각종 서비스 등이 그 예이다.

⑤ 환류 : 산출의 결과를 다음 단계의 새로운 투입에 전달·반영하는 것을 말한다. 투입물을 수정하거나 새로운 투입물을 형성하는 과정으로서 행정체제의 개혁·쇄신 등이 그 예이다.

(2) 개방체제의 특징

① 항상성(Homeostasis)과 동태적 균형유지 : 개방체제는 환경과의 불균형을 해소하기 위해 부단히 동태적 적응을 하면서 균형을 이루기 위해 에너지의 투입과 생산물의 산출을 계속하지만 체제의 특징은 불변한다.

② 등종국성(Equifinality)·이인동과성 : 개방체제의 변동에서는 같은 종국상태 또는 목표상태가 서로 다른 출발조건과 경로를 거쳐서도 나타날 수 있다는 특성을 지닌다. 이는 개방체제 내부의 신축적인 전환과정을 통한 목표달성의 다양성을 의미한다. 이러한 특징은 목표달성과정에 있어서 유일·최선의 방법을 부정한다.

③ 부정적 엔트로피(Negative entropy) : 개방체제는 시간이 지남에 따라 에너지가 소멸되어 붕괴되는 현상(Entropy)을 막는 부정적 엔트로피 기능을 수행한다. 즉, 개방체제는 생존을 위해 환경으로부터 필요한 에너지와 자원을 받아들여 엔트로피를 낮추려는 성향을 갖는다.

④ 환경과 '투입-전환-산출-환류'의 과정을 나타낸다.

4. 공헌과 한계

(1) 공헌

① 거시적·총체적으로 전체를 보기 때문에 체제와 환경 간, 여러 체제 간 그리고 체제와 구성요소간의 관계를 분석하는데 기여하였다.

② 다양성을 띤 여러 행정체제의 비교분석을 위한 일반적인 기준을 제시하여 모든 행정체제에 보편성을 가진 행정일반이론을 정립하는데 기여하였다.

(2) 한계

① 정태성을 강조하는 현상유지적 성격(균형이론)으로 행정의 변화와 발전을 충분히 설명하지 못한다. 이로 인해 변화와 발전이 요구되는 후진국행정을 설명하는 데는 한계가 있고 안정된 선진국사회의 연구에 보다 적절하다.

② 환경에 대한 행정의 독립변수적인 성격을 충분히 설명하지 못한다.

③ 거시적 측면을 중시하여 하위체제의 운영과 개인과 집단의 행태적 측면을 간과하였다.

5. 비교행정론

1. 의의

(1) 비교행정론은 제2차 대전 이후 각국의 행정에 대한 비교연구를 통해 행정학의 과학성을 높이고 일반화된 행정이론을 정립하려는 이론을 말한다. 비교행정론에서는 서로 다른 문화적 환경 및 국가의 행정체제를 비교하며, 주로 행정제도와 행정행태를 비교·분석한다.

(2) 비교행정의 연구는 제2차 대전 후 미국이 국제무대에서 지도국가가 되고 신생국에 경제원조와 기술원조를 제공하였으나 원조의 효과에 문제점이 나타났다. 결국 신생국의 사회문화적 특성이 미국의 행정원리와 제도에 맞지 않음을 알게 됨으로써 신생국의 사회문화적 특성과 행정의 관계가 주된 관심을 끌게 되어 문화횡단적인 비교행정론을 모색하게된 것이다.

2. 대두배경

(1) 미국행정학의 적용범위 상 한계 인식

제2차 대전으로 신생국가의 출현 후 미국의 행정이론이 생태적 요인을 달리하는 이들 신생국에의 적용에 한계가 있음이 밝혀지는 가운데 미국 행정학의 과학적·보편적인 성격에 강력한 의문이 제기되어 비교행정연구에 영향을 미쳤다.

(2) 미국의 대외원조 계획

후진국에 대한 경제원조와 기술원조계획에 많은 행정학자들의 참여로 비교행정에 대한 관심이 증대되었다.

(3) 비교행정연구회(CAG)의 활동

미국의 비교행정연구회는 Ford재단의 지원을 받고 Riggs의 지도하에 괄목할 만한 활동을 전개하였고, 그 결과 후진국의 원조사업의 계획과 실천을 이해하는데 크게 기여하였다.

（4）비교정치론의 영향

비교정치(Comparative politics)의 연구는 비교행정연구에 큰 영향을 미쳤다. 제2차 대전이후 비교정치론은 종래의 제도론적 접근방법에서 기능적 접근방법으로 전환하고, 서구중심으로부터 신생국으로 연구의 초점을 돌리게 되었다.

3. 접근방법

（1）Riggs의 분류

Riggs는 비교행정에 대한 접근방법의 경향이 ① 규범적 접근방법에서 경험적 접근방법으로, ② 개별사례적 접근방법에서 일반법칙적 접근방법으로, ③ 비생태론적 접근방법에서 생태론적 접근방법으로 전환되고 있다고 지적하였다.

（2）Heady의 분류

Heady는 연구의 대상·초점에 따라 비교행정의 접근방법은 ① 수정전통적 접근방법(각국 행정 현상에 대한 단순한 비교·고찰), ② 발전지향적 접근방법(국가발전 목표달성을 위한 행정의 필요조건 규명), ③ 일반체제접근방법(각국 행정현상 비교를 위한 일반모델 개발), ④ 중범위이론(특정범위를 선정하여 연구) 등으로 분류하고, 비교행정연구를 위한 가장 적절한 중범위모형은 관료제모형이라고 지적하였다.

4. 한계

（1）구조기능주의적 분석에 입각한 균형이론이며 현상 유지적 성격을 지니기 때문에 행정의 사회변동기능을 설명하지 못한다(정태적 균형이론).

（2）환경을 지나치게 강조하여 행정의 독자성이 무시되었고, 후진국의 발전·변화를 설명하지 못한다.

（3）발전의 독립변수로서 행정엘리트의 능력과 기술 및 가치관 등의 인적요인이 경시되었다.

6. 발전행정론

1. 의의

（1）발전행정이란 행정이 경제발전과 국민통합이라는 국가발전의 목표를 달성하기 위하여 계획을 수립·집행하며, 계속적으로 사회변동에 대한 적응능력을 증진시키는 행정의 역할에 초점이 맞추어진 이론이다.

（2）발전행정론은 행정이 국가발전의 주도적인 역할을 맡음으로써 국가를 경제적·사회적·문화적으로도 발전시켜야 한다는 것이다.

2. 대두배경 및 특징

（1）대두배경

① 일반법칙적·보편적 행정학의 정립을 추구했던 비교행정론은 후진국의 발전문제의 해결에 별 도움이 되지 못했다. 특히 1960년대부터는 행정을 환경의 종속변수로 생각하는 생태론적 결정론이 비판을 받게 되고, 이에 따라 행정의 능동적인 환경변화기능을 중시하는 발전행정론이 대두되었다.

② 포드재단, 비교행정연구회, 하와이대 동서문화센터, UN기술지원계획 등에서 활발한 연구가 진행되었다.

(2) 특징

① 정치·행정 새일원론 : 국가발전사업의 적극적인 수행을 위하여 오히려 행정부의 적극적 역할을 정당시하는 행정우위론적인 정치·행정 새일원론이다.

② 행정인의 적극적 역할 강조 : 발전지향성·창업가정신·성취욕구를 가진 행정인(관료)의 독립 변수적 역할을 인정하고 행정인의 문제해결능력, 자원동원능력, 위기관리능력 향상에 관심을 가진다.

③ 효과성 중시 : 발전사업의 목표달성에 치중하므로 행정이념으로서 능률성과 함께 목표달성도를 의미하는 효과성을 중시한다.

④ 국가주의적 이론 : 발전행정은 국가체제 전반에 관련되었다는 점과 관리주체는 국가나 행정체제에서 찾아야 한다는 점에서 국가주의적·전체주의적 이론이다.

⑤ 경제이론과 고전적 행정이론의 결합 : 발전행정론은 국가발전의 목표 가운데서 경제적 국면을 가장 중시하고(경제성장주의적 관점) 그러한 목표를 추구하는 데 필요한 조직으로 고전적 관료제를 처방하였다. 따라서 '국가개입을 지지하는 경제이론(Keynes)'과 '전통적 관료제론(Weber)'의 결합이자 발전주의 특성을 지닌다.

3. 문제점

(1) 개념의 모호성과 서구중심의 이론적 편향성

발전이란 진화, 성장, 근대화, 서구화, 개혁 등과 혼동되며 특히 서구화를 발전이라고 보는 서구적 편견이 내재되어있다.

(2) 발전목표의 달성을 위한 관료주의적 합리성만을 강조하며, 민주성이 결여되어있다.

(3) 가치판단의 중시로 이론적 과학성 미흡

개도국의 국가발전을 위한 처방적·규범적 성격을 띤 나머지 과학성이 결여되거나 경험적 검증을 거친 이론이 드물다.

(4) 투입기능의 경시

외형적인 목표달성이나 일방적인 산출에만 주력하게 되어 정책결정에의 참여와 관련되는 투입기능이 취약하다.

(5) 가치배분의 불공정성

관료들의 행정윤리, 책임의식이 중시되지 않으며 따라서 그로 인한 가치배분의 불공정성 문제를 유발한다.

(6) 불균형발전전략에 의한 사회적 부작용(환경오염, 정신적 가치저해, 소득분배의 공정성 저해 등)을 초래한다.

7 . 후기행태론적 접근방법과 신행정론

1. 후기(탈)행태론적 접근방법

(1) 의의

① 행태론에 대한 반발 : 1960년대 미국사회의 격동기를 맞아 흑인폭동, 빈부격차, 강제징집과 반전운동 등 미국의 급박한 사회문제들이 한꺼번에 폭발하자 가치중립적인 행태주의가 문제예측은 물론, 해결조차 하지 못한다는 비판이 대두되었다. 이와 아울러 '위대한 사회건설'이라는 슬로건을 내걸고 흑인을 비롯한 하류층의 복지향상을 위한 사회복지정책을 대대적으로 펼친 존슨행정부에 대하여 지적 자원을 제공하지 못했다는 정치학계의 학문적 반성이 나오면서 등장한 것이 후기행태주의(Post-behaviorism)이다.

② 적실성과 실천 : 정치학자 이스턴(D. Easton)은 「정치학의 새로운 혁명」(1969)에서 '후기행태주의'의 시작을 선언하고 후기행태주의의 성격을 '적실성(Relevance)의 신조'와 '실천(Action)'이라고 주장하였다.

(2) 내용

① 후기행태주의는 가치를 배제한 행태주의의 태도를 비판하고 학문의 현실적합성을 크게 중시하여, ㉠ 현재 급박한 사회문제의 해결에 대한 적절한 연구, ㉡ 가치에 대한 독립된 연구와 새로운 가치의 개발, ㉢ 인류의 가치를 보호하고 사회를 개혁하는 것 등을 주장하면서 가치와 사실의 '통합'을 제시하였다.

② 후기행태주의는 가치평가적인 정책연구를 지향하기 때문에 정책학의 발전과 신행정학의 대두에 큰 영향을 미쳤다.

▶ 행태론과 후기(탈)행태론의 비교

구분	행태론	후기행태론
사회문제에 대한 인식	• 사회문제해결 경시 • 사회안정 추구	• 사회문제해결 중시 • 사회변동 추구
인식방법	객관주의(논리실증주의)	주관주의(현상학, 비판주의)
가치에 대한 태도	가치중립, 몰가치적	가치개입, 가치지향

2. 신행정론

(1) 의의

① 신행정론은 기존의 행태주의 중심의 행정이론에 불만을 품었던 미국의 소장학자들, 특히 1968년 Minnowbrook회의에 참여하였던 젊은 학자들을 중심으로 하여 기존의 행정이론이 미국내의 여러 사회문제와 현실에 대한 적실성(relevance)이 결여되어 있다고 비판하면서 행정학의 처방성 및 적실성 제고를 주장하는 행정학의 새로운 경향에 관한 이론으로, 후기행태주의·가치주의·현상학적 접근방법(행위이론)·비판행정이론과 밀접한 관련이 있다.

② 신행정론은 정책지향적, 사회적 형평성, 민주적 가치규범, 분권화, 고객지향적, 시민참여 등을 강조한다.

(2) 대두배경

① 사회적 격동기

㉠ 정치적 측면 : 월남전의 패망, 워터게이트 사건

㉡ 경제적 측면 : 풍요속의 빈곤, 스태그플레이션(Stagflation)

㉢ 사회적 측면 : 대규모 흑인폭동, 소수민족 차별, 사회적 불평등 심화

㉣ 행정학적 측면 : 행정의 정체성 위기극복 노력, 적실성 및 처방성의 추구, 정책과학의 등장

② 기존이론에 대한 반발

㉠ 비교행정론과 발전행정론은 미국이 아닌 다른 나라에 대한 이론이기 때문에 격동기에 처한 미국의 문제를 해결할 수 없었다.

㉡ 행태론은 당면하고 있는 사회문제를 과학적으로 단순화시켜 기술공학적으로 접근함으로써 사회문제해결에 필요한 정치적·윤리적 가치들을 소홀히 하였다.

③ 미노부룩(Minnowbrook) 회의

㉠ 1968년 미국의 시라큐러스대학의 주최로 개최된 미노부룩회의에서 Waldo의 주도하에 새로운 행정학의 방향이 제시되었다.

㉡ 신행정론자들은 환경변화에 따라 불확실성이 증가된 '격동의 시대'(Turbulence field)를 맞아 행정학의 처방성 및 적실성 제고를 주장한 것이다. 대표적인 학자로는 Waldo, Marini, Frederickson, Harmon등이 있다.

(3) 특성 및 주요내용

① 사회적 형평성 : 사회적 형평성이란 공평과 정의의 개념을 함축하는 것으로 모든 사람을 평등(Equality)하게 대우하는 것이 아니라, 현재 불리한 위치에 있는 사람들에게 더 많은 혜택을 주어야 한다는 것이다(J. Rawls의 정의론에 입각). 여기서 행정인은 사회적 불평등을 제거해야 할 의무가 있으므로, 사회경제적으로 불리한 위치에 있는 계층을 위하여 보다 우선적 배려를 통해, 사회적 형평을 실현해야 한다는 것이다.

② 행정인의 적극적 역할 강조 : 사회적 형평을 실현하기 위해 행정인은 고객의 요구에 부응하는 책임 있고 적극적인 역할이 요구된다고 주장하였다.

③ 고객지향적 행정 및 참여와 합의의 중시 : 공무원들이 조직내부 문제의 처리에만 몰입하지 말고 적극적으로 고객의 편의를 위한 행정을 해야 하며, 이를 위해 행정을 공개하고 시민의 행정참여와 고객과의 상호교류를 강조한다.

④ 반계층제와 탈관료제 : 전통적 계층제의 수정을 주장하는데, ㉠ 계층제의 비민주적 성격의 타파와 조직구성원이나 외부인의 참여를 촉진하기 위해 분권화된 조직구조가 필요하고, ㉡ 변화에 대한 동태적 적응성과 조직의 쇄신을 도모하기 위해 Project조직이나 Matrix조직 등 탄력적인 조직구조가 필요하다.

⑤ 행태론의 지양과 규범주의의 추구

　　㉠ 가치중립적·현상유지적·보수적인 행태론이나 실증주의를 비판하고 사회의 병폐에 대한 구제책을
　　　제시하려는 규범주의를 지향한다.

　　㉡ 관찰가능한 과거의 경험이나 외면적 행태만을 고찰하는 것은 무의미하다고 보고 철학적 관점에
　　　서 인간의 내면세계 및 자신과 타인 간에 상호작용하는 현상의 본질 즉 내부 주관성이나 감정이
　　　입을 통한 상호인식작용(간주관성)을 중시한다.

⑥ 정책 및 문제지향성

　　㉠ 내부적인 관리보다는 행정의 활동성·동태성과 함께 사회문제를 해결해 나가는 정책지향성이나
　　　문제지향성을 강조한다.

　　㉡ 대내적인 의사결정보다도 정책문제해결을, 관리과학·체제분석보다도 거시적인 정책분석을 중시
　　　하는 정책과학적 입장을 견지한다.

(4) 문제점

① 구체적 기준의 결여 : 사회적 형평성은 윤리적·철학적이어서 개념이 불분명하고, 가치판단으로 인
　해 현실적·구체적인 기준이 결여되어 있다.

② 고객참여로 인한 행정의 전문성저해와 특수이익추구의 우려 : 비전문가인 고객의 참여는 ㉠ 행정의
　전문화와 충돌할 가능성이 있고, ㉡ 수익자집단의 적극적 참여가 특수이익추구의 수단으로 전락할
　우려가 있다.

③ 행정권의 비대화와 관료주의화의 문제 : 행정인의 적극적 역할을 강조함으로써, 행정권이 비대해지
　고, 관료주의화할 우려가 있다.

④ 비계층제조직의 현실성 문제 : 관료제를 대체할 만한 조직 원리를 아직 발견하지 못하고 있는 상태
　에서 비계층제적 조직의 모색이 현실적으로 가능한가 하는 문제(무정부상태초래 우려)가 있다.

▶ 신행정론과 발전행정론의 비교

공통점	차이점	
	발전행정론(1960년대)	신행정론(1970년대)
• 행정인의 적극적 역할 • 정치행정일원론(가치지향) • 사회문제 처방성 및 적실성 • 과학성 부족	• 개도국에 적용 • 성장과 발전위주 • 효과성 • 전문공무원 위주의 행정 • 기관형성 중시	• 선진국에 적용 • 분배, 균형적 발전 추구 • 사회적 형평성 • 고객위주의 행정 • 기관형성 비판

8. 현상학적 접근방법

1. 의의

(1) 개념 : 현상학적 접근론은 겉으로 표출된 '행태(Behavior)'가 아닌, 주관적 의지를 내포하고 있는 '행위

(Action)나 행동'을 중시하는 주관주의 이론이다. 즉 외면적인 인간행태의 인과적 설명에 치우친 행태주의와 실증주의를 반대하고 행위자의 내면적인 동기나 의도를 행정현상에 적용하여 연구하는 철학적 연구방법이다.

(2) 현상학은 훗설이 해석학의 영향을 받아 일반철학운동으로 전개한 것을 슈츠가 본격화하였으며, 행정학에는 1970년대에 커크하트에 의하여 신행정론에 도입되고 1980년대에 하몬의 행위이론에 의하여 정립되었다. 신행정론은 가치를 배제하는 실증주의적 방법을 탈피하고자 방법론적 토대부터 재구축을 시도하는 과정에서 가치지향적인 현상학을 도입하게 되었다.

> ✿ Harmon의 행위이론(Action theory)
>
> (1) 행위이론은 인간행위의 주관적 의미를 탐구하는 접근방법으로 현상학과 해석학에 기초를 둔 반과학적·반실증주의적·미시적 접근방법이다.
> (2) 개인이 행위에 부여하는 의미를 중요시하며, 가치문제를 중시한다. 특히, 사회과학은 자연과학과 달리 인간을 다루기 때문에 인간의 주관적 세계를 반영하는 행위를 이해함에 있어서 인간행동 이면의 동기(행위자가 부여한 의미)를 중요시한다.
> (3) 개인과 사회는 상호작용한다. 즉, 인간은 사회화된 혹은 공유된 규범(제도)에 의해 행위에 의미를 부여하며, 이러한 행위들은 사회적 사실을 다시 형성하는 것이다.
> (4) 하몬은 정의·형평성 등의 규범적 이론을 강조하면서 행정의 책임성, 시민의 요구에 대한 반응성, 참여 등을 중시하였다.

2. 특징

(1) 존재론적 차원 – 유명론

현상학은 인간의 의식과 행위 그 자체를 중시하는 유명론(唯名論)의 입장이다.

(2) 인식론적 차원 – 반실증주의

현상학은 인간의 의식 또는 마음이 빠진 객관적 존재의 서술을 인정하지 않으며 현상을 분해하여 분석하는 실증주의를 반대하고 현상을 본질적인 전체로 파악해야 한다는 입장이다.

(3) 인간본성적 차원 – 자발론, 주의주의

현상학에서는 인간을 '자유의지를 가진 적극적·자율적 존재'로 보는 자발론 또는 주의주의(主意主義)적 입장이다. 즉 인간은 적극적 존재로 파악된다.

(4) 방법론적 차원 – 개별사례 중심

행위자의 의도와 동기를 중시하므로 개별사례나 개별문제 중심적 방법을 추구한다.

(5) 미시적 접근

체제론 등 그동안 거시적 문제에 쏠렸던 학문적 관심을 인간의 행위 등으로 돌려 개체주의적인 미시적 접근을 지향한다.

3. 주요내용

(1) 사회적 실재

현상은 물질로서의 현상이 아닌 경험으로서의 현상으로, 사람의 의식을 떠난 현상은 있을 수 없다. 사회적 실재란 사회 속에 살고, 생각하고, 의사소통하고, 행위하는 사람들의 의식·생각·언어·개념으로 구성되며, 그들의 상호주관적 경험으로 이루어지는 것이다. 따라서, 사회과학의 연구는 인간행동 이면의 동기나 목표로 설명되는 경험까지 포함되어야 한다(선험적 관념론 중시).

(2) 간주관성(상호주관성)

사회현실은 구성되는 것이며, 상호주관적 경험을 통해 이루어진다. 따라서, 사회문제의 해결에 있어서도 가치중립적인 객관적 연구가 아니라 이면에 감추어진 의도에 대한 이해가 중요하다.

(3) 능동적 자아 강조

인간의 행동을 자극에 의한 단순한 반응으로 인식하지 않고 내면적 동기에 의한 산물로 인식한다는 점에서 수동적 자아가 아닌 능동적 자아를 강조한다.

4. 평가

(1) 공헌

① 과학적 연구방법을 통해서는 파악하지 못했던 인간의 주관적 관념, 의식 및 동기 등의 의미를 더 적절하게 다루고 이해할 가능성을 제시하여 연구의 적실성을 제고하였다.
② 조직문제를 파악하는데 폭넓은 철학적 사고방식과 준거의 틀을 제공하였다.
③ 가치평가적 연구를 통한 정책연구에 기여하였다.

(2) 비판

① 인간 활동의 많은 부분이 무의식이나 집단규범 또는 외적 환경의 산물이라는 점을 경시하였다.
② 지나치게 주관적인 접근방법이다.
③ 개별적인 인간행동과 상호작용의 해석에 역점을 두기 때문에 거시적 측면(체제, 구조, 조직)의 설명에는 한계가 있다.

▶ **행태론과 현상학의 비교**

구 분	행태론	현상학
관 점	객관주의[과학, 사실, 존재(Sein)]	주관주의[철학, 가치, 당위(Sollen)]
인간관	피동적·결정론적 존재, 조작인(操作人)	능동적·자발론적 존재, 괄호인(括弧人)
인식론	실증주의, 논리실증주의 • 법칙의 인과관계, 가설 검토 • 현상을 분해·분석	반실증주의 • 행위자에 대한 이해 • 현상을 분해·분석 반대, 본질적인 전체로서 파악
존재론	실재론(實在論)	유명론(唯名論)

구 분	행태론	현상학
연구방법	일반법칙 추구	개별사례나 개별문제 중심 연구
사회관	사회는 인간의 의지·의도와는 관계없는 별개의 존재	사회는 인간의 상호주관성의 결과로서, 감정이입과 대면접촉이 이루어짐.
자아(自我)	수동적 자아, 원자적 자아	능동적 자아, 사회적 자아
패러다임의 주목적	행정현상의 설명과 예측(과학성 강조)	실제 행정의 개선에 중점(처방성, 규범성 강조)
행정이념	합리성	형평성, 대응성, 책임성
기술의 초점	인간의 행태	내면의 의식과 동기에 의한 행동

9. 비판론적 접근방법

1. 의의

(1) 비판이론은 기존의 실증주의적 분석에 대한 비판의 한 경향으로, 현대사회에 있어 사회적관계의 지나친 합리화를 비판함으로써 인간의 성장·발전을 저해하는 사회적 지배구조로부터의 인간해방에 주로 초점을 두는 접근방법이다.

(2) 지적근원은 Kant와 Hegel의 관념론적 비판철학이고, Havermas, Horkheimer 등 프랑크푸르트학파에 의해 체계화되었으며(1937), 행정학에는 Denhardt(1979)에 의하여 본격적으로 도입되었다.

2. 기본개념

(1) 총체성(Totality)

사회체계는 고립적·부분적으로의 이해가 아닌 전체적이며 연관적으로 이해되어야 한다. 그것은 정치·경제·문화의 맥락에서 이해될 뿐만 아니라 주관적 세계와 객관적 세계를 모두 포괄해야 한다.

(2) 의식(Consciousness)

의식은 인간의 내면에서 형식화되며 경험에 작용하는 주관적인 조건들을 형성한다. 그것은 사회적 현실을 규정하고 사회적 세계를 창조하고 유지케 한다.

(3) 소외(Alienation)

소외란 인간이 세계와 그의 실존을 수동적으로 경험하고, 인간 자신속에서 주체와 객체 혹은 의식과 객관화된 세계 간에 분리현상을 경험하는 상태를 말한다. 비판이론에서는 소외현상의 극복을 강조한 것이다.

(4) 비판(Critique)

비판이성의 회복을 강조하는데, 비판이성은 획일화·조직화·절대화를 부정하며 기존의 것이 불변의 진리라는 주장을 반대한다.

3. 함의

(1) 사회적 권력과 재량권이 집중되어 있는 관료제에 대한 시민의 불신이나 적대감이 왜곡된 의사소통에서 기인한다고 보고 사회관계의 민주화를 강조한다.

(2) 관료제로부터 야기되는 소외를 극복하기 위해 조직내의 의사소통의 복원 및 향상을 통한 조직생활의 질을 높여야 한다고 강조한다(→ 조직·관료제의 모순과 결함을 밝힘으로써 이를 개선하려는 대안을 제시하고자 함).

(3) 정책의 형성·집행문제를 역사적·규범적 차원에서 가치비판적 시간을 통하여 파악하고 관료제 내부와 관료제와 시민·고객과의 상호작용에 있어서의 자율성·책임성을 보다 더 제고할 수 있는 기반을 닦는데 중점을 둔다.

▶ 세 가지 이성의 비교

구분	도구적 이성	실천적(해석적) 이성	비판적 이성
실존적 차원	작업을 규제하는 기술적 환경	행위자 간에 공유하는 의미	사회적 권력에 대한 비판적 통찰
접근방법	경험적·분석적 과학(실증주의)	역사적·해석학적 과학	비판지향적 과학
지식의 목적	인간에 대한 통제	인간에 대한 이해	사회적 제약으로부터의 해방
강조이론	행태론	현상학	비판과학

※ 도구적 이성은 인간은 목표달성의 기술적 수단이라는 점, 실천적·해석적 이성은 인간은 행위의 주체라는 점, 비판적 이성은 사회적 제약으로부터의 해방을 강조하는 것이다.

10. 공공선택론적 접근방법

1. 의의

(1) 공공선택이론은 정치·행정현상에 경제학적 접근방법을 적용하여 설명하려는 이론이다. 뮬러(Muller)는 공공선택이론을 '비시장적 의사결정(Non-market decision-making)'에 대한 경제학적 연구 또는 정치학에 경제학을 응용하는 것이라 정의하고 있다.

(2) 공공선택이론은 국가이론, 투표규칙, 투표자행태, 정당정치, 관료행태, 이익집단 등의 정치·행정현상에 경제학적인 분석도구를 적용하여, 주로 공공재 공급과정에서 나타나는 정부실패를 설명하고, 시민 개개인의 선호와 선택을 존중하는 공공재의 효율적 공급이 이루어지기 위한 시장의 경쟁원리(공공부문의 시장경제화)를 강조한다.

2. 성립배경

(1) 공공선택이론(Public choice theory)은 처음 1940~50년대 정치현상에 대한 경제학자들의 관심에서 비롯되었으며, 시장실패에 대한 정부개입에 관한 이론이 공공선택론 출발의 계기가 되었다.

(2) 그리고 1960년대 Buchanan과 Tullock등의 경제학자들과 수학자들에 의해 공공선택론이 창시되고, 이후 정치·행정학자들에 의하여 다양한 이론으로 전개되고 있다.

(3) 행정학분야에 이 접근방법을 도입·발전시킨 대표적인 학자는 Ostrom부부이다. 이들 이론의 핵심은 '민주행정 패러다임'으로, 공공재의 공급을 행정의 주요기능으로 보고 공공재의 최적 공급을 위한 정책 결정방식과 조직배열의 연구에 초점을 두고 있다.

3. 연구방법과 기본가정

(1) 방법론적 개체주의

구조나 집단·환경·사회전체를 연구대상으로 하는 유기체적 접근방법이 아닌 개인들을 연구대상으로 하는 개체중심의 방법론이다. 즉 거시적 설명이 아니라 개인의 행동을 기본적 분석단위로 하여, 정치·경제 및 행정현상을 분석하려 한다.

(2) 연역적 접근

복잡한 정치행정현상을 몇 가지 가정으로 단순화시키고, 수학적 공식에 의한 연역적 추론을 강조한다.

(3) 합리적·이기적 경제인관

모든 개인은 합리적이고 이기적인 존재이며 자기의 효용극대화를 목표로 한다. 이와 같은 행동법칙이 민간부문(시장)에서 뿐만 아니라 공공부문에서도 동일하게 적용된다고 보는 것이 공공선택론의 입장이다. 이를 극복하기 위하여 민주적 방법에 의한 집단적 결정을 강조하였다.

(4) 공공재의 효율적인 공급을 위한 제도적 장치의 마련 강조

전통적인 정부관료제 조직은 공공서비스의 공급과 생산에 바람직한 제도적 장치가 되지 못하며, 정부의 각 수준에 맞는 분권적이고 다양한 규모의 제도적 장치가 마련되어야 한다고 본다(중첩적인 관할구역과 분권적·중복적인 조직 장치의 필요).

4. 공공선택론적 관점의 행정개혁 – 민주행정 패러다임(Ostrom)

(1) Wilson-Weber 패러다임에 대한 비판

① 고전적인 관료제이론은 조직을 하나의 단일의 권력중추가 통제하는 구조를 제안한다. 권력이 분산될수록 책임성이 낮아지기 때문이라는 것이다. 또한 행정의 능률성을 위해서는 전문적으로 훈련된 공무원을 계층적으로 서열화하는 것이 필요하다고 보았다.

② 그러나 이러한 체제는 시민들 사이에 존재하는 상이한 공공재와 공공서비스에 대한 다양한 선호에 대한 대응과 다양한 환경 조건에 대처해야 하는 대규모 행정체제의 능력을 감소시킨다. 따라서 권력은 분산되고 상호 제약과 통제가 이루어져야 하며, 보다 경쟁적인 구조로 바뀌어야 한다.

(2) Ostrom의 민주행정 패러다임

공공재의 공급에 있어서 시민들의 선호에 행정이 민감하게 반응할 수 있도록 하기 위해서는 다양한 의사결정자의 권한이 분산되거나, 다수의 중첩적인 관할권을 설정해야 한다(관할권의 중첩과 다조직 장치).

① 권력의 분산 : 급변하는 환경 속에서 복지를 증진시킬 수 있도록 정치질서를 유지하기 위해서는 권력중추들 사이의 권한분산이 요구된다.

② 관할권 중첩 : 공공서비스에 있어 다양한 공공재의 생산을 촉진시킬 수 있음을 전제로, 행정권을 분산시키기 위해 여러 양태로 조직을 개편하여 다조직적 배열, 가외적 설계를 통해 시민의 다양하고 상이한 선택과 선호를 충족시키고, 나아가 기관 간 경쟁을 통해 봉사의 질을 높일 수 있다고 본다.

③ 다조직장치 : 단일 계층제 대신 여러 공공기관으로 구성된 공공서비스 산업의 성격을 띠는 다조직장치를 설계한다. 대표적인 경우가 경찰·교육·수도사업 등 계층제적 구조에 의하지 않고 조정이 가능한 공공사업이다.

④ 준시장적 수단의 활용 : 수익자부담원칙(User charges)을 확립함으로써 공공재 공급요구를 적정화시키고, 공급조직 간 경쟁을 촉진할 수 있도록 다양한 공급방식을 활용한다.

⑤ 다양한 공급구역의 설정과 고객에 대한 대응성 제고 : 공공재공급에 있어서 고객의 수요에 부응하는 적정한 공급구역을 설정해야 한다. 이를 위해서는 선호가 동질적인 집단별로 공급영역을 설정한다.

5. 주요 이론모형

(1) 투표정치모형

투표정치이론은 공공서비스를 선택함에 있어 투표방식을 통해서는 최선의 사회적 선택이 이루어질 수 없다는 '정부실패'현상을 설명하는 이론이다.

① Arrow의 불가능성정리(Impossibility theorem)

㉠ 불가능성정리란 합리적이면서 동시에 민주적인 조건을 충족시키는 다수결투표방식은 존재하지 않는다는 '투표의 역설(Voting Paradox)' 현상 때문에 개인의 선호들을 합한 사회의 최적선택은 불가능하다는 것이다. 즉 어떠한 사회적(집단적) 의사결정도 민주적인 동시에 효율적이기가 불가능하다는 현상을 의미한다.

㉡ Arrow는 사회적 선호체계가 가져야 할 바람직한 성격으로 다음과 같은 네 가지 공리를 제시하고 있다. 합리성의 조건으로 ⓐ 완비성과 이행성의 원리, ⓑ 파레토원리, ⓒ 제3의 선택가능성으로부터의 독립(독립성원리)과 ⓓ 민주성의 조건으로는 비독재성의 원리이다. 이 네 가지 공리를 동시에 충족시키는 사회적 선호체계가 존재하지 않는다는 것이 불가능성정리의 내용이다.

> ✦ **사회적 선호체계가 가져야 할 바람직한 성격으로서 네 가지 공리(Arrow)**
>
> ⓐ 이행성의 원리 : A>B이고 B>C이면 A>C이어야 한다(일관성에 입각한 결정).
> ⓑ 파레토 원리 : 모두가 A를 B보다 원하면 A가 선택되어야 한다(파레토개선과 관련된 사항으로 누구도 손해를 보지 않고 다른 사람을 유리하게 할 수 있는 상태).
> ⓒ 독립성의 원리 : 2개 대안을 선택할 때 관련이 없는 제3의 대안으로부터 영향을 받지 않고 결정되어야 한다. 즉 A와 B, 2개의 순위가 제3의 대안인 C가 나타날 경우 A와 B의 순위가 바뀌어 지는 등 상이한 정책대안 간 상호의존성이 있어서는 안 된다.
> ⓓ 비독재성의 원리 : 한 사람이 의사결정을 독재적으로 해서는 안 된다. 즉, 다른 사람에게 자기의 선호를 강요하는 독재적 권력을 허용해서는 안 된다.

㉢ 함의 : Arrow의 불가능성정리는 어떠한 사회적 의사결정도 민주적인 동시에 효율적이기 불가능하다는 것을 입증한 것이다. 즉 아무리 민주적인 정부라도 국민의 집단적인 선호를 정확하게 반영

하지 못하고 때로는 국가 스스로의 의사 또는 어떤 특수한 이익집단의 영향력에 따라 정부의
권한이 행사되어 정부실패를 야기함을 설명한다.

② 투표의 교환(Log-Rolling)

　㉠ 투표의 거래라고도 하며 담합에 의하여 자신의 선호와는 무관한 대안에 투표하는 행동을 보이는
집단적 의사결정행태를 말한다. 예컨대 A와 B 두 대안은 각각 1명의 찬성자가 있으나 2인의 반
대자가 있어 통과되기 어려울 때 A와 B가 상호지지를 약속하고 담합을 하면 두 대안 모두 통과가
가능하게 되는 전략을 말한다.

　㉡ 로그롤링은 불가능성정리의 '독립성 원리'를 완화함으로써 '투표의 역설'현상을 극복하고자 등장
한 모형이다. 이것은 배분정책에서 정책예산을 많이 얻으려고 의원들이 경쟁적으로 다투는 돼지
구유통 정치(Pork Barrel Politics)와 관련된다.

③ 중위수투표자정리

　㉠ Downs & Hotelling이 주장한 것으로, 양대 정당체제하의 다수결투표제에서 정당은 집권에 필
요한 과반수를 획득하기 위하여 중위투표자의 선호를 대변하는 정강을 제시하게 되고 이에 따라
시간이 지날수록 양대 정강은 거의 일치하게 되어, 극단적 선호를 가진 투표자들은 자신의 선호
와 합치되는 지지정당을 상실하게 되어 기권을 많이 하게 된다는 것이다.

　㉡ Black에 의하면 선호체계가 소위 단봉형을 가진 경우에 중위적 위치에 있는 투표자의 선호를 포
함하는 대안이 곧 과반수가 선호하는 대안이 된다. 따라서 행정기관은 대개 특정 행정서비스에
대해 극단적인 선호를 회피하게 된다.

④ 티부가설(Tiebout Hypothesis)

　㉠ 공공재의 적정공급은 국민의 선호와 관계없이 정치적 과정을 통하여 공급될 수밖에 없다는
Samuelson의 전통적인 중앙정부차원의 공공재공급이론에 대한 반론으로 제기되었다.

　㉡ '발로 하는 투표(Vote of foot)'의 의미를 가진 말로 주민들이 지방간에 자유롭게 이동이 가능하기
때문에 지방공공재에 대한 주민들의 선호가 표시되고, 지방정부를 주민 스스로 선택할 수 있기
때문에 이러한 시장 배분적 과정을 통하여 지방공공재의 효율적 공급이 가능하다는 이론이다.

✤ 티부가설의 전제조건

ⓐ 완전한 정보 : 모든 지방정부가 제공하는 재화나 용역, 조세정책에 대한 정보가 주민에게 공개되어 주민이
그 내용을 정확히 알고 있다.

ⓑ 자유로운 이동 보장 : 시민은 자신의 선호에 맞는 지방정부로 자유롭게 이동할 수 있다. 교통이 발달되면
생활광역화로 지역 간 이동이 용이해지므로 티보가설의 설득력이 높아진다.

ⓒ 다수의 지방정부 : 주민들이 선택할 수 있는 상이한 지방공공서비스를 제공하는 다수의 지방정부가 존재
한다.

ⓓ 외부효과 부존재 : 공공서비스로 인한 외부경제나 외부불경제가 없다. 즉, 한 지방정부가 제공하는 서비스
는 그 지역주민들에게만 돌아가며 이웃지역의 주민들에게 영향을 주지 않는다.

ⓔ 규모의 경제 부존재 : 규모의 경제가 존재하지 않아야 한다. 만약 규모의 경제가 존재한다면 규모가 클수
록(거주자가 많아질수록) 공공재 생산비용이 감소하게 되어 가장 큰 지방정부가 최선이므로 선택의 여지가
없어지고 경쟁체제가 성립될 수 없다.

ⓕ 고정적 생산요소의 존재 : 모든 지방정부는 최소한 한 가지 이상의 고정적인 생산요소를 가지며, 이러한 제약으로 인하여 각 지방정부는 최적규모를 추구하게 된다.

ⓖ 최적규모의 추구 : 모든 지방정부는 최적규모(최저평균비용으로 공공재를 생산할 수 있는 인구 규모)를 추구한다. 최적규모보다 작은 지방정부는 평균비용을 감소시키기 위하여 더 많은 주민을 유입시키고자 하는 반면, 최적규모보다 큰 지방정부는 오히려 주민을 감소시키고자 한다.

ⓗ 배당수입에 의한 소득 : 모든 시민들은 근로소득이 아닌 배당수입에 의존하여 생계를 유지한다. 이것은 거주지 선정에 고용 기회가 아무런 영향을 미치지 못하도록 하기 위한 것이다. 즉, 시민의 거주지 선정 기준은 순전히 지방정부의 재정 패키지임을 뜻한다.

ⓘ 국고보조금의 부재 : 재원은 당해 지역 주민들의 조세로 충당되는 것으로 가정하며 국고보조금 등은 존재하지 않는다.

ⓙ 지방정부의 재원 : 지방정부의 재원은 재산세에 의해 충당되는 것으로 전제한다.

　　ⓒ 결론 : 각 지방정부는 주민들의 선호를 잘 파악하고 이에 적합한 재정프로그램을 만들어 내려고 노력하며 주민들은 자신의 선호에 적합한 프로그램을 실시하는 지방정부를 선택함으로써 균형이 달성된다. 각 지역에서는 비슷한 선호를 가지고 있는 사람들이 모여 살게 되고, 이들의 소득수준과 재산보유 정도는 비례하므로 지방정부 재원은 주택을 소유한 그 지역 주민들이 납부하는 재산세로 충당되는 것이 바람직하다.

　　ⓔ 문제점 : 지방정부간의 경쟁으로 효율성을 제고할 수 있지만, 재정이 취약한 지방정부에게는 불리하여 형평성이 저해될 우려가 있다. 이에 대한 탄력적 대처를 못하면 정부실패가 발생한다.

⑤ Buchanan과 Tullock의 비용극소화 모형 : 민주적인 정책결정을 위해서는 정책결정 참여자를 늘려야 하지만 그럴 경우 정책결정비용(내부비용)은 올라가고, 집행 시 주민의 순응을 확보할 수 있으므로 외부비용(집행비용)은 점점 감소한다. 따라서 이를 조화시키는 방안으로서 동의의 극대화와 비용의 극소화를 이루는 적정 참여자의 수를 찾고자 하는 모형이다.

(2) 정부실패를 야기하는 관료의 행태분석

① 니스카넨(Niskanen)의 관료예산극대화가설 : 관료들의 행태에 '자기이익극대화가설'을 도입하여 관료들은 승진·소득·명성 등의 자신의 이익을 극대화하는 행태를 보이는데 그 결과 정부의 산출물은 적정생산수준보다 2배의 과잉생산이 이루어진다고 주장한다. 이로 인해 배분적 비효율성을 야기하고 정부실패가 초래된다. 공공선택모형이 대체로 수요측면의 모형인데 비해 이 모형은 공급자인 관료들의 행태를 다루었다는 점에서 공급측면의 모형에 해당한다.

② 던리비(P. Dunleavy)의 관청형성모형(Bureau shaping theory)

　　ⓒ 개념 : 관청형성론은 정책결정에 큰 영향력을 행사하는 고위관료들이 자율성이 낮고 책임이 무거운 계선(line)조직보다는 자율성이 높고 책임이 가벼운 참모(staff)조직을 선호하기 때문에, 통제 대상이 되는 '정책집행 업무를 수행하는 계선조직'은 떼어내어 지방정부나 준정부조직으로 이양하고 '창의적으로 정책통제 업무를 수행하는 참모적 조직'으로 재편하고자 한다는 이론이다.

　　ⓛ 관료예산극대화가설과 관청형성론 : Dunleavy는 관료가 예산을 불필요하게 부풀린다는 Niskanen의 '관료예산극대화 가설'을 비판했는데, 이는 예산과 기관의 유형에 따라 예산증가에 따른 효용이 각각 다를 뿐만 아니라 고위관료들은 금전적 효용(예산 중시)보다는 업무적(참모기능 선호) 효용을 더욱 추구하므로 예산을 극대화하고자 하는 유인이 적다고 보았다.

ⓒ 외부분봉과 원인 : 정책집행 위주의 조직은 정부부처로부터 외부로 분봉(Hiving-off)되어 준정부조직, 책임운영기관 등이 주로 퇴직 후 자리보장, 정부책임 회피수단, 정부팽창 은닉수단 등 부정적인 동기로 인하여 탄생되는데 이로 인해 국민에 대한 행정책임과 통제가 약화되어 정부실패를 초래한다.

(3) Downs의 이론

① Downs는 정치인은 자기이익을 위하여 유권자 투표수의 극대화를 목표로 하며, 투표자는 자신의 선호를 가장 충족시켜 주는 정치인에게 지지표를 줌으로써 투표자의 선호를 가장 잘 적중시킨 정치가가 정권을 잡는다고 주장하였다.

② 그러나 현실적으로 투표자는 합리적 무지에 빠지고, 각 정당은 중위투표자에게 수렴하며, 정당은 소비자적 소비자(일반국민)보다는 생산자적 소비자(기업)을 위한 정책을 산출함으로써 투표를 통한 자원의 최적배분이 이루어지지 않고 정책실패가 발생한다고 보았다.

6. 공헌과 한계

(1) 공헌

① 민주행정의 구현 : 관료나 정치인의 일방적 결정보다는, 시민의 다양한 요구와 선호에 민감하게 반응할 수 있는 제도적 장치를 마련하는데 관심을 나타내므로 민주행정을 구현한다.

② 시민의 선호와 대응성 향상 : 시민 개개인의 선호와 선택을 존중하며 경쟁을 통해 서비스를 생산하고 공급함으로써 행정의 대응성이 높아진다.

③ 공공부문의 시장경제화 : 정부실패의 원인을 분석하고 공공부문에 시장원리, 경쟁개념을 도입하여 시민들의 다양한 요구와 선호에 민감하게 반응할 수 있는 제도적 장치를 마련하는 계기가 되었다.

④ 지역이기주의와 외부효과 극복 가능성 : 관할권을 중첩시킨 다중공공관료제는 지역이기주의(NIMBY 현상)와 외부효과(External effect)를 극복할 수 있는 가능성을 제시하였다.

⑤ 행정의 분권화 촉진 : 다중공공관료제나 티보가설의 '발로 하는 투표(Voting with feet)'에서 보듯이, 분권적 공급구조가 강조됨으로써 분권화가 촉진된다.

(2) 한계

① 방법론적 개체주의와 합리적 경제인관의 문제 : 정치적 의사결정을 개인의 이익충족만으로 설명하기에는 무리가 있다. 즉, 개인의 선택은 경제적 이익 이외에 개인의 가치관이나 사회적 상호작용에 영향을 받는다는 측면을 도외시하고 있다.

② 시장실패의 우려 : 시장기능이 반드시 모든 상황에서 정부기능보다 낫다는 보장이 없다. 또한 경쟁시장의 논리는 그 자체가 현상유지적·균형이론적 성격을 띠고 있으며, 시장실패라는 고유한 한계를 지니고 있다.

③ 국가의 역할에 대한 보수성 : 공공서비스의 민간화는 부패의 확산과 빈부격차의 심화를 초래할 우려가 있고, 공공서비스의 윤리성을 저해할 우려가 있다. 즉 시장의 불완정성과 외부효과에 기인한 사회적 불평등을 해결할 수 있는 기제로서의 국가의 역할을 경시하고 정부기능이나 역할을 억제하며 자유의 극대화만을 중시한다.

11. 신제도론적 접근방법

1. 의의

(1) 신제도주의는 구제도론과 행태주의를 비판하면서 1990년대 이후부터 정치·경제·행정 등 사회현상을 연구하는데 있어서 제도를 중심개념으로 사용하는 접근방법이다. 신제도주의의 핵심개념인 제도란 개인의 행태를 제약하기 위해 고안된 일단의 규칙·절차·규범 등을 의미한다.

(2) 신제도주의는 인간의 행위와 정치·경제·사회현상에 대한 설명을 함에 있어 ① '제도의 중요성·독립변수로서의 역할'을 강조하며, ② '제도와 개인의 행태간의 관계', 그리고 '제도의 발생·변동'에 초점을 두는 연구방법이다.

(3) 신제도주의 유형에는 경제학에 기초한 합리적 선택 신제도주의, 정치학을 토태로 하는 역사적 신제도주의, 조직연구시각에서 접근하는 사회학적 신제도주의 등이 있다.

2. 신제도론의 역사적 전개

(1) 구제도론

① 의의

㉠ 행정학 초기 접근방법인 법률·제도적 접근은 공식적인 제도가 행태를 결정한다는 관점에서 법률과 이에 근거한 제도의 역할에 관심을 두었다.

㉡ 역사는 제도를 중심으로 국가, 사회, 경제가 구축되고 움직이는 것으로 보았고, 이러한 제도는 법률에 의하여 변경될 수 있는 것으로 생각하였다. 이들의 주요 관심은 특정 체계에서 어떤 제도가 가장 잘 작동하는가에 있었으며, 효율적인 통치제도를 형성하기 위한 제도에 관심을 두었다.

㉢ 헌법과 법률에 의해 입법과 사법·행정의 관할 범위가 규정되어 있기 때문에 행정연구는 이러한 법과 제도에 대한 연구에서 출발해야 한다고 보았다. 구제도주의는 공식적 국가기구를 주된 연구대상으로 하였다.

② 구제도주의의 한계 : 구제도주의는 법과 제도이면에서 움직이는 동태적인 인간관계나 권력관계 또는 인간의 심리를 고려하지 못했으며, 상이한 행정구조, 입법구조를 포함한 정치구조에 관한 병렬적인 기술에 치중하여 정태적이라는 비판에 부딪혔다. 이러한 한계로 인하여 행태주의가 대두되었다.

▶ 구제도론과 신제도론의 비교

구 분	구제도론	신제도론
시 대	1880~1920년대	1980년대 이후
제도의 범위	공식적·가시적·구체적 제도 (법령, 통치체제, 행정기구 등)	• 공식적 제도＋비공식적·무형적·추상적·상징적·문화적 (규범, 규칙 등) 제도 • 공식적으로 표명되지 않은 조직이나 문제해결 기제까지 포함
제도의 특성	외생적 요인에 의한 것	제도와 행위자 간 상호영향력 인정

구 분	구제도론	신제도론
연구방법	• 제도를 정태적으로 연구 • 행위자 배제 ➡ 사회현상을 설명하지 못함. • 제도의 권한·기능을 파악, 기술	• 제도를 동태적으로 연구 • 제도와 행위자의 동태적인 상호관계 ➡ 사회현상을 설명 • 다양한 제도적 요소들의 역동적인 관계를 중시하는 분석적 접근
연구 목적	각국 제도의 차이를 설명	제도와 행위자의 상호작용에 따라 정책의 내용과 효과가 어떻게 달라지는지를 설명 ➡ '제도가 중요하다.'
이론의 성격	정태적·규범적·도덕적	동태적·경험적·실증적·분석적
접근법	거시적 접근	거시와 미시의 연계(행위자와 구조는 제도를 매개로 상호작용)

(2) 행태주의적 접근

① 1940년대 이후 행정학은 제도연구를 거부하고, 행태주의와 같은 개인주의적 방법론에 기초한 이론들을 선호하였다. 이러한 접근방법들은 대개 정치·경제·행정현상의 결과를 개인적 선택의 결과로 보기 때문에 법이나 제도는 개인들의 상호작용이 일어나는 장의 정도로 이해되어 개인행동을 제약하는 제도를 간과하는 경향을 나타낸다.

② 행태주의 한계와 신제도주의 대두 : 행태주의는 보편적으로 적용 가능한 일반법칙성만을 추구하다 보니 국가 간의 공통점을 강조하고 제도적 차이를 간과하여 왜 동일한 공공문제에 대한 대응정책이 다르고, 정책에 있어 정책집행이 왜 상이한 효과를 보이는지를 설명하지 못한다.

(3) 신제도주의적 접근

신제도주의는 행태론적 접근의 한계에 반발하며 사회의 제 현상을 설명하는데 있어, 개인의 행태에서 제도로의 관심을 전환시켰으며, 보편성을 특수성으로 바꾸었다고 할 수 있다. 또한 국가별 다양한 행정의 특성을 국가 간의 제도적 차이로 인식한다.

▶ 행태론과 신제도론의 비교

구분	행태론	신제도론
공통점	제한된 합리성 인정, 과학적인 연구, 공식적 구조(제도)에 대한 반발	
차이점	• 개체주의, 미시주의 • 제도는 개인행태의 단순한 집합에 불과 • 정태적	• 거시와 미시의 연계 • 제도와 같은 집합적 선호가 개인의 선택에 영향을 줌 • 동태적

3. 신제도주의 관점에서 제도의 의미

(1) 제도란 '사회의 구조화된 어떤 측면'을 의미하며, 사회현상을 설명할 때는 이러한 구조화된 측면에 초점을 맞추어야 한다는 점에서 제도의 중요성을 강조한다.

(2) 신제도주의에서의 제도 개념에는 공식적인 측면(헌법, 법률, 공식적 규칙 등)뿐만 아니라, 비공식적 측면(관행, 규범, 문화 등)이 모두 포함된다.

(3) 제도는 개인의 행위를 제약하지만 인간이 고안한 제약이며, 개인 간 상호작용의 결과에 따라 제도는 변화할 수도 있다는 점에서 제도는 독립변수인 동시에 종속변수로서의 속성을 지닌다.

(4) 제도는 균형점, 경로의존성, 사회적 정당성에 근거하므로 안정성을 지닌다. 따라서 일단 형성된 제도는 일시적 상황이나 목적에 따라 쉽게 변화하는 것이 아니다.

4. 합리적 선택 신제도주의 – 경제학

(1) 의의

① 합리적 선택 신제도주의에서는 사회현상을 만들어 내는 존재로서 경제적 인간의 합리적 선택에 초점을 맞춘 이론이다.

② 인간의 선택을 틀 짓는 여러 가지 제약(제도)들에 관심을 갖는다. 이는, 이러한 사회제도가 합리적인 개인의 행동에 영향을 미치고, 나아가 사회적 경제적 산출에 영향을 미친다고 보기 때문이다.

(2) 제도에 대한 인식

① 제도의 개념 : 합리적 선택 신제도주의에서는 제도를 '균형점을 이루는 공유되는 전략, 규칙, 규범에 의해서 구조화되는 상황에서 나타나는 인간 행태의 지속적인 규칙성'으로 정의한다.

② 제도의 역할 : 제도는 자신의 선호를 극대화하기 위한 합리적인 선택의 결과로 형성되며, 형성된 제도는 인간의 유인 구조에 영향을 미치고, 거래비용을 낮추며 상호협조와 이익을 증가시킴으로써 의사결정에 있어 안정적인 균형점을 형성하는 역할을 한다고 본다.

(3) 방법론적 가정과 주요 특징

① 합리적 경제인관 : 공공선택론, 주인-대리인이론, 거래비용이론, 공유재이론 등
완전한 합리성을 가진 행위자 대신 제한된 합리성과 같이 현실적인 행위자를 상정하고, 행위자들은 규칙과 제약 속에서 자신의 선호나 이익을 최대로 달성하기 위한 고도의 전략적 행태를 보인다.

② 방법론적 개체주의 : 연구에 있어서 방법론적 개체주의를 특징으로 한다. 즉, 제도를 인간들이 효용 극대화를 추구하기 위해 만들어 낸 산물로 인식한다.

③ 제도의 효과 : 제도는 일종의 게임의 규칙으로 인간의 행위를 제약한다. 따라서 정치적 결과를 결정하는 데 있어서 전략적 상호작용의 역할을 중시한다.

④ 집단행동의 딜레마 해결책으로서 제도 : 인간은 합리적이며 자기이익을 추구하지만 각 개인의 합리성이 집단적 차원에서 결합되면 합리적이지 않은 결과를 초래할 수도 있다는 이른바 집단행동의 딜레마를 해결할 수 있는 것이 제도라고 본다.

⑤ 외생적 선호 : 개인의 선호체계는 주어진 것으로 가정하므로 제도가 개인의 선호행사·표출에는 어느 정도 영향을 주지만 선호의 형성 자체에 대해 제도는 아무런 역할을 하지 못한다.

5. 역사적 신제도주의-정치학

(1) 의의

① 역사적 신제도주의는 개인의 행위를 형성하고 제약하는 맥락으로서 제도의 중요성을 강조함과 동시에 이러한 맥락이 형성되는 역사적 과정 및 제도의 지속성을 중시한다.

② 이를 통해 국가 간 정책의 상이성과 한 국가 내 정책패턴의 지속성을 효과적으로 설명한다.

(2) 제도에 대한 인식

① 제도의 폭넓은 정의 : 제도란 공식적·비공식적 규칙과 절차, 관례, 규범과 관습 등을 모두 포함하는 것으로, '장기간에 걸쳐 형성된 인간행동의 정형화된 패턴으로서 사실상 개인과 집단의 행위에 대한 외적 제약요인으로 작용하는 것의 모든 것'을 의미한다.

② 독립변수와 종속변수 : 역사적 산물로서의 제도가 인간행위를 제약하기도 하지만, 동시에 제도자체가 의도적·비의도적 전략, 갈등, 선택의 산물이라고 본다.

(3) 주요 특징

① 방법론적 전체주의 : 정치행정구조나 정책은 개별행위의 합이 아니라, 전체로서의 실체 그 자체라고 파악함으로써 전체주의의 입장을 취한다.

② 내생적 선호 : 개인의 선호체계는 주어진 것이 아니며 제도적 맥락 속에서 형성되며, 제도가 개인의 선호를 형성하고 제약한다.

③ 정책연구에서의 역사와 맥락에 대한 강조 : 정책을 설명하기 위해서 정책과정이 이루어지는 제도적 맥락에 초점을 맞추고, 제도적 맥락을 설명하기 위해서 역사에 초점을 둔다. 결국 역사적 신제도주의에서 정책연구는 역사적 조망과 거시 구조적 분석을 결합하는 정책에 대한 통합적 접근을 그 특징으로 한다.

④ 지속성과 경로의존성(Path dependence) : 한 국가제도의 역사발전은 일정한 경로를 가지게 되며, 새로운 투입이 발생한 경우에도 그 경로를 벗어나지 못하고 과거와 유사한 선택을 하게 된다.

⑤ 정치적영역의 상대적 자율성 강조 : 사회에 대한 정치의 의존성이 아니라 정치적영역의 상대적 자율성을 강조하며 따라서 각 개인이나 집단의 선호가 이익집단이나 정당을 통해 정치적요구로 표출되며, 정부는 사회 환경에 의존하지 않고 이러한 요구를 능동적으로 전환시키는 역할을 수행한다고 본다.

⑥ 의도되지 않은 결과 : 다양한 요인들이 결합되는 역사적 우연성과 맥락을 중시하기 때문에 동일한 변수들의 결합이라 할지라도 역사적 시점과 상황에 따라 결과가 전혀 다르게 나온다고 본다. 즉 제도의 지속성과 경로의존성으로 인해 정책은 원래 의도와는 다른 결과를 초래한다.

⑦ 권력의 불균등성(비대칭성) : 역사적으로 형성된 제도는 사회집단 사이의 권력을 불균등하게 배분한다. 이에 따라 이익의 대표과정은 왜곡되게 된다.

6. 사회학적 신제도주의 – 조직학, 문화인류학

(1) 의의

① 사회학적 제도주의는 관료제의 합리성에 대한 의심에서 출발한 제도주의의 한 유파로, 문화의 역할을 강조하며, 환경이 조직에 미치는 영향을 중시한다.

② 개인의 행위는 제도에 의해 지배될 뿐만 아니라, 제도도 문화와 같은 더 거시적인 변수에 의존하고 있다. 이러한 문화와 같은 거시적인 변수에 의해 개인의 이익이 결정된다.

③ 역사적 신제도주의가 제도의 종단면적 측면을 중시하면서 국가 간의 제도의 차이를 강조하였다면, 사회학적 신제도주의는 횡단면적으로 국가 간에 또는 제도 간에 어떻게 유사한 제도의 형태를 취하는가에 관심을 갖는다.

(2) 제도에 대한 인식

① 제도의 개념 : 제도를 가장 넓게 보고 공식적 규칙·규범·절차뿐만 아니라 인간의 행동을 유도하는 상징체계, 규범, 사회문화까지를 포함하여 제도란 '인간행위의 준거가 되는 사회적 질서 혹은 인간 행동의 유형화된 상호작용'(사회구성원들이 지극히 당연시하면서 공유하고 있는 의미의 체계)으로 정의된다.

② 제도와 문화적 인지 : 제도는 장기간에 걸쳐 일어나는 인간의 유형화된 상호작용의 패턴으로, 사회적 정체성이 규정되는 인지적·문화적 측면을 중시한다.

(3) 주요 특징

① 제도는 사회에서 정당한 것 또는 당연시되는 것으로 인식되며 상황에 대한 해석에 따라 행위가 이루어진다고 본다. 따라서 문화, 상징체계, 의미, 특히 당연시되는 신념과 인지구조에 연구의 초점을 두기 때문에 현상학·해석학·민속학적 방법론에 근거를 둔다.

② 내생적 선호 : 사회문화와 같은 거시적인 변수에 의해 개인의 이익이 제약된다고 보고 인간이 사회적 정당성을 인정받은 제도를 자신의 개인적 선호에 따라 형성하거나 변화시킬 수 없다고 본다.

③ 적절성의 논리(사회적 정당성의 논리) : 조직에 새로운 제도적 형태나 관행이 채택되는 이유는 새로운 제도적 형태나 관행이 조직의 목적−수단의 효율성을 증진시키기 때문(도구성의 논리)이 아니라, 조직이나 참여자들의 사회적 정당성을 제고하기 때문(적절성의 논리)이라는 것이다. 또한, 공식적으로 채택된 조직구조가 기술적 합리성을 달성하지 못한 경우에도 계속 유지되는 이유를 '정당성의 확보'에서 찾는다. 즉, 공식적으로 채택된 제도는 조직의 상징적 장식물이나 신화 또는 의식의 역할을 하여, 외부로부터 정당성을 획득하는 동시에 내부 구성원으로부터도 권위를 얻게 된다.

④ 제도적 동형화, 이질동형, 유질동상(Isomorphism) : DiMaggio와 Powell은 조직의 구조와 행태를 설명함에 있어서도 문화적 영향력에 주목하여 "관료제를 포함한 그 어떤 조직변화도 합리성이나 효율성 증진과는 무관하며, 조직을 더 유사해지도록 하는 동형화(Isomorphism)의 결과로 나타난다."고 본다.

▶ 신제도주의의 비교

구분	합리적 선택 신제도주의	역사적 신제도주의	사회학적 신제도주의
제도의 개념	• 개인들의 합리적(산술적)계산 • 개인들의 전략적 상호작용에 의하여 제도가 구조화	• 역사적 특수성과 맥락 • 동일목적의 제도가 나라마다 다르게 형성되는 역사적 특성	• 사회문화적 접근 • 개인의 행위를 제약하는 의미 구조, 상징, 인지적·도덕적 기초, 사회문화
제도의 생성	제도는 효용극대화를 추구하는 개인들이 의도적으로 창설	인간의 의도뿐만 아니라 역사적 우연성, 제도이전까지의 발달경로에 의존, 의도하지 않은 결과들과 비효율성을 강조	• 인간의 의도성을 부인 • 사회적 행위나 규범의 측면에서 생성되며 동형화됨 • 사회적 정당성 때문에 제도가 채택됨
제도와 개인	합리적·경제적 인간으로서 개인의 효용성 중시	• 개인의 행위는 제도적 맥락속에서 형성되고 제약됨 • 국가마다 제도는 특수성을 형성	• 인간이 제도를 자신의 목적에 따라 창조하거나 변화시킬 수 없음 • 문화적 인간
제도의 역할	• 인간의 의사결정과정에서 거래비용을 감소 • 안정적인 균형점 중시	제도는 개인의 행위를 형성하고 제약하는 맥락의 역할을 중시	개인이 아닌 사회적인 거시현상으로서 개인의 인지과정에서 당연히 받아들여지는 인지바탕으로서의 역할강조
개인의 선호	외생적 선호	내생적 선호	내생적 선호
접근법	연역적 접근	귀납적 접근	귀납적 접근
시각	방법론적 개체주의	방법론적 전체주의	방법론적 전체주의
제도	공식적 제도에 초점	공식적 제도에 초점	비공식적 제도에 초점

1. 신공공관리론

1. 의의

(1) 개념

① Hood에 의하여 명명된 신공공관리론은 기업경영의 논리와 방식을 공공행정 부문에 도입하여 작고도 효율적인 정부, 즉 기업가적 정부를 만들려고 하는 노력을 말한다.

② 1970년대 말 발생한 재정파탄과 정부실패를 치유하기 위하여 최근 영국, 미국, 뉴질랜드 등 영미계 OECD 국가들은 1980년대부터 신자유주의를 이념으로 작고 효율적인 정부를 위한 개혁을 추진하고 있다. 이러한 개혁의 흐름을 이론으로 형성한 것이 신공공관리론이다.

(2) 기본 특징

신공공관리론은 외부적으로는 '시장주의'를 도입함으로써 고객위주의 행정을, 내부적으로는 '신관리주의'를 도입함으로써 성과위주의 행정을 도모한다.

① 시장주의(市場主義) : 정부와 시장기능의 재정립을 통하여 정부역할을 축소하고 신자유주의에 입각하여 민영화·민간위탁을 확대하고, 규제와 정부(특히 복지)지출을 축소하며 시장의 가격메커니즘(수익자부담 원칙)·경쟁원리·고객주의를 강화할 것을 강조한다.

② 신관리주의(New managerialism, New taylorism) : ㉠ 관리의 효율성을 높여서 성과를 극대화하고자 하는 것으로서 이를 위하여 민간의 경영기법을 행정에 도입하고 관료에게 권한을 대폭 위임하여 자율성과 재량권을 더욱 많이 부여하고 성과에 대한 책임을 제고할 것을 강조한다. ㉡ 기존 관리주의에 신제도론적 경제학(공공선택이론, 주인−대리인이론, 거래비용이론)이 결합되어 생산비용의 민감성 제고, 소비자선호와 선택의 존중, 경쟁성 확대, 계약관계 활용 등의 노선정립에 지적 기초를 제공하였다.

2. 등장배경

(1) 현실적 배경

① 재정적자의 확대(정부실패)로 인한 정부불신과 1970년대 두 차례에 걸친 석유파동으로 대표되는 자원 난으로 인한 경기침체, 공공부문에서는 캘리포니아주 주민들의 조세저항(Proposition 13)의 반향이 컸다.

② 스태그플레이션과 유연생산체제의 등장은 정부의 경제개입과 규제가 경제를 교란하거나, 기업의 경쟁력을 오히려 제한하는 결과로 나타나면서 자유화와 규제완화에 대한 요구가 증가하였다.

(2) 이론적 배경

① 신자유주의 이념의 등장 : 사회주의권의 붕괴와 경제의 세계화는 시장에 대한 믿음을 강화하면서 자유민주주의와 신자유주의의 가치를 확산시켰다.

② 신제도주의 경제학 : 공공선택이론, 주인-대리인이론, 거래비용이론 등 신제도주의 경제학은 정부실패를 이론적으로 규명하였고, 이는 작은정부 사상과 시장주의를 지향하는 신공공관리론의 이론적 토대가 되었다.

3. 신공공관리론에 근거한 정부혁신

(1) 행정의 효율성 증진–비용가치의 증대

정부의 성과를 집약해서 나타내는 '지출가치(Value for money)'는 경제성(Economy), 능률성(Efficiency), 효과성(Effectiveness)을 반영한 예산이 결과나 성과로 나타나야 함을 의미한다. 즉, 지출가치를 높여, 능률성을 증가시키고 낭비를 줄이며 효과성을 향상시키자는 것이다.

(2) 고객서비스 지향(시민헌장제)–대응성 증진

내부지향적이 아니라 외부의 고객과 서비스중심의 공공체계를 확립하고 경쟁원리와 시장메커니즘 및 민간경영기법을 도입하여 고객에 대한 대응성과 서비스의 질을 향상시킨다.

(3) 정부의 기능 및 규모의 축소–작은 정부

① 신공공관리론은 정부기능을 정책(Steering : 방향제시)과 관리(Rowing : 노젓기)로 구분하여, 시장성검증(Market test)을 통해 정부기능 폐지, 행정서비스의 민영화·민간위탁, 사업부서화 등에 대해 정부의 개입정도를 정할 것을 주장한다.

> ❖ **시장성 테스트**
>
> ① 반드시 필요한 업무인가? → 불필요하면 폐지
> ② (필요한 경우) 반드시 정부가 책임을 맡아야 하는가? → 아니면 민영화
> ③ (정부가 책임을 맡아야 한다면) 정부가 직접 수행을 해야 하는가? → 아니면 민간위탁
> ④ (정부나 민간 모두가 수행할 수 있다면) 공무원과 민간 간 상호경쟁을 시키는 입찰실시(의무적 경쟁입찰제)
> → 공무원조직이 낙찰되면 내부계약, 외부에 낙찰되면 외부계약 체결
> ⑤ 정부가 수행할 경우 효율 증대방안은 무엇인가? → 책임운영기관 또는 업무혁신

② 정부조직을 수평적으로 통폐합하거나 집행을 분리하여 책임운영기관형태로 전환하고 정부 기관 간 경쟁을 도입한다.
③ 계층제구조의 경직성 탈피, 관리감독계층을 축소하고 자율적 팀제 운영확대 등 조직의 동태화·탈관료제화를 추구한다.

(4) 정책능력의 강화–방향잡기 집중

신공공관리론에 따른 행정개혁의 방향은 정책결정과 집행의 분리를 전제로, 노젓기(Rowing)보다는 방향잡기(Steering)에 집중하는 중앙정부의 정책능력 강화를 강조한다. 즉, 정책과 관련하여 기획 및 결정기능은 중앙에서 담당하고, 집행기능은 책임운영기관이 담당한다.

(5) 정부규제의 개혁–규제완화

규제의 비용 효과를 면밀히 검토하고 규제 아닌 다른 대안과 파트너십을 통한 문제해결책을 강구하거나, 자율적 규제, 인센티브제도의 도입 등으로 규제를 완화한다.

(6) 정부 간 협력 강화

자치단체에의 권한이양과 파트너십을 강조하고, 다양한 형태의 국제협력을 증진시킨다.

(7) 권한위임과 융통성 부여

시장의 경쟁원리 도입이 불가능한 행정서비스의 경우, 내부규제를 완화하고 각 부처와 관리자들에게 권한(인사, 예산 등)을 부여함으로써 혁신과 창의성을 제고하고, 총괄예산제도 등을 통하여 예산범위내에서 목표를 성취할 수 있도록 일선기관에 관리상의 융통성을 부여한다.

(8) 성과중심체제 지향−성과관리

투입과 절차 중심이 아닌 산출과 결과에 중점을 두고 성과중심의 인사(성과급, 연봉제, 근무성적평정 강화 등), 성과중심의 조직(책임집행기관 등), 성과중심의 재정 운영(산출예산 및 발생주의 회계방식 등)을 강화시킨다.

(9) 성과평가를 통한 책임과 통제의 강화

관리자에게 권한을 주는 대신 고위관리자의 책임과 역할을 강조한다.

4. 주요이론

(1) Osborne과 Gaebler의 정부재창조론
오스본과 게블러는 신공공관리론의 특징과 신공공관리론적 정부개혁의 방향을 가장 잘 나타내 주는 기업가적 정부의 10대 원리로 다음과 같이 제시하고 있다.
① 촉매적 정부−노젓기보다 방향잡기 : 정부는 서비스를 직접 전달하는 노젓기보다 정책을 관리하고 조정하는 방향잡기(조정)의 역할에 중점을 두어야 한다. 연방정부는 원칙적으로 '조타적 조직'이며 서비스의 공급자로서보다는 촉매작용자, 중개자, 촉진자로서의 기능을 수행해야 한다.
② 지역사회(시민)소유의 정부−서비스제공보다 권한부여 : 주민은 단순한 서비스대상자가 아니며, 공공조직이란 시민이 만든 자조적(自嘲的)조직이기 때문에 시민이 소유하고 통제하고 시민소유의 정부를 실현해야 한다.
③ 경쟁적 정부−독점이 아닌 경쟁 : 공공서비스의 공급에 경쟁원리를 도입하여 창의적이고 효율적인 정부를 구현한다.
④ 임무지향적 정부−규칙중심이 아닌 임무중심 : 규칙·규정에 따르는 정부로부터 결과를 중시하는 정부로 전환되어야 하며, 예산의 신축성이 보장되는 예산제도, 실적·성과를 기준으로 하는 보수·승진 제도가 필요하다.
⑤ 성과지향적 정부−투입보다 결과 : 투입보다는 결과(성과)와 연계한 예산배분이 필요하며 행정서비스의 결과에 초점을 두는 정부라야 한다.
⑥ 고객지향적 정부−관료제의 편의가 아닌 고객의 편의 : 정부 관료제의 편의가 아닌 고객의 필요와 선택에 부응하여 공공서비스를 공급해야 하며 품질은 고객이 결정한다.
⑦ 기업가적 정부−지출보다 수익 창출 : 지출보다는 수익을 창출하고 투자를 중시하는 기업가적 정부가 되어야 한다.
⑧ 예방적 정부−사후수습보다 사전예측 : 정부는 미래예측을 위해 최선을 다해야 하며 문제의 사전예측·예방에 초점을 맞춰야 한다.

⑨ 분권적 정부–계층제적 조직이 아닌 참여·팀워크 : 고객의 요구와 상황변화에 대응성을 높일 수 있
　도록 계층제적 조직이 아닌 참여 및 팀워크 중심의 정부조직이 되어야 한다.
⑩ 시장지향적 정부–행정메커니즘이 아닌 시장메커니즘 : 시장원리를 이용하여 임무를 수행하고 시장
　기구를 통하여 변화(개혁)를 유도·촉진하는 시장지향적 정부가 되어야 한다.

▶ 전통적 관료제정부와 기업가적 정부의 비교

기준	전통적인 관료제 정부	기업가적 정부
정부의 역할	노젓기 역할	방향잡기 역할
정부의 활동	직접적인 서비스제공	할 수 있는 권한부여
행정의 가치	형평성·민주성	경제성·효율성·효과성
서비스공급 방식	독점적 공급	경쟁도입 : 민영화, 민간위탁 등
행정관리 기제	행정 메커니즘	시장메커니즘
행정관리 방식	법령·규칙 중심 관리	임무중심 관리
	투입중심 예산	성과연계 예산
	지출지향	수익창출
	사후대처	예측과 예방
행정주도 주체	관료 및 행정기관 중심	고객 중심
책임성	계층제적 책임 확보	참여적 대응성 확보

(2) Osborne과 Plastrick의 5C전략

Osborne과 Plastrick은 정부 조직의 DNA를 변화시켜 기업가적 정부를 구현하기 위한 개혁전략을 다
음과 같이 제시하고 있다.

정부개혁수단	전략	접근방법
목적	핵심전략(Core strategy)	목적의 명확성, 역할의 명확성, 방향의 명확성
유인체계	성과전략(Consequence strategy)	경쟁관리, 기업관리, 성과관리
책임성	고객전략(Customer strategy)	고객의 선택, 경쟁적 선택, 고객품질 확보
권한	통제전략(Control strategy)	조직권한 이양, 공무원 권한 이양, 지역사회 권한 이양
문화	문화전략(Culture strategy)	관습타파, 감동정신

5. 한계

(1) 성과측정의 문제

공행정에서는 산출물의 추상성, 성과지표의 부재, 평가체계의 부실 등으로 인하여, 성과의 정확한 측정
에 일정한 한계가 있으므로 성과관리가 어렵다.

(2) 공행정의 특수성 무시

민간경영기법을 지나치게 강조하고 관료에 대한 불신을 가중시키며 국가의 역할이나 공행정의 특수성
을 부정한다.

(3) 공행정의 가치이념 훼손

신공공관리론은 가격체계와 경쟁원리에 의한 능률주의에 입각한 것으로서 공익성, 사회정의, 형평성에 반할 수 있으며 모든 계층에 대한 대표성을 확보하지 못함으로써 민주성이 훼손될 우려가 있다.

(4) 행정의 정치적 책임성 확보의 곤란

관료에 대한 자율성 및 재량의 확대, 성과중심의 책임운영기관화 등은 의회와 대통령의 통제를 어렵게 하여, 대의민주주의의 기본원리인 행정의 정치적 책임성확보를 어렵게 한다.

(5) 공무원의 사기저하 및 행정의 공동화 발생

감축지향의 개혁과 지나친 경쟁요소의 도입으로 인한 공무원의 사기저하 및 행정기능의 급격한 축소에 따른 행정의 공동화 현상으로 행정역량을 약화 시킬 수 있다.

6. 탈신공공관리론

(1) 의의

신공공관리론적 행정개혁이 분절화현상 등으로 인하여 조정 및 정치적 통제 훼손 등의 문제를 야기함에 따라 신공공관리론의 한계를 보완하고 통치역량을 강화하며, 정치·행정체제의 통제와 조정을 개선하기 위해 재집권화, 재규제, 구조적 통합을 통한 분절화의 축소 등을 주장하는 일련의 개혁의 흐름을 의미한다.

(2) 내용

① 재집권화, 재규제의 주창
② 구조적 통합을 통한 분절화의 축소
③ 총체적 정부 및 합체된 정부의 주도
④ 중앙의 정치·행정적 역량 강화
⑤ 민간과 공공부문의 파트너십 강조,
⑥ 집권화와 역량 및 조정의 증대
⑦ 역할의 모호성의 제거 및 명확한 역할 관계의 도출

2. 신공공서비스론(New Public Service)

1, 의의

(1) 의미

신공공서비스론은 행정에서 중요한 것은 '행정업무 수행에서의 효율성'이 아니라 '시민들에게 보다 나은 삶을 보장'하는 것이라고 보고 행정이 소유주인 시민을 위해 봉사하도록 시민중심의 공직제도를 구축하고자 하는 행정개혁운동이다.

> **✿ 신공공서비스론의 7가지 원리**
>
> ① 봉사하는 정부 : "조정하기보다 봉사한다."
> ② 공익의 중시 : "공익은 부산물이 아니라 목표이다."
> ③ 전략적 사고와 민주적 행동 : "전략적으로 생각하고 민주적으로 행동한다."
> ④ 시민에 대한 봉사 : "고객이 아니라 시민에게 봉사한다."
> ⑤ 책임의 다원성 : "책임은 단순하지 않다."
> ⑥ 인간존중 : "생산성만을 중시하는 것이 아니라 사람을 존중한다."
> ⑦ 시티즌십과 공공서비스의 중시 : "기업가정신보다 시티즌십과 공공서비스를 중시한다."

(2) 등장배경

신공공서비스론은 관료의 권한과 통제를 중시했던 전통행정이론이나, 관리를 기업과 같이 할 것을 주장했던 신공공관리론과는 달리, 민주행정의 규범적 모델을 구축하기 위하여 등장하였다.

2. 이론적 기반

민주적 시민이론, 지역공동체와 시민사회이론, 조직인본주의, 신행정학, 비판이론, 담론이론, 포스트모더니즘(다양한 가치의 존중) 등에 그 이론적 기반을 두고 있다.

(1) 민주적 시민주의

사익보다는 공익의 관점에서 전체 거버넌스를 위하여 시민들이 참여하여야 하며 이를 위해 지역사회에 대한 소속감을 갖는 민주적 시티즌십을 기반으로 한다.

(2) 지역공동체와 시민사회이론

인간의 삶에 영향을 미치는 중요한 의사결정과정으로서의 민주주의가 구축되어야 한다는 점을 강조하며 이러한 과정에 시민들이 적극적으로 참여해야 한다는 것을 강조한다. 특히 지방정부가 지역공동체의 형성과 유지에 중요한 역할을 담당해야 한다는 것이다.

(3) 조직인본주의

상의하달식 계층적 관료제 조직에 의한 구성원의 객관화·비인간화·통제 중심의 운영을 비판하고, 조직 구성원의 자유 및 상호 협력 등 인간적 가치에 기반을 둔 조직 관리를 강조하는 조직인본주의를 기반으로 한다.

(4) 담론이론

관료와 시민들 간의 상호연계와 참여를 통한 담론을 강조하는 포스트모더니즘과 신행정학을 기반으로 한다.

3. 평가

(1) 공 헌

민주적 거버넌스가 활발하게 논의되고 있는 상황에서 행정과 관료의 역할을 규범적으로 제시하고 있다. 또한 관료의 의무와 시민의식의 발휘가 공동체 사회 발전에 핵심적인 성패요인으로 작용하고 있음을 지적하고 이를 중시함으로써 참여행정과 민주행정의 실현에 기여한다.

(2) 한계

행정에 대한 규범적 가치에 관한 이론을 제시하였을 뿐, 이러한 가치들을 구현하는 데 필요한 구체적 처방을 제시하지 못한다.

▶ 각 패러다임의 비교

구 분	전통행정이론	신공공관리론	신공공서비스론
이론과 인식의 토대	초기의 사회과학	• 신고전파 경제이론 • 드러커의 성과관리론	• 민주주의이론 • 실증주의, 해석학, 비판이론, 포스트모더니즘을 포괄하는 다양한 접근
합리성모형과 행태모형	• 개괄적 합리성 • 행정인	• 기술적·경제적 합리성 • 경제인 또는 자기이익에 기초한 의사결정자	• 전략적 합리성 • 정치적·경제적·조직적 합리성에 대한 다원적 검증
공익에 대한 입장	법률로 표현된 정치적 결정	개인들의 총이익	공유가치에 대한 담론의 결과
관료의 반응 대상	고객과 유권자	고객	시민
정부의 역할	노젓기(정치적으로 결정된 단일목표에 초점을 맞춘 정책의 입안과 집행)	방향잡기 (시장의 힘을 이용한 촉매자)	서비스 제공과 봉사 (시민과 지역공동체 내의 이익협상을 중재, 공유가치의 창출)
정책목표의 달성 기제	기존의 정부기구를 통한 프로그램 관리	개인 및 비영리기구를 활용해 정책목표를 달성할 기제와 유인체제를 창출	상호합의한 필요를 충족시키기 위한 공공기관, 비영리기관, 개인들의 연합체 구축
책임에 대한 접근양식	위계적 : 행정인은 민주적으로 선출된 정치지도자에게 책임	시장지향적 책임 : 개인 이익의 총합은 시민에게 바람직한 결과 창출	다면적 책임 : 법, 지역공동체의 가치, 정치규범, 전문성, 시민이익 존중
행정재량	관료에게 제한된 재량만 허용	기업적 목적을 달성하기 위해 폭넓은 재량을 허용	재량이 필요하지만 제약과 책임 수반
기대하는 조직구조	상명하복의 관료적 조직과 고객에 대한 규제와 통제	기본적 통제권이 조직 내에 유보된 분권화된 공조직	조직 내외적으로 공유된 리더십을 갖는 협동적 구조
관료의 동기유발	• 보수와 편익 • 공무원보호(신분보장)	• 기업가정신 • 정부규모를 축소하려는 이데올로기적 욕구	• 공공서비스 • 사회에의 봉사(기여) 욕구

3. 뉴거버넌스론(신국정관리)

1. 의의

최근의 행정개혁과정에서 선진국에 등장한 거버넌스는, 전통적인 정부(Government)의 한계와 위기에
대한 대안적 개념으로 등장한 것으로 달라진 환경과 정부역할 변화에 따라 나타난 새로운 국정운영체제를
포괄하는 개념이다. 이를 구성하고 있는 요소는 ① 다양한 정부 및 비정부조직에 의한 공공서비스 공급,
② 연계망, ③ 신뢰를 기반으로 한 상호작용 등이다.

2. 등장배경

(1) 국가의 재정위기와 정부실패

심각한 재정위기에 직면하여 각국의 정부는 신공공 관리를 활용한 정부운영의 효율성 제고에 주력하는
한편 국가의 독자적인 문제해결 방식을 고수하기보다 네트워크나 개인·공공간의 연계강화를 통한 문제
해결을 추구하게 되었다.

(2) 세계화와 지방화의 심화로 인한 공공과 민간의 상호협력의 촉진

세계화와 지방화의 심화는 각기 행정국가의 상부와 하부에서 권력이동을 촉진시키고 있을 뿐만 아니
라, 새로운 연계관계를 산출하는 촉매기제로 작용한다.

(3) 참여주의(공동체주의)

거버넌스는 개인의 권리와 의무보다는 정의 등의 공동체적 덕목을 중시하는 공동체주의를 이론적 기반
으로 한다.

✤ 정부재창조론과 시민재창조론의 비교

신국정관리론은 '정부재창조론' 대신에 '시민재창조론'을 강조한다. 이타적 존재이자 덕성을 갖춘 시민의식을
고양하고 시민이 주인의식을 가지고 정책결정에 능동적으로 참여하고 공공부문의 성과를 감시하고 비판하는
것을 정부개혁의 성취요건으로 본다.

구 분	정부재창조론	시민재창조론
시대 및 배경	1980년대의 신공공관리론	1990년대의 신국정관리론(New governance)
이념적 기초	신자유주의, 공공선택이론, 공리주의	신공동체주의, 시민주의
시민의 위치	객체인 고객(Customer)	주체인 주인(Owner)
강조 사항	공공기업가 정신	시민정신
주요 논의내용	정부가 어떻게 일을 해야 하는가? (정책집행과 공공서비스 공급)	정부가 무엇을 해야 하는가? (정책의제형성과 정책결정)
행정개혁	정부구조, 절차의 재창조를 통한 행정개혁	시민의식 재창조를 통한 행정개혁
실행전략	정부구조 혁신, 고객지향성	덕성 있는 시민의식 고양, 시민의 능동적 참여

3. 특징

(1) 민주성과 효율성을 추구

거버넌스는 다양한 참여자들의 참여적 과정과 수평적 상호작용을 통해 민주적이면서도 효율적인 국정운영을 지향한다.

(2) 다양한 정부 및 비정부조직 참여

거버넌스는 세계정부, 정부, 지방정부뿐만 아니라 비정부, 민간, 시민단체, 심지어 시장까지도 정부의 정책결정 및 집행·평가과정에 참여하는 특성을 지니고 있다.

(3) 연결망(Network)

거버넌스에서는 계층제적 위계가 없는 다양한 정부 및 비정부조직과 개인들이 위계적 명령이나 복종관계가 없는, 비교적 수평적인 관계의 무수한 조직이나 개인들 간 상호작용이 이루어지고 있다. 이때의 상호작용은 다중심적(Polycentric)이고, 중심이 없으며(Centerless), 느슨하지만 상호 연결된 관계(Loosely coupled)를 형성한다.

(4) 사회적 자본으로서의 신뢰

신뢰가 존재하지 않는 경우 다양한 정부 및 비정부조직의 참여는 Pressman & Wildavsky의 공동행위의 복잡성 문제만을 야기할 뿐이다. 거버넌스에서 사회적 자본으로서의 신뢰는 무엇보다도 중요한 핵심적 구성요소라 할 것이다.

(5) 총체적 공사 파트너십

거버넌스는 과업과 책임을 공유하고 공적인 문제를 정부, 시장, 시민사회가 함께 해결한다. 따라서 사회의 자기조향능력(Self-steering capacity)이 강조되고 공동규제, 공동생산, 공동지도, 공동조향이 정부의 하향적, 집권적 조향을 대체하는 특징을 지닌다.

(6) 공식적·비공식적 요인의 고려

거버넌스의 공식적 측면뿐만 아니라 비공식적 측면도 중요시한다. 공식적 권한부여와 실제 행동 사이의 차이에 주목하고 그에 대한 분석을 강조한다.

(7) 정치적 과정 강조

자원배분장치로서 경쟁적인 이익과 목표를 조정해야 하기 때문에 거버넌스에서 정치적 과정이 매우 중요하다고 본다.

4. 유형

(1) Peters의 뉴거버넌스 모형

① 시장적 정부모형 : 시장원리를 중시하는 공공선택이론과 신제도론적 경제학에 기반을 둔 거버넌스 모형으로서 전통적 정부의 독점성을 비판하면서 그 대안으로서 경쟁적 시장원리를 도입한 모형이다. 분권적 조직구조, 민간경영기법, 시장적 유인강조, 구매자와 공급자의 분리, 내부시장화 등을 중시한다.

② 참여적 정부모형 : 시장을 거부하며, 정부에 신호를 보낼 수 있는 보다 정치적이고 민주적이며 집합적 기제를 더 선호한다. 적극적인 대중들의 참여 없이는 정부가 정부활동을 정당화하기 어려운 시대임을 강조하는 모형이다. 이 모형에서는 관료제의 계층제적이고 하향적인 관리체계가 구성원들이 자신들의 일에 참여하는 것을 방해한다고 보았다. 정부 내에서 기업가적 성격을 가지는 고위 관리층보다는 하급관료와 고객에 초점을 둔다는 점이 특징이고, 소외계층을 대변할 수 있고, 분권화를 통한 민주적 정치과정을 중시한 모형이다.

③ 신축적 정부모형 : 관료제의 경직성과 영속성을 비판하면서 신축성을 강조하는 모형이다.

④ 탈내부규제 정부모형 : 정부에 대한 통제를 축소하여 공무원의 자율성과 창의력을 제고하려는 것으로 이 모형은 정부관료제에 대해 강한 불신과 반감을 가지고 관료들의 정책관련 권한을 억제하기 위해 노력한다.

▶ Peters의 뉴거버넌스 모형

구 분	전통적 거버넌스	새로운 거버넌스			
	전통적 정부	시장적 정부	참여적 정부	신축적 정부	탈(내부)규제적 정부
문제의 진단기준	전근대적 권위	정부 독점	계층제	영속성(경직성)	과다한 내부규제
조직구조	계층제	분권화	평면조직	가상조직	특정 제안 없음
관리방식	직업공무원제, 절차적 통제	성과급, 민간부문 기법	팀제, MBO, TQM	일시적·가변적 인사관리	관리 재량권 확대
공무원제도	계층제	시장기제로 대체	계층제 축소	임시고용제	내부규제 철폐
정책결정의 기저(바탕)	정치·행정의 구분	내부시장, 시장적 유인	협의, 협상	실험	기업가적 정부
공익의 기준 (국민의 관심)	안정성, 평등	저비용	참여, 협의	저비용, 조정	창의성, 능동성, 행동(활동)주의
조 정	상의하달	보이지 않는 손	하의상달	조직 개편	관리자의 자기이익

(2) Rhodes의 모형

① 기업적 거버넌스 : 이는 본래 기업조직이 지휘 통제되는 체계를 의미하는 것으로, 회사의 최고관리자들이 주주 및 기타 관심 있는 사람들의 이익을 보장하기 위해 책임성, 감독, 평가, 통제 등의 역할을 수행하는 것을 의미한다. 그리고 공공조직도 기업 거버넌스와 같은 방식으로 운영되어야 한다는 것이다.

② 신공공관리 : 신공공관리란 민간부문의 경영방식을 공공부문에 도입하려는 '관리주의'와 시장경쟁과 같은 유인체계를 공공서비스제공에 도입하려는 '신제도경제학'을 내용으로 한다. 그리고 신공공관리에서는 소위 '방향잡기(Steering)'기능을 분석의 중심으로 삼는데, 이 방향잡기를 거버넌스와 동의어로 보고 있으며, '기업가적 정부'를 대안으로 제시한다.

③ 좋은 거버넌스 : 나라일을 관리하기 위해 정치권력을 행사하는 것으로 신공공관리와 자유민주주의를 결합한 의미이다. 세가지 요소에는 ㉠ 거버넌스의 체계적 사용(정부보다 넓은 의미로서 내외정치적 및 경제적 권력의 배분을 포함하는 것), ㉡ 거버넌스의 정치적 사용(민주주의적 위임에 따라 정당성과 권위 모두를 향유하는 국가), ㉢행정적 요소(효율적이고 개방적이며 책임있는 공무원으로서 적절한 정책결정과 집행을 수행할 수 있는 관료제적 능력을 소유하는 것)가 있다.

④ 사회적 인공지능체계 : 여기서 거버넌스는 사회정치체계에서 하나의 모든 행위자들이 상호작용 노력의 공통적인 결과로서 출현하는 유형 혹은 구조를 의미한다.

⑤ 자기조직화 연결망 : 거버넌스는 스스로의 정책을 개발하고 자기에게 유리한 환경을 조성하기도 하는 자기조직적·자율적인 네트워크조직이다.

(3) 주도세력 중심의 분류

구 분	시장중심 거버넌스	국가중심 거버넌스	시민사회중심 거버넌스
초 점	시장논리를 사회전체의 지도 원리로 삼아 공적 영역을 축소	• 민간기법을 정부에 도입해 정부를 변화시키면서 정부기능을 민간으로 이전 • 기업가적 정부＋민간이전	• 다원화된 시민사회가 책임 있게 시민을 대변할 수 있는 정부를 실현 • 시민사회가 주도
기본원리	시장주의	관리주의와 관료주의	참여주의와 공동체주의
Rhodes모형	최소국가론	• 신공공관리론 • 좋은 거버넌스	• 사회적 인공지능체제 • 자기조직적 연결망 • 기업거버넌스
Peters모형	시장모형	신축모형, 탈규제모형	참여모형

5. 신공공관리와 뉴거버넌스의 관계

(1) 유사점

① 정부역할에 대한 인식 : 서비스전달이라는 노젓기(Rowing)는 민간부문이나 준정부부문으로 외부화 시키고, 정부는 방향잡기(Steering)를 위한 도구와 기법을 중시한다.

② 공공부문과 민간부문의 구분이 모호함 : NPM에서 정부부문의 효율성 제고를 위해 민간부문의 경영·관리기법을 사용해야 한다는 측면에서, 그리고 뉴거버넌스에서는 양 부문의 행위자들이 네트워크를 통해 함께 일한다는 측면에서, 양자 모두 공공부문과 민간부문의 구분이 모호하다.

③ 대리인체제의 불필요성 : 정치행정과정에서 사람들의 의사반영을 위한 대표선출(대리인 체제)이 필요 없게 된다. NPM에서는 시장메커니즘을 통한 고객으로서의 직접적 선호표출이 이루어지고, 뉴거버넌스에서는 시민들의 직접 참여가 이루어지기 때문이다.

(2) 차이점

① 이념적 기초 : NPM이 신보수주의·신자유주의에 기반 한 반면, 뉴거버넌스는 참여주의와 공동체주의에 기초하고 있다.

② 조정양식 : NPM이 시장(행위자들 간의 경쟁을 특징으로 하는)에 기반 한 조정양식이라면, 뉴거버
넌스는 네트워크(행위자들 간의 상호의존, 신뢰, 협력을 특징으로 하는)에 기반 한 조정양식이다.

③ 행정개혁의 수준 : NPM이 내부규제완화를 주장하는 해방관리론(신관리주의)과 정부부문에 경쟁원
리도입을 강조하는 시장주의적 관리론에 따라 조직 내부적 관리체제 개혁에 초점을 두는 반면, 뉴거
버넌스는 국가-사회간의 관계(조직간 관계)변화를 통한 행정개혁에 초점을 둔다.

④ 기타 : NPM이 목표와 결과에 초점을 두는 반면, 뉴거버넌스는 조직간 상호작용·협상 등 행위자들
간의 관계와 절차·과정에 초점을 둔다.

▶ 신공공관리과 뉴거버넌스의 비교

구 분	신공공관리(1980년대~현재)	신국정관리(1990년대~현재)
유사점	• 정부실패를 이념적 토대로 하고 정부개혁 추구(작은 정부, 정부역할 축소) • 정부역할로서 방향잡기(Steering) 강조 • 공·사 부문 구분의 상대화, 공공부문과 민간부문의 협력 인정 • 전통적 관리에 비하여 투입에 대한 통제보다는 산출에 대한 통제를 강조	
시대배경	1970년대말 재정위기와 정부실패 → 공공 혁신이라는 정권차원 이념적 동기	1980년대 신공공관리론의 지나친 시장주의 → 신뢰, 협동, 조정 등 민주적 통치역량을 강화
초 점	결과중심의 행정개혁 내부 프로그램 개편	과정과 절차를 강조하여 정부와 사회조직 간 연결과 네트워크 형성
목 적	공공부문의 개혁을 통한 능률성 제고	민주적 거버넌스 역량의 강화
이데올로기 (인식론적 기초)	신자유주의, 신보수주의	신공동체주의 (신좌파의 시민주의+신우파의 자원봉사주의)
사상적 기초	공리주의(고객인 개인들의 총이익 극대화)	시민주의(덕성있는 시민이 사회의 주체)
관리기구(주체)	시장주의에 입각한 정부	참여네트워크
관리방식	고객지향	임무중심
관리메커니즘	경쟁으로 서비스 품질의 사후적 확보	신뢰 및 협력과 직접 참여로 사전적 확보
시민관	수동적 객체로서의 '고객' (이기적 존재)	능동적 주체로서의 '주인' (공동체 주인이자 이타적 존재)
관료역할	공공기업가(자율성과 재량권 강조)	네트워크의 관리자, 조정자(제약과 책임 강조)
서비스 공급	민영화(Privatization), 민간위탁	공동생산(Co-production)
지향가치	결과(Outcome)-효율성, 생산성	과정(Procedure)-민주성, 정치성
문제해결 방식	시장적 방법, 민간경영기법 도입	정치적 방법, 다양한 참여자와 새로운 방법 모색
분석수준	조직 내(Intra-organizational), 부문 내	조직 간(Inter-organizational), 부문 간
시 각	정부재창조	시민재창조

4. 거버넌스 논의의 확대

1. 시민사회

(1) 의의

① 시민사회는 정부와 시장으로부터 상대적으로 자율적이고 자발적으로 조직된 중간매개집단을 말한다.

② 시민사회는 개인의 자유와 권리를 기초로 한다. 그것은 개인을 중심으로 한다는 뜻에서 개인주의·자유주의를 지향하며, 국가주의에 반대하여 세계주의를 지향한다.

(2) 재등장

17세기 이후 절대왕정체제와 국가에 대항한 시민혁명과 함께 등장한 시민사회는 민주주의를 초래했으나, 20세기 행정국가와 함께 국가영역이 다시 팽창되면서 위축되었다. 그러나, 1970년대 정부실패이후 서구사회에서 시민사회가 다시 등장했으며, 동구 및 제3세계에서도 민주화 과정에서 시민사회의 역할이 증대되고 있다.

(3) 특성

① 시민사회는 다원성·공유·합법성에 대한 다양성·공공성·참여를 그 가치로 한다.

② 행위주체에 있어서는 국가가 정부를, 시장이 기업 및 노동을 그 주체로 한다면 시민사회는 시민의 자발적 결사체(이익집단)와 시민운동단체를 주체로 한다.

③ 정치사회가 권력을, 시장이 화폐를 매개자로 한다면 시민사회는 연대를 그 매개자로 한다.

2. NGO(비정부조직)

(1) 의의

① 개념 : 시민사회의 조직으로 자발성에 기초한 비정부적·민간단체를 의미하며, 공공의 혜택을 위한 민간의 주도적 역할을 목적으로 하는 조직 혹은 단체를 말한다.

② 등장배경

㉠ 1970년대의 경제위기는 복지국가의 정체를 초래하였고 신자유주의는 사회복지비와 국가권한의 확대를 지양하고 개인의 자율성을 강조하였다. 이러한 분위기에 편승하여 민영화, 분권화, 규제 완화, 시민참여 등의 개념이 중시되었고 NGO에 대한 관심을 불러일으켰다.

㉡ 정부 혼자서의 사회문제해결이 어려워지고, 관료적 문제해결은 자유와 창의성을 억압하며, 시장에 의한 공공서비스공급이나 문제해결 또한 형평성을 저해한다. 반면, 공공성·자원성·다원성·자발성·수평성·연대성의 특성을 가진 비영리단체에 관심을 갖게 되었다.

(2) 역할

① 집행자(정부 서비스 전달체) : NGO는 정부와의 관계에서 갈등·대립관계에만 있는 것은 아니다. 즉, NGO는 공공서비스공급에 있어서 정부의 역할을 대행하는 집행자의 역할을 수행하기도 한다.

② 비판과 감시자 : NGO는 대의제한계와 관련하여 시민의 대표기관인 의회 및 집행부인 관료제에 대한 비판자·감시자로서의 역할을 수행한다.

③ 주창자 및 중재자 : NGO는 정책형성과정에서 새로운 이념과 가치를 주창, 제언하는 주창자로서의 기능을 담당한다. 더 나아가 NGO는 시민들의 다양한 요구들을 여론으로 조성하고, 정책대안을 제시하기도 한다. 때로, NGO는 사회의 다양한 집단의 이익을 중재하는 중재자로서 기능하기도 한다.

(3) 등장배경에 관한 이론

① 수요측면 이론

    ㉠ 정부실패이론 : 정부 부문의 비대화와 경직화에 따른 국민 욕구충족기능의 저하에 대해 수요자에게 좀더 가까이 접근해 있는 NGO가 보다 효과적으로 대응할 수 있게 된다는 점에 주목한다.

    ㉡ 공공재이론 : 정부의 의사결정은 다수의 합의에 의해 이루어지기 때문에 소수가 필요로 하는 재화나 서비스공급은 어렵다. 즉 소수의 잔여수요에 대해 신뢰(Trust)를 통해 비교우위를 확보한 NGO가 정부에 대한 대안이 된다.

    ㉢ 계약실패론 : 시장실패의 특수한 경우, 즉 정보의 비대칭성으로 소비자가 경제적 약자로 되고, 이에 따라 재화·서비스평가가 어려워 일정 수준의 양과 질을 갖춘 서비스가 제공되기 어려운 경우, 이윤동기가 약하거나 없는 NGO는 대안이 될 수 있다.

    ㉣ 소비자통제이론 : 서비스의 생산자에 의한 소비자 착취를 방지할 목적에서 특정유형의 비영리단체가 생성된다고 본다.

② 공급측면 이론(NGO와 정부관계)-설립주체나 동기 등에 초점을 맞춘 접근방법

    ㉠ 보조금이론 : NGO는 정부의 직·간접적 보조금과 같은 혜택으로 활성화되었다고 본다.

    ㉡ 제3자정부이론 : 양자의 관계를 경쟁적 또는 대립적으로 보지 않고 협력적인 계약관계로 설정한다.

    ㉢ 자원부문실패이론(Voluntary failure theory) : Salamon은 시장실패로 인하여 NGO가 성장하였지만, NGO 또한 문제를 보이게 되고 이러한 NGO 실패를 보완하려는 정부역할을 통해 NGO와 정부의 상호협력관계를 설명한다.

    ㉣ 자원의존모형 : 정부와 NGO는 교환되는 자원의 성격 등에 따라 다양한 관계를 설정하는 이론이다. 예컨대, 권위주의시기의 제3세계에서도 국가가 시민들의 지지를 동원해야 할 필요가 있을 때, 시민들의 신뢰를 받고 있는 NGO를 통해서 서비스를 공급하기도 한다. 이 관점에서 정부와 NGO는 상호의존관계에 있는 것이다.

③ 사회운동이론 접근방식(정치학적 접근) : 이 관점은 NGO 역할을 주창자로 설정하면서 대의제의 한계로 인하여 참여민주주의적 대안의 하나로 등장한 것으로 본다. 이 관점에서 정부와 NGO는 대립관계로 설정된다.

3. 사회적 자본(Social capital)과 신뢰(Trust)

(1) 의의

① 개념

    ㉠ 사회적 자본은 개인의 권리와 의무보다는 공동체적 덕목(정의 등)을 중시하는 이념인 공동체주의에 기반을 두고 있으며, 1990년대 이후 행정의 패러다임으로 자리잡고 있는 거버넌스론에서 강조하고 있는 이념이다.

ⓛ 퍼트남(Putnam) : 사회적 자본이란 낯선 사람들의 관계를 해결하기 위한 신뢰·호혜성의 규범으로 시민참여 네트워크에 의해 형성된다.

ⓒ 콜만(Coleman) : 물질적 자본이나 인적 자본과는 대비되는 것으로, 사회적 자본은 사람들 사이의 신뢰관계에 내재한 것으로 정의한다.

② 사회적 자본의 원천

ⓐ 네트워크(Network) : 다양한 자발적 결사체의 네트워크에 대한 시민참여는 밀도 높은 수평적 상호작용을 대표하며, 사회자본의 본질적 형태이다. 공동체에서 이러한 네트워크가 조밀하면 할수록, 시민들이 상호이익을 위해 협력할 가능성이 높아지게 된다. 이러한 상호신뢰에 입각한 네트워크는 집단행동의 딜레마를 해결하는 데 도움을 준다.

ⓛ 호혜성의 규범(Norms) : 규범은 개인 간 혹은 집단 간에 공유된 의미체계 등을 의미한다. 규범은 호혜성을 기본 속성으로 하며, 이는 집합적 행위의 문제를 해결하는 기초를 제공하고 공동체의 유대감을 강화시키는 역할을 한다. 또한 사회적 규범은 거래비용을 낮추고 협력을 촉진함으로써 사회화되고 유지·강화된다.

ⓒ 상호신뢰(Trust) : 신뢰는 상호작용의 과정을 통해 형성된 대인적 관계를 의미하며, 구성원들 간의 상호관계를 강화하는 역할을 한다. 수평적 네트워크와 상호성의 규범은 행위자들 간의 상호신뢰를 형성하도록 만들어 준다.

(2) 성격과 기능

① 성격

사회적 자본은 ⓐ 경제적 가치를 지닌 자본, ⓛ 공공재적 성격을 지닌 자본, ⓒ 사회적 관계 속에서 형성되는 자본, ⓔ 상향적으로 형성, ⓜ 비등가적·비동시적 교환관계 등의 성격을 나타낸다.

② 기능

ⓐ 사회적 자본은 신뢰를 통해 거래비용을 감소시키며, 사회적 관계에 내재하는 정보원으로서의 잠재력으로 작용함과 동시에 효과적인 사회적 제재력으로 드러난다.

ⓛ 주민의 자발적 참여와 신뢰에 기반 한 주민 간의 규범 및 네트워크의 형성은 정부성과에 긍정적 영향을 준다. 즉, 사회적 자본은 효과적·민주적 거버넌스의 형성에 기여한다.

ⓒ 시민조직의 발달은 공직자의 부정부패를 효과적으로 감시할 수 있는 등의 실제적 효과를 가져 올 수 있다.

ⓔ 사회적 자본은 집단행동의 딜레마 및 공유지 비극을 극복할 수 있는 방법을 제공하는 복잡한 자원이다.

ⓜ 사회적 자본은 시민들 간의 협력적 행태를 촉진함으로써 사회적 효율성을 제고시킨다.

ⓗ 가외성은 불확실한 상황에서 신뢰를 확보하기 위한 수단이므로 사회적 자본이 형성되면 가외적 장치의 필요성이 감소한다.

5. 포스트모더니즘 행정이론

1. 의의

(1) 지금까지의 주류 행정이론은 '합리주의와 과학주의 및 기술주의'를 신봉하는 모더니즘에 뿌리를 두고 있다. 그러나 최근 모더니즘의 합리주의에 대한 회의, 즉 과학주의와 기술주의의 한계와 부작용을 비판하는 포스트모더니즘이 등장하면서 최근 행정학 분야에서도 포스트모더니즘 행정이론이 등장하고 있다.

(2) 포스트모더니즘은 인간의 이성과 과학의 무한한 힘을 믿었던 근대적 세계관이 무너지는 과정에서 나타난 현상으로 전체성해체, 독자적 개체의 인정, 주체와 객체의 구별해소 등 한마디로 해체와 해방을 의미한다.

2. 지적특성

① 구성주의 : 포스트모더니즘은 우리가 발견할 수 있는 객관적 사실이 있다고 보는 객관주의를 배척하고 사회적 현실은 우리들 '마음' 속에서 구성된다고 보는 구성주의(Constructivism) 또는 내면주의를 지지한다. 즉, 실재 자체는 구체적이거나 객관적인 것이 아니라 사람들에 의하여 주관적으로 만들어진 것으로 이해한다.

② 상대주의 : 포스트모더니즘은 절대주의·보편주의·근원주의를 비판하고 서로의 가치를 인정하는 상대주의적·다원주의적 세계관을 지향하므로 사회문화적 맥락에 따라 기준이나 윤리에 대한 해석이 달라질 수 있다고 간주한다.

③ 해방주의(인본주의) : 포스트모더니즘은 개인들이 조직과 사회적 구조의 지시·통제·조종·관리로부터 해방되어야 한다고 주장하면서 자기 특유의 개성을 가질 자유를 누려야 한다는 것을 강조한다.

④ 행동과 과정의 중시 : 모더니즘이 안정된 존재와 결과를 중시한다면, 포스트모더니즘은 행동과 만들어져 가는 과정을 중시하여 조직과 행정을 정체된 존재가 아니라 계속적으로 만들어져가는 과정으로 본다.

3. 관련이론

(1) D. Farmer의 포스트 모더너티의 행정이론

Farmer는 관료제를 중심으로 한 근대 행정이론을 과학주의, 기술주의, 기업주의 등에 기초한 것으로 비판하면서, 포스트 모더너티의 행정이론을 '상상, 해체(탈구성), 탈영역화(학문영역간의 경계파괴), 타자성'을 중심으로 전개하고 있다.

① 상상(Imagination) : 모더너티의 추진에 있어서 '합리성'이 촉매적 역할을 수행한다면, 포스트 모더너티의 추진에 있어서는 '상상'이 그 역할을 수행한다고 한다. 상상은 이론적 언명의 발견이나 정당화에 있어서 큰 역할을 수행하는 것으로, 단순히 상상력을 키운다는 뜻 이상으로 이미지를 다루는 능력을 키우는 것을 의미한다.

② 해체(Deconstruction : 탈구성) : 포스트 모더니티에서 말하는 해체라는 것은 텍스트(언어, 몸짓, 이야기, 설화, 이론)의 근거를 파헤쳐 보는 것이다. 이러한 해체는 일종의 해독인데, 맞는 해석을 제공하는 것도 아니고 틀린 해석을 제공하는 것도 아닌 특별한 해독이다. 예를 들면 '행정의 실무는 능률적이어야 한다.'라는 것은 하나의 설화인데, 이러한 설화들을 당연한 것으로 받아들이지 않고 해체해 보면, 그러한 설화의 근거가 불확실해지면서도 동시에 설화를 더 잘 이해할 수 있게 된다고 할수 있다.

③ 탈영역화(Deterritorialization) : 포스트 모더니티에 있어서의 모든 지식은 그 성격과 조직에 있어서 고유영역이 해체된다. 즉 지식의 경계가 사라진다.

④ 타자성(Alterity) : 타인을 하나의 대상이 아닌 도덕적 타자로 인정하고 다양성에 대한 선호와 함께 타인에 대해 개방적인 태도를 가져야 한다는 것이다.

(2) Fox와 Mirller의 담론이론(Discourse Theory) : 관료제의 대안으로서의 담론이론

① Fox와 Miller는 관료제도의 기초가 되는 환류모형에 입각한 민주주의 개념, 즉 대의민주주의의 한계와 문제점을 비판하고 그 대안으로 가장 적합하다고 평가하였다.

② 행정기구를 담론의 장소로 보고, 정책결정을 위한 토론과정을 민주화하는 담론이 무엇보다도 중요하다고 주장하였다. 평등한 의사소통을 강조하기 때문에 엘리트들 사이의 경쟁을 강조하는 다원주의적 시장이론이나 계층제적 이론보다 더 좋은 이론이라고 보았다.

파머, 폭스와 밀러는 근대관료제를 탈근대의 시각으로 해석하고 있을 뿐만 아니라 행정조직을 진정으로 민주주의적인 담론의 장으로서, 더 나아가 타자로서의 시민들에게 권력을 부여하고 동등한 위치에서 시민들로 하여금 실질적으로 행정에 참여하게 하려는 새로운 행정의 길을 제시하고 있다.

③ 조건 : 정책문제의 해결을 위한 진정한 담론이 이루어지려면 성실성, 상황을 고려하는 의도성, 능동적 주의(Willing attention), 실질적 공헌 등의 조건이 충족되어야 한다. 또한 담론에 참여하는 사람의 수도 고려하여야 하는데, 담론을 소수담론, 다수담론, 상당수담론으로 구분한다면, 상당한 수가 참여하는 담론이 진정한 담론을 가능하게 한다고 본다.

제04장 행정이념

제01절 | 행정이념의 의의

1. 의의

행정이념이란 행정이 추구하는 기본적 방향을 의미하는 것으로 행정의 모든 과정에 기본적인 지침을 제공해주는 역할을 수행하는 행정의 가치를 나타낸다. 이러한 행정이념은 국가와 시대에 따라 다양하고 유동적일 뿐 아니라 행정이념 간에 상충이 될 수 있으므로 적절한 조화가 필요하다.

2. 기능

(1) 행정의 방향·지침을 제시한다.
(2) 모든 행정활동에 대한 평가기준을 제공한다.
(3) 행정의 존재가치를 부여한다.
(4) 의사결정에서 합리적인 가치판단의 기준으로서의 역할을 한다.

3. 유형

(1) 본질적 행정가치(행정을 통해 이룩하고자 하는 궁극적 가치) : 공익, 정의, 형평, 자유, 평등, 복지 등
(2) 수단적 행정가치(본질적 가치를 달성하기 위한 수단이 되는 가치) : 합법성, 능률성, 민주성, 효과성, 생산성, 합리성, 투명성, 신뢰성, 가외성 등

4. 종류와 변천

시기	19C 입법 국가시대	19C말 행정 관리설	1930년대 통치 기능설	1950년대 행정 행태설	1960년대 발전 행정론	1970년대 신행정론	1980년대 신공공 관리론	1990년대 뉴거버넌스
이념	합법성	기계적 능률성	민주성 (사회적 능률성)	합리성	효과성	사회적 형평성	생산성 ·효율성	민주성 ·참여

1. 공익

1. 의의

(1) 일반적으로 공익이란 공공의 이익 또는 개인이나 집단의 대립적 특수 이익이나 사익을 초월한 사회전체에 공유된 가치로서의 사회일반의 공동이익이라고 정의할 수 있다.

(2) 공익은 모든 행정활동에 있어서 최고의 이념으로서 행정책임의 판단기준이며 또한 바람직한 정책결정의 기준이 된다. 공익은 행정의 목표와 방향을 제시하는 규범적 기준이며 존립근거라고 할 수 있다.

(3) 특징

① 규범적 성격 : 관료가 준수하여야 할 최고의 행동규범으로 작용한다.

② 역사성·동태성 : 역사적·시대적 상황에 따라 의미와 내용이 변화한다.

③ 사회의 기본적 가치가 반영되어 있다.

④ 불확정성·상대성 : 절대적·확정적·정태적 개념이 아닌 포괄적·상대적·동태적 개념이다.

2. 대두배경

(1) 정치·행정일원론의 대두

정책결정과 집행의 기준으로서의 공익을 중시한다.

(2) 행정인의 재량권·자원배분권의 확대

이에 따른 권한행사에 윤리나 가치문제가 개입한다.

(3) 행정행태의 윤리적 준거기준의 필요성

관료제의 자기이익추구와 권력 확대경향이 나타나게 됨에 따라 규범적·윤리적 기준으로서의 공익의 중요성을 인식한다.

(4) 정부관의 변천과 쇄신적 정책결정의 중요성

자유와 평등의 실질적 보장을 추구하는 과정에서 그 기준으로 공익을 중시한다.

(5) 행정인의 적극적 역할

변동에 적응하고 변동을 예측·유도할 수 있는 규범적 기준으로서 필요하다.

3. 공익에 관한 학설

(1) 실체설(적극설, 규범적, 선험적 공익관)

① 의의 : 공익은 사익을 초월하는 것으로서 객관적으로 명백한 내용을 갖고 있다는 실체적 개념이다.

실체설에서는 공익이 개인이익의 단순한 총합과는 질적으로 다르다고 본다. 적극적으로 공익의 내용을 정의하기 때문에 적극설 또는 규범설이라고도 하며 전체주의·집단주의의 관점이다. 공리주의(최대다수의 최대행복)와 Rawls의 정의론(최소극대화 원리)도 실체설에 해당된다.

▷ 플라톤(Platon), 루소(Rousseau), 롤스(J. Rawls) 등

② 특징

㉠ 사익을 초월한 존재로서의 선험적 공익이 존재한다고 보며 사익보다 공익을 더 중시한다.

㉡ 공익과 사익은 본질적 차이가 있으며 공익은 최고의 윤리기준으로서 공공선과 동일하다고 본다.

㉢ 정의, 평등, 자연법, 도덕적 절대가치, 공동사회의 기본적 가치 등으로 다양하게 제시되고 행정활동에 있어서 지침이 될 수 있다.

㉣ 공익(전체목표)은 사익(하위목표)에 우선하기 때문에 공익과 사익은 갈등관계에 있지 않다.

㉤ 전체주의적, 유기체적, 공동체적 관점에서 공익을 정의하므로 대립적인 사익을 평가하는 기준을 제시할 수 있고, 지나친 집단이기주의에 대응할 수 있다.

㉥ 비민주성(소수에 의한 지배) : 최고의 가치를 소수가 비민주적으로 결정하므로 진정한 사익이 훼손될 수도 있다. 또한 공·사익이 대립되는 경우 공익이 우선시되고 사익은 당연히 희생된다고 보기 때문에 민주사회의 자유와 평등이념과도 상충된다.

(2) 과정설(소극설, 경험적, 현실적 공익관)

① 의의 : 공익은 실체적인 내용이 선험적으로 존재하는 것이 아니라, 사익 간의 경쟁과 대립을 조정하고 타협을 이루어나가는 과정·제도·절차적 국면을 거쳐 결과적으로 다수의 이익에 일치되는 공익이 도출된다는 관점이다. 과정설은 다양한 이해관계가 조정을 통하여 공익화 된다는 점에서 다원화된 사회의 특성을 잘 반영하며 최근 뉴거버넌스와 부합된다. 소극적으로 정의하기 때문에 소극설이라고도 하며 다원주의, 현실주의, 개인주의 관점이다.

▷ 슈버트(Schubert), 벤트리(Bentley), 헤링(Herring), 린드블럼(Lindblom) 등

② 특징

㉠ 공익은 객관적으로 존재하는 것이 아니라 현실적·경험적으로 정책과정에서 형성되는 것으로 본다. 따라서 이 견해는 공익의 내용을 찾기보다는 공익이 형성되는 과정을 합리화하는데 초점을 둔다.

㉡ 사익을 초월한 별도의 공익이란 존재할 수 없으며, 공익이란 사익의 총합이거나 사익 간의 조정과 타협의 산물이다.

㉢ 정부는 중립적심판자로서 사회에서 결정된 공익을 그대로 받아들여 정책을 집행하는 소극적인 역할에 그친다.

㉣ 정책결정론에서 점증모형, 다원론과 맥을 같이 한다.

㉤ 대립적인 이익들을 평가할 수 있는 기준을 제시하지 못한다.

㉥ 비조직화된 조용한 다수(Silent majority)보다 활동적 소수(Active minority)의 이익만 반영되므로 협상과 조정과정에서 사회적 약자가 희생된다.

(3) 절충설

① 공익은 사익의 단순한 집합체도 아니며, 사익간의 타협의 소산도 아니지만 또한 전혀 사익과 별개의 차원도 아니라는 입장이다.

② 공공선택이론은 소비자이익을 공익으로 봄으로써 절충설의 입장에 있다. 소비자이익은 국가 전체의 이익과 개개인 또는 개별 이익집단의 이익의 중간 형태이기 때문이다.

> ✤ **공익개념에 관한 제 학설**
>
> (1) 규범설
>
> 공익은 정치생활에 적용될 수 있는 최고의 윤리기준으로, 정책결정에 있어서 모든 행위를 인도하고 규제하는 규범적 개념으로 공공선을 의미 한다.
>
> 공공선으로서의 공익은, 공동체에 내재하고 있는 특유한 것으로 단순한 개인적 이익의 집적과는 질적으로 다르다는 것 ➡ 어느 특정인에게 부착되어 있는 것이 아니고, 모든 사람에게 동일하게 느껴지는 단일의 목표를 의미한다.(예 구성원들에 의해서 공유되는 공동체적인 것)
>
> (2) 과정설
>
> 공익이 선험적 개념이 아니라 집단과정의 결과적 산물이라는 것을 의미한다.(정치현상을 집단현상으로 파악하고 집단 간의 경쟁과 대립 속에서 정책이 이루어지고 그 산물로 공익이 나타남)
>
> (3) 합의설
>
> 공익은 특수한 개별집단의 이익보다 성질상 광범위하다는 것을 의미한다.(예 다수의 이익) ➡ 공익은 성질상 보다 광범위하고 포괄적이기 때문에 정책결정에서 심벌로 파악되어야 한다는 것이다.
>
> (4) 공동체 이익설
>
> 국가나 사회는 개인의 단순한 집합체 이상의 그 무엇으로서 자신의 인격과 권익을 가지고 있는데, 이것이 바로 공익의 원천이라는 것을 의미한다. ➡ 개인의 인격과 권익과는 별개의 것으로 독립되어 있는 사회전체로서의 권익과 인격의 실현
>
> (5) 공공재설
>
> 재화의 성격에서 공익을 찾아야 한다는 것으로, 비배제성과 비경합성을 가진 공공재를 생산하는 것이 공익이라는 것을 의미한다.

2. 사회적 형평성

1. 의의

(1) 사회적 형평이란, 사회적으로 동일한 것은 동일하게(수평적 형평), 다른 것은 다르게(수직적 형평) 취급하는 것으로, 정당한 불평등이나 합리적 차별의 개념(수직적 형평)이 내포되어 있다. 일반적으로 공정성 혹은 사회정의의 개념과 동일하다.

(2) 사회적 형평성은 1960년대 후반 신행정론의 등장과 더불어 강조되기 시작하였다. 즉, 1960년대 흑인 폭동, 빈곤, 무지 등으로 인한 사회문제에 대해, 행정인은 사회적 불평등을 제거해야 할 의무가 있으므로 사회경제적으로 불리한 위치에 있는 계층을 위하여 보다 우선적 배려를 통해, 사회적 형평을 실현해야 한다는 것이다.

2. Rawls의 정의론

(1) 의의

Rawls의 정의론의 핵심은 사회의 가치가 기본적으로 모든 사람에게 평등하게 배분되어야 한다는 것이다. 절대적 평등은 당연한 것이고, 가치의 불평등한 배분은 그것이 사회의 소외계층에게 유리하게 배분되어야만 정의롭다고 본다. 따라서 롤스의 정의는 선(善)으로서의 정의가 아니라 공정성으로서의 정의이며, 결과보다는 과정의 옳음에 기초를 두고 있으므로 가치에 대한 의무론에 입각해 있다. 그리고 사회정의실현을 위한 사회구성의 기본원리로서, 다음의 2가지 원리를 제시하고 있다.

(2) 사회정의의 원리

① 정의의 제1원리(자유의 정의-기본적 자유의 평등원리)

모든 개인은 다른 사람의 유사한 자유와 상충되지 않는 범위 내에서, 최대한의 기본적 자유에 대한 평등한 권리가 인정되어야 한다(정치적 자유와 언론·출판의 자유 등).

② 정의의 제2원리(분배의 정의-차등조정의 원리)

   ㉠ 공정한 기회균등의 원리(기회의 공평) : 사회·경제적 불평등은 그 모체가 되는 모든 직무와 직위에 대한 공평한 기회균등 하에서 발생한 것이어야 한다는 원리를 말한다.

   ㉡ 차등원리(결과의 공평): 사회·경제적 불평등은, 가장 불리한 사람들의 편익을 최대화해야 한다는 원리이다(최소극대화의 원리 : Maximin의 원리).

❖ **Rawls의 정의론에 대한 가정 및 비판**

ⓐ 사회정의를 위해 제1원리가 제2원리에 우선되어야 하고, 제2원리 내에서는 기회균등의 원리가 차등의 원리보다 우선되어야 한다.

ⓑ 롤스의 최소극대화 원리는 "무지의 베일(Veil of ignorance)에 가려 있는 원초적 상태에서 당사자들이 반드시 최소극대화 원리에 따르리라는 보장이 없다."는 비판을 받는다.

ⓒ 롤스의 정의관은 자유방임주의에 의거한 전통적 자유주의와 생산수단의 사회적 소유를 주장하는 사회주의의 양 극단을 지양하고 자유와 평등의 조화를 추구하는 중도적 입장이다. 따라서 우파로부터는 평등을 지향하는 롤스의 정의관이 자유의 제한을 초래한다는 점에서, 좌파로부터는 '바람직한 불평등'이 아닌 '완전한 평등'을 추구해야 한다는 점에서 비판을 받는다.

---

3. 사회적 형평성의 이론적 근거 및 내용

(1) 이론적 근거

① 평등이론 : 절대적·획일적·기계적 평등을 중시하는 이론으로 인간의 가치는 개인의 신분이나 능력 등에 관계없이 누구에게나 동일하기 때문에 재화나 가치는 모든 인간에게 동일하게 배분되어야 한다는 주장이다.

② 실적이론(능력이론) : 기회균등에 입각하여 능력이나 실적에 따른 차별적 대우를 정당하다고 보는 입장으로 자유주의자의 입장이다. 기회의 공평과 형식적·절차적 평등을 추구한다.

③ 욕구이론(필요기초이론) : 인간의 최소한도의 기본적인 욕구(Basic needs)에 따라 부나 가치가 배분될 때 형평이 실현된다고 보는 입장으로 사회주의자들이 주장한다. Rawls의 정의나 신행정론의 일반적인 형평개념이 이에 해당한다(연금, 실업수당, 최저임금제 등).

(2) 수평적 공평과 수직적 공평

① 수평적 공평 : 같은 것은 같게 다룬다는 것이다. 누구에게나 동일한 기회는 제공한다는 자유주의자들의 입장이다. ⓓ 비례세, 수익자부담주의, 공개경쟁채용시험, 실적주의, 보통선거, 납세·국방의 의무 등

② 수직적 공평 : 다른 것은 다르게 다룬다는 것이다. 약자에게는 더 많은 기회를 제공한다는 사회주의자들의 입장이다. ⓓ 누진세, 대표관료제(임용할당제), 종합부동산세 등

3. 자유와 평등

1. 자유

(1) 의의

베를린(Berlin)은 간섭과 제약이 없는 상태를 '소극적 자유', 무엇을 할 수 있는 상태를 '적극적 자유'로 구분하였다.

(2) 자유의 유형

① 소극적 자유–개인주의, 보수적 자유주의 : '간섭과 제약이 없는 상태'로서 정치권력과 맞서는 개인의 자유를 강조하는 철학적 개인주의에 바탕을 두고 있다(▷ 신체의 자유, 프라이버시의 자유, 사상의 자유 등). 철학적 개인주의는 '인간은 정치체제로부터 독립된 실재'라는 관점에 입각하므로 소극적 자유의 개념과 상통한다.

② 적극적 자유–진보주의, 진보적 자유주의 : '무엇을 할 수 있는 자유'로서 정부의 간섭주의를 지향한다. 적극적으로 자유를 정의하게 되면 자유권을 행사할 수 있는 여건이 보장되어야 하고 이를 위하여 정부의 적극적 활동 및 간섭이 필요하다. ▷ 가난하여 대학에 진학하지 못하는 학생들을 위한 제도적 장치가 필요

(3) 자유와 평등 : 자유에는 '사회적'이라는 한계가 있다. 자유는 남의 권리 및 자유와 상충되지 않는 범위 내에서 행사되며 보장될 수 있는 것이며 기본적으로 평등한 자유(Equal liberty)의 개념을 바탕에 두고 있다.

2. 평등

(1) 의의

평등이란 일반적으로 똑같은 원칙에 따르거나, 같은 처지에 있는 사람들을 똑같이 대접하는 것을 의미한다. 정치 및 행정과 관련하여 평등이라는 개념은 가치 배분에서 차별이 있어서는 안 된다는 것이다.

(2) 평등의 유형

① 상대적 평등과 절대적 평등

㉠ 상대적 평등 : 각자의 능력과 기여도 및 필요의 다양성에 맞게 대우를 하는 평등으로서 비례의 평등을 의미한다. ▷ 성적우수자만 공무원 시험에 합격시킴

㉡ 절대적 평등 : 인간가치의 균등성에 바탕을 둔 평등으로서 개인의 능력과 실적 차이를 인정하지 않고 똑같이 대우하는 평등이다. ▷ 성인남녀 모두에게 1표의 선거권을 똑같이 부여

② 기회적(형식적) 평등과 결과적 평등

㉠ 기회적(형식적) 평등 : 사회적 가치를 취득할 수 있는 기회, 자격, 권리 등을 동등하게 부여하는 평등이다. ▷ 특별한 임용결격사유가 없는 모든 사람에게 시험 자격 부여

㉡ 결과적 평등 : 개인들 사이에서 결과적으로 나타나는 부당한 불평등을 시정하려는 평등이다.
▷ 장애인 임용할당제

1. 합법성

1. 의의

합법성이란 행정은 법에 근거를 두고 법 테두리 내에서 집행되어야 한다는 이념으로, 정부활동은 시민의 대표기구인 입법부가 정한 법과 절차에 의해 재량없이 충실히 집행해야 함을 의미한다.

2. 대두배경

19C 입법국가에서의 엄격한 권력분립과 입법부 우위, 즉 의회가 제정한 법률을 충실히 집행하는 법치행정적 관점을 배경으로 하고 있다. 행정의 자의적인 권한을 억제함으로써 국민의 권리와 자유를 최대한 보장하고, 법적 안정성이나 행정의 예측가능성을 확보하고자 강조되었다.

3. 유용성

① 권리보호 : 법치주의확립을 통해 시민의 권익과 자유를 보호할 수 있다.
② 평등성 제고 : 법 적용에 있어 모든 시민을 동등하게 대우함으로써 평등성을 제고한다.
③ 자의성 배제와 예측가능성 : 행정의 자의성을 배제하고 법적 안정성과 예측가능성을 높인다.

4. 한계

① 경직성 : 법 규정은 사회변화를 수용하지 못함으로 인해, 현실과 괴리됨으로써 구체적 타당성이 저해될 수 있다.
② 형식주의와 동조과잉 : 법규정의 현실과의 괴리는 형식주의를 야기하고, 법이 지향하는 목적보다는 법의 절차에 대해 지나치게 집착하는 동조과잉을 야기한다. 이와 반대로, 소극적으로 법령의 형식적인 준수에 안주하거나, 복지부동을 야기할 수 있다.
③ 비현실성 : 사회의 다원화·전문화로 인하여 위임입법이 증대되고 행정의 재량권이 확대되고 있다.

2. 능률성

1. 의의

(1) 능률성이란 최소의 비용으로 최대의 산출을 얻고자 하는 것으로서 단순히 투입 대 산출의 비율을 극대화하고자 하는 양적 개념이다.

(2) 일반적으로 산출(Output)은 행정활동의 직접적인 결과로서 가시적인 것인데 비해, 효과(Effect)는 좀 더 추상적이며 목표-수단의 계층제에서 산출보다 한 차원 높은 수준에 있는 것이다.

2. 대두배경

(1) 19C말 행정학 성립기에 행정기능의 확대·강화에 따라 능률성이 대두되었다.

(2) 과학적관리론의 영향으로 종전의 소극적인 합법성보다 더 적극적이고 새로운 이념으로 능률성이 대두되었다.

3. 기계적 능률과 사회적 능률

(1) 기계적 능률

19세기 말 정치·행정 이원론과 과학적관리론에서 중시된 능률관으로, 능률을 수량적으로 명시할 수 있는 기계적·금전적 측면에서만 파악한 대차대조표적 개념이다.

(2) 사회적 능률

1930년대 인간관계론과 통치기능설에서 강조된 개념으로 행정의 사회목적 실현, 다원적 이익간의 통합·조정, 행정조직 내부에서의 구성원의 인간적 가치의 실현 등을 내용으로 하는 능률관이다.

▶ 기계적 능률과 사회적 능률의 비교

구분	기계적 능률	사회적 능률
행정이론	과학적 관리론, 관료제론, 정치·행정이원론에서 중시	인간관계론, 정치·행정일원론에서 중시
목적	경제적 이익의 극대화, 투입 대 산출의 극대화	사회적 목적의 실현, 다원적 이익의 통합, 인간적 가치의 실현
유사개념	단기적 능률, 절대적 능률, 양적 능률, 경제적 능률, 수단적 능률, 대차대조표적 능률	장기적 능률, 상대적 능률, 질적 능률, 가치적 능률, 인간적 능률, 합목적성 능률, 대내적 민주성
학자	Gulick	Dimock

3. 민주성

1. 의의

민주성은 대외적으로는 국민의 의사와 요구를 행정에 반영함으로써 대응성 있는 행정을 실현하고 국민에게 책임을 지는 책임행정을 구현하는 것이며, 대내적으로는 공무원의 인간적 가치를 존중하여 자기발전의 기회를 부여하고 자아실현욕구를 충족시켜 주는 것이다.

2. 대두배경

1930년대 통치기능설과 인간관계론에서 민주성이 제시되었고, 1970년대 사회적 형평성 및 대응성 개념을 강조하는 신행정론에서 강조되었으며, 1990년대 신국정관리론에서는 참여주의에 입각한 행정을 통해 민주성을 확보하고자 하였다.

3. 유형

(1) 대외적 민주성

① 국민에게 책임을 지는 행정, 즉 대응성(Responsiveness)을 보장하는 행정을 의미한다. 참여, 공개, 대표관료제, 행정절차법, 정보공개제도, 정책공동체 등과 밀접한 관련이 있다.

② 확립방안 : 시민의 행정참여 강화, 행정윤리의 확립, 행정구제제도의 확립, 민관협조체제 확립, 공개행정의 강화, 관료제의 대표성확립, 행정통제 강화 등

(2) 대내적 민주성

① 행정조직 내부의 민주화, 즉 조직관리상의 민주화를 말한다. 권위주의적인 상의하달적 의사전달이 아니고 자유로운 의사전달이 행해지고, 행정의 분권화를 이룩하며, 자발적 의사결정의 기회가 증대되고 능력발전의 기회가 부여되며, 자아실현의 욕구가 충족되도록 조직의 관리가 이루어지는 것을 말한다.

② 확립방안 : 민주형 리더십 발휘, 권한위임, 정책결정과정에 부하들의 참여, 공무원의 능력발전, 하의상달의 촉진, 탈관료제화 등

4. 민주성과 능률성의 관계

(1) 민주성은 목적적 가치로, 능률성은 수단적 가치로 파악하여, 양자는 상호보완적 관계로 이해하여야 한다.

(2) 현대행정에서 가장 중시되는 양대 이념은 능률성과 민주성이다. 즉 행정에 있어서 모든 대립적인 요소는 결국 민주성과 능률성의 조화문제로 귀결되는 것이다.

▶ 대외적 민주화와 대내적 민주화의 비교

대외적 민주화	대내적 민주화
• 대응성 및 책임성 제고 • 행정윤리의 확립 • 시민참여 및 민관협력체제 구축 • 행정구제제도의 확립 : 행정쟁송, 절차제도, 공개제도, 옴부즈만 제도 등 • 관료제의 대표성 확보 : 대표관료제	• 민주적 조정 및 커뮤니케이션 활성화 : 하의상달, 제안제도, 상담 • 민주적 관리 : Y이론적 관리, 분권화, 권한 위임, 민주적 리더십 등 • 참여관리 : MBO 등 • 공무원 능력발전 : 교육훈련, 근평 등

4. 효과성

1. 의의

(1) 효과성은 1960년대 발전행정론에서 중시된 개념으로 '목표달성도'를 의미한다. 효과성은 발전목표의 계획적 설정과 목표의 최대한 달성에 관심을 두는 개념이다.

(2) 능률성이 행정관리적 가치의 중심개념으로, 산출에 대한 비용의 관계라는 조직 내의 조건으로 이해하는 반면 효과성은 조직과 대외적 효과가 나타나는 환경과의 관계를 나타낸다.

(3) 효율성(생산성)은 능률성과 효과성이 결합된 개념으로 보다 포괄적 의미를 가진다.

2. 효과성의 측정

(1) 목표달성모형과 체제자원모형

① 목표달성모형

효과성은 조직의 목표달성도를 측정하는 기준이며, 그 측정이 가능하다고 보는 비교적 고전적인 입장이다(효과성을 중시하는 MBO 등이 이에 해당).

② 체제자원모형

목표달성만이 조직의 유일한 기능은 아니며, 적응·생존 및 존속기능 등도 고려해야 한다는 입장이다(효과성과 건전성을 중시하는 OD 등이 이에 해당).

(2) 경쟁적 가치접근법

① 조직의 효과성을 생산성이나 효율성 등 일차원적인 관점에서 설명하려는 연구에 내재된 문제점들을 인식한 Quinn & Rohrbauch는 통합적 분석틀을 개발하였는데, 이것이 바로 경쟁적 가치접근법이다.

㉠ 개방체제모형 : 조직 내 인간보다는 조직 그 자체를 강조하고 환경과의 바람직한 관계를 유지하기 위한 조직구조의 유연성을 중시하며, 성장 및 자원(수단)확보를 목표로 한다.

㉡ 합리적 목표모형 : 조직 내 인간보다는 조직 그 자체를 강조하나 구조에 있어서는 통제를 중시하고 합리적 계획과 목표설정 및 평가를 중시하며, 생산성과 이윤을 목표로 한다.

㉢ 내부과정모형 : 조직 그 자체보다는 인간을 중시하고 정보관리와 의사소통을 통한 통제를 중시하며, 안정성과 균형을 목표로 한다.

㉣ 인간관계모형 : 조직 그 자체보다는 인간을 중시하고 통제보다는 유연성을 강조하며, 인적자원개발을 목표로 한다.

구분	조직	인간
통제	합리적 목표모형 목표 : 생산성과 이윤	내부과정모형 목표 : 안정성과 균형
유연성	개방체제모형 목표 : 성장 및 자원확보	인간관계모형 목표 : 인적자원 개발

② Quinn과 Cameron은 조직의 성장단계에 따라 적당한 모형이 달라진다고 주장하였다.

㉠ 조직의 창업단계에서는 혁신과 창의성 및 자원의 집결이 강조되므로 개방체제모형으로 조직 효과성을 평가하는 것이 강조된다.

㉡ 비공식적 의사전달과 협동심 등이 강조되는 집단공동체단계에서는 인간관계모형을 적용하여 조직효과성을 판단해야 한다고 주장한다.

ⓒ 규칙과 절차 및 활동의 효율성 등을 중시하는 공식화단계에서는 내부과정모형 및 합리적 목표모형이 적합하다.

ⓔ 조직이 외부환경에 적응하고 환경을 조정해 가면서 조직 자체의 변화와 성장을 도모하는 구조의 정교화단계에서는 다시 개방체제모형으로 조직의 효과성을 평가해야 한다고 주장한다.

5. 생산성(효율성)

1. 의의

1980년대 이후 공공행정부문에서 강조되는 이념으로, 능률성과 효과성을 합한 개념으로서 최소의 비용으로 최대의 산출을 얻음과 동시에 산출물이 목표를 얼마나 달성했는가를 나타내는 척도이며 효율성이라고도 한다. 즉, 생산성은 투입에 대한 산출의 비율인 능률성에 질의 개념이 추가된 것이라 본다. 과거 생산성 향상 노력은 민간부문의 것으로 간주되었으나, 1980년대 신공공관리론과 함께 능률성과 효과성을 포괄하는 개념으로 정립되면서 강조되기 시작했다. 이때, 민간부문에서는 투입과 산출의 비율인 능률성과 같은 의미로 사용되지만, 행정에서는 능률성과 효과성을 합친 개념으로 이해되고 있다.

2. 공공부문에서 생산성측정의 한계

(1) 명백한 공적산출물의 단위가 없어 산출이나 효과의 계량화가 곤란하다.

(2) 명백한 생산함수가 존재하지 않아 기술적·관리적 인과관계를 파악하기가 곤란하다.

(3) 공행정은 다의적인 목적을 추구하고 있기 때문에, 산출물의 측정이 다원적 기준에 따라 이루어진다.

(4) 한 기관의 업무는 다른 기관의 업무와 매우 밀접한 연관관계가 있어 단일기관의 생산성은 의미가 없으며 정부 전체의 생산성측정은 더욱 어렵다.

(5) 서비스제공 주체와 객체가 직접적이지 못하기 때문에 외부효과로 인해 비용과 수익의 연계나 수익자부담주의의 구현이 어렵다.

6. 합리성

1. 개념

합리성이란 '어떤 행위가 목표달성의 최적수단이 되느냐'의 여부를 가리키는 개념이다. Weber 이래로 오늘날 합리성은, 주어진 목적에 대한 수단의 적합성이라는 수단적 개념(수단의 목적에 대한 합리성)으로 이해되고 있다.

2. 유형

(1) Simon의 분류

① 절차적 합리성(Procedural rationality) : 결정과정이 이성적인 사유에 따라 이루어졌는지 여부에 따른 합리성을 말한다.

② 실질적(내용적) 합리성(Substantive rationality) : 제약요인의 한계 안에서 주어진 목표의 성취에 적합한 수단이 선택되는 정도를 내용적 합리성이라 한다. 내용적 합리성은 행위자가 주어진 목표를 달성하기 위한 효용극대화를 추구하며, 합리적 존재를 전제로 한다.

(2) Weber의 분류

① 실질적 합리성(Substantive rationality) : 자유주의, 민주주의, 쾌락주의 등 일련의 가치전체를 기준으로 하는 행위를 말한다.

② 형식적 합리성(Formal rationality) : 특수성을 배제하고 법의 보편적 정신을 목표로 하고 그에 부합되는 행위를 중요시하는 관료제나 시장의 법칙이 이에 해당한다.

③ 실천적 합리성(Practical rationality) : 주어진 목표성취를 위한 가장 효과적인 방법을 의미한다.

④ 이론적 합리성(Theorethical rationality) : 현실의 경험에 대한 지적이해나 인과관계를 규명하는 것을 의미한다.

(3) Diesing의 분류

① 기술적 합리성 : 목표달성을 위한 최적의 수단을 탐색하는 과정과 관련된다. 베버의 관료제나 정책분석에서 관리과학이 지향하는 것이 기술적 합리성이라 할 수 있다.

② 경제적 합리성 : 몇 가지의 목표 중에서 비용-편익의 비교 등을 통하여 선택하는 과정과 관련된다. 행정이념의 능률성과 관련된 개념으로 대립되는 둘 이상의 대안을 선택하는 기준으로 작용된다.

③ 사회적 합리성 : 사회구성요소 간의 통합성을 중시하며, 갈등조정 장치를 강조한다. 사회적인 관점에서 합리성은 가치 있는 사회제도의 유지와 개선을 통한 제도화를 촉진시키는 것을 의미한다.

④ 법적 합리성 : 권리-의무관계 속에서 갈등이 발생할 때, 대안의 합법성에 초점을 맞춘다. 갈등의 해결의 필요성이 있는 경우 결정된 내용이 규칙과 선례에 부합하는 지, 규범적 기준에 합치되는지가 기준이 된다.

⑤ 정치적 합리성 : 정책결정구조의 합리성을 의미하며, 다수결원리와 관련된다. 디징이 가장 높은 비중을 둔 개념으로 비정치적 결정과 달리 정치적 결정에서는 타협이 중요한 위치를 차지한다.

(4) Mannheim의 분류

① 실질적 합리성(Substantial rationality) : 어떤 현상에 대해 지적 통찰력을 표현할 수 있는 사고 작용을 의미한다. 즉 충동·감정에 의거하는 것이 아니라 명확한 지성에 의한 사고를 더 합리적인 것으로 본다.

② 기능적 합리성(Functional rationality) : 주어진 목표달성에 기여하는 것을 의미한다.

▶ 합리성의 비교

구분	이성적·인지적 사고작용 판단을 통한 합리성	목표달성에 순기능적 작용을 하는 수단
Mannheim	실질적 합리성 (Substantive rationality)	기능적 합리성 (Functional rationality)
Simon	절차적 합리성 (Procedural rationality)	내용적 합리성 (Substantive rationality)
Weber	실질적 합리성 (Substantive rationality)	형식적 합리성 (Formal rationality)
Diesing	정치적·사회적 합리성	기술적·경제적·법적 합리성

7. 가외성

1. 의의

(1) 가외성이란 남는 것, 초과분을 의미하며, M. Landau는 불확실성의 시대에 오류의 발생을 방지하여 행정의 신뢰성과 안정성을 높인다는 측면에서 가외적인 장치의 필요성을 강조한다.

(2) 권력분립, 삼심제, 양원제, 위원회, 연방제, 계선과 막료, 분권화 등이 가외성의 예에 해당한다(만장일치, 계층제, 집권화는 아님).

2. 특징

(1) 중첩성

기능이 여러 기관에 분할되어 있지 않고, 여러 행정기관들이 상호의존성을 지니면서 공동관리하는 것을 말한다. 예 재난발생 시 여러 행정기관들이 협력하여 함께 대처하는 경우

(2) 반복성(중복성)

동일한 기능을 여러 기관들이 독자적인 상태에서 수행하는 것을 말한다. 예 국가의 정보획득기능을 국가정보원, 국방부, 통일부 등에서 독자적으로 수행하는 경우, 자동차의 이중브레이크 장치

(3) 동등잠재력(등전위현상)

주된 조직이 제 기능을 수행하지 못할 때, 보조기관이 이를 대신하는 현상을 말한다. 예 주 엔진과 보조엔진, 국무총리의 대통령 권한대행, 병원의 자가발전시설 등

3. 정당화되는 근거

(1) 불확실한 상황에서의 정책결정

우리의 지식과 정보는 불확실하기 때문에 정책결정상의 불확실성을 극복하고 오류를 최소화하기 위해 필요하다.

(2) 조직의 신경구조성(Holon적 구조)

모든 조직은 예외 없이 신경구조성을 지니고 있는바, 이는 조직이 아주 광범위하고 복잡한 통신망으로 엮어진 정보체계의 위험성과 미비점이 왜곡되지 않은 정보를 받았다고 할 수는 없기 때문에 이러한 정보체계의 위험성과 미비점을 보완하여 줄 수 있는 것이 가외성 장치이다.

(3) 조직의 체제성

조직은 하나의 체제이며, 이러한 체제를 구성하는 부분의 불완전성이나 이탈가능성에 대해 보완장치가 요구되는데 이것이 가외성 장치이다.

(4) 협상의 사회

인간은 자기의 뜻을 성취하는데 단 한 번의 의사표시로 이룩하는 경우는 드물다. 특히 협상은 단 한 번의 의사표시로 이루어지지 않으며, 따라서 가외성장치가 필요하다.

4. 효용

(1) 조직의 신뢰성과 안정성 증진

조직의 신뢰성은 조직 내에서 오류의 발생가능성을 예방함으로써 올라간다. 조직 내에서 가외성 장치야말로 오류의 발생을 저지하는 가장 강력한 수단이다.

(2) 환경변화에 대한 조직의 적응성 제고

어느 한 요소의 결함 시 다른 요소가 대행함으로써 조직의 적응성을 향상시켜 준다.

(3) 조직의 창의성 제고

중첩적이고 반복적인 상호작용으로 창의성이 유발되므로 조직에 활력을 불어 넣을 수 있다.

(4) 정보의 정확성 확보

보다 다원적이고 경쟁적인 정보체제가 존재할 때 정보의 정확성이 확보된다.

(5) 목표의 전환현상의 완화

대체수단의 확보로 수단과 목표의 중요성이 바뀌는 목표전환현상을 완화시킨다.

(6) 타협과 협상의 사회 유도

여러 번 협의하는 절차를 통하여 타협과 협상을 활성화시키므로 분권화·다원화된 사회를 유도한다.

5. 한계

(1) 중복된 기능수행으로 비용이 증가된다.
(2) 감축관리와의 조화의 문제가 제기된다.
(3) 유사기능을 여러 기관이 수행함으로써 조직간 갈등·충돌·대립 등의 문제가 야기된다.

8. 신뢰성

1. 의의

(1) 신뢰란 불확실성이 개입된 교호작용에서 피 신뢰자의 행동으로부터 바람직한 결과를 얻을 수 있다고 믿는 신뢰자의 기대를 의미한다. 내용적으로는 국민을 위한 행정, 절차적으로는 정책 결정에 대한 예측가능성이 높은 행정을 의미한다.

(2) 후쿠야마(F. Fukuyama, 1997)는 사회적 자본을 그룹과 조직에서 공통목적을 위해서 함께 일하도록 하는 사람들의 능력이며, 또한 사람들 사이의 협력을 가능케 하는 한 집단의 회원들 사이에 공유된 어떤 일단의 비공식적인 가치 또는 규범이라고 하면서 신뢰가 바로 사회적 자본이라고 하였다. 사회적 자본의 종류에는 신뢰, 사회적 연계망, 상호호혜의 규범, 믿음, 규율 등이 있다.

(3) 이러한 신뢰의 개념은 1980년대 중반 이후 지식정보사회에서 경쟁력의 중요한 변수로 등장하였고, 1990년대에는 서비스연계망에 의한 행정을 주장하는 뉴거버넌스의 출현과 NGO의 활발한 활동으로 더욱 강조되고 있다.

(1) 신뢰 : 후쿠야마는 사회적 자본이 사회 내에 존재하는 신뢰로부터 나오는 것으로 종교, 전통, 또는 역사적 관습 등과 같은 문화적 메커니즘에 의해 생겨나고 전파되기 때문에 다른 형태의 자본과는 다르다고 본다.

(2) 사회적 연계망 : 사회적 자본은 시민들 사이의 협력 관계망이며, 사회적 관계에서만 존재한다. 현대 및 전통사회, 권위주의 및 민주사회, 봉건 및 자본주의 사회 등 어떠한 사회도 공식·비공식의 사람들 사이의 커뮤니케이션 및 상호교환이라는 네트워크에 의해 특징지어진다고 볼 수 있다.

(3) 상호호혜의 규범 : 사회적 자본을 구성원들이 공유하고 있는 규범에 근거를 두는 입장이다.

(4) 믿음 : 공통적인 전략을 생각, 해석, 그리고 의미의 체계의 형태인 믿음은 사회적 자본의 형성에 중요한 역할을 하고 있다.

(5) 규율 : 공식적인 제도와 규율들은 사회적 연계망, 규범, 믿음 등에 대한 영향을 통해서 사회적 자본에 매우 강력한 직·간접적인 영향을 줄 수 있다.

2. 신뢰행정의 구성요소 : 투명성과 접근성

신뢰는 한 당사자가 다른 당사자를 감시하거나 통제할 수 있는 능력에 상관없이, 다른 당사자가 자신에게 중요한 어떤 행위를 수행할 것이라는 기대에 기초하여, 상대방의 행동에 따라 피해를 볼 수 있는 상황까지도 적극적으로 수용하려는 태도이다. 즉, 신뢰성은 위험(상대방의 비협조에 따른 손실 발생 가능성), 상호의존성(상대방의 협조 없이는 목적 달성이 불가능), 기대(상대방의 미래 행동에 대한 주관적 예측)를 포함하는 개념이다.

구분		투명성	
		저	고
접근성	저	불신행정	투명행정
	고	참여행정	신뢰행정

3. 순기능과 역기능

(1) 순기능

① 투명하고 예측 가능한 국정운영을 도모함으로써 국가경쟁력을 강화한다.

② 정책순응도가 높아져 의도한 정책효과를 거둘 수 있다.

③ 불필요한 감시·감독의 감소와 거래비용을 줄일 수 있고 업무구조와 과정의 효율성과 유연성을 증대시킨다.

④ 조직구성원의 참여와 협력으로 인한 만족적 관계는 효과적인 조정과 조직몰입으로 나타나 결국 조직의 효율성을 제고시킨다.

(2) 역기능

① 정책에 대한 지나친 신뢰는 정책대안에 대한 비판적 검토를 소홀하게 할 수 있고, 무조건적인 신뢰는 무비판적 지지와 연결됨으로써 정책의 실패가능성이 커진다.

② 다원적 민주사회라 할지라도 정보의 비대칭성으로 인한 도덕적 해이(Moral hazard)의 문제가 있다.

9. 투명성

1. 의의

(1) 정부의 의사결정과 집행과정 등 다양한 공적활동이 정부외부로 명확히 드러나는 것을 의미한다. 최근 거버넌스에 대한 논의가 증대하면서 OECD국가들의 공공부문에서의 핵심적인 가치로 가장 중요하게 제시하고 있는 것이다.

(2) 중요성

① 행정의 신뢰성확보를 위한 가장 중요한 요소이다.

② 청렴성문제와 투명성은 불가분의 관계 : 투명성확보는 청렴성확보를 위한 최소한의 전제조건이다.

③ 부패를 방지하기 위한 필수조건 : 정부의 독점성과 재량권은 인정하되 그 사용이 외부에 공개되고 투명해야 한다.

2. 유형

(1) 과정투명성

정부 내에서 이루어지는 수많은 의사결정과정이 개방적이고 투명하게 이루어져야 한다는 것이다(서울시 민원처리 온라인공개시스템).

(2) 결과투명성

결정된 의사결정이 제대로 집행되고 있는가에 대한 투명성으로, 정당하고 공정한 결과를 확보하는 것이다. 서울시에서 청렴계약제를 실시하면서, 시민옴부즈만제도를 실시하고 있는 것은 이와 같은 정책집행과정의 공정성 등을 확인하기 위한 방안으로 도입된 투명성 확보제도이다.

(3) 조직투명성

조직자체의 개방성과 공개성을 의미하는 것으로 인터넷과 각종 규정, 정책, 입찰 등 기관운영에 관련된 내용들을 자세히 공개하는 것이다(각종 공시제도, 정보공개 확대 등).

3. 제고 방안

(1) 정책결정 및 예산배분과정에의 시민참여확대 : 밀실행정의 관행타파, 예산심의 및 예산과정의 공개

(2) 정보공개제도의 확대 : 입법예고, 행정예고, 내부고발자 보호제도 등

(3) 전자정부에 의한 행정정보의 전자적 공개와 정보민주주의의 확대

(4) 이해충돌의 회피문제 : 공무원의 개인적 관심이나 사적이익이 공적인 임무와 충돌할 가능성이 있는 경우에는 사전에 투명하게 공개하여 피하도록 해야 함

(5) 정책실명제 실시

4. 기타이념

(1) 적합성(Appropriateness)

주어진 상황에서 가장 바람직한 것을 목표로 채택했는가를 의미한다. 어떤 정책의 목표나 가치가 바람직한 것인가와 관련되는 이념이다.

(2) 적정성·적절성(Adequacy)

목표의 수준이 지나치게 높거나 낮지 않고 적당한 수준인지의 여부를 의미한다. 적합성보다는 하위이념으로 목표달성수준의 적절성을 의미하여 이는 목표를 어느 수준으로 설정하느냐에 따라 달라진다.

(3) 대응성

고객인 국민이 원하는 바를 충족시켜 주었는지의 정도로서 책임성과 함께 형평성 또는 민주성의 주요내용이 된다.

(4) 중립성

특정정당에 치우치지 않고 불편부당한 행정을 하였는가 하는 정치적 중립을 의미한다.

PUBLIC ADMINISTRATION

출제율 20%

이 단원은 현대사회에서 제기되는 다양한 사회문제를 해결하기 위하여 정부의 주도에 의해 결정하는 정책에 대해 설명한다.
이 단원에서는 정책의 과정을 중심으로 정책의제설정 → 정책분석 → 정책결정 → 정책집행 → 정책평가의 순서로 설명되어 있다.
1장은 정책에 대한 의미와 유형을, 2장은 정책의제설정을, 3장은 정책분석과 정책결정에 대하여, 4장은 정책집행에 대하여, 5장은 정책평가와 변동에 대하여 설명한다.

제 **O2** 편

정책론

제01장 정책학의 기초

제01절 | 정책학과 정책

1. 의의

1. 의미

(1) 정책학은 현대사회과학에서 인간이 당면하고 있는 많은 문제를 해결하는 데 있어서 기존의 행태과학이 적절한 해결책과 접근방법을 제시하지 못하고 있다는 반성에서 출발하였다.

(2) Lasswell은 정책학을 "정책결정과 정책집행으로 설명하고 정책문제와 관련 있는 자료를 탐색·수집하여 이에 대한 해석을 제공하는 학문이다."라고 정의하였다.

(3) Dror는 정책학을 "보다 나은 정책결정을 위하여 그 방법·지식·체계를 다루는 학문이며, 보다 효과적이고 능률적인 정책을 통하여 설정된 목표를 달성하는 데 주안점이 있다."라고 하였다.

2. 등장배경

(1) 현대적 정책학의 등장

① 현대적 의미의 정책학은 1951년 Lasswell이 발표한 「정책지향 : Policy orientation」이라는 논문에서 출발한다. Lasswell은 현실성이 결여된 정치학, 사회문제에 대한 실천적 처방을 제시하기 곤란한 행태과학, 환경에 대한 고려 없이 조직내부의 최적화만을 추구하는 관리과학 등의 기존의 연구를 비판하면서 정책중심의 연구를 주장하였다. 그는 정책학의 연구목적을 사회 속에서 인간이 직면하는 근본적인 문제를 해결하여, 인간의 존엄성을 보다 충실히 구현하는 데 있다고 하면서'민주주의 정책학'을 제창하였다.

> **✤ 라스웰(Lasswell)의 정책지향**
>
> 라스웰(Lasswell)에 의하면 정책과정의 합리화를 위해서는 정책과정에 관한 지식과 정책 과정에 필요한 지식을 제공해야 한다고 주장하고, 이 중 정책과정에 관한 지식은 정책이 어떻게 형성·결정·집행되어 산출로 이어지는가에 대한 체계적이고 경험적인 지식을 의미한다면, 정책과정에 필요한 지식은 사회문제해결을 위해 실질적인 정책과정에 활용되어 정책 형성·결정·집행·평가에 도움을 주는 규범적, 처방적 지식을 의미한다.

② 그러나 라스웰의 주장은 1950년대 당시에 미국의 학계를 지배하였던 행태주의 과학에 밀려 관심을 받지 못하다가 행태주의가 퇴조했던 1960년대 말에 각광을 받게 되었다.

(2) 행태주의의 비판과 후기행태주의의 등장

행태과학은 인간행태에 대한 경험적·실증적 연구를 통한 법칙발견에 중점을 두었지만, 1960년대 미국 사회에서 흑인폭동, 월남전 등 사회문제가 발생하면서 그 해결이 요구되었으나, 당시의 주류학문인 행태주의가 이에 대한 처방책을 내놓지 못하면서 현실적합성에 의문을 제기되었다. 이에 행태주의에 대한 비판과 아울러'실천(Action)'과'적실성의 신조(Credo of relevance)'를 표방한 후기 행태주의가 1960년대 중반 이후 등장하였으며 현실문제해결에 적합한 처방적 지식의 탐구를 중시하였다.

2. 정책학의 특성

1. 연구목적

궁극적 목표	인간사회의 문제해결을 통한 인간의 존엄성 구현
중간 목표	정책과정의 합리화 제고
구체적 목표	정책의 바람직한 결정·집행·평가를 위한 필요한 지식의 제공
하위 목표	① 정책과정에 필요한 실증적 연구(실증적 지식) ② 정책과정에 필요한 지적 활동(처방적·규범적 지식)

2. 주요연구범위

(1) 정책의제설정
  ① 정책연구는 사회문제를 정부가 해결하고자 하는 정책의제설정으로부터 시작된다.
  ② 정책의제설정은 시민의 욕구를 파악하는 단계라 할 수 있다.
(2) 정책결정
  ① 정책문제 정의와 목표설정이 이루어진다.
  ② 정책대안의 탐색·분석 : 목표달성을 위한 정책대안의 탐색과 각 대안의 비교가 이루어진다. 이 단계에서는 경제적 타당성 분석 외에 가치갈등의 분석도 포함된다.
  ③ 정책결정 : 최적대안의 선택이 이루어진다.
(3) 정책집행
  ① 정책집행은 결정된 정책을 실현하는 단계이다.
  ② 담당할 조직이 결정되고 인적자원과 예산이 배정되고 이를 집행하게 된다.
  ③ 정책결정단계에서 결정된 정책을 효율적으로 달성하기 위한 세부적인 사항에 대한 결정이 이루어지기도 한다.
(4) 정책평가와 환류
  ① 정책집행이 이루어진 이후에, 달성하고자 한 목표를 어느 정도 달성했는가에 대한 평가가 이루어진다.
  ② 평가에 관한 정보는 환류 된다.

3. 특성

(1) 문제지향성

정책학은 정책문제해결이라는 실천적인 목표를 지니고 있으므로, 문제지향적이다.

(2) 순수과학과 응용과학의 융합

가치판단을 위한 규범적 접근과 사실판단을 위한 실증적 접근을 융합하여 처방적 접근을 시도한다.

(3) 범학문성과 맥락성

정책문제해결에 필요한 이론·기법 등을 여러 학문분야로부터 받아들이고 이를 활용하므로 범학문적이고 방법론상 다양성을 지니며, 시간적·공간적 상황이나 역사성을 강조하는 맥락성을 띤다.

♣ 정책학의 패러다임

1. H. Lasswell의 정책학 패러다임

(1) 맥락성 : 사회생활을 하는 사람들은 상호작용의 긴밀한 관련성 속에서 행동하며 정책결정자는 이러한 상황의 맥락성 속에서 정책을 결정하게 된다는 의미이다.

(2) 문제지향성 : 정책결정자의 주된 임무는 정책이라는 수단을 통해 복잡한 사회문제를 해결하는 것이라는 점을 의미한다.

(3) 방법의 다양성 : 복잡한 맥락성을 갖는 문제를 해결하기 위해서 여러 가지 방법들이 혼용될 필요가 있다는 의미이다.

2. Y. Dror의 정책학 패러다임

(1) 암묵적(비공식적) 지식과 경험의 중시 : 전통적인 연구방법 이외에도 개인적인 경험이나 비공식적·암묵적 지식(Tacit knowledge)도 중요하게 여긴다.

(2) 거시적 수준(macro-level) : 거시적 수준의 공공정책 결정에 연구의 초점을 두고, 그러한 시각에서 개인이나 조직의 결정과정을 다룬다.

(3) 정책결정체제 : 설정된 목표를 달성할 수 있는 정책을 창출할 수 있도록 정책결정체제에 대한 관심사로 되어야 한다.

(4) 순수연구와 응용연구의 통합 : 정책결정의 향상이라는 궁극적인 목표를 위하여 순수연구와 응용연구를 통합하는 것이다.

(5) 역사성(시간적 요인의 중시)과 동태성 : 정책문제를 다룸에 있어서 그 문제의 역사적 전개와 미래의 국면을 중시하고, 변동과정과 동태적 상황에 매우 민감하다.

(6) 가치지향성 : 가치의 의미와 가치의 득실, 가치의 일관성을 탐색함으로써 가치선택에 기여한다.

(7) 창조성과 쇄신성 : 새롭고 더 나은 대안들을 개발하기 위한 핵심적인 방법이며, 초합리적인 사고의 원천이 된다. 또한 기존의 과학적 원리와 방법을 수정하고 확장시킨다.

(8) 과학적 맥락 : 모든 쇄신적인 노력에도 불구하고 과학적 노력의 영역에 속하며 과학의 기본적인 검증을 거치는 것을 원칙으로 한다.

(9) 초합리적·비합리적 과정의 중시 : 정책결정을 향상시키기 위해 체계적·합리적 지식뿐만 아니라 창조적·직관·카리스마 등과 같은 초합리성과 심층적인 욕구의 돌출과 같은 비합리적인 과정도 중요시한다.

제 **02** 절 | 정책의 의의와 유형

1. 의의

1. 개념 및 개념적 요소

(1) 개념

정책이란 사회문제를 해결하기 위해 권위 있는 정부기관이 공식적으로 결정한 행동방침을 의미한다.

(2) 개념적 요소

① 정책의 목적-사회문제의 해결 : 정책은 공공문제의 해결을 통한 바람직한 미래 상태의 구축을 목적으로 한다.

② 정책의 주체-정부 : 정책결정과 집행의 주체는 정부이다.

③ 정책의 내용-미래지향적 행동방침 : 정책은 바람직한 사회 상태를 지향하는 정책목표와 이를 달성하기 위한 정책수단으로 구성되어 있다.

2. 성격

(1) 목표지향적·규범적 성격

정책은 바람직한 미래상을 나타내는 것이며 일정한 목표·가치를 실현하는 것이다.

(2) 문제해결지향성

정책은 바람직한 상태로 변화시키려는 것이며, 이를 위해 사회문제를 해결하고자 하는 문제해결지향성을 가진다.

(3) 행동지향성

정책은 당위적 가치를 행동으로 전환시키는 것이며, 현실적으로 선호된 행동방안을 의미한다.

(4) 공식적·권위적 성격

정책은 공식적·권위적 성격과 강제성을 띠고 있다. D.Easton은 정책을 사회전체를 위한 가치의 권위적 배분으로 정의한다.

(5) 인과성

정책은 사회문제해결을 위한 수단이므로, 정책의 시행으로 해결되는 그 효과 간에는 인과성이 존재한다.

(6) 합리성과 정치성

정책은 바람직한 목표설정과 정책수단의 선택이라는 합리성이 강조되나, 실제 정책은 정책과 관련하여 이해관계를 달리하는 세력들 간의 정치적 상호작용의 산물이다.

3. 구성요소

(1) 정책목표

정책이 달성하려는 미래의 바람직한 상태를 의미하며, 정책의 미래상 내지 비전을 말한다. 정책목표는 방향성과 미래성을 가지고, 정책의 존재이유가 되며, 무엇이 바람직한 상태인가를 판단하는 가치판단에 의존하기 때문에 주관성과 규범성을 지닌다.

(2) 정책수단

정책목표를 달성하기 위한 행동방안을 말한다. 정책수단에는 ① 상위목표를 달성하기 위한 정책수단(하위목표)인 실질적 정책수단(도구적 정책수단이라고도 함), ② 실질적 정책수단의 실행에 필요한 수단(설득·유인, 집행기구 및 요원, 자금, 공권력 등)인 실행적·보조적 정책수단 등이 있다.

(3) 정책대상집단

정책의 적용을 받는 대상집단으로서 수혜자집단과 비용부담집단이 있다.

> ✤ **정책수단의 분류**
> (1) 직접성에 의한 분류
>   ① 경제적 규제, 정부소비, 보험, 공기업, 직접 대출, 정보제공 등 : 직접성 정도가 높아 효과성·형평성·관리가능성은 높지만 효율성·합법성·정치적 지원이 낮다.
>   ② 사회적 규제, 조세지출, 불법행위책임, 계약, 대출보증, 보조금, 바우처 등 : 직접성 정도가 낮아 효율성·합법성·정치적 지원이 높지만 효과성·형평성·관리가능성이 낮다.
> (2) 강제성에 의한 분류
>   강제성이란 제한하는 정도로서 정책수단을 분류하는데 가장 기본적인 기준이다. 경제적 규제와 사회적 규제는 강제성 정도가 높아 효과성은 높으나 관리가능성은 낮은 반면 불법행위책임, 정보제공, 조세지출 등은 강제성 정도가 낮아 효과성은 낮지만 관리가능성은 높다.

2. 유형

1. 의의

종래 정책이란 정치체제의 산출물로서 정치과정에 의해 결정된다는 종속변수로 보았으나, 정책유형론에서는 정책의 유형과 성격에 따라 정책과정이 달라진다고 보고 정책을 독립변수로 간주한다.

2. 학자별 정책유형

알몬드와 파웰(Almond & Powell)	분배정책, 규제정책, 추출정책, 상징정책
로이(Lowi)	분배정책, 규제정책, 재분배정책, 구성정책
리플리와 프랭클린(Ripley & Franklin)	분배정책, 경쟁적·보호적 규제정책, 재분배정책, 외교·국방정책

3. Lowi의 분류

(1) 의의

① Lowi는 강제력의 행사방법과 강제력의 적용대상을 기준으로 정책을 4가지로 나누었다. 수직적 차원에서 강제력의 적용이 직접적(Immediate)인가 간접적(Remote)인가에 따라 나누고 수평적 차원에서 강제력의 적용대상이 개인의 행위인가 행위의 환경인가에 따라서 나누었다.

② Lowi는 정책의 유형을 처음에 분배정책·규제정책·재분배정책으로 분류하였다가(1964년), 후에 구성정책을 추가(1972년)하였다.

▶ Lowi의 정책유형

구분		강제력의 적용대상(강제력의 적용가능성)	
		개인의 행위	행위의 환경
강제력의 행사방법	간접적(원격적)	분배정책 (19C 토지정책)	구성정책 (선거구조정)
	직접적(즉시적)	규제정책 (과대광고규제)	재분배정책 (사회보장정책)

(2) 정책유형

① 분배정책

㉠ 의의 : 분배정책은 정부가 사회의 특정한 대상(개인, 기업체, 조직, 지역사회)에 공공서비스와 편익을 배분해주는 정책이다. 즉, 정부가 적극적으로 국민들이 필요로 하는 재화와 서비스를 직접 산출 제공하거나 사회전체에 유익하지만 정부의 지원 없이는 착수될 수 없는 성질의 사업을 시행하기 위해 정부가 민간부문의 활동에 현금이나 현물을 지원하여 활동을 증진시키는 정책이다.

▷ 도로·공항·항만 등 사회간접자본(SOC) 구축, 기업에 대한 수출보조금 지급과 수출정보 제공, 자치단체에 대한 국고보조금 지급, 주택자금 대출, 국유지 불하, 벤처기업 창업자금 지원, 국공립학교를 통한 교육서비스 제공 등

㉡ 특징

ⓐ 집행의 용이 : 분배정책은 일반 국민이 각출하는 세금으로 조성된 국가예산으로 충당되고 특정 국민에게 비용을 부담시키지 않는다. 따라서 수혜자와 비용부담자가 명확히 구분되지 않으므로 양자 간 갈등이나 대결이 발생하지 않으며 집행이 용이하다.

ⓑ 개별화된 의사결정 : ㉮ 분배정책은 도로, 항만, 고속철도와 같이 여러 가지 사업들로 구성되고 상호 연계 없이 독립적으로 집행될 수 있기 때문에 이 사업들(▷ 구간별 고속철도 건설)은 각각 고도로 개별화된 의사결정이며 정책으로 보기 어렵고 이 세부사업들의 집합이 하나의 정책(▷ 전국토 일일생활권 구축 정책)을 구성한다. ㉯ 따라서 정책의 내용이 하위 세부단위로 쉽게 분해되며 각각 독립적으로 결정되고 집행과정의 참여자 간에는 정면대결보다는 나눠먹기식 결정이 이루어진다.

ⓒ 로그롤링(Log-rolling)-담합 : 의회 소위원회에서 의원 간의 이해관계에 따라 투표담합이 많이 발생되며 이에 따라 비효율적인 정책지출이 이루어지는 경향이 많다.

ⓓ 구유통 정치(Pork-barrel politics)-경쟁 : 분배정책의 세부결정 과정에서는 서로 혜택을 많이 차지하려고 경쟁하는 '돼지구유통 싸움' 현상이 발생한다.

② 규제정책

㉠ 의의 : 규제정책은 개인이나 집단의 활동에 제한을 가하는 정책이다. Lowi는 규제정책의 특성을 강제력에서 찾고 있으며 정부에 의한 강제력은 입법부의 의결을 필요로 한다.

㉡ 특징

ⓐ 비용부담자와 편익수혜자가 명확하게 드러나 사회적 논란이 야기되므로 가시성(可視性)이 높다.

ⓑ 규제를 따르지 않을 경우 강제력을 행사하며 관료의 재량권이 개입된다.

ⓒ 국민의 자유와 권리를 제약하게 되므로 법률에 근거하여야 한다.

ⓓ 규제로 인하여 혜택을 보는 집단과 손해를 보는 집단의 이해관계가 정면으로 배치되므로 이들 간에 갈등이 유발되며 이들 이해관계 집단들 간의 협상을 통하여 정책이 결정된다. 다만, 어느 한 쪽이 불특정 다수일 때는 '집단행동의 딜레마'로 인하여 무력한 다수로 전락하게 되고 상대방인 소수의 입장에서 정책이 결정되는 경우가 많다.

③ 재분배정책

㉠ 의의 : 재분배정책은 재산과 권력의 편중을 해소하기 위하여 고소득층(가진 자)으로부터 저소득층(못가진 자)으로 소득을 인위적으로 이전하는 것을 목적으로 하는 정책이다. ▷ 누진세율, 종합부동산세, 영세민 취로사업, 임대주택건설, 근로장려금, 저소득층 세액감면, 노령연금 등

㉡ 특징

ⓐ 계급대립적 성격을 가지므로 계급정책(Class policy)이라 하며 사회적 합의의 도출이 중요하다.

ⓑ 재산권에 대한 행사와 관련된 것이 아니라, 재산 자체를 문제 삼는 정책이다.

ⓒ 평등한 대우가 아니라, 평등한 소유(수직적 형평성, 결과의 공평)의 문제와 관련된다.

ⓓ '가진 자'로부터 '못 가진 자'에게로 부를 이전하는 Zero-sum 게임이므로 계급 간·계층 간 치열한 갈등을 초래하며 기득권자에 의한 반발이 심하여 집행이 용이하지 않다.

ⓔ 강제력이 직접적·일률적으로 환경에 미치므로 집권적인 결정이 이루어진다.

▶ **분배정책과 재분배정책의 비교**

분배정책	재분배정책
• 효과성·효율성	• 형평성
• 불특정집단(모든 국민)이 수혜자	• 특정계층(저소득층)이 수혜자
• 순응도 높음(표준운영절차 확립용이)	• 순응도 낮음(표준운영절차 확립곤란)
• 집단 간 갈등 미약(Non zero sum게임)	• 계층 간 대립·갈등(Zero sum게임)
• 정책의제화 용이	• 정책의제화 곤란
• 나눠먹기식 정치	• 이데올로기 논쟁발생
• 관료 또는 하위정부	• 대통령(엘리트 주의)

④ 구성정책

　　㉠ 의의 : 구성정책은 정치체제에서 투입을 조직화하고 체제의 구성과 운영에 관련된 정책이다. 헌정(憲政)수행에 필요한 운영규칙과 관련된다고 해서 입헌정책이라고도 한다. ▷ 선거구 조정, 정부기관 개편(신설·폐지·통합), 공무원 보수·연금에 관한 정책 등

　　㉡ 특징

　　　　ⓐ 정치·행정 체제의 대내적인 정책으로서 대외적인 가치 배분과 가장 거리가 먼 정책이다.

　　　　ⓑ 개인수준의 상부상조(Log-rolling)가 아니라, 집단이나 국가수준에서 협상과 타협의 정치이며 그 권력구조는 정치게임의 규칙에 관한 것이다.

　　　　ⓒ Lowi는 정당이 구성정책에 중요한 영향을 미친다고 하였다.

4. Almond와 Powell의 분류

(1) 의의

투입-산출모형에서 정치체제에 대한 투입은 요구와 지지가 있는데, 배분정책과 규제정책은 요구대응정책이며, 추출정책과 상징정책은 정치체제에 대한 국민들의 지지획득정책에 해당한다.

(2) 정책유형

① 추출정책 : 국가정책적 목표에 의해 일반국민들에게 인적·물적 자원을 부담시키는 정책으로 징세, 각종 부담금, 징집, 토지수용 등과 관련된 정책을 말한다.

② 상징정책 : 올림픽 경기, 동상, 국경일, 국기, 문화재 복원 등 국민전체의 자긍심을 높이기 위해 정부나 사회가 국내외 환경에 유출시키는 이미지나 상징과 관련된 정책을 말한다.

③ 규제정책 : 개인이나 집단에 대해 재산권 행사나 행동의 자유를 구속·억제하여 반사적으로 많은 다른 사람들을 보호하려는 정책이다.

④ 배분정책 : 행정서비스의 제공이나 이득의 배분과 관련된 정책으로 공공재원 즉, 세금을 재원으로 서비스를 불특정다수에게 골고루 나누어 주는 정책을 말한다.

5. Ripley & Franklin의 분류

(1) 분배정책

도로 및 항만건설, 지방자치단체에 대한 보조, 대학이나 민간연구기관에 대한 연구비지원 등과 같이 사회전체에 유익한 민간 활동 등을 유인하기 위한 지원과 관련된 정책을 말한다.

(2) 재분배정책

임대주택건설, 영세민 취로사업, 실업자구제사업, 누진소득세, 생활보호대상자를 위한 의료보호 등과 같이 사회 내의 개인이나 집단에 대한 부, 재산, 권리 등의 분배의 재조정에 관한 정책을 말한다.

(3) 경쟁적 규제정책

① 많은 수의 경쟁자들 중에서 일정한 자격을 갖춘 특정 개인이나 기업, 단체 등에 서비스나 용역에 대한 독점적 공급권을 인허가를 통하여 부여하면서 승리한 경쟁자에게 공공이익을 위하여 특별한 규

제를 가하는 정책이다. ▷ TV·라디오 방송권 부여, 유선방송업자 선정, 항공기·버스회사 신설과 노선 인가, 카지노 설립 인가, 이동통신 사업자 선정 등

② 다수의 경쟁자 중에서 특정한 개인이나 집단에게 서비스나 재화를 제공하는 것과 관련된 정책으로서 대상 서비스나 재화는 희소성으로 인하여 정부개입이 요구되는 것들이다.

(4) 보호적 규제정책

① 일반국민들을 보호하기 위하여 개인이나 집단의 행위를 포괄적으로 제한하는 규제이다. 즉, 사적인 활동을 제약하는 조건을 설정함으로써 일반대중을 보호하려는 것이며 대중에게 해로운 것은 금지되고 도움이 되는 것은 요구된다. ▷ 최저임금제와 근로기준 설정, 독과점 규제와 불공정 거래행위 제재, 음식점 등 공중이용시설 금연, 음식물의 위생상태 규제와 음식점의 남은 음식 재사용 규제 등

② 다수를 보호하기 위하여 소수를 규제하므로 다수 수혜집단과 소수 비용집단으로 구분된다. 다수는 무임승차 현상을 보여 적극적인 지지활동을 못하는 반면, 소수는 조직화가 용이하여 적극적인 반대 활동을 하게 된다. 따라서 정부의 규제정책 결정에 어려움이 발생한다.

6. Salisbury의 분류

구 분		요구패턴	
		통합적	분산적
결정패턴	통합적	재분배정책	규제정책
	분산적	자율규제정책	분배정책

(1) 분배정책

둘 다 분산적(혜택의 요구는 다양한 사회분야에서 표출되고, 각 부처에서 개별적 결정)

(2) 재분배정책

둘 다 통합적(사회계층의 변혁요구는 통합적으로 표출되고, 엘리트집권층이 통합적 결정)

(3) 규제정책

요구패턴은 분산적이지만, 결정패턴은 통합적(규제요구는 다양한 사회분야에서 표출되고, 규제목적의 일관성을 위하여 공정거래위원회와 같은 규제기관에서 통합적 결정)

(4) 자율규제정책

규제대상이 되는 집단에게 규제기준을 설정할 권한을 부여하고 심지어 그 집행까지도 위임해주는 정책으로서 요구패턴은 통합적이지만, 결정패턴은 분산적(특정 분야의 규제요구는 한 목소리로 표출되고, 각 분야의 사회기관에서 자율적으로 규제내용과 방법을 개별적 결정) ▷ 전문직업인 면허수여 권한을 그 전문직업인 단체에게 부여

제 03 절 | 정책환경

1. 의의

정책은 정치체제의 산물이므로 정치체제가 가지는 다양한 특성에 의해 영향을 받는다. 또한 정치체제를 둘러싸고 있는 외부환경도 정책에 영향을 미친다. 체제론의 관점에서 보면 정부는 외부로부터 요구와 지지를 받아들여 그에 걸 맞는 정책으로 산출하는 체제로 여겨지고 있기 때문이다. 즉, 정책은 정치체제의 구조, 정치이념과 정책담당자의 특성과 같은 정치체제의 특성뿐만 아니라 산업화, 도시화, 경제성장, 빈부격차에 따른 사회적 문제 등과 같은 외부환경들의 영향 속에서 도출되는 것이다.

2. 정책결정요인론(정책산출연구)

1. 의의

정책결정요인론은 환경을 독립변수로 보고 정책을 종속변수로 보면서 정책의 내용을 결정하는 요인이 무엇인가를 밝히는 이론이다. 쟁점은 정치적 변수(정치체제)와 사회경제적 변수(정책의 환경) 중에서 무엇이 더 중요한가이다. 정책결정요인론에 대한 논의는 처음 재정학자들이 재정지출의 결정요인을 밝히는 데에서부터 출발한다.

2. 전개과정

(1) 기존 입장-Key와 Lockard의 참여경쟁모형(정치적 변수의 중요성)

1940~50년대 정치학자들(Key, Lockard)은 정당 간 경쟁이 치열할수록 투표자의 다수인 저소득층의 영향력이 증대되고 이들의 이익을 증진시키는 복지정책을 둘러싼 정당 간 경쟁, 투표율 등의 정치적 변수의 중요성을 강조하였다.

(2) 새로운 도전-경제학자의 연구(사회경제적 변수의 중요성)

1950년대 재정학자들(Fabricant, Brazer)은 사회경제적 요인이 중요한 정책결정요인이라고 주장하였다. Fabricant(1952)는 1인당 소득, 인구밀도, 도시화의 3가지 변수로 미국 주정부의 총 지출액의 차이를 대부분 설명하였으며, Brazer(1959)는 인구밀도, 가구소득, 타 정부기관의 보조 등이 미국 시정부의 지출에 가장 큰 영향력을 미친다고 보았다.

(3) 새로운 도전의 확인-Dawson과 Robinson의 경제자원모형(사회경제적 변수의 중요성 확인)

① 1960년대 정치학자(Dawson, Robinson)의 재연구 결과, 사회경제적 변수가 중요하다는 결론을 발표함에 따라 정치행정학계에 충격을 주었다. 이들은 정당 간 경쟁이 치열할수록 사회복지비는 증가했지만 이것은 도시화, 소득 등 사회경제적 변수가 작용했기 때문에 나타난 것이라 봄으로써 사회경제적 변수가 정치체제와 정책 모두에게 영향을 미치고 있으며 이것으로 인하여 정치체제와 정책이 관계있는 것처럼 보인다고 주장하였다.

② 따라서 사회경제적 변수를 통제하면(사회경제적 조건이 같다면) 정치체제와 정책의 관계는 사라지기 때문에 정치체제와 정책과의 관계는 허위관계에 불과하며 정치체제는 환경으로부터 전환과정을 담당하는 매개변수의 역할도 하지 못한다고 봄으로써 미국적 민주주의 기본이념인 정당 간 경쟁 등을 중시한 정치적 다원론에 큰 타격을 안겨주었다.

(4) 절충의 모색—Cnudde와 McCrone의 혼합모형

1960년대 후반 일부 정치학자들(Cnudde, McCrone)은 정치체제와 정책 간의 관계를 추가로 고려하였는데 정치체제와 같은 정치적 변수도 정책에 독립적 영향을 미칠 뿐만 아니라 사회경제적 변수의 영향을 받아 다시 정책 산출에 영향을 미치기도 한다고 보았다. 따라서 정치체제와 정책을 혼란관계로 이해하였다.

3. 한계 및 비판

(1) 계량화의 문제

계량화가 곤란한 정치적 변수는 과소평가하고 계량화가 용이한 사회경제적 변수는 과대평가되었다.

(2) 연구수준의 문제

정책의 상위수준(총재정지출)에서는 경제적 변수의 영향을 받지만, 세부내용은 정치적 의사결정을 거치게 된다.

(3) 인과관계의 불명확

진정한 인과관계가 없어도 다른 요인이 영향을 주면 의미있는 값이 나올 수 있는 허위(spurious)상관관계의 존재를 간과하였다.

(4) 문화적 요인과 지도자의 성향 무시

소득은 총가용자원만 결정하며, 소득수준이 비슷한 다른 나라들에서 정책의 차이는 지도자의 성향이나 정치적·문화적 요인에 의해 설명될 수 있다.

(5) 국가 간 역사와 맥락의 차이

사회경제적 요건이 비슷한 나라들끼리의 정책의 차이는 정치체제변수(정치이념, 리더십, 이익집단의 영향력 등)가 중요하다는 것을 보여준다.

제04절 | 정책과정

1. 의의

1. 단계

정책과정에 대한 1980년대 초까지의 연구는 대부분이 정책과정을 정책의제설정, 정책결정, 정책집행, 정책평가 등의 단계로 구분하고, 이러한 각 단계가 환류과정을 거치는 정책순환으로 보았다.

2. 특징

이러한 정책과정은, 각 단계가 단일 방향적으로 이루어지는 것이 아니라, 상호작용을 하면서 영향을 주고받는 순환적인 과정이라는 순환성과 분석적 측면과 정치적 측면이 내포된 합리성과 정치성의 특성을 갖는다.

2. 정책과정의 단계

1. Lasswell과 Anderson

(1) Lasswell

① 정보의 수집 및 처리   ② 동원

③ 처방   ④ 행동화

⑤ 적용   ⑥ 평가

⑦ 종결

(2) Anderson

① 정책의제설정   ② 정책결정

③ 정책채택   ④ 정책집행

⑤ 정책평가

2. Jones와 Dye

(1) Jones

① 정책의제형성단계(문제의 인지, 정의, 이익결집, 조직화, 대표)

② 정책결정단계(정책형성, 합법화, 세출예산)

③ 정책의 집행단계(조직, 해석, 적용)

④ 정책의 환류단계(평가, 조정 및 종결)

(2) Dye

문제의 인식, 정책대안의 결정, 정책의 합법화, 정책집행, 정책평가

3. Dror

① 초정책결정단계(Meta policy-making)

② 정책결정단계(Policy-making)

③ 후정책결정단계(Post policy-making)

4. 정책과정의 종합

(1) 정책의제설정단계

하나의 이슈가 입법부 또는 행정기관과 같은 정부의 기관에 의하여 처리되어질 문제로 되는 것을 의미한다.

(2) 정책결정단계

선정된 이슈가 논의되고 정의되어 이슈와 관련하여 형성된 의제로부터 정부가 대처해야하는 것으로, 인지된 것에 대하여 정부의 대응방안을 구체화하는 정책입안(Policymaking)과 이렇게 해서 입안된 정책대안에 대하여 제도상의 결정권한을 갖는 기관이 분석·심의하고 결정하는 정책결정(Policy decision)단계로 세분된다.

(3) 정책집행단계

주어진 행위 또는 결정에 의하여 행정기관이 집행하는 것을 의미한다.

(4) 정책평가단계

행정기관에 의하여 이루어진 행위는 의도한 대상과 고객에 영향을 주었는가를 결정하기 위하여 평가하는 작업을 하게 된다.

(5) 정책종결단계

정책이 정치적인 지지를 잃거나 의도한 목표달성의 가능성이 보이지 않을 때, 또는 비용이 과다하게 들어가는 경우 등 정책목표의 달성과는 상관없이 정책이 종결되는 경우이다.

3. 정책과정의 참여자

1. 의의

정책과정은 다양한 이해관계자들의 참여를 전제로 한다. 이들 다양한 이해관계자들은 정책과정에서 공식적 또는 비공식적 지위를 가지고 참여하면서 정책과정 전반에 강력한 영향을 미친다.

2. 공식적 참여자

(1) 대통령

대통령은 행정부의 수반으로서 행정기관을 지휘하면서, 정책과정전반에 걸쳐 광범위하고도 강력한 권한과 영향력을 행사하며, 실질적으로 정부의 중요한 정책결정을 주도한다.

(2) 입법부(의회)

입법부는 행정국가시대에 있어서는 그 기능이 상대적으로 약화되었으나, 정책과정에서 국민의 의사를 반영하는 주요한 제도적 장치이다. 내각책임제보다 대통령중심제에서 보다 중요한 역할을 수행한다. 특히 특정정책이나 프로그램에 이해관계를 가지는 의회의 상임위원회는 관계행정기관·이익집단과 더불어 '철의 삼각관계'를 형성하여 정책형성에 큰 영향을 미친다.

(3) 행정기관과 관료

행정기관과 관료의 공식적 권한은 의회가 법률의 형태로 결정한 정책과 대통령이 결정한 주요 정책을 충실히 집행하는 것이다. 최근 행정국가화 현상이후 정책과정전반에 걸쳐 영향력이 크게 증가하고 있다.

(4) 지방에서의 참여자

지방에서의 공식적 참여자로는 자치단체장, 지방의회, 지방공무원등을 들 수 있다.

(5) 사법부

법원과 헌법재판소는 주로 국가정책과 관련된 판결을 통해 국민생활에 직접적인 영향을 주고 있지만, 정책과정에서 사법부의 역할은 그 제도적 특징상 사후적·수동적 성격을 띠고 있다.

3. 비공식적 참여자

(1) 이익집단

특정문제에 관하여 직·간접적 이해관계 및 관심을 공유하고 있는 사람들의 자발적인 집단을 말하며 압력단체로서의 기능을 수행한다. 행정국가화 경향과 더불어 행정부가 주요한 정책결정기능을 수행함에 따라 이익집단의 활동대상이 입법부로부터 행정부로 옮겨지고 있다.

(2) 정당

각종 사회집단의 특정요구 또는 일반국민의 여망을 결집하여 일반정책대안으로 전환시키는 이익집약기능을 수행하며 선거공약이나 정강으로 이를 나타낸다. 집권여당이 당정협의를 통해 정책결정과정에 영향을 미치지만 그렇다고 공식적 참여자에 포함되지는 않는다.

(3) 시민단체

정책과정에 공익을 지향하는 시민단체의 참여가 비약적으로 증가함으로써 정책과정에 큰 변화가 초래되고 있다. 참여연대, 환경운동연합과 같은 시민단체들은 시민여론을 동원해 정책의제설정에 영향을 미칠 뿐만 아니라 정책대안의 제시, 집행활동의 감시 등을 통해 정책과정 전반에 걸쳐 상당한 영향력을 행사한다.

(4) 시민, 언론, 전문가

① 시민은 공직자를 선출하거나 정치체제의 일상적인 운영과정에 수시로 참여함으로써 영향을 준다.
② 언론은 대중매체를 통하여 사회구성원간의 사상전달을 돕고 여론을 형성하며 사회에서 발생하는 주요사건들을 알려줌으로써 영향을 준다.

③ 전문가들은 특정분야에 전문성을 지닌 사람으로서 대안의 제시와 평가 등을 통해 정책과정에 중요한 영향을 미친다.

4. 정책네트워크(정책망) 모형

1. 의의

(1) 개념

정책네트워크는 특정한 정책의 형성과 집행 등 정책과정에 참여하는 개인이나 조직들이 형성하는 상호의존적 연계망 내지 조직복합체를 의미한다. 정책의 환경과 내용이 점점 복잡해지면서 공공정책의 형성은 더 이상 국가기관에 의해 일방적으로 형성될 수 없고, 다양한 이익, 목표, 전략을 가진 행위자들의 상호작용이라는 인식의 확산으로 대두되었다.

(2) 대두배경

① 현실적 배경—정책문제의 복잡화와 정책결정의 전문화·부분화 : 1980년대 이후 시민단체(NGO)의 증가, 공·사부문의 상대화와 파트너십 증대, 다양한 행위자들의 참여 급증, 분권적·분산적 정치체제로의 변화 등 정책환경이 매우 복잡해지고 급속히 변화됨에 따라 동태적 상호작용을 주요 내용으로 하는 이론이 필요해졌다.

② 이론적 배경—사회중심과 국가중심접근방법의 이분법적 논리 극복 : 국가와 사회의 이분법적 논리를 배경으로 하는 사회중심이론(다원론과 엘리트론), 국가중심이론(조합주의)이 현실 설명력의 한계를 보이면서 이를 극복하는 대안으로 1960년대 하위정부론, 1970년대 이슈네트워크론을 기반으로 하여 1980년대에 등장하였다.

(3) 특징

① 정책문제별 구성 : 정책영역별 또는 정책문제별로 형성된다.

② 다양한 참여자 : 참여자는 정부부문과 민간부문의 개인 또는 조직이며 공식적 참여자도 있고 비공식적 참여자도 있다. 국가도 하나의 행위자이지만 네트워크를 형성하고 상호작용을 규율하는 제도를 만들기 때문에 다른 참여자에 비하여 보다 중요한 행위자이다.

③ 연계의 형성 : 참여자들은 상호작용의 과정을 통해 연계를 형성한다. 그러한 연계는 정책선호에 관한 의사표시 및 의사소통, 전문지식, 신뢰 그리고 기타 자원을 교환하는 통로가 되므로 행위자들 사이에 나타나는 상호작용의 패턴을 찾아내는 데 사용되기도 한다.

④ 경계의 존재 : 참여자와 비참여자를 구분하는 경계가 있으며 경계의 제한성과 명료성은 상황에 따라 다르다.

⑤ 제도적 특징 : 정책네트워크에는 참여자들의 상호작용을 규정하는 규칙이 존재하므로 정책네트워크는 공식적·비공식적 규칙의 총체라고 하는 제도적 특징을 지닌다.

⑥ 가변적 현상 : 정책네트워크는 외재적 및 내재적 요인에 의해 변동될 수 있다.

2. 유형

(1) 하위정부모형 (철의 삼각)

① 의의 : 하위정부모형은 특정 이익집단, 의회의 상임위원회, 해당 관료조직의 제한된 참여 속에서 안정적인 관계를 형성한 정책연계망을 의미한다.

② 특징

㉠ 정책문제별 형성 : 하나의 하위정부가 모든 정책과정을 지배하는 것이 아니라 정책분야별로 다양한 하위정부가 형성되어 결정권이 분산된다.

㉡ 참여자들 간의 관계 : 소수의 제한된 엘리트(이익집단, 의회 상임위원회, 관료)가 안정적이고, 자율적인 호혜적 동맹관계를 형성하여 정책결정에 지배적 영향력을 행사한다. 따라서 폐쇄적 경계를 지니며 정책의 자율성이 높다.

(2) 정책공동체(Policy Community)모형

① 의의 : 정책문제, 정책대안, 정책의 결과 등에 대해서 관심을 가지고 있는 특정분야의 전문가들로 구성되어 눈에 보이지는 않지만 계속적인 활동을 하는 일종의 공동체를 의미한다. 대학교수, 연구원, 공무원, 국회의원 보좌관, 신문기자 등과 같은 전문가로 구성된다.

② 특징

㉠ 제한적 참여자의 안정적·지속적 관계 : 정책공동체는 제한된 행위자가 참여하는 폐쇄적·안정적·지속적 네트워크로서 신규참여는 매우 어려우며 이들 참여자들은 안정적, 지속적 관계를 맺고 높은 상호의존성을 띤다. 또한 정책에 대한 기본적 이해를 공유하고 있고 그들 사이의 접촉빈도는 높다.

㉡ 목적-전문성 확보 : 정책공동체는 다원주의와 조합주의에 대한 대안으로 정책의 전문성을 확보하기 위한 제도적 장치이다.

③ 기능

㉠ 전문가들의 전문지식을 최대한 활용함으로써 정책내용의 합리성이 제고된다.

㉡ 다양하고도 상반되는 정책대안들이 토론을 거쳐 정책에 반영되므로 피해 집단의 반대나 저항도 감소시킬 수 있고 정책으로부터 야기되는 갈등이나 소모적 논쟁을 최소화하며 쟁점들이 특정 부류의 집단에 의하여 정치화되지 않으므로 원활한 집행이 가능하다.

㉢ 정책이 형성되고 집행되는 과정에서 예상되는 문제나 쟁점들을 충분히 인지할 수 있기 때문에 정책과정은 예측 가능한 수준에서 이루어진다.

㉣ 일관성 있는 정책의 추진을 가능하게 함으로써 정책결정자의 교체에 따른 정책혼란이나 표류를 방지해주며 훌륭하다고 인정되는 인재의 발탁이 가능하다.

(3) 쟁점망(Issue Network)모형

① 의의

㉠ 1970년대 후반 Heclo는 보다 참여적인 정치행태로의 변화, 이익집단의 폭발 등으로 기존의 안정적인 하위정부체제(철의 삼각)가 깨지고 있다고 주장하면서, 정책이슈에 따라 유동적이고 개방적인 참여자들의 상호작용을 설명하는 대안적 틀로서 이슈네트워크(쟁점망) 모형을 제시한다.

ⓒ 이슈네트워크는 특정영역에 이해관계나 관심을 가지는 관료, 의원, 로비스트, 학자, 전문가, 이익집단, 언론, 비 조직화된 개인 등 모든 이해관계자간의 의사소통 네트워크로서 특정한 경계가 존재하지 않는 광범위한 정책연계망을 의미한다.

② 특징

ⓒ 느슨한 관계와 유동적 참여자 : 다양한 견해의 대규모 참여자들이 특정한 쟁점이 제기될 때 형성되는 네트워크로서, 느슨하고 일시적인 관계와 유동적인 참여자를 특징으로 한다. 따라서 쟁점을 통제하는 우월한 행위자는 존재하지 않으며 이슈의 진행에 따라서 새로운 연합이 형성되기도 한다.

ⓒ 경계의 모호성과 단기간 구축 : 이슈네트워크 경계는 모호하여 가시화되기 어렵고 개방성은 높아 관심 있는 사람들, 즉 이해관계자 누구나 자유롭게 참여할 수 있는 개방적 네트워크로서 단기간에 구축된다.

ⓒ 경쟁적 관계 : 참여자들 사이에 상호의존성이 약하고 갈등이 있으며 지배적 집단이 일방적으로 정책을 결정하는 경우가 많기 때문에 권력게임은 zero-sum game이며 경쟁적이다. 정부보다는 이익집단이 강한 미국식 다원주의와 맥을 같이 한다.

▶ 정책공동체와 이슈네트워크의 비교

구 분	정책공동체(정책커뮤니티)	이슈네트워크
참여자	• 공식적·조직화된 행위자에 한정 (공무원, 연구원, 교수, 의원 등 제한적 참여자) → 폐쇄적·안정적·지속적 • 경계의 개방성 낮음 • 해당 정책영역에서 나름대로 전문성과 경험을 인정받아야 멤버가 될 수 있는 제도적 진입장벽이 있어 일반시민과의 소통이 단절될 수 있음	• 다양한 행위자, 이슈에 따라 수시로 변동 (이익집단, 전문가, 언론, 개인 등 모든 이해관계자) → 개방적·불안정적·유동적 • 경계의 개방성 높음
상호작용	• 안정적 상호작용 • 상호 협력적, 상호의존성 강함 • 비교적 균등한 권력 • Positive sum game(공동이익 추구)	• 불안정적 상호작용 • 상호 경쟁적, 상호의존성 약함 • 권력의 편차가 심함, 연합형성 전략, 갈등 존재, 정책적 합의점 도출 곤란 • Negative sum game(각자 이익을 경쟁적 추구)
참여 목적	• 정책에 대한 기본적인 가치관과 이해의 공유와 협조(이해 공유도 높음) • 정책성과에 대한 연속성이 존재, 성과의 정통성 수용	• 자기이익 극대화(이해 공유도 낮음) 이슈의 성격에 따라 이합집산 • 정책성과에 대한 불안정성과 갈등이 항상 존재
유형의 구조화	• 빈번한 상호작용 → 안정된 구조적 관계로 유형화 • 예측가능성 높음	• 개별 행위자들로서 특별한 구조가 미형성 • 예측가능성 낮음
자원배분	• 모든 참여자가 자원을 가지고 있음 • 기본관계 : 교환관계	• 자원보유 면에서 격차가 존재 • 기본관계 : 교환관계가 아닌 자문수준

제02장 정책의제설정론

제01절 | 정책의제설정론의 의의와 유형

1. 의의와 과정

1. 의의

(1) 개념

정책의제설정(Policy agenda setting)이란 정부가 수많은 사회문제 중에서 특정문제해결을 위하여 공식적인 정책의제로 채택하는 과정으로, 사회문제가 정책문제로 전환되는 과정이나 행위를 의미한다.

(2) 배경

1960년대 미국사회에 큰 충격을 준 대규모 흑인폭동에 대한 연구결과, 미국 정부가 흑인차별문제를 정부의제로서 검토하지 않았음을 알게 되었다. 따라서 특정 사회문제가 왜 검토되지 않고 방치되는지, 사회문제가 어떻게 정책문제로 전환되는지를 연구·분석하는 과정에서 정책문제의 채택과정(정책의제설정)에 학자들이 관심을 가지게 되었다.

(3) 중요성

정책의제설정은 ① 문제해결의 첫 단계이므로 어떠한 사회가 반드시 해결해야 할 아무리 중요한 사회문제라 할지라도, 그 문제가 정책의제로 채택되지 않으면 정책으로 형성되어 집행될 수 없다는 점, ② 가장 많은 정치적 갈등이 발생하고, ③ 정책대안의 실질적 제한과 범위를 한정하며, ④ 정책의제화의 차이에 따라 정책과정에 차이가 난다는 측면에서 중요하다.

2. 과정

(1) Cobb과 Elder의 모형

콥과 엘더는 일반적으로 사회문제의 인지 → 사회적 이슈 → 체제의제 → 제도의제 순으로 정책의제가 채택된다고 하였다.

① 사회문제의 인지 : 사회문제란 사회의 많은 사람들이 느끼는 결함이나 기대에 미치지 못하는 상황을 의미하고, 사회문제의 인지는 어떠한 문제가 관련된 개인이나 집단에 의해 사회문제로 인식되는 것을 말한다.

② 사회적 이슈 : 사회문제에 대해 반대의사를 갖거나 해결방법에 따른 다른 견해를 갖는 다수의 개인이나 집단이 나타나, 그 문제의 해결에 합의점을 찾지 못하고 갈등이 야기되는 단계이다.

③ 체제의제 : 체제의제는 일반대중의 주목을 받을 만한 가치가 있으며 정부가 문제해결을 하는 것이 정당하다고 인정되는 사회문제로서 환경의제, 공중의제, 토의의제라고도 한다. 체제의제에서는 일반적으로 문제의 특성만이 포괄적으로 나타내나 쟁점을 해결하기 위한 구체적 수단이나 대안이 제시되지 않는다. ▷ 저출산과 고령화

④ 제도의제 : 제도의제는 정부가 공식적인 의사결정에 의하여 그 해결을 심각하게 고려하기로 명백히 밝힌 문제로서 정부기관에 의하여 구체적 행동이 기대되는 의제이다. 제도의제로 채택되면 문제해결 가능성이 매우 높고 특정쟁점에 대하여 정책대안이나 수단을 모색할 수 있을 정도로 구체적이며 안건의 수가 공중의제보다 적다(▷ 저출산과 고령화를 해결하기 위한 출산장려양육비 지원). 공식의제, 정부의제 또는 행동의제라고도 하며 정부가 불만세력을 무마하기 위하여 겉으로만 관심을 나타내는 '위장의제(Pseudo agenda)'와 다르다.

(2) Cobb과 Ross의 모형

① 쟁점의 제기 : 문제나 고충의 표출 및 발생

② 쟁점의 구체화 : 제기된 불만이나 고충이 좀 더 구체적인 방법으로 표출되는 것

③ 쟁점에 대한 관심의 확산 : 일반대중에게 확산되어 널리 인식되게 하는 이슈화·쟁점화 단계

④ 제도적 의제로의 진입 : 공중의제가 정부에 의하여 공식의제로 채택되는 것

(3) Jones의 모형

존스는 「정책학 입문(1977)」에서 정책의 과정을 다음과 같이 12가지로 분류하고 있다.

정책단계	12단계
정책의제형성	문제의 인지, 문제의 정의, 이익의 결집, 조직화, 대표, 정책의제
정책결정단계	정책형성, 합법화, 세출예산편성
정책집행단계	집행(조직, 해석, 적용)
정책환류단계	평가, 조정 및 종결

2. 정책의제설정의 유형

1. 의의

정책의제가 설정되는 과정은 주도 집단이 행정체제 외부의 세력인가, 내부의 세력인가에 따라 외부주도형, 내부주도형, 동원형으로 구분된다.

2. 유형(Cobb& Ross)

(1) 외부주도형 : 사회문제 → 공중의제 → 정부의제

① 의의 : 외부집단이 주도하여 사회문제에 대하여 정부가 해결해 줄 것을 요구하여 이를 사회쟁점화하고 공중의제로 전환시켜 결국 정부의제로 채택하도록 하는 과정이다. 시민단체나 이해관계자가

끊임없이 제기해 온 정책들의 대부분이 여기에 해당된다.

> ▷ 여성채용목표제, 지역인재추천채용제, 그린벨트 지정완화, 금융실명제, 소비자 보호정책, 시·군 통합, 임대차보호법, 군필자가산점 위헌판결 등

② 내용

㉠ '강요된 정책문제(Hirschman)'라고 하며, 정책과정 전반을 통하여 외부집단 간의 진흙탕싸움(Muddling through) 같은 경쟁과 타협이 나타나며 점진적인 해결을 하게 된다. 이익집단의 투입기능이 활성화되어 있고 정부나 정치체제가 외부의 요구에 민감하게 반응하는, 다원화되고 민주화된 선진국 정치체제에서 많이 나타나며 공개도·참여도가 가장 높다.

㉡ 사회가 평등할수록 외부주도형에 의존할 가능성이 높다. 외부주도형은 사회적 지위가 낮은 집단이 이용할 가능성이 높으며 구성원 수는 많으나 재정력이 빈약한 집단이 사용하면 성공할 가능성이 높다.

㉢ 의사결정 비용(내부비용)은 증가하나 집행에의 순응을 확보할 수 있으므로 집행 시 비용(외부비용)은 감소하게 된다.

㉣ 정책이 외부주도집단에 의하여 의제화되고 상호 대립되는 이해관계인의 타협과 조정의 산물이므로 정책내용은 상호 충돌되고 모순적이며 단기적·단편적 성격을 띠게 된다.

(2) 동원형 : 사회문제 ➡ 정부의제 ➡ 공중의제

① 의의 : 외부주도형과 반대로서 정부가 정책의제를 미리 설정하고 난 다음, 정책의 중요성과 유용성을 일반대중에게 적극적으로 이해·설득시키는 공중의제화 과정을 거치는 모형이다.

> ▷ 관주도사업 – 가족계획 사업, 새마을운동, 의료보험 실시, 서울시 지하철 건설, 의약분업정책, 제2건국운동, 행정중심복합도시건설, 공기업지방이전, 전자주민카드사업, 월드컵이나 올림픽 유치, 버스전용차선제, 새 주소사업 등

② 내용

㉠ '채택된 정책문제'라고도 하며(Hirschman), 정부의 힘이 강하고 이익집단이 발달하지 못한 후진국, 권위주의적 정부에 해당되는 모형이다.

㉡ 동원형에서는 정부가 시간적 여유를 갖고 연구용역을 맡기므로 전문가의 영향력이 크고 분석적 정책결정이 이루어지며 정책의 내용도 종합적·체계적·장기적 성격을 띠게 된다.

(3) 내부접근형(내부주도형, 음모형) : 사회문제 ➡ 정부의제

① 의의 : 내부접근형은 정부내부에서 정부의제가 먼저 이루어지는 것으로 공개도·참여도가 가장 낮다.

㉠ 고위관료 주도 : 고위관료에 의하여 비공개적으로 정부의제화되는 경우

> ▷ 1980년 대입 본고사 폐지, 국토건설사업, 고속도로사업 등

㉡ 외부집단 주도 : 정책결정자에게 쉽게 접근할 수 있는 외부집단에 의하여 주도되어 사회문제를 정부의제화하는 경우로서 분배정책에서 많이 나타난다.

> ▷ 무기구입계약, 특혜금융, 금강산관광사업 등

② 내용

    ㉠ 공중의제화를 막기 때문에 음모형(陰謀型)이라고도 하며 의도적이고 일방적으로 국민을 무시하는 정부에서 나타난다. 정부홍보활동(행정PR)을 통한 대중 확산을 시도하지 않는다는 점에서 동원형과 다르다.

    ㉡ 외교·국방 등 비밀유지가 필요한 분야의 정책이나 일반대중이 그것을 사전에 알면 곤란하거나 시간이 급박할 때 이용된다.

    ㉢ 불평등한 사회나 후진국 같은 권력집중국가에서 보편적으로 나타나지만, 선진국의 경우에서도 특수이익집단의 활동에 의하여 나타나기도 한다.

    ㉣ 의제화가 쉽게 된다는 점에서 동원형과 유사하나, 동원형의 주도세력은 최고통치자나 고위정책결정권자인 반면, 내부접근형은 이들보다 낮은 지위의 고위관료인 경우가 많다.

♣ P.May의 의제설정모형

주도자＼대중지지	높음	낮음
사회적 행위자들	외부주도형	내부주도형 (내부접근형)
국가	굳히기형	동원형

(1) 외부주도형은 외부집단이 주도하여 정책의제 채택을 정부에게 강요하는 경우로 허쉬만(Hirschman)이 말하는 '강요된 정책문제'에 해당된다.

(2) 내부주도형의 경우 정책결정에 영향력을 가진 집단들이 정책을 주도하는 모형으로 정책의 대중확산이나 정책경쟁의 필요성을 느끼지 않는 모형이다.

(3) 굳히기형에서는 이미 민간집단의 광범위한 지지가 형성된 이슈에 대하여 국가가 정책의제설정을 주도하는 모형이다.

(4) 동원형은 정부의 힘이 강하고 이익집단의 역할이 취약한 후진국에서 국가의 주도하에 행정PR 등을 활용하여 대중적 지지를 높이는 모형이다.

3. 기타 정책의제설정 모형

(1) Kingdon의 정책의 창(Policy window)

    ① 정책문제, 정치, 정책대안이 흘러다니다가 사회적·정치적 사건을 통해 만나게 된다. 즉, 점화장치를 통해 정책공동체에서 논의되던 정책대안이 해결책으로서 정책문제와 결합하게 되며, 이를 통해 정책의제로 설정된다. Kingdon은 이를 '정책의 창'이 열린다고 표현한다.

    ② 정권의 교체, 국회 의석수의 변화, 국민의 여론압력 등이 정책당국자로 하여금 새로운 문제에 주의를 기울이게 하는 경우, 대형화재나 안전사고와 같은 사건의 발생이 정책대안을 해결책으로 제시할 수 있는 기회를 제공하는 경우 정책의 창이 열리게 된다.

    반면, 문제가 충분히 다루어졌다고 느낄 때, 문제해결과 무관하게 정부행동이 취해진 경우, 정책참여자들이 정부행동을 유도하지 못했을 경우 '정책의 창'이 닫히게 된다.

③ Kingdon은 의제설정은 위 세 흐름이 결합되는 우연적 사건, 창도자들, 그리고 주기적 선거나 예산 사이클과 같은 제도화된 사건의 발생에 의해 지배된다고 본다.

(2) Hirshman의 선택된 정책문제와 강요된 정책문제

① 선택된 정책문제 : 공식적 참여자인 정책담당자에 의해 선택된 것으로, 시민들의 여론과 무관하게 집권자의 신념이나 이념에 의해 채택된 경우를 말한다. 개발도상국에서 많이 보이며, 정책과정은 하향식으로 이루어진다.

② 강요된 정책문제 : 정부외부의 압력에 의해 채택된 경우로, 사회이익집단들이 자신들의 이익을 관철시키기 위해 정치체제로 하여금 정책문제로 받아들이도록 하면서 나타난다. 정책문제 및 대안들 간의 상호 모순을 내포하고 있어 분석적 결정보다 체제외부의 이해관계자의 타협이나 협상에 의한 결정이 나타난다.

(3) 포자모형

곰팡이의 포자가 균사체로 발전하게 되는 것에 비유하여 사회적 이슈가 어떤 계기로 인하여 환경적 여건이 조성되는 경우에 공식의제로 채택된다고 본다.

예컨대, 규제문제에 대한 소비자의 관심으로 인하여 이슈촉발계기가 마련되고, 이슈창도자의 적극적 역할 전개로 유리한 환경이 조성될 때, 이들의 영향력이 증대되고 해당규제가 채택되는 것이다. 이슈가 확장되는 동태적 과정과 이해관계자 집단의 전략을 중시한다.

(4) 이슈관심주기(생명주기) 모형

이 이론은 각각의 이슈에 대한 공공의 관심을 끌기 위한 치열한 경쟁으로 일반 대중은 중요한 국내 문제에 대하여 지속적이고 장기적인 관심을 주지 못한다고 보면서 이슈관심주기를 제시한다. 이슈관심주기의 단계는 이슈의 잠복 ➡ 이슈의 발견과 표면화 ➡ 대중관심의 현저한 증가와 비용인식 ➡ 대중관심의 점진적 감소 ➡ 관심의 쇠퇴로 구성된다. 따라서 이 이론에 의하면 특정 이슈에 대한 대중의 관심이 감소하기 전에 정부의제화하기 위한 노력이 필요하다고 주장한다.

(5) 동형화 모형

사회학적 제도주의에서 강조하는 동형화 모형은 모방적 동형화(자발적으로 타 정부의 성공사례를 벤치마킹), 강압적 동형화(타 정부의 압력에 순응), 규범적 동형화(정부 간의 네트워크를 정교화하는 과정에서 동형화) 등을 통한 정부 간 정책전이로 특정 사회문제가 정책의제화된다는 본다.

1. 엘리트론과 다원론

1. 엘리트론

(1) 의의

엘리트이론은 고전적 자유민주주의론에 회의를 가지고 이를 비판하면서 정책과정에 참여하는 세력들이 특정소수의 엘리트들에 국한되고, 국가 정책은 엘리트의 선호와 가치에 따라 결정된다고 주장한다.

(2) 고전적 엘리트이론

① 의의 : 18C 이래 삼권분립과 함께 정치권력이 국민들 간에 평등하게 배분될 것이라는 고전적 자유민주주의론에 대한 회의가 제기되고 대두된 것이 19C 고전적 엘리트론이다. 어느 조직체나 사회에서도 집단이 구성되면 거기에는 소수의 엘리트에 의한 지배체제, 즉 과두(寡頭)지배체제가 필연적으로 대두된다고 보는 이론이다. 대표적인 이론이 미첼스(R. Michels)의 '과두제의 철칙(Iron law of oligarchy)'이다.

② 대표학자 : Mosca, Pareto, Michels

(3) 미국의 통치엘리트이론(1950년대)

① 의의 : 엘리트의 구체적 존재와 정치적 기능에 대한 경험적·실증적 연구가 진행되었다.

② 내용

㉠ 밀스(Mills)의 지위접근법 : Mills는 「파워엘리트론(the Power Elite)」(1956년)에서 권력은 계급 또는 개인의 능력과 같은 속성이 아니라, 제도에서 나온다고 보았다. 군장성·거대기업의 간부·정치가(또는 관료) 등의 최고정상의 인사들로 구성된 '군산정복합체'가 존재하고 군산정복합체 내의 이들 권력엘리트들은 학연, 종교, 경제적 이해, 친족관계들에 따라 강력히 연계되어 있어 모든 중요한 것을 은밀하고 독점적으로 결정한다고 주장하였다.

▷ 군산정복합체 : 군사엘리트, 기업(경제)엘리트, 정치엘리트(또는 관료)

㉡ 헌터(Hunter)의 명성접근법 : Hunter는 「지역권력구조(Community power structure)」(1963년)에서 조지아주 애틀란타시를 대상으로 시민을 대표하는 평가자 패널에게 요청하여 명성있는 40명(기업가 및 최고경영자, 노동지도자, 변호사, 시정부 고위공직자 등)을 밝혀내고 엘리트들 간 서로 알고 있는지를 질문한 결과, 40명 중에도 12명으로 구성된 결속력이 강한 내부집단이 존재하고 있음을 밝혀냈다. 이들 지역엘리트가 지역사회의 공적 생활을 지배하고 있으며 특히 응집력과 동료의식이 강하고 협력적인 기업엘리트들이 다수의 정책결정을 주도한다고 주장하였다.

(4) 신엘리트이론-무의사결정론

① 의의

무의사결정이란 정책과정에서 지배엘리트의 이해관계와 일치하는 사회문제만 정책의제화되고, 엘리트의 이익에 방해가 되거나 잠재적 도전이 되는 문제는 거론조차 못하게 억압하고 방해하는 의도적인 무결정, 현상유지적 비 결정을 의미한다.

② 등장배경

㉠ 무의사결정은 바흐라흐(P. Bachrach)와 바라츠(M. Baratz) 등 신엘리트론자들이 다원론자인 R. Dahl의 권력의 배분에 관한 'New Heaven시 연구'를 비판하면서 등장하였다.

㉡ 그들은 「권력의 두 얼굴」이라는 저서에서, 정치권력의 양면성이론을 주장하였다.

정치권력은 ⓐ 정책문제를 해결하기 위하여 형성되는 권력과 ⓑ 정책의제설정과정에서 갈등을 억압하고, 갈등이 정치과정에 진입하는 것을 방지하는 데 행사되는 보이지 않는 권력의 두 측면을 가지고 있다고 한다. 이 중에서 두 번째 권력이 무의사결정이며, R. Dahl이 간과한 부분이다.

③ 특징

㉠ 정책과정 전반에서 발생 : 바흐라흐(P. Bachrach)와 바라츠(M. Baratz)의 초기연구에서는 무의사결정이 정책의제설정과정에서만 발생하는 것으로 인식했으나, 최근에는 이론을 수정하여 정책의제설정과정뿐만 아니라 정책결정, 정책집행 등 정책의 전 과정에서 발생한다고 본다.

㉡ 의도적 행위 : 무의사결정은 의도적으로 은밀하게 진행된다는 점에서 결정자의 무관심과 무능력에 기인한 의제채택 실패현상과는 구별된다.

㉢ 사회적 갈등과 불만의 원인 : 엘리트에게 손해가 발생하거나 기득권을 침해하는 문제는 정책의제화하지 못하므로 무의사결정은 사회적으로 잠재적 갈등이나 불만의 원인이 된다.

④ 발생원인

㉠ 불리한 사태의 방지 : 지배엘리트의 가치나 이해에 잠재적인 도전이 될 수 있는 이슈에 대하여 그것이 일반대중의 관심을 받기 전에 공개적으로 또는 은밀하게 억압한다.

㉡ 과잉충성 : 정치 입후보자나 공무원들이 특정한 이슈가 공개적으로 논의되는 것을 엘리트집단이 원하지 않을 것이라고 미리 추정하여 그러한 이슈를 사전에 기각시켜 버릴 수 있다.

㉢ 지배적 가치에 의한 부정 : 그 사회의 지배적인 가치나 신념에 부정적으로 작용하는 문제나 정책일 경우에 무의사결정이 일어난다.

㉣ 편견적 정치체제에 의한 부정 : 정치체제 자체가 편견을 동원하여 특정부문의 문제는 해결을 촉진하고, 다른 문제의 해결은 저지하도록 구조화되어 있는 경우에 무의사결정이 일어난다.

㉤ 관료이익과의 상충 : 특정한 이슈가 관료들의 이익이나 기득권과 상충될 때 관료들은 고의로 정책의제화를 외면하거나 억압하게 된다.

⑤ 수단

㉠ 폭력의 사용 　　　　㉡ 권력의 행사

㉢ 위장합의 　　　　㉣ 편견의 동원

㉤ 의제화의 지연 등의 수 단을 통해 변화나 새로운 정책에 대한 요구를 봉쇄

⑥ 우리나라에서의 무의사결정

1970년대까지 노동문제, 환경문제, 사회복지문제 등이 경제성장제일주의라는 정치이념에 억눌려 정책의제화 되지 못하거나, 진보적 정치세력들의 주장이 안보우선주의에 억눌려 억압받아온 경우가 이러한 무의사결정의 예라고 할 수 있다.

2. 다원론(집단이론)

(1) 의의

다원론(Pluralism)은 엘리트이론과 대비되는 이론으로서, 권력이 소수에게 집중되어 있는 것이 아니고 널리 분산되어 있으며 대중의 요구에 민감하게 반응하고 다양한 사회집단의 선호가 반영되어 정책이 결정된다고 본다. 무수히 많은 사회문제 중에서 정책문제가 무작위적으로 채택되며 이해관계 세력은 영향력의 행사에 있어서 동일한 정도의 접근 가능성을 가지고 있다고 본다. 다원론은 이익집단의 적극적 역할을 중시하므로 집단이론이라고도 한다.

(2) 주요특성

① 권력의 분산 : 서구 민주주의 체제에서 권력은 다양한 세력에게 분산되어 있다.

② 각종 이익집단은 정책과정에서 동등한 접근기회를 가지고 있으나 이익집단 간에 영향력에는 차이가 있다.

③ 이익집단 간에 영향력에는 차이가 존재하지만 전체적으로 균형을 유지한다.

④ 다원론에서 정책과정 주도자는 경쟁하는 이익집단들이며, 정부의 역할은 갈등적 이익을 조정하는 중개인 혹은 게임규칙의 준수를 독려하는 심판자의 역할을 수행한다고 본다.

(3) Bently와 Truman의 이익집단론

정치과정의 핵심은 이익집단의 활동이며, 따라서 정책이란 결국 다양한 이익집단들 간의 경쟁과 타협의 산물로 간주한다.

① 잠재이익집단론 : 로비활동이 강한 소수 이익집단의 이익보다는 말없는 다수 이익집단의 이익을 고려하여 정책을 결정한다.

② 중복회원이론 : 이익집단구성원은 하나의 집단에만 소속되는 것이 아니라 여러 집단에 중복소속되어 있으므로 일정 특수이익을 극대화하기 위하여 다른 집단의 이익을 크게 손상시키지는 못한다는 것이다.

(4) Dahl의 다원론

① 의의 : Dahl은 「누가 통치하는가?(Who Governs?)」(1961)라는 저서를 통하여 미국 뉴 헤븐시(市)를 대상으로 주요 정책결정 사항들을 연구한 결과, 각 분야에 분산된 엘리트가 대중이익을 추구하면서 경쟁하므로 과두적인 사회에서 다원주의적 사회로 변모하고 있다고 강조하였다.

② 내용

㉠ 엘리트의 다원화·분산화 : 일반 시민에 비하여 큰 영향력을 미치는 엘리트가 존재하기는 하지만, 1950년대에는 과거와 달리 각 영역별로 정책결정을 담당하는 엘리트가 다른데 이는 부(富), 지위, 명성, 정보 등 정치적 자원이 누적되는 것이 아니라 각 엘리트들에게 분산·분할 소유되어 있기 때문이다.

ⓒ 엘리트의 대중요구 민감성과 경쟁 : 엘리트들은 대중요구에 민감하게 반응하여 선거와 같은 엘리트 간의 정치적 경쟁으로 대중의 이익이 최대한 정책에 반영된다. Dahl은 다원론 관점에서 미국은 민주주의 국가이기 때문에 특정한 어느 개인이나 집단도 주도권을 행사하기 어렵다고 주장하였다.

(5) 신다원론

① 의의 : 고전적 다원론을 비판적으로 계승하고 신엘리트론의 무의사결정론도 부분적으로 수용하면서 새롭게 제시된 것이 신다원론이다. 이 이론에 따르면 사회에 존재하는 이익집단들 간에 정치이익의 균형과 조정이 민주주의의 핵심적 동력이지만 현실에서 국가는 정책과정에 모든 이익집단들의 요구를 균등하게 반영하는게 아니라 기업집단에 보다 많은 특권을 준다.

② 일반적 특징

㉠ 기업집단에 특권적 지위부여 : 신다원론은 고전적 다원주의가 이익집단 가운데 기업집단의 특권적 지위를 제대로 고려하지 못했음을 비판하고, 현실의 정책과정에서 기업의 특권적 지위가 나타나고 있음을 인정한다. 이로 인해 사회적 불평등구조가 심화된다.

㉡ 정부의 능동적 역할 : 정부의 중립적·수동적 역할을 강조하는 고전적 다원주의와 달리, 전문화된 체제를 갖추고 능동적으로 기능하는 존재로 파악하였다.

2. 기타 권력모형

1. Simon의 의사결정론

인간과 조직은 의사결정 활동에서 주의집중(능력)상의 한계로 인하여 한꺼번에 많은 문제에 대해 주의를 기울일 수 없기 때문에, 일부의 문제만이 정책문제로 채택된다고 본다.

2. Easton의 체제이론

정치체제는 능력상의 한계를 지니고 있으며, 따라서 과도한 사회문제 투입으로 인한 체제의 과부하를 회피하기 위해 정치체제의 문지기가 선호하는 문제만 정책문제로 의제화 된다고 본다.

3. 계급이론

계급이론은 사회를 지배계급과 피지배계급으로 나누고, 경제적 부를 소유한 지배계급이 정치엘리트로 변하게 되어, 결국 정부 또는 정책의 기능은 지배계급인 자본가계급의 이익을 유지하기 위한 수단이라고 보는 입장이다. 이는 정통 맑시즘(Marxism)으로 대표된다.

4. 신베버주의(Neo-Weberianism)

국가주의의 일종인 신베버주의는 Weber의 입장을 지지하여 국가를 '스스로 결정할 수 있는 힘을 지니고 대립되는 이해관계를 능동적으로 조정하며 자기이익을 추구하는 능동적 실체'로 본다. 또한 국가는 대립되는 이해관계를 조정하는 수동적 심판관(다원론)이나 자본가 계급의 심부름만을 하는 것(마르크스주의)이 아니라, 스스로의 권력을 합리적으로 행사하는 하나의 실체이므로 다른 나라와의 경쟁관계에서 정책결정시 기업보다는 국가이익을 우선한다고 본다.

5. 조합주의이론

(1) 의의

유럽에서 발달한 조합주의는 다양한 이익집단을 기능적으로 대표성을 지닌 대규모의 조직체(조합)로 묶고 지배기구로 편입시켜 국가와 함께 상호협력을 통한 의사결정을 하는 체제이다. 또한 국가엘리트와 사회분야별 엘리트들의 주도적 역할이 강조된다는 점에서 엘리트이론의 성격을 지닌다. 조합주의는 ① 제3세계 및 후진자본주의 국가에서 국가중심의 일방적 이익대표체계인 국가조합주의와, ② 국가의 통치력 약화와 사회경제적 위기에 대처하려는 이익집단의 자발적인 노력에 근거하는 서구선진자본주의 국가의 사회조합주의로 크게 나뉜다.

(2) 특징

① 자본, 노동, 국가의 삼자연합이 주요 경제정책을 결정하지만 정부와 이익집단 간 공식합의를 중시하므로 이익집단의 자율성은 제약된다.

② 조합주의에서의 정부는 자체이익을 가지면서 사회 공동선을 실현하기 위해 이익집단의 활동을 규정하고 포섭, 또는 억압하는 독립적 실체로 간주된다(국가의 능동성과 자율성).

③ 조합주의에서 조합은 기능적으로 분화되어 있으나, 특정 집단이익의 독점적 대표로 기능하기 때문에 단일의 강제적·비경쟁적·계층제적으로 조직화되어 있다. 즉, 조합은 특정영역에서 전국적이고, 전문화되고, 독점적인 정상이익집단의 형태를 지닌다.

④ 조합주의에서 참여는 제도적 참여(노사정위원회 등)가 주된 활동 수단이다. 또한 조합주의 하에서 이익집단의 결성은 구성원의 이익 못지않게 사회적 합의를 유도하려는 정부의 의도가 크게 작용한다고 본다.

(3) 유형

① 국가조합주의 : 국가가 통치력을 강화하기 위해 편성한 강제적 이익대표체계로서, 개발도상국이나 권위주의국가에서 보여주는 유형이다. 조직 자체가 국가의 권위에 의하여 위로부터 조직된 사회집단이며, 이러한 조직체는 국가에 종속되어 있거나 보조적인 조직형태를 취한다. 따라서 국가조합주의는 민간부문의 집단들에 대하여 국가, 즉 정부가 어떻게 강력한 주도권을 행사하는지를 설명하고 있다.

② 사회조합주의 : 서구 선진국에서 나타난 조합주의로서 국가에 의한 통제는 배제되고 사회집단의 상향적 투입기능을 중시한다. 즉, 사회에 자생적으로 나타난 조직이 점차 이익집단화되어 자기들의 이익을 관철시키기 위하여 국가기관으로 침투해 들어감으로써 국가의 정당성과 기능은 자동적으로 사회집단에 의존하게 된다.

(4) 신조합주의 이론

① 의의 : 다국적기업들이 국가와 긴밀한 동맹관계를 형성하여 경제 및 산업정책을 만들어 나간다고 보는 이론이다.

② 근거 : 신조합주의는 국가가 산업의 규제에 필요한 정보와 전문적 기술을 기업에서 얻을 수밖에 없기 때문에 기업들을 필요한 파트너로 보고 경제·산업정책을 기업들과 공동으로 형성하게 된다고 설명한다.

6. 종속이론

1960년대 남미학자들에 의하여 주로 주창된 것으로, 마르크스주의의 국제적 측면에 관한 이론이라고 할 수 있다. 종속이론은 후진국의 저발전문제를 선진국에서 나온 근대화이론과는 다른 철학에 근거하여 설명하려는 이론이다. 근대화이론이 각국의 발전문제를 개별적으로 다루면서 후진국의 저발전을 국내적 변수의 산물로 보는 반면에, 종속이론은 세계를 중심부와 주변부 국가로 구분하여 후진국의 저발전을 주변부로부터 중심부로 유출되는 경제적 잉여 때문이라고 본다.

7. 관료적 권위주의

종속이론과 조합주의를 기초로 한 이론으로, 산업화단계에 있는 제3세계 후발자본주의 상황을 분석하여, 이들 국가는 민간부문이 정치적으로 배제되면서 국가권력에 의한 경제발전양상을 보인다고 한다.

8. 신중상주의(Neo − mercantillism)

후진국이 발전을 위해서 부국강병주의(경제성장제일주의, 안보우선주의)를 채택하고 이를 추진하는 국가운영방식 등을 말한다. 우리를 포함한 동아시아의 신흥공업국가를 중심으로 경제발전과정에서의 국가의 주도적 역할을 논의한 것이다.

3. 정책의제설정에 영향을 미치는 요인

1. 주도집단과 참여자

(1) 공식참여자의 중요성

대통령 등 공식적인 주도집단(체제이론의 문지기)이 정치적으로 강력하면 특정의 사회문제가 정책문제화할 가능성이 크다. 따라서 동원형과 내부접근형에서는 정책의제화가 쉽다.

(2) 외부주도집단

외부의 주도집단은 정치적 자원(규모·응집력·재정력·구성원의 지위 등)이 클수록 정책의제화 가능성이 높으며 일반적으로 동조자를 얻어 일반대중을 자기편으로 삼으려 한다. 이와 같이 동조를 얻어나가는 과정을 '문제의 확산(Issue expansion)'이라 한다.

2. 문제의 특성

(1) 문제의 중요성

영향을 받는 집단이 크고 영향력의 질, 즉 내용이 매우 중요한 것일수록 우선순위가 높아 의제화 가능성이 크다.

(2) 선례와 유행성

비슷한 선례가 있는 문제는 표준운영절차에 따라 쉽게 의제화 된다.

(3) 해결가능성

문제자체가 복잡해서 수단선택은 물론 이해조차도 어렵다면 의제화가 어렵다.

(4) 쟁점화의 정도

관련 집단들에 의해 예민하게 쟁점화된 것일수록 의제화의 가능성이 크다.

(5) 극적사건과 위기

사건과 위기는 양대 점화장치(Triggering device), 수질오염물질의 누출로 식수가 오염된 사건이 신문에 대서특필되자 정부의 환경오염물질 관리대책의 여러 가지 문제점이 정부의제화하는 것 등이다.

(6) 문제의 명확성과 구체성

서점에서 판매되는 외설서적이 문제라고 주장하기보다는 구체적으로 어떤 책이 문제된다고 주장하는 것이 의제화에 용이하다.

3. 정치상황

(1) 정치인들의 지원도

정당, 지구당사, 국회위원회, 정책감사와 조사 등 지원의 영향을 받는다.

(2) 민주화 분위기

민주화 분위기는 민간의 많은 공공문제들의 정부 귀속화 노력을 쉽게 만든다. 반면, 억압적인 정치상황일 경우에는 소수 정책결정권자들의 뜻에 맞는 의제만 채택한다.

(3) 문제의 정부 귀속화 관련 제도

언로(言路)의 개방정도, 민주적인 정치상황 일수록 이러한 제도적 장치가 다양하게 마련된다.

(4) 정치적 사건

① 선거에 의해 행정부 수반이 바뀌게 되면 과거에 정부의제에 포함되지 않았던 문제들이 새로 포함된다.

② 정권이 바뀌고 정치적 분위기와 이념이 바뀌면 의제설정에 큰 변화가 나타나며, 강력한 이익집단들이 반대하는 의제까지도 설정할 수 있다고 한다.

4. 정책의 성격

(1) 분배정책

비용부담자가 별도로 없기 때문에 정책의제화가 쉽고 이해관계자와 문지기(gate-keeper)가 바로 관계를 맺어서 내부접근형과 같이 조용하게 의제화된다.

(2) 재분배정책

계층 간의 갈등을 유발시키는 재산이전문제가 따르기 때문에 정책의제화가 쉽지 않으며, 이데올로기와 같은 정치적 분위기의 변화 또는 전국적 차원의 지지가 있어야 가능하다.

(3) 규제정책

오염방지와 같은 보호적 규제정책의 경우 다수는 혜택을 보지만 이를 과소평가하는 반면, 소수의 비용부담자(공장주)는 강력한 저항을 하면서 정책문제화를 막으려고 하기 때문에 정책의제화가 쉽지 않다.

> ❖ Crenson의 '대기오염의 비정치화
>
> Crenson은 '대기오염의 비정치화'에서 '문제특성론'을 강조하며, 이슈, 편익, 비용의 전체성(국민전체에게 분산)과 부분성(특정계층에 국한)을 기준으로 정책의제설정을 설명하였다. 정책으로 인하여 문제가 해결될 때 혜택을 보는 전체국민은 이를 과소평가하기 쉽지만, 이 때문에 비용을 부담해야 하는 특정계층의 강력한 반대에 부딪히게 되는 경우에는 정책문제화하기 어렵다는 것이다. 그는 이러한 전체적 이슈, 전체적 편익을 주면서 부분적 비용을 수반하는 정책문제로 공해문제, 대중교통문제, 범죄예방문제, 정부조직개혁문제 등을 들고 있다.

5. 문제인지자의 역량

(1) 인지집단의 크기와 응집력

집단의 크기가 클수록 의제화의 가능성이 높다. 단, 수적으로 크기보다는 응집되어있어야 의제화가 용이하다.

(2) 인지집단의 자원

재원, 역량있는 사람, 연줄, 이용가능한 수단이 많을수록 의제화가 쉽다.

(3) 관련 집단의 지원

공감하는 집단이 많을수록 의제화가 쉽다.

1. 의의

1. 개념

(1) 정책분석이란 보다 합리적인 정책결정이 이루어지도록 필요한 지식과 정보를 창출·제공하는 지적활동을 의미한다.

(2) 정책결정이란 정부가 공익이라는 목표를 달성하기 위하여 여러 대안 중에서 최선의 대안을 의도적으로 선택하는 동태적·역동적 과정이다.

2. 특징

(1) 공식성·공공성

정책결정의 주체는 공식적인 정부(공공)기관이며 사익이 아닌, 공익을 추구한다.

(2) 정치성

정책결정은 정치적 환경에서 정치적 영향 하에서 진행되며 가치판단을 필요로 하는 정치영역이다.

(3) 동태성

정책결정은 계속적으로 진행되며 시간에 따라 변동하는 동태적 과정이다.

(4) 복잡성·역동성

정책결정은 복잡하게 얽힌 이해관계가 상호작용하는 역동적인 과정이다.

(5) 미래지향성

정책결정은 미래의 바람직한 행동대안을 선택하는 것이다.

(6) 합리성

정책결정은 합리적 선택의 과정이며 경제적·정치적 합리성을 추구한다.

3. 정책결정과 의사결정

의사결정이란 개인이 자기문제를 해결하기 위해 내리는 결정이며, 정책결정이란 정책결정자가 자신의 문제를 해결하기 위해서가 아니라 국민들 전체에 관련 있는 문제에 대해 내리는 결정을 의미한다. 복수의 대안 중에서 최적대안을 선택하는 행위라는 점은 공통점이지만 다음과 같은 차이점이 있다.

구분	정책결정	의사결정
주체	정부	정부·기업·개인
결정사항	정부활동지침	모든 합리적 대안선정
성격	공적 성격	공·사적 성격
근본이념	공익성	공익 또는 사익
계량화	곤란	용이

4. 정책결정방법의 유형

(1) 정형적 결정과 비정형적 결정(Simon의 분류)

① 정형적 결정이란 반복적·관례적인 루틴화된 결정을 의미한다.

② 비정형적 결정은 선례가 없는 쇄신적·비반복적 결정을 의미한다. 현실적으로 이루어지는 결정의 대부분은 정형적·비정형적 결정의 중간 형태이다.

(2) 전략적 결정과 전술적 결정(Huntinton의 분류)

① 전략적 결정은 보다 중요한 기본문제(조직의 목표달성·관리전략·성장방식 등)에 대한 결정(What)을 의미한다.

② 전술적(관리적)결정은 일상적 문제에 대한 결정으로, 전략적 결정을 실천에 옮기기 위한 수단적·기술적 결정(How)을 말한다(⑩ 권한과 책임의 관계, 정보의 흐름에 관한 결정, 인적·물적 자원의 조달 및 보수).

2. 합리적·분석적 정책결정과정

1. 의의

합리적·분석적 정책결정과정은 일반적으로 ① 정책문제의 파악과 정의 ➜ ② 정책목표의 설정 ➜ ③ 정책대안의 탐색·개발 ➜ ④ 정책대안의 결과예측 ➜ ⑤ 예측된 결과에 대한 비교·평가 ➜ ⑥ 최적대안의 선택 순으로 이루어진다.

2. 정책문제의 정의

(1) 개념과 특징

① 개념 : 정책문제의 정의는 정책문제의 구성요소, 원인과 결과 그리고 이들 간의 인과관계를 파악하고, 이를 토대로 무엇이 문제인지를 정확히 규정하는 것을 말한다.

② 특징

㉠ 공공성 : 정책문제는 사적인 것이라기보다는 많은 사람들과 관련되어 있다.

㉡ 주관성·인공성 : 문제는 선택적으로 정의되고 설명된다. 즉, 객관적인 문제가 해석되고 인지되는 과정은 주관적이며, 개인·집단의 영향 하에서 인공적으로 만들어지기도 한다.

㉢ 다양성·상호의존성 : 정책문제는 복합적인 요인에 의해 발생하기도 하며, 문제들 간에 상호영향으로 인해 분리해서 해결하기 어려운 경우가 많다.

ⓔ 역사성 : 정책문제는 오랜 기간 동안 형성되어온 것으로 역사적 배경에 대한 인식이 요구된다.

ⓜ 동태성 : 정책문제는 전체의 속성이나 행태에 영향을 미치며, 체제속의 다른 문제들과 영향을 주고받기 때문에 고정적인 것으로 파악해서는 안 되며, 문제전체는 각 요소의 단순한 합으로 보아서는 안 된다.

ⓗ 정치성 : 많은 갈등을 수반하며 정책 관련집단들은 자기들에게 유리한 방향으로 문제정의가 이루어지도록 정치적 과정을 전개한다.

(2) 중요성

정책문제의 정의에 따라 정책목표의 구체적인 내용이 달라지고 정책수단도 달라진다. 정책문제가 잘못 정의되면 후속과정인 목표설정이나 대안의 탐색, 그리고 대안선택도 제대로 이루어질 수 없기 때문이다. 이와 같이 정책문제가 잘못 정의된 경우를 제3종 오류라고 한다.

> ✤ **정책분석의 오류**
>
> ① 제1종 오류 : 맞는 가설을 배제하는 오류, 즉 잘못된 대안을 선택하는 오류를 말한다.
> ② 제2종 오류 : 틀린 가설을 채택하는 오류, 즉 올바른 대안을 선택하지 않는 오류를 말한다.
> ③ 제3종 오류(메타오류) : 문제정의나 개념이 잘못된 경우에 나타나는 오류이다.

(3) 정책문제 정의 시 고려요소

① 관련요소 파악 : 정책문제를 유발하는 사람들과 사물의 존재, 상황요소를 찾아내는 작업
② 가치판단 : 문제의 심각성을 파악하고 피해계층이나 피해 집단을 파악하여 관련된 사람들이 원하는 가치가 무엇인가를 판단
③ 인과관계 파악 : 관련 요소(변수)들의 관계를 원인, 매개, 결과로 나누어 파악
④ 역사적 맥락 파악 : 관련 요소(변수)들의 역사적 발전 과정, 변수들 사이의 관계의 변화 과정 파악

3. 정책문제의 구조화 기법(정책문제의 분석기법)

(1) 의의

① 개념 : 정책문제의 구조화는 정책문제를 정의하기 위하여 문제 상황의 대안적 개념화를 생성하고 검증하는 과정으로 문제의 감지, 문제의 탐색, 문제의 정의, 문제의 구체화를 포함하는 개념으로 제3종 오류를 방지하기 위한 것이다.
② 구조화의 단계 : ㉠ 문제감지 ➡ ㉡ 문제탐색 ➡ ㉢ 문제정의 ➡ ㉣ 문제의 구체화

(2) 구조화 기법

① 경계분석(Boundary analysis) : 다른 문제들과의 관계에서 현재 분석하고 있는 문제의 범위를 정의하기 위하여, 그 문제의 위치, 문제가 존재했던 기간, 문제를 형성해 온 역사적 사건들을 구체화하는 기법이다.
② 분류분석(Classification analysis) : 문제를 구성하고 있는 각 구성요소들로 분류·식별함으로써 문제를 명확히 정의하는 개념 명료화 기법이다. 논리적 추론을 통해 추상적인 정책 문제를 구체적인 요소들로 구분하며 이때 분류되는 카테고리는 중첩되지 않고 서로 배타적이어야 한다.
▷ 빈곤문제 ➡ 부적절한 소득, 경제적 곤란, 문화적 박탈, 사회적 차별 등

③ 계층분석(Hierarchy analysis) : 문제의 원인을 밝히는 데 쓰는 기법(인과분석)으로서 문제를 유발시킨 원인을 차례차례 발견해 나가면서, 문제를 야기한 근본원인을 분석함으로써 문제의 근본적 해결방안을 모색하게 해준다. 간접적이고 불확실한 원인으로부터 차츰 직접적이고 확실한 원인을 차례차례 계층적으로 확인해 나간다.

    ㉠ 가능성 있는 원인 : 주어진 문제 상황의 발생에 기여하는 사건이나 행위

    ㉡ 개연성 있는 원인 : 과학적 연구나 직접적 경험에 입각하여 문제라고 판단되는 상황의 발생에 중요한 영향을 끼쳤다고 믿어지는 원인

    ㉢ 실행가능한 원인 : 정책결정자에 의하여 통제 또는 조작대상이 되는 것

④ 유추분석(Synectics) : 유사한 문제의 인식을 촉진하기 위하여 고안된 방법이다. 넓은 의미에서 유사성을 조사한다는 뜻으로 쓰이는 시네틱스는 정책문제의 구조화에 있어서 분석가가 유추를 창의적으로 사용하는데 도움을 준다.

    ㉠ 개인적 유추 : 분석가는 마치 그 자신이 문제를 경험하고 있는 것처럼 상상하려고 한다. 교통문제를 분석하기 위해 만원버스를 타고 이용객들의 불편을 함께 겪어보는 경우가 그 예라 할 수 있다.

    ㉡ 직접적 유추 : 분석가는 두 개 이상의 실제 문제 상황사이의 유사한 관계를 탐색한다. 예를 들면, 약물중독의 문제를 구조화하는 데 있어서 분석가는 전염병의 통제경험으로부터 직접적 유추를 구성할 수 있다.

    ㉢ 상징적 유추 : 분석가는 주어진 문제 상황과 어떤 상징적 과정사이의 유사한 관계를 발견하려고 한다. 예를 들어, 일정한 기준에 따른 정책의 순환적 결정과정을 자동온도조절장치에 비교하는 것이다.

    ㉣ 가상적 유추 : 분석가는 문제 상황과 어떤 상상적인 상태사이에 유사성을 자유롭게 상상하고 탐험한다. 예를 들면, 국방정책분석가가 안보정책에 있어서 핵 공격에 대한 방어의 문제를 구조화하기 위하여 가상적인 핵공격 상태를 전제로 문제를 유추해 보는 것이다.

⑤ 가정분석(Assumption analysis) : 정책문제 상황의 인식을 둘러싼 여러 대립적인 가정(관점)들을 창조적으로 통합(종합)하기 위한 기법이다. 정책문제와 관련된 집단들이 문제상황에 대하여 합의 도출이 곤란한 경우에 적합하며 구조화가 잘 안되어 있거나 거시적 차원의 복잡한 문제를 주요 분석대상으로 한다.

⑥ 복수관점분석 : 문제 상황에 개인적 관점, 조직의 관점, 기술적 관점 등을 체계적으로 적용함으로써 문제와 잠정적 해결방안에 대한 통찰력을 향상시키려는 방법이다.

4. 정책목표의 설정

(1) 의의

① 개념 : 정책목표란 정책을 통하여 달성하고자하는 바람직한 미래의 상태를 의미한다.

② 정책목표의 성격

    ㉠ 미래지향성·역동성 : 미래에 도달하고자하는 바람직한 상태를 의미한다.

    ㉡ 상호의존성

    ㉢ 주관성·인공성·규범성 : 바람직한 상태에 대한 주관적 가치판단에 의존한다.

(2) 기능

정책목표는 그 실현을 통해 사회적으로 바람직한 상태를 만드는 본질적 기능 외에

① 다양한 정책수단 중에서 최선의 것을 선택하는 기준으로 이용되며

② 정책집행과정에서 무수히 나타나는 일련의 결정들의 지침으로서의 역할을 하며

③ 정책집행 후에 그 정책의 성과를 평가하는 정책평가의 기준이 된다.

(3) 요건

정책목표는 문제의 원인·대상을 제거하는 것으로 바람직한 정책목표를 설정하기 위해서는 적합성과 적절성이 확보되어야 한다.

① 내용의 타당성(적합성) : 달성할 가치가 있는 여러 가지 목표들 중에서 가장 바람직한 것을 목표로 채택했는지의 정도를 말한다. 즉, 가장 중요한 문제요소를 선택했는가를 의미한다.

② 목표수준의 적절성(적정성) : 정책목표의 달성수준과 관련된 것으로서 목표의 수준이 지나치게 높거나 낮지 않고 적당한 수준인지의 여부를 의미하는 것을 말한다.

③ 내적 일관성 : 정책목표들 사이에 구조적 모순과 충돌이 없는 정도를 의미한다.

5. 정책대안의 탐색·개발

(1) 의의

최선의 정책대안을 선택하기 위해서는 우선 중요한 정책대안들을 광범위하게 탐색하고 개발해야 한다. 이 단계는 대안의 결과예측단계와 함께, 바람직한 정책결정을 위해 필요한 지식을 제공하는 정책분석의 주된 대상이기도 하다.

(2) 정책대안의 원천

① 과거 정책사례 : 과거 시행되었던 정책사례는 현재 문제해결에 필요한 정책대안의 개발에 도움이 된다.

② 타 정부의 경험 : 외국이나 타 지방정부의 경험은 동일하거나 유사한 문제에 대한 정책대안이 될 수 있다.

③ 정책모형 : 이미 알고 있는 지식·기술 등을 통한 모형은 정책목표와 정책수단 간의 인과관계를 추정하는 데 도움이 된다.

④ 직관적·주관적 예측방법 : 비구조적인 문제, 즉 선례가 존재하지 않으며, 그 분야에 대한 체계화된 이론·지식이 없는 경우 브레인스토밍·정책델파이 등과 같은 방법을 사용하게 된다.

6. 정책대안의 결과예측(미래예측)

구분	미래예측기법
투사(시계열)	시계열분석, 최소자승 경향추측(선형경향추정, 흑선기법), 자료전환법
예견(이론)	선형계획, 회귀분석, 상관분석, 인과모형, 시뮬레이션
추측(직관)	브레인스토밍, 델파이기법, 정책델파이, 교차영향분석, 명목집단기법

(1) 투사 : 시계열자료에 의한 귀납적 예측

① 기존 자료를 통해 일정한 경향을 파악함으로써 미래를 예측하는 통계적 방법으로 시간의 흐름에 따른 변수들의 진행방향을 탐색하는 기법을 말한다.

② 투사는 다수의 시점에서 관찰된 개별적인 결과들이 종합적으로 보여주는 일정한 경향을 일반화시켜 미래를 설명하기 때문에 귀납적 논리에 입각해 있다.

③ 시계열자료의 구성요소로는 추세변동, 계절변동, 순환변동, 불규칙변동 등 네 가지가 있으며, 장기 추세경향선을 추정하는 방법으로 목측법, 외삽법, 이동평균법, 최소자승법 등을 사용한다.

(2) 예견 : 이론적 가정에 의한 연역적 예측

① 선형계획법

㉠ 선형계획법은 한정된 자원을 최적으로 배분하기 위한 기법으로

㉡ 독립변수와 종속변수에 대한 관계를 일정한 제약조건이 주어진 경우에 이를 선형함수로 간결하게 나타내는 방법이다.

② 회귀분석 : 시계열자료나 통계적 결과를 토대로 둘 이상의 변인 간에 상관관계를 도출하여 이를 근거로 미래를 예측·추정하는 방법이다. 즉 독립변수 한 단위 변화에 따른 종속변수의 변화량을 알고자 할 때 회귀분석을 이용한다.

③ 상관관계분석 : 두 변수가 등간 또는 비율척도로 측정되었을 경우 관련성의 정도를 측정하는 방법으로 두 변수 간에 선형관계가 존재한다는 가정 하에서 이루어진다.

④ 시뮬레이션(모의분석) : 미래에 발생할 수 있는 사건·문제 등을 예측하기 위하여 복잡한 현실에 유사하고 적합하게 가상적인 모의실험장치, 즉 모형을 만들어 실험하고 그 결과를 이용하여 실제 현상의 특성을 예측하려는 수리적 기법이다.

(3) 추측 : 주관적 판단에 의한 질적 예측

① 브레인스토밍(Brain storming)

㉠ 의의 : 오스본(A. Osborne)에 의하여 창안된 브레인스토밍은 집단토의기법으로 어떠한 제약 없이 즉흥적이고 자유스러운 분위기 하에서 창의적 의견이나 기발한 아이디어를 직접적인 대면접촉 토의를 통해 창안하는 주관적·질적 분석기법이다. 다수의 구성원이 '하나의' 주제를 놓고 많은 아이디어를 무작위로 개진하여 그 중 가장 좋은 해결책을 모색하게 된다.

㉡ 원칙

ⓐ 평가·비판 금지 : 토론이 진행되는 초기단계에서는 다른 사람들이 제시하는 아이디어를 평가·비판·간섭해서는 안 된다. 시기상조적 비판과 토론에 의하여 자유로운 상상이 심리적 위축으로 방해받으면 안 되기 때문이다.

ⓑ 자유분방 : 가급적 아무 구애받지 않고 자유롭게 말한다. 문제와 관계가 없거나, 지나치게 이상적이거나 급진적인 아이디어도 허용한다.

ⓒ 질(質)보다 양(量) : 질 좋은 아이디어보다는 되도록 많은 아이디어를 내놓게 해야 한다. 결국 양이 많으면 질 좋은 아이디어가 도출되기 때문이다.

ⓓ 결합개선(편승) : 다른 사람의 아이디어를 결합하거나 수정·추가·모방해서 새로운 아이디어를 유도한다.

ⓒ 한계

ⓐ 대면토론의 문제점 : 얼굴을 맞대고 토론하므로 구성원 간의 대립과 마찰, 지배적 성격 소유자의 독주, 다수의견의 횡포, 상급자 눈치보기 등이 발생한다.

ⓑ 무임승차 : 아이디어들이 집단수준에서만 합해지므로 다른 구성원의 노력에 무임승차(free-rider)할 가능성이 크다.

② 델파이기법

㉠ 의의 : 1948년 Rand연구소에서 개발한 델파이(delphi)기법은 예측하고자 하는 미래현상에 대하여 전문지식을 가진 전문가들에게 서면으로 자문을 의뢰하고 이를 반복적 환류를 통한 합의 도출이라는 과정과 절차를 활용하여 합리적 안을 도출하는 기법으로서 전문가 직관에 의한 주관적 미래예측기법이다.

㉡ 특징

ⓐ 익명성 : 참여하는 모든 전문가나 지식인들의 익명성을 보장한다.

ⓑ 반복과 환류 : 개개인의 판단은 집계하여 전문가들에게 다시 알려주고, 각자는 다시 자신의 의견을 제시한다.

ⓒ 전문가합의 : 몇 차례의 회람 후에 결국은 전문가들이 합의하는 아이디어를 만들어 내도록 유도한다.

㉢ 장점

ⓐ 응답결과가 통계적으로 처리되어 비교적 객관적인 결론도출이 가능하다.

ⓑ 응답자들의 익명성이 유지되어 외부적 영향력으로 결론이 왜곡되는 것을 방지하고 솔직한 답변을 도출한다.

ⓒ 집단적 상호작용을 통해 보다 많은 지식교환으로 창의적인 아이디어 도출이 가능하다.

ⓓ 통제된 환류과정의 반복으로 주제에 대한 관심이 커진다.

㉣ 단점

ⓐ 각 개인의 주관적인 판단에 의존하기 때문에 과학성과 객관성이 결여되기 쉽다.

ⓑ 소수의 의견이 묵살될 가능성이 있다.

ⓒ 비판의 기회가 주어지지 않기 때문에 탐구적 사고나 기발한 방안이 제시되기 어렵다.

ⓓ 익명을 요구하기 때문에 무책임하거나 불성실한 대답을 유도할 수 있다.

③ 정책델파이

㉠ 개념 : 정책델파이는 특정 정책문제에 관련된 다양한 집단들이 그 문제와 연계되어 어떤 입장을 고수하고 있는지를 조사하여 쟁점을 파악함으로써 정책의 미래를 예측하는 기법이다.

㉡ 목적 : 정책델파이는 합의된 견해를 도출하려는 전통적 델파이와 달리 정반대의 입장에 있는 관련자들의 서로 대립되는 의견을 표출시켜 정책관련집단의 입장에서 첨예하게 대립하는 쟁점이 무엇이고, 특정 정책대안에 대한 찬성과 반대는 왜 발생하는가를 밝히는데 초점을 둔다.

㉢ 특징

ⓐ 선택적 익명 : 예측의 초기 단계에서만 익명이 유지되고 정책대안들에 대한 상반된 주장이 표면화되면 공개적인 토론이 이루어지게 한다.

ⓑ 식견 있는 다수의 창도 : 참가자 선정에서 전문성뿐만 아니라 흥미와 식견도 기준이 된다.

ⓒ 양극화된 통계처리 : 개인의 판단을 집약할 때, 불일치와 갈등을 의도적으로 부각시키는 수치가 사용된다.

ⓓ 구성된 갈등(갈등의 구조화) : 정책대안을 탐색하는데 정책이슈에 대한 갈등을 의도적으로 조성하고 그것을 이용한다.

▶ **전통적 델파이와 정책델파이**

구분	전통적 델파이	정책델파이
적용	일반문제에 대한 예측	정책문제에 대한 예측
응답자	동일영역의 일반전문가를 응답자로 선정	정책전문가와 이해관계자 등 다양한 대상자 선정
익명성	철저한 격리성과 익명성보장	선택적 익명성보장
통계처리	의견의 대푯값·평균치중시	의견차이나 갈등을 부각시키는 통계처리
합의	유도된 합의	구성된 갈등

④ 교차영향분석

교차영향분석은 특정사건의 발생에 따라 관련된 다른 사건들의 발생 가능성을 확률 변화를 통하여 주관적인 판단에 입각해서 예측하는 주관적·질적 기법으로서 조건확률이론에 근거를 둔다. 델파이 기법이 예측된 사건들 사이의 잠재적 의존관계를 무시하는 것을 보완하기 위하여 대두되었다.

⑤ 명목집단기법

개인들이 개별적으로 해결방안에 대해 구상을 하고 그에 대해 제한된 집단적 토론만을 한 다음 해결방안에 대해 표결하는 기법이다. 토론이 방만하게 진행되는 것을 막고 좋은 의견이 고루 개진되는 것을 보장하기 위한 방법이다.

⑥ 지명반론자기법(변증법적 토론)

특정대안에 대해 작위적으로 특정 조직원들 또는 집단을 반론을 제기하는 집단으로 지정해 반론자 역할을 부여하고 이들이 제기하는 반론과 이에 대한 제안자의 옹호과정을 통해 대안의 장점과 단점을 최대한 노출시키고 의견수렴의 과정을 거쳐 합의를 형성하는 집단토론기법이다.

(4) 결과예측의 한계–불확실성의 존재

① 의의 : 정책분석에서의 불확실성은 정책대안의 성공에 영향을 미치는 요소들에 대한 예측불가능성으로, 우리가 알고자 하는 것에 대해 잘 모른다는 사실을 의미한다. 결과예측과 관련해서는 문제 상황에 대한 모형의 부정확성과 변수에 대한 자료의 부족 등이 불확실성을 유발시킨다.

② 불확실성의 발생원인 : 정책문제의 복잡성, 정책목표와 수단 간의 인과관계의 부재, 정책대안과 관련된 정보의 부족, 정책 환경의 가변성, 정책담당자의 지식·시간·비용의 부족 등이 그 원인으로 작용하게 된다.

③ 불확실성의 대처방안

　㉠ 적극적 대처방안 : 불확실한 것을 확실하게 하려는 방안

　　ⓐ 흥정이나 협상 : 불확실성을 유발하는 상황의 통제

　　ⓑ 이론이나 모형의 개발·적용

　　ⓒ 정보의 충분한 획득 : 결정을 지연하면서 상황이 확실해질 때까지 추가정보 획득

　㉡ 소극적 대처방안 : 불확실한 것을 주어진 것으로 보고 이에 대처하는 방안

　　ⓐ 가외적 장치를 마련하는 방법

　　ⓑ 민감도분석 : 모형의 매개변수(파라미터)가 불확실할 때, 여러 가지 가능한 값에 따라 대안의 결과가 어떻게 달라지는지를 분석하는 방법

　　ⓒ 악조건가중분석 : 최선의 대안은 최악의 상황을, 다른 대안은 최선의 상황을 가정해보는 분석 방법

　　ⓓ 분기점분석 : 악조건 가중분석의 결과 대안의 우선순위가 달라질 경우, 대안들이 동등한 결과를 가져오기 위해서는 어떤 가정이 필요한지를 밝히는 분석방법

　　ⓔ 상황의존도분석 : 한 모형에서 외생변수의 변화 등에 따라 정책결과가 어떻게 영향을 받는지 분석하는 방법

✦ **불확실성하의 의사결정기준**

1. 낙관적 기준 : 가장 좋은 상황이 발생한다는 가정 하에서, 각 대안에 대한 최선의 조건부 값을 서로 비교하여 최적대안을 선택한다.
　① Maximax(최대극대화)기준 : 편익(이익)의 최대치가 가장 최대인 대안 선택
　② Minimin(최소극소화)기준 : 비용(손실)의 최소치가 가장 최소인 대안을 선택

2. 비관적 기준 : 가장 비관적 상황만 발생할 것이라는 가정 하에서, 각 대안에 대한 최악의 조건부 값을 비교하여 최적대안을 선택하는 방법이다.
　① Maximin(최소극대화)기준 : 편익의 최소치가 가장 최대인 대안을 선택
　② Minimax(최대극소화)기준 : 비용의 최대치가 가장 최소인 대안을 선택

구분	조건부값이 이익	조건부값이 비용
낙관적 기준	Maximax	Minimin
비관적 기준	Maximin	Minimax

▶ Maximin과 Maximax 기준

구분	S1	S2	S3	최저이익	최고이익
A1	40	50	100	40	100
A2	50	50	50	50	50
A3	30	20	150	20	150

Maximin기준으로는 대안 A2 선택, Maximax기준으로는 대안 A3 선택

3. 후르비츠(Hurwicz)기준 : 낙관적 혹은 비관적 측면을 동시에 고려한다는 가정 하에서 낙관적 상황이 발생할 정도를 의미하는 낙관계수를 이용하는 방법이다.

4. 라플라스(Laplace)기준 : 불확실한 상황에서 각 조건부 값(예상수익률)을 합한 값을 평균하여 구한 평균기댓값을 비교하여 최선의 대안을 선택하게 된다(아래에서 대안 A2선택).

구분	S1	S2	S3	평균이익
A1	20	30	40	30
A2	0	50	70	40
A3	−50	10	100	20

5. 세비지(Savage)기준 : Minimax regret (미니맥스후회)기준의사결정자가 미래의 상황을 잘못 판단함으로써 가져오는 손실 혹은 비용을 최소화하는 것을 목적으로 하는 것으로, 최대기회비용(최대후회값)이 최소인 대안을 선택한다(대안 A1 선택).

구분	S1	S2	S3	최대후회값
A1	30	50	100	100
A2	150	80	50	150
A3	300	120	200	300

7. 예측결과의 비교·평가

(1) 정책대안의 비교·평가기준

탐색된 정책대안들이 개발되고 나면 각각의 대안들이 가져올 예상결과를 예측하고, 또 어떤 대안이 더 바람직한가를 비교·평가함으로써 정책대안들의 우선순위를 정해야 한다. 이러한 정책대안의 평가기준으로는 소망성(Desirability)과 실현가능성(Feasibility)이 있다.

① 소망성 : 소망성은 대안의 예측되는 결과가 얼마나 바람직한가 하는 정도를 의미한다.

  ㉠ 효과성(Effectiveness) : 가치있는 결과가 성취되었는가 여부, 즉 목표달성을 문제삼는 것

  ㉡ 능률성(Efficiency) : 투입과 산출의 비율, 수단의 극대화를 강조

    ⓐ Pareto최적 : 새로운 상태에서 어떤 사람의 효용수준도 예전보다 더 낮아지지 않았고, 최소한 한 사람이상의 효용수준이 예전보다 더 높아졌다면 이를 개선이라고 평가

    ⓑ Kaldo-Hicks기준 : 어떤 새로운 정책대안이 사회 전체적으로 손실보다 이득이 더 많으면 바람직한 것으로 보는 기준

    ⓒ 비용-편익분석(B/C분석)

  ㉢ 형평성(Equity) : 비용과 편익이 여러 집단사이에 동등하게 배분되었는지 여부, 경제적 측면이 아닌 정치적 측면에서 중시되는 가치

  ㉣ 대응성(Responsiveness) : 성취된 결과가 특수집단의 욕구, 가치 등을 만족시켜주는지 여부

② 실현가능성

　　㉠ 기술적 실현가능성 : 정책대안이 현재 이용 가능한 기술로 실현이 가능한지 여부

　　㉡ 재정적 실현가능성 : 정책대안이 실현되는데 소요되는 현재의 재정적 수준 또는 이용 가능한 자원으로 부담할 수 있는 정도

　　㉢ 행정적 실현가능성 : 정책집행을 위해서 필요한 집행조직·인력 등의 이용가능성이 있는지 여부

　　㉣ 법적·윤리적 실현가능성 : 다른 법률의 내용과 모순되지 않을 가능성과 정책의 실현이 도덕적·윤리적 제약을 받지 않는지 여부

　　㉤ 정치적 실현가능성 : 정치체제에 의하여 정책대안이 채택되고 집행될 가능성, 즉 정책대안의 채택과 집행에서 정치적 지원을 받을 가능성이 있는지 여부

(2) 정책대안의 비교·평가방법

　① 비용·편익분석(Cost-Benefit analysis)

　　㉠ 의의

　　　ⓐ 비용편익분석이란 투입되는 비용과 편익의 관계를 비교하여 편익이 큰 것을 기준으로 대안선택 여부 혹은 우선순위를 명백히 하는 것을 의미하며, 공공사업의 경제적 타당성을 검토하는데 사용되며 능률성 또는 효율성 차원의 비교평가를 위한 분석기법이다.

　　　ⓑ 비용편익분석에서 비용의 개념은 기회비용을 의미하며, 매몰비용은 고려하지 않는다. 비용은 자원의 투입에 따른 진정한 가치(잠재가격)로 평가한다.

　　　ⓒ 편익은 소비자잉여 개념을 사용하며, 이에는 주된 효과와 부수적 효과, 외부적인 것과 내부적인 것, 긍정적 효과와 부정적 효과 등이 있으며, 금전적 편익이나 비용이 아닌 실질적 비용과 편익을 측정해야 한다. 비용과 편익이 모두 화폐가치로 환산되기 때문에 비용과 편익을 직접 비교할 수 있으며, 동종사업 뿐만 아니라 이종사업 간에도 비교할 수 있다.

　　　ⓓ 정책대안이 가져오는 모든 비용과 편익을 측정하려고 하며, 화폐적 비용이나 편익으로 쉽게 측정할 수 없는 무형적인 것도 포함된다.

　　㉡ 절차 : 비용편익분석은 대안의 식별과 분류, 각 대안들의 비용과 편익의 추정, 각 대안들의 비용과 편익의 현재가치계산, 할인율의 결정, 비교기준에 의한 대안의 비교·평가, 민감도 분석, 최적 대안의 선택 등으로 진행된다.

　　㉢ 대안의 비교·평가기준

　　　ⓐ 순현재가치(NPV) : 편익의 현재가치(B)-비용의 현재가치(C)

　　　　㉮ B-C>0 이면 사업의 타당성이 있으므로 채택되고, 복수의 사업대안인 경우에는 NPV가 가장 큰 사업이 채택된다.

　　　　㉯ 예산이 충분하거나 대규모 사업의 평가에는 적합하지만, 투입 대 산출비율은 알 수가 없으므로 예산이 충분하지 않거나 소규모 사업의 평가 시에는 적합하지 않다.

　　　　㉰ 부의 편익을 비용의 증가에 포함시키든 편익의 감소에 포함시키든 사업의 우선순위에 영향을 미치지 않는다.

ⓑ 비용편익비(B/C) : 편익의 현재가치/비용의 현재가치

㉮ 비용편익비(B/C)가 1보다 크면 그 사업은 타당성이 있다. 그 중에서 가장 높은 값을 갖는 대안을 선택하면 된다.

㉯ 부의 편익을 비용의 증가에 포함시키느냐, 편익의 감소에 포함시키느냐에 따라 사업의 우선순위가 달라질 수 있다.

㉰ 규모보다는 비율만 고려하므로 규모의 경제를 살리지 못한다.

ⓒ 내부수익률(IRR)

㉮ 내부수익률은 비용의 현재가치와 편익의 현재가치가 일치되는 할인율, 즉 비용편익비가 "1" 또는 순현재가치가 "0"이 되는 할인율을 의미한다.

㉯ 할인율을 모르는 경우에 사용되며, 사업기간이 상이한 대안의 선택에는 적절하지 않다.

㉰ 내부수익률은 투자수익률과 관련된 개념으로, 내부수익률(IRR)이 기준할인율(사회적 할인율)보다 크면 사업의 타당성이 인정되며, 내부수익율이 클수록 경제적 타당성이 큰 우수한 사업이다.

ⓓ 자본회수기간 : 투자비용을 회수하는데 소요되는 시간

㉮ 총비용을 가장 빨리 회수해주는 사업을 선정하는 방식으로 재정력이 부족하여 자금의 회수가 중요할 때 적용된다.

㉯ 일반적으로 자본회수기간은 짧을수록 우수한 사업이다. 다만, 낮은 할인율은 장기투자에 유리하고 높은 할인율은 단기투자에 유리하다.

✤ 할인율

(1) 의의 : 미래에 발생하는 비용과 편익을 현재가치로 환산할 때 사용하는 교환비율(이자율)을 말한다. 할인율이 높을 경우 미래에 발생하는 편익의 현재가치는 낮게 평가된다.

(2) 종류

① 민간할인율 : 민간시장에서의 이자율(시중금리)을 근거로 결정되는 것

② 사회적 할인율 : 공공사업에서는 공공사업의 외부효과 등을 고려하여 시장이자율보다 낮은 할인율이 적용되어야 한다는 점에서 주장되는 사회적 할인율이 있다.

③ 정부할인율 : 정부가 채무를 짐으로써 재원을 조달할 경우의 할인율을 의미한다. 재원조달이 해외차관일 경우 자본의 기회비용은 차입금의 이자율에 의존하게 되며 공채발행에 의한다면 공채발행 이자율에 의존하게 된다.

㉣ 한계

ⓐ 능률성·경제성중심의 분석기법이므로, 소득 재분배 등 형평성 등은 검토할 수 없다.

ⓑ 비용과 편익의 계량화가 곤란한 경우가 많다.

ⓒ 공공재나 정책의 효과는 무형적인 것이 대부분이어서 미래가치를 현재가치로 환산할 수 있는 적정한 사회적 할인율 도출이 어렵다.

② 비용·효과분석(Cost-Effectiveness Analysis)

㉠ 의의 : 비용·효과분석은 공공사업의 편익(효과)을 화폐가치로 계산하기 어렵거나, 효과의 측정단위가 달라 순현재가치나 비용편익비 같은 기준으로 양자를 단순하게 비교하기가 곤란할 때 사용하는 분석기법이다. 국방, 교육, 보건 등의 영역에서 사용된다.

ⓒ 특징

    ⓐ 화폐가치로 측정하지 않기 때문에 B/C분석보다 쉽게 사용되며 비계량적 가치분석에 적합하다.

    ⓑ 비용과 편익이 화폐가치로 표현될 수 없거나 서로 다른 척도로 표현될 경우에 매우 유용하다.

    ⓒ 공공사업이 달성해야 할 효과수준이나 지출할 수 있는 자원의 한도가 확정되어 있을 경우 비용효과분석은 대안선택의 복잡성을 감소시킬 수 있는 적절한 방법이 된다.

▶ 비용편익분석과 비용효과분석의 비교

구분	비용·편익분석	비용·효과분석
측정단위	화폐로 측정	측정단위의 다양성(효과)
변화요소	비용과 편익이 같이 변화 (가변비용·가변편익을 다룸)	비용이나 효과 가운데 어느 하나가 반드시 고정되어야 함(비용일정·효과최대, 효과일정·비용최소)
중 점	사업의 타당성	자원이용의 효과성
시관	장기분석에 적용	단기분석에 적용
장 점	• 이종사업 간 비교가능 • 비용과 편익의 직접적 비교가능	• 계량화가 불필요하여 사용 간편 • 공공부문에 보다 적합
단 점	• 시장가치나 이윤극대화 논리에 의존 • 외부경제 분석곤란	• 이종사업 간 비교 불가능 • 비용과 편익의 직접적 비교 불가능

8. 최적의 정책대안의 선택

비교 대안 가운데 상대적으로 **최대**의 이익과 상대적으로 **최소**의 불이익을 가져올 것으로 생각되는 대안을 목표에 비추어 선택한다.

❖ **계층화분석법(AHP : Analytical Hierarchy Process)**

1. 의의

    1970년대 사티(T. Saaty)에 의해 개발된 계층화분석법은 계량적 접근이 어려운 분야의 의사결정에 적용되는 방법으로 하나의 문제를 시스템으로 보고 당면한 문제를 여러 개의 계층으로 분해한 다음, 두 대안씩 조를 만들어 상대적 중요성을 비교한 다음 우선순위를 결정하는 의사결정기법이다.

2. 절차

    ① 문제의 구조화 : 문제를 몇 개의 계층 또는 네트워크의 형태로 구조화한다.

    ② 비교 : 중간계층의 요소들은 최상위계층에 의해 이원비교를 통해 상대적 중요성이 평가되며, 최하위계층은 중간계층에 의해 이원비교를 통해 상대적 중요성이 평가된다.

    ③ 우선순위의 설정 : 각 계층에 있는 요소별 우선순위를 설정하고 전체적으로 종합하여 최종적으로 대안들 간의 우선순위를 설정한다.

3. 합리적 정책분석과 정책결정의 제약요인

1. 인간적(결정자) 요인

(1) 가치관과 태도의 차이

견해의 차이와 편견으로 인한 갈등과 대립으로 합리성을 저해한다.

(2) 미래예측의 곤란성

인간의 인지능력의 한계로 인한 미래예측에 제약이 있는 경우에는 합리성을 저해한다.

(3) 이해부족과 전문지식의 결여

정책에 대한 이해가 부족하고 전문지식이 결여되어 있으면 합리적 정책분석과 정책결정이 곤란하다.

(4) 관료의 권위주의적 성격

상호간의 의사전달이 무시되고, 민주적이며 평등한 토의가 불가능하다.

(5) 관료제의 병리

변동에의 저항, 쇄신·발전에 대한 무관심, 무사안일주의, 형식주의 등에 의해 정책이 왜곡되는 경우에는 합리성을 저해한다.

2. 구조적(결정구조) 요인

(1) 정보·자료의 부족과 부정확성, 정보분석에의 시간소비로 인해 결정이 지연되는 경우에는 합리성을 저해한다.

(2) 권위적·집권적 구조 : 참여기회가 제한되고, 극히 제한된 수의 대안만이 논의되는 경우에는 합리성을 저해한다.

(3) 정책참모기관의 약화와 결정인의 시간적 제약성으로 인하여 합리성을 저해한다.

(4) 정책전담기구의 결여 : 정책분석·정책수립·정채집행에 대한 평가 등을 효과적으로 수행할 정책전담기구가 부재한 경우에는 합리성을 저해한다.

(5) 정책결정과정의 폐쇄성 : 소수의 개인 또는 집단의 감정이나 이해관계에 의해 좌우될 우려가 있는 경우에는 합리성을 저해한다.

(6) 부처할거주의, 관료제의 역기능 : 의사소통이 원활하지 않고 정보가 신속히 전달되지 않을 가능성이 존재하는 경우에는 합리성을 저해한다.

(7) 행정선례와 표준운영절차(SOP)의 존중하는 경우에는 합리성을 저해한다.

3. 환경적(결정환경) 요인

(1) 사회문제와 목표의 무형성이 나타나는 경우에는 합리성을 저해한다.

(2) 투입기능의 취약성 : 국민의사반영의 곤란한 경우에는 합리성을 저해한다.

(3) 매몰비용(Sunk cost)의 문제가 있는 경우에는 장래의 새로운 대안선택의 범위가 제약될 수 있다.

(4) 피동적인 사회문화적 관습의 영향으로 국민의 의식수준이 부족하거나 무관심한 경우에는 합리성을 저해한다.

(5) 외부준거집단의 영향력, 행정문화의 비합리성, 이익집단의 압력의 불균형이 나타나는 경우에는 합리성을 저해한다.

제 **02** 절 | 정책분석

1. 정책분석의 의의

1. 개념

(1) 정책분석이란 '정책대안의 체계적인 탐색·평가와 분석' 또는 '정책결정에 필요한 지식과 정보를 창출· 제공하는 합리적·체계적 방법과 기술'을 말한다.

(2) 정책분석의 목적 : 최선의 대안을 선택하는데 필요한 지식과 정보를 정책결정자에게 제공하여 정책결정의 합리성을 제고하는 것을 목적으로 한다.

2. 특징

(1) 경제적 합리성과 함께 정치적 합리성, 공익성, 초합리성(직관, 영감) 등을 포괄적·종합적으로 고려한다.

(2) 환경과 활발하게 상호작용하며 정치인, 전문가, 이익단체, 시민단체, 여론 등의 의견이 반영된다.

(3) 비용·편익의 총크기(능률성)뿐만 아니라, 비용·효과의 사회적 배분(형평성)까지 고려한다.

(4) 발견적 방법(Heuristic method)에 의한 새로운 대안의 탐색을 중시한다.

(5) 정책의 최적화보다는 정책의 선호화를 추구한다. 선호화란 최적화의 기준을 충족시키지 않으나 다른 모든 기존의 대안보다 나은 대안을 밝히는 것이다.

3. 문제점

(1) 정책문제가 매우 복잡·다양하고 명확한 목표설정이 어렵다.

(2) 비계량적 문제에 대한 분석이 어렵고 분석자가 지나치게 계량화에만 의존한다.

(3) 미래예측자체가 매우 어렵고 불확실하다.

(4) 정보·자료가 불확실할 수 있으며, 정보·자료처리능력에 한계가 있다.

(5) 결정당사자 간에 목표에 대한 합의가 이루어져야 한다.

2. 관리과학 및 체제분석

1. 관리과학

(1) 의의

관리과학은 미시적 차원에서 계량적으로 문제해결의 최적방법을 밝히는 기법으로서 경제적 합리성, 특히 기술적 합리성을 고려하고 계량적인 분석에 치중한다. 선형계획(LP), PERT, 시뮬레이션(simulation), 대기행렬이론 등이 대표적이다.

(2) 주요 기법

① 게임이론 : 게임이론은 불확실한 상황 하에서 복수의 의사결정자가 존재하고 각자가 복수의 상충적·대체적인 행동대안을 가지고 있을 때의 의사결정을 다루는 것이다. 특정의 행동대안의 선택결과가 다른 의사결정자의 행동대안의 선택에 의해 좌우될 때의 이론적 분석체계이다.

② PERT와 CPM

　　㉠ 의의 : 주로 대규모의 비 반복적인 사업을 집행할 때 적절한 비용과 시간을 계산해서 계획을 세워 사업이 제때에 완성될 수 있게 하기 위한 사업공정관리기법이다. PERT는 목표를 최단 시일 내에 최소비용으로 완성할 필요가 있는 사업에 널리 사용되는 기법이다. CPM은 목표를 달성하기 위해서 최소소요시간과 최소비용의 결정적인 경로를 상정하고 이 경로를 중심으로 프로젝트를 끌고 나가는 공정관리기법이다. PERT는 정보가 불확실한 상황에서 사용된 반면, CPM은 상대적으로 정보가 확실한 상황에서 사용된다.

　　㉡ PERT/CPM의 작성상의 원칙

　　　　ⓐ 공정의 원칙 : 모든 계획공정은 반드시 완성되어야 한다.

　　　　ⓑ 단계의 원칙 : 모든 활동은 선행활동과 후속활동을 가진다. 즉 어느 활동이든 개시단계와 종료단계가 있어야 한다.

　　　　ⓒ 활동의 원칙 : 모든 활동은 선행활동이 완료되지 않으면 개시할 수 없다.

　　　　ⓓ 연결의 원칙 : 모든 활동은 한쪽으로만 진행되고 단계자체를 바꿀 수 없으며 두 개의 단계 사이에 한 개의 활동이 있어야 한다.

③ 대기행렬이론 : 대기행렬은 고객들이 요구하는 서비스가 현재 보유하고 있는 서비스시설의 능력을 초과할 경우에 언제나 발견될 수 있는 일반적인 현상이다. 고객에 대한 원활한 서비스를 제공하기 위해 어느 정도의 서비스시설을 보유할 것인가를 체계적으로 다루는 수리적기법이다.

④ 선형계획법 : 주어진 제약조건 아래서 산출이나 편익을 극대화하거나 비용을 극소화할 수 있는 자원들의 최적결합점을 알아내기 위한 방법이다. 여기서 선형이란 말은 이모형에 사용되는 모든 수리적 함수가 1차함수임을 의미한다. 가장 확실한 상황에서 이루어지는 의사결정을 분석하는 것으로 심플렉스기법(1차부등식)을 이용한 알고리즘이다.

⑤ 인공두뇌학 : 인간이 외부환경의 변화에 대응하여 행정목적을 달성키 위한 최적의 동작을 취할 수 있도록 정보를 지속적·자동적으로 제어·환류해 나가는 관계를 정리한 이론이다.

⑥ 수송네트워크 모형 : 다수의 공급지점으로부터 다수의 소요지점으로 물품을 수송할 때 수송비용을 최소화하는 문제를 다루는 하나의 자원할당방법이다.

2. 체제분석

(1) 의의

체제분석이란 체제적 관점에서, 의사결정자가 당면하고 있는 문제를 전체적·체제적 관점에서 파악하여, 문제해결을 위한 대안들의 비용과 편익을 비교·평가함으로써 가장 적절한 대안을 선택하는 과학적인 분석기법이다. 비용편익분석과 비용효과분석이 대표적이다.

(2) 관리과학과 체제분석의 비교

구분	관리과학	체제분석
분석의 성격	방법 지향적이며 전술적 성격	문제 지향적이며 전략적 성격
분석의 범위	엄격한 규칙을 따름	넓고 다양한 방법을 이용
계량화 가능성	계량화 가능	불확정 요인이나 질적 요인을 포함하여 계량적 측정과 이론적 사고병용
목표·수단 검토여부	목표가 명확하고 한정적 목표의 달성을 위한 수단의 최적화추구	목표 그 차제가 검토의 대상, 부분적 최적화추구

(3) 체제분석과 정책분석의 비교

공통점	차이점	
	체제분석(SA)	정책분석(PA)
① 문제와 대안을 체제적 관점에서 고찰 ② 여러 대안 중 명백히 나은 대안이나 최적대안을 탐색 ③ 구체적인 목표에 비추어 기대효과를 비교하고 합리적 대안선택	① 자원배분의 효율성중시 ② 경제적 합리성 ③ 계량분석·비용편익분석위주 ④ 가치를 고려하지 않음 ⑤ 정치적 요인을 고려하지 않음 ⑥ 경제학, 응용조사방법, 계량결정이론 활용	① 비용·효과의 사회적 배분 고려 ② 정치적 합리성과 공익성 ③ 계량분석·비용편익분석 외에 질적 분석중시 ④ 가치문제 고려 ⑤ 정치적·비합리적 요인고려

1. 정책결정이론모형의 분류

1. 연구목적에 의한 분류

(1) 처방적·규범적 모형은 무엇이 바람직한 목표이며 이를 위해서 무엇을 해야 하는지를 밝히고자 하는, 당위(Sollen)에 관한 결정모형으로 합리모형이 여기에 해당된다.

(2) 경험적·실증적 모형은 실제로 발생하고 있는 현상을 기술(記述)하고 설명하는 것을 목적으로 하는, 실재(Sein)에 관한 결정모형으로 만족모형, 점증모형, 회사모형, 쓰레기통모형 등이 여기에 해당한다.

2. 산출지향적 모형과 과정지향적 모형

(1) 산출지향적 모형은 정책을 '어떻게 결정해야 하는가'에 대한 모형들로서 산출 또는 결과에 중점을 두는 규범적·처방적 이론이다. 주로 행정학자가 연구하였으며 합리성에 초점을 둔다. 합리모형, 만족모형, 점증모형, 혼합주사모형, 최적모형 등이 여기에 해당된다.

(2) 과정지향적 모형은 정책이 실제로 '어떻게 결정되는가'에 대한 과정을 실증적으로 분석하는 모형들로서 기술적(記述的) 성격을 띤다. 주로 정치학자에 의하여 연구되었으며 권력성에 초점을 둔다. 체제모형, 집단모형, 엘리트모형, 게임이론, 제도모형, 회사모형, 쓰레기통 모형, 흐름·창모형 등이 여기에 해당된다.

3. 의사결정주체의 수에 의한 분류

(1) 개인의 의사결정에 관한 모형으로 합리모형, 만족모형, 점증모형, 최적모형 등이 여기에 해당된다.

(2) 여러 사람이나 부서 또는 조직의 의사결정에 관한 모형으로 조직모형, 회사모형, 사이버네틱스모형, 쓰레기통모형 등이 여기에 해당된다.

2. 정책결정의 이론모형

1. 합리모형

(1) 의의

① 합리모형은 인간을 합리적 사고방식을 따르는 경제인으로 전제하면서, 정책결정자는 전지전능한 존재라는 가정 하에 최적화의 기준에 따라 문제와 목표를 완전히 파악하고, 대안을 포괄적으로 탐색·평가하여 가장 합리적인 최적대안을 선택할 수 있다고 보는 이론이다.

② 정책결정자가 고도의 이성과 합리성에 입각하여 정책을 결정한다는 이론으로서, 목표달성을 위한 합리적 대안의 탐색과 선택을 추구하는 총체적·규범적·이상적 접근방법이다.

(2) 전제조건

① 정책결정자는 정책을 통하여 추구하려는 목표나 가치를 명확히 정의하고 중요도에 따라 분류하고 우선순위를 매길 수 있다.

② 선택된 목표의 달성을 위한 모든 대안을 탐색하고 선택할 수 있다.

③ 정책대안들을 모두 탐색하고 결과에 대한 완벽한 미래예측이 가능하다.

④ 수많은 대안 중에서 최선의 대안을 선택할 수 있는 기준이 명확히 존재한다.

(3) 특징

① 목표수단분석 인정 : 목표와 수단의 연쇄관계를 인정하지 않으므로 목표와 수단을 엄격히 구분하여 분석하는 '목표수단분석'을 실시한다. 합리모형에서 목표는 주어진 것으로 고정되어 있다고 가정한다.

② 전체적 최적화 추구 : 부분적 최적화가 아닌 전체적 최적화를 추구하기 위하여 포괄적·총체적인 문제의 인지와 목적의 설정을 중시하고 대안 역시 총체적·체계적으로 빠짐없이 검토한다.

③ 경제적 합리성 추구 : 정해진 목표나 가치를 가장 완전하게 달성할 수 있는 대안을 절대적 합리성이나 경제적 합리성에 근거하여 추구한다.

④ 수리적·연역적 분석 : 수리적·연역적·미시경제적·순수이론적 지식에 많이 의존하며 의사결정이 계획적이고 단발적이다.

⑤ B/C분석 : 각 대안들의 결과를 가능한 한 동원하여 분석·예측한 후, 각 대안들의 결과를 B/C분석 등에 의해 체계적으로 비교·평가하여, 그 중에서 최적의 대안을 선택한다.

(4) 효용과 한계

① 효용

㉠ 최적대안이 선택되도록 노력하는 데 중점을 두며, 보다 나은 정책결정의 개선에 기여한다.

㉡ 대안의 선택결과에 대한 보다 객관적평가가 가능하다.

㉢ 개발도상국에서는 투입이 매우 빈약하여, 엘리트가 국가발전사업을 추진해야 하므로 합리모형을 과소평가할 수 없다는 점에서 의의가 있다.

㉣ 쇄신적 결정을 통하여 짧은 기간에 근본적인 변화를 꾀할 수 있는 결정이 가능하다.

② 한계

㉠ 의사결정자의 인지능력·미래예측능력·문제해결능력에는 한계가 있다.

㉡ 목표를 주어진 것으로 가정하므로 정책목표의 유동성을 고려하지 못하고 있고, 목표·가치의 신축적 조정도 불가능하다.

㉢ 대안의 비교평가기준이 모호하고 비교기준설정시 주관이 개입될 가능성이 크다.

㉣ 현실의 이용 가능한 정보는 대부분 불완전함을 간과하고 있다.

㉤ 분석과정의 비용과 시간상의 문제가 있다.

2. 만족모형(Satisficing Model) : Simon & March

(1) 의의

Simon과 March의 행태론적 의사결정론에 의해 주장된 이론모형으로서, 실제의 의사결정에서 인간은 인지능력, 비용, 정보, 시간의 부족 등으로 제한된 합리성하에서, 최적·최선의 대안이 아니라 결정자의 만족수준에서 대안을 선택하게 된다는 이론이다.

(2) 특징

① 완전한 합리성이 아닌 제한된 합리성, 경제인이 아닌 행정인의 가정에 기초한다.
② 습득 가능한 몇 개의 대안을 우선적으로 검토하여 현실적으로 만족한다고 생각하는 선에서 대안을 채택한다.

(3) 한계

① 만족할만한 수준에서 대안탐색을 중단하기 때문에 중요한 대안이 무시될 수 있다.
② 만족화의 기준이 지나치게 주관적이다.
③ 현상유지적·보수적 모형으로, 쇄신적·창조적 대안이나 최선의 대안발굴을 포기해 버리기 쉽다.

▶ 합리모형과 만족모형의 비교

구 분	합리모형	만족모형
합리성	완전한 합리성	제한된 합리성
인간관	합리적 경제인관	행정인관
접근방법	규범적·이상적 접근	현실적·실증적 접근
대안선택 기준	최적화(Optimizing)－목표를 극대화하는 최적대안 선택	만족화(Satisficing)－만족할 만한 대안 선택 (심리적 만족 추구)
대안탐색	모든 대안을 광범위하게 탐색	만족대안을 찾을 때까지 무작위적·순차적 탐색
대안의 결과예측	모든 대안의 결과예측 (총체적 예측)	몇 개의 대안만 고려하여 결과예측 (부분적 예측)

3. 점증모형(Incrementalism Model) : Lindblom, Wildavsky

(1) 의의

① Lindblom과 Wildavsky가 제시한 정책결정의 현실적·실증적 모형으로 인간의 인지능력의 한계와 정책결정수단의 기술적 제약을 인정하고 정책결정과정에 있어서 대안의 선택이 종래의 정책이나 결정의 점진적·순차적 수정 내지 약간의 향상으로 이루어지며, 정책수립과정을 '그럭저럭 헤쳐나가는 (Muddling through)' 과정으로 이해한다.

② 점증모형은 정치적 다원주의사회를 배경으로, 경제적 합리성보다 다양한 이해관계의 타협과 조정을 중시하는 정치적 합리성을 추구한다.

③ Wildavsky는 점증모형을 예산과정의 분석에 적용하면서, 합리모형이 비합리적·자의적 요인으로 배격한 정치적 요인을 적극적으로 평가하였다.

(2) 현실적 타당성

① 매몰비용 : 이미 투자된 자원을 포기할 수 없기 때문에 기존의 정책을 바탕으로 결정이 이루어진다.

② 제한된 합리성 : 인간의 능력과 시간에는 한계가 있으며 정보도 제한되어 있기 때문에 비교적 한정된 수의 정책대안만 검토한다.

③ 정치적 실현가능성 : 완전무결한 정책결정이나 해결책은 존재하지 않으며 계속적인 분석과 평가를 통하여 당면문제를 점진적으로 검토하며, 경제적 합리성보다 이해관계의 원만한 타협과 조정을 통한 정치적 합리성을 중시한다.

(3) 특징

① 지엽적·점진적 결정(기존 정책 ±α) : 최선의 대안을 찾는 것이 아니라, 현재 정책에서 소폭 가감한 것을 정책대안으로 삼는다. 이는 다양한 이해관계가 복잡하게 얽혀있는 사회에서 상호이해관계의 조정은 점진적일 수밖에 없기 때문이다.

② 목표와 수단의 상호의존성 : 명확히 설정된 목표를 전제로 최선의 수단을 선택하는 것이 불가능하다고 보며, 현실에서는 목표와 수단의 명확한 구분이 불가능하며, 양자는 계속적으로 조정된다.

③ 분석의 제한 및 계속적인 결정 : 어느 한 시점에서 결정을 내리기보다는 상황변화를 고려하면서 지속적으로 수정해 나간다.

④ 참여집단의 합의중시 : 안정된 민주사회에서 다수의 생각이 큰 폭으로 변화하지 않기 때문에 기존의 큰 틀이 유지되는 상황에서 좁은 범위의 내용들에 대한 논란이 벌어지는 경우가 많다.

⑤ 정치적 합리성 : 정책결정은 경제적 합리성에 의해 결정되기보다는 관련 이해집단들의 이익과 가치를 고려한 정치적 조정의 결과로 본다.

(4) 한계

① 기존정책이 잘못된 것이면 악순환을 초래한다. 계획성이 결여되고 정책결정의 평가기준이 없다.

② 사회가치의 근본적인 재배분을 필요로 하는 정책보다 항상 정치적으로 실현가능한 임기응변적 정책을 모색하는데 집중하게 된다. 단기정책에만 관심을 갖게 되고 장기정책은 등한시하게 된다.

③ 권력·영향력이 강한 집단이나 강자에게 유리하고 약자에게 불리하게 작용한다.

④ 보수적 성격으로 쇄신이 강력히 요구되거나, 경제·사회발전이 시급한 발전도상국에는 적절하지 않다.

⑤ 축소가 곤란하다. '눈덩이 굴리기 식'으로 결정이 오래 지속되다 보면 그 정책의 축소, 종결 작업이 매우 곤란해진다.

▶ 합리모형과 점증모형의 비교

구 분	합리모형	점증모형
합리성	경제적 합리성(자원배분의 효율성)	정치적 합리성(타협과 조정 중시)
목표-수단 관계	• 별개(목표는 고정) • 목표가 먼저 명확히 설정된 후 수단(대안)이 도출	• 상호 의존(목표는 고정되지 않음.) • 목표와 수단이 동시에 고려되거나, 수단(대안)을 고려하면서 목표를 설정하기도 함
목표수단 분석	실시(수단은 목표에 합치되도록 선택)	미실시(목표는 수단에 합치되도록 수정)
최적화	전체적 최적화 추구	부분적 최적화 추구
대안의 결과예측	모든 대안 예측	일부만 한정 예측(환류로 결함보충)
정책결정 방식	• 근본적 결정 • 쇄신적·창의적 결정 • 분석적·합리적 결정 • 단발적·포괄적 결정	• 지엽적 결정 • 보수적, 개량주의적 결정 • 부분적·분산적 결정 • 연속적·순차적 결정
매몰비용	미고려	고려
결정방향	하향식(Top-down)-집권적	상향식(Bottom-up)-분권적
분석수준	모든 관련 요소에 대한 포괄적 분석(총체적 분석)	제한된 비교 분석(제한적 분석)
사회(적용국가)	불안정한 사회(전체주의사회인 개도국)에 적합	안정된 사회(다원주의사회인 선진국)에 적합
환경변화에의 적응력	높음(∵ 쇄신적 결정)	낮음(∵ 보수적 결정)
접근방식	연역적(일반원칙 ➡ 구체적 사실)	귀납적(구체적 사실 ➡ 일반원칙)
배경이론	엘리트론(소수가 기획)	다원론(다양한 이익집단의 참여)
정책특성	비가분적 정책에 적합(한 기관이 통합결정)	가분적 정책에 적합(여러 기관이 분할결정)

4. 혼합주사모형(Mixed-scanning Model) : A. Ezioni

(1) 의의

① 혼합주사모형은 합리모형과 점증모형에 대한 비판과 변증법적 통합을 추구하는 모형이다. 즉 합리모형의 비현실성과 점증모형의 보수성을 탈피하여 양자의 장점을 절충하고자 하는 모형이다.

② 이모형은 A. Etzioni가 제시한 정책결정의 이론모형으로서 정책의 결정을 기본적인 결정과 세부적 결정으로 나누고 기본적 결정은 합리모형, 세부적 결정은 점증모형에 의하여 결정하되 기본적 결정은 모든 대안에 대하여 결과를 개략적으로 살펴보고 세부적 결정은 한정된 대안에 대하여 결과를 면밀하게 살펴보는 절충적 의사결정모형이다. 그는 합리모형이 전체주의 사회체제에, 점증모형이 민주주의 사회체제에 적합한 모형이라 보고, 혼합모형은 능동적 사회(Active society)에 적용되어야 할 전략이라고 주장하였다.

(2) 내용

① 기본적 결정 : 종합적 합리성이 필요한 상층부의 기본적 결정으로 정책의 기본방향을 제시하며 부분적(점증적) 결정의 맥락을 구성한다. 환경이 급격하게 변화하거나 전체적인 문제 상황이 변화할 때 사용하는 데 여기서는 큰 줄기에 해당되는 부분에 대해서 중요한 것만 거시적 덩어리 형태로 고려하게 되는데 합리모형에 따라서 대안을 포괄적으로 탐색하되, 결과예측은 개괄적으로 함으로써 합리모형의 지나친 엄밀성을 극복한다.

② 세부적 결정 : 기본적 결정의 테두리 내에서 하층부의 결정자가 특정의 개별적 목표를 달성하기 위하여 내리는 부분적 결정으로서 심층적·점진적 변화를 시도하면서 기본적 결정을 구체화하거나 집행하는 결정이다. 여기서는 기본적 결정을 기준으로 하되 점증적으로 조금씩 변화된 대안을 마련하는데 점증모형에 따라 소수의 대안만 검토하되, 합리모형에 따라 결과예측은 세밀하게 분석함으로써 점증모형의 보수성을 극복한다.

▶ 에치오니(A.W.Etzioni)의 혼합주사모형의 기본논리

구 분		대안의 탐색	대안의 결과예측(분석)
합리모형		포괄적(모든 대안 고려)	포괄적(모든 대안의 결과예측)
점증모형		한정적(몇 몇 대안 고려)	한정적(몇 몇 대안의 결과예측)
혼합모형	근본적 결정	포괄적(모든 대안 고려) – 합리모형	한정적(중요한 대안만 결과 예측) – 합리모형의 엄밀성 극복
	세부적 결정	한정적(몇 몇 대안 고려) – 점증모형	포괄적(선택된 모든 대안의 결과 예측) – 점증모형의 보수성 극복

(3) 비판

① 이론적 독창성이 없고 합리모형과 점증모형의 단순한 결합으로서 그 결합을 사실상 극복하지 못한다.

② 현실적으로 기본적 결정과 세부적 결정을 구별하기가 곤란하다.

5. 최적모형(Opimal Model) : Dror

(1) 의의

① Dror가 제시한 모형으로서 경제적 합리성과 아울러 직관·판단력·창의력과 같은 초합리적 요인을 고려하는 정책결정모형이다.

② 점증모형과 합리모형을 모두 비판하면서, 합리모형의 이상주의와 점증주의의 현실주의를 종합하여 현실에 적합하면서도 현실의 개선을 도모하는 규범적 최적모형을 제시하였다.

(2) 특징

① 경제적 합리모형 : Dror는 합리성의 제고를 강조하지만, 시간과 인적·물적 자원의 제약을 감안하여 합리적 결정의 효과가 비용보다 큰 경우에만 합리모형을 적용할 것을 제안한다.

② 초합리성의 강조 : 직관·영감·통찰력·창의성 등의 초합리성(Extra rationality)은 ㉠ 결정자의 자원·시간·능력·지식 등이 부족할 경우, ㉡ 선례가 없는 비정형적 결정을 해야 하는 경우, ㉢ 상황이 불확실할 경우(불확실한 조건)에 유용할 뿐만 아니라, 정책결정 모든 국면에서 필요하다. 다만, 초합리적 요인들은 합리적 요소를 대체하는 것이 아니라 보완하는 것이다.

③ 정책결정의 과정 : Dror는 넓은 의미의 정책결정을 크게 3단계로 나누고 이를 다시 세분하여 18개 국면으로 나누고 있다. 주의할 점은 Dror의 정책결정과정은 정책형성뿐만 아니라 정책집행과 정책평가를 모두 포함하는 정책과정 전반을 포함하고 있다는 점이다(거시적·체계적 시각).

초정책결정 (Meta-policy making)	• '정책결정을 대한 정책결정' 단계 • 정책결정의 참여자·조직·결정방식 등 기본방침을 결정하는 단계 • 정책가치처리, 문제처리, 자원 조사·처리, 목표와 우선순위 결정, 정책결정체제 설계·평가, 바람직한 정책결정을 위한 전략 등이 결정된다.
정책결정 (Policy making)	• 본래 의미의 정책결정단계 • 목표의 설정과 관련된 다른 가치들을 확정하고 이들 간의 순위를 결정하며, 정책대안의 탐색, 정책대안의 결과예측, 정책대안의 비교·평가 그리고 최선의 대안이 선택된다.
후정책결정 (Post-policy making)	• 집행과정에서 이루어지는 정책내용의 수정 • 결정이 이루어진 이후 집행준비와 집행과정에서 나타나는 정보에 따른 결정의 수정 작업이 포함되는 단계로 집행준비, 정책집행, 정책평가, 환류의 단계로 이루어진다.

④ 기본적으로 경제적 합리성을 중시하는 합리모형에 가깝지만 합리모형에 비해 가치적 요소를 보다 중시한다.

⑤ 양적 분석 외에 질적 분석을 동시에 고려한다.

⑥ 환류를 중시하고 이를 통하여 결정자의 정책결정 능력의 계속적인 고양을 꾀한다. 계속적인 검토와 개선, 집행결과의 평가 등을 통해 최적수준의 결정구조를 만들기 위해 노력한다.

(3) 평가

① 효용 : 초합리성의 개념을 도입하여 합리모형을 더 한층 체계적으로 발전시켰고 사회적 변동 상황 하에서의 혁신적 정책결정이 거시적으로 정당화될 수 있는 이론적 근거를 제시하였다.

② 한계 : ㉠ 기본적으로 경제적 합리성을 중시하므로 정책결정에 있어 다원화된 사회적 과정에 대한 고찰이 미흡하고, ㉡ 초합리성 달성방법의 모호성, ㉢ 초합리성과 합리성과의 관계에 대한 모호한 점 등은 최적모형의 한계이다.

6. 회사모형(Firm Model) : Cyert & March

(1) 의의

① Cyert와 March가 사이먼의 만족모형을 분업화된 계층적 구조를 지닌 조직 내부의 의사결정에 적용한 모형이다.

② 회사모형은 느슨하게 연결되어 있는 조직의 의사결정을 다루는 모형이다. 조직은 각 단위 사업부서별로 준 독립적인 운영이 이루어지는 경우가 많으며, 조직을 하위부서들의 연합체로 본다는 점에서 연합모형이라고도 한다.

(2) 특징

① 갈등의 준(準)해결 : 연합체적 접근인 회사모형은 지배적인 상위목표가 없는 상태에서 대등한 지위의 하위부서 간 협상과 타협을 통하여 서로 나쁘지 않을 정도의 수준에서 의사결정을 한다. 따라서 목표대립으로 인한 갈등이 완전히 해결되지 못하고 잠정적으로만 해결되며 갈등이 항상 잠재된 상태에서 하위부서의 문제와 목표에만 전념한다.

② 불확실성의 회피 : 조직은 장기적인 전략보다는 급박한 문제부터 해결하려 하면서 단기적인 환류(Feedback)정보에 따라 단기적인 전략과 대응책을 수립함으로써 불확실성을 회피하며, 환경의 불확실성을 제거하기 위하여 환경에 제약을 가하거나 환경과 타협함으로써 환경을 능동적으로 통제할 수 있는 방법을 찾으므로 예측 가능한 결정절차를 선호한다.(▷ 거래관행 수립, 계약 체결)

③ 문제중심적 탐색 : 조직은 제한된 합리성(시간과 능력의 제약) 때문에 모든 상황을 다 고려하기 보다는 특별히 관심을 끄는 부분만 고려하고 문제를 해결할 대안을 사전에 적극적으로 탐색하는 것이 아니라, 문제가 발생하였을 때에만 대안의 탐색을 시작하며 탐색도 완벽하게 이루어지지 않고 만족할 만한 수준에서 이루어지며 문제를 해결할 수 있는 대안에 국한된다. 또한 문제가 해결되면 다음 문제가 등장할 때까지 기다린다.

④ 조직의 학습 : 조직의 학습은 반복적인 의사결정의 경험이 전수되는 과정이므로 시간의 흐름에 따라 결정수준이 개선되고 목표달성도가 높아지게 된다.

⑤ 표준운영절차(SOP : Standard Operation Procedure)의 중시 : 표준운영절차란 조직의 장기적 존속과정에서 경험적으로 터득한 학습된 규칙을 말한다. 회사모형에서는 갈등의 불완전한 해결과 적응의 결과로서 조직이 표준운영절차를 축적하며, 조직의 의사결정은 표준운영절차가 지배한다고 본다.

> ✦ **표준운영절차(SOP : Standard Operating Procedure)**
>
> (1) 의의 : 효율적인 업무처리를 위하여 만든 표준화된 업무처리절차와 세세한 규칙으로서 동질성이 많은 업무를 효율적으로 처리하기 위해서는 SOP를 활용하는 것이 능률적이다. SOP는 Simon과 March가 조직모형에서 논했던 프로그램의 개념을 확장한 것인데 회사모형 이후 Nelson과 Winter에 의하여 루틴(routine)이라는 개념으로 발전되었다.
>
> (2) 장점 : ① 집행 시의 시간·노력·인건비 등을 절감시켜주며, ② 유능한 전문가가 없는 집행조직에게는 능률성과 효과성을 확보하게 해주고, ③ 개인의 자의적 행위를 예방함으로써 복잡한 상황에서 발생하는 불확실성을 극복하게 해주며, ④ 전국적으로 동일한 기준을 적용하므로 공평성(equity)을 확보하게 해준다.
>
> (3) 단점 : ① 획일성으로 인하여 개별적 특수성이 무시되고, ② 지나치게 세밀하여 현장의 사정에 적응하는 집행이 곤란하며, ③ 새로운 정책을 집행할 때 과거의 SOP는 타성으로 변하여 장애가 되기도 한다.
>
> (4) 실무사례 – 위기관리 기본지침 : 국가안전보장회의(NSC)는 2004년부터 '국가위기관리 기본지침'[4단계(관심–주의–경계–심각)의 조기경보제 도입]과 '유형별 위기관리 표준 매뉴얼'을 제정하여 시행하였다.

(3) 평가

① 장점

㉠ 현실적인 상황에서의 조직의 의사결정모습을 잘 서술하고 있으며, ㉡ 조직 내 하위조직들 간의 상이한 목표로 인한 갈등에 대해 협상에 의한 해결가능성을 제시하였다. 또한, ㉢ 조직을 운영·통제하는 수단으로써 표준운영절차의 중요성을 강조한다.

② 한계

ⓐ 사적조직을 대상으로 하므로 공공조직에 적용하기가 어렵고, ⓑ SOP에 입각한 의사결정은 안정된 상황을 전제하고 있으므로 보수적이라는 점, ⓒ 민주적·분권적 조직관에 근거하고 있으므로 권위주의적 조직에는 적용하기가 곤란하다.

7. 사이버네틱스모형

(1) 의의

① Cybernetics 모형은 온도조절기와 같이 일정한 조건이 설정되면 자동적이고 반복적으로 작동하는 기계의 원리를 정책결정 현상에 응용한 모형으로 합리모형과 대립되는 적응적·습관적·기계적 의사결정모형이다(ⓔ 실내자동온도조절장치, 미사일 자동조준장치).

② 명확하게 정해진 목표를 추구하려는 것이 아니라, 고도의 불확실성 속에서 정보를 지속적으로 제어하고 환류해 나가는 의사결정시스템이다

(2) 특징

① 적응적·습관적 의사결정 : 사이버네틱스모형에서는 목표달성을 극대화하는 대안을 선택하는 것이 아니라 설정된 목표를 달성하기 위하여 일정한 주요 변수를 바람직한 상태로 계속 유지시키기 위한 끊임없는 적응에 초점을 둔다. 이러한 무(無)목적적, 비의도적 적응은 환류과정을 통하여 이루어진다.

▷ 자동온도조절장치의 경우 일정한 온도(15~25℃)를 유지하다가 15℃ 이하로 떨어지면 자동연소가 되며 25℃ 이상 올라가면 연소작용을 중단시킴.

② 불확실성의 통제 : 환류채널을 통해 들어오는 몇 가지 정보에 따라 시행착오적인 적응을 하는 것으로 그것이 사전에 설정된 범위를 벗어났는가의 여부만을 판단하여 그에 상응한 행동을 반응목록에서 찾아내어 그에 대응한 조치를 프로그램대로 취하게 된다.

③ 집단적 의사결정 : 사이버네틱스모형에서는 개인의 의사결정과 조직의 의사결정을 동일시하지 않으며 조직 내의 복잡한 정책문제는 부분적인 하위문제로 분할되어 하위조직에 할당되고 하위조직은 표준운영절차에 따라서 문제를 해결한다.

④ 도구적 학습 : 합리모형에서는 대안의 예측결과에 따라 합리적 대안을 선택하는 인과적 학습을 하는 반면, 사이버네틱스모형에서는 의사결정자가 어떤 문제에 대응하여 취하는 대안 중에서 어느 한 가지를 채택하여 좋은 효과를 보면 계속해서 그 대안을 채택하며, 나쁜 효과를 보면 다른 대안을 채택하여 어떤 것이 보다나은 해결도구가 되는가를 습득해나가는 도구적 학습이다.

(3) 평가

① 공헌

ⓐ 의사결정수단으로 반응목록을 제시하여 정책결정시 SOP의 중요성을 강조하고, ⓑ 하위목표간 충돌해소방안으로 전체목표의 탄력적 운영과 중요변수에 대한 범위중심의 목표운영의 제시하였으며, ⓒ 단기적 환류에 의한 불확실성의 통제가 가능하다.

② 한계

ⓐ 반응목록에 의한 의사결정은 현상유지적이고 보수적인 성격을 띠게 될 수 있어 개발도상국에 적용상 한계가 있으며, ⓑ 중요한 정책문제에 대한 시행착오적 적용은 국가의 손실을 초래하게 되며, ⓒ 반응목록에 없는 정책의 결정시에는 적용할 수 없다.

8. 쓰레기통모형

(1) 의의

① Cohen, March, Olsen 등은 계층제적 위계질서가 없고, 구성원들의 응집성이 아주 약하며, 여유재원이 부족(시간적 제약이 있을 때)한 조직화된 무정부상태에서의 조직은 문제·해결책·선택기회·참여자 등이 뒤죽박죽으로 엉켜있는 쓰레기통과 같으며, 어떤 계기가 주어지면 마치 쓰레기통을 비우듯이 일시에 의사결정이 이루어진다고 보고 쓰레기통모형을 제시하였다.

② 쓰레기통모형은 느슨한 형태로 구조화되어 운영되고 계층제적 권위가 없으며 상하관계가 분명하지 않은 대학조직이나 연구소에 잘 적용되며, 다당제인 의회 내 결정이나 입법부·사법부·행정부 모두 관련된 결정 또는 여러 부처가 관련된 결정에도 쉽게 적용될 수 있다.

(2) 기본전제

① 문제성 있는 선호 : 결정에 참여하는 사람들 간에 무엇을 선택하는 것이 바람직한지에 대해 합의가 없다는 점과 참여자 중에서 어느 개인 한사람을 두고 보더라도 스스로 자신이 무엇을 선호하는지조차 모르면서 결정에 참여하는 경우가 많다는 것이다.

② 불분명한 분석기술 : 의사결정에서 달성하려는 목표와 이를 달성하기 위한 수단 사이에 존재하는 인과관계인 분석기술이 불명확하다는 것이다. 그러므로 참석자들은 목표를 달성하기 위한 최적수단이 무엇인지 모른 체 의사결정에 참여한다.

③ 수시적 참여자 : 결정과정에 참여하는 사람들은 그 자신의 시간적 제약 때문에 어떤 경우에는 결정에 참여하기도 하고 어떤 경우에는 참여하지 않기도 한다는 것이다.

(3) 의사결정방식

① 구성요소 : 조직화된 무정부상태의 전제하에서, 갖가지 쓰레기가 우연히 한 쓰레기통 속에 모여지듯이 ㉠ 문제의 흐름, ㉡ 해결책의 흐름, ㉢ 선택기회의 흐름, ㉣ 참여자의 흐름 등 의사결정에 필요한 4가지 구성요소가 서로 관련이 없이 독자적으로 흘러 다니다가 우연히 서로 다른 시간에 통 안으로 들어와 동시에 한 곳에 모두 모여지게 될 때, 비로소 의사결정이 이루어진다는 것이다.

② 의사결정방식

㉠ 날치기 통과 : 관련된 다른 문제들이 제기되기 전에 재빨리 의사결정을 하는 방법이다.

㉡ 진빼기 결정 : 해결해야 할 문제와 이와 관련된 문제가 함께 있을 때, 관련된 문제들이 스스로 다른 의사결정기회를 찾아 떠날 때까지 기다려서 결정을 하는 방법이다.

(4) 평가

① 상하관계가 분명하지 않은 대학이나 다당제로 이루어진 의회 또는 여러 부처가 관련되는 정책의 결정 등에 적용이 용이하며, 조직화된 무정부상태의 체계적 분석과 결정이론의 일반화에 기여하였다.

② 극히 동태적인 정책결정상황을 전제로 하고 있으나 조직화된 무정부상태가 모든 조직에서 나타나는 것은 아니며, 공공기관에서 흔히 볼 수 있는 것은 아니기 때문에 공공기관에서 흔히 볼 수 있는 정형화된 의사결정과정을 설명하는 데는 한계가 있다.

❖ 흐름-창 모형

(1) 의의

　Kingdon의 흐름-창 모형은 의사결정에 관한 쓰레기통모형을 다소 변형시켜 서로 연관이 없으면서도 정책의 제설정과정과 정책결정과정을 구성하는 세 가지 흐름인 문제·정치·정책흐름을 현실에 바탕을 두고 분석한 모형이다. 흐름-창 모형은 정책의제설정과 정책대안의 구체화과정에 능동적으로 관여하는 참여자와 정책의제 내지 정책대안이 논의되는 과정을 중요시하며 세 가지 흐름이 합류되면 창이 열리고 새로운 정책이 이루어질 수 있다고 본다.

(2) 구성요소

　① 문제의 흐름 : 정책결정자의 공중문제에 대한 인지

　② 정치의 흐름 : 여러 가지의 정책대안이나 해결책

　③ 정책의 흐름 : 정권교체, 의회의 변동, 국민의 여론변화, 이익집단의 압력 등과 같은 정치적 요소

(3) 세 흐름의 합류와 정책의 창

　문제·정치·정책의 흐름이 합류되면 정책이 성립될 수 있고 정책의 창이 열리게 된다. 정책의 창이 열리는 계기는 정권교체, 의회의 변동, 국민의 여론변화, 시급한 공공문제의 대두, 돌발적인 큰 사건의 발생 등이다. 정치흐름과 관련되는 정부의제의 재구성을 초래하는 창이 열리면 전적으로 문제흐름이나 정치흐름에서 일어난 사건의 결과라 할 수 있으며, 각종 정책대안인 결정의제가 재구성되는 데는 반드시 세 흐름이 모두 연결되어야 한다. 정책의 창은 문제의 충분한 논의, 정부행동의 유도불능, 사건의 퇴조, 고위직의 인사이동, 대안의 부재 등의 경우 닫히게 된다.

9. Allison의 모형

(1) 의의

　①Allison모형은 앨리슨(G. T. Allison)이 1960년대 초 '쿠바미사일 위기 사건'과 관련된 미국의 외교정책 과정을 분석한 후 정부의 정책결정 과정을 설명하고 예측하기 위한 분석 틀로 제시한 모형으로서 정부의 일반 정책에도 폭넓게 적용할 수 있다.

　② Allison은 과거의 의사결정모형을 크게 합리모형과 회사모형으로 양분하고 여기에 그동안 소홀하게 다루어져 왔던 정치적 결정을 추가하여 3가지 배타적인 모형을 제시하였다. 3가지 모형은 정부조직 내 집단의 '응집성'에 따라서 의사결정방식이 달라짐을 보여주고 있다.

(2) 주요 모형과 특징

　① 합리모형(모형Ⅰ)

　　㉠ 정책결정의 주체를 단일체인 정부로 보며, 정부를 합리적인 의사결정행위자로 간주한다. 이때 정부조직은 유기체와 같이 최고·관리층에 의해 통제·조정된다.

　　㉡ 엄밀한 통계적 분석에 치중하는 결정방식으로, 응집성이 강하다.

　　㉢ 국가전체의 이익이나 조직전체계층과 정책에 적용 가능한 모형이다. 📌 외교정책이나 국방정책의 경우

　② 조직모형(모형Ⅱ)

　　㉠ 정부를 느슨하게 연결된 하위조직들의 집합체로 보고, 정책이란 이들 하위조직들에 의해 작성된 정책대안을 최고지도층이 거의 수정하지 않고 정책으로 채택한다고 가정함으로써 정부의 하위

조직들을 실질적인 정책결정자로 본다.

   ⓛ 조직목표들 간의 갈등은 각 목표들에 대한 순차적인 관심에 의해 해결된다.

   ⓒ 조직은 발생확률을 예측하여 불확실성에 대응하려고 하기 보다는 장래의 불확실성을 회피하려한다. 조직은 이러한 문제를 해결하기 위한 절차로서 SOP를 사용한다.

   ⓔ 연합모형과 유사한 의사결정이 이루어지며 조직의 하위계층에 적용이 가능하다.

③ 관료정치모형(모형 Ⅲ)

   ㉠ 정책을 참여자간의 흥정·타협으로 이루어지는 정치적 게임의 결과로 본다. 참여자의 서로 다른 인지구조, 문제에 대한 상이한 인식·해석, 옹호할 목표 내지 대안의 차이를 전제하고, 각자의 고유한 신념체계와 자기소속 부처의 이익이 의사결정에 작용한다고 본다.

   ㉡ 정책을 결정하는 주체를 단일정부로서의 정부(합리모형)나 하위조직으로서의 부처들의 집합체(조직모형)로 보지 않고 정책결정에 참여하는 참여자들 개인이라고 본다.

   ㉢ 목표의 공유도나 조직구성원의 응집성이 낮고 개인의 정치적 능력이나 자원이 중시되는 조직의 상층부에 주로 적용되는 모형이다.

▶ Allison의 정책결정모형

구분	합리모형(모형 Ⅰ)	조직모형(모형 Ⅱ)	관료정치모형(모형 Ⅲ)
조직관	조정과 통제가 잘 된 유기체적 조직	느슨하게 연결된 하위조직들의 연합체	독립적인 개인적 행위자들의 집합체
권력의 소재	최고지도자가 보유	반독립적인 하위조직들이 분산소유	개인적 행위자들의 정치적 자원에 의존
행위자의 목표	조직전체의 목표	조직전체의 목표＋하위조직들의 목표	조직전체의 목표＋하위조직들의 목표＋개별행위자들의 목표
목표의 공유도	매우 강함	약함	매우 약함
정책결정의 양태	합리적 의사결정	SOP에 의한 의사결정	정치적 게임의 규칙에 따라 타협, 흥정, 지배
정책결정의 일관성	매우 강함 (항상 일관성유지)	약함 (자주 바뀐다)	매우 약함 (거의 일치하지 않는다)
적용계층	전체계층	주로 하위계층	주로 상위계층

10. 기타 정책결정과 관련된 내용

(1) 정책딜레마

① 개념 : 정책딜레마란 상충적인 정책대안들 가운데서 어떤 것도 선택하기 어려운 상태를 말한다. 즉, 상호 갈등적인 복수의 정책대안이 선택상황에 나타났을 때, 어느 한 대안의 선택이 가져올 기회손실이 용인의 한계를 벗어나기 때문에 선택이 불가능하거나 매우 어려운 상태인 것이다. 정책딜레마는 선택상황 자체가 정책실패의 원인을 내포하는 '이러지도 저러지도 못하는' 상태이다.

② 발생조건

　　㉠ 선택요구의 압력 : 정책대안들 가운데서 하나를 반드시 선택해야 한다는 요청이 강하다.

　　㉡ 정책대안의 특성 : 상호 갈등적인 정책대안들이 구체적이고 명료하지만 ⓐ 분절성(대안들의 절충이 불가능함), ⓑ 상충성(대안들이 배타적이어서 함께 선택할 수 없음), ⓒ 균등성(대안들의 결과 가치 또는 기회손실이 비슷함), ⓓ 선택의 불가피성(최소한 하나의 대안을 반드시 선택해야함) 등의 요건이 모두 충족될 때 딜레마 상황이 발생한다.

　　㉢ 행태적·상황적 조건 : ⓐ 대립당사자들이 정부를 불신하는 경우, ⓑ 갈등집단 간의 권력균형이 있는 경우, ⓒ 갈등집단들의 내부응집력이 강한 경우, ⓓ 대안선택에 걸린 이해관계가 큰 경우, ⓔ 특정대안의 선택으로 이익을 보는 집단과 손해를 보는 집단이 명확히 구분되는 경우, ⓕ 갈등집단 간의 자율조정기능이 취약한 경우, ⓖ 정책문제에 대한 정부조직의 관할이 중첩되는 경우, ⓗ 갈등당사자들이 정책대안의 이익이나 손실을 과장하는 등 계략적 행동을 하는 경우, ⓘ 갈등당사자들이 정책결정의 회피나 지연을 용납하지 않는 경우 등

③ 대응 형태

　　㉠ 소극적 대응 : 대안을 선택해야 하는 상황 자체를 무시하고 정책결정 상황의 변화를 기대하면서 주어진 시간 내에 의사표시를 하지 않는 비 결정으로 대응하는 형태이다. 정책결정의 회피(포기), 결정의 지연, 결정책임의 전가, 다른 정책에 의해 문제가 해결된 것처럼 보이게 하는 상황의 호도 등이 소극적 대응이다.

　　㉡ 적극적 대응 : 딜레마 상황의 변화를 유도하는 것, 하나의 딜레마 상황에서 관심을 돌리기 위해 새로운 딜레마 상황을 조성하는 것, 정책문제의 재규정을 시도하는 것, 상충되는 정책대안들을 동시에 선택하는 것, 선택한 대안의 정당성을 높이기 위해 상징조작을 하는 것을 들 수 있다.

(2) 품의제(稟議制)

① 개념 : 품의제는 실무책임자가 공식적인 문서를 기안(起案)하여 단계별로 상위자의 결재를 거쳐서 집행하게 되는 공식적이면서 하의상달적(상향적)인 정책결정을 의미한다.

② 장점

　　㉠ 참여의식과 사기앙양, 일체감을 고취한다.

　　㉡ 하위직원에게 현장훈련의 역할을 한다.

　　㉢ 하의상달의 촉진과 제안의 유도 및 인간관계의 원만화에 기여한다.

③ 한계

　　㉠ 많은 사람이 결재과정에 참여하므로 책임이 분산되며 행정의 비능률을 초래한다.

　　㉡ 상급자의 하급자에 대한 의존과 하급자의 상관에 대한 충성에 기반(전문화 저해)한다.

　　㉢ 품의제는 공식적 문서를 통하여 이루어지므로 문서의 수정·보완이 빈번해지며 문서의 과다현상(Red tape)을 초래한다.

　　㉣ 품의제는 기본적으로 상·하간 종적 의사결정방식으로서 횡적업무협조를 강화시키는 제도가 아니므로 부서 간 횡적 협조의 곤란과 할거주의를 초래한다.

　　㉤ 실무담당자가 기안을 하는 제도이므로 담당자의 지식·능력·사고방식에 따른 하급자의 결정에 의존하는 '주사행정'의 폐단을 낳게 된다.

1. 의의 및 특성

1. 의의

(1) 정책집행이란 이미 결정된 정책의 내용을 실현시키는 과정으로서 구체적인 지침을 마련하고 자원을 확보하여 정책대상 집단에 편익을 주거나 또는 제한을 가하는 활동이다.

(2) 1930년대 정치행정일원론과 그 이후의 정책과학에서는 집행을 극히 단순하고 기계적인 것으로 간주하여 연구가 활성화되지 않았지만, 1970년대 Pressman & Wildavsky의 〈집행론(Implementation)(1973)〉 출간이후 정책집행연구가 본격화되었다.

2. 대두배경

(1) 고전적 행정모형의 한계 : 고전적 행정모형은 정책결정과 정책집행을 명확히 구분하고 정책집행을 정책결정에 따른 기계적·하향적인 단순과정으로 인식하여 그 중요성을 인식하지 못하였다.

(2) 존슨 행정부의 정책실패 : 1960년대 중반부터 시작된 미국 Johnson 행정부의 '위대한 사회건설(great society)'에 의거한 각종 사회복지정책, 특히 실험적 사업인 오클랜드사업이 실패로 끝나게 되자, 1970년대 초부터 성공적 집행 조건이나 전략을 알아내고자 하는 학문적 노력이 정책집행의 중요성을 부각시키게 된 계기가 되었다.

3. 특성

(1) 계속적·구체적 결정 과정 : 정책은 추상적인 경우가 많아 집행과정에서 구체적인 방안들에 대한 계속적인 결정이 이루어진다.

(2) 정치적 성격 : 정책집행단계도 정책의 구체화결정이나 집행을 둘러싸고 다양한 이해관계자들이 참여하여, 대립·갈등·타협이라는 정치성이 나타난다.

(3) 정책결정과의 상호작용 : 정책집행은 정책을 수정하기도 한다.㉠ 다양한 이해관계집단들의 주장의 수용, ㉡ 추상적인 정책을 구체화, ㉢ 위임된 세부사항의 결정, ㉣ 비현실적 혹은 선례에서 벗어난 정책의 지연 등이 그것이다.

2. 정책집행연구의 전개

1. 고전적 정책집행관

(1) 의의

고전적 행정학에서는 정치·행정이원론에 입각하여 정책결정이 있으면 집행은 자동적·기계적으로 집행되는 것으로 보고, 정책집행을 하나의 독립된 영역으로 연구할 필요가 없었다고 판단하였다.

(2) 특징

① 정책만능주의 : 정책을 수립하고 법률을 제정하면 문제가 다 해결된다고 보았다.

② 정태적 정책관 : 정책상황을 안정적인 것으로 인식하여 정책은 집행과정에서 변화하지 않을 것으로 판단하였다.

③ 계층적 조직관 : 정책집행자는 정책결정자가 내린 정책지침에 따라 그 구체적인 지시를 실천에 옮긴다고 보았다.

④ 목표수정 부당론 : 목표는 수정되어서는 안 되고 충실히 집행되어야 한다고 생각하였다.

⑤ 하향적 관점 : 정책집행과정을 결정자에 의해 명확하게 설정된 정책목표의 기술적인 달성과정이라고 보는 하향적 관점을 취하였다.

2. 현대적 정책집행연구의 전개

(1) 제1세대 집행연구(1970년대 초) : 정책의 실패사례분석을 통하여 집행론의 연구를 촉발 시키면서 정책실패요인을 중점 분석하였다[Pressman과 Wildavsky의 「집행론」(1973)].

① 집행과정에서 정책하위체제(주정부, 지방정부, 여러 이익집단)의 중요성을 강조하였다. 이러한 하위체제 때문에 연방정부가 집행과정을 제대로 통제·조정을 하지 못함을 강조하였다.

② 그들은 정책집행 실패요인으로 연방제의 전통, 엄격한 권력분립, 참여자의 과다, 집행관료의 빈번한 교체, 조직의 탈관료제화 등을 들었다.

(2) 제2세대 집행연구(1970년대 중반~1980년대) : Lowi, Elmore, Berman

① 하향적 접근 : 정책결정자의 입장에서 정책집행에 영향을 미치는 요인들을 체계적으로 연구하였다.

② 상향적 접근 : 정책결정자의 지침보다는 집행현장에서 일어나는 문제 상황에 초점을 두고 연구가 진행되었다.

③ 통합적 접근 : 집행과정의 다양한 측면을 설명하기 위하여 양자의 이론을 통합하였다.

(3) 제3세대 집행연구(1980년대 후반~) : O'Toole, Goggin

① 집행이 정책, 정부단위, 시간별로 다양하게 나타나는 이유가 무엇인지를 밝히고자 하는 연구로서, 가설구성의 상세화, 다양한 척도와 방법론의 사용 등 집행연구의 과학성을 강조하였다.

② 시간의 경과에 따라 집행은 중앙에서 지방정부로 이행되면서 집행과정과 결과는 변한다는 집행의 동태성과 집행주체에 따라 집행결과는 다양하다는 집행의 다양성을 강조하였다.

3. 정책집행의 접근방법

(1) 하향적·전방향적 접근방법(정책 중심적 접근방법, 통제모형) : Sabatier, Mazmanian

① 의의 : 정책결정자의 입장에서 정책결정자가 정책과정의 모든 것에 결정적인 영향력을 행사할 수 있고 또 그렇게 되어야 한다고 보는 고전적 접근방법이다. 정책결정은 정책집행보다 선행하는 상위기능으로 인식하므로 정책집행은 '정책목표를 명확하게 설정한 후 주어진 정책목표의 달성을 위한 수단적 행위'로서 파악된다. 따라서 결정과 집행의 완전한 인과관계를 토대로 정책이 집행되는 단계를 중시하므로 '단계주의' 접근을 취한다.

② 내용과 특징

ⓐ 연구대상 : 중앙정부에서 결정된 정책이 지방정부나 하위기관에 의해 실현되는 과정을 연구한다.

ⓑ 정책목표와 수단 : 명확한 정책목표와 그 실현을 위한 정책수단을 가지고 있다고 가정한다.

ⓒ 집행과정에 대한 시각 : 정치·행정 이원론의 관점에서 결정과 집행을 구분하고 정책기관의 의도가 반드시 집행기관에 의해 기계적으로 집행되어 정책산출로 이어져야 한다고 본다. 따라서 정책집행을 비정치적이고 기술적(技術的)인 과정으로 이해한다.

ⓓ 거시적·연역적 접근 : 행위자보다는 구조적 변수를 모두 대상으로 하는 거시적 접근이며, 집행에 관한 일반원칙을 정립한 후 그 원인을 분석하고 결과를 예측하는 연역적 접근이다.

ⓔ 통제와 순응 : 정책결정자의 통제력과 집행자의 순응을 성공요건으로 본다.

ⓕ 효과적 집행을 위한 전제조건 중시 : 명확한 목표, 목표와 수단 간 타당한 인과관계, 이해관계자 및 지배기관들(대통령, 의회 등)의 지원과 지지, 집행을 위한 자원확보, 집행기관과 대상집단의 순응 확보를 위한 법적 구조화 능력, 헌신적이고 숙련된 관료집단, 안정적 집행환경 등을 중시한다.

(2) 상향적·후방향적 접근방법(행위 중심적 접근방법, 상호작용모형) : Elmore

① 의의 : 정책결정자가 집행과정에 총체적으로 영향력을 행사한다는 하향식 접근방법에 의문을 제기하고, 집행과정에서 중요한 역할을 하는 일선관료와 대상집단의 입장에서 이론을 전개하는 현대적 접근방법이다. 여기서는 정책집행을 다수의 참여자들 사이에서 발생하는 상호작용으로 이해한다.

② 내용과 특징

ⓐ 연구대상 : 일선관료와 정책대상 집단 등 행위자들의 동기, 전략, 상호작용, 행태나 행동을 연구대상으로 삼는다.

ⓑ 집행과정에 대한 시각 : 정치·행정 일원론의 관점에서 집행과정에서도 끊임없는 정책결정이 이루어진다고 보고 집행자와 정책 대상집단의 상호작용의 결과로 나타나는 정책변동을 강조한다. 따라서 집행의 정치적 성격을 강조한다.

ⓒ 미시적·귀납적 접근 : 집행이 일어나는 현장에 초점을 맞추고 그 현장의 상황을 미시적이고 귀납적으로 접근한다.

ⓓ 정책성공을 위한 요소 : 분명하고 일관된 정책목표의 존재가능성을 부인하고, 집행자의 전문지식과 문제해결능력을 성공요건으로 파악하여 집행자의 역량강화와 문제해결에 필요한 재량과 자율성을 부여하는 등 분권화를 중시한다.

▶ 하향적 집행과 상향적 집행

구 분	하향적 집행(통제모형)	상향적 집행(상호작용모형)
연구대상	중앙정부의 정책결정과 정책집행	정책영역 내의 일선집행 네트워크 구조
연구초점	정책결정자들이 의도한 정책목표를 집행기관이 어느 정도 성취했는가?	정책네트워크를 구성하고 있는 다수 행위자(다양한 기관과 참여자)의 전략적 상호작용
정책목표	목표가 명확하여 수정필요성 적음	수정필요성 높음
정책상황	안정적·구조화된 상황	유동적·동태화된 상황
집행절차	표준운영절차(SOP) 사용	상황에 맞는 절차 사용
평가기준	충실한 정책집행과 성과(정책목표의 달성도)	일선관료의 바람직한 행동의 유발과 현장에의 적응성 및 문제해결력
성공요건	결정자의 통제력과 집행자의 순응	집행자의 역량과 재량
이론적 배경	정치·행정이원론(정책결정과 정책집행 구분)	정치·행정일원론(정책결정과 정책집행 미 구분)
연구방법	거시적·연역적	미시적·귀납적
Elmore	전향적 접근(Forward mapping)	후향적 접근(Backward mapping)
Berman	정형적 집행	적응적 집행

(3) 통합모형

① 의의 : 1980년대 중반 이후 하향적 및 상향적 접근방법의 장·단점을 서로 보완하고자 하는 학문적 노력이 전개되었는데, 이것이 바로 통합모형이다. 이 모형의 핵심은 한 접근방법의 장점이 다른 접근방법에서는 단점이 되므로 각 접근방법의 변수들을 통합하여야만 집행과정의 다양한 측면을 설명할 수 있다는 것이다.

② Sabatier의 통합모형 : 하향적 접근방법이 적용가능성이 높은 조건인 경우에는 하향식을, 상향적 접근방법이 적용가능성이 높은 조건인 경우에는 상향식을 개별집행연구의 이론적 틀로 이용(비교우위 접근방법)하였다.

❖ Sabatier의 정책지지연합모형(상향적 접근 + 하향적 접근)

1. 의의 : Sabatier가 제시한 정책지지연합모형이란 상향적 접근방법의 분석단위를 채택하고, 여기에 영향을 미치는 요인으로 하향식 접근방법의 변수와 사회경제적 상황과 법적 수단들을 결합하여 분석하는 모형이다.

   ① 상향적 접근방법의 활용 : 정책하위체제를 구성하는 지지연합을 구분하고, 이들이 사용하는 전략을 파악하여 특정정책과 전략사이의 인과관계를 검토한다.

   ② 하향적 접근방법의 활용 : 행위자들의 전략적 선택행위에 영향을 미치는 법적·사회경제적 요소들을 확인한다.

2. 정책학습 : 지지연합들은 정책지향적 학습을 통해 자신의 정책방향이나 전략을 수정하거나 강화해 나간다.

③ Matland의 상황론적 통합모형

　㉠ 의의 : Matland는 집행에 영향을 미치는 변수를 찾는데 중점을 둔 것이 아니라, 양 접근방법이 어떠한 조건하에서 더 잘 적용되는지, 그리고 이 때 중요한 집행변수가 무엇인지를 탐색하였다. 그에 따르면 하향적 집행론은 정책목표가 명확하고 갈등 수준이 낮은 경우, 상향적 집행론은 정책목표가 모호하고 갈등 수준이 높은 경우를 잘 설명한다.

　㉡ 집행상황과 집행유형

구 분		갈등	
		낮음	높음
목표의 모호성	낮음	관리적 집행(하향적 접근)	정치적 집행(하향적 접근)
	높음	실험적 집행(상향적 접근)	상징적 집행(상향적 접근)

　　ⓐ 관리적 집행 : 정책목표와 수단이 명확하고 이해관계자 간 갈등이 낮은 상황이다. 정책결과는 집행에 필요한 자원의 확보여부와 정도에 의해 결정된다. 집행과정은 계층제에 기반한 중앙집권적 권위로 특징 지워질 수 있고, 갈등의 수준이 낮기 때문에 순응은 강압적 또는 보상적 수단보다는 규범적 수단으로 충분히 확보될 수 있다. 모호성이 낮기 때문에 집행 담당자들은 표준운영절차를 개발하여 자신들의 업무를 구조화시킨다.

　　ⓑ 정치적 집행 : 행위자들 각각의 정책목표와 수단은 명확하지만 서로 상이하며 갈등이 높은 상황이다. 정책결과는 권력관계에 의하여 결정되며 집행 시 대립적인 이해관계를 가진 집행조직 외부의 행위자들에 의해 영향을 많이 받는다. 갈등은 매수(Side payment)나 담합(Log rolling), 날치기통과 등과 같은 방식으로 해결되기도 하며 강제력을 행사하여 자원이나 지지를 확보하거나 또는 협상을 통하여 합의를 이끌어낸다. 순응을 확보하기 위해서는 강압적 또는 보상적인 수단이 중요해진다.

　　ⓒ 실험적 집행 : 정책목표와 수단은 불명확하지만 갈등이 낮은 상황이다. 이와 같은 경우 정책결과는 맥락적인 조건에 의해 결정된다. 즉, 집행현장에 실제로 참여하여 활발하게 활동하는 사람이 누구인지 또는 집행과정에서 사용할 수 있는 자원은 무엇인지에 의해 집행과정이 실질적으로 구체화되며 집행결과는 집행이 일어나는 현장의 특성에 따라 매우 다양해지므로 정책집행의 성공과 실패에 대한 평가보다는 집행과정에 대한 학습과정이 더 중요하다.

　　ⓓ 상징적 집행 : 정책목표와 수단도 불분명하고 이해관계자간 갈등도 높은 상황이다. 정책목표가 애매모호하기 때문에 집행과정은 해석의 과정으로 이해될 수 있으며 정책의 목표나 수단에 대한 상이한 해석들이 서로 경쟁하고 비슷한 해석을 가진 참여자들 간에는 연합체가 형성된다.

3. 정책집행의 단계

(1) 정책지침작성단계

결정된 정책은 추상적이므로 현실적으로 집행이 가능하도록 정책내용을 구체화시켜서 무엇을 어떻게 하는가를 집행자, 특히 일선관료에게 밝혀주어야 한다. 정책지침은 정책집행자의 표준적인 업무수행의 절차를 의미하는 표준운영절차로 대표된다.

(2) 자원확보와 배분단계

집행담당기관이나 집행대상자에 대한 예산·인력·시설·정보 등 필요한 자원을 확보한다.

(3) 조직화단계

정책집행기구를 설치하고 집행절차를 마련한다.

(4) 실현활동단계

확보된 자원을 이용하여 정책지침에 따라 정책대상자에게 서비스를 제공하거나 행동을 규제한다.

(5) 감시 및 환류단계

실현 활동이 지침에 따라 충실하게 수행되었는가 여부를 점검·평가하고 잘못이 있으면 시정한다.

1. 정책집행의 유형

1. Nakamura & Smallwood의 모형

정책결정자와 정책집행자의 권한배분을 중심으로 다음과 같이 분류하고, 고전적 기술자형에서 관료적 기업가형으로 나아갈수록 정책집행자가 정책결정자보다 큰 역할을 담당한다.

(1) 고전적 기술자형

① 의의 : 정책결정자가 집행과정을 통제하고 정책집행자는 정책결정자가 결정한 정책내용을 충실히 집행하는 유형이다. 집행자는 재량이 거의 없으며 약간의 기술적 수단(재량)만을 가지고 있다.

② 특징 및 전제조건

㉠ 결정자와 집행자를 엄격히 구분하여 결정자는 명백한 목표를 설정하고 집행자들은 이 목표를 지지하며 결정자가 결정한 정책내용을 충실히 집행한다.

㉡ 결정자는 지휘체계를 확립하고 집행자들에게 목표를 수행할 수 있는 기술적 권한을 위임하고 정책집행자는 기술적 능력을 가지고 있다.

(2) 지시적 위임가형

① 의의 : 고전적 기술관료형과 같이 결정자는 여전히 목표를 제시하지만, 집행자는 규정과 규칙을 제정할 수 있는 권한을 가지고 행정적 수단의 선택에 있어서는 상당한 재량권을 갖는 형태이다.

② 특징 및 전제조건

㉠ 결정자는 명백한 목표를 설정하고 집행자는 목표가 바람직하다고 동의한다.

㉡ 결정자는 목표를 달성하도록 지시함과 동시에 집행자들에게 관리적 권한을 위임한다.

㉢ 결정자에 의하여 목표가 수립되고 대체적인 방침만 정해진 뒤, 수단선택과 같은 나머지 부분은 집행자에게 위임된다.

㉣ 집행자는 이 목표와 방침에 합의한 상태에서 집행 시 충분한 재량권을 부여받는다.

(3) 협상자형

① 의의 : 지시적 위임자형이 결정자가 제시한 정책목표에 대한 합의가 이루어짐을 전제로 한 반면, 협상자형에서는 결정자가 목표를 제시하기는 하지만, 결정자와 집행자 간에 합의가 이루어지지 않는 형태이다. 따라서 양자 간의 최종적 결과는 상대적 권력 즉, 어느 집단의 힘과 협상력이 뛰어나느냐에 달려 있다.

② 특징 및 전제조건

㉠ 공식적인 정책결정자가 목표를 설정한다.

㉡ 정책목표가 바람직한가에 대하여 결정자와 집행자는 반드시 의견을 같이하지 않는다.

㉢ 집행자는 정책목표와 수단에 대하여 결정자와 협상을 벌인다.

(4) 재량적 실험가형

① 의의

결정자가 정보·기술·현실여건 등으로 정책에 대한 확신이 없어 구체적인 목표를 설정하지 못하고 집행자에게 재량권을 광범위하게 위임하는 형태이다. 집행자는 정책목표의 구체화, 수단선택, 정책시행 등을 자기책임 하에 관장한다. 책임회피의 위험성이 있지만, 문제와 해결책에 대한 구체적인 정의가 매우 어려운 경우 적용할 수 있는 유일한 시나리오이며, 복잡·불확실한 상황에서는 가장 혁신적인 집행방법이 될 수 있다.

② 특징 및 전제조건

㉠ 결정자는 추상적인 목표의식은 가지고 있어 추상적·일반적 정책목표를 지지하지만, 지식의 부족과 불확실성 때문에 정책목표를 구체적으로 설정할 수 없어 추상적 수준에 머무르므로 대부분의 정책을 집행자에게 위임한다.

㉡ 결정자는 집행자에게 광범위한 재량권을 주어 그들이 목표를 구체화하고 필요한 수단을 개발하도록 한다.

㉢ 집행자는 자발적이고 성실한 자세로 이러한 과업을 수행하고 필요한 능력을 보유하고 있다.

(5) 관료적 기업가형

① 의의

고전적 기술관료형의 정반대의 형태로서, 집행자에게로 권력이 이전되어 집행자가 결정자의 정책결정권을 장악하고 정책과정 전반을 완전히 통제(주도·장악)하는 유형이다. 형식적인 결정권을 소유한 결정자는 집행자가 만든 정책과 목표를 받아들일 수밖에 없다. 고전적 기술자형에서 관료적 기업가형으로 이동할수록 집행자의 재량이 크므로 정치·행정일원론 및 상향적(적응적) 집행론과 맥을 같이 한다.

② 특징 및 전제조건

㉠ 집행자는 정책목표를 결정하고 결정자를 설득 또는 강제하여 이 정책목표를 받아들이도록 한다.

㉡ 집행자는 그 목표의 달성을 위한 수단을 확보하기 위하여 결정자와 협상과 흥정을 벌인다.

㉢ 집행자는 자신들의 정책목표를 성실하게 성취하고자 하며 필요한 능력을 보유하고 있다.

▶ Nakamura & Smallwood의 정책집행모형

구 분	정책결정자	정책집행자
고전적 기술자형	목표-수단의 제시	기술적 수단
지시적 위임형	목표설정	목표달성을 위한 수단에 대한 재량
협상형	목표에 대한 협상	
재량적 실험가형	추상적 목표	광범위한 재량을 보유(전문 프로젝트)
관료적 기업가형	정책지지	정책과정 전반을 집행자가 주도

2. Elmore의 유형

(1) 전방향적 접근방법(Forward mapping)

정책집행을 정책목표달성을 위한 수단적 행위로 파악하여, 정책결정자들이 정책의도를 분명히 하고, 정책집행자들에게 기대되는 사항을 각 단계별로 구체화한 후, 최종적인 집행과정에서 나타날 집행성과를 원래 의도한 정책목표와 비교하는 과정이다.

(2) 후방향적 접근방법(Backward mapping)

집행현장에서 일선관료들의 바람직한 행태를 유발할 수 있는 조직운영절차와 이를 위한 재량과 자원의 부여가 성공적 정책집행의 중요한 요소라고 보고 있다.

3. Berman의 모형

(1) 정형적 집행

비교적 명확한 정책목표에 의거하여 사전에 수립된 계획에 따라 일사분란하게 이루어지는 집행으로, 안정된 정책상황, 명확한 정책목표, 관련자의 참여제한, 집행자의 재량통제, 집행자의 정책목표달성에 대한 충실도(Fidelity)를 평가하게 된다.

(2) 적응적 집행

다수의 참여자들이 협상과 타협을 통하여 정책을 구체화하고 집행하는 유형으로, 불안정한 정책상황, 정책관련자의 참여, 집행자의 재량인정, 집행의 적응도를 평가하게 된다.

▶ 정형적 집행과 적응적 집행의 비교

구분	정형적 집행	적응적 집행
정책상황	안정적·구조화된 상황	유동적·동태적 상황
정책목표 수정	목표가 명확하여 수정의 가능성 낮음	목표가 불명확해 수정이 불가피
관리자의 참여	참여의 제한	다원적인 참여가 필요
집행자의 재량	집행자의 재량 최소화	집행자의 재량 인정
정책평가의 기준	집행의 충실성 또는 성과	환경에의 적응성 중시, 정책성과는 2차적 기준

4. Lipsky의 일선관료제

(1) 의의

① 일선관료란 시민들과 직접 접촉하는 공무원을 의미하는데 경찰, 교사, 지방법원판사, 사회복지요원 등이 대표적인 일선관료라고 할 수 있다.

② Lipsky는 일선관료들이 일반적으로 처하게 되는 업무환경을 살피고 업무환경의 어려움에 대처하기 위해 어떠한 적응메커니즘을 개발하는지, 그리고 그러한 적응메커니즘이 일선관료의 집행활동에 어떠한 영향을 미치는지를 분석하였다.

(2) 일선관료의 업무특성과 업무관행

① 업무특성

   ⊙ 대민업무 : 일선관료는 대면적인 업무를 다루며, 일선행정관료들이 처한 업무상황들을 일률적으로 정형화하기에는 너무 다양하고 복잡하다.

   ⓒ 노동집약적 성격 : 일선관료의 업무는 노동집약적 성격이 강한 반면 부족한 인력과 자원으로 인하여 업무 부담이 크다.

   ⓒ 높은 재량 : 일선관료의 업무는 정형화하기 어려우며 복잡하고, 기계적이기보다는 인간적인 차원에서 대처해야 할 상황이 많기 때문에 재량이 많을 수밖에 없다.

② 일선관료의 작업환경

   ⊙ 만성적 초과수요 : 과중한 업무량에 비해 제공되는 인적·물적 자원은 만성적으로 부족하다.

   ⓒ 객관적 평가기준의 부재 : 고객집단도 관료들의 성과를 평가할 위치에 있지 아니하거나 능력이 부족하다.

   ⓒ 일선행정수요가 공급능력을 초과 : 사기가 저하된다.

   ② 부서의 목표가 애매하거나 이율배반적인 경우가 허다하다.

   ⓜ 효과적인 통제수단이 부재하다.

③ 업무관행

   ⊙ 업무의 단순화·정형화·관례화 : 일선관료는 부족한 자원, 효과적 통제의 부재, 모호한 목표, 사기를 저하시키는 주변 환경 등 때문에 주어진 업무를 효과적으로 수행할 수 있는 처지에 있지 못한다. 따라서 관료들은 과다한 업무와 직무의 복잡성에 대처하기 위해 업무의 단순화, 정형화, 관례화를 추구한다.

   ⓒ 수요의 인위적 제한 : 공공서비스의 만성적인 초과수요는 일선관료를 평범함이 최선이라는 함정에 빠지게 한다.

2. 정책집행의 순응과 불응

1. 순응

(1) 개념

순응(順應)이란 정책집행자 또는 정책대상집단이 정책이나 법규에 근거한 지시나 요구사항에 대하여 일치된 행동을 보이는 것을 의미한다.

(2) 발생원인

① 권위의 존중, ② 합리적·의식적 수용, ③ 정부의 정통성, ④ 자기이익의 추구, ⑤ 처벌·제재의 가능성, ⑥ 정책집행의 장기화

2. 불응

(1) 개념

불응이란 정책집행에 있어서 정책결정자의 지시나 정책집행자의 환경에 대한 요구를 피지시자나 환경이 들어주지 않는 상태를 의미한다.

(2) 발생원인

① 기존 가치체계와의 갈등, ② 법에 대한 선택적 불응, ③ 집단에의 소속감, ④ 금전상의 이익, ⑤ 정책의 모호성, ⑥ 정책의 정통성 결여, ⑦ 집행자의 소극적 성향이나 재량권의 남용, ⑧ 다수기관 관련성 및 의사전달의 부족이나 비효율성, ⑨ 지도력부족 및 적절한 집행수단 결여, ⑩ 인적·물적자원 및 정보의 부족, ⑪ 기술의 제약성 등이다.

3. 순응 확보방안

(1) 도덕적 설득

정책의 당위성을 도덕적·윤리적 차원에서 홍보하여 심리적으로 설득해 나가는 방법으로서, 비용이 적게 들 뿐만 아니라, 대상집단의 마음을 변화시켜 순응하게 하므로 순응주체의 B/C분석에 의한 행태를 극복할 대안이다.

(2) 유인과 보상

순응 시 보조금, 세금감면 등 유인(Incentive)을 주게 되는데 시장경제적 관점에서 순응을 순응주체의 자발적 선택에 맡긴다는 데 그 의의가 있다. 이는 분권화된 체제에서 가장 효과적인 방법이지만, 금전적 가치를 우선시하고 정책비용이 많이 드는 약점이 있다.

(3) 처벌과 강압

불응할 경우 처벌하거나 처벌할 것을 위협하는 것으로서 벌금·과태료와 같은 금전적 손실 부과, 징역과 같은 체형, 허가취소·보조금 중단 등과 같은 기존 이익의 박탈을 수단으로 한다. 비용이 들지 않는다는 장점이 있지만, 개인의 인권 및 재산을 침해하고 저항이나 도피를 초래할 가능성이 높다.

3. 정책집행에 영향을 미치는 요인

1. 정책의 유형

(1) 분배정책

대상 집단이 수혜자들이고 집행과 관련된 집단들 간의 갈등이 비교적 낮아 정책집행의 성공가능성이 높다.

(2) 규제정책

정부가 정책으로부터 혜택을 받는 자와 피해를 보는 자를 선택하는 과정에서 갈등이 발생한다.

2. 사업계획의 성격

(1) 명확성

사업목표와 달성을 위한 수단이 명확할 때 집행이 용이하다.

(2) 일관성

정책목표와 수단 간의 우선순위가 불분명하고 변동이 심한 경우 일관성이 결여되고, 집행이 지연되게 된다.

(3) 소망성

정책목표가 바람직스럽다고 인식할 때 집행의 성공가능성은 높아진다.

3. 집행주체

(1) 조직과 재원 : 정책집행은 집행조직의 구조적 특징, 집행절차와 재원에 의해 좌우된다.

① 행정구조 : 하향적 접근방법에서는 집권화된 계층제적 구조가 요구되며, 상향적 접근방법에서는 분권화된 구조를 요구한다. 정책집행의 효율성과 구조는 상황론적으로 판단되어야 한다.

② 관료규범 : 조직구성원들을 지배하는 규범과 태도는 정책집행에 영향을 미치게 된다.

③ 표준운영절차(SOP) : 표준운영절차는 집행에 필요한 시간과 노력을 절약한다. 하지만, 표준운영절차에 대한 지나친 집착은 조직의 타성을 높이고 적응성과 신축성을 저하시켜 집행의 성과를 제약하기도 한다.

④ 재원 : 사업계획 내에 자금계획이 마련되어 있지만, 실제로 집행기관은 재원을 동원·운영하게 된다. 이러한 재원동원능력은 정책집행에 영향을 미친다.

(2) 정책집행담당자 및 관련기관과의 관계

① 정책집행담당자의 전문적 능력, 정책에 대한 태도는 집행의 성공여부에 영향을 미친다. 또한 집행담당자의 리더십, 즉 관리적 능력과 정치적지지 동원능력은 정책집행에 영향을 미친다.

② 집행조직과 관련된 타 기관과의 관계는 정책집행에 영향을 미친다.

4. 정책 대상집단

(1) 대상집단의 대응행태

① 대상집단의 규모, 조직화의 정도, 리더십 : 대상집단의 규모가 크고, 조직화 정도가 강하며 지도자가 분명할 때 대상집단의 대응행태는 강력하게 나타난다.

② 요구되는 행태변화의 정도 : 대상집단에게 요구되는 행태변화의 정도가 기존의 관행·관습과 차이가 클 때, 대상집단은 소극적이며 부정적 태도를 가지고 대응하게 된다. 이 경우 순응을 이끌어 내기 위해 설득·유인·강제적 방법이 사용되기도 한다.

③ 대상집단의 사회적 배경과 경험 : 대상집단의 교육정도가 높을수록, 유사한 경험이 있는 경우, 집단에게 불리한 정책에 대한 반발이 크다.

(2) 집행주체의 협상전략

집행주체가 강제적 방식으로 일관하는 경우 반발을 야기하여 정책집행을 어렵게 한다.

▶ 정책 대상집단에 따른 정책집행의 영향

조직 규모		조직화 정도	
		강	약
집단의 구성	수혜집단 > 희생집단	집행용이	집행용이
	수혜집단 = 희생집단	집행곤란	집행용이
	수혜집단 < 희생집단	집행곤란	집행용이

제05장 정책평가와 정책변동론

제01절 | 정책평가

1. 의의

1. 개념

정책평가란 정책의 집행결과가 의도된 정책목표를 어느 정도 실현하였는가, 당초 생각되었던 정책문제의 해결에 얼마나 기여하였는가, 어떤 파급효과 내지 부차적 효과를 가져왔는가 등을 체계적으로 탐색·조사·분석하려는 활동을 의미한다.

2. 대두배경과 목적

(1) 대두배경

① 사회복지사업의 실패 : 미 연방정부의 '위대한 사회(Great Society)'와 관련한 각종 사회복지사업들이 1960년대 말부터 곳곳에서 실패를 거듭하면서 의욕만 앞선 졸속정책이었다는 비판을 받게 되었다.

② 계획예산제도(PPBS) 도입 실패 : 비용편익분석을 사용하는 PPBS가 1965년에 도입되었지만, 효과를 확인하는 총괄평가의 미흡으로 10년도 안되어 폐기되면서 사업평가에서 얻는 정보의 필요성을 절감하였다.

(2) 목적

① 정책결정과 집행에 필요한 정보제공

㉠ 정책 추진여부 결정 : 정책평가 결과가 환류되므로 정책의 중단·축소·유지·확대·방향전환 여부를 결정하는 데 도움을 준다. 주로 총괄평가에서 제공되는 정보에 의하여 가능하다.

㉡ 정책내용 수정 : 정책평가를 통해서 복수의 정책목표 중에서 비용−효과 면에서 보다 바람직한 목표를 우선하게끔 조정하거나, 정책수단의 수정에 따라서 그 내용이 변경되게 한다.

㉢ 효율적인 집행전략 수립 : 집행과정의 검토와 집행활동의 점검 등 과정평가를 통하여 목표달성에 효과적인 정책수단을 발견하고 보다 능률적인 집행절차와 집행활동의 설계를 발견할 수 있다.

② 정책과정상의 책임성 확보

㉠ 법적·회계적 책임 : 집행요원들로 하여금 법규나 회계규칙에 적합하게 행동하도록 한다(감사).

㉡ 관리적 책임 : 관리자가 능률적·효과적으로 집행업무를 관리하도록 한다.

㉢ 정치적 책임 : 정책담당자로 하여금 국민에게 정책의 효과와 능률을 보장하도록 하며 구체적으로 선거를 통해서 지게 된다.

③ 학문적 기여(가설검증을 통한 이론구축) : 정책은 'A를 하면 B의 상태가 될 것'이라는 가설로 표현되며, 정책평가는 정책수단과 그에 따른 정책결과라는 인과관계를 검토·확인·검증하는 것이다. 따라서 정책평가는 제시된 가설을 검증함으로써 기존 이론을 보완하거나 새로운 이론을 탄생시키기도 한다.

④ 기타 : 정책과정 참여자의 지지확보, 목표달성을 위해 사용된 수단과 하위목표의 재구성, 효과성을 증진시키기 위해 평가결과를 정책평가실험 과정으로 유도 등

2. 정책평가의 유형

1. 일반적 구분

(1) 착수직전 분석

① 새로운 프로그램개시를 결정하기 직전에 수행하는 평가로 기획과 유사하며 사전분석이라고도 한다.

② 프로그램수요, 개념의 적합성, 운영적 측면에서의 실행가능성 등에 대한 평가이다.

(2) 평가성 사정(평가성 검토, 예비평가)

① 평가기획단계에서 이루어지는 활동으로 평가를 위한 평가, 예비평가라고도 한다.

② 특정한 정책·사업을 본격적으로 평가하기에 앞서 수행하는 분석활동을 말한다.

> ♣ 의사평가(사이비평가)
> (1) 이해관계자, 정책결정자, 전문가, 집행자, 평가자 등이 정당치 못한, 즉 자신들에게 유리한 개인적·정치적 목적으로 정책을 평가하는 것을 말한다. 의사평가의 원인과 형태로는 ① 기만(외관이 현실을 대신), ② 호도(변명이 검증을 대신), ③ 매장(정치가 과학을 대신), ④ 가장(의례가 조사를 대신), ⑤ 회피(서비스를 조사가 대신) 등이 있다.
> (2) W. Dunn은 이러한 정당하지 못한 평가를 막기 위해 평가성 사정(검토)이 필요하다고 주장하였다.

(3) 과정평가

① 협의의 과정평가 : 총괄평가를 위한 평가로 정책수단과 정책결과 간의 어떤 경로를 통해서 효과가 발생했는지 정책효과 발생의 인과관계를 확인하는 것이다.

② 형성평가 : 정책이 집행되는 도중에 정책이 의도했던 대로 집행되고 있는지를 평가하여 집행 상 문제점을 파악하고 프로그램을 개선하기 위해 수행하는 평가를 말한다.

③ 프로그램모니터링 : 프로그램집행의 능률성과 효과성을 확보하기 위한 평가를 말한다.

(4) 총괄평가

① 엄밀한 의미의 정책평가로 정책종결 후에 정책이 원래 의도한 목적을 충분하고 적절하게 달성했는지를 평가하는 것으로서 정책효과에 대한 평가이다.

② 총괄평가는 집행의 효과성뿐만 아니라 능률성, 형평성 등을 평가하는 것이다.

(5) 메타평가(상위평가) : 평가에 대한 평가

① 평가계획, 진행 중인 평가 등을 포함한 정책평가결과를 다시 평가하는 것을 말한다.

② 평가기준의 검토, 평가실시과정, 그리고 평가의 효과에 대한 평가가 이루어진다.

2. 평가시기에 따른 구분 : 형성적 평가와 총괄적 평가

(1) 형성적 평가

사업계획을 형성 및 개발하는 과정에서 수행되는 평가로 과정평가, 도중평가, 진행평가, 중간평가 등으로도 불린다.

(2) 총괄적 평가

정책이 집행된 후에 과연 그 정책이 당초 의도했던 효과를 성취했는지의 여부를 판단하는 활동으로 정책결과 또는 효과평가라고도 한다.

3. 정책평가의 절차와 기준

1. 절차

(1) 목표의 확인

원래 의도한 목표를 명확히 하고 측정 가능하도록 규정하는 과정이다.

(2) 평가대상 및 기준의 설정

실현가능성이 높은 평가 설계를 위하여 평가성 사정을 통해 평가대상 및 기준 등에 대한 기획을 수립하는 과정이다.

(3) 인과모형의 설정

정책(정책수단)을 독립변수로 하고 정책결과(정책목표)를 종속변수로 하는 인과모형을 설정하고 인과모형이 적절한지를 확인하는 과정이다.

(4) 연구설계의 개발

정책이 정책결과에 미치는 영향에 대한 가설을 도출하고 이를 검증하기 위한 정책평가의 방법을 결정하는 과정이다.

(5) 자료의 수집 및 분석

평가에 사용될 양적·질적 자료를 수집하고, 적절한 분석기법에 의한 자료해석을 통해 인과관계를 검증하는 과정이다.

(6) 평가결과의 환류

평가 결과 얻어진 정보를 정책결정, 정책집행, 정책평가 등의 일련의 과정에 활용하는 과정이다.

2. 기준

(1) Nakamura & Smallwood의 기준

① 정책목표의 달성도(효과성) : 정책이 의도한 목표를 달성하였는지의 여부로서 목표의 명확성이 중요하다.

② 능률성 : 비용과 관련시켜 산출의 질과 양을 파악하는 것으로, 수단의 극대화에 중점을 둔다.

③ 주민만족도 : 조직외부집단인 주민의 이해관계를 얼마나 잘 받아들이고, 타협·조정했는가를 파악한다.

④ 수익자대응도 : 수익자집단이 정책에 의하여 어떠한 혜택을 받으며 이러한 혜택은 수익자의 인지된 욕구에 어느 정도 대응하고 있는가를 중요시한다.

⑤ 체제유지도 : 정책이 체제의 적응력·활동을 높여 체제유지에 어느 정도 기여하였는가를 평가한다.

평가기준	평가내용	해당유형
효과성	정책목표가 얼마나 충실히 달성되었는지를 측정	고전적 기술자형에 해당하는 평가기준
능률성	정책의 효과를 극대화하고 정책비용을 최소화하는 집행이 성공인 것	지시적 위임형에 적합 (평가의 초점이 수단에 있으므로)
정책지지 및 관련집단의 만족도	정책집행에 의하여 이익과 손해를 보는 여러 집단의 만족도 평가	협상형 (타협과 조정을 중시하기 때문)
정책수혜집단의 요구 대응성	만족도를 사용하여 성과평가. 소비자 또는 고객 등의 정책수혜집단의 만족도 중시	재량적 실험가형(고객의 요구를 충족시키기 위한 프로그램의 적응성에 관심을 두기 때문)
체제유지도	정책집행이 크게는 국가체제, 작게는 집행기관의 유지·발전에 어떠한 도움을 주는지를 평가	관료적 기업가형

(2) 기타 기준

① 충족성(적정성 : Adequacy) : 문제의 해결정도를 의미한다.

② 형평성(Equity) : 비용과 편익이 상이한 집단 간에 공정하고 공평하게 분배되고 있는가에 관한 평가기준이다.

③ 대응성(Responsiveness) : 특정집단의 욕구·선호·가치 등을 충족시키는 정도를 의미한다.

④ 적합성(Appropriateness) : 특정정책의 바람직한 결과가 실제로 유용성과 가치가 있는 것인가를 평가하는 기준이다.

4. 인과모형의 설정

1. 인과관계

(1) 의의

인과관계란 원인변수(정책)와 결과변수(목표달성)의 관계를 의미하는 것으로, 정책평가에서 인과관계의 규명은 정책수단에 의한 정책효과를 규명하는 작업이다.

(2) 인과관계 성립조건

① 시간적 선행성 : 정책(독립변수)은 목표 달성(종속변수)보다 시간적으로 선행해야 한다.

② 공동변화 : 정책과 목표 달성은 모두 일정한 방향으로 변화해야 한다.

③ 비허위적 관계(경쟁가설 배제) : 그 정책 이외의 다른 요인이 목표 달성에 영향을 미치지 않았음을 입증해야 한다.

2. 변수

(1) 독립변수와 종속변수

① 독립변수 : 어떤 결과를 가져오는 원인이 되는 변수를 의미한다.

② 종속변수 : 독립변수에 의한 결과를 나타내는 변수를 의미한다.

(2) 제3의 변수 : 독립변수와 종속변수간의 관계에 영향을 미치는 변수

① 허위변수 : 두 변수 간에 전혀 관계가 없는데도, 상관관계가 있는 것처럼 나타나도록 두 변수에 모두 영향을 미치는 변수이다.

② 혼란변수 : 두 변수 간에 관계를 과대 또는 과소평가하게 만드는 제3의 매개변수이다.

③ 억제변수 : 두 변수 간에 상관관계가 있는데도 없는 것으로 나타나게 하는 변수

④ 왜곡변수 : 두 변수의 사실상의 관계를 정반대의 관계로 나타나게 하는 변수

⑤ 매개변수 : 독립변수와 종속변수사이에서 독립변수의 결과인 동시에 종속변수의 원인이 되는 변수

⑥ 선행변수 : 인과관계에서 독립변수에 유효한 영향력을 행사하는 변수

⑦ 구성변수 : 포괄적 개념의 하위변수로, 예를 들면 사회계층은 포괄적 개념이며, 교육수준·수입·직업 등은 이를 구성하는 하위변수이다.

3. 정책평가의 타당성과 신뢰성

(1) 평가의 타당성

① 의의 : 정책평가란 정책과 정책효과 간의 인과관계를 검증하려는 것이기 때문에, 평가자체의 타당성이 전제되어야 한다. 정책평가의 타당성이란 정책평가가 정책의 효과를 얼마나 진실에 가깝게 추정해내고 있느냐 하는 정도를 나타내는 개념이다.

② 종류

㉠ 내적 타당성 : 내적 타당성이란 정책실험의 결과가 정책으로 인한 효과라고 말할 수 있는 정도를 말한다. 즉, 실험의 결과가 타당하다고 말할 수 있는 정도를 말한다. 내적 타당도를 높이기 위해서는 측정도구의 내용이 대표성을 띠어야 하며, 구성하는 표본이 적합해야 한다.

㉡ 외적 타당성 : 특정 상황에서 내적 타당성을 확보한 정책평가가 다른 상황에서도 적용될 수 있는 정도, 즉 일반화될 수 있는 정도를 의미한다.

㉢ 구성적 타당성 : 측정의 타당도를 이론적 적합성에 의해 판단하는 것으로 처리·결과·모집단·상황들에 대한 이론적 구성요소들이 성공적으로 조작화된 정도를 말한다. 즉, 구성적 타당도가 높은 실험이란 제시된 이론과 개념적 틀 속에서 타당한 측정이어야 한다.

㉣ 통계적 결론의 타당성 : 만일 정책의 결과가 존재하고 이것이 제대로 조작되었다고 할 때 이에 대한 효과를 찾아낼 만큼 충분히 정밀하고 강력하게 연구설계가 된 정도를 말한다.

(2) 내적 타당성의 저해요인

① **외재적 요인** : 정책의 대상이 되는 실험집단과 그렇지 않은 통제집단(비교집단)이 동등하게 선발되지 못하여 처음부터 다른 특성을 가져 정책이 영향을 갖는 것으로 나타나게 되는 효과를 선발상의 차이로 인한 선발요소 또는 선택효과(Selection)라고 한다.

② **내재적 요인** : 내재적인 요인들은 처치를 하는 동안에 일어나는 변화이다.

 ㉠ **역사적 요소** : 실험기간 동안에 일어나는 사건이 실험에 영향을 미쳐 실험결과를 왜곡시키는 요소를 말한다.

 ㉡ **성숙효과** : 평가에 동원된 구성원들이 정책의 효과와는 관계없이 스스로 성장함으로써 나타날 수 있는 효과를 말한다.

 ㉢ **상실요소** : 평가에 동원된 구성원들이 연구기간 동안에 이사, 전보 등으로 이탈하여 실험결과를 왜곡시키는 요소를 말한다.

 ㉣ **측정요소** : 측정 그 자체가 연구되고 있는 현상에 영향을 주는 것을 말한다.

 ㉤ **회귀인공요소** : 실험 직전의 측정결과를 토대로 집단을 구성할 때, 평소와는 달리 유별나게 좋거나 나쁜 결과를 얻은 사람들이 선발되는 수가 있다. 이런 사람들은 실험이 진행되는 동안에 자신의 원래 위치로 돌아가게 되는데 그렇게 되면 측정결과에 대한 해석이 제대로 될 수 없다.

 ㉥ **측정도구의 변화** : 정책이나 프로그램의 집행 전과 집행 후에 측정하는 절차나 측정도구가 달라져 실험결과를 왜곡시키는 것을 말한다.

 ㉦ **선발과 성숙의 상호작용** : 실험집단과 비교집단에 선발된 개인들이 최초에도 다를 뿐만 아니라 그들 두 집단의 성장 또는 성숙의 비율이 다르기 때문에 나타난다.

 ㉧ **처치와 상실의 상호작용** : 실험집단과 비교집단에 무작위 배정이 이루어진 경우라 할지라도 이들 집단들에 서로 다른 처치로 인하여 두 집단으로부터 처치기간 동안에 서로 다른 성질의 구성원들이 상실될 수 있다.

(3) 외적 타당성 저해요인

① **호손효과(실험조작의 반응효과)** : 인위적인 실험환경에서 얻은 실험적 변수의 결과를 일반화하기 어렵다.

② **표본의 비대표성** : 두 집단 간에 동질성이 확보되었다 하더라도 선정된 실험집단이 사회적 대표성이 없으면 일반화가 곤란하다.

③ **다수적 처리에 의한 간섭(Multiple-treatment interference)** : 동일집단에 여러 번 실험적 처리를 실시하는 경우 실험조작에 익숙해지게 되는 바, 이러한 실험결과를 그러한 처치를 전혀 받지 않은 일반적 모집단에 일반화하기 어렵다.

④ **크리밍 효과** : 효과가 크게 나타날 사람만을 실험집단에 포함시켜 실험을 실시할 경우 그 효과를 일반화하기 곤란하다.

⑤ **실험조작과 측정의 상호작용(실험 전 측정의 반응효과)** : 실험 전 측정(Protest)이 피조사자의 실험조작에 대한 감각에 영향을 줄 수 있어, 그 결과를 아무런 실험적 측정도 받지 않은 모집단에 대하여 일반화해도 좋은가가 문제된다.

(4) 평가의 신뢰도

① 개념 : 타당성이 내용적인 인과관계를 따지는 것(내용)인 반면, 신뢰성은 측정도구의 측정결과에 대한 일관성을 따지는 것(형식)이다. 신뢰성은 동일한 측정도구로 동일한 현상을 반복하여 측정했을 때 동일한 결론이 도출되는 정도로서, 평가하려는 것을 얼마나 오차 없이 일관성 있게 평가하느냐를 의미한다.

② 신뢰도 검증방법

㉠ 재검사법 : 동일한 측정도구를 동일한 상황에서 동일한 대상에게 서로 '다른' 시간에 측정하는 방식이다. 시간적 간격 때문에 성숙효과나 역사요인 등이 발생할 수 있다.

㉡ 복수양식법(동질이형법, 평행양식법) : 유사한 2개 이상의 측정도구를 동일한 대상에게 측정하여 비교하는 방식이다. 동등한 측정도구들을 개발하기가 곤란하다.

㉢ 반분법 : 측정도구를 짝홀수 등의 방식으로 반으로 나누어 이들의 측정결과를 비교하는 방식이다. 다른 방식으로 나눈다면 신뢰도계수의 추정치가 달라질 수 있다.

㉣ 내적 일관성 분석 : 모든 가능한 2분할방법을 사용하여 반분신뢰도를 구한 다음 그 평균값을 신뢰도로 추정하는 방식이다. 반분법에서 얻을 수 없는 유일한 신뢰도계수를 얻을 수 있으므로 현실적으로 가장 많이 사용된다.

5. 정책평가를 위한 실험

1. 의의

어떤 집단을 대상으로 실험을 통하여 정책이 효과가 있는지를 파악하는 것으로, 정책의 효과를 확인하기 위해 일정한 처치를 가하는 실험집단과 비교를 위한 통제집단 간의 차이를 확인하려는 것이다.

2. 진실험적 방법

(1) 개념

실험집단과 통제집단의 동질성을 확보하고 행하는 실험으로, 실험집단에만 정책처리를 하여 일정시간이 지난 후 집단에서 나타나는 결과의 차이를 정책처리의 효과로 판단하는 것이다.

(2) 동질성 확보방안

동질성이란 두 집단이 구성상, 경험상, 성향상으로 동일해야 한다는 것으로 난수표에 의한 무작위추출이 대표적 방법이다.

(3) 장점

무작위배정을 통하여 양 집단의 동질성이 확보되므로 선정효과, 성숙효과, 사건효과, 선정과 성숙의 상호작용 등이 발생하지 않아 외부변수의 개입이 방지되므로 내적 타당성이 가장 높다.

(4) 단점

진실험은 엄격하게 조정된 인위적 실험환경 하에서 진행되므로 다른 상황에의 일반화가 그만큼 곤란하므로 외적 타당성은 가장 낮으며 실험의 실현가능성 또한 가장 낮다.

3. 준실험적 방법

(1) 개념 : 실험집단과 비교집단(통제집단)을 사전에 미리 선정하되 양자의 동질성이 확보되지 않은 상태에서 실험집단과 비교집단을 구성하여 정책효과를 평가하는 실험적 방법을 말한다.

(2) 장점 : 비교적 자연상태에서의 실험이므로 호손효과를 방지해주고, 실험대상을 무작위로 나누는데서 발생하는 모방효과, 누출효과, 부자연스러운 반응 등이 나타나지 않아 외적타당도와 실행가능성은 비교적 높다.

(3) 단점 : 두 집단 간 비 동질성으로 인하여 두 집단 간 성숙효과가 다르고 어느 한 집단에만 특유한 사건이 발생하는 경우 사건효과 등이 달라 내적타당도는 상대적으로 낮다.

4. 비실험적 방법

(1) 개념 : 비실험적 방법은 비교집단이 구성되지 않은 실험이다. 비교집단이 없어 내적 타당성을 확보하기는 곤란하지만, 사용하기 용이하므로 일상적으로 많이 사용된다.

(2) 대표적 비실험설계 : 정책실시 전후비교방법(하나의 정책대상집단에 대하여 정책을 실시하기 전의 상태와 정책을 실시한 후의 상태를 단순하게 비교하여 정책효과를 추정하는 방법 → 성숙효과의 문제)과 사후 비교집단 선정방법(정책대상집단과 다른 집단을 정책집행 후에 사후적으로 찾아내어 일정한 시점에서 비교하는 방법 → 선정효과의 문제)

▶ 진실험·준실험·비실험의 비교

구분	내적타당도	외적타당도	실현가능성
진실험	높음	낮음	낮음
준실험	낮음	높음	높음
비실험	가장 낮음	가장 높음	가장 높음

6. 우리나라의 정책평가제도 - 정부업무평가기본법

1. 의의

(1) 평가목적

중앙행정기관·지방자치단체·공공기관 등(소속기관 포함)의 통합적인 성과관리체제의 구축과 자율적 평가역량의 강화를 통하여 국정운영의 능률성·효과성 및 책임성을 향상시킴을 목적으로 한다.

(2) 기본방향

① 개별평가에서 통합평가로 : 기존의 수많은 평가제도들이 남발되는 데 따른 문제를 해소하기 위하여 개별평가들을 통합하여 실현하고 관리한다.

② 직접평가에서 자체평가로 : 국무총리 등 평가총괄기구에 의한 직접평가가 아닌 평가대상이 되는 기관의 자체평가를 중심으로 한다.

③ 심사평가에서 기관평가로 : 집행과정을 분석·평가하는 심사평가(모니터링)가 아닌 기관차원의 성과
계획서에 의한 평가를 중심으로 한다.
④ 투명한 평가제도 운영

(3) 평가대상기관

중앙행정기관, 지방자치단체, 중앙행정기관 또는 지방자치단체의 소속기관, 공공기관(정부투자기관,
정부산하기관, 출연기관, 지방공사 및 지방공단)을 포함한다.

2. 성과관리체제

(1) 통합적 정부업무평가제도의 구축

중앙행정기관장의 법률 또는 대통령령에 근거하지 않은 타 평가대상기관의 정책평가를 금지한다.

(2) 성과관리

성과관리는 정부업무를 추진함에 있어서 기관의 임무, 중·장기목표, 연도별 목표 및 성과지표를 수립
하고, 그 집행과정 및 결과를 경제성·능률성·효과성 등의 관점에서 관리하는 일련의 활동을 말한다.
① 중앙행정기관의 장은 전략목표를 달성하기 위한 중·장기계획(성과관리전략계획)을 수립하고 소관
국회상임위에 보고한다.

성과관리 전략계획	전략목표를 달성하기 위한 중·장기계획 수립하고 이를 중·장기 재정운용계획을 반영하여야 하며, 이 계획은 최소한 3년마다 타당성을 검토해야 하고 국회 소관 상임위원회에 보고하여 야 한다.
성과관리 시행계획	• 전략계획에 기초하여 연도별 성과관리시행계획을 수립·시행해야 한다. • 기관의 임무·전략목표, 당해 연도의 성과목표·성과지표 및 재정부문에 관한 과거 3년간의 성과결과 등이 포함되어야 하며, 국회 상임위에 보고한다. • 성과지표는 가능한 한 객관적·정량적으로 성과목표를 측정할 수 있도록 설정하되, 객관적· 정량적으로 설정하기가 어려운 경우에는 다른 형태로 작성한다.

② 성과관리의 원칙 : 성과관리는 정책 등의 계획수립과 집행과정에 대해서는 자율성을 부여하고 그 결
과에 대해서는 책임을 확보할 수 있도록 실시한다.

(3) 정부업무평가제

① 정부업무평가위원회 : 정부업무평가의 실시와 평가기반의 구축을 체계적·효율적으로 추진하기 위
하여 국무총리 소속하에 정부업무평가위원회(위원장 2명을 포함한 15명 이내)를 둔다.
② 평가총괄 관련기관 : 위원회는 중앙행정기관의 자체평가에 관한 업무를 효율적으로 추진하기 위하
여 평가의 부문별 총괄 관련 중앙행정기관에 대하여 부문별 자체평가 결과의 확인·점검을 요청할 수
있다(㉠ 주요정책 부문 : 국무조정실, ㉡ 재정사업 부문 : 기획재정부, ㉢ 조직·정보화 부문 : 행정
안전부, ㉣ 인사 부문 : 인사혁신처).
③ 정부업무평가 기본계획 : 국무총리는 위원회의 심의·의결을 거쳐 정부업무의 성과관리 및 정부업무
평가에 관한 정책목표와 방향을 설정한 정부업무평가기본계획을 수립하여야 하며 최소한 3년마다
그 계획의 타당성을 검토하여 수정·보완 등의 조치를 하여야 한다.

④ 정부업무평가 시행계획 : 국무총리는 정부업무평가기본계획에 기초하여 전년도 평가결과를 고려하고 평가대상기관의 의견을 들은 후 위원회의 심의·의결을 거쳐 매년 3월 말까지 수립한다.

⑤ 정부업무평가의 원칙 : 자율성·독립성 보장, 신뢰성·공정성 확보를 원칙으로 하며, 평가과정은 관련자 참여기회가 보장되어야 하며, 결과는 공개되어야 한다.

3. 정부업무평가의 종류 및 절차

(1) 자체평가 : 부처공무원 중심에서 민간전문가 중심으로 전환

① 중앙행정기관

㉠ 중앙행정기관의 장은 그 소속기관의 정책 등을 포함하여 자체평가를 실시하여야 하며 자체평가 조직 및 자체평가위원회(3분의 2 이상 민간위원)를 구성·운영하여야 한다.

㉡ 중앙행정기관의 장은 자체평가계획을 수립, 매년 4월 말까지 위원회에 제출하여야 하며, 자체평가 실시결과를 매년 3월 말까지 위원회에 제출하여야 한다.

② 지방자치단체

㉠ 지방자치단체의 장은 그 소속기관의 정책 등을 포함하여 자체평가를 실시하여야 하며 자체평가 조직 및 자체평가위원회(3분의 2 이상 민간위원)를 구성·운영하여야 한다.

㉡ 지방자치단체의 장은 자체평가계획을 매년 수립하여야 한다.

(2) 재평가(상위평가)

국무총리는 평가의 관대화를 방지하기 위하여 중앙행정기관의 자체평가 결과를 확인·점검한 후 평가의 객관성·신뢰성에 문제가 있어 다시 평가할 필요가 있다고 판단되는 때 정부업무평가위원회의 심의·의결을 거쳐 재평가를 실시할 수 있다.

(3) 특정평가

① 의의 : 국무총리가 중앙행정기관을 대상으로 국정을 통합적으로 관리하기 위하여 필요한 정책 등을 평가하는 하향식 상위평가제도이다. 국무총리는 2 이상의 중앙행정기관 관련 시책, 주요 현안시책, 혁신관리 및 대통령령이 정하는 대상부문에 대하여 특정평가를 실시하고, 그 결과를 공개하여야 한다. 국무총리는 특정평가를 시행하기 전에 평가방법·평가기준·평가지표 등을 마련하여 특정평가의 대상기관에 통지하고 이를 공개하여야 한다.

② 대상사업

㉠ 각 중앙행정기관이 공통적으로 추진하여야 하는 시책으로서 지속적인 관리가 필요한 부문

㉡ 사회적 파급효과가 큰 국가의 주요사업으로서 특별한 관리가 필요한 부문

㉢ 기관 또는 정책 등의 추진에 대한 국민의 만족도를 측정하는 부문

㉣ 그 밖에 특정평가를 위하여 필요하다고 인정하여 위원회의 심의·의결을 거쳐 정하는 부문

(4) 지방자치단체 합동평가

① 의의 : 국가위임사무 등에 대하여 국정의 통합적·효율적 수행을 위하여 평가가 필요한 경우 행정안전부장관이 관계 중앙행정기관의 장과 합동으로 평가를 실시할 수 있다.

② 대상사업 : 지방자치단체 또는 그 장이 위임받아 처리하는 국가위임사무, 국고보조사업 그 밖에 대통령령이 정하는 국가의 주요시책(국가적인 정책목표와 방향을 제시하여야 할 필요가 있는 시책, 중앙행정기관과 지방자치단체 간에 긴밀히 협력하여 추진하여야 할 필요가 있는 시책) 등

③ 지방자치단체 합동평가위원회 설치·운영 : 행정안전부장관은 자치단체 합동평가를 효율적으로 추진하기 위하여 행정안전부장관 소속하에 지방자치단체 합동평가위원회를 설치·운영할 수 있다.

(5) 공공기관에 대한 평가

공공기관에 대한 평가는 공공기관의 특수성·전문성을 고려하고 평가의 객관성 및 공정성을 확보하기 위하여 공공기관의 외부기관이 실시하여야 한다.

제 **02** 절 | 정책변동과 환류

1. 정책변동의 의의와 유형

1. 의의

(1) 정책변동은 정책평가 후 또는 정책과정의 진행 도중에 획득하게 되는 새로운 정보·지식 등을 다른 단계로 환류시켜 정책내용이나 정책집행 방법상의 변화를 가져오는 것이다.

(2) 이러한 정책변동의 유형에는 ① 정책혁신, ② 정책승계, ③ 정책유지, ④ 정책종결 등이 있다.

2. 유형

(1) 정책혁신(Policy innovation)

그 분야에 기존 정책도 없고 담당조직도 없으며 예산도 없는 상태에서 전혀 새로운 정책을 도입하는 것이다. 다른 국가나 자치단체에서 창안하여 이미 시행되고 있는 정책을 도입할 경우에도 후발 채택자의 입장에서는 정책혁신이다. ▷ 사이버범죄 폭증 → 사이버수사대 신설

(2) 정책승계(Policy succession)

정책목표를 그대로 유지하면서 정책의 기본적 성격을 바꾸는 것으로서 정책의 근본적 수정을 필요로 하는 경우 정책내용, 추진조직, 예산항목 등을 대폭 수정·변경하거나 이들을 모두 폐지하고 새로운 정책으로 대체하는 것이다. 좁은 의미의 정책변동이다.

(3) 정책유지(Policy maintenance)

정책의 기본적 특성을 그대로 유지시키는 것으로 기존 정책의 내용, 담당조직 및 예산 등의 기본골격을 유지하면서 약간씩만 수정·변경을 하는 것이다. 정책의 집행과정에서 일어나는 변화와 현재의 특수사정 등에 적응하기 위해서 일어나는 경우가 많다. ▷ 정부미방출정책은 그대로 유지하되, 추곡수매예산액을 축소

(4) 정책종결(Policy termination)

정부가 그 분야에 대한 개입을 중단하고 정책 및 정책관련 조직과 예산을 폐지하고 다른 정책으로도 대체하지 않는 것이다. 정책변동의 유형 중 가장 저항이 심하다.

2. 정책변동의 원인과 모형

1. 원인

(1) 정책자체의 문제

① 정책오류 : 정책의 오류·실책으로 잘못된 정책이 수립된 경우 정책변동을 촉발한다.

② 지식·기술의 변화 : 정책에 관한 지식이나 기술이 변할 경우 정책변동이 일어난다.

(2) 관련 집단의 문제

① 필요·기대·관심의 변화 : 정책행동자들의 기대·관심의 변화도 영향을 미친다.

② 정부관료제의 변화 : 정부축소 등 정부관료제의 구조와 기능의 변화를 말한다.

③ 참여집단의 역학관계 변화 : 정책과정에 참여하는 정당·이익집단·비정부조직 등의 역학관계가 변하는 경우 정책변동이 일어난다.

(3) 정책환경의 문제

① 자원·지지투입의 변화 : 정책에 대한 예산 등과 같은 자원의 배정과 지지·투입이 변하는 경우를 말한다.

② 위기·재난 : 경제위기와 같은 국민생활의 위기, 재난 등을 들 수 있다.

③ 국제환경의 변화 : 외국의 정책변경이 나타나는 경우, 이를 모방하는 과정에서 정책이 변동하며, 국제적 압력이 존재하는 경우 또한 정책변동을 야기한다.

④ 정책연구 : 정책진단과 정책연구를 통해 문제가 발견되면 정책변동이 나타나기도 한다.

2. 정책변동모형

(1) 정책흐름모형

문제의 흐름, 정치의 흐름, 정책의 흐름들이 상호 독립적인 경로를 따라 진행되다가 어떤 계기로 서로 교차될 때 정책의 창이 열리고 정책변동이 이루어진다고 본다.

(2) 정책지지연합모형

10년 이상의 기간에 걸쳐 신념체계에 기초한 지지연합 간의 상호작용과 정책학습 및 정치체제의 변화와 사회경제적 환경변화로 인해 정책변동이 이루어진다고 본다.

(3) 정책 패러다임 변동모형

정책목표, 정책수단(기술), 정책환경 등 3가지 변수 중 정책목표와 정책수단에 급격한 단절적 변화를 가져오는 정책변동을 정책 패러다임 변동으로 개념화한 이론이다. 여기에서 정책 패러다임이란 정책결정자들이 정책문제의 본질을 파악하고 정책목표와 정책수단을 구체화하는 데 있어서 적용하는 일정한 사고와 기준의 틀을 의미한다.

(4) 단절균형모형

정책변동은 사회경제적 위기나 군사적 갈등과 같은 강력한 외부적 충격(중요한 분기점)에 의해 단절적으로 급격하게 발생한다.

3. 정책변동에 대한 저항과 해소방안

(1) 저항의 원인

① 심리적인 불안감 : 새로운 틀에 적응하도록 강요하기 때문에 심리적 불안감을 야기시킨다.

② 정책 및 조직의 영속성 : 정책이나 조직은 한번 창출되면 종식되기 어렵다.

③ 법적인 제약 : 종결을 위한 관계법령의 미비로 인하여 종결이 되지 않는 경우가 많다.

④ 유·무형의 비용 : 정책종결은 수혜집단에게 희생을 요구하므로 더욱 거센 저항에 직면하게 된다.

(2) 저항의 해소방안

① 정책종결 정보의 누설과 이에 따른 저항을 방지하기 위하여 타협을 배격하고 사전예고 없이 추진한다.

② 정책종결에 대하여 적극적으로 관심을 보이는 동조세력을 확보한다.

③ 종결대상 정책의 오류와 폐해를 적극적으로 홍보한다.

④ 정책종결 작업에 외부인사를 참여(Co-optation)시킴으로써 정책종결의 객관성과 정당성을 제고시킨다.

⑤ 희생을 보전시켜주는 유·무형의 대가를 지불함으로써 저항을 무마시킨다.

1. 의의

1. 개념

(1) 기획(Planning)이란 최적수단으로 행정목표를 달성하기 위하여 장래의 활동에 관한 일련의 결정을 준비하는 계속적·동태적 과정이다. 정치·행정 일원론 특히 발전행정론에서 중시한다.

(2) 기획(Planing)과 계획(Plan)은 그 구별의 실익은 별로 없지만, 일반적으로 기획은 계획을 세워나가는 활동·과정을 가리키는데 중점을 두는 포괄적·계속적인 관념으로 파악할 수 있는 반면 계획은 보다 구체적·개별적인 관념으로 이해될 수 있다.

2. 특성

(1) 미래지향성

미래예측과 불확실성의 요인이 기획과정의 모든 국면에 영향을 미친다.

(2) 목표지향성

설정된 목표를 달성하기 위한 수단이다.

(3) 의사결정과정

의식적으로 최적수단을 탐색하고 선택하는 의사결정이다.

(4) 계속적 준비과정

기획은 조직이 집행할 일련의 결정을 준비하는 계속적 과정이다.

(5) 합리적 과정

기획은 대안의 우선순위 하에서 최선의 대안을 선택하는 합리적 과정이다.

(6) 국민의 동의·지지 획득 수단

통치의 정당성을 확보하는 수단이다.

(7) 종합성

기획은 전체 사회부문을 포괄한다.

(8) 집권성

기획은 소수 엘리트들이 수행하므로 집권성을 띠며 민주성과는 상충관계에 있다.

3. 중요성

(1) 목표의 구체화와 장래에 대한 대비

기획은 목표달성을 위한 방법·절차의 모색과정이므로 목표를 명확·구체화시키고 미래의 위험을 최소화시키는 기능을 한다.

(2) 자원의 최적배분·동원기능

기획은 한정된 자원의 최적배분과 최적 활용을 가능하게 한다.

(3) 사전조정 및 통제의 수단

기획은 목표달성을 위한 기관이나 구성원의 역할을 명확하게 제시하여 분쟁과 갈등을 미연에 방지하는 기능을 한다.

2. 기획이론의 발전

1. 기획이론의 발전배경

(1) 신생국의 발전계획

전후 신생국의 경제·사회개발계획의 추진과 급속한 국가발전을 위해 발전계획의 수립이 요구되었다.

(2) 세계대공황의 발생과 그 영향

경제대공황으로 정부의 적극적인 시장개입이 정당화되었으며 사회주의적 기획제도가 도입되었다.

(3) 사회주의의 영향

사회주의혁명을 경험한 구소련에서 국가기획인 경제개발5개년계획이 1928년부터 성공적으로 추진되었다.

2. 기획과 민주주의와의 관계

(1) 국가기획 반대론 : Hayek 등

① Hayek는 「노예로의 길」(1944)에서 국가기획과 개인의 자유는 양립 불가능하고 국가기획은 국민의 노예화를 초래할 것이라고 하면서 국가기획을 반대하였다.

② 경제성장이나 산업발전을 위하여 중앙통제에 의한 기획제도를 이용한다면 이질성·융통성이 없는 극히 단조로운 경제사회를 탄생시킬 뿐이며 나아가서 자유민주주의적 사회의 정치제도의 상징인 의회제도를 무용화시켜 필연적으로 독재를 초래한다고 주장하였다.

(2) 찬성론 : Finer, Mannheim, Waterstone, Hansen 등

① Finer는 「반동에로의 길」(1945)에서 진정한 민주주의란 다수가 공인하는 자본주의의 경제적·사회적 폐단과 결함을 시정해주는 책임정치여야 한다는 민주적 기획론을 주장하였다.

② Finer는 기획은 개인의 자유를 침해하는 것이 아니라 더욱 보장해주고 신장시켜 주는 것이라고 주장하였다. 민주주의가 보장하는 자유와 민권의 향유를 위한 기획이 가능하다고 주장함으로써 기획과 자유민주주의는 충분히 양립할 수 있다고 하였다. 즉 경제위기·실업문제·빈곤과 재난 등에 대한 해결책을 강구하기 위하여 기획이 요청된다고 하였다.

3. 기획의 유형

1. 구속성 유무

(1) 구속계획(강제기획)

구속성·강제성 있는 계획으로 공산국가의 기획이 대표적이다.

(2) 지시계획(유도기획)

구속성·강제성 없는 계획에 해당하며 '프랑스의 모네기획'이 대표적인 예이다.

2. 계층별 분류

(1) 정책계획(입법계획)

규범적 계획, 정부의 광범하고 기본적인 최고목표 또는 방침을 형성하는 포괄적·종합적 기획을 의미하는데 국회의결을 요한다.

(2) 전략계획

정책계획과 운영계획의 중간적 성격의 기획을 의미한다.

(3) 운영계획(행정계획)

전술적 기획으로 구체적·세부적 기획을 의미한다. 따라서 기획의 수립에 있어 국회의결은 불필요하다.

3. 이용 빈도별 분류

(1) 단용계획 : 1회에 한하여 사용하며(비정형적 계획) 임시계획을 의미한다.

(2) 상용계획 : 반복적으로 사용(정형적 계획)하는 계획을 의미하는데,

    ① 집행노력을 절약하고,

    ② 행정활동의 조정에 도움이 되며,

    ③ 인건비의 대폭적 절약이 가능하고,

    ④ 통제가 용이하다는 장점이 있다.

4. 기간의 고정성 유무에 의한 분류

(1) 고정계획

기간이 고정된 계획(비현실적 계획)을 의미한다.

(2) 연동계획(Rolling plan)

① 의의 : 연동계획은 장기적인 비전과 미래설계 속에서 구조적인 변화를 가한다는 장기계획의 장점과 계획의 실현가능성과 타당성이 높다는 단기계획의 장점을 결합시키려는 시도이다.

즉 장기계획 혹은 중장기계획의 집행과정에서 매년 계획내용을 수정·보완하되 계획기간을 계속해서 1년씩 늦추어 가면서 동일한 연한의 계획을 유지해 나가는 제도로서 계획예산제도(PPBS)와 밀접한 관련이 있다.

② 연동계획의 장·단점

㉠ 연동계획의 장점

ⓐ 현실적합성의 제고 : 장기적 전망에 입각하여 당면 계획을 계속적으로 수정·보완함으로써 계획의 이상과 현실을 조화시키려는 제도

ⓑ 기획과 예산의 유기적 통합이 가능

ⓒ 상황에 따른 변화가 가능하므로 적응성을 확보할 수 있다.

ⓓ 점진적 계획으로 급진적인 경우보다 실현가능성을 증대시킨다.

㉡ 연동계획의 단점

ⓐ 단기적인 선거에만 관심을 두는 정치인의 관심도가 낮고, 대국민 호소력 또한 약하다(특히 개도국에서 고정계획보다 호소력이 미흡).

ⓑ 해마다 계획목표가 달라지기 때문에 투자자나 일반국민들이 계획의 방향과 목표를 잘 알지 못하거나 무관심하기 쉬움

ⓒ 연동기획체제의 유지를 위해서는 방대한 인적·물적 자원이 필요함

5. 지역수준별 분류

(1) 지방계획

도시 또는 농촌의 지역사회 단위, 즉 시군단위의 계획으로서 우리나라의 새마을 운동이 전형적인 예이다.

(2) 지역계획

지역 간의 균형적 발전을 위해 국토를 일정한 기준에 의해 수 개의 권역으로 나누어 개발권을 설정한 계획이다.

(3) 국가계획

국가전체를 지역적 대상으로 하는 계획으로서 가장 일반적이다.

(4) 국제계획

여러 개의 국가가 관련된 국제수준의 계획으로서 세계화의 추세에 따라 점차 많이 활용되고 있다.

6. Hudson의 기획 분류

(1) 총괄적 기획(Synoptic planning)

합리적 종합적 접근, 주로 개도국 적용된다.

(2) 점진적 기획(Incremental planning)

조정과 적응을 계속하는 기획으로 전략적, 단편적 점진주의기획이라고도 하며 주로 선진국에 적용된다.

(3) 교류적 기획(Transactive planning)

상호 대면하여 접촉하여 계획을 세움. 이때 대면 상대자는 어떤 결정에 의해 직접적으로 영향을 받는 사람들이어야 함. 따라서 인간의 존엄성과 효능감을 중요시한다(분권적 기획).

(4) 창도적 기획(Advocacy planning)

강한 자에 대해 약한 자의 이익을 보호하기 위해 제시한 기획. 따라서 약자를 보호하기 위한 법적피해 구제절차를 중요시 한다.

(5) 급진적 기획(Radical planning)

자발적 실행주의의 사조에 기반을 둔 기획으로 단기간 내에 구체적 성과를 낼 수 있도록 집단행동을 통해 실현시키려는 기획이다.

4. 기획의 과정과 정향

1. 과정

(1) 목표의 설정

기획이 달성하고자 하는 구체적인 목표이다.

(2) 상황분석(정보의 수집·분석)

기획대상에 관한 지식·정보를 수집하여 해결하려는 문제와 어떤 상호관련성이 있는가를 분석·정리한다.

(3) 기획전제의 설정

기획전제(Planning premises)란 장래에 대한 예측이나 가정을 말한다. 기획전제는 기획의 목표와 수집된 자료에 의하여 설정되어야 한다. 그러나 완전무결한 정보는 있을 수 없을 뿐만 아니라 장래의 상황은 유동적이고 가변적이기 때문에 기획은 전제의 설정이 필요한 것이다. 이와 같은 기획전제에는 정확한 행정수요의 판단과 평가가 선행되어야 한다. 중요한 미래예측방법으로는 델파이기법, 시계열분석, 유추법 등이 있다.

(4) 대안의 탐색·평가

대안의 탐색에 있어서 실현가능성에 유의해야 하며 최선의 방안을 도출하도록 노력하고 과거의 경험이나 실례를 따르기보다 창의적·쇄신적 대안을 찾도록 해야 한다. 그리고 가용자원·예산 등이 고려되어야 한다.

(5) 최종안의 선택

여러 대안 중 객관적이고 현실적인 대안을 선택해야 하고 기획의 신축성에 대한 고려도 행해져야 한다.

2. 기획의 정향(Ackoff)

(1) 무위주의(현재주의)

① 현재의 상태에 만족하는 태도를 지닌다.

② 과거로 돌아가기를 원하지 않고 변화를 예방하려고 한다.

③ 즉, 현재의 상태가 가장 좋은 것은 아니라고 믿으나 만족할 만하게 좋다고 보아 현재상태를 계속적으로 유지하는 일 이외에는 아무것도 하려 들지 않는다는 것이다.

(2) 반동주의(복고주의)

① 현실에 만족하지도 않고 미래에 희망을 두지 않는다.

② 전통을 중시하고 과거로 현재를 돌리기 위해 현재에 필요한 개입행동을 한다.

③ 기술문명이 변화의 가장 주요한 원인이라고 믿어 기술을 적대시하고 구습적인 전통을 지키려는 극단적 보수주의이다.

(3) 선도주의(미래주의)

① 예전으로 돌아가거나 현재의 상태에 만족하지 않는다.

② 미래가 과거나 현재보다 훨씬 낫다고 믿기 때문에 변화를 더욱 가속화하고 주어진 기회를 최대한 이용하려 한다.

③ 변화를 추구하므로 기술에 대하여 호감을 지닌다.

(4) 능동주의(상호작용주의)

① 과거나 현재에 집착하지 않고, 미래에 대해서도 설레 임을 보이지 않고, 미래를 창조의 대상으로 파악한다. 즉, 미래는 우리의 통제 밖에 있다고 본다.

② 무위주의자들은 단순히 만족하고 선도주의자들이 최적화를 추구하지만 능동주의자들은 이상화를 추구한다.

③ 능동주의의 목적은 자신들의 학습과 적응능력의 계속적 향상을 추구하는 데 있다.

기획의 정향	기획의 종류	기획의 관심 영역	성격
무위주의	조작적 기획	수단의 선택	무간섭주의, 민주절차 및 과정중시
반동주의	전술적 기획	수단과 단기목표의 선택	권위적·온정적 위계질서
선도주의	전략적 기획	수단과 장·단기 목표의 선택	경제적 최적화, 효율성극대화
능동주의	규범적 기획	수단과 장·단기 목표, 이상의 선택	상보주의, 상호작용중시

5. 중앙기획기구

1. 기능과 역할

① 중장기 및 연차별 국가발전계획을 수립하고 수정·보완한다.

② 중기계획을 실천하기 위한 연차계획을 작성한다.

③ 기획의 집행에 소요되는 재원과 인적·물적 자원을 동원하기 위한 제도, 정책, 기타 수단을 강구하여 건의한다.

④ 계획의 진도와 추진실적을 정기적으로 평가하고 보고하며, 문제점 또는 저해요인을 규명하며 그 대책을 제시한다.

2. 중앙기획기구의 유형

① 행정수반 직속형(미국, 터키 등), ② 내각수반 직속형(일본, 프랑스 등), ③ 행정부 밖에 설치되는 독립형, ④ 중앙기구로서 행정부 내에 국가기획을 전담하는 부처를 두는 기획전담부처형(우리나라의 기획재정부), ⑤ 기획전담기구를 행정부서 내에 설치하는 병설형 등이 있다.

3. 우리나라의 중앙기획기구

(1) 우리나라의 중앙기획기구는 기획재정부이다.

(2) 기획재정부는 경제·사회발전을 위한 종합계획의 수립 및 운용과 그 재원조달을 위한 계획의 조정, 각 중앙행정기관의 기획의 조정과 심사분석업무 등을 관장한다.

(3) 1948년 국무총리직속하의 기획처 설치이래, 1994년 정부조직법 개편으로 경제기획원, 1998년 기획예산위원회, 1999년 5월에 기획예산위원회와 예산청을 통합하여 기획예산처를 신설하였으며, 2008년 이명박 정부 출범이후 기획예산처와 재정경제부를 통합하여 기획재정부가 탄생하였다.

6. 기획의 원칙과 제약요인

1. 기획의 원칙

(1) 목적성의 원칙

비능률과 낭비를 피하고 그 효과성을 높이기 위하여 명확하고 구체적인 목적이 제시되어야 한다.

(2) 간결성(단순성)의 원칙

기획은 간결해야 하므로 난해하거나 전문적인 용어는 피해야 한다.

(3) 신축성의 원칙

유동적인 상황에 대응할 수 있어야 한다.

(4) 표준화의 원칙

기획의 대상이 되는 재화, 서비스 및 작업방법 등을 표준화해야 한다.

(5) 안정성의 원칙

기획의 빈번한 수정은 효과성을 감소시키므로 일관성 있게 수행될 수 있도록 안정성이 확보되어야 한다.

(6) 경제성의 원칙

기획 작성에는 막대한 자원과 인력 및 시간이 소요되므로 가능한 한 사용가능한 자원과 인력을 활용해야 한다.

(7) 예측정확성의 원칙

　미래를 가급적 정확히 예측할 수 있어야 한다.

(8) 계속성(단계성)의 원칙

　기획은 계속적인 과정으로 파악되므로 시간상으로 볼 때 계속성을 유지할 수 있도록 수립되어야 하며, 또한 조직의 계층을 따라 계속적으로 연결될 수 있도록 수립되어야 한다.

(9) 포괄성의 원칙

　필요한 제반 요소가 빠짐없이 포함되어야 한다.

(10) 균형성의 원칙

　어느 하나의 계획은 관련된 다른 계획 및 사업과 적절한 균형 및 조화를 이루어야 한다.

(11) 계층성의 원칙

　계획은 가장 큰 것으로부터 시작하여 구체화 과정을 통해서 점차적으로 작은 계획을 파생시키는 것을 의미한다.

2. 기획의 제약요인

(1) 계획수립상의 제약요인

　① 목표의 갈등·대립 : 목표는 기획기관 간 및 여러 이해 당사자 간의 갈등으로 쉽게 합의하지 못하는 경우가 많고, 기획담당자간, 이해 당사자 간에 의견대립으로 명확한 목표설정이 어렵다.

　② 예측능력의 한계 : 인간능력의 한계로 인한 기획전제의 불완전성

　③ 정보·자료의 부족과 정확성의 결여 : 기밀에 속하거나 고의로 왜곡되어 있는 것이 많다.

　④ 비용과 시간상의 제약 : 전문성을 지닌 문제일수록 기획이 필요하며 시간비용이 많이 소요

　⑤ 개인적 창의성의 위축 : 기획이 규모에 있어서 포괄적이며 세부적인 활동에까지 미치는 경우, 기준이 되는 다수의 절차와 방법이 집권적으로 설정되는 대규모 조직에서는 일반직원이나 감독자의 창의력을 저해하는 경향

　⑥ 기획의 그레샴법칙 : 관리자는 일반적으로 실행이 용이한 반복적 업무와 정형적 결정에 중점을 두고, 실행이 어렵고 쇄신적인 기획을 등한시하고 비정형적인 결정을 경시한다(수단적인 하위기획이 상위기획보다 중시되는 현상).

(2) 계획집행상의 제약요인

　① 경직화경향과 수정의 곤란성 : 일단 수립된 계획은 관계당사자의 이해관계·압력 등이 작용하여 수정이 어렵다.

　② 계획집행에 대한 관계자의 저항 : 기획은 현상의 타파·변동을 초래하여 이해득실을 가져오게 되므로 국민이나 관료로부터 반발이나 저항을 받을 수 있다.

　③ 즉흥적 결정에 의한 빈번한 수정 : 최고관리층이 전임자의 계획을 법적구속력이 없다는 이유로 즉흥적·권위적인 결정방식에 의하여 빈번하게 수정하는 경우가 많다.

④ 반복적 사용의 제한 : 반복적인 상황에 적합한 상비계획은 그 효용이 제약된다.

⑤ 자원배분의 비효율성 : 한정된 자원의 배분이 행정수요의 우선순위에 따라 이루어져야 하는데, 각 행정조직단위간의 대립·갈등으로 계획집행에 차질이 생긴다.

⑥ 계획수정의 불가피성 : 정책의 중대한 변화, 상부방침의 변경, 예산이나 가용자원의 대폭적인 변동, 천재지변이나 기타 국가긴급사태의 발생으로 인한 수정의 불가피성

(3) 행정적 저해요인

① 불합리한 인사관리 : 정부기획은 고도의 전문적·기술적 능력을 갖춘 유능한 기획요원을 요구하고 있으나 적정하지 못한 보수와 불합리한 인사배치로 많은 우수한 기획요원이 그 능력을 발휘할 수 없는 자리로 배치되는 경우가 많다.

② 번잡한 행정절차 : 비합리적인 사무처리절차, 과도한 중앙집권화, 계층수의 과다 등으로 인한 번잡한 행정절차는 기획제도의 운영을 저해한다.

③ 회계제도·재정통제 : 회계제도의 미발달과 지나친 재정통제가 기획제도의 운영, 특히 계획집행을 저해한다.

④ 조직상의 문제 : 무원칙적인 행정기관의 확대와 설치 및 난립은 조정을 어렵게 하고 발전계획을 수립하고 집행하는데 중복과 마찰 및 할거주의를 초래한다.

⑤ 조정의 결여 : 행정기관 간에 기획이 상호 조정되지 않으면 합리적인 사업계획의 집행이 저해된다.

⑥ 재원의 제약성 : 국민이 부담할 수 있는 재원에는 한계가 있다(특히 후진국).

PUBLIC ADMINISTRATION

PUBLIC ADMINISTRATION

출제율 15~20%

이 단원은 행정의 다양한 역할을 수행하는 행정조직에 대하여 설명한다.

행정조직의 3대 변수인 조직의 구조, 인간(구성원), 조직환경에 대한 설명과 조직관리를 위한 리더십, 갈등관리, 의사전달 등의 내용으로 구성되어 있다.

1장은 조직의 유형을, 2장은 관료제와 탈관료제를 중심으로 한 조직구조를, 3장은 조직 내 구성원에 대한 동기부여에 대하여, 4장은 조직과 환경에 대하여, 5장은 조직관리에 필요한 요소들과 조직발전에 대하여 설명한다.

제 03 편

조직론

제01장 조직의 기초이론

제01절 | 조직의 의의와 유형

1. 조직의 의의

1. 개념

일반적으로 조직이란 '공동의 목표를 달성하기 위하여 의도적으로 구조화된 인간들의 집단으로서 체계화된 구조에 따라 구성원들이 상호작용하며 경계를 가지고 외부환경에 적응하는 사회적 체제'이다.

2. 특성

(1) 조직은 이루고자 하는 특정목표를 가진다.

(2) 조직은 일정한 분업체계를 갖추고 있어야 하고, 다른 조직과 구별되는 경계가 있다.

(3) 조직은 여러 사람·집단들로 구성된 상호작용하는 사회적 실체이다.

(4) 조직은 어느 정도 지속성을 지니며 시간선 상에서 변동해가는 동태적 현상 등의 특성을 갖는다.

2. 조직의 유형

1. Blau와 Scott의 유형(조직의 수혜자중심)

(1) 호혜적 조직

조직구성원이 수혜자이며, 구성원의 참여와 구성원에 의한 통제를 보장하는 민주적 절차를 조직 내에서 유지하는 것이 가장 중요하다고 본다. 예 이익단체, 정당, 노동조합 등

(2) 사업조직(기업조직)

조직의 주된 수혜자는 소유자이며, 경쟁적인 상황에서 운영의 능률성을 강조한다. 예 사기업, 은행 등

(3) 봉사조직(서비스조직)

주된 수혜자는 고객집단이고, 고객에 대한 전문적 봉사와 행정적 절차 사이의 갈등이 조직의 주된 특징이다. 예 병원, 학교 등

(4) 공익조직

주된 수혜자는 일반대중이며 국민에 의한 외재적 통제가 가능하도록 민주적 메커니즘을 발전시키는 것이 중요하다. 예 행정기관, 경찰, 군대, 소방서 등

2. Etzioni의 유형(권력과 관여기준)

(1) 강제적 조직

강제가 통제의 수단이고 구성원들이 조직에 대해 소외감을 느끼는 조직이다. **예** 강제수용소, 교도소 등

(2) 공리적 조직

보수를 주요 통제수단으로 하고, 대다수 구성원들을 타산적으로 행동하는 조직이다. **예** 사기업, 경제단체 등

(3) 규범적 조직

규범적 권력이 주요 통제수단이고, 구성원은 귀속감과 사명감을 가지는 조직이다. **예** 종교조직, 정당, 일반병원, 전문조직 등

▶ Etzioni의 조직유형

권력 및 관여	소외적 관여	타산적 관여	도덕적 관여
강제적 권력	강제적 조직 (교도소)		
보수적 권력		공리적 조직 (사기업체)	
규범적 권력			규범적 조직 (정당·종교조직)

3. Parsons의 유형(조직의 기능)

(1) 경제적 조직

환경에 대한 적응기능을 수행하는 조직이다(적응기능). **예** 회사, 공기업 등

(2) 정치적 조직

사회체제의 목표를 수립하고 집행기능을 수행하는 조직이다(목표달성기능). **예** 정당, 행정기관, 의회 등

(3) 통합 조직

사회구성원을 통제하고 갈등을 조정하는 기능을 수행하는 조직이다(통합기능). **예** 사법기관, 경찰 등

(4) 체제유지기능적 조직

사회생활과 조직생활에서 수행해야 할 역할을 감당할 수 있도록 사람들을 사회화시키며, 이를 통해 사회의 규범적 통합을 달성하고 유지하려는 기능을 담당하는 조직이다(체제유지기능). **예** 학교, 교회, 문화단체 등

4. Mintberg의 5가지 조직유형

Mintzberg는 환경을 고려하는 개방체제적·상황론적 접근으로서 조직의 양태와 효율성에 영향을 미치는 요인은 조직의 주요 구성부분, 조정기제 및 상황적 요인이라 주장하면서 복수국면적 접근방법을 통하여 조직의 유형을 구분하였다.

(1) 단순구조

① 단순·동적인 환경하의 초창기 소규모 조직으로서, 최고관리층에 권력이 집중되어 수직적·수평적으로 집권화되어 있으며 중간관리자의 역할은 미미하다. ▷ 신설된 행정조직 등

② 지원참모는 없거나 빈약하고 복잡성(분화)과 공식성 수준이 낮아 유기적 구조를 지니며 높은 융통성을 지닌다. 강한 리더가 운영하고 신설한 소규모 공격적인 조직들은 일반적으로 단순구조를 채택한다.

(2) 기계적 관료제구조

① 단순·안정적 환경하의 대규모 조직으로서, Weber의 관료제와 가장 유사하다. 작업이 일상적이고 반복적으로 이루어지고 비슷한 제품과 서비스가 대량으로 생산되므로 작업자의 행동명세를 표준화시키는 것이 효과적이다.

② 작업과정이 표준화되어 있으며 복잡성(분화)과 공식성 수준이 높아 융통성이 낮기 때문에 작업자들은 좁은 범위의 전문화된 업무를 수행한다. 기술구조에 대한 수평적 분권화는 어느 정도 이루어져 있지만 수직적 의사결정과정은 집권화되어 있다. ▷ 대량생산업체, 중앙부처의 행정기관 등

(3) 전문적 관료제구조

① 복잡·안정된 환경 하에서 고도의 전문성을 지니는 작업계층이 크고 가장 중요한 역할을 하는 조직으로서, 이를 돕는 지원참모도 많지만 나머지 구성부분들은 규모가 작고 공식성이 낮다.

② 수직적·수평적 분권화와 높은 연결·연락 수준을 이루고 있어 민주적·분권적 의사결정 과정을 지니며, 전문가들로 구성된 핵심운영층이 오랜 경험과 훈련으로 내면화되고 표준화된 기술을 이용하여 자율권을 가지고 과업을 조정한다. 기술의 표준화를 중시한다. ▷ 종합대학교, 종합병원, 합동법률사무소 등

(4) 사업부제 구조(할거적 양태)

① 단순·안정된 환경하의 사업부 중심 조직으로서, 본사 하나를 두고 서로 이질적인 사업부단위를 모아 연결해 놓고 각 사업부에 자율권을 부여한 조직형태이다. 각 사업부를 맡고 있는 중간계선이 지배적이며 이들 중간관리자들이 부서를 준 독자적으로 관리하므로 사업부 간 연결과 조정은 매우 제한적이다.

② 조직상층부인 본부와 기술구조, 지원참모의 규모가 작고 산출의 표준화를 중시함으로써 성과관리가 용이하지만 기능의 중첩으로 비효율을 초래한다. ▷ 대규모 기업의 지역 사업부, 캠퍼스가 분산된 대학교 등

(5) 애드호크라시(임시특별조직)

① 복잡·급변하는 환경하의 신설조직으로서, 특수한 상황에 따라 알맞게 만들어지고 유연하게 행동하는 임시적·민주적 구조이다. 융통성이 큰 유기적 형태를 지니며 가장 복잡한 기술을 사용한다. 쇄신적이고 창의적 업무수행에 적합하다.

② 전문가들이 가장 큰 권력을 행사하는 반면, 현장에서 문제해결중심으로 일을 하기 때문에 전문가들의 상호연결과 협동이 필수적이며 관료제적 특성이라 할 수 있는 행정지원계층은 규모가 작다. 계선과 참모의 구별이 모호하고 최고관리층·중간계층·작업계층이 혼합되어 있다. ▷ 연구소, 창의적인 광고회사와 설계회사 등

▶ Mintberg의 5가지 조직유형

분류	단순구조	기계적 관료제구조	전문적 관료제구조	사업부제 구조	Adhocracy
핵심부분 조정기제	최고관리층 직접통제	기술구조 업무표준화	핵심운영층 기술표준화	중간관리층 산출물표준화	지원참모 상호조절
역사 규모 기술 환경 권력	신설조직 소규모 단순 단순, 동태적 최고관리자	오래된 조직 대규모 비교적 단순 단순, 안정적 기술관료	가변적 가변적 복잡 복잡, 안정 전문가	오래된 조직 대규모 가변적 단순, 안정적 중간관리층	신생조직 가변적 매우 복잡 복잡, 동태적 전문가
전문화 공식화 통합/조정 집권/분권	낮음 낮음 낮음 집권화	높음 높음 낮음 제한된 수평적 분권화	높음(수평적) 낮음 높음 수평적 수직적 분권화	중간 높음 낮음 제한된 수직적 분권화	높음(수평적) 낮음 높음 선택적 분권화
예	신생조직	행정부	대학교	기업의 사업부	연구소

5. Daft의 조직유형

(1) 기계적 구조와 유기적 구조

① 기계적 구조 : 고전적이고 전형적인 관료제 조직으로, 직무의 기능별 전문화에 의한 분업관계의 경직성이 심하고, 계서제가 강조되며 수직적 의사전달을 강조하는 조직이다. 기계적 구조는 복잡성, 공식성, 집권성의 정도가 높고 과업이 일상적이며 정형화된 활동에 익숙하고 새로운 상황에 대응하는 속도가 낮은 구조이다.

② 유기적 구조 : 직무내용에 대한 공식적 규정이 적고 변화에 대한 적응을 강조하는 조직으로 학습조직이 대표적이다. 유기적 구조는 비교적 유연성이 있고 적응적이며, 수평적 의사소통을 강조하고 전문성과 지식에 기반을 둔 영향력을 행사하며, 포괄적 책임과 지시보다는 정보의 상호교환에 비중을 두는 구조이다.

▶ 기계적 구조와 유기적 구조

구분	기계적 구조	유기적 구조
장점	예측가능성	적응성
조직특성	좁은 직무범위 표준운영절차 분명한 책임관계 계층제 공식적·몰 인간적 대면관계	넓은 직무범위 적은 규칙·절차 모호한 책임관계 분화된 채널 비공식적·인간적 대면관계
상황 조건	명확한 조직목표와 과제 분업적 과제 단순한 과제 성과측정이 가능 금전적 동기부여 권위의 정당성확보	모호한 조직목표와 과제 분업이 어려운 과제 복합적 과제 성과측정이 어려움 복합적 동기부여 도전받는 권위

(2) 구체적 유형

① 기능구조(Functional structure)

㉠ 개념 : 조직의 전체업무를 공동기능별로 부서화한 조직구조이다.

㉡ 특징 : 기본적으로 기능 간 수평적 조정의 필요가 낮을 때 효과적인 조직구조로 좁고 전문화된 직무설계의 특징을 지닌다.

㉢ 장점 : 같은 기능 내에서 시설과 자원을 공유할 수 있어 중복과 낭비를 막아 규모의 경제를 제고할 수 있고, 조직구성원들의 지식과 기술이 통합적으로 활용되므로 그 전문지식과 기술의 깊이를 제고할 수 있다. 또한 강한 응집력으로 인해 부서 내 의사소통과 조정이 유리해진다.

㉣ 단점 : 부서들 간의 조정과 협력을 확보하기 곤란하고, 기능의 전문화에 따라 일상적이고 반복적인 업무를 요구하게 되어 동기부여에 불리한 과제를 낳게 된다는 점이다.

② 사업구조(Divisional Structure)

㉠ 개념 : 조직의 업무를 산출물별로 부서화한 조직구조이다.

㉡ 특징 : 사업구조의 각 부서는 한 제품을 생산하거나, 한 지역에 봉사하거나, 또는 특정 고객집단에 봉사할 때 필요한 모든 기능적 직위들이 부서내로 배치된 자기 완결적 단위이다. 따라서 기능 간 조정이 극대화될 수 있는 조직구조이다.

㉢ 장점 : 기능 간 조정이 용이하므로 환경변화에 좀 더 신축적이고, 대응적일 수 있다는 점, 고객만족도를 제고할 수 있으며, 성과관리에 유리하다는 장점이 있다.

㉣ 단점 : 산출물별 기능 중복으로 규모의 경제와 효율성을 저해하고, 기능직위가 부서별로 분산되므로 기술적 전문지식과 기술발전에 불리하며, 사업구조 내의 조정은 용이하지만, 자율적으로 운영되는 사업부서간의 조정은 더욱 어려워진다는 점이다.

③ 매트릭스구조(Matrix Structure)

  ⊙ 개념 : 계서적 특성을 지닌 기능구조와 수평적 특성을 지닌 사업구조의 화학적 결합을 시도하는 조직구조이다.

  ⓒ 특징 : 조직 환경이 복잡해지면서 기능부서의 기술적 전문성이 요구되는 동시에 사업부서의 신속한 대응성이 증대되면서 등장한 조직 형태이다. 조정곤란이라는 기능구조의 단점과 비용중복이라는 사업구조의 단점을 보완하기 위한 조직이다. 수직적으로는 기능부서의 권한이 흐르고 수평적으로는 사업구조의 권한구조가 지배하는 입체적 조직이다(재외공관, 보통지방행정기관 등).

④ 수평구조(Horizontal Structure)

  ⊙ 개념 : 조직원을 핵심 업무과정 중심의 수평적 작업흐름으로 부서화한 조직구조로서, 수평구조의 핵심단위 조직은 팀 구조이다.

  ⓒ 특징 : 특정한 업무과정에서 일하는 개인을 팀으로 모아 의사소통과 조정을 쉽게 하고, 고객에게 직접적으로 가치를 제공하도록 하는 조직방식이다. 고객수요의 변화에 신속히 대응할 수 있도록 조직의 신축성을 크게 제고할 수 있다는 점이 장점이다.

⑤ 네트워크구조(Network Structure)

  ⊙ 개념 : 조직의 자체기능은 핵심역량 위주로 합리화하고, 여타기능은 외부기관들과 계약관계를 통해 수행하는 조직구조방식이다.

  ⓒ 특징 : 정보통신기술의 확산으로 채택된 새로운 조직으로 연계된 조직 간에는 수직적 계층구조가 존재하지 않으며 자율적으로 운영된다.

1. Waldo의 조직이론의 변천

1. 고전적 조직이론

(1) 의의

19C 말부터 1930년대까지 형성되었던 전통적 조직이론(Wilson-weberian paradigm)으로 공식적 구조, 즉 수직적인 계층제와 수평적인 분업체계, 명확한 권한과 절차를 중시하고 이를 통하여 조직의 합리적 운영과 능률성(효율성) 극대화를 추구하였으며 현대조직이론의 초석을 제공하였다.

(2) 해당이론

① 고전적 관료제론 : Weber의 합리적·법적 권한에 기초한 이념형(Ideal type) 관료제
② 과학적 관리론 : Taylor의 「과학적 관리의 제 원리」(1911년), Ford의 3S 등
③ 행정관리론 : Wilson의 「행정의 연구」(1887년), Gulick과 Urwick의 POSDCoRB 등

(3) 특징

① 단일 가치기준으로서 능률(기계적 능률)을 추구한다.
② 조직속의 인간을 합리적 경제인으로 가정한다.
③ 공식적·합리적 구조와 과정을 중시한다.
④ 조직을 폐쇄체제로 파악한다.
⑤ 정치행정이원론(공사행정일원론)의 입장이다.

2. 신고전적 조직이론

(1) 의의

분업과 수직적 계층제를 통하여 조직의 생산성 향상을 강조한 고전적 조직이론은 20C 초에 노동조합의 저항과 경제대공황 등으로 인한 저생산성 등에 대하여 대처를 하지 못함으로써 많은 한계가 드러나게 됨에 따라 새로운 대안으로서 신고전적 조직이론이 대두되었다.

(2) 특징

① 조직 내 사회적 능률을 강조한다.
② 조직속의 인간을 사회적 인간으로 가정한다.
③ 조직의 비공식적 구조나 요인에 초점을 두고 이론을 전개한다.
④ 조직을 폐쇄체제로 파악한다.

3. 현대적 조직이론

(1) 의의

현대적 조직이론은 종전의 고전이론과 신고전이론을 통합하여 조직 전체를 하나의 분석단위로 하는 이론으로서 주요 변수인 환경의 급속한 변동과 복잡성, 이에 대응하는 동태적 유기체인 조직, 성장을 추구하는 능동적 인간관을 전제로 하고 있다.

(2) 해당이론

① 행태과학 : 현대행정 하에서의 인간행동을 의사결정과정에서 파악한 것으로 행태론에서 강조되었고 최근에는 정책결정과정으로서 중시한다.

② 체제모형 : 조직을 공동목적 달성을 위한 전체적 대응을 강구하는 유기체로 파악한다.

③ 후기관료제모형 : 처음 Weber에 의해 제창되고 Blau와 Scott에 의해 발전된 모형으로서 고도의 계층제하에서 합리적·합법적 지배에 의해 운영되는 인간행동을 강조하였으나 최근에는 관료제가 비인격화되는 병리적 과정이나 탈관료제적 입장을 특히 중시한다.

④ 사회체제모형 : 조직을 상위체제와 하위체제로 파악하고 하위체제 상호간의 유기적 관련 하에서 Parsons는 AGIL기능을 수행하고 있다고 주장한다.

⑤ 상황이론 : 조직과 환경이 끊임없이 변하기 때문에 유일 최선의 방법은 없으며 상황적 조건에 따라 유효한 조직화의 방법도 달라진다는 보고 이러한 연결 관계를 실증적으로 연구한 중범위이론이다.

⑥ 기타모형 : Thompson의 조직혁신론, Heady의 비교조직론, Toffler의 조직 동태화이론, 거시조직이론, 혼돈이론 등

(3) 특징

① 조직을 환경과 상호작용하는 동태적 개방체제로 파악한다.

② 가치기준의 다원화 및 행정현상의 다양성을 인정한다.

③ 조직구조보다는 인간행태나 발전적·쇄신적 가치관을 중시하며, 인간을 자아실현인·복잡인으로 파악한다.

④ 조직에서 변동·갈등의 순기능을 인정하고 조직발전(OD)을 중시한다.

⑤ 종합과학적 성격을 나타낸다.

▶ 조직이론의 특징

구분	고전적 이론	신고전적 이론	현대적 조직이론
해당이론	과학적 관리론 등	인간관계론, 행태론	체제론 이후
인간관	합리적·경제적 인간	사회적 인간	복잡한 인간
가치	기계적 능률성	사회적 능률성	다원적 목표·가치· 이념
주요연구대상	공식적 구조	비공식적 구조	동태적·유기체적 구조
주요변수	구조	인간	환경
환경과의 관계	폐쇄적	대체로 폐쇄적	개방적
연구방법	원리접근	경험적 접근	복합적 접근

2. Scott의 조직이론 체계

1. 의의

Scott는 조직이론을 조직 환경개념의 포함여부와 인간이나 조직을 합리적 존재로 보는지 또는 자연적 존재로 보는지를 기준으로 네 가지 유형으로 분류한다.

구분	합리적	자연적
폐쇄적	폐쇄·합리적 이론	폐쇄·자연적 이론
개방적	개방·합리적 이론	개방·자연적 이론

2. 조직이론의 유형(이창원 외)

(1) 폐쇄·합리적 이론(1900~1930년대)

조직을 외부환경과 단절된 폐쇄체제로 보면서 구성원들이 합리적으로 사고하고 행동한다고 간주하는 이론이다.

① 해당이론 : Taylor의 과학적관리론, Weber의 고전적 관료제론, Fayol의 행정관리학파

② 특성 : 조직을 폐쇄체제로 규정, 합리적·경제적 인간관, 능률지상주의, 조직의 원리와 과학적 기법의 고안을 추구한다.

(2) 폐쇄·자연적 이론(1930~1960년대)

조직을 여전히 외부환경과 단절된 폐쇄체제로 보면서 조직구성원들을 합리적이 아닌 자연적 관점에서 파악하고 인간적 문제에 중점을 두는 이론이다.

① 해당이론 : 인간관계론, 환경유관론(Parsons, Barnard, Selznick), McGregor의 X·Y 이론

② 특성 : 미약하지만 개방체계적 관점에서 조직을 바라보고자 함, 사회적 능률중시, 조직의 사회적·정치적·심리적 측면중시, 민주적이고 참여적인 관리방식과 개방적인 의사전달체계 사용강조, 폐쇄·합리적 조직이론의 형식적 과학성과 원리를 비판한다.

(3) 개방·합리적 이론 (1960~1970년대)

조직 환경의 중요성을 강조하지만, 조직이나 인간의 합리성추구를 다시 강조하는 이론이다.

① 해당이론 : 체제이론, 구조적 상황이론

② 특성 : 조직을 개방체제로 간주하되 조직구조를 가능한 한 합리적으로 설계하려한다(조직은 환경에 가장 효과적인 조직구조를 개발하려 한다고 봄).

(4) 개방·자연적 이론(1970년대 이후)

조직 환경의 중요성을 강조하지만, 조직의 합리적인 목적수행보다는 조직의 존속이나 비합리적인 동기적 측면을 강조하는 이론이다.

① 해당이론

　ⓐ Weick의 이론

　　Weick는 조직을 단순한 전환과정만을 수반하는 유기체보다 상위체제로 인식하였다. 조직이 생존하기 위해서는 인간의 두뇌처럼 환경에서 발생하는 모호한 사건들을 해석해서 조직구성원이

취할 방향을 제시해준다는 것이다. 즉, 조직화를 환경탐색, 해석, 그리고 학습의 과정으로 파악하면서 조직 환경은 단순히 주어진 것이 아니라 구성원들 사이의 상호작용에 의해 구성·재구성·창조되는 것으로 보고, 조직구조나 전략 역시 환경에 대한 해석에서부터 시작한다고 본다.

ⓛ 거시조직이론(자원의존이론, 제도화이론, 조직군생태학이론 등)

조직이 환경을 선택·조직하거나, 환경이 조직을 선택한다는 입장으로 질서정연함의 전제하에 단순하고 질서정연한 세계관을 갖는 뉴턴의 기계론적 페러다임이나 부정적 엔트로피를 상정하는 균형모형이다.

ⓒ 혼돈이론(카오스이론) : 자생이론, 복잡성이론

환경은 무질서, 불안정, 다양성 등의 특징을 갖기 때문에 환경에 대한 해석이 불가능하며 따라서 계획적 변화도 불가능하다고 보는 비균형·비선형 모형이다. 이러한 관점에서는 변화와 갈등을 당연한 것으로 간주하며 체제의 균형을 파괴하는 위기가 자기혁신의 호기로 인식된다.

② 특성

조직 환경의 중요성을 강조하면서 조직이 목표달성보다는 생존을 중시하고 조직 속에 흐르고 있는 비공식성·비합리성에 초점을 맞추어 규칙만으로는 설명하기 힘든 조직의 비합리적·동기적 측면을 중점적으로 다룬다.

✤ 혼돈이론(카오스이론)

(1) 의의

① 혼돈이론은 예측할 수 없는 혼란상태인 혼돈 속에 숨겨진 질서를 찾아내어 장기적인 변동의 경로와 양태를 찾아보려는 접근방법으로서 정보통신기술의 비약적 발전이 혼돈이론의 발전에 결정적 기여를 하였다.

② 미국의 기상학자 로렌츠(E. Lorenz, 1961)는 공식 속의 변수의 값이 약간만 달라져도 일정시간 후 기상상태에 엄청난 차이를 보인다는 것을 발견하고 혼돈이론의 토대를 마련했으며 비균형모형, 자생조직이론, 복잡성이론 등이 여기에 해당된다.

(2) 내용과 특성

① 통합적 연구 : 전체는 개별요소의 단순한 집합이 아니라, 개체가 소유하지 않는 특성을 지니게 된다. 따라서 혼돈이론은 복잡한 문제를 단순화·정형화시키지 않고 '있는 현상' 그대로 인식하고자 하는 통합적 접근을 취하며 사소한 조건들도 매우 큰 결과를 초래할 수 있다고 보기 때문에 생략하지 않는다.

② 결정론적 혼돈 : 결정론적 혼돈이란 완전한 혼란이나 무질서가 아니라, 한정적인 혼란이며 '질서있는 무질서'이다. 즉 불규칙한 듯 보이는 현상 속에 내재되어 있는 숨겨진 패턴을 결정론적 혼돈이라 한다.

③ 자기조직화 : 혼돈이론에서는 극심한 무질서와 혼란 속에서도 자기조직화를 거쳐서 일정한 질서가 자생적으로 발생한다고 본다. 따라서 혼돈이론은 혼돈상황 하에서도 조직의 자생적 학습능력과 자기조직화를 통해 체제의 항상성을 유지하고 새로운 질서를 창출할 수 있다고 본다. (자기조직화를 위한 방안 : 가외적 기능의 원칙, 필요다양성의 원칙, 최소한의 표준화원칙, 학습을 위한 학습의 원칙)

④ 이중순환적 학습 : 지배적인 가치·규범·전략에 의문을 품고 새로운 가치·규범·전략등을 도입해 나가는 학습이다. 이중순환적 학습은 근본적인 사고방식의 전환을 가져오는 학습으로 혼돈이론에서 중시된다.

⑤ 탈관료제적 처방 : 혼돈이론은 전통적인 관료제 조직의 경직성을 타파하고 자율적·독창적 임무수행, 유동적인 업무부여, 다기능적 팀의 활용, 일의 흐름의 중시, 저층구조화, 조직규모 축소 등을 요구한다. 또한 창의적 학습과 개혁을 촉진하기 위하여 제한적 무질서를 용인하고 필요하다면 이를 의식적으로도 조성해야 함을 시사한다.

1. 조직의 목표

1. 의의

(1) 개념

조직이 실현하고자 하는 미래의 바람직한 상태로, 조직의 목표는 조직이 공식적으로 존재하는 이유가 된다.

(2) 기능

① 조직이 나아가야 할 방향과 조직구성원들의 행동의 기준을 제시한다.

② 조직의 존립과 활동을 사회적으로 정당화하는 근거를 제시한다.

③ 조직구성원들에게 일체감을 느끼게 하고 조정을 촉진시키는 기능을 한다.

④ 조직의 성과평가의 기준을 제시한다.

2. 조직목표와 개인목표

(1) 조직목표와 개인목표의 관계

조직목표는 조직의 구성원들이 추구해야 하는 것으로, 그 자체가 개인적 목표와 구분되기 힘들지만, 양자가 실제 부합되지 않는 경우도 존재한다.

(2) 조직목표와 개인목표의 관계모형

① 교환모형 : 목표양립 가능성을 높이기 위해 조직과 개인 간의 거래·협상관계를 설정하는 것이다. 조직은 개인에게 유인을 제공하고 개인은 그에 대해 조직목표 성취를 위해 노력하게 된다. 유인은 개인이 조직목표 추구에 기여하는 정도에서 주어지게 되며 전통적 동기이론, 즉 경제적·사회적 욕구를 강조하는 인간관에 기반 한 접근방법이다.

② 교화(사회화)모형 : 개인으로 하여금 조직목표 성취를 위한 행동을 가치있는 것으로 여기고 행동하도록 유도하는 감화과정을 통해 목표통합을 이루려고 한다.

③ 수용모형 : 조직목표를 설정하고 그 추구방법과 절차를 규정하는 데 있어서 조직구성원의 의견을 수용하는 접근방법이다.

④ 통합모형 : 교화와 수용 과정을 통해 개인목표와 조직목표의 통합을 유도하는 모형이다.

3. 유형

(1) 공식성에 의한 분류

① 공식목표 : 행정조직이 공식적으로 설정하여 추구하는 목표로서 법령과 직제에 의해 규정된 목표

② 실질목표 : 행정조직이 현실적으로 추구하는 목표로서 운영목표, 비공식적 목표

(2) 기능에 의한 분류

① 질서목표 : 사회의 질서유지를 위하여 추구되는 목표

② 경제목표 : 재화의 생산·분배하기 위한 목표

③ 문화목표 : 문화적 가치를 창조·유지하기 위한 목표

(3) 유형에 의한 분류

① 무형적 목표 : 상위목표와 같은 추상적·일반성·포괄성·장기성·질적·전략적 속성을 가진 목표

② 유형적 목표 : 하위목표와 같은 현실성·부분성·과정성·단기성·양적·미시적 속성을 지닌 목표

2. 목표의 변동

1. 의의

조직목표는 조직 내·외의 다양한 주체들에 의한 역동적인 상호작용을 통해 형성되고 변동되는 가변적인 현상이다.

2. 유형

(1) 목표의 전환(Displacement) : 목표의 전치, 대치

① 개념 : 조직이 추구하는 목표를 달성하기 위해 필요한 수단이 오히려 목표 그 자체가 되어 수단의 위치가 격상되는 현상을 말한다.

② 발생원인

㉠ 과두제의 철칙 : 조직의 최고 관리자나 소수의 간부가 일단 권력을 장악한 후에는 조직의 목표를 자신의 권력이나 지위를 유지·강화하기 위한 목표로 전환한다(소수간부의 권력과 지위강화 현상).

㉡ 규칙·절차에 대한 집착 : 법규나 절차에 지나치게 집착하면 그 자체가 목표가 되어 형식주의·의식주의와 동조과잉현상이 초래된다.

㉢ 유형적 목표의 추구 : 행정목표의 추상적·개괄적 성격으로 인해 행정인이 측정 가능한 유형적 목표·하위목표에 더 치중하는 경우 상위목표를 등한시하는 현상이 나타나게 된다.

㉣ 조직내부문제의 중시 : 조직의 내부문제만을 중시하고 전체목표나 조직 외부환경의 변화를 과소평가하는 경우 목표의 전환이 일어난다.

(2) 목표의 승계(Succession)

① 조직이 본래 추구하던 목표가 달성되었거나 달성이 불가능한 경우, 조직이 새로운 목표를 추구하는 현상을 의미한다.

② D. Sills의 미국 소아마비재단(소아마비 예방과 치료 → 장애자 출산의 방지), 올림픽조직위원회 → 국민체육시설관리공단 등이 대표적인 예이다.

(3) 목표의 다원화(추가)

　조직이 기존의 목표에 새로운 목표가 추가되는 것을 말한다.

(4) 목표의 확대·축소

　목표의 확대는 동일 목표의 범위가 넓어지는 것이고, 목표의 축소란 동종 또는 이종 목표의 수나 범위가 줄어드는 경우를 말한다.

(5) 목표의 비중변동

　동일 유형의 목표 간에 비중이 변동되는 것으로 비교적 가벼운 의미의 목표변동으로 볼 수 있다.

3. 조직의 효과성

1. 의의

　조직의 효과성은 조직의 목표를 달성한 정도를 의미하며, 주로 산출과 결과로 파악된다. 그런데 목표라는 개념은 모호하고 복잡한 개념이어서 단 하나의 기준으로 목표달성을 이해하기 곤란하다. 따라서 효과성 측정에 대한 다양한 접근방법이 존재한다.

2. 효과성 평가 모형

(1) 목표모형 : 산출중심
　① 의의 : 조직의 목표달성도를 평가기준으로 삼는 모형이다.
　② 평가
　　㉠ 조직을 주어진 목표를 추구하는 합리적 도구로 보는 고전적 조직관에 입각하고 있다.
　　　서로 다른 유형의 목표를 추구하는 조직을 비교하기 어려우며, 조직이 상충되는 여러 목표를 추구한다는 점을 간과하고 있다.
　　㉡ 목표를 주로 공식적 생산목표에 국한하여 파악함으로써 조직현상의 일부만을 평가할 수 있으며, 목표가 모호한 경우 조직평가의 객관성과 구체성이 떨어진다.

(2) 체제모형 : 투입중심
　① 의의 : 조직을 하나의 체제로 보고 체제의 기능적 요건을 기준으로 조직을 평가하려는 모형이다.
　② 비판
　　㉠ 체제의 경계를 명확히 하고 이들 간의 관계를 양적으로 평가하는 데는 한계가 있다.
　　㉡ 환경에 대한 대응, 의사전달의 명확화 등의 조작적인 변수를 밝히기 어렵다.

(3) 경합가치모형
　① 의의 : 조직효과성의 측정을 가치에 근거하여 평가하는 방법으로, 평가자가 가치 있다고 생각하는 것이 무엇이냐에 따라 평가기준이 달리 선택된다고 본다.

② 평가모형

　㉠ 개방체제모형 : 조직 내 인간보다 조직 자체를 강조하고 조직구조의 유연성을 중시한다.

　㉡ 합리적 목적모형 : 조직구조에서 통제와 조직 자체를 중시하는 모형이다.

　㉢ 내부과정모형 : 조직구조에서 통제를 강조하고 조직 내의 인간을 중시한다.

　㉣ 인간관계모형 : 조직보다는 인간을 중시하고 조직구조에서 유연성을 강조하는 모형이다.

구분	조직	인간
통제	합리적 목표모형 • 목표 : 생산성과 이윤 • 수단 : 합리적 기획, 목표설정	내부과정모형 • 목표 : 안정성과 균형 • 수단 : 정보관리, 의사전달
유연성	개방체제모형 • 목표 : 성장 및 자원 확보 • 수단 : 유연성, 외적 평가	인간관계모형 • 목표 : 인적자원 개발 • 수단 : 구성원의 응집력, 사기

제**02**장 조직구조론

제**01**절 | 조직의 구조

1. 의의

(1) 개념

조직의 구조란 조직구성원 간의 유형화된 상호작용을 의미한다. 이러한 유형화된 상호작용을 통해 조직은 예측가능성을 높이고, 공동목표를 추구하기 위한 질서를 형성하게 된다. 종적으로는 지배구조(권력·권한 등), 횡적으로는 역할구조(역할·지위 등)로 구성되어 있다.

(2) 역할

① 조직 내 개인 간 또는 하위기구 간 권한 및 역할배분의 기준이 된다.
② 조직 내 구성원들의 통제권한 및 업무상 갈등조정의 권한을 지정한다.
③ 의사전달의 통로가 된다.

2. 구성요소

1. 지위와 역할

(1) 지위

지위란 조직 내에서 개인이 차지하고 있는 위치의 상대적인 가치를 지칭하는 것으로 계층화된 지위체제 내에서의 등급 혹은 계급을 말한다. 지위의 차이는 보수와 책임의 차이를 수반한다.

(2) 역할

역할이란 일정한 지위를 가지고 있는 사람들이 해야 할 것으로 기대되는 행동의 범주를 말한다. 조직 내 역할은 조직구조의 구성요소로, 역할담당자는 부여된 역할에 대해 학습하게 되며, 역할을 구성하는 행동은 다양한 특성을 나타낸다.

2. 권력과 권위

(1) 의의

① 권력이란 개인 혹은 집단이 다른 개인이나 집단의 행태에 영향을 미칠 수 있는 능력이다. 권력은 상호 의존성 하에서 발생하고 자원에 의해 뒷받침되며, 상대방이 선택할 수 있는 대안의 유무에 의존한다.
② 권위란 정당화된 권력으로 자발적 복종을 이끌어 내는 힘을 말한다.

(2) 권위의 기능

① 책임이행의 확보 : 조직구성원이 조직규범을 준수하게 하고, 맡은 바 책임을 이행하도록 하는 기능을 수행한다.

② 조직 활동의 조정 : 조직 목적달성을 위해 조직의 활동을 통합·조정하는 기능을 수행한다.

(3) 권위의 유형

① Weber : 정당성의 기초

㉠ 전통적 권위 : 권위의 근거는 전통·관습 등이다. 전인격적 지배를 특징으로 하는 가산적 관료제와 관련된다.

㉡ 카리스마적 권위 : 권위의 근거는 초인적 능력에서 나온다. 카리스마적 권위는 비일상적인 것으로 전통적 권위나 합법적 권위로 전환된다.

㉢ 합법적 권위 : 권위의 근거는 합법적 규칙으로, 기술적 합리성을 추구하는 근대 관료제와 관련된다.

② French, Jr. & Raven : 권력자원에 관한 유형

㉠ 보상적 권력 : 보상을 주거나 중개할 수 있는 능력으로부터 나오는 권력이다.

㉡ 강압적 권력 : 권력행사자의 처벌능력으로부터 나오는 권력이다.

㉢ 정당한 권력 : 권력수용자의 가치관에 비추어 권력행사자가 권력을 행사할 수 있는 권리를 갖고 있다고 인정되는 경우로 Weber의 권위와 유사한 개념이다.

㉣ 준거적 권력 : 권력수용자가 권력행사자에 대한 동일시에 기인하는 권력이다. 추종자가 신뢰하고 유사해지려 하며, 의견을 수용하고 애정을 느끼며 감정적 연관을 맺는 경우 발생한다.

㉤ 전문적 권력 : 주어진 분야 내에서의 전문적 지식의 정도에 기반을 두고 있는 권력이다.

③ 기타 유형

기 준	유 형	특 징
권력의 유형 (A. Etzioni)	강제적 권위	물리적 제재에 의한 권위
	공리적 권위	경제적 유인에 의한 권위
	규범적 권위	도덕성에 의한 권위
수용의 근거 (H. A. Simon)	신뢰의 권위	신뢰에 의한 권위
	일체화의 권위	동질감에 의한 권위
	제재의 권위	제재에 의한 권위
	정당성의 권위	법규와 규범에 의한 권위

(4) 권위수용에 관한 이론

① Follett(1926년) : 관리자는 권한을 무조건 행사하는 것보다 부하직원으로부터 동의를 얻는 권한을 행사하여야 한다고 함으로써 현대의 참여관리와 유사한 주장을 하였다.

② Barnard의 무차별권(Zone of indifference, 1956년) : 상급자의 명령에 대하여 부하가 ⊙ 명백히 수용할 수 없는 범위, ⓒ 중립적인 범위, ⓒ 이의 없이 수용되는 범위 등으로 구분하고 이 중 ⓒ은 무차별권(또는 무관심권)으로서 무차별권에 들어왔을 때 실효가 있다는 것이다.

③ Simon의 수용권(Zone of acceptance, 1957년)

⊙ 의의 : 인간이 타인의 의사결정에 따르는 상황을 ⓐ 의사결정의 장단점을 검토하고 확신이 있을 때 따르는 경우, ⓑ 장단점을 충분히 검토하지 않고 따르는 경우, ⓒ 의사결정이 잘못되었다고 생각해도 따르는 경우로 구분하고 ⓑ와 ⓒ를 권위의 수용권이라 하였다.

ⓒ 수용의 범위 : Simon은 구성원의 자아의식이 확립될수록 수용권의 범위는 좁아진다고 하였으며 오늘날 교육의 발전과 자유의사의 존중추세에 따라서 점점 좁혀지고 있다.

3. 조직구조의 변수

1. 기본변수

(1) 복잡성

① 개념 : 복잡성은 분화의 수준을 의미한다. 조직 내에 분화의 정도가 높을수록 복잡성도 증대된다. 교전적 조직이론에서는 일의 능률적 수행을 위하여 분업화를 중시하였다.

② 내용

⊙ 수평적 분화 : 조직이 수행하는 업무를 그 성질에 따라 조직구성원들이 횡적으로 분할하여 수행하는 정도를 의미한다.

ⓒ 수직적 분화 : 조직 내의 책임·권한이 나뉘어 있는 계층의 양태를 말한다. 이를 나타내는 지표로는 조직 내의 계층의 수, 계층제의 깊이이다.

ⓒ 공간적 분산 : 조직을 구성하는 인원이나 시설 등이 지역적으로 분산되는 것을 말한다.

(2) 공식성

① 개념

조직원의 지위·역할·권한이 문서화되어 있고, 직무수행에 관한 규칙과 절차가 표준화·정형화되어 있는 정도를 말한다.

② 특징

조직의 규모가 클수록, 직무의 성질이 단순하고 반복적 직무일수록, 안정적 조직 환경일수록, 집권화된 조직일수록 공식성의 정도가 높아진다.

③ 순기능과 역기능

공식화는 ⊙ 조직구성원의 행동을 용이하게 규제할 수 있게 하고, ⓒ 표준운영절차(SOP) 등을 통해 조직의 활동비용을 줄일 수 있으며, ⓒ 행정의 예측가능성과 안정성을 높이고, ⓔ 조직 활동의 혼란을 막는 기능을 수행한다.

그러나 공식화의 수준이 너무 높으면 ⊙ 구성원의 자율성에 제약을 가할 수 있고, ⓒ 구성원에게 소외감을 주며, ⓒ 행정관료의 재량범위가 축소되어 조직이 변화하는 환경에 적응하기 힘들어지고, ⓔ 문서주의나 번문욕례를 야기한다.

(3) 집권성

① 개념 : 의사결정이 이루어지는 조직계층상의 수준 정도를 의미한다. 의사결정이 상층부로 올라갈수록 집권화되어 있으며, 하층부로 내려올수록 분권화되어 있다고 할 수 있다.

② 집권화의 촉진요인

　㉠ 강력한 리더십 필요 시 : 위기 시에는 강력한 리더십을 발휘해야 하므로 집권화가 요구된다.

　㉡ 조정이나 통일성 필요 시 : 할거주의를 조정하거나 통일성을 강조할 경우 집권화가 요구된다.

　㉢ 소규모 조직이나 신설조직 : 선례가 없어 최고결정자의 영향력이 크므로 집권화가 이루어진다.

　㉣ 교통통신의 발달 : 교통통신이 발달되면 광역행정이 이루어지므로 집권화가 나타난다.

　㉤ 권위주의적 문화 : 권위주의적 문화, 권위주의적 권력욕 등도 집권화를 촉진시킨다.

　㉥ 관심의 증대 : 특정 기능에 대한 조직 내외의 관심이 확대되면 의사결정이 집권화된다.

　㉦ 분업의 심화 : 사람의 전문화 또는 능력향상을 수반하지 않는 분업의 심화, 기능분립적 구조설계 등의 경우 조정이나 통일성이 필요하게 되므로 집권화가 요구된다.

③ 분권화의 촉진요인

　㉠ 복잡성과 동태성 : 기술 및 환경변화의 복잡성과 동태성은 적응력을 요구하므로 분권화가 요구된다.

　㉡ 사회의 민주화 : 조직이 처해 있는 사회가 민주화되면 조직 내도 분권화가 촉진된다.

　㉢ 내재적 동기유발 전략 : 조직구성원의 참여와 자율 규제를 강조할 때 분권화가 촉진된다.

　㉣ 조직의 쇄신과 창의성 발휘 : 창의적인 업무를 수행하여야 할 때는 분권화가 요구된다.

　㉤ 힘실어주기(Empowerment)의 요청 : 권한위임은 분권화를 촉진하여 부하에게는 자율적 관리로 인한 성과극대화를 도모하게 하고, 상관은 전략적 업무에 전념하게 된다.

　㉥ 조직규모의 확대 : 조직규모의 확대로 상층부의 업무량이 증가되고 업무 수행 장소도 넓어져 조정하기가 어려워짐에 따라 분권화가 요구된다.

　㉦ 전문화의 촉진 : 기술수준의 고도화와 인적 전문화 및 능력향상은 분권화를 촉진시킨다.

　㉧ 신속한 서비스 : 고객에게 신속하고 상황적응적으로 서비스하기 위해서는 분권화가 요구된다.

2. 상황변수

(1) 규모

① 개념 : 조직의 크기를 말하며, 주로 조직구성원의 수, 조직예산의 규모, 투입 및 산출의 규모 등을 구성요소로 한다.

② 특징

　㉠ 규모가 커지면 계층의 분화, 수평적 분화가 이루어져 복잡성이 커진다.

　㉡ 규모가 커지면 조직의 의사결정권한이 위임되어 분권화되는 경향이 있다.

　㉢ 규모가 커지면 기본적인 주요업무와는 관련이 적은 부수적인 업무, 즉 막료기능의 일종인 유지관리부분이 많아져 행정농도가 높아진다. 행정농도란 전체 인력 중에 유지관리 인력이 차지하는 비율을 말한다.

(2) 기술

① 개념 : 조직에 대한 투입을 산출로 전환시키는 방법을 말한다. 조직이 어떠한 기술을 사용하느냐에 따라 조직의 구조적 특성은 달라진다.

② 특징

    ㉠ 일상적인 기술일수록 복잡성이 낮고, 비일상적인 기술일수록 전문인력과 전문업무가 증가하여 분화가 촉진되므로 복잡성은 높다.

    ㉡ 일상적인 기술일수록 공식성은 높아 재량의 여지가 적고 비일상적인 기술일수록 공식성이 낮아 재량의 여지가 많다.

    ㉢ 일상적인 기술은 집권화를, 비일상적인 기술은 분권화를 초래한다.

③ 유형

    ㉠ Woodward의 기술유형

        ⓐ 소량생산기술 : 특정 고객의 필요성을 충족시켜주기 위한 것으로 사람의 수공에 의존하는 기술유형이다. 이루어지는 작업은 비 반복성을 갖고 기술의 복잡성은 매우 낮다. 예 선박이나 항공기제작과정

        ⓑ 대량생산기술 : 표준화된 제품을 생산하기 위하여 여러 가지 공정으로 이루어진 긴 제조과정을 지닌다. 복잡성은 중간정도이다. 예 자동차나 전자제품의 조립생산에서 사용되는 기술

        ⓒ 연속공정생산기술 : 생산의 전 과정이 기계화되어 있으므로 산출물에 대한 예측가능성이 매우 높고 기술의 복잡성이 가장 높다. 예 화학제품생산 공정

    ㉡ Thompson의 기술유형론

        ⓐ 길게 연계된 기술(Long-linked technology) : 순차적으로 의존관계에 있는 여러 가지 기술이 연계된 경우로서 표준화된 상품을 반복적으로 대량생산할 때 유용하다. 이 경우 부서간 상호의존성은 연속적이어서 갈등가능성이 비교적 높다.

        ⓑ 중개적 기술(Mediating technology) : 집합적 의존관계에 있는 고객들을 연결하는 기술로서 역시 표준화를 추구한다. 이 경우 부서 간 상호의존성은 단순히 집합적이어서 갈등의 소지가 낮다. 예 우체국, 은행

        ⓒ 집약형 기술(Intensive technology) : 다양한 기술의 복합체로서 다양한 기술이 개별적인 고객의 성격과 상태에 따라 다르게 배합되는 기술로서 표준화가 곤란하고 가장 많은 갈등이 수반되며 고비용을 요구하는 기술이다. 부서 간 상호의존성은 교호적이다. 예 종합병원

▶ Thompson의 기술유형론

기술유형	상호의존성	의사소통의 빈도	조정 방법
길게 연결된 기술	연속적 상호의존성	중간	정기회의, 수직적 의사전달, 계획
중개적 기술	집합적 상호의존성	낮음	규칙, 표준화
집약형 기술	교호적 상호의존성	높음	부정기적회의, 상호조정, 수평적 의사전달

ⓒ Perrow의 기술유형론

ⓐ 일상적 기술 : 분석 가능한 탐색과 소수의 예외가 결합된 기술

예 표준화된 제품의 대량생산

ⓑ 장인기술 : 분석 불가능한 탐색과 소수의 예외가 결합된 기술

예 도자기생산

ⓒ 공학적 기술 : 분석 가능한 탐색과 다수의 예외가 결합된 기술

예 건축이나 전동기 등 주문 생산하는 경우, 회계사들이 가지고 있는 기술

ⓓ 비일상적 기술 : 분석 불가능한 탐색과 다수의 예외가 결합된 기술

예 우주항공산업

▶ Perrow의 기술유형론

구분		과업의 다양성	
		낮음(소수의 예외)	높음(다수의 예외)
기술의 분석가능성	낮음	장인기술(Craft) 소량의 풍성한 정보	비일상적 기술 다량의 풍성한 정보
	높음	일상적 기술 소량의 분명한 계량적 정보	공학적 기술 다량의 계량적 정보

(3) 환경

① 개념

조직 밖의 모든 영역으로 정의할 수 있으나 조직과 상호작용을 하는 직접적인 환경에 관심의 초점이 있으며 환경은 조직의 특성에 영향을 미치는 상위시스템이다.

② 특징

㉠ 환경의 불확실성과 복잡성과는 역관계 : 불확실한 환경에 적응적인 행정조직은 비교적 구조의 복잡성이 낮다.

㉡ 환경의 불확실성과 공식성과는 역관계 : 안정된 환경 하에서는 활동을 표준화시켜 놓기 때문에 동태적인 환경에 비해서 공식성의 정도를 높아지게 한다.

㉢ 환경의 불확실성과 집권성과는 역관계 : 안정된 환경 하에서는 집권화, 유동적 환경 하에서는 분권화가 요구된다.

3. 구조변수간의 관계

구분	복잡성	공식성	집권성
규모(大)	+	+	−
(비일상적)기술	+	−	−
(불확실한)환경	−	−	−

(1) 규모와 기본변수와의 관계

  ① 조직규모와 집권화 : 반비례 함, 규모가 커지면 분권화가 촉진된다.

  ② 조직규모와 공식화 : 비례함, 규모가 커지면 통제를 위하여 표준화나 절차의 명세화가 촉진된다.

  ③ 조직규모와 복잡성 : 비례함, 규모가 커지면 수평적 역할분화를 촉진한다.

(2) 기술과 기본변수와의 관계

  ① 일상적 기술일수록 집권화·공식화가 높고, 비일상적 기술일수록 집권화·공식화가 낮다.

  ② 일상적 기술일수록 복잡성은 낮아진다.

(3) 환경과 기본변수와의 관계

  ① 확실한 환경일수록 집권화·공식화가 높고 복잡성의 정도는 높지만, 불확실한 환경일수록 집권화·공식화가 낮고, 복잡성의 정도는 낮다.

  ② Adhocracy는 복잡성의 수준이 낮다.

제 02 절 | 고전적 조직구조의 원리(조직의 원리)

1. 의의

(1) 개념

조직의 원리는 하나의 조직을 가장 합리적으로 구성하고 그것을 능률적으로 관리하여 조직의 목표를 효율적으로 달성하기 위하여 적용되는 원칙이다.

(2) 조직원리의 구분

① 분업의 원리(분화의 원리)

조직의 기능적인 분화를 설명하는 핵심적인 원리로서 전문화의 원리, 부성화의 원리, 참모조직의 원리, 동질성의 원리, 기능명시의 원리 등이 있다.

② 조정의 원리(통합의 원리)

조직구조를 통합하기 위한 조정의 원리, 계층제의 원리, 명령통일의 원리, 명령계통의 원리, 통솔범위의 원리 등이 있다.

2. 주요 원리

1. 계층제의 원리

(1) 개념

계층제(Hierarchy)란 권한과 책임의 정도에 따라 수직적 계층을 설정하고 지휘명령체계를 확립한 구조이다. 중앙행정기관의 경우 과장·국장·차관·장관으로 구성되는 것과 같다.

(2) 특징

① 조직규모와 전문화, 구성원 수의 증가는 계층의 수와 비례한다.

② 계층수와 통솔범위는 반비례한다. 통솔범위가 넓어지면 계층의 수는 적어지고 통솔범위가 좁아지면 계층의 수는 많아진다.

③ 계층수준이 높을수록 비정형적 업무를, 낮을수록 정형적 업무를 담당한다.

④ 계층제는 수직적 분업과 관련된다.

⑤ 계층제는 계선조직을 중심으로 형성되지만, 참모조직은 계층제 형태를 띠지 않는다.

(3) 필요성

① 통솔범위의 한계 : 감독자가 거느릴 수 있는 부하의 수에는 한계가 있기 때문에 계층을 만들어 부하들은 중간감독자가 감독하게 할 수 밖에 없게 되고 이러한 감독위임의 관계가 연쇄적으로 이루어진 결과가 바로 계층제이다.

② 권한위임의 수단 : 계층제는 권한위임이 이루어지는 통로가 된다.

(4) 순기능과 역기능

① 순기능 : 지시·명령·권한위임의 통로, 상하간의 의사전달통로, 업무를 배분하는 경로, 권한과 책임 한계 설정기준, 내부통제의 경로, 조직 내 분쟁조정수단, 조직의 통일성과 일체감유지, 승진의 유인 등

② 역기능 : 단일의 의사결정중추에 따른 기관장의 독단적 결정, 피터의 원리, 자아실현인의 활동무대로 곤란, 조직의 경직화, 의사소통의 왜곡, 할거주의 초래, 새로운 지식·기술의 신속한 도입곤란, 귀속감·참여감의 저해, 집단사고의 폐단, 비합리적인 인간지배의 수단화 등

> ✤ **피터의 원리**
>
> (1) 의의
> 승진을 계속 하다보면 능력을 벗어나서 감당할 수 없는 직위까지 승진하게 되고 그 직위에서 무능력자가 됨으로써 결국 계층제의 모든 직위가 무능력자로 채워지므로 조직의 효율성이 저하된다는 이론이다.
>
> (2) 시사점
> 계층제의 부작용과 관료제의 병폐를 지적한 이론이다. 즉 개인의 무능력은 개인보다는, 위계조직의 메커니즘에서 발생한다는 것이다.

2. 통솔범위의 원리

(1) 의의

통솔범위(Span of control)는 한 명의 상관이 효과적으로 관리할 수 있는 부하의 수이다. 통솔범위의 원리는 사람의 관리능력에는 한계가 있기 때문에 부하의 수는 상관의 통제능력범위 내로 한정하여야 한다는 것이다.

(2) 결정요인

① 시간적 요인 : 신설조직보다 안정된 조직의 감독자가 더 많은 부하를 통솔할 수 있다.

② 공간적 요인 : 분산된 장소보다 집결된 장소에서 더 많은 부하를 통솔할 수 있다.

③ 업무의 성질 : 복잡한 전문적·이질적 사무를 담당하는 부하를 감독하는 경우보다는 동일성질의 단순 반복 업무에 종사하는 부하들을 감독하는 경우에 통솔범위가 넓다.

④ 감독자와 부하 : 감독자의 능력이 우수하며 부하가 잘 훈련된 경우 통솔범위가 넓어진다.

⑤ 참모의 지원 : 참모의 지원을 많이 받을수록 관리자의 통솔범위는 넓어진다

⑥ 조직의 계층수가 많을수록 통솔범위가 좁아지고, 계층수가 적을수록 통솔범위가 넓어진다.

⑦ 권한위임과 분권 : 권한과 책임이양이 활발한 분권적 체제는 더 많은 부하를 통솔할 수 있게 한다.

3. 명령통일의 원리

(1) 의의

조직의 모든 구성원은 한 명의 상관으로부터 명령을 받고 보고해야 한다는 원리이다. 분명한 보고체계를 강조하며 이러한 보고체계를 유지하기 위해서 'One man one boss'의 원리를 강조한다.

(2) 목적

이중명령을 방지함으로써 조직의 안정성과 능률성을 확보하는 데 있다. 즉, 조직 내의 혼란방지 및 책임소재의 명확화, 조직적 능률적 업무수행 등이 목적이다.

(3) 명령통일의 원리에 대한 비판

① 명령통일을 무리하게 강요한다면 횡적인 조정이 저해된다.

② 계선기관에 대한 명령통일에 집착한 나머지, 전문가인 막료기관의 제안을 무시하게 되면 전문가들의 영향력은 감소되고 전문화의 원리와도 상충된다.

③ 오늘날 막료기관이 계선기관화 되는 '이중적 계층제'가 보편적이다(계선과 참모의 상대화).

4. 분업(전문화)의 원리

(1) 의의

조직의 업무를 종류와 성질별로 구분하여 조직구성원에게 가급적 한 가지의 주된 업무를 분담시킴으로써 조직의 효율성을 높이려는 것을 말한다. Mooney는 전문화의 원리를 '기능의 원리'라고 하였는데 여기서의 전문화의 원리는 수평적 전문화를 의미한다.

(2) 전문화의 유형

① 수평적 전문화 : 각 부처·국·과별로 횡적으로 분담하는 것을 의미한다.

② 수직적 전문화 : 중앙과 지방, 상급기관과 하급기관과 종적으로 분담하는 것을 말한다.

③ 업무의 전문화 : 직무의 종류에 따라 세분화·단순화시키는 것을 말한다.

▶ 직무의 수직적·수평적 전문화

		수평적 전문화	
		높음	낮음
수직적 전문화	높음	비숙련직무 (생산부서의 일)	일선관리직무
	낮음	전문가적 직무	고위관리업무 (조직의 정책과 전략을 결정)

(3) 장점과 단점

① 장점 : 사람의 지식·기술의 능력은 한계가 있으므로 분업을 통해 능률성이 향상될 수 있으며, 업무를 세분할수록 경제적인 성과를 얻을 수 있다.

② 단점 : 지나친 전문화는 ⊙ 업무에 대한 흥미상실 및 비인간화(인간의 부품화), ⓒ 할거주의로 인한 조정이 어려움, ⓒ 전문가적 무능 또는 훈련된 무능현상이 초래될 수 있다.

❖ 부처편성의 원리(부성화의 원리)

(1) 의의

부처조직편성의 원리 혹은 기준을 밝히고자하는 이론이다. 이것은 1930년대 Gulick을 위시한 행정원리론자 들에 의해서 확립된 중요한 하나의 명제이다.

(2) 내용

① 목적·기능별 조직 : 동일한 종류의 기능을 동일한 부처에 귀속시키는 전통적인 방법이다.

　　예 외교부나 국방부 등

② 과정·절차별 조직 : 동일한 기구 사용이나 동일직무 종사자를 한데 묶어두거나 동일절차를 한 부처에 묶어두는 방법으로, 행정의 전문화로 점점 각광을 받고 있는 기준이다.

　　예 조달청, 국세청, 예산실, 통계청, 감사원 등

③ 고객별 조직 : 동일 수혜자나 동일대상을 동일부처에 편입시키는 방법이다.

　　예 국가보훈처, 고용노동부, 문화재청, 보건복지부, 해양수산부, 여성가족부 등

④ 지역·장소별 조직 : 지역·장소를 기초로 편성하는 기준이다. 제주지방청, 외교부의 북미국 등 하위부처 편성에 주로 운용된다.

5. 조정의 원리

(1) 의의

① 조정(Coordination)이란 공통의 목적을 달성하기 위하여 행동의 통일을 기하도록 집단적 노력을 순서있게 배열하는 것을 의미한다. Mooney를 비롯한 고전이론가들은 조정을 제1원리로 파악하고 다른 원리들은 조정을 가능하게 하는 하위원리로 보았다.

② 분업과 조정은 상반된 성격을 지닌다. 즉 분업화가 심화되면 이를 조정·통합하기 어려워지며, 반대로 조정·통합을 이룩하려면 분업·전문화가 저해되는 수가 있다.

(2) 조정의 저해 요인

① 할거주의 : 관료가 자신이 소속된 조직단위나 부서의 이익에만 집착하고 충성함으로써 타 조직이나 부서는 배려하지 않는 편협하고 배타적인 성향을 말한다.

② 행정조직의 대규모화 및 전문화 경향 : 행정조직이 확대되고 다원적으로 분화되면서 그만큼 조정의 필요성도 증대되고 있다.

③ 조직구성원의 이해관계나 기관목표의 차이, 자원의 부족

④ 관리자의 조정능력부족 및 조정기구의 결여

(3) 조정의 방법–분권화된 조직을 연결하는 방법

① 수직 연결 : 조직의 상하 간 활동을 수직적으로 조정하는 방법이다.

　ㄱ 계층제(계층, 명령체계, 보고)

　ㄴ 수직적 계층직위의 추가(밀접한 의사소통과 통제를 위하여 계선 직위를 신설)

　ㄷ 규칙·절차·지침(표준정보자료 : 구성원 간 의사소통 없어도 조정 가능)

　ㄹ 계획(장기적 표준정보자료)

　ㅁ 수직정보시스템(정기 보고서, 문서화된 정보, 전산에 기초한 의사소통 제도)

② 수평 연결 : 조직의 부서 간 활동을 수평적으로 조정하는 방법이다. 환경이 급변하고 기술이 유동적이며 조직목표가 혁신과 유동성을 강조할 때 더욱 요구된다.

    ㉠ 정보시스템(부서 간 정보를 공유하는 통합정보체계)

    ㉡ 직접 접촉(보통 2개 부서에 관련된 관리자와 직원이 직접 접촉 ▷ 연락역할 담당자)

    ㉢ 프로젝트 매니저(Project manager)

    ㉣ 임시작업단(Task Force)

    ㉤ 프로젝트팀(Project Team)

    ㉥ 조정전담 기구(국무조정실, 국무회의, 차관회의, 당정협의회 등)

    ㉦ 위원회에 의한 조정(갈등의 수평적 조정)

3. 조직의 원리의 대한 평가

(1) Simon은 "엄밀한 검증을 거치지 않은 격언(Proverbs)에 불과하다."고 비판하였다.

(2) 제 원리간의 상충현상(⑩ 전문화의 원리와 명령통일의 원리와의 상충)을 설명하지 못한다.

(3) 고전적 조직원리론은 비록 과학성이 높은 엄밀한 이론은 아니지만, 조직현상에 대한 운영상의 보편적 원리를 발견하고자 학문적 노력을 하였고, 이는 과학적 관리론의 맥락 속에서 '행정관리론'을 결실 맺는 데 큰 공헌을 하였다. 또한 고전적 조직의 원리는 현재에서 조직의 편성 및 관리지침으로서 폭넓게 적용되고 있고, 조직의 합리성·경제성을 높이는 데 여전히 많은 유용성을 지니고 있다고 평가할 수 있다.

✤ 행정관리론

(1) 의의

정치행정이원론에 의거하여 행정을 '관리의 영역'으로 규정한 후, 고전파행정학은 과학적 관리론의 기초 하에 행정을 능률적으로 수행할 수 있는 관리상의 '유일최선의 방법(One best way)인 원리'를 도입하고자 하였다.

(2) 행정관리론의 내용

① Taylor의 「과학적 관리의 제 원리」

② Willoughby의 「행정의 제 원리」: 행정에는 과학적인 원리가 존재하고 이를 발견하여 행정에 적용하여야 한다고 주장하였다.

③ Gulick과 Urwick의 「행정과학 논집」: 조직의 연구를 통해서 귀납적으로 얻어지는 일종의 보편적인 원리로 명령통일의 원리, 통솔범위의 원리, 분업과 조정의 원리 등을 제시하고 있다.

④ Gulick의 POSDCoRB와 부처편성의 원리 : 최고관리자의 기능으로 POSDCoRB를 제시하고, 분업의 결과 세분화된 직위들을 묶는 부처편성의 기준으로 목적·과정·대상·지역의 4가지를 제시하고 있다.

1. 관료제

1. 의의

(1) 구조적 개념

관료제는 권한과 책임에 따라 계층을 나누고 전문화된 분업체계를 갖추어서 많은 양의 업무를 법규에 따라 관료가 합법적·합리적·객관적으로 처리하는 대규모 집권적 조직이다.

(2) 기능적 개념

관료제는 특권층을 형성하고 있는 관료집단이 정치권력의 장악자로서의 지위를 차지하고 있는 정치구조로 이해되거나, 형식주의·무사안일주의 등 조직의 병폐를 지적하는 개념으로 이해된다.

2. M. Weber의 관료제이론

(1) Weber이론의 특징

① 이념형 : 사유작용에 의해서 가장 합리적이고 작업능률을 극대화할 수 있는 이상적인 조직을 관료제라고 한 것이다.

② 보편성 : 공·사행정을 막론하고 모든 대규모 조직이면 계층제 형태를 띤 관료제구조가 나타난다고 본다.

③ 합리성 : 관료제는 인간본질의 합리적이고 예측가능하며 질서정연한 측면에 착안한 합리적·공식적 모형이다.

(2) 지배의 유형(지배의 정당성을 기준)과 관료제의 형태

① 가산(家産)관료제 : 전통적 지배하의 관료제로서 권한의 배분이 권력자의 자의에 의하여 이루어지며 인격적 지배, 관직의 사유화, 전문지식보다는 일반적 지식의 중시, 자의적 권한행사와 예측불가능성 등을 특징으로 한다.

② 카리스마적 관료제 : 카리스마적 지배하의 관료제로서 지배자의 초인적인 능력 등 개인적 특성에 의존하고 법보다는 지배자의 힘에 의한 지배를 용인하게 된다.

③ 합법적·합리적 관료제 : 합법적·합리적 지배하의 관료제로서 가장 보편적인 형태로서 계층제, 분업, 전문화, 문서주의, 공사구분, 몰인격적인 대인관계 등을 특징으로 한다.

권 위	지 배	관료제	내 용
전통적 권위	전통적 지배	가산관료제	인격적 지배, 관직의 사유화
카리스마적 권위	카리스마적 지배	카리스마적 관료제	지배자의 개인적 특성에 의존
합법적·합리적 권위	합법적·합리적 지배	합법적·합리적 관료제	계층제, 문서주의, 공사구분, 몰인격성 등

(3) 근대관료제의 성립요인

① 화폐경제의 발달 : 봉건관료의 현물급여에 비하여 근대관료는 규칙적인 화폐급여의 형태를 취하고 있으므로 근대적 화폐경제의 발달이 전제조건이다.

② 행정업무의 양적 증대와 질적 전문화 : 관료제는 행정사무의 양적 증대와 질적 전문화·기술화를 토대로 성립한다.

③ 관료제 조직의 기술적 우위성 : 직업 관료제는 합의제·명예직제·겸직제에 비하여 정확성, 신속성, 신중성, 인적비용의 절약 등 순수한 기술적 우수성을 지닌다.

④ 물적 관리수단의 집중화 : 물적 수단을 집중 관리하는 근대예산제도의 탄생은 관료제를 필요로 한다.

(4) 근대관료제의 특징

① 법규에 의한 지배(권한의 명확성) : 관료의 권한과 직무범위는 법규에 의해 규정되며 관료제의 지배원리는 합리적 절차에 따라 제정된 법규 및 규칙이다.

② 계서제적 구조와 분업 : 조직내부 또는 조직 간의 상하관계가 계층제의 원리에 의하여 명확한 명령복종관계가 확립되어 있으며, 수평적으로는 자격과 능력에 따라 규정된 기능을 수행하는 분업의 원리에 따른다.

③ 기술적 전문화 및 직업의 전업화(전임직) : 모든 직무는 전문지식과 기술을 지닌 관료가 담당하는 것을 의미하고, 직무활동에 있어서 전 노동력을 요구하며 겸직을 금지한다.

④ 문서주의 : 모든 업무의 수행은 문서에 의거하여 이루어지며, 그 결과는 문서로 기록·보존된다.

⑤ 임무수행의 비정의성·비개인화 : 감정·편견 없는 공정하고 객관적인 행정을 추구함으로써 객관적 사실과 법규가 존중되고 공평무사한 행정을 가능하게 한다.

⑥ 공사(公私)의 구분 : 관료는 공적활동을 사생활과 구분하고 사적인 감정을 업무수행에 연결시키지 않는다.

⑦ 의사결정권한의 집중 : 최고위층에 의사결정권한의 집중으로 집권적인 체제의 특징을 나타낸다.

⑧ 충원 및 승진의 기준 : 조직 내에서의 충원 및 승진의 기준은 정치적·가족적·귀족적 요소들을 고려하지 않고 전문적인 자격이나 시험을 통해 이루어진다.

⑨ 고용관계의 자유계약성 : 쌍방의 자유의사에 따라 자유롭게 계약을 체결한다.

3. M. Weber의 이론의 비판과 수정

(1) 1930년대 사회학자들의 비판

1930년대 사회학자들은 Weber의 이념형 관료제를 비판하고, Weber가 간과한 관료제의 비공식적 측면, 비합리적 측면, 역기능적 측면, 환경과의 측면을 수정·보완하였다.

① 조직관 : 공식적인 면만을 강조하고 비공식적인 면을 도외시한다(Blau).

② 인간관 : 합리적인 면만 강조하고 비합리적인 면을 등한시한다(Blau).

③ 기능관 : 순기능만을 강조하고 관료제의 역기능 내지 병리현상을 경시한다(Merton).

④ 환경관 : 환경을 고려하지 않고 내부문제에 한정된 나머지 환경변화에 대응하지 못하는 경직성과 폐쇄성을 지닌다(Selznick).

(2) 1960년대 발전론자들의 전면적 비판

1960년대 이후 발전행정론자들인 Esman, Weidner 등은 Weber의 관료제가 강조하고 있는 직무의 기계적 집행보다는 관료제자체가 국가발전의 주도적 기능을 수행하는 것으로 파악함으로써 Weber의 관료제이론을 수정·보완하였다.

① 합법성의 문제 : 발전행정론에서는 국가발전사업의 효과적인 수행을 위해서는 합법성에 집착하는 것보다는 합목적성이 보다 중요하다고 하면서 효과성 이념을 강조하였다.

② 계층제의 문제 : Weber의 이론에서는 상·하의 지배·복종관계를 강조하는 계층제를 중시하고 있으나 발전의 입장에서는 분업이 중요하다는 것이다.

③ 전문지식의 문제 : 전문행정과 전문지식·기술의 중요성을 인정하면서도 전문화로 인한 편협함과 할거주의를 극복하기 위해서는 사회전반에 대한 이해력과 일반지식의 중요성을 강조하였다.

(3) 1970년대 신행정론에 의한 비판 : 후기관료제모형, 탈관료제모형

1970년대 이후에는 관료제이론을 수용하면서도 보완적인 대안을 제시하는 관료제옹호론과 관료제이론에 의한 조직설계를 주장하는 입장이 있는데 신행정론자들은 대체로 탈관료제·반관료제의 입장에서 관료제조직을 대신하기 위한 급진적인 대안을 제시하였다.

① W. Bennis는 베버의 기계적·집권적·정태적인 관료제조직모형은 급격한 사회변동에 대한 적응력 확보를 위해 유기적 구조로 전환·대체되어야 조직의 생존과 유지가 가능하다고 하면서 '관료제의 종말론'을 주장하였다.

② 1960년대 말 이후 경직된 관료제조직과는 대조적인 조직모형으로 A. Toffler에 의한 동태적·임시적조직 등 탈관료제적 조직모형이 대두되었다.

4. 관료제의 순기능과 역기능

(1) 순기능

① 법 앞의 평등 : 정실을 배제하고 법규에 의하여 공정하고 일관되며 신뢰성 있는 예측 가능한 행정을 확보한다.

② 고도의 합리주의 : 관료제는 고도의 합리주의를 바탕으로 실적·능력에 의한 충원제도를 채택하여 공직에의 기회균등과 나아가서 행정조직과정의 객관화·민주화에 기여한다.

③ 신속하고 효율적인 행정 : 질서 있고 책임 있는 의사전달체계를 수립하여 신속한 행정을 구현한다.

④ 갈등조정 : 갈등을 제도적으로 조정해주고 분업체제로 인한 원심적이고 다양한 기능을 구심적으로 통합시켜주는 기준을 제시한다.

(2) 역기능(병리)

① 동조과잉과 목표대치 : 관료가 목표보다 수단인 규칙·절차에 지나치게 영합·동조하는 것을 말한다.

② 번문욕례·형식주의 : 대규모 조직에서는 사무처리의 비합리성을 배제하고 책임과 한계를 분명히 하기 위하여 주로 문서라는 형식에 의존하여 사무를 처리(Red tape)한다. 이로 말미암아 문서다작·형식주의·번문욕례 등의 현상이 나타난다.

③ 인간성의 상실 : 관료제 구성원들은 주어진 한정된 업무를 매일 기계적으로 처리하기 때문에 무감
정화·부속품화되어 인간성을 상실하게 된다.

④ 전문화로 인한 무능 : 전문가는 타 분야에 대한 이해가 부족하며 할거주의나 국지주의를 초래한다.

⑤ 무사안일주의와 상관의 권위에 의존 : 관료는 적극적으로 새로운 일을 하려지 않고 선례에 따르
거나 상관의 지시에 무조건 영합하는 소극적인 행동을 한다.

⑥ 변동에 대한 저항 : 관료는 자기유지에 대한 불안·위협 때문에 관료제는 보수성을 띠게 된다.

⑦ 할거주의·분파주의 : 관료들은 대체로 자기가 소속된 기관이나 부서에만 관심과 충성을 보이고 다
른 부서에 대해서는 무관심하다.

⑧ 피터의 법칙(Peter's principle, 1969) : 피터(L. Peter)는 계층제의 모든 직위가 무능력자로 채워진
다고 보았다.

⑨ 독선주의와 권위주의적 행태 : 직업관료는 국민에게 직접 책임을 지지 않기 때문에 독선주의로 흐
를 우려가 있으며 권한과 능력의 괴리, 상위직일수록 모호한 업무평가기준, 규칙에의 준수에 대한
압박감 등은 불안감을 야기시켜 권위주의적 행태를 초래하게 된다.

⑩ 권력구조의 이원화와 갈등 : 상관의 계서적 권한과 부하의 전문적 권력은 이원화되어 갈등(부하가
상사의 계서적 명령에 불만을 품고 저항하는 등 계서적 권력은 전문적 권력에 의하여 제약을 받음)
을 빚게 된다. 그러나 집권적 관료제 하에서는 상관이 최종적으로 지배하기 때문에 부하들의 사고력
은 매장되고 참여감과 귀속감은 저하된다.

⑪ 무리한 세력팽창(관료적 제국주의) : 관료제는 자기보존 및 세력 확장을 도모하기 때문에 업무량과
는 상관없이 기구·예산·인력을 계속적으로 확장하여 제국(Empire)을 건설하려 한다.

> **✤ 관료제의 병리에 관한 학자들의 연구모형**
> (1) **Merton** : 엄격한 규칙준수가 동조과잉을 초래한다고 비판하였다.
> (2) **Selznick** : 권한위임과 전문화가 전체목표보다는 하위목표에 집착하게 하여 조직 하위체제의 분열(할거
> 주의)을 초래한다고 비판하였다.
> (3) **Gouldner** : 법규중심의 관리가 관료들이 규칙의 범위 내에서 최소한의 행태만을 수행하도록 하는 무사
> 안일주의를 초래한다고 비판하였다.
> (4) **Blau와 Thompson** : 관료제의 역기능과 병리현상은 안전성의 결여와 불안의식 때문에 발생한다고 비
> 판하였다.

(3) 관료제옹호론

① 학자별 내용

㉠ Goodsell : 미국정부 관료제는 내부고발제, 대표관료제 등으로 충분히 통제받고 있고, 관료제의
낮은 성과는 무형의 목표 등 실패하기 쉬운 목표를 추구하기 때문이다.

㉡ Kaufman : 탈관료제에 대한 과장된 두려움에서 비롯된 것이고, 이들이 주장하는 권력남용 등은
검증 불가능한 가설에 불과하고, 관료제가 통제하기 어려운 것은 사회의 역동성 때문이다.

㉢ Wamsley : '행정재정립론'이라는 저서를 통해 행정재정립운동(기존의 정치행정이원론을 재해석
하여 정책과정에서 공무원의 적극적인 역할을 옹호하는 주장)을 뒷받침하였다.

ⓔ Robbins : 오늘날에도 관료제조직이 압도적이고, 목표 지향적 조직에 대한 사회가치는 여전히 변하지 않았고, 환경의 격동은 과장되었으며, 전문 관료제가 새롭게 대두되고 있다고 하였다.

② 블랙스버그선언(Blacksburg Manifesto : 행정재정립운동)

ⓖ Wamsley, Goodsell, Wolf, Rohr, White가 공동선언하였으며 1983년 미국 행정학회의 연례학술대회에서 소개되었다.

ⓛ 미국에서 이루어지는 정부재창조(신공공관리론에 입각한 관료제 개혁)가 필요이상으로 관료를 공격(관료 후려치기)하고 있다고 보았다. 대통령의 반관료적 성향, 정당정치권의 반 정부어조 등은 대통령 등 정치인이 자신의 권력과 권한을 강화하기 위해 관료를 정략적으로 비판하는 것으로 이러한 행위가 행정의 정당성을 침해하고 있다는 것이다.

5. 관료제와 민주주의

(1) 관료제가 민주주의에 공헌하는 측면

① 법 앞의 평등 : 관료제는 자의를 배제하고 합법적 규칙에 따른 비정의적 업무수행을 강조함으로써 시민들에 대한 동등한 대우를 보장한다.

② 공직임용의 기회균등 : 관료제는 공직참여에 대한 기회균등을 보장함으로써 민주주의에 기여한다. 즉 신분 등과 같은 귀속적인 기준이 아닌 능력과 같은 보편적 성취기준에 따라 임용기회를 모든 시민에게 보장한다는 점에서 평등원리에 부합한다.

③ 민주적 목표의 능률적 달성 : 민주적으로 설정된 조직의 목표는 고도의 기술적 합리성과 기능성을 가진 관료제를 통해 달성될 수 있다.

(2) 관료제가 민주주의를 저해하는 요인

① 권력의 집중 : 관료제는 이를 장악하고 있는 소수 혹은 국민에 의한 선거를 통하지 않은 임명 관료에게 지나치게 많은 권력을 집중시킴으로써 권력의 불균형을 초래하여 민주주의를 저해할 위험이 있다.

② 특권집단화와 국민요구에의 부적응 : Laski는 관료제가 국민의 이익보다 스스로의 이익을 추구하는 세습계급화를 우려하였으며, Finer는 관료제가 특수계층을 형성하여 국민의 요구는 외면하고 국민 위에 군림하는 체제라고 비판하였다.

③ 과두제의 철칙 : 엄격한 계층제를 기반으로 하여 상하명령·복종관계가 이루어지는 관료제에는 소수의 간부에게 권력이 집중된다.

④ 임의단체의 비민주적 보수화 경향 : 현대의 대중사회에서는 구성원의 민주적 참여를 통하여 자발적 임의단체가 구성되고 그 주장·의견을 반영시키게 되지만 이러한 단체도 점차적으로 비민주적으로 보수화 내지 관료제화의 경향으로 나아가게 된다.

2. 탈(후기)관료제 모형

1. 의의와 대두배경

(1) 의의

탈관료제 모형은 관료제의 특징에 기인한 집권적 구조, 기계적 조직원리, 폐쇄체제적 성격, 인간에 대한 불신에 기반한 통제지향성, 인적 전문화의 저해, 비과학성에 대한 비판에서 출발하고 있다. 이에 따라 구조의 유연성, 환경변화에 대한 적응의 신속성, 인간적 가치를 중시하는 유기적 조직이며 동태적 조직에 해당한다.

(2) 대두배경

① 환경의 불확실성·유동성이 증가하면서 환경변화에 대한 신속한 대응이 필요하게 되었다.

② 사회문제의 복잡성의 증가로 고도의 전문성과 기술성이 필요하게 되었다.

③ 현대사회의 제반 사회문제들 간의 상호의존성이 증대되면서 전문성의 통합이 중시되었다.

④ 조직 내의 인간을 수단으로 간주하는 것이 아니라 가장 중요한 가치로 인식하는 인본주의의 대두로 구성원의 참여와 만족이 중시되었다.

⑤ 산업사회의 대량생산체제에서 정보화 사회의 다품종 소량생산체제로의 전환이 조직구조의 변화를 가져오게 되었다.

2. 관련연구

(1) W. Bennis의 적응적·유기적 구조

① 의의 : 탈관료제적 모형의 선구자적 역할을 한 Bennis는 향후 미래의 여건변화를 예상하고 이에 적합한 조직으로서 적응적·유기적(Adaptive-organic) 구조를 처방하였다.

② 주요 원리로는 ㉠ 변동에 대해 신속하게 적응하기 위해 유동적·잠정적 구조의 배열, ㉡ 문제 중심의 구조, ㉢ 집단에 의한 문제해결, ㉣ 조정과 의사전달을 위해 연결장치에 의한 조정, ㉤ 유기적 운영 등을 제시하였다.

(2) L. Kirkhart의 연합적 이념형

① 의의 : Kirkhart의 연합적 이념형은 후기산업사회의 사회적 여건을 전제로 하여 Bennis의 모형을 보완한 탈관료제모형으로서 1970년대 기존 전통적 행정학에 반기를 든 신행정학의 조직관을 반영한 것이다.

② 조직구조 원리로는 ㉠ 조직 간의 자유로운 인력이동, ㉡ 변화에 대한 적응, ㉢ 권한체제의 상황적응성, ㉣ 구조의 잠정성, ㉤ 고객의 참여, ㉥ 컴퓨터의 활용, ㉦ 사회적 층화의 억제, ◎ 조직 내의 상호의존적·협조적 관계, ㉨ 업무처리기술과 사회적 기술 등을 제시하였다.

(3) R. Golembiewski의 견인이론

① 의의 : Golembiewsky는 관리이론을 압박이론(Push theory)과 견인이론(Pull theory)으로 대별하고 향후에는 견인이론의 처방에 따라야 할 것이라고 주장하였다. 견인이론은 자유스러운 분위기를 조성하고 구성원들로 하여금 일하면서 보람과 만족을 느끼도록 하는 방안을 처방하는 유기적 구조에 대한 이론이다.

② 견인이론에 입각한 구조 : 기능의 동질성이 아닌 일의 흐름을 기준으로 한 수평적 분화, 자율규제를 통한 넓은 통솔범위, 외재적 통제와 억압의 최소화, 변동에 대한 높은 적응성을 띠게 된다.

(4) F. Thayer의 비계서적 구조

① 의의 : F. Thayer는 계서제의 원리가 타파되지 않는 한, 진정한 조직혁명은 일어날 수 없다고 주장하면서 계서제의 대안이 무정부상태라는 기존 관념을 부인하고 소외와 경쟁을 악순환시키는 계서제를 완전히 타파하고 소집단의 협동과정을 중시하는 비계서적 조직을 제시하였다.

② 주요 특징으로 ㉠ 소규모 집단화, ㉡ 조직경계의 개방, ㉢ 고객의 참여, ㉣ 참여적·협동적 문제해결, ㉤ 집단적 합의에 의한 승진결정, ㉥ 자아실현, ㉦ 의사결정권의 위임 등을 주장하였다.

(5) O. White의 경계를 타파한 변증법적 조직

① 의의 : 고객중심적 지향성을 특히 강조하는 이론으로 변증법적 과정의 정·반·합을 다 거친 통합적 모형이 아니라 전통 관료제의 원리를 거부하고 스스로를 계속적으로 발전시키는 단계에 있는 조직의 모형이다.

② 주요 특징으로 ㉠ 구조의 유동화에 관한 원리, ㉡ 전통적인 경계개념의 타파에 관한 원리를 주장하였다.

(6) R. Linden의 이음매없는 조직

① 의의 : Linden은 기존 관료제는 공급자 중심의 분산적 조직이라 비판하면서 총체적·유기적인 방법으로 구성된 조직으로 이음매없는 조직을 제시하고, 시민에게 다양하고도 완전한 통합서비스를 제공할 것을 주장하였다.

② 분산적(편린적) 조직과의 비교

구 분	분산적(편린적) 조직	이음매 없는 조직
구 조	분산적(Fragmented) 구조	유기적·총체적(Seamless) 구조
직 무	폭이 좁고, 단편적·구획적	폭이 넓고 협력적(복수기술적인 팀), One-stop service(탈경계), 일의 흐름 중심
역할 구분	구분이 명확	구분이 명확하지 않고 교차기능적·중복기능적
업적 평가	투입 기준(부하의 수, 예산 등)	성과와 고객만족 기준
산출물 성격	조직이 쉽게 생산하도록 고도의 표준화	소비자의 다양한 욕구를 반영하여 주문생산적
관리방법	통제지향적	분권적·참여적
설계기준과 방법	조직 내부 필요에 의하여 분산적 설계	소비자 필요에 의하여 통합적 설계
시간 감수성	둔감(느린 대응성)	예민(신속한 대응성 강조)

3. 특징

(1) 문제해결의 능력중시

문제해결의 능력을 가진 사람이 권한을 행사한다.

(2) 비계서적 구조

고정적인 계층제의 존재를 거부하고 비계서적 구조설계를 중시한다.

(3) 잠정성의 강조

조직 내의 구조적 배열뿐만 아니라 조직자체도 항구적인 것으로 보지 않고 상황에 따라 생성·변동·소멸하는 것으로 본다.

(4) 임무와 능력의 중시

계서적 지위중심주의나 권한중심주의를 배척하고 임무중심주의·능력중심주의를 처방한다. 조직 내의 권한은 문제해결의 능력을 가진 사람이 행사하도록 해야 한다고 처방한다.

(5) 상황적응성의 강조

조직의 구조와 과정, 업무수행기준 등은 상황적 조건과 요청에 부응해야 한다고 처방한다.

(6) 경계관념의 혁신

조직과 환경 사이의 높고 경직된 경계를 설정했던 관념을 바꾸도록 처방한다. 그리고 고객을 동료처럼 대하도록 요구한다.

(7) 집단적 문제해결의 강조

개인적 문제해결이 아닌 집단적 문제해결 즉, 전문성의 통합을 강조한다.

(8) 의사전달의 공개주의

의사전달의 공개를 강조한다. 이러한 처방은 협동적 체제구축의 전제로서 강조되는 것이다.

(9) 낮은 조직구조변수

낮은 복잡성·낮은 공식화·낮은 집권화·비일상적 기술

4. 장·단점

(1) 장점

① 환경변화에 대한 적응적 유동성, 잠정성, 기동성을 확보할 수 있다. 따라서 환경이나 상황이 급변하거나 유동적인 경우에 적합하다.

② 조직의 초기단계는 생존을 위한 투쟁을 해야 하므로 기술혁신이 최고로 필요하고, 선례도 없고 확립된 기준도 없어 새롭고 유연성을 지닌 탈관료제적 처방이 유용하다.

③ 높은 적응성과 창조성을 요구하는 조직의 경우에 적합하다. 조직운영의 자율성이 제고됨으로써 구성원의 만족도를 제고하고 성과를 높이게 된다.

④ 다양한 전문지식을 가진 사람들의 협력을 통한 문제해결(전문성의 제고)이 이루어진다.

(2) 단점

① 조직의 불안정성 : 조직구조의 잠정성에 따른 이합집산, 명령계통의 다원화 등으로 끊임없는 긴장과 갈등으로 심리적 불안감을 야기 시킨다.

② 조정과 통합의 곤란 : 이질적인 조직구성원에 의한 유동적·비계층제적 구조이므로 조정과 통합이 어렵다.

③ 책임의 불명확성 : 여러 구성원들이 함께 업무를 수행하기 때문에 책임한계가 불분명하다.

5. 유형

(1) Project team과 Task force

① Project team

특정사업을 추진하거나 과제를 해결하기 위하여 전문가나 관계요원으로 구성되는 임시적·동태적 조직으로, 단시일 내에 과업을 강력히 추진할 수 있고 문제해결에 적합한 조직이다. 특징으로는 ㉠ 구성원이 대등한 관계에 있고 상하구별이 없으며, ㉡ 횡적인 협력관계가 중요시되고, ㉢ 목표가 달성되거나 과제가 해결되면 해체되며, ㉣ 팀장은 업무의 조정자 내지 연락책임자에 지나지 않는다는 점 등이 있다.

② Task Force

특별한 임무를 수행하기 위하여 편성되는 임시조직인 전문가조직을 의미한다. 프로젝트팀과 유사하지만 ㉠ 보다 대규모의 공식조직이며, ㉡ 업무내용이 변경될 수 있고, ㉢ 정규부서 소속을 일시 이탈하는 점 등에서 차이가 있다.

▶ Project Team과 Task Force의 비교

구분	Project Team	Task Force
구조	수평적 단위의 직원으로 구성	수직적·입체적·계층적 단위의 직원으로 구성
존속기간	임시적·단기적 성향	장기적 성향
규모	소규모(부문 내에 설치)	대규모(부문 간에 설치)
설치근거	불필요	필요
소속관계	소속기관에서 탈퇴하고 일시차출(임시직적)	정규부서에서 이탈하여 전임제로 근무(정식차출)
특징	단시일 내에 과업을 강력히 추진할 수 있는 문제해결에 적합한 조직	특별업무를 수행하기 위해 임시로 편성한 조직

(2) Matrix 구조

① 의의 : 조직 환경이 복잡해지면서 기능구조의 기술적 전문성과 사업구조의 신속한 대응성이 동시에 강조됨에 따라 등장한 조직구조로서 종적인 기능구조와 횡적인 사업구조를 화학적으로 결합시킨 이원적(二元的) 조직구조이다.

② 특징 : Matrix 구조는 ㉠ 이원적 권한체계(명령통일의 원리의 예외)를 갖고, ㉡ 조직구성원은 기능 구조와 사업구조의 양 조직에 중복적으로 소속되어 있어 기능적 관리자(주로 인사)와 프로젝트 관리 자(주로 사업)간에 권한이 분담되며, ㉢ 환경적 압력이 있거나 부서간의 상호의존관계가 존재하고 내부자원 활용에 규모의 경제가 있는 경우에 적합한 조직이다.

③ Matrix 구조가 필요한 상황

㉠ 부서 간 상호의존성이 증가하고, 생산라인 간 부족한 자원을 공유해야 할 압력이 존재하여 인력 과 자원의 공유와 신축적 운영을 필요로 할 때

㉡ 빈번한 외부환경의 변화에 따라 산출의 변동이 빈번해야 한다는 요구가 있어 기술적 전문성과 수 시적 제품개발의 압력이 있을 때

㉢ 환경의 불확실성이 커 조직운영의 신축성과 융통성이 필요한 때

㉣ 수직적·수평적 정보의 유통과 조정의 필요성이 클 때

④ 장점

㉠ 신축성과 적응성이 요구되는 불안정하고 급변하는 조직 환경에 효과적이다.

㉡ 잦은 대면과 회의를 통해 예상치 못한 문제를 파악하고, 새로운 해결책을 찾는데 기여할 수 있다.

㉢ 계층제 기능조직의 능률성과 새로운 프로젝트조직의 전문화를 통합할 수 있다.

㉣ 기존의 조직구조 내에서 인적자원을 경제적으로 활용하고 동원할 수 있다.

㉤ 의사전달의 활성화로 인한 의사결정의 합리화를 기할 수 있다.

㉥ 구성원의 동기부여 및 능력발전의 촉진에 기여할 수 있다.

⑤ 단점

㉠ 이원적 권한체계로 인하여 무질서와 혼란, 권력투쟁, 갈등이 발생할 수 있다.

㉡ 구성원의 권한·책임한계가 명확치 않아 조정이 어렵고 의사결정이 지연된다.

㉢ 조직의 공식화 정도가 낮아 표준화나 규칙이 느슨하므로 관리상의 객관성과 예측성을 확보하기 어렵다.

(3) 삼엽형 조직(Shamrock organization)

핵심적인 소규모의 전문직·계약직·시간제 고용직으로 구성된 조직이다. 구조와 고용체계에서 직접적 인 구성원의 수를 소규모로 유지하면서 산출물의 극대화를 가능하게 한다.

(4) 기타 탈관료제 조직모형

① Collegia 조직 : 대학이나 연구소 또는 고도의 기술이나 전문적 지식을 가진 사람들이 모이는 단체 의 구조를 말한다. 모든 의사결정은 과 명의로 하고, 구성원들은 최소한의 지침 하에서 광범위한 재 량권과 자율권을 향유한다.

② 꽃송이 조직 : 팀 단위로 조직이 구성되어 최고관리층의 팀과 중간관리층의 팀이 서로 중복되어 교 차기능팀이 활성화되는 형태를 말한다. 기능별로 나눠지던 전통적 조직이 아니라 다기능을 소유한 개별 구성원들이 여러 팀을 넘나들며 다양한 업무에 참여할 수 있도록 여러 기능 팀들이 서로 겹치 게 구성된 일종의 '교차다기능조직'을 말한다.

③ 역피라미드 조직 : 고객을 최상층에 놓고 조직을 운영하는 고객주도형 조직을 말한다.

④ 심포니 오케스트라형 조직 : 구성원들의 자율적인 팀웍을 기반으로 한 수평적인 조직으로, 조직의 분권화 수준이 높고, 복잡성과 공식화의 수준은 낮다.

⑤ Link-Pin : 조직 내에서 수직적·수평적으로 연락을 맺고 있는 자를 연결하여 조직의 조정능력과 적응력을 높이는 것으로 조직의 여러 부서 간에 연결핀의 역할을 하는 자를 가지도록 하여 이를 통해 조정이 잘 이루어지도록 하는 것이다. 수평적으로는 1인이 기능적으로 다른 2개 부서의 구성원으로 참여함으로써 연결된 작용을 하고 수직적으로는 자기계층의 상·하를 연결하는 역할을 하도록 하는 것이다.

⑥ 홀로그램형 조직 : 레이저광선이 만나 형성하는 삼차원 영상인 홀로그램을 닮은 조직이다. 홀로그램이 깨지면 그 어떤 구성부분이라도 전체영상을 재건해 낸다. 각 구성부분은 영상전체에 대한 정보를 모두 공유하고 있기 때문에 그것이 가능하다. 모든 조직단위들이 하나의 전체라는 이미지를 가지고 서로 협동하며 각자 독립적으로 행동하는 조직이다.

제04절 | 지식조직모형

1. 지식사회의 의의

(1) 의의

① 지식사회로 표현되는 새로운 사회는 지식과 정보가 의미 있는 유일한 자원이라고 인식되는 사회이다.

② 지식정부란 새로운 지식을 창조하고 이것을 조직전체로 확산시켜 행정업무를 재설계하고 행정서비스를 개선시키는 정부이다.

(2) 지식조직의 특징

① 지식이 조직의 경쟁력과 생산성을 결정하는 가장 중요한 요인으로 인식하고, 조직의 가장 중요하고 가치 있는 자산은 지식이라고 인식한다. 따라서 새로운 지식의 창출과 전파가 원활하게 이루어지도록 개방성과 유연성을 지니고 있다.

② 지식조직의 조건은 지식의 창출·공유·확산·학습·활용이 활발하게 이루어지는 조직이다.

③ 조직 내 지식의 공유와 활용을 장려·보장하는 다양한 공식적·비공식적 의사소통 망을 구비하고 있다.

④ 개방성과 유연성을 지니며, 조직구성원들이 자율성과 권한을 보유한다.

2. 지식조직의 주요 모형

1. 팀제 조직

(1) 의의

① 팀제 조직은 상호 보완적인 기능을 가진 사람들이 공동의 목표를 달성하기 위해 책임을 공유하고 공동의 접근방법을 사용하는 수평적 조직단위이다.

② 조직의 경직성을 탈피하여 인력의 활용도를 높이고 팀 내 전문능력 및 기술을 축적·활용케 하며, 계층을 축소하여 의사결정을 원활히 하고, 능력위주의 인사를 통해 조직의 비대화를 방지하고 간소화시키기 위한 제도이다.

(2) 장점

① 업무중심의 조직편제를 지향하므로 의사결정단계가 축소되어 조직의 기동성을 확보할 수 있다.

② 상황적응적인 업무분장으로 돌발과제에의 대응성을 제고할 수 있고 동태적인 조직운영으로 관료화를 방지할 수 있다.

③ 구성원의 주인의식과 참여의식을 고취할 수 있고 자율성이 보장되며 창의력을 발휘할 수 있다.

④ 팀원 간의 대면적인 상호작용을 원활히 함으로서 이기주의 및 파벌주의를 탈피할 수 있다.

⑤ 팀 내의 여러 가지 업무를 경험함으로써 팀원의 능력을 개발할 수 있다.

⑥ 공동 직무의 수행을 통해 조직 내 단결심을 강화할 수 있다.

⑦ 인력을 신축적이고 탄력적으로 활용할 수 있다.

(3) 단점

① 명확한 업무분장이 이루어지지 않아 팀원 간 갈등 및 무임승차자가 발생할 수 있다.

② 관리자의 능력부족으로 조직의 갈등을 증폭시킬 가능성이 있다.

③ 구성원 중 무사안일자가 있을 경우 업무공동화현상이 발생한다.

④ 업무의 가변성으로 인해 의사결정의 일관성이나 안정성이 결여되고, 계층구조의 부재로 인한 조직 구성원의 긴장과 갈등이 증폭된다.

⑤ 계급제적 속성이 강한 사회에서는 성공하기 어렵다.

▶ 전통적 조직과 팀조직의 비교

구분	전통적 기능조직	팀 조직
조직구조	계층적/개인	수평적/팀
직무설계	단일업무	전체업무와 다수업무
리 더	강하고 명백한 지도자	리더의 역할 공유
정보흐름	폐쇄와 독점	개방과 공유
보 상	개인주의·연공서열	팀·능력위주
책 임	개인 책임	공동 책임
평 가	상부조직에 대한 기여도로 평가	팀이 의도한 목표달성도로 평가

2. 네트워크 조직(Network organization)

(1) 의의

① 개념

㉠ 네트워크 구조는 한 조직 내에서 모든 기능을 수행하는 방식에서 탈피하여 조직의 자체기능은 전략·계획·통제 등 핵심역량 위주로 합리화하고 여타 부수기능들은 외부기관들과의 계약관계(아웃소싱)를 통하여 수행하는 구조이다.

㉡ 따라서 네트워크 구조는 각기 높은 독자성과 자율성을 지닌 조직 내부 또는 조직과 조직을 전자적으로 유연하게 연결한 망구조로서, 정보통신기술의 확산으로 채택된 새롭고도 대단히 유기적인 조직구조이다. ▷ 세계 각 지역에 있는 협력업체들은 컴퓨터 또는 인터넷을 통하여 신속하고 유연하게 자료와 정보를 교환함으로써 공급자, 생산자, 유통업자가 마치 하나의 조직처럼 움직이고 행동한다(Daft).

㉢ 네트워크 조직은 대부분의 집행·생산기능을 다른 조직에 위임하기 때문에 공동조직(空洞組織)이라고도 하고, 느슨하게 연결된 결합조직이라고도 한다.

② 특징 : 네트워크 조직은 유연성과 신속성이 강조되기 때문에 임시체제(Adhocracy)의 특징을 가지며, 조직행위자 간의 '상호의존성'과 '관계성'을 중심으로 지식을 공유하는 학습조직에 해당하고, 정보통신에 기반을 두고 지리적 분산의 장애를 극복하는 가상조직의 특징을 가진다.

(2) 기본원리

① 통합지향성(낮은 복잡성) : 구성원들의 활동은 공동목표를 추구하기 위하여 통합된다. 즉, 활발한 상호작용과 정보공유를 통하여 수직적 통합(계층축소)과 수평적 통합(경계최소화)이 이루어지며 지리적 분산의 장애를 극복함으로써 공간적 통합을 추구한다.

② 분권성과 집권성 : 네트워크 조직은 하부구성 단위로 의사결정권이 위임되므로 분권적인 동시에, 공동목표의 추구를 위하여 정보의 통합관리를 지향하므로 집권적이다.

③ 공통된 목적 : 구성단위 조직들은 조직전체의 공동목표에 합의하고 이를 달성하기 위한 활동을 중시한다.

④ 구성원의 독립성 : 구성단위 조직들은 업무성취에 관한 과정적 자율성이 확보되어 있어 일정한 독립성이 있다.

⑤ 자발적인 연결 : 구성단위 조직들은 상호 간에 자유롭게 연결되어 있어 네트워크에 자유롭게 진입하고 탈퇴한다.

⑥ 다수의 지도자 : 단일의 리더를 전제로 하는 관료제와 달리 네트워크 조직은 역량있는 여러 명의 지도자를 필요로 한다.

(3) 장점

① 외부자원을 활용함으로써 직접감독에 따른 지원 및 관리인력 비용이 절감되고, 좋은 성과를 창출할 수 있으므로 생산성이 높다.

② 환경변화에 신속하고 신축적인 대응이 가능하다.

③ 아웃소싱으로 인하여 막대한 초기 투자비용이 필요 없으므로 자원이 절약된다.

④ 구성원들은 높은 자율성을 가지고 도전적인 과업을 수행하면서 직무의 확충을 통하여 동기가 유발되고 사기가 증진된다.

⑤ 수평적 연대와 파트너십은 구성단위 간 권력균형화와 신뢰구축에 기여한다.

⑥ 정보통신기술의 실시간 활용으로 시간적·물리적 제약이 극복된다.

⑦ 전 지구적으로 최고의 품질과 최저비용의 자원들을 활용할 수 있으면서도 간소화된 조직구조를 갖는 장점이 있다.

⑧ 구성단위 조직들 간 호혜성을 기반으로 한 지식공유로 학습을 통한 창의성 증진이 가능하며 성과향상을 가져온다.

(4) 단점

① 구성단위 조직들은 독립성과 자율성이 보장되므로 각각의 이해가 달라 공동목표 및 명확한 권한관계 설정이 어렵다.

② 계약관계에 있는 외부기관을 직접 통제하기가 곤란하여 주인-대리인문제가 발생하고 조정 및 감시비용이 증가한다.

③ 특정 구성단위 조직의 예상치 못한 기회주의적 행동(탈퇴 등)으로 제품의 안정적 공급과 품질관리에 어려움이 있다.

④ 모호한 조직경계로 인해 조직정체성이 약하여 응집력 있는 조직문화를 가지기 어렵고 구성원의 충성을 기대하기 어려우며 이직이 빈번하다.

⑤ 고도기술과 경제적 영향력을 외부조직에게 넘겨줄 수 있으므로 공동화의 우려가 있다.

⑥ 잠정적 고용관계로 인하여 심리적 불안감이 초래된다.

3. 학습조직(Learning organization)

(1) 개념

① 학습조직이란 구성원 모두가 학습주체라는 인식을 토대로 조직자체의 성장과 발전 또는 문제해결능력을 개선하기 위하여 개방체제와 자아실현적 인간관을 바탕으로 구성원이 새로운 지식을 창출하고 이를 조직 전체에 보급하여 지속적인 학습활동을 전개하는 조직이다.

② 학습조직의 핵심가치는 의사소통과 협력을 통한 문제해결이며 네트워크조직이나 가상조직 등도 모두 학습조직에 포함된다.

(2) 이론적 기반—Senge의 다섯가지 수련

Senge는 학습조직에 도달하는 데 필요한 요건·방법·기술로 다섯가지를 제시하였다.

① 시스템적 사고(체제적 사고) : 조직 전체를 '통합된 하나'로 보고 전체체제를 구성하는 요인들을 통합적으로 이해하고 통합적인 체제로 융합시키는 능력을 기르는 것이다.

② 자아완성(전문적 소양) : 자기가 원하는 결과를 창출할 수 있는 개인적 역량을 지속적으로 넓혀가고 심화시켜 나가는 것이다.

③ 사고의 틀 : 사고의 틀은 학습을 방해하기도 하고 최선의 창안을 좌절시킬 수 있기 때문에 직면한 문제의 해결에 가장 적합한 사고의 틀을 성찰하고 새롭게 개선해 나가야 한다. 즉, 자신의 머릿속에 고정된 사고를 새롭게 하는 것이다.

④ 공유된 비전 : 조직구성원들이 공동으로 추구하는 비전이나 목표에 대해서 구성원 개개인과 리더 간에 끊임없는 대화를 통해 공감대를 형성하게 하는 것이다.

⑤ 팀학습(집단적 학습) : 팀학습은 구성원들이 진정한 대화와 토론 그리고 협력적인 사고의 과정을 통하여 개인능력의 합계를 능가하는 집단의 지혜와 능력을 배양하는 것이다. 따라서 학습조직은 개인적 학습보다 사회적 학습을 강조한다.

(3) 특징

① 문제해결능력 중시 : 학습조직은 문제해결능력을 중시하며, 이를 위해 창조적인 변화를 촉진할 수 있는 학습을 중시한다.

② 사려 깊은 리더십 : 학습행위는 구성원의 자발적·주체적 노력에 의하여 진행되므로 지도자는 공유비전의 창출 및 구성원의 지원에 헌신하는 봉사자로서의 역할을 하여야 한다.

③ 직원에 대한 권한부여 : 학습조직은 구성원에게 권한을 부여하고 강화시켜 줌으로써 동기를 부여하고 충분한 학습기회를 제공한다.

④ 강한 조직 문화 : 학습조직은 부문보다 전체가 중요하다는 강한 조직문화를 형성하여 지식의 공유를 촉진해야 한다.

⑤ 시행착오적 학습 : 학습조직은 조직능력 향상을 위한 지속적인 실험을 중시하는 조직으로 시행착오를 학습의 기회로 삼는다. 따라서 개인성과급이나 신상필벌을 거부한다.

⑥ 분권적·수평적 조직구조 : 불확실하고 급변하는 환경에 대응하고 다양한 학습이 가능하도록 경계와 계층을 제거한 네트워크 조직, 가상조직 등 신축성 있는 분권적·수평적 구조를 강조한다.

▶ 관료제조직과 학습조직의 비교

구분	관료제조직의 특징	학습조직의 특성
계층	많음	적음
구조	기능에 의한 분리, 수직적	기능횡단 팀, 수평적
전문성	단일분야에 집중	다양한 분야의 전문성 필요
공동체 의식	통제와 지시에 의함	신뢰와 목표 공유에 의함
권한의 소재	최고관리자에 집중	구성원에 분산
정보활용	정보의 독점	정보의 공유 및 이전
정보의 흐름	공식적 의사소통채널	공식적·비공식적 의사소통채널
변화에 대한 반응	경직, 지연	유연, 신속
지식창출 담당자	최고관리자	모든 구성원

4. 가상조직(virtual organization)

(1) 개념

① 가상조직은 전자적 연계에 의존하는 분산된 개인·집단·조직단위로서 기술과 자원의 공유를 통해 일시적인 조직의 체계를 형성하는 자율적 조직의 집합체라고 볼 수 있다. 따라서 과업이 완료되면 팀은 해체되고 작업집단들은 분해된다.

② 가상조직의 토대는 의사소통과 신뢰이며, 개방적이고 자발적인 의사소통은 신뢰관계를 형성하는 데 필수적이다.

(2) 특징

① 가상조직은 조직의 네트워크이다. 가상조직은 법적으로 독립적인 조직 간의 신축적이고 조정 가능한 네트워크이다.

② 가상조직의 핵심적 요소는 정보교환이다.

③ 가상조직 중 가장 보편적인 형태는 가상기업이다. 가상기업은 기업의 일시적인 네트워크이다.

5. 기타

(1) 자생조직

① 의의

㉠ 자생성(Viability)이란 환경이 어떠한 형태로 변화하든 유기체가 이러한 환경에 자신을 조정하여 맞추며 때로는 환경에 영향을 미치는 능력을 말한다. 자생조직은 특정 환경에서 생존할 수 있는 체제를 의미한다. 자생조직은 환경의 조정자로서 필수다양성을 갖고 있으며 환경변화에 적합하게 조직의 상태 및 산출물을 조정하는 능력을 갖고 있다.

㉡ 효과적인 자생조직의 기능으로는 실행, 조정·통제, 정보, 정책기능 등이 있다.

② 특징

㉠ 자생조직 모형은 조직 내 하위조직을 반복구조로 구조화할 것을 전제로 한다.

㉡ 자생조직 모형에서는 하부단위들의 자율성을 강조하되, 체제적 관점을 중시한다.

㉢ 자생조직 모형은 우선 조직의 학습과 자치 능력을 증가시킨다.

(2) 하이퍼텍스트형(Hypertext) 조직

① 의의

지식의 축적·활용·창조라는 3가지 방식을 적절히 분담하고자 하는 조직운용형태라고 할 수 있다. Nonaka와 Takeuchi는 미들업다운관리가 효과적으로 이루어질 수 있는 가장 적절한 조직으로 하이퍼텍스트조직을 제시하였다. 미들업다운관리 방식의 특징은 ㉠ 상의하달식도 아니고 하의상달식도 아닌 중간관리자 주도의 형태이고, ㉡ 중간관리자가 최고경영층의 비전과 부하사원의 창의성을 통합하고 계층 상호간의 역동성을 이끌어 내는 새로운 경영이론이나 전략이며, ㉢ 중간관리자가 지식창출의 핵심리더로서 최고관리층과 실무작업층을 연결시키는 역할을 한다.

② 구성

상호 연결된 사업단위층, 프로젝트팀층, 지식기반층으로 구성된다. 사업단위층에서는 일상적인 업무가 이루어지고, 프로젝트팀층에서는 여러 개의 프로젝트팀이 신제품개발 등과 같은 새로운 지식창출활동을 수행하며, 지식기반층에는 두 층에서 창출된 지식이 재분류되고 정리한다.

③ 특징

㉠ 동일한 조직 내에 완전히 다른 세 개의 층이 동시에 존재한다.

㉡ 구성원들은 상황의 변화에 따라 세 개의 층을 자유롭게 이동할 수 있고, 이것이 유연성을 제공한다.

㉢ 관료제와 프로젝트팀을 결합함으로써 양자의 장점을 취하고 있다.

㉣ 외부로부터 지식을 습득할 수 있는 능력을 가지고 있다.

제05절 | 우리나라의 행정조직

1. 우리나라의 정부조직

1. 정부조직의 구성과 양태

(1) 정부조직에는 중앙행정기관과 일선행정기관, 지방자치단체가 있다. 중앙행정기관은 행정각부와 소속 (하부)기관으로 구성된다.

(2) 정부조직은 상명하복의 명령계통에 따라 구성되는 계선조직(Line)과 명령계통에서 벗어나 자문 등의 역할을 하는 참모조직(Staff) 등으로 구성된다. 계선조직은 일반적으로 독임형 조직 형태를 취하지만 합의제(위원회)형태를 취하기도 한다.

2. 우리나라의 정부조직 체계

(1) 중앙행정기관(19부 5처 19청)

관할권의 범위가 전국에 미치는 국가행정사무를 담당하기 위하여 설치한 행정기관으로서 설치와 직무 범위는 법률로 정한다.

① 행정각부 : 소관사무의 결정과 집행을 할 수 있고, 부령제정이 가능하고, 18부 장관은 국무위원이다.

② 처 : 국무총리소속 중앙행정기관으로서 각부의 지원기능을 한다. 부가 아니므로 부령을 발동할 수 없고 총리령을 발동한다.

③ 청 : 부의 기능 중 일부 집행기능을 독립적으로 수행, 부에 소속된 외청

④ 행정위원회 : 방송통신위원회, 공정거래위원회, 국가인권위원회 등

⑤ 교차기능조직 : 계선부처를 수평적으로 지원 또는 조정하는 정부막료부처(기획재정부, 인사혁신처, 조달청, 법제처 등)

(2) 조직내부기관

① 최고관리층 : 독임제 중앙행정기관의 최고 책임자로서 장관, 실장, 처장, 청장 등을 의미한다.

② 하부조직

㉠ 보조기관(계선) : 계서적으로 배열된 직위·역할을 지칭하는 계선조직으로, 차관·차장·실장·국장·과장 등이 있다.

㉡ 보좌기관(막료) : 참모조직의 성격이 강한 조직단위 또는 직위로 설치된 것이다. 1급인 차관보와 2급 또는 4급인 담당관이 있다.

③ 소속기관

㉠ 부속기관 : 행정기관에 소속된 교육훈련기관, 시험연구기관, 문화기관, 의료기관, 제조기관, 자문기관 등을 말한다.

㉡ 특별지방행정기관 : 중앙행정기관에 소속된 지방일선기관으로 관할구역 내에서 중앙행정기관의 사무를 관장한다. 지방국세청, 세관, 지방병무청, 체신청, 지방환경청 등이 있다.

2. 중앙정부조직

1. 정부조직도(19부 5처)

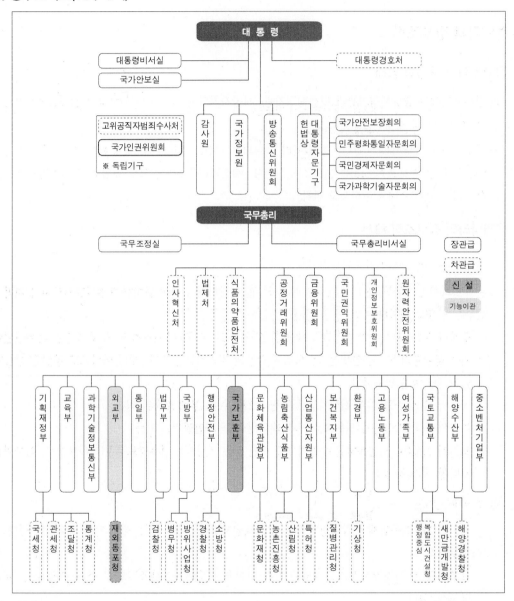

■ **우리나라의 정부조직체계**

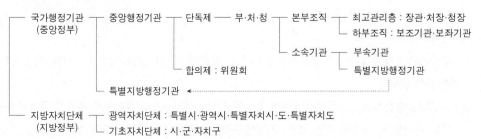

2. 각 부(部)와 청(廳)의 주요 업무

① 기획재정부 : 중장기 국가발전전략수립, 경제·재정정책의 수립·총괄·조정, 예산·기금의 편성·집행·성
과관리, 화폐·외환·국고·정부회계·내국세제·관세·국제금융, 공공기관 관리, 경제협력·국유재산·민간
투자 및 국가채무

② 교육부 : 인적자원개발정책, 학교교육·평생교육, 학술에 관한 사무

③ 과학기술정보통신부 : 과학기술정책의 수립·총괄·조정·평가, 과학기술의 연구개발·협력·진흥, 과학기
술인력 양성, 원자력 연구·개발·생산·이용, 국가정보화 기획·정보보호·정보문화, 방송·통신의 융합·진
흥 및 전파관리, 정보통신산업, 우편·우편환 및 우편대체에 관한 사무

④ 외교부 : 외교, 경제외교 및 국제경제협력외교, 국제관계 업무에 관한 조정, 조약 기타 국제협정, 재외
국민의 보호·지원, 재외동포정책의 수립, 국제정세의 조사·분석에 관한 사무

⑤ 통일부 : 통일 및 남북대화·교류·협력에 관한 정책의 수립, 통일교육 기타 통일관련 사무

⑥ 법무부 : 검찰·행형·인권옹호·출입국관리 기타 법무관련 사무

⑦ 국방부 : 국방에 관련된 군정 및 군령과 기타 군사관련사무

⑧ 행정안전부 : 국무회의의 서무, 법령 및 조약 공포, 정부조직과 정원, 정부혁신, 행정능률, 전자정부, 개
인정보보호, 지방자치제도, 지방자치단체의 사무지원·재정·세제, 지방자치단체 간 분쟁조정, 선거, 국
민투표에 관한 사무, 안전 및 재난에 관한 정책의 수립·운영 및 총괄·조정

⑨ 문화체육관광부 : 문화·예술·영상·광고·출판·간행물·체육·관광에 관한 사무, 국정에 대한 홍보 및 정부
발표에 관한 사무

⑩ 농림축산식품부 : 농산·축산, 식량·농지·수리, 식품산업진흥, 농촌개발 및 농산물 유통에 관한 사무

⑪ 산업통상자원부 : 상업·무역·공업·통상, 통상교섭 및 통상교섭에 관한 총괄·조정, 외국인 투자, 산업기
술 연구개발정책 및 에너지·지하자원에 관한 사무

⑫ 보건복지부 : 보건위생·방역·의정(醫政)·약정(藥政)·생활보호·자활지원·사회보장·아동(영·유아 보육을
포함)·노인 및 장애인에 관한 사무

⑬ 환경부 : 자연환경, 생활환경의 보전 및 환경오염방지에 관한 사무

⑭ 고용노동부 : 고용정책의 총괄, 고용보험, 직업능력개발훈련, 근로조건의 기준, 근로자의 복지후생, 노
사관계의 조정, 산업안전보건, 산업재해보상보험과 그 밖에 고용과 노동에 관한 사무

⑮ 여성가족부 : 여성정책의 기획·종합, 여성 권익증진 등 지위향상, 청소년 및 가족(다문화가족과 건강가
정사업을 위한 아동업무를 포함)에 관한 사무

⑯ 국토교통부 : 국토종합계획의 수립·조정, 국토 및 수자원의 보전·이용 및 개발, 도시·도로 및 주택의 건
설, 해안·하천 및 간척, 육운·철도 및 항공에 관한 사무

⑰ 해양수산부 : 해양정책, 수산, 어촌개발 및 수산물 유통, 해운·항만, 해양환경, 해양조사, 해양자원개발,
해양경찰, 해양과학기술연구·개발 및 해양안전심판에 관한 사무

⑱ 중소벤처기업부 : 중소기업과 벤처기업에 관한 사무

⑲ 국가보훈부 : 국가유공자 및 그 유족에 대한 보훈, 제대군인의 보상·보호, 보훈선양에 관한 사무

1. 계선기관과 막료기관

1. 의의

(1) 계선기관-정부조직법상 보조기관

계선기관(Line)은 '조직의 전체적인 목적달성에 직접적으로 기여하는 기관'으로서, 직접적인 업무집행 및 결정을 하고 그에 따른 책임을 지는 기관이다. 단일기관이라고도 한다.

⑩ 장관-차관-실·국장-과장 등

(2) 막료기관-정부조직법상 보좌기관

① 개념

막료기관(staff)은 계선기관의 원활한 업무수행을 위해 정보·지식·기술 등을 제공하고 계선기관을 지원하면서 행정목표를 간접적으로 수행하며 계선기관이 효과적인 목표성취를 하도록 보좌하는 기관이다.

⑩ 차관보, 심의관, 담당관 등

② 유형

보조형 막료는 인사·회계·예산·서무등과 같이 계선기관을 유지·관리보조 함으로써 봉사기능을 수행하고, 군대의 특별참모에 해당하며, 계선기관의 하부조직(국장, 과장 등)을 형성한다. 자문형 막료는 기획·조사·자문·연구 등의 기능을 담당하는 좁은 의미의 막료로, 군대의 일반참모에 해당하며, 계선기관 및 보조형 막료기관 모두에 대해 조언하고(막료의 고유기능), 최고집행자 직속(심의관, 담당관, 차관보 등)의 막료이다.

2. 특징 및 장·단점

(1) 특징

계선의 특징	막료의 특징
계층제 형태(수직적 상하관계)	계층제 형태를 띠지 않음(수평적 대등관계)
조직목표달성에 직접 기여하고 책임 짐	조직목표달성에 간접적으로 기여
국민과 직접 접촉하여 국민에게 직접 봉사	국민과 직접 접촉하지 않고 간접 봉사
구체적인 결정권·명령권·집행권 행사	구체적인 집행·명령권을 행사할 수 없음
일반 행정가 중심	해당분야 전문가 중심

(2) 장·단점

구분	계 선	막 료
장점	① 권한과 책임소재·한계가 명확하여 능률적인 업무 수행 ② 신속한 결정으로 시간과 경비 절약 ③ 운영비용이 적게 듦 ④ 강력한 통솔력 행사. 소규모 조직에 적합 ⑤ 조직의 안정화에 기여	① 계선기관의 결함 보완 ② 전문적 지식과 경험에 의한 합리적·창의적 결정 및 행정의 전문화에 기여 ③ 계선기관간의 업무 조정 및 업무과정 해소 ④ 대규모 조직에 적합 ⑤ 조직의 신축성·동태성 확보
단점	① 최고관리층의 주관적·독단적인 결정 초래 ② 부문 간에 업무의 중복 및 조정의 곤란으로 조직 운영의 효율성 저하 ③ 조직의 경직화로 인하여 민주적이고 탄력적인 조직 활동이 저해됨	① 계선기관과의 대립·충돌 가능성 ② 결정의 지연가능성 ③ 참모기관에 소요되는 경비의 과다 ④ 막료의 계선권한 침해가능성(책임전가) ⑤ 중앙집권화의 경향 촉진

3. 계선과 막료의 관계

(1) 갈등의 원인과 대책

① 갈등의 원인

ㄱ 지식·능력·행태와 수입의 차이 : 막료는 대체로 학력과 사회적 지위가 높은데 연령은 낮은편이고, 높은 보수를 받는다.

ㄴ 기본적 성향의 차이 : 막료는 현상타파적·개혁지향적이며 비판적이지만 계선은 현상유지적이다.

ㄷ 업무의 성질에 대한 인식부족 : 계선은 막료의 좁은 전문가적 견해를 비판하고 막료는 계선이 근시안적·권위적이라고 비판한다.

ㄹ 계선과 막료간의 권한과 책임한계의 불명확성으로 인하여 갈등이 발생한다.

② 해결방안

ㄱ 인사교류 : 계선과 막료를 주기적으로 교류시키면 서로의 입장이나 견해를 더 잘 이해할 수 있게 되고 능력도 발전시킬 수 있다.

ㄴ 책임한계의 명확성 : 권한과 책임한계를 명확히 함으로써 자신의 직무에 대한 명확한 이해를 통해 갈등을 감소시키고 조직전체의 목적달성에 공헌하도록 해야 한다.

ㄷ 기관장의 인식제고 : 기관장은 막료의 쇄신적 역할을 지원하고 적절한 정당성을 부여하여야 한다.

ㄹ 교육훈련 : 막료에게 폭 넓은 교육을 실시하여 시야를 넓혀주고 계선기관의 기능을 잘 알도록 하여야 한다.

(2) 계선과 막료의 관계에 대한 연구

① Pondy의 행정농도

ㄱ 의의 : 행정농도란 전체인력 대 유지관리조직의 인력비율을 의미하므로 행정농도는 전체인력 중에서 참모가 차지하는 비율을 의미한다.

ⓒ 특징 : 대체적으로 후진국은 행정농도가 낮으며 행정농도가 높은 선진국은 조직이 보다 민주적이
　　　고 동태적이다.
　② Golembiewski의 모형
　　　㉠ 중립적·열등적 도구모형 : 계선이 지휘관의 지휘권행사를 지원
　　　㉡ 변형된 자아모형 : 막료가 지휘관의 팀을 형성하는 현대적 모형
　　　㉢ 동료 모형 : 막료가 계선과 동등하거나 계선과 팀을 형성하는 현대적 모형
　　　　Golembiewski는 ① ➜ ② ➜ ③으로 갈수록 막료의 지휘가 격상되고 막료가 의사결정에 적극적
　　　　인 참여를 함으로써 조직의 효율적인 운영을 기하게 된다고 주장하였다.
　③ 양자의 관계
　　　㉠ 고전적 입장
　　　　ⓐ 계선과 막료를 엄격히 구별한다.
　　　　ⓑ 계선이 주된 조직이며 막료는 보조적 조직으로 본다.
　　　　ⓒ 계선은 막료의 자문을 거부할 자유가 있으며 계선이 핵심기관이라고 생각한다.
　　　㉡ 현대적 입장 : 양자 간의 구별이 상대화되고 있으며, 상호보완적 관계로 본다.
　　　㉢ 상대화의 근거 및 이유
　　　　ⓐ 막료도 자신의 전문분야에 대해 결정·명령·집행권을 행사한다.
　　　　ⓑ 계선이나 막료의 이중적 지위를 가지는 직위나 부서가 있다.
　　　　ⓒ 행정의 전문화 및 조직의 동태화에 따라 오늘날은 반드시 계선이 중추적 기관, 막료는 보조적
　　　　　기관이라고 보기 어렵다.
　　　　ⓓ 계선은 막료중심의 의사결정을 형식적으로 완성시켜 주는 데 불과하다.
　(3) 우리나라의 막료제도-차관보·담당관제
　　① 의 의
　　　㉠ 차관보·담당관제도의 개념 : 차관보 및 담당관제는 우리나라의 전형적인 참모기관으로서 발전행
　　　　정의 영향을 받아 발전지향적 목표를 달성하고 행정의 전문성과 환경에의 적응성을 높이기 위하
　　　　여 설치하였다.
　　　㉡ 연혁 : 우리나라는 발전지향적 목표를 보다 능률적으로 달성하고자 1962년에는 차관보제도를,
　　　　1963년에는 담당관제도를 도입하였고 1973년 차관보를 계선기관에서 참모기관으로 전환시켰다.
　　　㉢ 법적 근거-정부조직법과 행정기관의 조직과 정원에 관한 통칙(대통령령)
　　　　ⓐ 차관보 : 행정 각 부에는 장관과 차관을 직접 보좌하기 위하여 차관보를 둘 수 있다. 차관보는
　　　　　장관이 특히 지시하는 사항에 관하여 전문적 지식과 경험을 활용하여 정책의 입안·기획·조사·
　　　　　연구 등을 통하여 장관과 차관을 직접 보좌하며 밑에 하부조직을 둘 수 없다.
　　　　ⓑ 담당관 : 중앙행정기관에는 그 기관의 장, 차관·차장·실장·국장 밑에 정책의 기획, 계획의 입
　　　　　안, 연구·조사, 심사·평가 및 홍보 등을 통하여 그를 보좌하는 보좌기관을 둘 수 있고 명칭은
　　　　　담당관·단장·부장·반장 등으로 정할 수 있으며, 업무수행에 필요한 최소한의 하부조직을 둘
　　　　　수 있다.

② 담당관의 유형

 ㉠ 본래 의미의 담당관 : 순수하게 행정기관의 장 또는 보조기관을 보좌하는 담당관이다.

  ▷ 기획재정부 세제심의관, 통일부의 각 연구관, 교육부의 교육과정 담당관 등

 ㉡ 단독형 담당관 : 개별 법령상 또는 직제상 명백히 결정처분 기능을 가짐으로써 권한과 책임으로 행정처분 등 집행기능을 수행할 수 있는 담당관을 의미한다.

  ▷ 특허청의 심사담당관, 외교부의 여권관리관 등

 ㉢ 공통담당관 : 각 부처에 공통적으로 설치되어 있는 담당관이다.

  ▷ 감사담당관, 예산담당관, 공보담당관 등

③ 우리나라 참모기관의 문제점

 ㉠담당관실의 조직구조나 업무절차가 계선기관 형태를 답습하고 있으며 사실상 계선기관의 역할을 수행한다.

 ㉡ 계선기관을 선호하는 권위주의적 행정풍토로, 담당관에 대한 근무의욕이 낮고 장기적 안목이나 적극적 자세가 부족하여 담당관에의 보직을 기피하는 경향이 있다.

 ㉢ 승진에 대한 인사적체의 완화수단으로 이용되고 있으며 보직받기 전에 잠시 거쳐 가는 자리로 인식하므로 전문지식이 부족할 뿐만 아니라 계선기관의 구습을 탈피하지 못한다.

2. 공식조직과 비공식조직

1. 공식조직

(1) 의의

① 공식조직은 조직목표를 달성하기 위하여 법령 등에 의해 공식적으로 업무와 역할을 할당하고, 권한과 책임을 부여하는 조직을 말한다.

② 조직의 공식적 목표를 위해 의도적으로 구성된 조직으로 집단의 목표와 임무 등이 명확하게 규정되어 있다.

(2) 기 능

① 조직의 공식적 목표를 달성하는데 직접적으로 기여하는 기능을 말한다.

② 공식적 기능은 집단에 부여된 임무로 집단은 이에 대해 공식적으로 책임을 진다.

2. 비공식조직

(1) 의의

① 비공식조직은 구성원들이 자발적으로 구성한 조직을 말한다. 즉, 조직구성원 상호간의 접촉이나 친근관계로 인하여 형성되는 조직으로서 구조가 명확하지 않다.

② 비공식조직이 대두한 것은 Mayo등의 시카고학파에 속한 학자들에 의해 진행된 Hawthorne실험에서 비롯되었으며, 인간관계론에서 강조한 조직이다.

(2) 특징

① 비공식집단은 자연발생적으로 생성된 조직으로 비가시적이고 내면적인 조직이다.

② 비공식조직은 수평적이고 동태적인 조직이다.

▶ 공식조직과 비공식조직의 비교

공식조직	비공식조직
조직의 목표달성을 위하여 존재	감정·욕구의 충족을 위하여 존재
인위적 조직	자연발생적 조직(자생적 집단)
제도적으로 명문화	현실적·동태적 대면(對面)조직
비인격적·제도적 관계	인격적·비제도적 관계
능률(Efficiency)의 논리, 기계적 능률	감정(Sentiment)의 논리, 사회적 능률
합리적 원리	비합리적 원리
전체적 질서	부분적 질서
가시적 조직	비가시적 조직
수직적 관계	수평적 관계
권한이 상층부로부터 위임	권위가 구성원들로부터 부여

(3) 기능

비공식조직은 ① 공식조직의 수직적 비인격성, ② 사회인으로서의 인간의 귀속적 본능, ③ 공식조직의 경직성 보완, ④ 공식법규체계의 결함 보완 등을 위해 발생한다.

▶ 비공식조직의 순기능과 역기능

순기능	역기능
① 공식적 조직의 경직성 완화 ② 공식지도자의 지도능력을 보완 ③ 의사전달의 촉진과 공식적 의사소통망의 보완 ④ 구성원들의 행동기준을 확립하여 공식조직의 목표달성에 기여 ⑤ 구성원의 불평과 불만을 해소시켜줌으로써 구성원의 심리적 욕구 충족	① 정실행위·파벌조성(할거주의)으로 갈등과 분열의 조장 ② 의사전달의 왜곡 가능성 ③ 조직 전체목표달성 저해(비공식조직의 목표 치중) ④ 근거와 책임의 불분명 : 의사통로가 중구난방 ⑤ 관리자의 소외 및 압력단체화 우려

(4) 비공식조직에 대한 현대적 이해

① 비공식조직은 보편적인 현상은 아니며, 비공식적 영향력이외의 변수에 의해서도 영향을 받는다.

② 구성원간의 유대이외에 조직으로부터의 일탈에 대한 통제 기능을 수행하지만, 사회나 조직의 규범과 항상 일치하는 것은 아니다.

③ 집단의 행동에 있어서 비공식조직은 공식조직을 보완하는 2차적 기능을 수행한다.

3. 위원회

1. 의의

(1) 개념

① 위원회(Committee)는 다수에 의한 의사결정이 이루어지는 합의제 조직구조로서, 한 사람에 의한 의사결정이 이루어지는 단독제 조직구조와 대조된다.

② 정책의 결정을 단일인이 하지 않고 복수의 구성원이 토론에 의해 도출하는 복수지배형태의 수평적 분권제, 합의체, 회의식, 계속적인 동태적 조직의 일종이다.

(2) 특징

① 계층제 조직에 비해 수평화되고 경직성이 완화된 동태적 조직의 일종이다.

② 다수에 의한 결정이라는 점에서 행정의 민주성을 제고할 수 있다.

③ 전문가의 참여로 행정의 효율성 및 전문성을 제고할 수 있다.

④ 분권적·참여적 조직이다.

⑤ 집행의 결과에 대해서는 책임이 불명확한 조직이다.

2. 장·단점

(1) 장점

① 결정의 신중성·공정성 : 다수에 의한 다양한 의견을 민주적으로 반영함으로써 독단에 의한 과오를 방지하고, 신중하고 공정한 결정을 내릴 수 있다.

② 합리적이고 창의성 있는 결정 : 위원회의 결정은 집단적으로 이루어지므로 중지를 통하여 창의적 결정이 이루어질 수 있다.

③ 조정의 촉진 : 위원회는 부문 간의 이해관계를 조정할 수 있어서 조직전체의 통일성을 확보할 수 있다.

④ 행정의 안정성·계속성의 확보 : 시차임기제를 적용함으로써 위원들이 동시에 교체되지 않으므로 정책의 안정성과 계속성을 유지해 나갈 수 있다.

(2) 단점

① 결정의 신속성·기밀성 확보 곤란 : 심의와 결정이 지체되어 결정의 신속성을 기대하기 어렵고, 토의 과정에서 기밀이 누설되는 경우가 많다.

② 비능률적 운영 : 위원회는 다수의 이질적인 집단으로 구성되기 때문에 합의에 도달할 결정을 내리기까지에는 많은 시간과 비용이 소요된다.

③ 책임소재의 불분명 : 복수의 구성원으로 이루어지기 때문에 책임도 위원전체에 분산되므로 책임한계가 불분명하다.

④ 타협적 결정 : 토의사항이 복잡하거나 의견의 대립이 심할 경우, 자신들의 개인적 이해관계에 대한 지나친 주장 등은 결국 타협에 의한 해결방법에 도달할 위험성이 있다.

3. 유형

(1) 일반적인 유형

① 자문위원회

㉠ 조직에 대한 자문에 응하게 할 목적으로 설치된 위원회로서 자문기관으로서의 성격을 가지며 결정·집행권은 없다.

㉡ 자문위원회의 결정은 법적구속력이 없으며 독립성이 미흡하다.

㉢ 자문위원회는 조언, 청취, 정부시책에 대한 지지와 유도, 위임입법에 대한 영향 등의 기능을 담당한다.

㉣ 정책자문위원회, 국민대통합위원회, 노사정위원회, 정부업무평가위원회 등

② 조정위원회

㉠ 서로 다른 의견이나 입장을 조정·통합하여 합의에 도달하려는 목적으로 설치된 위원회이다.

㉡ 위원회의 결정은 건의적 성격을 띠는 것도 있고 법적인 구속력을 지닌 것도 있다.

㉢ 중앙노동위원회, 환경분쟁조정위원회, 언론중재위원회, 경제관계장관회의, 차관회의 등

③ 행정위원회(광의)

㉠ 행정위원회(협의) : 행정관청으로서의 성격을 지닌 위원회로 법률에 의해 설치되며, 의사결정의 법적구속력이 있고 집행권을 보유한다. 중앙선거관리위원회, 공정거래위원회, 방송통신위원회, 금융위원회, 국민권익위원회, 국가인권위원회, 개인정보보호위원회 등

㉡ 의결위원회 : 자문위원회와 행정위원회(협의)의 중간조직으로 의사결정의 법적구속력이 있으나 집행권이 없다. 각 부처 징계위원회, 소청심사위원회, 공직자윤리위원회, 행정심판위원회, 토지수용위원회 등

(2) 독립규제위원회

① 의의 : 준입법적·준사법적 업무를 대통령이나 의회의 압력을 받지 않고 독립적인 입장에서 다루는 합의제 행정기관으로서 주로 규제업무를 다루기 때문에 독립규제위원회라 하며 입법부, 행정부, 사법부와 병립한 제4부로 지칭된다.

② 발달배경

㉠ 19C 말 산업의 급격한 발달과 독점자본에 의한 미국 사회의 자본주의의 극심한 폐해를 시정하기 위하여 설치된 규제 중심의 행정위원회로서 가장 독립성이 강하다.

㉡ 입법부의 경우 경제문제를 규제할 수 있는 전문적 능력과 기동성이 부족하고, 행정부의 경우 권력강화를 반대하는 미국의 전통적 입장에 부딪혀 제3의 대안으로 설치되었다.

③ 기능 및 특징

㉠ 기능 : 준입법적 기능(법률범위 내의 규칙제정권)과 준사법적 기능(제재와 이의신청에 대한 결정권)을 수행한다.

㉡ 위원의 전문성과 독립성 : 대통령이 상원의 인준을 받아 통상 5~9명의 위원을 임명하고 신분이 보장되며 대통령보다 임기가 길고 1년에 1명씩 교체함으로써 계속성과 안정성을 확보한다.

ⓒ 정치적 독립성과 중립성 : 대통령이나 의회에 책임을 지지 않고 해당 분야의 전문가를 중심으로 구성되므로 정치적 독립성을 띠고, 양당제의 원칙(양당이 위원을 고르게 위촉)이 적용되므로 정치적 중립성을 지닌다.

④ 문제점

㉠ 행정부와 위원회 간 조정의 곤란, 민주통제의 곤란, 책임의 분산, 집행상의 지연, 보수성, 포획현상(Capture) 등의 문제점으로 단독제 조직인 부처로 이전하는 개편논의가 지속적으로 이루어져 왔다.

㉡ 그 성격상 일반행정기관보다 민주통제가 어렵고 정책을 강력히 수행하기가 어렵다.

⑤ 우리나라의 독립규제위원회 : 미국과 같은 독립규제위원회는 없지만 기능측면에서 이와 유사한 것으로 중앙선거관리위원회, 공정거래위원회, 중앙노동위원회, 금융통화운영위원회 등이 유사하다.

▶ 위원회의 유형과 특징

위원회의 유형	특징	예
1. 자문위원회	자문기능을 수행하는 참모기관의 성격을 띤 합의제 조직으로 법적 구속력이 없음	각종 정책자문위원회
2. 조정위원회	각 기관 간, 개인 간의 의견을 조정하기 위해 설치된 위원회 ➡ 의결은 대개 법적 구속력이 없고 건의의 효과만 지님	차관회의, 경제장관회의, 중앙노동위원회, 환경분쟁조정위원회
3. 행정위원회(협의)	'행정관청'으로서의 성격을 갖고, 의사결정에 대한 법적 구속력＋집행권	중앙선거관리위원회, 공정거래위원회, 방송통신위원회, 금융위원회, 국민권익위원회, 국가인권위원회
4. 의결위원회	의사결정에 대한 법적 구속력이 있으나 집행권이 없음	각 부처 징계위원회, 소청심사위원회, 공직자윤리위원회 등
5. 독립규제위원회	① 행정위원회의 일종 ② 행정수반 및 의회로부터 독립성을 갖고, 경제규제를 위한 준입법적·준사법적 기능 수행	공정거래위원회, 금융통화위원회, 중앙선거관리위원회, 중앙노동위원회

4. 공기업

1. 공기업의 개관

(1) 의의

① 개념

㉠ 국가 또는 공공단체가 기업적·경영적 성격을 지닌 사업의 수행을 목적으로 소유 혹은 관리하는 기업이다.

㉡ 공공서비스의 제공 등 공익을 목적으로 하며, 운영상 기업성·수익성을 지향한다.

② 설립동기

  ㉠ 민간부문의 한계보완 : 민간의 자본이나 경험부족 시, 정부가 공기업을 설립하여 민간부문의 취약한 자본조달 및 경영능력을 보완하였다.

  ㉡ 국방전략상의 고려 : 군사부문과 관련된 중요한 산업이나 군사상 기밀을 요하는 사업은 공기업형태로 운영된다.

  ㉢ 독과점에 대응 : 규모의 경제로 인한 자연독점 발생 시 독점 폐해로 인한 시장실패가 초래되므로, 민간에 의한 독과점을 방지하기 위하여 정부가 공기업을 설립하여 공공재를 공급하였다.

  ㉣ 집권정당의 정치적 이념 : 유럽의 경우 제2차 세계대전 직후 영국의 노동당, 프랑스의 사회당 등 사회주의 정당들이 집권하면서 국유화 조치를 단행하였다.

(2) 특징

① 공공성(민주성의 측면) : 공기업은 국가 또는 공공단체가 수행하는 사업 중 공공성을 띤 활동을 말한다. 공기업은 이윤의 극대화가 일차적인 목적이 아니라 공익을 증진하는 것이 주된 목적이다.

② 기업성(능률성의 측면) : 공기업도 기업적 경영을 하므로 수지적합성이 요구된다. 다만 개별 공기업의 기업성 추구에는 한계가 있다.

❖ 공기업의 관리원칙

(1) 공공서비스의 원칙 : 공기업은 경제성·대규모성·독점성·개발성·모험성 등을 띤 사업으로서 사기업에 의해서 공급되기 어려운 재화나 서비스를 제공한다. 공공서비스 제공은 공기업 존립의 실체적 기초이다.

(2) 공공규제원칙 : 공기업은 공적소유이고 서비스가 공공성을 띠며, 국민전체에 미치는 영향이 크고 국민세금으로 운영되므로 정부나 국민대표가 이를 규제하고 통제할 필요가 있는데, 공기업 임원의 인사·요금결정·결산승인·경영의 기본사항 등에 관한 규제가 대표적이다.

(3) 독립채산제원칙 : 공기업은 공공단체로부터 독립된 재정운영의 주체로서 자신의 지출을 자신의 수입으로 충당하고 자신의 책임 하에서 경영의 능률화를 도모할 필요가 있다. 공기업경영에 적용되는 독립채산성이란 수입지출적합·자본의 자기조달·이익의 자기처분 등이다.

(4) 생산성의 원칙 : 공기업의 활동은 사람과 사물이 결합하여 이루어지는 실체적인 생산 활동이므로 기술적인 합리화와 인간적인 합리화, 즉 노동생산성의 향상이 필요하다.

---

(3) 유형

① 정부부처형 공기업 : 일반행정기관에 적용되는 조직·인사·예산의 원칙이 다소의 예외규정을 제외하고 적용되는 공기업을 말한다.

② 주식회사형 공기업 : 주식회사형 공기업은 유럽국가에서 발전한 공기업으로 정부가 주식의 일부를 소유하며, 회사관리에 참여하는 공기업을 말한다. 공적·사적소유와 통제를 조화시킨 혼합기업이다.

③ 공사형 공기업 : 영국과 미국에서 발전한 공기업으로 공공성과 기업성을 조화시키기 위한 목적에서 설립된 가장 발전된 공기업이다. 공사는 정부가 전액 출자하여 설립하고 운영의 최종책임을 지며, 정부가 임명하는 임원이 운영하는 정부소유의 기업이다.

▶ 공기업의 유형

구분	정부부처형	주식회사형	공사형
독립성	없음	있음	
설치근거	정부조직법	상업 또는 특별법	특별법
출자재원	정부예산	5할 이상 정부출자	전액 정부투자
이념	공공성>기업성	공공성<기업성	공공성+기업성
직원신분	공무원	임원 : 준공무원, 직원 : 회사원	
예산회계	정부기업예산법(독립채산제 아님)	공공기관운영에 관한 법률(독립채산제)	
예	우체국예금, 우편사업, 조달, 양곡관리	한국전력공사	대한주택공사 한국철도공사
예산성립	국회의결 요	국회의결 불필요(이사회 의결)	
조직특징	독임형	합의제(의결)+독임형(집행)	

2. 우리나라의 공공기관 – 공공기관의 운영에 관한 법률

(1) 의의

공공기관은 "공공기관의 운영에 관한 법률"에 따라 직접 설립되고 정부가 출연한 기관과 정부지원액이 총수입액의 1/2 을 초과하는 기관 중에서 정부가 공공기관으로 지정한 기관을 말한다.

(2) 구분

① 공기업 : 자체수입액이 총수입액의 1/2 을 초과하는 기관
  ㉠ 시장형 공기업 : 자산규모가 2조원 이상이고 총수입액 중 자체수입액이 85%이상인 기관
  ㉡ 준시장형 공기업 : 총수입액 중 자체수입액이 50%이상 85%미만인 기관
② 준정부기관 : 공기업이 아닌 공공기관 중에서 지정
  ㉠ 기금관리형 준정부기관 : 기금을 관리하거나 관리를 위탁받은 준정부기관
  ㉡ 위탁집행형 준정부기관 : 기금관리형기관이 아닌 준정부기관
③ 기타공공기관 : 공기업과 준정부기관을 제외한 공공기관으로서 이사회 설치, 임원임면, 경영실적평가, 예산, 감사 등의 규정을 적용하지 아니한다.

▶ 공공기관의 구분

공기업		준정부기관		기타공공기관
직원 정원, 수입액 및 자산규모가 일정기준에 해당하는 공공기관				
자체수입액이 총수입액의 50% 이상		자체수입액이 총수입액의 50% 미만		
시장형 공기업 : 자산규모가 2조원 이상이고 자체수입액이 총수입의 85% 이상)	준시장형 공기업 : 자체수입액이 총수입액의 50% 이상 85% 미만	기금관리형 준정부기관	위탁집행형 준정부기관	공공기관– (공기업+준정부기관)

(3) 신설과 지정

① 신설
　㉠ 주무기관의 장이 법률에 따라 공공기관을 신설하고자 하는 경우에는 입법예고 전에 기재부장관에게 신설의 타당성에 대한 심사를 요청해야 한다.
　㉡ 기획재정부장관은 공공기관운영위원회의 심의·의결을 거쳐 타당성을 심사하고 그 결과를 주무기관장에게 통보해야한다.
　㉢ 기획재정부장관은 매 회계연도 개시 후 1개월 이내에 공공기관을 새로 지정하거나, 지정을 해제하거나, 구분을 변경하여 지정한다.
　㉣ 기획재정부장관은 다음의 기관을 공공기관으로 지정할 수 없다.
　　ⓐ 구성원 상호 간의 상호부조·복리증진·권익향상 또는 영업질서 유지 등을 목적으로 설립된 기관
　　ⓑ 지방자치단체가 설립하고, 그 운영에 관여하는 기관
　　ⓒ 한국방송공사(KBS), 한국교육방송공사(EBS)

② 2023년 공공기관 지정내역

공기업	시장형	한국가스공사, 한국전력공사, 인천국제공항공사, 한국공항공사, 한국석유공사, 한국지역난방공사, 한국수력원자력, 한국서부발전, 한국남동발전, 강원랜드 등
	준시장형	한국조폐공사, 한국방송광고진흥공사, 한국마사회, 대한석탄공사, 한국토지주택공사, 한국도로공사, 한국수자원공사, 한국철도공사, 한국전력기술 등
준정부기관	기금관리형	한국무역보험공사, 신용보증기금, 예금보험공사, 공무원연금관리공단, 국민연금공단, 근로복지공단, 국민체육진흥재단 등
	위탁집행형	한국농어촌공사, 대한무역투자진흥공사, 한국연구재단, 한국장학재단, 한국에너지공단, 국민건강보험공단, 국립공원공단, 한국환경공단, 교통안전공단, 한국소비자원, 한국관광공사, 한국국제협력단, 도로교통공단 등
기타공공기관		한국산업은행, 대한법률구조공단, 한국국방연구원, 한국국제교류재단, 한국원자력연구원 등

(4) 공공기관의 경영

① 기구 : 공기업 및 준정부기관의 경영목표와 예산 및 운영계획 등에 관한 사항을 심의·의결하기 위하여 이사회를 두며, 이사회는 기관장을 포함한 15인 이내의 이사로 구성한다.
　㉠ 이사회 의장
　　ⓐ 시장형 공기업과 자산규모가 2조원 이상인 대규모 준시장형 공기업의 이사회 의장 : 선임 비상임이사 (비상임이사 중 기재부장관이 임명하는 1인)
　　ⓑ 자산규모가 2조원 미만인 준시장형 공기업과 준정부기관의 이사회 의장 : 기관장

ⓛ 감사위원회의 설치

ⓐ 시장형 공기업과 자산규모가 2조원 이상인 준시장형 공기업에는 이사회에 감사위원회를 설치하여야 한다(필수사항).

ⓑ 자산규모가 2조원 미만인 준시장형 공기업과 준정부기관은 감사위원회를 설치할 수 있다(임의사항).

② 인사

㉠ 공기업

ⓐ 기관장 : 비상임이사 등으로 구성되는 임원추천위원회가 복수로 추천하여 공공기관운영위원회의 심의·의결을 거친 사람 중에서 주무기관의 장의 제청으로 대통령이 임명한다.

ⓑ 상임이사 : 기관장을 포함한 이사 정수의 1/2 미만의 상임이사를 두며, 임원추천위원회가 복수로 추천한 사람 중에서 공기업의 장이 임명한다.

ⓒ 비상임이사 : 임원추천위원회가 복수로 추천한 사람 중에서 운영위의 심의·의결을 거쳐 기재부장관이 임명한다.

ⓓ 감사 : 임원추천위원회가 복수로 추천한 사람 중에서 기재부장관의 제청으로 대통령이 임명한다.

㉡ 준정부기관

ⓐ 기관장 : 임원추천위원회가 복수로 추천한 사람 중에서 주무기관의 장이 임명한다.

ⓑ 상임이사 : 기관장을 포함한 이사 정수의 1/2 미만의 상임이사를 두며, 임원추천위원회가 복수로 추천한 사람 중에서 준정부기관의 장이 임명한다.

ⓒ 비상임이사 : 임원추천위원회가 복수로 추천한 사람 중에서 운영위의 심의·의결을 거쳐 주무기관의 장이 임명한다.

ⓓ 감사 : 임원추천위원회가 복수로 추천한 사람 중에서 운영위의 심의·의결을 거쳐 기획재정부장관이 임명한다. 단, 일부 대규모 기관은 기획재정부장관의 제청으로 대통령이 임명한다.

㉢ 임기 : 위 임원 중 기관장의 임기는 3년, 이사와 감사의 임기는 2년이다.

③ 평가

㉠ 경영지침 : 주무부처장관은 운영위의 심의·의결을 거쳐 공기업·준정부기관 및 주무기관의 장에게 조직운영, 정원, 인사, 예산 등에 관한 경영지침을 통보하여야한다.

㉡ 성과계약 : 주무기관장은 기관장과, 기관장은 상임이사 등과 성과계약을 체결하여야 한다.

㉢ 경영실적 평가 : 공기업 및 준정부기관의 경영 효율을 높이기 위하여 주무부처장관은 경영목표 및 공기업·준정부기관이 제출한 경영실적보고서 등을 기초로 공기업 및 준정부기관의 경영실적을 평가하고, 평가결과 경영실적이 부진한 공기업·준정부기관의 기관장 또는 상임이사의 해임을 건의하거나 요구할 수 있도록 한다.

㉣ 경영공시 : 공공기관의 투명한 운영을 도모하기 위하여 공공기관은 경영목표 및 운영계획, 결산서, 임원현황 등에 관한 사항을 인터넷 홈페이지를 통하여 공시하도록 의무화한다.

㉤ 고객헌장과 고객만족도 조사 : 공공기관은 고객헌장을 제정·공표하여야 하고 연1회 이상 고객만족도조사를 실시해야한다.

④ 예산회계

    ⊙ 회계연도 및 회계원칙 : 정부회계연도를 따르지만, 공기업과 준정부기관은 발생주의회계 적용을 의무화한다.

    ⓒ 예산의 편성과 의결 : 공기업과 준정부기관의 장은 경영목표와 경영지침(기획재정부장관에게 통보)에 따라 예산안을 편성하여 다음 회계연도개시 전까지 이사회에 제출하고, 예산안은 이사회의 의결로 확정한다.

    ⓒ 예산의 보고 : 공기업과 준정부기관의 장은 예산이 확정되거나 변경된 경우 지체 없이 그 내용을 기획재정부장관, 주무기관의 장 및 감사원장에게 보고하여야한다.

    ② 결산 : 공기업은 기획재정부장관에게, 준정부기관은 주무기관의 장에게 다음 연도 2월 말일까지 결산서를 각각 제출하고, 3월 말일까지 승인을 받아 결산을 확정하여야한다.

    ⑩ 감사 : 감사원은 감사원법에 따라 공기업과 준정부기관의 업무와 회계에 관하여 감사를 실시할 수 있으며, 관계 행정기관의 장 등에게 위탁하거나 대행하게 할 수 있다.

3. 공기업의 민영화

(1) 의의

① 공기업 민영화는 공공부문이 담당하던 자원배분을 시장원리에 맡겨 경쟁을 촉진함으로써 경제적 효율성을 증진하고자 하는 것을 말한다.

② 공기업 민영화의 중심이슈는 국가의 기능을 가급적 축소하여 시장기능의 영역과 범위를 확대하자는 것으로, 실질적인 면에서 공공부문을 후퇴시키는 폭넓고 다양한 구체적인 방안들을 의미한다.

③ 협의의 민영화는 기업의 소유를 중심으로 한 것이라면, 넓은 의미의 민영화에는 규제완화에서부터 자유화까지를 포함한다.

(2) 배경

① 신자유주의 : 민간기업은 사회 전체적으로 자원의 능률적 배분에 기여하며, 소비자의 후생을 증대시킨다. 반면, 정부는 정치적 논리에 의해 움직이므로 큰 정부는 사회를 비효율적으로 만든다.

② 본인－대리인이론 : 대리인인 공기업과 본인인 국민 및 정부 간의 정보비대칭성은 공기업에 대한 통제를 어렵게 하고 공기업의 방만한 경영을 낳게 된다.

③ 재산권이론 : 공기업은 소유주가 없어 사기업처럼 이윤을 확보하려는 유인이 부족하다.

④ 정부팽창이론 : 이윤극대화보다는 매출극대화나, 공기업의 규모 확대를 통해 자리와 보직을 창출하려는 성향을 띤다.

(3) 필요성

① 효율성의 증진 : 경쟁을 통한 비용절감과 업무의 능률적 수행이 가능하다.

    개별 행정구역을 뛰어 넘어 규모의 경제를 실현할 수 있으며, 행정의 전문화·복잡화에 대응하여 민간의 전문적 지식·기술을 활용할 수 있다.

② 서비스 질의 향상 : 더 나은 서비스를 제공할 수 있으며 시민의 수요 변화에 신축적으로 대응할 수 있다.

③ 민주성의 제고 : 정부가 독점적으로 수행하던 행정기능을 민간과 분담·협력함으로써 민간의 행정참여를 활성화시키고, 민주적·자율적 통제를 강화시킨다.

④ 민간경제의 활성화 : 정부의 대규모 공공사업이나 각종 개발사업에 민간의 자본과 인력을 활용함으로써 민간부문의 고용효과를 창출하고, 민간경제를 활성화시킬 수 있다.

⑤ 기타 : 적자기업의 민영화 등을 통해 정부재정의 건전성 확보 및 정부규모의 적정화가 가능하다. 또한, 임금인상요구의 억제가 가능하다.

(4) 문제점

① 형평성의 저해 : 민영화로 대우받는 고객은 구매력을 지닌 소비자에 한정하게 되고, 서비스 가격이 상승될 가능성이 높아 저소득층의 부담이 가중된다.

② 서비스공급의 안정성과 책임성저해 : 민간은 이윤보장이 안되면 서비스공급의 공공성을 무시하고 포기할 수 있으며, 이윤을 고려하여 서비스비용을 사실상 과다하게 책정할 수 있어 서비스공급의 안정성과 책임성이 낮아질 수 있다.

③ 독점의 폐해 : 민영화나 민간위탁의 경우 경쟁체제가 보장될 때 효율성을 달성할 수 있으나, 정부독점에서 민간독점으로의 변화만을 수반하는 경우 독점의 폐해가 발생한다.

④ Creaming 현상 : 수익이 보장되거나 흑자기업만 민영화될 수 있어, 정부재정 부담을 완화하는 데 실제 도움이 되지 않는다.

⑤ 도덕적 해이와 역대리 현상

5. 책임운영기관

1. 의의

(1) 개념

① 정부가 수행하는 사무 중 공공성을 유지하면서도 경쟁원리에 따라 운영되는 것이 바람직하거나 전문성이 있어 성과관리를 강화할 필요가 있는 사무에 대하여 그 기관의 장에게 행정상(인사·조직·관리) 및 재정상의 자율성을 부여함으로써 고객에의 대응성을 높이고 그 운영성과(결과)에 대하여 책임을 지도록 하는 행정기관이다.

② 책임운영기관은 과정보다는 결과와 성과를 중시하는 신공공관리론에서 강조하는 조직형태로서 집행 및 서비스 전달업무인 집행기능을 결정기능과 분리하여 별도의 기관으로 설치한 것이다. 책임운영기관은 정부조직이며 구성원도 공무원신분이다.

(2) 연혁

책임운영기관은 영국의 대처 수상이 집권하면서 1988년 Next Steps Program에 따라 국방, 보건, 교도소 등 140여개의 부서를 집행기관(Executive Agency)으로 지정하면서 처음으로 등장하였으며, 정부조직으로 설치하였다(Hive-in 방식). 우리나라는 1999년 「책임운영기관 설치·운영법」을 제정하고 2000년부터 Hive-in 방식으로 설치하였다.

2. 적용대상 및 운영원리

(1) 적용대상

① 성과관리가 용이한 분야

책임운영기관은 대표적인 성과중심의 조직으로서 성과측정기준의 개발과 성과의 측정이 가능한 사무라야 한다.

② 공공성이 강한 사무분야

공공성이 요구되어 민영화 추진이 곤란한 분야를 대상으로 한다.

③ 내부시장화가 필요한 분야

정부 내에서 가격·경쟁과 같은 시장메커니즘의 도입이 필요한 분야를 대상으로 한다.

④ 자체적으로 재원의 확보가 가능한 분야

사용료·수수료 등 수익자부담주의에 의하여 기관운영에 필요한 재원을 자체적으로 확보할 수 있어야 한다.

⑤ 서비스의 통합이 필요한 분야

전국적인 서비스의 통합이 필요한 분야이어야 한다. 만약 전국적인 통합이 불필요하고 지역적 특성이 강조되면 지방정부에 이양할 업무이다.

(2) 운영원리

① 기관의 독립성

각 기관은 계약범위 내에서 기관장은 기관운영과 업무수행의 자율성을 보장받는다.

② 개방성(기관장의 개방)

기관장은 공개경쟁방식에 의해 선출되며 업무목적과 정한 목표에 대한 자신의 업무성적에 따라 각료에게 책임을 진다.

③ 성과관리(목표성, 자율＋책임성)

기관장에게는 조직·인사·재정에서의 자율성이 부여되며, 그 성과에 대해 책임을 진다.

3. 특징 및 문제점

(1) 특징

① 집행중심의 조직 : 기획이나 결정기관이 아니라 집행중심의 조직으로서 정책집행 및 서비스 전달기능을 수행한다.

② 성과중심의 조직 : 장관과 기관장 사이에 성과협약을 체결하여 사업계획 및 목표를 수립하고 기관장은 성과에 대하여 장관에게 책임을 진다.

③ 재량권과 신축성부여 : 책임운영기관의 기관장은 소속직원 중 고위간부급직원을 제외한 전 직원에 대한 채용·승진·교육훈련 등의 인사와 예산에 관련된 광범위한 권한을 위임받는다.

④ 기업화된 조직 : 수익자부담주의, 기업회계방식 등 민간경영방식으로 운영되는 기업화된 조직이다.

⑤ 기관장의 계약제 : 책임운영기관의 직원은 그대로 공무원의 신분을 유지하지만 기관장은 직업공무원이 아니며, 성과에 대한 책임추궁이 가능하도록 2~5년의 임기제 공무원으로 임명한다.

⑥ 경쟁의 도입 : 책임운영기관이 담당하는 정책의 집행이나 서비스의 전달은 민간부문이나 같은 정부부문과의 경쟁이 가능하다.

(2) 문제점

① 책임운영기관의 비대화 : 책임운영기관은 그 수나 규모에 있어서 행정기관을 압도하는 경우가 있어 책임운영기관의 설치목적에 위배되는 비능률을 초래할 우려가 있다.

② 결정과 집행의 분리에 따른 한계 : 정책결정과 집행의 한계가 애매모호하여 그 성과에 대한 책임을 명확히 규정하기가 곤란하다.

③ 기관장의 신분보장 미흡 : 기관장은 신분보장을 누리지 못하기 때문에 자주 교체되는 폐단이 있으며 단기적 성과에만 집착하게 되고 장기적인 비전을 가지고 소신 있게 운영하기가 곤란하다.

④ 정부팽창의 은폐수단 : 관청형성론(Dunleavy)은 고위관료들이 계선조직을 정책결정 위주의 참모조직으로 개편하고 퇴직 후 자리보장, 정부책임 회피수단, 정부팽창 은닉수단, 민영화 회피수단 등 부정적 동기로 집행기능을 외부로 분봉(Hiving-off)시킴으로써 책임운영기관이 탄생된다고 본다.

4. 우리나라의 책임운영기관

(1) 설치

① 행정안전부장관은 기획재정부 및 해당 중앙행정기관의 장과 협의하여 책임운영기관을 대통령령으로 설치할 수 있다.

② 행정안전부장관은 5년 단위로 책임운영기관의 관리 및 운영 전반에 관한 기본계획인 중기관리계획을 수립하고, 이에 따른 연도별 운영지침을 수립해야 한다.

> ❖ **각국의 책임운영기관**
>
> (1) 미국 : 성과중심조직(PBO : Performance Based Org.)
> (2) 영국 : 책임집행기관(Executive Agency)
> (3) 뉴질랜드 : 독립사업기관(Crown Entities)
> (4) 호주 : 책임운영기관(Statutory Authority)
> (5) 캐나다 : 특별사업기관(SOA : Special Operating Agency)
> (6) 일본 : 독립행정법인

(2) 종류

① 기관의 지위에 따른 구분

㉠ 중앙책임운영기관 : 정부조직법에서 규정한 청으로서 대통령령으로 설치된 기관(특허청-기관장은 정무직, 임기 2년, 1차에 한하여 연임가능)

㉡ 소속책임운영기관 : 중앙행정기관의 소속기관으로서 대통령령으로 설치된 기관

구 분	소속책임운영기관	중앙책임운영기관
기관장	• 임기제 공무원(종전 계약직, 2~5년 계약) • 중앙행정기관의 장이 공모하여 채용	• 정무직 공무원(2년 임기보장) • 1차에 한하여 연임 가능
사업목표 설정	• 중앙행정기관의 장이 사업목표 부여 • 중앙행정기관의 장에게 사업운영계획 승인 후 운영	• 국무총리가 사업목표 부여 • 사업운영계획을 장관을 거쳐 국무총리에게 제출

성과평가	• 소속책임운영기관 운영심의회
	  (중앙행정기관의 장 소속, 1차 평가)
	• 책임운영기관 운영위원회
	  (행정안전부장관 소속, 2차 평가)
		• 중앙책임운영기관 운영심의회
		  (중앙책임운영기관의 장 소속, 자체 평가)
		• 책임운영기관 운영위원회
		  (행정안전부장관 소속, 2차 평가)

직원임용	• 소속공무원에 대한 일체의 임용권은 중앙행정기관장에게 부여 • 임용시험은 기관장이 실시	• 기관장이 고위공무원단에 속하는 공무원 이외의 공무원에 대한 일체의 임용권 행사 • 임용시험은 기관장이 실시
정원관리	• 총 정원은 대통령령 • 종류별·계급별 정원은 총리령 또는 부령 • 직급별 정원은 기본운영규정에 규정	• 총 정원은 대통령령 • 종류별·계급별 정원은 총리령 또는 부령 • 직급별 정원은 자율적으로 직제시행규칙에 반영
예산 및 회계	• 책임운영기관의 재정은 특별회계 또는 일반회계로 운용 • 특별회계는 계정별로 중앙행정기관의 장이 운용하고 기획재정부장관이 통합하여 관리하며, 정부기업예산법이 적용 • 직·간접비용으로 초과수입금 자율사용 가능	• 책임운영기관특별회계의 규정을 준용함 • 초과수입금을 사용하고자 하는 때에는 그 이유 및 금액을 명시한 조서를 작성하여 미리 기획재정부장관과 협의

② 기관의 사무성격에 따른 구분

   ㉠ 조사연구형 책임운영기관 : 지방통계청, 국립수산과학원 등

   ㉡ 교육훈련형 책임운영기관 : 국립국제교육원, 한국농수산대학 등

   ㉢ 문화형 책임운영기관 : 국립중앙극장 등

   ㉣ 의료형 책임운영기관 : 국립의료원, 경찰병원 등

   ㉤ 시설관리형 책임운영기관 : 지방해양항만청 등

   ㉥ 기타 책임운영기관 : 특허청

제03장 조직과 인간

제01절 | 조직과 개인

1. 조직과 개인의 관계

1. 의 의

조직은 특정한 목표를 달성하기 위한 인간의 집합체이다. 즉 조직의 구성은 개인으로 이루어지며, 개인은 조직을 통하여 욕구를 충족시키게 된다. 따라서 효과적인 조직운용을 위해서는 조직 내 인간의 본질을 이해하고 그들의 행위를 관리해야 한다.

2. 조직과 개인의 관계

(1) 조직과 개인의 상호작용

조직은 개인의 협동행위를 통하여 목표를 실현하고자 하며, 개인은 조직을 통하여 욕구를 충족시키므로 조직과 개인은 상호작용 관계에 있다.

(2) 조직과 개인의 갈등과 대립

구성원의 욕구와 조직의 목표가 상충관계에 있는 경우 조직과 개인은 갈등과 대립을 유발하기 쉽다.

3. 조직과 개인의 상호작용과정

(1) 사회화 과정

조직의 구성원이 조직목표의 달성에 기여하는 활동과정을 말하는 것으로, 조직이 구성원에게 조직목표에의 기여를 요구하고 합리화를 추구하는 과정이다.

(2) 인간화 과정

조직이 개인의 자아실현에 기여하는 과정을 말하는 것으로, 개인이 자아실현 위주로 활동하고 만족화를 추구하는 과정이다.

(3) 융합화 과정

사회화 과정과 인간화 과정이 조화되는 과정을 말한다. 사회화 과정과 인간화 과정이 모순됨이 없이 조화를 이룬 가운데 조직이 운영됨으로써 조직의 요구와 개인의 역할이 융합되어 공식적·비공식적으로 개인은 조직목표를 달성하는 행위자가 되고 또한 자신의 욕구를 충족시키게 된다.

2. 구성원의 성격유형

성격이란 다른 사람과 구별되는 어떤 개인의 일관성 있는 행태 및 사고방식을 말한다. 조직 내의 개인은 각기 다른 성격을 가지고 있기 때문에 조직 관리에 대한 반응도 다르게 나타난다. 그러므로 조직속의 인간을 효율적으로 조직하고 관리하기 위해서 고려할 중요한 심리적 기초는 성격을 잘 파악하고 그것을 적절히 적용하는데 있다고 할 수 있다.

1. Downs의 성격유형

A. Downs는 관료제에 있어서 '개인들이 목표를 추구하는 행동양식'을 기준으로 다섯가지 성격유형을 제시하고 있는데, 출세형과 현상보전형은 순수한 자기중심적인 관료이고, 열성형·창도형·경세가형은 공익과 사익을 절충하려는 혼합동기적 관료이다.

(1) 출세형(등반형)

권력·수입 및 위신을 절대시하며 이것을 획득하기 위하여 조직계층의 고위직으로 승진하려고 노력한다. 중간관리층에서 나타난다.

(2) 현상보전형

신분이나 직업적 안정성을 중요시하는 인간으로 권력·수입 및 위신을 보존하려고하는 사람이다. 상층부나 중간관리층에서 나타난다.

(3) 열성형

비교적 한정된 정책이나 사업의 성취에 집착하는 성격과 낙천적이며 대단히 정력적이고 공격적인 변화를 시도하는 성격의 유형이다. 전문적 능력이나 자격요건을 갖추고 있는 전문가집단에서 자주 발견되는 유형이다.

(4) 창도형

열성형보다 광범위한 기능, 조직을 위하여 열성을 바치는 사람들이다. 열성형에 비하여 외향적이며 조직을 위하여 충성을 바친다.

(5) 경세가형

정치가형이라고 하며 국가정책에 영향을 미치기 위하여 권력을 추구한다. 사회전체나 국가에 충성을 바치고 공익을 강조하며 실천력이 강한 편이다. 종합적인 견해를 유지하고 조직속에서 조화와 화해를 추구한다.

2. Presthus의 성격유형

R. Presthus는 그의「조직사회」라는 저서에서 Sullivan의 심리분석이론을 원용하여 관료제조직속의 인간이 그 조직에 적응하는 양식에 따라서 기본적 성격유형을 상승형, 무관심형, 애매형으로 나누고 있다.

(1) 상승형

조직에 적극 참여하는 유형으로 조직상층부에서 형성되며, 승진욕구가 강하기 때문에 정책이나 방침에 대한 일체감이 매우 강하다. 권력지향적이고 권위를 존중하며, 조직의 정당성과 합리성을 높게 평가하고 자신감이 강한 유형이다.

(2) 무관심형

조직에 대해 소외감을 느끼고 심리적으로는 조직 상태를 벗어나고자 하는 상태에 있으며, 직장외의 일에 더욱 흥미를 느끼면서 조직생활에 그럭저럭 어울리는 성격형이다. 조직계층의 하위층에 많다.

(3) 애매형

조직과의 일체감이 높지 않고 관료제와 감독에 저항한다. 이들은 내성적이며, 이상주의적이고 독립적·독창적인 성격의 소유자들이다. 연구소나 막료조직에 많다.

3. Cotton의 성격유형

Cotton은 Emerson의 권력의존성이론에 입각하여 개인이 권력구조에 적응하는 유형을 네 가지로 나누었다. 조직구성원이 권력구조로 파악하는 조직내부에 형성된 권력관계에 의존하고 적응해야하므로 자기에게 행사되는 상급자의 권력과 자기 권력의 균형화에 주력하게 된다고 보면서 권력균형화 유형을 다음 네 가지로 구분하였다.

(1) 독립인형

조직에 대한 자신의 의존성을 최소화하고 상관과 조직에 대해 가능한 적게 관여하여 자신에 대한 영향력을 회피하고고자하는 유형이다.

(2) 외부관심형

하급자가 자신의 의존성의 욕구를 조직 내·외부의 공적관계가 없는 부분에서 찾으려고 하는 유형이다.

(3) 조직인형

상관과 조직으로부터 인정받고자 하여 상관을 존중하고, 상급자들과 친밀한 관계를 갖고자하는 유형이다.

(4) 동료형

하급자와 상급자의 관계가 지배복종이 아닌 동료관계이며 Cotton은 이를 이상형이라고 한다.

3. 인간관과 관리전략

1. 의의

조직 내에서의 인간관에 대한 연구는 다양한 욕구를 가진 인간을 어떻게 이해하고, 어떻게 관리하느냐 하는 문제와 관련되어 있다. 즉 인간을 어떤 존재인지 파악하느냐에 따라 동기부여가 결정되고, 조직의 관리전략이 수립된다.

2. 합리적·경제적 인간관 : 고전적 이론

(1) 의의

합리적·경제적 인간관은 고전적 조직이론인 Taylor의 과학적 관리론에서 찾아볼 수 있고, McGregor 의 X이론과 일맥상통한다.

(2) 인간의 대한 가정

① 인간은 이해타산적 존재이며 경제적 유인을 제공함으로써 동기를 유발시킬 수 있다.
② 직무수행에 대해 피동적이기 때문에 동기는 외재적으로 부여된다.
③ 구성원들은 원래 일을 하기 싫어하고 게으르며 책임지기 싫어한다.
④ 조직의 인간은 원자적으로 행동하며 구성원들은 심리적으로 상호 분리되어 있다.
⑤ 인간은 기계의 부속품처럼 외적인 조건설정에 따라 길들일 수 있다.

(3) 관리전략 : 교환 모형

① 조직이 구성원들에게 경제적 보상(유인)을 제공하는 대신 구성원들은 노동력을 제공한다.
② 강압적 관리(통제자로서의 관리) : 불신(不信)을 토대로 교환의 약속을 지키는지 감시하고 통제하는 강압적 관리방법(Hard approach)을 사용한다.
③ 학습에 의한 순응의 촉진 : 인간을 길들이는(학습시키는) 전략의 조력도 받아야 한다. 유인에 대한 반응을 학습시켜 교환형 동기유발전략에 순응하도록 해야 한다.

3. 사회적 인간관 : 신고전적 이론

(1) 의의

사회적 인간관은 E. Mayo의 호손실험에서 얻어진 결론에서부터 출발하였고, 신고전적 인간관 또는 인간관계적 인간관이라도 한다. 사회적 인간관은 McGregor의 Y이론과 일맥상통하고 '인간을 사회적 존재로 인식'한다.

(2) 인간에 대한 가정

① 인간은 원자적 개인으로서가 아니라 집단의 구성원으로서 행동한다.
② 인간은 사회적·심리적 욕구에 따라 행동하며 동료관계와 비공식집단을 통하여 일체감과 귀속감을 얻는다.
③ 인간은 직무수행에 피동적이고 외재적으로 동기가 유발된다는 점에서는 합리적·경제적 인간관과 같다. 다만, 사회적 인간관은 사회적 유인이라는 외적 동기이다.

(3) 관리전략 : 교환모형

① 조직은 구성원들의 사회적 욕구를 충족시켜 주고 구성원들은 직무수행 요구에 응한다. 따라서 사회적 인간관도 동기부여의 외재성에 따른 교환모형에 입각한다.
② 연성관리(Soft approach) : 개인의 사회적·심리적 측면을 중시하여 개인의 감정과 정서를 배려하고 집단구성원의 상호작용에 역점을 둠으로써 사람을 어루만지고 달래야 한다. 관리자는 인간관계를 원활하게 중개하는 중개자로서의 역할을 한다.

③ 집단존중 관리 : 인간은 동료집단의 사회적 인간관계에 더 민감하게 반응하므로 개인적 유인보다는 집단적 유인을 강조하고 집단자율에 맡기는 관리를 한다.

4. 자기실현적 인간관 : 성장이론

(1) 의의

자기실현적 인간관은 '조직속의 인간을 자아를 실현하려는 존재로 파악하여, 부단히 자기를 확장하고 창조하며 실현해가는 주체'로 본다.

(2) 인간의 대한 가정

① 인간은 최고욕구인 자아실현적 욕구를 추구한다.

② 합리적·사회적 인간관은 동기가 피동적·외재적으로 주어지는 것으로 본 반면, 자아실현적 인간관에서는 내재적으로 동기가 부여된다.

③ 인간은 조직이 요구하는 직무수행에 대하여 능동적으로 반응하여 조직이 원하는 직무수행에서 의미와 보람을 찾고 직무수행동기를 스스로 유발할 수 있으므로 인간의 욕구(목표)와 조직의 목표가 조화·통합될 가능성이 높다.

(3) 관리 전략

① 통합관리 : 일에 대한 인간의 능동성을 전제하는 관리로서 조직의 목표와 조직구성원 개인의 욕구를 융화·통합시킴으로써 조직의 효율성을 높이고, 개인이 누리는 직업생활의 질을 향상시키려는 관리이다.

② 촉매자로서의 관리 : 개인이 업무에 대한 자부심과 보람을 느낄 수 있도록 연결핀 또는 방향타의 역할과 촉매작용적·간접적 관리를 하여야 한다.

③ 보람 있는 일과 성장기회의 제공 : 직접적인 조종보다 보람 있는 일과 성장기회의 제공에 주력해야 한다.

④ 신뢰·협동 관리 : 자율적인 규제와 참여를 중요한 관리전략으로 사용한다.

5. 복잡한 인간관

(1) 의의

상황이론에 기반을 둔 인간관으로서 인간은 다양한 욕구와 잠재력을 가진 복잡한 존재이며 복잡성의 유형은 사람마다 다르다는 것이다. 따라서 인간의 욕구는 상황과 역할 등에 따라 달라지므로 상황분석과 그에 맞는 관리를 하여야 한다고 본다.

(2) 인간에 대한 가정

① 인간의 욕구가 계층별로 배열되어 있지만, 욕구체계는 매우 복잡하고 때와 장소, 조직생활의 경험과 직무, 각 사람에 따라 각각 다르며 고도의 변이성을 갖고 있다.

② 인간은 조직생활에서 경험을 통하여 새로운 욕구를 배울 수 있다.

③ 구성원으로서의 역할과 조직의 상황이 바뀌면 인간의 욕구도 달라질 수 있다.

④ 조직에 참여하는 이유가 되는 욕구는 사람에 따라 다를 수 있다.

⑤ 개인의 만족과 조직의 효과성은 동기유발뿐만 아니라 직무의 성격, 직무 추진 및 방해의 상황, 직무 수행에 필요한 능력과 경험, 다른 조직 구성원의 성격 등 복합적인 작용에 의해 결정된다.

(3) 관리전략

① 융통성 있는 관리 : 개인 욕구의 다양성을 고려하여 융통성 있게 관리하여야 한다. 즉, 경제적 욕구가 필요한 경우 경제적 욕구를, 사회적 욕구가 필요한 경우 사회적 욕구를, 자아실현욕구가 필요한 경우 자아실현 욕구를 각각 충족시켜 주어야 한다.

② 진단가로서의 관리 : 관리자는 개인의 차이를 존중하고 개인의 다양한 능력과 욕구를 감지할 수 있는 감수성과 진단능력을 가져야 한다.

③ 유동성과 적응성 제고 : 복잡한 인간모형에 부응하기 위하여 조직의 유동성과 적응성을 제고하고 다원적 조직화를 이루는 것이 필요하다

▶ 인간관과 관리전략

인간관	조직이론	관리전략	비고
합리적·경제적 인간관	과학적 관리론, 행정관리론, 관료제론	교환모형에 입각한 집권적· 강압적 관리	Maslow의 생리적욕구와 안전욕구수준의 인간관, McGregor의 X이론적 인간 Argyris의 미성숙인, Alderfer의 생존욕구
사회적 인간관	인간관계론	교환모형에 입각한 참여적 관리	McGregor의 Y이론, Maslow의 사회적욕구, Alderfer의 관계적욕구
자아실현적 인간관	성장론	통합형 인간관리, 협동관리	Maslow의 자아실현욕구, Argyris의 성숙인, Alderfer의 성장욕구, Likert의 체제3, 체제4
복잡한 인간관	상황론, 현대조직이론	구성원의 변이성을 인정하는 관리	Lawless의 Z이론, Schein의 복잡인, Ramos의 괄호인

제02절 | 동기부여이론

1. 동기와 동기부여이론

1. 의의

(1) 개념

동기란 사람들을 일정한 방향으로 행동하도록 원인을 제공하는 동력을 의미한다. 동기부여란 조직의 목표달성에 기여하도록 구성원의 행동을 유발하고, 그것을 일정한 방향으로 유도하며, 지속시키는 조직과정이라고 할 수 있다.

(2) 특징

① 동기는 구성원의 직무수행과 생산성에 영향을 미치는 요인이다.
② 동기의 형식에는 욕구 외에 신념, 가치, 목표 등 여러 요인이 영향을 미친다.
③ 동기형성은 내재적 요인 또는 외재적 요인에 의해 형성되기도 한다.
④ 동기의 양태와 수준은 다양하며 가변적이다.
⑤ 동기는 직접 관찰하거나 측정할 수 없다. 동기는 그것에 수반되는 행태적 정황을 관찰하고 추론할 수밖에 없다.

2. 동기부여이론의 유형

(1) 내용(욕구)이론(Content theory)

무엇이(What) 동기를 유발시키는지를 연구한 이론으로서 인간이 어떤 욕구를 지녔으며 욕구를 자극하는 유인이 무엇인가, 즉 동기를 유발시키는 인간내부적인 실체에 초점을 둔다. 따라서 인간의 행동을 작동시키는 내적 요인에 초점을 두고 인간의 욕구와 욕구의 충동, 욕구의 배열, 욕구 유발요인, 유인 또는 달성하려는 목표 등을 설명한다. 따라서 욕구와 직무수행 동기와의 직접적 관련성을 인정한다.

(2) 과정이론(Process theory)

동기가 어떻게(how) 유발되는가를 설명하는 이론으로 다양한 변수들이 어떻게 상호작용하여 동기를 유발하는가에 초점을 둔다. 즉 동기유발 변수와 과정 상호 간의 관계를 밝히고자 한다. 여러 변수가 개입되므로 욕구와 직무수행 동기와의 직접적 관련성을 인정하지 않는다.

> ✤ **공공서비스 동기이론(Perry & Wise, 1990)**
> (1) 가정 : 공공부문에 종사하는 사람들은 민간부문 종사자와 다른 공공봉사 동기(Public Service Motivation: PSM)가 있을 것이라는 직관적인 가정에서 출발한다.
> (2) 내용 : 금전적·물질적 보상 등 재정적·외재적 요인보다 지역공동체나 국가, 인류를 위해 봉사하려는 이타심 등 내재적 요인에 주목하여 종사자들이 개인이나 조직의 이익을 넘어서 공익을 위해 일하고 조직과 사회의 안녕을 위해 일하도록 만들어 주는 동기(공공봉사 동기)를 중시한다. 따라서 이 이론은 공공부문의 종사자들이 가지는 특유의 동기를 설명하는 데 유용하다.
> (3) 공공서비스 동기의 개념차원 : 합리적 차원, 규범적 차원, 감성적 차원

2. 내용(욕구)이론

1. A. Maslow의 욕구계층 5단계이론

(1) 의의

① 욕구의 5단계이론 : Maslow는 인간의 욕구가 계층적 단계로 구성되어 있으며 하위욕구에서 상위욕구로 순차적으로 성장 발전해 나아간다는 욕구계층이론을 제시하였다.

② 만족진행모형 : 이 이론은 하위차원의 욕구가 어느 정도 충족되었을 때(완전한 충족이 아닌 부분적 충족) 다음 단계의 상위차원의 욕구로 나아간다는 만족진행모형에 바탕을 둔다.

③ 동기로 작용하는 욕구는 충족되지 않은 욕구이며 충족된 욕구는 그 욕구가 나타날 때까지 동기로서 힘을 상실한다(충족된 욕구의 약화).

(2) 욕구의 5단계

① 생리적 욕구

인간의 최하위·기초적·본능적 욕구로, 식욕·성욕·주거·의복 등에 대한 욕구이다. 가장 강도가 높아 가장 먼저 발현된다. 이러한 욕구와 관련된 관리전략으로는 성과급제도 등 보수에 대한 정책이 있다.

② 안전 욕구

안정·보호, 공포·혼란·불안으로부터의 해방, 질서 등에 대한 욕구로, 경제적 안정이나 자기보전의 욕구 등이 이에 해당한다. 이러한 욕구와 관련된 관리전략으로는 신분보장, 연금제도 등이 있다.

③ 사회적(애정) 욕구

사회적 동물로서 집단적 귀속감을 가지려는 욕구이다. 애정욕구는 사랑을 받으려는 욕구뿐 아니라 사랑을 주려는 욕구도 포함된다. 이러한 욕구와 관련된 관리전략으로는 의사소통, 비공식적 조직 등이 있다.

④ 존경(존중) 욕구

스스로 자긍심을 가지고 싶어 하고 다른 사람이 자기 자신을 존경해 주기를 바라는 욕구이다. 이러한 욕구와 관련된 관리전략으로는 승진, 교육훈련, 제안제도 등이 있다. 참고로, 인사행정에서는 포상제도 외의 대부분을 자아실현욕구에 포함시킨다.

⑤ 자아실현의 욕구

자신의 잠재적 역량을 최대한 실현하려는 욕구를 말한다. 이러한 욕구와 관련된 관리전략으로는 직무충실, 직무확대, 사회적 평가를 제고하는 것 등이 포함된다.

(3) Maslow이론의 한계

① 욕구의 개인차를 고려하지 못해 욕구단계가 모든 사람에게 획일적이다.

② 인간의 욕구를 고정적·정태적인 것으로 고찰하였지만 인간의 욕구는 변화한다.

③ 하나의 행동은 단일의 욕구가 아니라 복합적인 욕구에 의하여 동기부여가 될 수도 있다.

④ 인간의 욕구 계층이 고정되어 있는 것은 아니다.

⑤ 욕구가 상위수준으로 전진하기만 한다고 했지만(만족·진행접근법), 인간의 욕구는 하위수준으로 퇴행하기도 한다.

2. Alderfer의 ERG이론

(1) 의의

Alderfer는 Maslow의 욕구계층 5단계이론을 수정하여 인간의 기본욕구를 존재·관계·성장의 3단계 욕구이론을 제시하였다. Alderfer에 의하면 욕구충족을 위한 인간행동의 추상성은 성장욕구가 가장 높고, 관계욕구가 중간이며, 존재욕구가 가장 낮다.

(2) 욕구의 3단계

① 생존(Existence)욕구

육체적인 생존을 유지하려는 생리적·물리적 욕구들로서 본능, 의식주, 임금, 작업환경 등 Maslow의 생리적 욕구와 안전욕구에 해당된다.

② 관계(Relatedness)욕구

인간답게 살기 위하여 타인과 관계를 유지하려는 욕구로서 친교, 애정, 소속감, 자존감 등 Maslow의 안전욕구 일부와 사회적 욕구 및 존경욕구 일부에 해당된다.

③ 성장(Growth)욕구

창조적으로 자기발전을 이루려는 욕구로서 Maslow의 존경욕구 일부와 자아실현욕구에 해당된다.

(3) Maslow이론과의 차이

① 좌절-퇴행모형

Maslow이론은 하나의 하위욕구가 충족되면 상위욕구로 진행해 간다는 만족-진행접근법을 주장한 반면, Alderfer는 상위욕구가 만족되지 않거나 좌절되면 하위욕구로 하강한다는 좌절-퇴행접근법을 주장했다.

② 복합연결형의 욕구단계

Alderfer는 2가지 이상의 욕구가 동시에 작용되기도 한다는 복합연결형의 욕구단계를 주장하였다.

3. D. McGregor의 X, Y 이론

(1) 의의

① McGregor는 Maslow의 욕구단계론을 바탕으로 인간본질에 대한 상이한 가정을 중심으로 X이론과 Y이론을 제시하였다.

② X이론은 Maslow의 하위욕구를 중시하는 것으로 엄격한 관리와 통제에 기초한다. 조직은 일방적 지시와 엄격한 관리통제를 하며, 교환모형에 입각한 경제적 보상을 통해 동기를 부여한다.

③ Y이론은 Maslow의 상위욕구를 중시하는 것으로 자율에 의한 통제를 중시한다. 조직목표와 개인목표의 조화를 추구하며, 관리전략으로는 분권화와 조직의 민주적 관리, 수평적 조직구조를 지향하며, 목표관리 및 자기평가를 강화한다.

(2) X이론과 Y이론의 인간관 및 관리전략

구분	X이론	Y이론
인간관	① 인간의 본성은 게으르고 나태함 ② 지시받는 것을 좋아하고 책임지기 싫어하며, 변화에는 저항적 ③ 자기중심적이며 조직의 요구에 무관심 ④ 수동적, 피동적, 소극적 성향	① 일을 반드시 싫어하지는 않음 ② 보람을 느끼는 일에 자발적이고, 책임의식이나 자기존경 욕구를 가짐 ③ 조직의 목표달성을 위해 자기규제를 자율적으로 할 수 있음 ④ 능동적, 적극적 성향
특징	통제중심의 전통적 이론	조직목표와 개인목표의 조화
관리전략	① 당근과 채찍(보상과 처벌) ② 경제적 보상, 권위주의적 리더십(엄격한 감독과 통제) ③ 조직구조의 계층성, 공식조직에 의존 ④ 집권과 참여의 제한	① 조직목표와 개인목표를 조화 ② 경제적 보상+인간적 보상 ③ 민주적 리더십 ④ 조직구조의 평면성, 비공식조직의 활용 ⑤ 분권화와 권한위임

4. Z이론 모형

(1) 룬드스테트(Lundstedt)의 Z이론-자유방임형 관리

Lundstedt는 McGregor의 X(독재형·권위형), Y(민주형)이론의 관리체제 이외에 대학이나 실험실과 같은 자유방임형 조직이나 무정부상태에서 나타나는 조직양태를 Z이론으로 제시하고 자유방임형 리더십이 필요하다고 주장하였다.

(2) 로리스(Lowless)의 Z이론-상황 적응적 관리

Lowless는 업무환경, 조직의 특성 등을 고려하여 융통성 있는 상황 적응적 관리전략을 세워야 한다고 주장하였다. 즉 인간은 다양한 욕구를 추구하는 복잡한 존재이므로 복잡인관에 입각하여 구체적인 상황에 따라 신축적인 관리전략이 필요하다고 주장하였다.

(3) 라모스(Ramos)의 Z이론-괄호인

Ramos는 X이론적 인간을 작전인, Y이론적 인간을 반응인이라 하고 Z이론에 해당하는 제3의 인간형으로 괄호인을 제시하였다. 괄호인은 자아와 환경을 떠나서 이들을 객관적으로 검토할 수 있는 능력의 소유자로 본다.

(4) 오우치(Ouchi)의 Z이론-경영가족주의

W. G. Ouchi는 미국식 관리방식을 A이론, 일본식 관리방식을 J이론이라고 부르고, 미국 내에서의 일본식 관리방식을 Z이론이라고 명명하며, Z이론과 J이론이 A이론보다 성과가 높다고 하였다. Z이론의 관리는 조직성원 사이의 상호의존성과 동료의식, 평등, 참여 등을 강조하는 참여관리라고 할 수 있다. Ouchi의 Z이론적 관리방식의 주요내용은 ㉠ 관리층은 직원들에 대해 전인격적인 관심을 갖고, ㉡ 공식적인 평가를 수행하며, ㉢ 종신고용제와 연공서열에 의한 관리에 중점을 두고 승진속도는 완만하며,

ⓔ 전문화에 치중하지 않은 경력관리를 하고, ⓜ 품의제를 활용하며, ⓗ 비공식적이고 자율규범에 의한 통제를 중요시하는 것이다.

조직유형 \ 기준	전형적 일본조직	Z유형의 미국조직	전형적 미국조직
고용	종신고용	장기고용	단기고용
평가	엄격한 평가와 느린 승진	엄격한 평가와 느린 승진	신속한 평가와 빠른 승진
경력 경로	비전문화된 경력경로	다기능적 경력경로	전문화된 경력경로
통제	비공식적·암시적 통제	비공식적·암시적 통제	공식적·가시적 통제
의사결정	집단적 의사결정	집단적 의사결정	개인적 의사결정
책임	집단책임	개인책임	개인책임
인간에 대한 관심	총제적 관심	총체적 관심	개인의 조직 내 역할에 관심

5. Herzberg의 욕구충족요인 이원론

(1) 의의

　　Herzberg는 미국 피츠버그 지역의 11개 기업체 종사원 중 200여 명의 회계사와 기술자들을 대상으로 광범위한 면담조사를 실시한 결과, 만족과 관련된 요인(동기요인)과 불만족과 관련된 요인(위생요인)이 서로 독립된 별개로 작용한다고 보았다. 즉, 만족의 반대를 불만족이 아니라 만족이 없는 상태이며, 불만족의 반대를 만족이 아니라 불만족이 없는 상태로 규정하였다.

(2) 이원적 욕구구조

① 불만요인(위생요인)

　　㉠ 위생요인은 불만족을 느끼게 하거나 불만족을 해소하는 요인으로서 Maslow의 하위욕구와 관련이 있다. 봉급, 조직의 정책·관리·행정·관행, 감독, 대인관계, 작업조건 등 주로 직무외적·물리적·환경적·대인적 요인과 관련된다.

　　㉡ 위생요인을 개선하면 불만족상태는 제거됨으로써 업무의 손실을 방지할 수 있지만, 생산성을 증가시키게 하는 만족상태가 되지 않는다. 즉 욕구가 충족되었다고 해서 모두 동기부여로 이어지는 것이 아니고 어떤 욕구는 충족되어도 단순히 불만을 예방하는 효과밖에 없다. 이러한 불만 예방효과만 가져오는 요인을 위생요인이라고 설명한다.

② 만족요인(동기요인)

　　㉠ 동기요인은 만족을 느끼게 하는 요인으로서 보람 있는 직무, 직무상의 책임, 직무상의 성취감·안정감, 직무성취에 대한 상관의 인정, 책임성의 증대, 성장, 자아개발, 직무내용, 직무 성과, 승진 등 주로 직무 그 자체와 관련된다.

　　㉡ 동기요인은 직무만족에 긍정적 효과를 미침으로써 생산성을 향상시키며 자아실현을 도모하게 하므로 Maslow의 상위욕구와 관련이 있다.

(3) 직무확충과의 관계

① 의의 : 직무확충은 직무확장과 직무충실을 포괄하는 개념으로 Herzberg가 주장한 동기부여의 한 방법이며, 행정관리의 민주화를 위한 방안이다.

① 직무확장 : 기존의 직무에 수평적으로 연관된 직무요소를 추가하여 직무분담의 폭을 확대하는 것으로 불만요인을 제거에 기여한다고 보았다.

② 직무충실 : 기존의 직무에 보다 책임성 있는 직무요소를 추가하여 직무분담의 깊이를 심화시켜 주는 것으로 만족요인의 제고에 기여한다고 보았다.

6. Argyris의 미성숙·성숙이론

(1) 의의

아지리스(Argyris)는 인간은 미성숙에서 성숙으로 나아간다고 보고 관리자의 역할은 구성원을 최대한 성숙상태로 나아가게 하는 것이라고 하였다. 성숙한 인간의 욕구에 대응하기 위해서 ① 직무확대, ② 참여적이고 조직구성원 중심적인 리더십, ③ 현실 중심적 리더십에 입각한 관리가 필요하다고 주장하였다.

미성숙(Immaturity)	연속적 변화과정	성숙(Maturity)
수동적 존재	→	능동적 존재
의존적	→	독립적
단순하게 행동	→	신중하게 행동
산만하고 우발적이고 얕은 관심	→	깊고 강한 관심
단기적인 시간관, 현재에만 관심	→	과거와 미래를 포함하는 장기적 시간관
복종하는 위치	→	동등하거나 높은 위치
자아에 대한 의식이 없음.	→	자아를 의식하고 스스로 통제할 수 있음.

(2) 인간과 조직의 갈등

사람은 성숙상태로 발전해 나가고자 하지만, 관료제는 X이론적 관리전략을 사용하여 인간의 성숙을 방해하므로 공식조직은 성숙한 개인의 발전과 불일치할 수밖에 없으며 인간과 조직과의 갈등이 악순환 된다.

(3) 발전방안

Argyris는 조직이 성숙한 인간실현을 목적으로 하는 인간중심적·민주적 가치체계를 갖추어야 하며 이를 위해서 개인의 몰입, 신축성, 개방성이 강조되어야 하고 조직발전(OD)과 조직학습(OL)을 전략으로 제시한다.

7. Likert의 4대 관리체제론

(1) 의의

리커트(R. Likert)는 McGregor의 X·Y이론을 더욱 세분화하여 조직의 관리방법을 4가지로 분류하고 지원적 관계의 원리와 참여관리의 가치에 따라 구성원의 참여를 통해 조직의 효과성을 제고할 수 있으므로 참여적 민주형인 체제4. 개인의 참여를 촉진하고 조직의 효과성을 높일 수 있다고 주장하였다.

(2) 4대 관리체제

① 체제Ⅰ(수탈적 권위형)과 체제Ⅱ(온정적 권위형)는 권위주의형태이며, X이론에 상응하는 관리체제이다.

② 체제Ⅲ(협의적 민주형)과 체제Ⅳ(참여적 민주형)는 인간관계론적 인간관과 Y이론에 상응하는 관리체제이다.

③ 리커트는 성장이론의 관점에서 체제4. 중점을 두고 있으며 체제4. 특징으로서 ㉠ 관리자는 부하를 전적으로 신뢰하며, ㉡ 부하의 참여와 의사전달이 활발하고 ㉢ 생산성이 가장 높은 모습을 보인다고 하였다. 체제4. Drucker의 MBO이론을 이론적으로 뒷받침하였다.

▶ 관리체제의 유형

구 분		의사전달	부하에 대한 신뢰	의사결정	비공식집단	동기부여	만족도·생산성
권위형 (X이론)	체제Ⅰ (착취적 권위형)	하향적 ↓	불신	관리층 결정, 하위층 참여배제	조직목표에 저항	경제적 보상, 처벌, 위협	↑ 낮다.
	체제Ⅱ (온정적 권위형)	하향적 ↓ 일부상향적 ↑	온정적 신뢰 (주인이 하인에게 베푸는 식)	관리층 결정, 정한 범위 내에서 하위층 결정	부분적저항	경제적 보상, 처벌, 위협+ 간혹자아실현	
민주형 (Y이론)	체제Ⅲ (협의적 민주형)	쌍방향 ↕	상당한 신뢰	관리층 결정, 구체적인 결정은 위임	지지하거나 약간의 저항	경제적 보상, 간헐적 처벌 +약간의 참여	
	체제Ⅳ (참여적 민주형)	쌍방향 ↕ ↔ 수평적 의사 전달 활성화	완전 신뢰	분권화, 함께 결정	조직목표 지원(순기능)	참여관리, 자아실현	↓ 높다

8. D. McClleland의 성취동기이론

(1) 의의

① McClelland는 '인간의 욕구는 사회문화적으로 학습되는 것이므로 욕구의 계층에 있어서 개인마다 차이가 있다.'고 주장하면서 욕구를 성취욕구, 권력욕구, 친교욕구 3가지로 분류하고 이들 중 성취 욕구를 중시하여 이를 통하여 인간의 행동을 설명하려고 시도하였다.

② McClelland는 개인의 동기를 유발하는 욕구가 권력욕구 → 친교욕구 → 성취욕구 순으로 발달되며 높은 성취욕구는 높은 근무성과와 관리자로서의 성공과 밀접한 관계가 있으며 성취욕구가 강할수록 생산성이 높고 국가의 경제적 번영이 달성되기 쉽다고 주장하였다.

(2) 욕구의 유형

① 성취욕구 : 우수한 결과를 얻기 위하여 높은 기준을 설정하고 달성하려는 욕구를 의미한다.

② 친교욕구 : 다른 사람들과 따뜻하고 우호적인 관계를 만들고 유지하려는 욕구를 의미한다.

③ 권력욕구 : 다른 사람들을 통제하고 그들의 행동에 영향을 미치려는 욕구를 의미한다.

(3) 동기부여의 방안

McClelland는 조직의 성취동기수준을 측정하여 이에 적합한 목표설정 및 환류, 작업환경을 조성하고 이후 목표수준을 높여감으로써 개인의 성취지향적 동기행위를 향상시켜 나가야 한다고 주장하였다.

9. Murray의 명시적 욕구이론

(1) 의의

Murray는 인간의 욕구는 계층제적으로 미리 정해진 순서에 따라 충족되는 것이 아니라 복수의 욕구가 동시에 인간의 행동에 동기를 부여한다고 보았다. 욕구의 범주는 20가지로 분류되는데, 여기에서 명시적 욕구란 인간이 성장하면서 환경과의 상호작용을 통해 배우는 학습된 욕구를 의미한다.

(2) 내용

성장과정에서 학습된 명시적 욕구는 방향과 강도를 지닌다. 방향이란 욕구를 충족시킬 것으로 기대되는 대상을 의미하며, 강도는 욕구의 중요성을 의미한다. 관리자는 적당한 환경을 조성하여 개인의 욕구가 발로되는 것을 도와야한다고 주장하였다.

▶ 욕구이론들의 상·하위 차원(최항순, 김호섭)

구 분	← 하위차원			상위차원 →	
Maslow	생리적 욕구	안전욕구	사회적 욕구	존경욕구	자아실현욕구
Alderfer	생존(존재)욕구		관계욕구		성장욕구
McGregor	X이론			Y이론	
Herzberg	위생요인(불만족요인)			동기요인(만족요인)	
Argyris	미성숙이론			성숙이론	
Likert	체제 Ⅰ, 체제 Ⅱ			체제 Ⅲ, 체제 Ⅳ	

3. 과정이론

1. 의의

과정이론은 '어떤 과정을 통해 동기가 유발되는가를 설명하는 이론'으로 동기유발의 요인들이 상호작용을 통해 행동을 야기하는 과정에 관심을 기울인다. 대표적인 과정이론으로는 기대이론(Vroom의 선호·기대이론, Porter와 Lawler의 업적만족이론, Georgopulos의 통로목표이론), Hackman & Oldham의 직무특성이론, 형평성이론, 강화이론, 목표설정이론 등이 있다.

2. 기대이론

(1) 의의

기대이론은 전통적인 욕구이론이 가정하는 욕구충족과 동기부여 사이의 직접적인 인과관계에 의문을 제기한다. 기대이론은 욕구충족과 동기부여 사이에 '개인의 주관적인 평가(기대)' 과정이 개입되어 있다고 보고 이를 통해 동기유발과정을 설명하였다.

(2) Vroom의 기대이론

① 의의 : Vroom은 기대이론에서 동기부여(M)는 욕구충족에 기인하기보다는 유인가 또는 유의성(V), 수단성(I), 기대감(E)의 곱의 함수라는 것이다.

② 동기부여의 강도를 결정하는 3요소

  ㉠ 기대감(Expectancy) : 노력이나 능력을 투입하면 성과가 있을 것이라는 주관적인 기대감을 말한다.

  ㉡ 수단성(Instrumentality) : 1차 산출의 결과가 2차 산출의 결과(보상)를 가져다줄 것이라고 믿는 주관적인 믿음의 정도를 말한다.

  ㉢ 유의성(Valence) : 2차 산출의 결과(보상)에 대한 주관적인 선호의 강도를 말한다.

③ 평가 : Vroom의 기대이론은 내용이론이 제시하지 못한 동기부여의 과정을 설명하고 있으나 동기부여의 방안을 구체적으로 제시하지 못하고 있다는 비판을 받는다.

(3) Porter & Lawler의 업적·만족이론

① 의의 : 포터와 롤러는 브룸의 기대이론을 수정하여 성과뿐 아니라 보상에 대한 개인의 만족감을 중시했다. 그리고 만족이 업적이나 직무성취를 가져오는 것이 아니라, 직무성취수준이 직무만족의 원인이 될 수 있다고 보며, 내재적 동기유발을 강조하였다.

② 동기유발의 과정

  ㉠ 직무성취와 그에 결부된 보상에 부여하는 가치, 노력에 따른 보상에 대한 기대가 직무수행노력을 좌우한다.

  ㉡ 직무성취가 만족을 주는 힘은 그에 결부된 내재적·외재적 보상에 의해 강화되며, 보상은 공평한 것으로 지각되어야 한다. 이때, 높은 업적에 대해 개인이 스스로 얻는 내적보상을 보수·승진·지위·안전과 같은 외적보상보다 중시하였다.

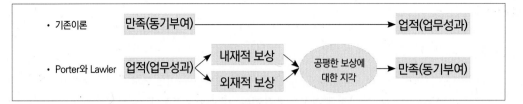

(4) Georgopoulos의 통로·목표이론

　① 의의 : 통로·목표이론은 한 개인의 생산성은 매우 복잡한 개인적·상황적 요인에 의하여 영향을 받는 다는 점을 지적한 이론이다.

　② 내용 : 개인의 동기는 그가 추구하는 목표에 반영되어 있는 개인의 욕구와 그러한 목표달성에 이르는 수단 또는 통로로서 어떤 행동이 갖는 상대적 유용성에 대한 개인의 지각에 달려 있다.

　　▷ 높은 생산성을 달성하는 것이 자기의 개인적 목표달성의 통로라고 생각하면 열심히 일해서 높은 생산성을 보이게 된다.

(5) J. Atkinson의 기대모형

　① 의의 : Atkinson은 McClelland의 영향을 받아 그와 함께 성취동기이론을 연구하였으나 후에 독자적인 이론모형을 개발하였다.

　② 내용 : 성취동기는 성취를 하려는 욕구의 강도, 성공적으로 성취할 수 있다고 믿는 확률, 성공적으로 성취했을 때 주어지는 유인의 3가지 요인에 의하여 결정된다.

3. Hackman & Oldham의 직무특성이론

(1) 의의

　① Hackman & Oldham은 직무의 특성이 직무수행자의 성장욕구수준에 부합될 때 직무가 그 직무수행자에게 더 큰 의미와 책임감을 주고 이로 인해 내재적 동기유발의 측면에서 긍정적인 성과를 얻게 된다고 하였다.

　② 이 이론은 직무수행자의 성장욕구수준이라는 개인차를 고려하고 구체적으로 직무특성, 심리상태변수, 성과변수 등의 관계를 제시했다는 점에서 허즈버그의 욕구충족이원론보다 진일보한 것이다.

(2) 직무특성과 동기부여

　① 직무특성

직무특성	정 의	
기술다양성	직무를 수행하는 데 요구되는 기술의 종류가 얼마나 여러 가지인가	
직무정체성	직무의 내용이 하나의 제품이나 서비스를 처음부터 끝까지 완성시킬 수 있도록 구성되어 있는가	경험적 의미성
직무중요성	개인이 수행하는 직무가 조직 내 또는 조직 밖의 다른 사람들의 삶과 일에 얼마나 큰 영향을 미치는가	
자율성	개인이 자신의 직무에 대하여 개인적으로 느끼는 책임감의 정도	경험적 책임감
환 류	직무 자체가 주는 직무수행 성과에 대한 정보의 유무	직무수행 결과에 대한 지식

② 직무특성과 동기부여 : 직무수행자의 성장욕구수준이 높을 경우 그가 수행하는 직무를 재구성하여 직무수행을 위해 ㉠ 다양한 기술이 필요하고 ㉡ 직무정체성과 ㉢ 중요성을 높여주며, 더 많은 ㉣ 자율성을 부여하고 직무 수행의 결과를 즉각 알 수 있도록(㉤ 환류)하면, 그 직무수행자는 자신의 직무에 대해 큰 의미와 책임을 경험하게 되고 직무수행 결과를 알게 됨으로 인해, 직무 자체에 대한 내재적 동기가 유발되고 작업의 질과 만족도가 상승하여 이직과 결근이 줄어들게 된다는 것이다. 다만 경험적 의미성보다 경험적 책임감과 직무수행 결과에 대한 지식이 조직원의 동기부여에 더 큰 영향을 미친다.

③ 잠재적 동기지수(MPS : Motivating Potential Score)

$$MPS(잠재적\ 동기지수) = \frac{기술다양성 + 직무정체성 + 직무중요성}{3} \times 자율성 \times 환류$$

4. Adams의 공정성(형평성)이론

(1) 의의

Adams는 조직 내 구성원들이 서로를 비교하는 습성이 있다는 데 주목하여 조직구성원 간 처우의 공정성(형평성)에 대한 인식이 동기부여에 영향을 미친다는 공정성이론(Equity theory)을 제시하였다. 개인의 투입–산출비율이 타인(준거인)의 것과 비교했을 때 불공정하다고 지각하게 되면 심리적 불균형과 불안감이 뒤따르며 이러한 불공정성을 해소하는 과정에서 개인의 동기가 유발된다고 본다.

(2) 내용

① 구성요소 : 개인의 '투입'(기여정도 : 노력, 교육, 기술, 연령, 성별, 업무실적 등)과 개인에게 주어진 '산출'(보상정도 : 급여, 승진, 성취감, 학습기회, 시설사용 등)의 비율이 다른 사람(준거인물)의 투입–산출의 비율과 비교되는 상대적 개념이다. 공정하다고 느끼면 만족을, 불공정하다고 느끼면 불만족을 초래하고 긴장을 수반하게 된다.

② 공정성 : 준거인물과 투입–산출의 비율이 일치한 경우

③ 불공정성(과다보상과 과소보상)

　㉠ 과다보상 : 타인에 비하여 자신의 투입–산출의 비율이 큰 경우, 죄책감을 느끼므로 자기의 투입을 증가시키거나 산출을 감소시킴으로써 타인의 비율과 균형을 맞추기 위하여 노력한다.

　㉡ 과소보상 : 타인에 비하여 자신의 투입–산출의 비율이 작은 경우, 자신의 투입을 감소시키거나 산출을 증가시킴으로써 타인의 비율과 균형을 맞추기 위하여 노력한다. 불공정성에 대한 민감성은 과소보상에서 더욱 예민하게 나타난다.

(3) 불공정성과 동기유발

불공정성(비형평성)이 커질수록 심리적 불균형, 긴장, 불안감 등이 더욱 커지고 이를 해소하고자 하는, 즉 공정성을 추구하고자 하는 동기유발 역시 커지게 된다. 이러한 행동에는 ㉠ 투입 또는 산출을 변화시켜 조정하는 것, ㉡ 투입과 산출에 대한 본인의 지각을 바꾸는 것, ㉢ 준거인물을 바꾸는 것, ㉣ 조직을 이동하는 것 등이 있다.

5. Locke의 목표설정이론

(1) 의의

인간의 행동이 의식적인 목표와 성취의도에 의하여 결정된다는 이론으로 목표의 난이도와 구체성에 의하여 개인의 성과가 결정된다고 본다. 이 이론은 행동의 원인(개인의 목표)에 초점을 두고 있다.

(2) 내용

① 목표의 난이도는 목표가 도전적이어서 목표달성을 위하여 노력을 요구하는 정도를 의미한다. 목표를 달성하고자 하는 사람에게 어려운 목표를 제시하면 더욱 노력하는 경우가 많다. 물론 여기서 목표의 난이도가 달성 불가능할 정도로 높다면 동기유발의 정도는 낮다.

② 개인의 성과는 목표의 특성 및 종류에 의해서 결정되며 그 영향의 정도는 여러 가지 상황요인에 따라 달라진다는 것이다.

6. 학습이론(강화이론)

(1) 의의

학습이론은 학습이라는 과정을 통하여 동기가 유발된다는 이론으로서 외면적 요인인 관찰가능한 행동에 초점을 두고 선행자극에 대한 부하의 반응행동에 따라 강화, 처벌, 중단과 같은 결과(유인기제)를 부여함으로써 바람직한 행동을 학습시켜야 한다는 행태론적 동기부여이론이다. Skinner(1953)의 조작적 조건화이론을 토대로 하며 학습을 통하여 인간을 길들인다 하여 순치(馴致)이론이라고도 한다.

(2) 유인기제

① 강화 : 장래에 같은 행동이 되풀이될 확률을 높이는 기제이다.

　㉠ 적극적(긍정적)강화 : 칭찬·보상 등과 같이 바람직한 행동에 대하여 원하는 결과 또는 바람직한 결과를 제공함으로써 행동의 빈도를 높이는 것을 말한다(승진, 특별상여금 등).

▶ 강화유형

강화의 유형			내용
연속적 강화			행동이 일어날 때마다 강화요인을 제공
단속적 강화	간격조정	고정간격 강화	바람직한 행동에 관계없이 일정한 간격으로 규칙적으로 강화요인을 제공 ▷ 매월 25일에 봉급지급
		변동간격 강화	일정한 간격을 두지 않고 변동적인 간격으로 불규칙적으로 강화요인을 사용
	비율조정	고정비율 강화	일정한 비율 또는 횟수에 대하여 강화요인을 제공 ▷ 매출액 증가율에 비례하여 성과급 지급
		변동비율 강화	불규칙적인 비율 또는 횟수에 대하여 강화요인을 제공 ▷ 특별보너스

     ⓒ 소극적(부정적)강화 : 바람직하지 않은 결과 또는 원치 않는 결과를 회피·제거시켜줌으로써 바람
       직한 행동의 빈도를 높이는 것을 말한다(⑩ 숙직면제 등).

  ② 처벌과 중단(약화) : 같은 행동이 반복할 확률을 낮추는 것이다.

     ㉠ 처벌(제재) : 부하가 원하지 않는 상황을 제공하거나(▷ 견책, 감봉 등 징계), 부하가 원하는 상황
       을 제거하는 것이다(▷ 권한박탈, 직위해제 등).

     ⓒ 중단(소거) : 부하가 원하는 상황을 주기적으로 제공하다가 철회 또는 중단하는 것이다(▷ 성과
       금제도 폐지 등).

제04장 조직과 환경

제01절 | 조직과 환경의 관계

1. 의의

1. 기본개념

(1) 조직환경이란 조직의 경계 밖에 있는 것으로서 조직에 영향을 미치는 모든 조직외적 현상을 의미한다.

(2) 1940년대 이전까지 고전적 조직이론은 조직을 폐쇄체제로서 인식하여 조직의 내부문제만을 연구했지만, 1950년대 생태론 이후 오늘날 현대조직이론은 조직을 개방체제로 파악하여 조직과 환경과의 상호관계를 중시하면서 조직을 연구하고 있다.

2. 조직환경의 유형

(1) 내부환경 : 조직업무의 종류·기술, 조직의 방침·규정·절차, 조직계층 간의 리더십 스타일, 조직구조의 설계, 구성원들의 배경·가치관·행동경향 등이 있다. 본서에서 환경은 외부환경만을 의미한다.

(2) 외부환경 : 모든 조직에 영향을 미치는 일반적 환경(정치적·법적·경제적·문화적·기술적 환경)과 특정 조직에 직접 영향을 미치는 과업환경(고객, 원료 및 상품공급자, 경쟁자·협조자 등)으로 구분할 수 있다.

2. 조직과 환경의 관계

1. Emery와 Trist의 환경의 유형

Emery와 Trist는 '환경적 구성요소간의 관계'에 착안하여 환경의 기본유형을 매우 단순한 환경으로부터 점차 동태성·불확실성이 높아져가는 환경으로의 변화단계모형을 '환경진화론적 입장'에서 제시하였다.

(1) 정적·임의적 환경(제1단계)

환경적 요소가 안정되어있고 무작위적으로 분포되어 있는 환경으로 환경의 구성요소들의 상호관련성이 매우 낮다. 가장 고전적인 행정환경으로 계층제적 조직구조가 적합하다.

(2) 정적·집약적 환경(제2단계)

환경적 요소가 안정되어있지만 그러한 요소들이 산재해있지 않고 일정한 유형에 따라 결합되고 조직화되어 있는 환경을 말한다. 즉 변화의 속도는 느리지만, 조직에게 유리한 요소와 위협적인 요소들이 일정한 방식으로 결합하거나 무리를 지어 집합적으로 존재하는 환경을 말한다.

(3) 교란·반응적 환경(제3단계)

동태적 환경 하에서 복수의 체제가 상호작용하면서 경쟁하는 환경으로 조직은 환경에 크게 영향을 받게 되는 단계이다.

(4) 격동의 장(제4단계)

복잡하고 역동적인 정도가 극심한 환경으로서 고도의 복잡성과 불확실성이 나타나는 환경을 말한다. 환경을 구성하는 여러 요소간의 의존관계와 상호작용이 증대되어 일부분의 변화가 전체에 대해서 예민하고 신속하게 영향을 미친다. 이러한 환경 하에서는 Adhocracy 등 동태화가 필요하다.

2. 환경에 대한 조직의 전략

(1) Scott 이론

① 완충전략

환경적 요구를 전적으로 수용할 능력이 부족할 때 환경의 영향을 최소화시키는 소극적 전략이다.

㉠ 분류 : 환경의 요구를 조직에 투입하기 전에 사전심사를 통해 처리할 부서를 결정하거나 배제하는 전략이다.

㉡ 비축 : 예기치 못한 상황에 대비하기 위하여 필요한 자원을 확보하는 전략이다.

㉢ 형평화 : 조직의 투입·산출요인의 심한 기복을 축소하거나 여러 집단의 상충되는 요구를 균형화시키는 것이다.

㉣ 예측 : 자원공급·수요의 변화를 예견하고 그에 적응하는 것으로 환경의 변화가 비축이나 형평화로 해결될 수 없을 때 사용된다.

㉤ 성장 : 조직의 규모와 권력, 기술, 수단 등을 늘려 조직의 기술적 핵심을 확장시키는 일종의 성장전략으로 가장 일반적인 전략이다.

② 연결전략

조직 간의 연계를 통하여 공동으로 문제를 해결하거나 환경을 구성하는 집단과의 관계를 원하는 방향으로 재편하려는 적극적 전략이다.

㉠ 권위주의 : 중심조직이 지배적 위치를 이용하여 외부조직이 필요로 하는 자원과 정보를 통제하는 전략이다.

㉡ 계약 : 자원의 안정적 공급 또는 서비스의 원활한 공급을 위하여 계약을 체결함으로써 불확실성을 제거하는 전략이다.

㉢ 경쟁 : 다른 조직과의 경쟁을 통하여 자율적인 경영능력을 향상시키고 서비스의 질을 개선시키는 전략이다.

㉣ 합병 : 여러 조직이 통합함으로서 자원을 공동으로 사용하고 문제에 공동대처하는 전략이다.

(2) Milles & Snow의 이론

① 방어형 전략 : 경쟁자들이 자신의 영역으로 들어오지 못하도록 적극 경계하는 매우 안정적·소극적·폐쇄적 전략이다.

② 탐색형 전략 : 매우 공격적·변화지향적인 전략으로 새로운 제품과 시장기회를 갖는다. 이 전략의 성
   공여부는 환경변화 및 상황추세의 분석능력에 달려있다.
③ 분석형 전략 : 방어형과 탐색형의 장점을 모두 살려 안정과 변화를 동시에 추구하는 전략이다. 따라
   서 일부는 공식화·표준화하고 일부는 유연화 한다.
④ 반응형 전략 : 앞의 세 가지 전략이 부적절할 때 나타나는 비 일관적이고 불안정한 전략이다. 환경
   에 대해 조직 활동을 조정하지만 반응이 부적절하고 성과도 소극적이며 수동적인 낙오형이다.

제02절 | 조직과 환경에 대한 새로운 시각

1. 의의

(1) 고전적 조직이론은 조직과 환경과의 관계를 고려하지 않고 폐쇄체제의 관점에서 조직에 대한 연구가 이루어졌지만, 현대적 조직이론에서는 조직과 환경과의 활발한 상호작용관계를 중시하는 개방체제의 관점에서 조직을 연구하였다.

(2) 현대적 조직이론의 초기적 입장은 구조적 상황론이 지배적이었으나, 이후 이를 비판하고 다양한 거시조직이론이 대두되었다.

2. 거시조직이론의 분류

1. 분류기준

(1) 결정론과 임의론

결정론은 개인이나 조직의 행동은 환경에 의하여 제한된다는 피동적(수동적) 입장이고, 임의론은 개인이나 조직이 능동적(적극적)으로 환경을 형성 내지 대응한다는 입장이다.

(2) 개별조직과 조직군

개별조직의 관점은 단위조직의 입장을 강조하나, 조직군의 관점은 조직을 개체로 보지 않고 집합체로 이해하는 입장이다.

2. 분류

환경인식 분석수준	결정론(조직 : 종속변수)	임의론(조직 : 독립변수)
개별조직	• 구조적 상황론(상황적응이론)	• 전략적 선택이론 • 자원의존이론
조직군	• 조직군 생태학이론 • 조직경제학이론(대리인이론, 거래비용이론) • 제도화이론	• 공동체 생태학이론

3. 결정론

(1) 구조적 상황론(상황적응이론)

① 의의 : 모든 상황에 적용될 수 있는 유일 최선의 조직구조나 관리방법은 존재하지 않으며, 상황조건이 다르면 효과적인 조직구조나 관리방법도 달라진다고 보고 상황에 적합한 효과적인 조직구조나 관리방법을 찾아내고자 하는 이론이다.

② 주요 이론모형

　　㉠ Lawrence & Lorsch : 확실한 환경 하에서는 분화의 정도가 낮은 단순 관료제적 통합기구가 적합하고 불확실한 환경에서는 분화의 정도가 높고 복잡한 통합기구가 적합하다고 주장하였다.

　　㉡ Woodward : 조직설계의 유일최선책은 없다고 보고 기술의 유형에 따라 조직구조의 설계가 달라져야 한다는 기술유형론을 제시하였다.

　　㉢ Burns & Stalker : 안정된 상황에서는 기계적 구조, 동태적상황에서는 유기적 구조가 적합하다고 주장하였다.

③ 특징

　　㉠ 조직은 환경에 피동적으로 적응해가며, 비교적 안정된(변동이 심한) 환경에는 기계적(유기적) 조직구조가 적합하다고 본다. 즉, 관료제가 항상 역기능만을 초래하는 것도 아니고, 조직의 민주화가 항상 바람직한 것도 아니다.

　　㉡체제이론을 중범위 수준에 적용한 이론으로 유일최선의 조직이론을 부정한다.

　　㉢ 조직의 내적 기능이 조직업무·기술·외부환경·구성원의 요구 등(환경의 적합성)과 일치되어야 한다.

④ 한계 : 상황에 따른 효과적인 조직구조 및 관리방법을 제시하였으나, 조직 관리자의 적극적 역할을 고려하지 못했다는 비판을 받는다.

(2) 조직군생태학이론

① 의의

　　㉠ 상황이론이 조직의 환경변화에 합리적이고 신축적으로 적응할 수 있다고 보는 입장을 비판하고, 조직은 내·외부적 요인들로 말미암아 기존의 조직구조를 그대로 유지하려는 구조적 타성에 빠져 있기 때문에 환경의 변화에 부적합한 조직은 도태된다고 본다.

　　㉡ 조직을 개별조직이 아닌 군으로 분석하고 구조적 동일성의 원칙에 의하여 형성되는 유사조직군(환경적소)을 중시하며, 이 환경적소에 의하여 선택되는 조직은 생존하고 그렇지 못한 조직은 도태 당한다는 생물학적 자연도태나 적자생존의 법칙을 조직연구에 적용한 것이다.

② 특징

　　㉠ 연구대상 : 개별조직 수준이 아니라 조직군(유사한 조직구조를 가진 조직들) 차원의 연구이다.

　　㉡ 조직 환경의 절대성 강조 : 조직은 환경에 적응하는 것이 아니라 환경이 조직을 선택한다. 새로운 조직이 기존의 조직군에 유입되어 조직군 내에서 선택되고 유지되는 것은 환경에 의존한다는 것이다. 즉, 환경에 적합하면 선택되고 부적합하면 도태된다.

　　㉢ 환경이 다양하기 때문에 다양한 형태의 조직이 존재한다고 본다. 즉 조직의 생성과 소멸과정에 초점을 두고 변이, 선택, 보존이라는 요소로 설명한다.

③ 환경의 선택과정

　　㉠ 환경의 선택과정은 변이 ➡ 선택 ➡ 보존의 3단계로 이루어진다.

　　　　ⓐ 변이 : 환경에 대한 적응이나 전략적 선택, 우연한 사건 등을 통해 변이가 발생되고, 조직군에 파급된다.

        ⓑ 선택 : 변이가 발생하면 여러 조직구조는 환경과의 적합도 수준에 따라, 즉 동일성의 원칙에 입각하여 환경적소로부터 도태되거나 선택된다.

        ⓒ 보존 : 선택된 특정조직이 환경에 제도화되고, 그 구조를 유지한다. 보존 메커니즘 중의 하나인 관료제화는 '구조적 타성'을 유발시켜 조직의 적응성을 저하시킨다.

      ⓛ 신뢰도와 책임성이 높아 환경에 동질적인 조직은 조직군에 편입되고, 신뢰도와 책임성이 낮아 환경에 이질적인 조직은 도태된다.

(3) 조직경제학이론

  ① 의의 : 조직경제학은 신제도주의 경제학 관점을 조직에 적용한 것으로 주인-대리인이론과 거래비용이론 등이 대표적이다.

  ② 주인-대리인이론

    ㉠ 의의 : 주인-대리인 이론(Agency theory)은 1976년에 M. Jensen & W. Meckling에 의해서 처음 제기 되었다. 주인-대리인 사이는 예컨대, 국민-국회의원, 국민-공무원, 소송당사자-변호사, 주주-경영자 관계 등을 말한다.

    ㉡ 전제 조건

      ⓐ 정보의 비대칭성 : 주인-대리인 관계의 본질은 정보의 비대칭성이다. 정보가 비대칭적으로 존재할 경우 정보를 가진 쪽에서 이러한 기회를 자신에게 유리하도록 이용해 보려는 유혹을 갖게 되는데, 이를 기회주의적 속성이라고 한다. 사전적 기회주의로서 역선택(Adverse selection), 사후적 기회주의로서 도덕적 해이(Moral hazard)가 있다.

      ⓑ 합리적 행위자 : 주인-대리인 이론이 가정하는 행위자는 합리적인 행위자이다. 특히, 대리인의 경우 주인의 위임을 받은 사람이지만 자기 이익을 극대화하는 합리적 행위자이기 때문에 주인의 이익과 배치되는 행동을 하게 된다.

      ⓒ 주인의 감시와 통제능력의 한계 : 주인은 시간과 정보의 부족으로 인하여 대리인의 행동에 대해서 완전히 통제와 감독을 수행할 수 없는 상황이다.

    ㉢ 대리손실의 유형

      ⓐ 역선택(Adverse selection) : 대리인에 대한 정보부족으로 부적격자나 무능력자를 대리인으로 선임하게 되는 현상

      ⓑ 도덕적 해이(Moral hazard) : 정보의 불완전성으로 인한 감시의 결여를 이용하여 대리인이 권력을 남용하고 주인의 이익보다는 자신의 이익을 추구하려는 현상

    ㉣ 대리손실의 극복 방안

      ⓐ 정보의 균형화 : 조직 내에서 정보체계나 공동지식을 구축하여 정보의 비대칭성 자체를 완화해야 한다. 즉 공공부분에서의 정보의 균형화를 위한 행정정보공개제도, 주민참여, 입법예고제도, 내부고발자보호제도 등의 활성화가 중요하다.

      ⓑ 성과중심(인센티브의 제공)의 대리인 통제 : 성과급과 같은 인센티브를 제공함으로써 결과중심으로 관리를 해야 한다. 과정중심의 관리에 비해 감시와 감독에 소요되는 대리인비용을 줄일 수 있으며, 대리인과 주인간의 이해와 상충문제를 감소시킬 수 있다.

ⓒ 경쟁강화 : 정부영역에서 민영화나 민간위탁을 강조하는 이유는 바로 주인-대리인 문제가 야
기될 가능성이 높은 독점적 경우보다는 경쟁성이 확보되는 시장에 기능을 이양하는 것이 좋
기 때문이다.

③ Williamson의 거래비용이론

㉠ 의의 : 거래비용이론은 제도주의경제학, 계약법, 그리고 조직이론을 결합한 것으로, 핵심주장은
조직이 거래비용을 최소화할 수 있는 최적의 거래구조를 모색한다는 것이다. 거래비용이론은 경
제학적 분석에 기반하므로 미시적 기법을 활용하는 거시조직이론이다.

㉡ 거래비용 : 거래비용이란 경제제도를 운영하는 비용으로서 물리학에서 마찰과 유사한 개념으로,
자원을 매개로 한 거래에 수반되는 비용을 말한다. 거래비용은 정보수집비용, 협상비용, 이행감
시비용 등을 포함한다. 거래비용은 제한된 합리성과 기회주의 행태라는 인간적 요소, 거래의 속
성인 자산의 속성(특히, 자산전속성)·불확실성·거래빈도 등에 의해 영향을 받는다. 거래비용이 관
료제의 조정비용보다 크다면 거래비용의 최소화를 위해 거래의 내부화가 보다 효율적이며, 그 반
대라면 시장을 통한 거래가 더 효율적이다.

㉢ 거래비용이론과 조직

ⓐ 거래비용이론의 전제 : 시장과 조직은 일련의 거래행위를 완결시키는 상호대체적 수단이며,
시장을 선택할 것인지 조직을 선택할 것인지는 두 방식의 상대적 효율성(거래비용의 최소화)
에 달려있다.

ⓑ 산업사회에서 관료제 형성의 이유 : 소수자 교환관계(독과점)와 정보의 비대칭성으로 인하여
시장실패가 만연한 산업사회에서는 시장에서의 거래비용이 관료제(위계조직)의 조정비용보
다 크다. 따라서 대규모의 관료제 조직이 정당화 된다.

> ✤ **위계조직이 시장에 비하여 더 효율적인 이유**
> (1) 위계조직은 적응적·연속적 의사결정을 용이하게 함으로써 인간의 제한된 합리성을 보완한다.
> (2) 소수자교환관계에서 발생하는 기회주의를 희석시킨다.
> (3) 구성원들의 기대가 어느 정도 수렴됨으로써 불확실성을 감소시킨다.
> (4) 정보의 공유로 정보의 편재성(정보의 비대칭성, 밀집성)문제를 쉽게 극복된다.
> (5) 불확실성과 기회주의적 행태의 문제를 계층적 권위나 제도적 관례, 규칙이나 규범, 장기적 관계형성,
>   정책학습 등을 통해서 해결할 수 있다.

㉣ 거래비용이론의 조직 내부에의 적용-M형 가설(M-form hypothesis) : Williamson은 거래비용
을 줄이기 위한 계서제적 조직에 있어서 효율성을 극대화하는 방안의 하나로 전통적 U형 구조를
효율적인 M형 구조로 대체할 것을 제안하였다.

ⓐ U형 구조(Unitary form) : 전통적 조직으로서 기능별로 부서화한 형태이므로 거래비용이 증
가한다. 예 기획부, 마케팅부, 생산부 등

ⓑ M형 구조(Multi-divisional form) : 산출물을 중심으로 여러 기능들을 하나의 사업부 내에
통합한 사업부제 구조이다. 사업부 내에서 일의 흐름에 따라 완결적 수행이 이루어지므로 거
래비용이 감소한다. Mintzberg의 사업부제가 이에 해당된다.

(4) 제도화 이론

① 의의 : 조직은 규범·가치·의식·신념 등 사회문화적 환경과 부합되도록 형태 및 구조를 적용시켜야 한다는 결정론적 입장이다.

② 특징

㉠ 조직은 정부규제와 문화적 기대 등의 강제적 환경요인 등에 의해서 동질성을 띠는 제도적인 구조적 동일성을 지니게 된다.

㉡ 제도화 이론은 절대적 합리성 개념에 대해 회의적이며, 조직의 합리성과 효율성보다는 정당성이 생존의 기초가 된다고 주장한다.

㉢ 조직에 영향을 미치는 인습이나 사회문화적인 요인을 강조한다.

4. 임의론

(1) 전략적 선택이론

① 의의 : 전략적 선택이론(Chandler & Child)은 조직의 능력을 강조하여 상황이 구조를 결정하는 것이 아니라 관리자의 상황판단과 전략이 구조를 결정한다고 본다.

② 조직구조에 미치는 요인들

㉠ 관리자의 자유재량영역이 존재하고 이에 따라 관리자가 선택한 전략에 따라 조직의 구조는 달라진다고 본다.

㉡ 주어진 환경에서 조직이 목표를 달성하는 방법은 다양하다. 즉, 기술혁신이나 직원들의 직무수행 동기를 제고하는 등 수많은 대안이나 보조적 수단들이 있다. 따라서 이러한 여러 대안에 대한 판단은 관리자의 자율적 영역에 속하는 것으로 관리자는 이러한 수단들에 대한 전략적 선택을 한다는 것이다.

(2) 자원의존모형 : Pfeffer & Salancik

① 의 의

㉠ 전략적 선택이론의 하나의 관점인 자원의존모형은 어떤 조직도 그 조직이 필요로 하는 모든 자원을 획득할 수 없다는 것을 전제로 최고관리자의 희소자원에 대한 통제능력이 환경을 조작하고 통제할 수 있다고 보는 이론이다.

㉡ 따라서 조직과 환경과의 관계에서 조직의 희소자원을 획득하기 위한 능동적이고 적극적인 대응을 중시한다.

② 특징

㉠ 조직은 그 존립과 활동에 필요한 모든 자원을 보유하지 못하기 때문에 타 조직이 보유한 자원에 의존적일 수밖에 없다.

㉡ 타 조직이 보유한 자원에 의존적일 수밖에 없는 조직은 조직의 흡수·통합·합병과 같은 조직 간의 조정을 통해 환경에 대한 의존도를 최소화하고 대응해 나간다.

㉢ 즉, 전략적 조정이란 조직의 흡수·합병과 같은 조직 간의 조정으로 조직이 의존하는 핵심적인 희소자원에 대한 통제전략을 말한다.

③ 평가 : 환경의 영향을 인정한다는 점에서 상황이론과 동일하나 상황이 조직구조를 결정한다는 결정론을 수용하지 않는다.

(3) 공동체생태학 이론

① 의의 : 공동체생태학 이론은 조직을 생태학적 공동체 속에서 상호의존적인 조직군들을 한 구성원으로 파악하고 이에 따라 조직의 행동과 환경적응과정을 설명하려는 이론이다.

② 공동체생태학 이론은 환경에 능동적으로 대처해 나가는 조직원들의 공동적인 노력을 설명해주는 이론이며, 조직 상호간에 호혜적인 관계를 형성하는 이유로 필요성, 불균형, 호혜성, 효율성, 안정성, 정당성을 둔다.

③ 역기능

㉠ 개별조직의 전략적 유연성을 감소시킨다.

㉡ 외부적 제약의 영향을 증대시킨다.

㉢ 새로운 진입조직이 등장해서 조직의 자체적인 적응능력을 저하시키는 것과 같은 역기능도 존재한다.

제05장 조직관리론

제01절 | 조직관리의 변화

1. 의의

조직상의 관리(Management)란 '관리자들이 조직구성원들과 더불어 조직의 목표를 성취하는 과정'을 말한다. 조직의 효율적 관리를 위한 관리이론의 변천은 크게 전통적 관리모형과 현대적 관리모형으로 구분된다.

2. 전통적 관리모형

(1) 의의

전통적 관리모형은 산업혁명과 조직혁명이 시작되고 그에 따라 양적성장이 지속되던 시대에 적용되던 능률주의 관리모형(과학적 관리론)과, 그 뒤에 이어 등장한 인간관계론을 말한다.

(2) 특징

전통적 관리모형은 ① 교환형 관리(근로와 보상 간에 교환), ② 외재적 통제강조, ③ 폐쇄적 관점에 따른 조직내부요인의 조정과 통제, ④ 공급자 중심주의, ⑤ 성과가 아닌 투입에 초점을 두는 관리, ⑥ 현상유지적이고 점증주의적인 관리를 그 특징으로 하고 있다.

3. 현대적 관리모형(탈전통적인 관리모형)

(1) 의의

환경의 역동성이 증가함에 따라 조직의 변동대응능력, 환경관리능력이 요청되고 이를 높이기 위해 새로운 현대적 관리모형들이 폭넓게 나타나고 있다.

(2) 특징

현대적 관리모형은 ① 조직의 목표와 구성원 개인의 목표를 통합하는 관리, ② 내재적 통제와 자발적 협동을 통한 협동지향성, ③ 외적환경에 대한 관리를 강조하는 개방체제적 시야, ④ 소비자 중심주의, ⑤ 투입보다는 산출과 효과를 강조하는 관리, ⑥ 적극적으로 변동을 선도하는 변동지향적 관리 등을 특징으로 하고 있다.

(3) 유형

① 고객만족관리(Customer Satisfaction Management) : 조직의 이미지를 개선하고 조직이 산출하는 재화·용역에 대한 고객의 만족도를 높이기 위해 지속적으로 고객만족도를 조사하고 그 결과에 따라 시정조치를 하는 관리이다.

② 신관리주의에 입각한 관리(New Public Management) : 신공공관리란 ㉠ 창의적이고 기업가적인 관리자의 핵심적 역할, ㉡ 조직의 급진적 개혁, ㉢ 조직구성원 모두에게 힘을 실어주는 분권화, ㉣ 공공부문에 대한 시장기제의 과감한 도입, ㉤ 고객의 요구존중, ㉥ 업무수행의 품질개선 등을 강조하는 관리이다.

③ 성과관리(Performance Management) : 성과관리란 조직의 목표를 성취하기 위해 조직의 모든 노력을 체계적으로 통합하는 관리이다. 성과관리의 구성요소는 측정가능한 목표의 명시, 업무수행지표와 기준들의 체계적인 적용을 통한 조직산출의 평가, 개인에 대한 근무성적평정과 조직목표의 연계, 실적에 입각한 유인부여, 연도별 관리과정 또는 예산과정과 자원배분의 연계, 계획과정 종료시마다 정규적으로 실시하는 평가와 환류 등이다.

④ 규범적 통제모형(Normative-Control Model) : 신념과 가치를 통제의 기초로 삼는 관리(제도보다는 정신을 강조하는 관리)로서, 가치관과 태도를 기준으로 한 선발, 조직에 헌신하는 태도를 기르는 사회화, 수용된 원리와 비전에 의한 지휘, 책임의 공동부담, 고객을 포함한 식견 높은 사람들에 의한 실적평가 등을 구성요소로 한다.

⑤ 전략적 관리 : 전략적 관리(Strategic Management : SM)란 '환경과의 관계를 중시하는 변혁적 관리'를 말하는 것으로, 조직에 영향을 미치는 변동의 효율적 관리를 지향한다. SM은 역동적인 환경에 처하여 변화를 겪고 있는 조직에 새로운 지향노선을 제시하고 그에 입각한 전략·기술을 개발하여 집행한다. SM은 조직이 그 활동과 운명을 스스로 통제할 수 있게 하려는 것이다.

제02절 | 리더십(Leadership)

1. 의의

1. 개념

(1) 리더십이란 조직의 목표를 달성하기 위하여 개인 및 집단을 조정하며 동작하게 하는 기술을 의미한다. 조직 속의 리더십은 구성원으로 하여금 바람직한 조직목표에 자발적으로 협조하도록 하는 기술 및 영향력을 말한다.

(2) 리더십은 지도자가 추종자에게 일방적으로 행동을 강요한다고 해서 발휘되는 것이 아니고 어디까지나 상호작용의 과정을 통해서 발휘되며, 지도자의 권위를 통해 발휘되지만 공식적·계층제적 책임자만이 리더십을 갖는 것은 아니다.

2. 직권력(Headship)과 리더십의 차이

(1) 직권력이 국장·과장이라는 공식적인 직위의 권위를 근거로 하는 반면, 리더십은 직위와 관계없이 사람 자체의 권위를 근거로 한다는 점이 다르다.

(2) 직권력은 지도자와 추종자 사이에 심리적 공감이 없으며 일방성과 강제성을 본질로 하는 반면, 리더십은 지도자와 추종자 사이에 심리적 공감이 있으며 일체감과 자발성을 본질로 한다.

3. 특징과 기능

(1) 특징

① 리더십은 목표달성을 전제로 행동하는 과정이기 때문에 조직이나 집단의 미래상과 관련을 가지고 있다.

② 리더십은 조직이나 집단이 목표달성을 위해서 어떤 개인이나 집단의 행동에 영향을 미치려는 상황에서는 리더십의 문제가 대두된다.

③ 리더십은 지도자, 추종자, 상황적 변수의 상호작용을 통해 발휘된다.

④ 리더십은 리더의 권위와 관련되며, 개인적 능력과 관련된다.

(2) 기능

① 목표설정과 임무·역할의 명확화 : 리더십은 조직목표를 설정하고 구성원의 임무와 역할을 명확히 한다.

② 조직의 일체감·적응성 확보 : 조직의 일체감과 통일성을 유지하고 내부갈등을 적절히 관리하여 환경에 대한 조직의 적응성을 확보한다.

③ 자원의 동원과 동기유발 : 리더십은 목표달성을 위하여 인적·물적·정치적 자원을 동원하고 이를 통하여 부하의 동기를 유발시켜 부하가 능력을 최대한 발휘하게 한다.

④ 조직활동의 통합·조정·통제 : 조직활동을 전체적으로 통합·조정하고 통제함으로써 조직 내의 협조관계를 확립하고 효과적인 목표달성에 기여하도록 한다.

2. 전통적 리더십이론

1. 의의

리더십에 관한 이론적 접근방법은 자질론·행태론·상황론으로 변천되어 왔다. 1920년대와 1950년대 초의 리더십연구는 개인이 선천적으로 특별한 자질·특성을 가지고 있으면 리더십을 발휘한다고 보는 자질론에 입각한 것이다. 그 후 1950년대와 1960년대에 와서 학자들은 지도자가 행하는 행태에 초점을 두고 행태론을 전개하였다. 그러나 1970년대에 들어오면서 행태론은 리더십의 이해에 만족스러운 해답을 제공해주지 못하여 리더십에 영향을 미치는 상황에 중점을 둔 상황론이 대두하게 되었다.

2. 자질론(속성론, 특성론)

(1) 의의

리더는 후천적으로 만들어지는 것이 아니라, 선천적으로 타고난다는 것을 전제로 하여 성공적인 리더만의 독특한 특성이나 자질을 파악하는 리더십 이론이다.

(2) 유형

① 단일적(통일적) 자질론 : 지도자는 하나의 단일적·통일적인 자질을 구비한다고 보고 이러한 자질을 가진 자는 어느 집단·어떤 상황에서도 지도자가 된다는 것이다.

② 성좌적 자질론 : 단일적 자질론을 수정한 것으로 리더십의 단일적 자질이라는 것은 존재하지 않으며 각 지도자에게는 그에게 고유한 리더십의 능력을 구비하고 있는 자질의 형태가 있다는 것이다.

(3) 비판

집단의 특성, 조직목표, 상황에 따라 리더십의 자질은 전혀 달리 요청될 수 있고, 지도자라 하더라도 누구나 동일한 자질을 갖는 것은 아니며, 지도자가 반드시 갖추어야 할 보편적인 자질을 발견하기 곤란하고, 지도자가 되기 전과 된 후의 자질이 사실상 동일함을 설명하기 곤란하다는 점 등에서 비판을 받고 있다.

3. 행태론

(1) 의의

행태론적 접근은 리더의 행태를 연구하고 리더십행태와 추종자들이 보이는 잠정적·행태적 반응 사이의 관계를 경험적으로 규명하는 것으로서 리더의 어떠한 행동이 집단의 성과를 높이는가(리더십의 효과성)를 검증하고자 하며 리더행동의 상대적 차별성을 주로 연구한다. 행태이론은 리더와 부하 사이의 교환관계를 중시하였으므로 거래적 리더십의 연구에 주력하였다.

(2) Iowa대학의 리더십연구(Lippitt와 White)

리더십유형을 독재형·민주형·자유방임형으로 나누었으며 결론은 민주형이 가장 효과적이라는 것이다.

① 권위형 : 지도자가 조직의 목표와 그 운영방침 및 상벌을 독단적으로 결정하고 부하에게 지시·명령하는 유형이다. 지도자는 부하의 의견을 들으려하지 않으며 조직의 기능을 독점하려고 한다. 권위주

의적 정치·행정문화가 지배하는 사회에서 이러한 권위형 리더십유형이 두드러지게 나타나며 우리나라의 행정기관에서도 이러한 유형의 리더십을 많이 볼 수 있다.

② 민주형 : 지도자가 결정을 할 때 부하를 적극적으로 참여시키며 업적이나 상벌을 객관적 자료에 의하여 평가하고 수여하는 유형이다. 이러한 유형의 리더십 하에서는 창의성·생산성이 높으며 조직의 인간관계가 원만하게 된다.

③ 자유방임형 : 지도자는 조직의 계획이나 운영상의 결정에 관여하지 않고 결정권을 부하에게 대폭 위임하는 유형이다. 지도자는 국외자와 같은 수동적 입장에서 행동하므로 사실상 리더십으로서의 의미가 없다.

(3) Ohio대학의 리더십연구

① 전개 : 조직화의 정도(리더와 추종자의 관계 및 조직구조와 과정을 엄격하게 형성하려는 정도)와 배려 정도(리더와 추종자사이에 우정, 신뢰 등을 조성하려는 정도)에 중점을 두고 2차원적 접근방법을 시도하였다.

② 결론 : 가장 효과적인 리더는 높은 조직화의 행태와 높은 배려행태를 동시에 보이는 리더라는 결론이다.

(4) Michigan대학의 리더십연구

① 전개 : 리커트에 의해 주도된 Michigan대학의 리더십연구는 구성원의 사기 및 작업집단의 생산성을 높이는 지도유형을 찾기 위해 리더십을 직원지향적 리더십과 생산지향적 리더십행태라는 2차원 분석을 실시하였다.

② 결론 : 직원지향형 리더가 생산지향형 리더에 비해 보다 높은 집단생산성·직무만족과 관련성이 있다는 결론에 도달하였다.

(5) Blake와 Mouton의 관리망이론

① 전개 : 인간에 대한 관심과 생산에 대한 관심을 기준으로 5가지 리더십유형(무관심형·친목형·과업형·타협형·단합형)을 분류하였다.

② 결론 : 결론적으로 과업과 인간을 모두 중시하는 단합형(팀형)이 가장 이상적이라는 것이다. 따라서 교육훈련을 통해 관리자를 팀형 리더로 육성해 나가야 한다고 주장하였다.

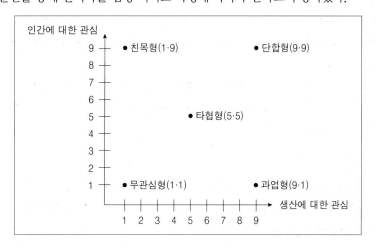

4. 상황론

(1) 의의

리더십은 그가 속한 조직의 목표나 구조의 특성, 또 그 조직이 속하는 사회·문화적 특성과 피지도자의 기대와 욕구 등의 상황적 조건에 따라서 달라진다고 보고 효과적인 리더십 유형을 밝히고자 하였다.

(2) Fiedler의 상황적응모형

① 의의 : Fiedler는 리더십의 효과성은 상황이 리더에게 얼마나 호의적인가에 의하여 결정된다고 보면서 3가지의 상황변수로서 리더와 부하의 관계, 직위권력, 과업구조를 제시하고 3가지 상황변수의 결합이 리더에 대한 상황의 호의성을 결정한다고 보았다.

② 상황변수

   ⊙ 리더와 부하와의 관계 : 리더와 부하들이 서로 좋아하고 신뢰하는 정도이다. 리더가 부하로부터 신뢰와 지지를 받을수록 리더십 행사는 용이해진다.

   ⓒ 직위권력 : 리더의 직위에 부여된 공식적·합법적 권력으로서 직위권력이 클수록 보상과 처벌권한이 크므로 리더십 행사는 용이해진다.

   ⓒ 과업구조 : 과업을 수행하는 절차, 규정 등 객관적인 기준으로서 과업구조가 명확할수록(구조화될수록) 리더십 행사는 용이해진다.

③ 결론 : Fiedler는 상황의 유리함과 불리함에 따라 리더십의 효율성이 달라진다고 하였다. 즉, ⊙ 상황이 유리하거나 불리할 때는 과업 지향적 리더십이 효과적이고, ⓒ 중간정도일 때는 관계 지향적 리더십이 효과적이라고 보았다.

구 분	상황의 특성		
상황유리성/통제력	매우 유리/높음 ⟷ 매우 불리/낮음		
효과적인 리더유형	과업지향유형	관계지향유형	과업지향유형

(3) Hersey와 Blanchard의 생애주기이론

① 의의 : Hersey & Blanchard는 지도자 행태의 유형을 관계 지향적 행동과 과업 지향적 행동으로 구분하고, 상황변수로 부하의 성숙도를 채택하여 3차원적인 상황적 리더십이론을 제시했다.

② 상황변수-부하의 성숙도 : 직무상 성숙도(부하의 과업관련 지식의 정도)와 심리적 성숙도(부하의 자신감)로 구성된다.

③ 결론 : 생애주기이론에 의하면 부하의 성숙도에 따라 리더의 역할이 달라지는데, 부하의 성숙도가 높아짐에 따라 리더십의 유형이 지시형 → 설득형 → 참여형 → 위임형으로 나아가야 효과성이 제고될 수 있다고 보았다.

(4) House의 경로-목표이론

① 의의 : House는 리더의 역할을 '부하로 하여금 자기목표를 달성하게 하고 그 목표에 이르는 통로(수단)를 명확하게 해주는 것'이라 규정하면서 Vroom의 기대이론에 입각한 상황적 리더십 이론을 제시하였다(기대이론과 상황이론의 결합).

② 상황변수 : 리더의 행태와 부하의 지각(기대·수단성·유인가) 및 동기부여(만족·노력·업적) 사이의 관계를 조정해 주는 상황변수로서 부하의 특성과 근무환경의 특성을 제시하고 두 가지 상황변수에 의하여 효과적인 리더의 행동이 달라진다.

③ 리더의 행동

    ㉠ 지시적 리더십(과업지향) : 부하의 활동을 기획하고 조직화하며 통제·조정하는 리더십

    ㉡ 지원적 리더십(관계지향) : 부하에 대하여 배려하고 복지에 관심을 보이는 리더십

    ㉢ 참여적 리더십(종업원지향) : 부하의 정보를 공유하고 부하들의 생각과 제안을 반영하는 리더십

    ㉣ 성취지향적 리더십(추종자에 대한 동기부여) : 높은 목표를 설정하고 지속적으로 성과향상을 추구하는 리더십

(5) Tannebaum과 Schmidt의 상황이론

① 의의 : Tannebaum과 Schmidt는 리더십은 지도자, 추종자, 상황이라는 변수의 상호작용에 의해 효율성이 달라진다고 보았다. 상황요인으로 리더의 권력과 부하의 자율권을 중심으로 의사결정권을 어떻게 행사하느냐에 따라 독재형·민주형·자유방임형 리더십으로 나누었는데 리더의 권위와 부하의 재량권은 반비례한다고 보았다.

② 내용

    ㉠ 부하 중심적 : 의사결정에 있어서 리더가 자신보다 부하에 대한 고려를 많이 할수록 민주적인 스타일

    ㉡ 리더 중심적 : 리더가 단독으로 의사결정을 하고 리더의 개인적 고려를 많이 할수록 독재적인 스타일

    ㉢ 자유방임형 리더십 : 리더가 범위와 한계를 결정해주고 그 범위 내에서 부하들이 스스로 결정하는 스타일

(6) Yukl의 다중연결모형

① 의의 : 이 이론은 기존 이론들을 집대성한 것으로서, 리더의 11가지 행동을 원인변수로 보고 6가지 매개변수와 3가지 상황변수를 이용하여 부서의 효과성을 설명한다.

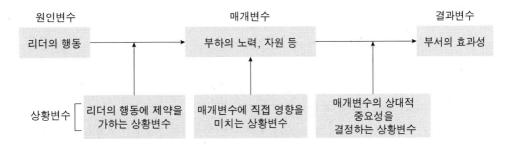

② 결론 : 효과성은 ㉠ 단기적으로는 리더가 매개변수에서 부족한 면을 얼마나 시정하느냐에 달려있으며, ㉡ 장기적으로는 리더가 상황변수를 얼마나 유리하게 만드느냐에 달려있다.

③ 평가 : 이러한 연구는 명확화행동·배려행동·공헌인정행동 등 관리행동의 교육을 통해 리더의 관리행동의 변화를 야기하고 이를 통해 작업팀의 성과를 변화시키는 데 효과적이었다고 평가된다.

(7) Reddin의 3차원 모형

① 의의 : Reddin은 Blake와 Mouton의 연구 및 Ohio주립대학에서 연구된 리더십의 과업지향적 행태와 인간관계지향적 행태의 두 차원에서 효과성이라는 차원을 하나 더 추가하여 3차원적 리더십을 주장하였다.

② 결론 : 리더의 행태가 주어진 상황에 적합하면 보다 효과적인 리더십유형이 되고, 그렇지 못하면 비효과적인 리더십유형이 된다는 것이다.

3. 현대적 리더십이론

1. 변혁적 리더십

(1) 의의

변혁적(전환적) 리더십은 합리적 교환관계를 토대로 주장한 거래적 리더십에 대응하는 개념으로서, 새로운 환경변화에 대응하기 위해 합병을 주도하고 신규부서를 만들어 내며, 새로운 조직문화를 창출하는 등 조직에서 변화를 주도하고 관리하는 최고 관리층의 리더십을 말한다.

(2) 구성요소

① 카리스마 : 구성원에게 비전과 사명감을 부여하고 자긍심을 고양하며, 구성원들로부터 존경과 신뢰를 획득한다.

② 개인적 배려 : 부하들 개개인의 욕구를 이해함은 물론 이의 충족을 통해 개인적 성장을 이루도록 돕는다.

③ 영감 : 영감은 미래에 대한 구상을 의미한다. 부하들이 비전성취를 위해 해야 할 일과 그 의미가 무엇인지를 인식하게 한다.

④ 지적 자극 : 부하의 가치관에 지적자극을 주어 문제를 새로운 각도에서 바라보게 한다.

(3) 변혁적 리더의 기능

① 비전의 제시 : 새로운 비전을 제시하고 부하들이 이를 내면화하여 탁월한 성취를 할 수 있도록 힘을 실어준다.

② 동기유발 : 추종자들이 업무수행의 의미를 발견하고 업무수행에 몰입하고 헌신하도록 동기를 유발한다.

③ 공생과 단합의 촉진 : 조직과 개인의 공생적 관계를 형성하고 공동의 목표를 향해 단합하게 한다.

④ 신뢰 구축 : 사람들 사이에 신뢰를 구축한다.

⑤ 다양성과 개별성의 존중 : 추종자들의 다양성과 창의성을 존중하고 추종자 개개인의 성취와 성장에 관한 욕구에 대해 각별한 주의를 기울인다.

⑥ 창의성 발휘의 촉진 : 추종자들이 창의성을 발휘할 수 있도록 지적자극을 제공하고 지속적 학습을 촉진한다.

(4) 변혁적 리더십에 적합한 조직의 조건

변혁적 리더십의 효율성을 높일 수 있는 조직의 특성으로는 ① 적응지향의 강조, ② 기술구조보다 임시구조가 더 지배적인 조직, ③ 구조의 융통성, ④ 통합형 관리 등을 들 수 있다. 변혁적 리더십은 기계적 관료제·전문적 관료제·할거적 구조 보다는 임시체제에 더 적합하다.

▶ 거래적 리더십과 변혁적 리더십

구별기준	거래적 리더십	변혁적 리더십
변화관	안정지향적·폐쇄적	변동지향적·개방체제적
초점	하급관리자	최고관리층
관리전략	리더와 부하간의 교환관계나 통제	영감과 비전제시에 의한 동기유발
이념	능률지향	적응지향
조직구조	기술구조, 기계적 관료제에 적합 합리적 구조에 적합	임시조직 등 유기적 구조에 적합

2. 카리스마적 리더십

(1) 의의

카리스마적 리더십은 리더의 특출한 성격과 능력에 의해 추종자들의 강한 헌신과 리더와의 일체화를 이끌어내는 리더십이다.

(2) 카리스마적 리더의 특징

① 현상유지에 반대하고 자신의 소신과 이상을 확신하며 다른 사람에게 영향력을 행사하려는 욕구가 강하다.
② 리더 자신이 부하들에게 많은 기대와 신뢰를 갖고 있다는 것을 나타내 부하의 자존심과 자신감을 향상시킨다.
③ 언행을 통하여 새로운 가치관을 전하고 행동으로 본받도록 한다.
④ 리더 자신이 기꺼이 자기를 희생하려는 경향이 있다.

3. 문화적 리더십

(1) 의의

문화적 리더십은 조직문화의 변화와 유지에 관련된 리더십모형이다. Trice와 Beyer는 카리스마적 리더십과 변혁적 리더십, 비전적 리더십 모두 기존의 문화를 대대적으로 변혁시켜 상이한 문화를 가진 새로운 조직을 구축하는 데 관련된 문화적 혁신을 주로 다루고 있기 때문에 이들 모두를 문화적 리더십으로 분류하였다. 그러나 이들 신조류리더십 이론은 리더가 조직문화를 유지시키는 것은 제외했다. Trice와 Beyer의 문화적 리더십은 이런 문화적 혁신 이외에 기존 문화의 유지까지도 문화적 리더십에 포함시켜 현상유지는 바람직하지 못하다는 신조류 리더십 이론의 편향된 생각을 보완했다.

(2) 특징

문화적 리더십이론의 논의 초점은 조직 전체의 문화를 변화·유지시키는 데 맞추고 있기 때문에 중하위계층의 리더보다는 상위계층의 리더가 발휘하는 리더십을 주로 연구하였다. 또한 리더의 역할과 가치관에 따라 '조직문화'가 영향을 받는다고 보고 지도자가 수범을 보이는 등 신념과 상징에 의한 주체적인 역할과 가치관을 중시한다.

4. 발전적 리더십(Development leadership)

(1) 의의

발전적 리더십은 항상 변동을 긍정적인 기회로 받아들이고 변동에 유리한 조건을 만드는데 헌신하는 리더십이다. 이것은 조직개혁과 경쟁대비능력향상은 직원(추종자)들의 손에 달려 있다는 것이다.

(2) 특징

발전적 리더십의 기본정신은 종복의 정신이다. 즉, 발전적 리더는 부하직원들을 상전처럼 받들 수 있는 사람이다. 변동추구적이라는 점에서 변혁적 리더십과 유사하지만 리더의 봉사정신과 추종자중심주의가 특별히 더 강조된다는 점에서 변혁적 리더십과 구별된다. 발전적 리더십의 요건이라고 할 수 있는 원칙은 열 가지이고 이를 네 개로 범주화하면 다음과 같다.

▶ 발전적 리더십의 원칙

내재적으로 지향된 원칙	개인적 책임의 원칙, 신뢰의 원칙
직원지향의 원칙	직원옹호의 원칙, 직원의 자긍심향상에 관한 원칙
업무성취지향적 원칙	업무수행파트너십의 원칙, 직무수행개선의 원칙, 효율적 의사전달의 원칙
조직지향적 원칙	조직의 일관성에 관한 원칙, 총체적 사고의 원칙, 조직종속의 원칙

5. 서번트 리더십(Servant leadership)

'섬기는 리더십'으로 인간존중을 바탕으로 앞에서 이끌어주고 봉사함으로써 구성원들이 잠재력을 발휘하고 욕구를 충족시킬 수 있도록 헌신하는 리더십이다. 방향제시자, 의견조율자, 지원해 주는 조력자 등 세 가지 리더의 역할이 제시된다.

6. 영감적 리더십(Inspirational Leadership)

영감적 리더십은 리더가 향상적 목표를 설정하고 추종자들이 그 목표를 성취할 능력이 있다는 것에 대한 자신감을 갖도록 만드는 리더십이다. 카리스마적 리더십의 경우 리더의 개인적 특성에 이끌리는 반면, 영감적 리더십은 리더의 개인적 특성보다는 리더의 목표가 추종자들에게 더 많은 영향을 미친다.

7. 분배적 리더십(Distributed Leadership)

분배적 리더십은 리더십의 책임을 단일의 명령계통에 집중시키지 않고 여러 사람에게 분배한 공유의 리더십이다. 분배적 리더십의 양태는 위임된 리더십, 공동의 리더십, 동료의 리더십 등 세 가지이다.

제03절 | 의사전달

1. 의의

1. 개념

(1) 의사전달이란 복수의 행위주체가 정보를 상호 교환하여 의미를 공유하는 쌍방적 상호교류과정을 말한다. 즉, 전달자와 피전달자 간에 사실과 의견을 전달하여 인간에게 영향을 미치고 행동에 변화를 일으키는 것을 말한다.

(2) 의사전달은 정책결정을 포함한 모든 의사결정에 중요한 영향을 미치는 요인으로 파악되며, 정부와 국민간의 의사전달이라 할 수 있는 공공관계(행정PR)로까지 그 영역이 확대되고 있다.

2. 기능

(1) 조정 및 통제기능

의사전달은 구성원들이 따라야 할 공식적인 지침인 규범 등을 전달함으로써 구성원들을 통제하고 업무를 조정하게 해 준다.

(2) 사회적 욕구의 충족기능

구성원들은 의사전달을 통하여 자기의 감정을 표출하고 타인과의 교류를 넓혀 가면서 인정감, 소속감, 참여의식 등 심리적·사회적 욕구를 충족시키게 된다.

(3) 동기유발기능

의사전달은 구성원들에게 목표를 설정해 주고 상황을 알려 줌으로써 자발적인 근무의욕을 불러일으키는 등 동기유발을 촉진시킨다.

(4) 정보전달 및 의사결정의 합리화

정확하고 신속한 의사전달은 여러 가지 대안에 대한 가치 있는 정보를 제공해 줌으로써 의사결정의 질을 향상시킨다.

(5) 조직유지기능

의사전달은 구성원 간, 집단 간 상호작용과 협동을 가능하게 함으로써 조직을 유지시켜 준다.

(6) 효과적인 리더십 발휘기능

효과적인 리더십은 부하의 수용에 의하여 이루어지고 부하들의 수용은 의사전달의 활성화에 의하여 가능해진다.

2. 유형

1. 공식성 유무에 따른 유형

(1) 공식적 의사전달

공식조직 내에서 계층제적 경로와 과정을 거쳐 공식적으로 행해지는 의사전달을 의미하며 고전적 조직론에서 강조하는 것으로, 공문서를 수단으로 한다.

(2) 비공식적 의사전달

계층제나 공식적인 직책을 떠나 조직구성원간의 친분·상호신뢰와 인간관계 등을 통하여 이루어지는 의사전달을 말하는 것으로, 소문, 풍문, 메모 등을 수단으로 한다.

▶ 의사전달의 장·단점

구분	공식적 의사전달	비공식적 의사전달
장점	① 의사소통의 객관성 확보 ② 책임소재가 명확 ③ 상관의 권위 유지 ④ 정책결정에 활용가능성이 큼 ⑤ 정보나 근거의 보존이 용이	① 전달의 신속성과 적응성이 강함 ② 배후사정을 상세히 전달 ③ 의사소통과정에서의 긴장과 소외감을 극복하고 개인적 욕구를 충족시킴 ④ 공식적 의사전달을 보완 ⑤ 관리자에 대한 조언 역할
단점	① 법규에 의거하므로 의사전달의 신축성이 없고 형식화되기 쉬움 ② 배후사정을 전달하기 곤란 ③ 변동하는 사태에 신속한 적응이 곤란 ④ 기밀유지가 어려움	① 책임소재가 불분명 ② 개인목적에 역이용되는 점 ③ 공식적 의사소통을 마비시킴 ④ 수직적 계층 하에서 상관의 권위를 손상 ⑤ 조정과 통제가 곤란

2. 방향과 흐름을 기준으로 한 유형

(1) 상의하달

정보가 위에서 아래로 흐르는 것을 말한다. 즉 상관이나 상급기관이 그 의사를 하급자나 하급기관에 전달하는 것으로 명령(지시, 훈령, 예규, 고시 등), 일반적 정보(기관지, 편람, 구내방송, 게시판, 행정백서)등이 해당된다.

(2) 하의상달

정보가 아래에서 위로 올라가는 것을 말한다. 즉 하급기관이나 하급자의 의사가 상부로 전달되는 것으로 보고, 품의, 상담과 의견조사, 제안, 면접, 고충심사, 결재제도 등이 해당된다.

(3) 횡적 의사전달

수평적 의사전달을 말하고 공식화된 의사소통 중 가장 원활한 전달방식이다. 사전심사, 사후통지, 회람·공람, 회의, 레크리에이션, 토의(위원회)등이 해당된다.

3. 의사전달과정과 네트워크

1. 의사전달과정

2. 의사전달망의 형태

(1) 선형(연쇄형)

계서적 의사전달망으로서, 정보의 흐름은 계층상의 한 줄로만 단계적으로 이어지므로 비능률적이며 의사전달의 왜곡가능성이 가장 높다.

(2) Y형

선형을 약간 수정한 것으로서, 최상층 또는 최하층에 동등한 2개의 지위가 있다.

(3) 윤형(바퀴형)

망 중심에 리더가 있으며 리더를 통하여 모든 의사전달이 이루어진다. 가장 집권적이고 능률적인 의사전달망으로서 단순하고 일상적인 업무처리에 적합한 반면, 업무가 복잡하고 불확실할 경우에는 비능률적인 모형이다.

(4) 원형

망 내에서 구성원들은 양옆에 있는 두 사람하고만 의사전달을 하며 중심적인 리더가 없다.

(5) 개방형(전체 경로형)

가장 민주적인 형태로서, 중심이 되는 리더없이 구성원들은 누구하고나 자유롭게 서로 의사전달을 한다. 분권적이고 왜곡수준이 낮아 집단적 의사결정의 질이 높으며 구성원들의 만족도(사회적 욕구 충족도)가 높은 의사전달망이지만 비능률적이다. 불확실하고 모호한 상황에 적합하다.

(6) 혼합형

바퀴형과 개방형이 혼합된 형태로서, 구성원들은 자유스럽게 의사전달을 하지만, 리더를 중심적으로 한다. 개방형과 같이 만족도가 높고 집단적 의사결정의 질이 높다.

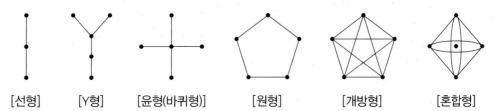

4. 의사전달의 원칙 및 저해요인과 촉진방안

1. 의사전달의 원칙

(1) 명료성 원칙 : 의사전달의 명확한 용어와 간결한 문장으로 표현되어야 한다.

(2) 일관성 원칙 : 의사전달은 앞뒤가 일관되어야 한다.

(3) 적시성 원칙 : 적정한 시기를 놓쳐서는 안 된다.

(4) 분포성 원칙 : 정보는 전달자로부터 피전달자에게 올바르게 전달되어야 한다.

(5) 적량성 원칙 : 너무 많아도 안 되고 너무 적어도 안 된다.

(6) 적응성과 통일성의 원칙 : 적응성이란 의사전달의 융통성·개별성·현실부합성 등을 말하며, 통일성이란 의사전달이 전체로서 통일된 의견의 표현이 되게 하는 것이다.

(7) 관심과 수용의 원칙 : 의사전달은 피전달자가 의사전달의 내용에 관심을 가지고 또 그것을 수용할 때 효과적인 의사전달이 이루어진다.

2. 의사전달의 저해요인과 촉진방안

구분	저 해 요 인	촉 진 방 안
전달자와 피전달자	① 가치관·사고방식의 차이 ② 지위상의 차이 ③ 전달자의 의식적 제한 : 보안상 비밀 유지 ④ 전달자의 자기방어 : 전달자가 자기에게 불리한 사실을 고의적으로 은폐·왜곡 ⑤ 피전달자의 전달자에 대한 불신이나 편견, 수용거부, 잘못된 해석 ⑥ 원만하지 못한 인간관계 ⑦ 환류의 봉쇄	① 상호접촉 촉진 : 회의·공동교육훈련·인사교류 등 ② 대인관계 개선, 조직 내 개방적 분위기 조성 ③ 하의상달의 활성화 : 권위주의적 행정행태의 개선 ④ 조정집단의 활용 : 상향적 의사전달의 누락·왜곡 등을 방지하고 정보처리의 우선순위를 결정하기 위해 활용 ⑤ 민주적·쇄신적 리더십의 확립
전달수단 및 매개체	① 정보과다 : 내용파악 곤란 ② 정보의 유실과 불충분한 보존 ③ 매체의 불완전성 : 적절치 못한 언어와 문자사용 ④ 다른 업무의 압박(업무의 과다) ⑤ 지리적 거리	① 매체의 정밀성 제고 : 언어·문자의 정확한 사용, 약호화·계량화 ② 효율적인 관리정보체계(MIS)의 확립과 시설의 개선 ③ 의사전달의 반복과 환류·확인메커니즘 확립
조직구조	① 집권적 계층구조 : 수직적인 의사전달 제한, 유동성 저하 ② 할거주의(전문화) : 수평적 의사전달 저해 ③ 비공식적 의사전달의 역기능 : 소문·풍문 등에 의한 정보의 왜곡 ④ 의사전달채널의 부족 : 개방도 미흡 ⑤ 정보의 집중도 : 정보가 특정인에게 집중되면 유동성이 저하됨	① 정보채널의 다원화 ② 계층제의 완화와 분권화 ③ 정보의 분산 : 집중도 완화

5. 행정 PR(공공관계)

1. 의의

(1) 개념

행정PR(Public Relations)이란 정책결정시 계획집행의 대상이 되는 공중의 의견을 청취하여 계획 작성에 반영하고, 결정된 계획내용을 공중에게 설명하거나 전달함으로써 그들의 자발적인 이해와 협력을 확보하려는 관리기능을 말한다. 이는 국민의 알 권리 충족과도 밀접한 관련을 가진다.

(2) 기능

① 정보의 제공 : 행정에 대한 시민의 무관심을 극복하고 행정의 방향과 복잡한 행정기능을 시민들에게 주지시키는 기능을 한다.

② 시민의 동의나 지지의 획득 : 국가의 제반활동을 시민에게 주지시키고 변동하는 사회적 현실에 적응해 나가기 위하여 시민들로부터 지지나 동의를 구한다.

③ 공격의 방어 : 정부에 대한 비판이나 공격을 극복하고 또한 이를 중화시키거나 이에 대한 자위책을 강구함으로써 정부의 위신이나 영향력을 유지하게 된다.

④ 통합과 조정의 역할 : 집단이나 개인 간에 야기되는 오해나 갈등을 해소시키고 상호간의 이해와 화목을 촉진시킴으로써 국가정책의 지지와 이해를 구하는 조정·통합의 기능을 수행한다.

2. 행정PR의 과정과 성격

(1) 과정

① 정보투입과정 : 공청기능을 통하여 국민들의 의견이나 태도 및 여론 등을 흡수하여 정보 산출을 위한 전환과정에 투입한다.

② 전환과정 : 일단 파악된 자료를 통하여 국민의 지지·협조를 확보할 수 있도록 취사선택하는 과정이다.

③ 정보산출과정 : 정부간행물이나 각종 미디어를 통하여 법이나 정책 등의 산출물을 내보낸다.

④ 환류과정 : 산출된 내용에 대하여 국민의 반응을 분석·평가함으로써 적절한 대책을 강구하여 재투입하게 된다.

(2) 성격

① 수평성(상호작용성) : 정부와 국민이 대등한 수평적 지위에서 상호이해와 자주적 협조가 이루어져야 한다.

② 교류성·쌍방향성 : 민의를 듣고 이를 정책에 반영시키는 공청기능과, 정책홍보 등을 통해 국민에게 알리는 공보기능이 상호적으로 이루어져야 한다.

③ 의무성 : 행정 PR에 있어서 국민은 알 권리가 있으며 정부는 알려주어야 할 의무가 있게 된다.

④ 객관성 : 정부는 사실이나 정보를 진실하게 객관적으로 알려 국민이 이를 정확하고 올바르게 판단하도록 해야 한다.

⑤ 교육성 : 행정 PR은 국민에 대해서 계몽적 교육의 성격을 지닌다.

⑥ 공익성 : 집권당의 시책 홍보나 여론의 유리한 형성 등 개인적 목적이나 이윤의 극대화, 판매고의 향상 등에 이용할 수 없다.

3. 우리나라의 행정 PR의 특징과 개선방안

(1) 우리나라의 행정 PR의 특징

① 화재경보적 PR : 특정사건이 발생하면 이를 임기응변으로 무마하기 위한 PR의 성격을 지닌다.

② 일방적 선전 : 국민들의 의견을 수렴하지 않으며, 정부의 시책을 일방적으로 선전하는 경우가 많다.

③ 참여의 부족 : 공공관계는 행정이 국민의 여론에 민감하게 반응하기 위해서 필요한 것인데 한국의 경우 국민 참여의 부족이 문제된다.

④ 낮은 전문성 : 행정 PR의 전문성이 떨어지는 것도 문제점으로 지적된다.

⑤ DAD(Decide-Announce-Defend)식 PR방식도 문제이다.

(2) 개선방안

① 국가이익우선의 원칙 확립 : PR이 특수한 이익(예컨대, 정권유지의 목적)을 위해서 행해져서는 안 되며, 국가이익 또는 공익의 차원에서 활용되어야 한다.

② 공개행정의 촉진 : 건전한 PR 활동이 발전되기 위해서는 그 기반으로서 행정의 지나친 비밀주의가 지양되고 행정의 공개성이 확립되어야 할 것이다.

③ 전문성 확보와 공청기능의 개선 및 강화 : PR에 대한 올바른 인식을 통해 공청기능을 강화하고 의사소통체제를 종전의 상의하달에서 상호교류적인 체제로 전환해야 한다.

④ 언론기관의 중립화와 대중매체보급의 확대 : 오늘날 매스컴의 영향력이 증대되는 상황과 관련해 볼 때 필요하다.

제 04 절 | 행정정보공개제도

1. 의의

1. 개념

(1) 정보공개란 국가, 지방자치단체, 정부투자기관 등 공공기관이 보유하고 있는 정보를 국민이나 주민의 청구에 의하여 의무적·수동적으로 공개하는 것이다. 정보공개제도에 의하여 국민에게는 정보공개청구권이, 공공기관에게는 정보공개의무가 발생하게 된다.

(2) 정보공개는 특정의 정보공개청구권자에게 청구에 의하여 가공되지 않은 정보를 의무적·수동적으로 제공하는 것인 반면, 행정PR은 대국민 홍보를 목적으로 불특정 다수인에게 가공된 정보를 청구에 의하지 않고 자발적·적극적으로 제공하는 것이다.

2. 목적

(1) 알 권리와 정보민주주의

헌법에 보장된 국민의 알 권리는 정보공개제도에 의하여 실질적으로 보장된다. 따라서 정보공개제도는 정보민주주의와 불가분의 관계에 있다.

(2) 국정의 투명성 확보와 행정통제

정보공개제도에 의하여 국정의 투명성이 확보됨으로써 관료에 의한 권력남용과 부정부패를 방지할 수 있고 행정에 대한 통제가 용이해진다.

2. 연혁 및 주요내용

1. 연혁

우리나라의 정보공개제도는 ① 1992년 청주시에서 최초로 행정정보공개조례가 제정된 후 많은 자치단체로 확산되었으며, ② 중앙정부 차원에서는 1994년 행정정보공개운영지침(총리훈령)에 따라 정보공개를 실시하였으며, 1996년 정보공개법이 제정되고, 내부준비기간을 거쳐 1998년부터 시행되었다. 정부 3.0의 일환으로 2013년 공공데이터법을 제정하여 전자적 공공정보에 대한 개방을 강화하였다.

2. 주요내용

(1) 정보공개의 원칙

공공기관이 보유·관리하는 정보는 국민의 알권리 보장 등을 위하여 이 법에서 정하는 바에 따라 적극적으로 공개하여야 한다.

(2) 정보공개의 적용범위

① 정보의 공개에 관하여는 다른 법률에 특별한 규정이 있는 경우를 제외하고는 이 법에서 정하는 바에 따른다.

② 지방자치단체는 그 소관 사무에 관하여 법령의 범위에서 정보공개에 관한 조례를 정할 수 있다.

③ 국가안전보장에 관련되는 정보 및 보안 업무를 관장하는 기관에서 국가안전보장과 관련된 정보의 분석을 목적으로 수집하거나 작성한 정보에 대해서는 이 법을 적용하지 아니한다. 다만, 정보목록의 작성·비치 및 공개에 대해서는 그러하지 아니한다.

(3) 정보공개청구권자

모든 국민은 정보의 공개를 청구할 권리를 가진다. 따라서 모든 국민이 해당되며 외국인도 해당되지만 대통령령(정보공개법 시행령 제3조)에 의하여 제한을 두고 있다. 외국인의 경우 국내에 주소를 두고 거주하거나 학술·연구를 위하여 일시적으로 체류하는 사람과 국내에 사무소를 두고 있는 외국의 법인 또는 단체만이 해당된다.

(4) 정보공개기관의 범위

국가, 지방자치단체 및 대통령령이 정하는 공공기관으로 입법부 및 사법부, 공기업, 준정부기관, 지방공사, 사회복지법인 및 각급 학교(공·사립학교)까지 포함한다.

(5) 공개대상정보

공공기관이 직무상 작성 또는 취득하여 관리하고 있는 문서, 도면, 사진, 필름, 테이프, 슬라이드 및 컴퓨터에 의하여 처리되는 매체 등에 기록된 사항으로 결과는 물론 의사결정과정(회의록)까지 공개하는 것이 원칙이다.(공개가능한 모든 정보를 별도의 청구절차 없이도 인터넷을 통해 누구나 원문까지 열람이 가능하다.)

(6) 대상정보의 공개시점

① 공공정보에 대한 안정성·책임성을 확보하기 위해서는 사업의 종료시점 또는 보관·보존시점이 적절하나, 주민참여 촉진을 위해서는 결재종료시점이 적절하다.

② 그리고 정보공개청구가 있는 때에는 청구를 받은 날로부터 10일 이내에 공개여부를 결정하여야 하며 10일간 연장이 가능하다. (공개청구 후 20일이 지나도 공개결정이 없을 때에는 이의신청 등 불복절차 진행가능)

(7) 비공개대상정보

공공기관의 모든 정보는 원칙적으로 공개되어야 하나 국민전체의 권익이나 개인의 프라이버시를 침해할 위험이 있는 정보는 제외된다.

① 다른 법률 또는 법률이 위임한 명령(국회규칙·대법원규칙·헌법재판소규칙·중앙선거관리위원회규칙·대통령령 및 조례에 한한다)에 의하여 비밀 또는 비공개 사항으로 규정된 정보

② 국가안전보장·국방·통일·외교관계 등에 관한 사항으로서 공개될 경우 국가의 중대한 이익을 현저히 해할 우려가 있다고 인정되는 정보

③ 공개될 경우 국민의 생명·신체 및 재산의 보호에 현저한 지장을 초래할 우려가 있다고 인정되는 정보

④ 진행 중인 재판에 관련된 정보와 범죄의 예방, 수사, 공소의 제기 및 유지, 형의 집행, 교정, 보안처분에 관한 사항으로서 공개될 경우 그 직무수행을 현저히 곤란하게 하거나 형사피고인의 공정한 재판을 받을 권리를 침해한다고 인정할 만한 상당한 이유가 있는 정보

⑤ 감사·감독·검사·시험·규제·입찰계약·기술개발·인사관리·의사결정과정 또는 내부검토과정에 있는 사항 등으로서 공개될 경우 업무의 공정한 수행이나 연구·개발에 현저한 지장을 초래한다고 인정할 만한 상당한 이유가 있는 정보

⑥ 당해 정보에 포함되어 있는 이름·주민등록번호 등 개인에 관한 사항으로서 공개될 경우 개인의 사생활의 비밀 또는 자유를 침해할 우려가 있다고 인정되는 정보

다만, 다음에 열거한 개인에 관한 정보는 제외한다.

가. 법령이 정하는 바에 따라 열람할 수 있는 정보

나. 공공기관이 공표를 목적으로 작성하거나 취득한 정보로서 개인의 사생활의 비밀과 자유를 부당하게 침해하지 않는 정보

다. 공공기관이 작성하거나 취득한 정보로서 공개하는 것이 공익 또는 개인의 권리구제를 위하여 필요하다고 인정되는 정보

라. 직무를 수행한 공무원의 성명·직위

마. 공개하는 것이 공익을 위하여 필요한 경우로서 법령에 의하여 국가 또는 지방자치단체가 업무의 일부를 위탁 또는 위촉한 개인의 성명·직업

⑦ 법인·단체 또는 개인(이하 "법인 등"이라 한다)의 경영·영업상 비밀에 관한 사항으로서 공개될 경우 법인 등의 정당한 이익을 현저히 해할 우려가 있다고 인정되는 정보

다만, 다음에 열거한 정보는 제외한다.

가. 사업 활동에 의하여 발생하는 위해로부터 사람의 생명·신체 또는 건강을 보호하기 위하여 공개할 필요가 있는 정보

나. 위법·부당한 사업 활동으로 부터 국민의 재산 또는 생활을 보호하기 위하여 공개할 필요가 있는 정보

(8) 구제제도

① 정당한 정보공개청구가 거부당할 경우에는 이에 대한 구제장치가 필요하다.

② 우리나라의 경우 정보공개에 대한 불복절차로서 이의신청, 행정심판, 행정소송, 제3자의 이의신청 제도가 있다.

③ 아울러 정보공개여부를 심의하기 위하여 정보공개심의회를 설치·운영한다. 공개여부를 결정한 때에는 청구인에게 지체없이 서면으로 통지한다.

(9) 기타

정보공개에 관한 정책의 수립 및 제도 개선에 관한 사항 등을 심의·조정하기 위하여 국무총리소속으로 '정보공개위원회'를 둔다.

3. 효용 및 문제점

1. 효용

(1) 국민의 알권리 보장을 통한 정보민주주의(Tele-democracy)의 구현

국민주권원리에 기반 하여 국민의 알권리를 보장하고 국민 참여를 증대시켜 국민의 정보접근권, 정보사용권, 정보참가권을 보장하기 위함이다.

(2) 국정에 대한 국민의 행정참여 신장을 통한 열린 행정구현

정보공개는 국민의 국정참여를 증가시켜 "열린 행정"을 구현할 수 있게 한다.

(3) 국정의 투명성 확보와 행정통제의 강화

관료에 의한 정보독점을 막고 국민의 알권리를 충족시켜 행정의 투명성과 신뢰성을 증가시킨다.

(4) 행정의 홍보 및 신뢰성 확보

국민에게 객관적이고 정확한 정보를 공개함으로써 국민의 정부정책에 대한 신뢰와 믿음을 확고히 할 수 있다.

2. 문제점

(1) 기밀유출

국가기밀 유출의 위험이 커진다.

(2) 사생활 침해

공공부문에서의 개인정보에 대한 사용증가로 사생활 침해가 우려된다.

(3) 정보의 왜곡

행정적 책임을 회피하기 위해 왜곡되거나 조작된 정보를 제공할 수 있다.

(4) 비용·업무량의 증가

정보공개제도를 운영하는데 비용이 많이 들고 행정의 부담이 늘어난다. 정보공개청구가 폭주하는 경우 행정업무의 수행의 차질·지연이 우려된다.

(5) 소극적 행태의 조장

업무를 수행한 공무원의 책임문제가 야기되므로 공무원의 업무수행에 있어서 소극적인 행태가 견지될 수 있다.

(6) 공개혜택의 비형평성

정보공개 수혜에 있어서 형평성을 잃을 수 있다.

(7) 정보남용

범죄에 이용되는 등 부당한 목적으로 사용될 가능성이 있다.

♣ 공공기관의 정보공개에 관한 법률 주요 개정내용

1. "정보"란 공공기관이 직무상 작성 또는 취득하여 관리하고 있는 문서(전자문서 포함) 및 전자매체를 비롯한 모든 형태의 매체 등에 기록된 사항으로 확대한다.

2. 행정안전부장관은 공공기관의 정보공개에 관한 업무를 종합적·체계적·효율적으로 지원하기 위하여 통합정보공개시스템을 구축·운영하고 공공기관이 정보공개시스템을 구축하지 아니한 경우에는 통합정보공개시스템을 통하여 정보공개 청구 등을 처리하여야 한다.

3. 의사결정 과정 또는 내부검토 과정을 이유로 비공개할 경우에는 의사결정 과정 또는 내부검토 과정의 단계 및 종료 예정일을 함께 안내하도록 하고, 공공기관에서 수립된 비공개 세부 기준을 3년마다 점검하고 개선하도록 한다.

4. 정보공개를 청구하는 경우 주민등록번호 대신 생년월일을 제출하도록 하되, 청구인 본인임을 확인하여야 하는 정보에 대한 공개 청구에 대해서만 주민등록번호를 제출하도록 한다.

5. 정보공개심의회 위원은 소속 공무원, 임직원 또는 외부 전문가로 지명하거나 위촉하되, 그 중 3분의 2는 해당 국가기관 등의 업무 또는 정보공개의 업무에 관한 지식을 가진 외부 전문가로 위촉하여야 한다.

6. 정보공개위원회를 행정안전부장관 소속에서 국무총리 소속으로 변경한다.

7. 정보공개위원회 위원의 임기는 3년으로 하되, 한 차례만 연임할 수 있다.

1. 갈등의 의의

1. 개념

(1) 의사결정 상의 갈등

대안의 선택기준이 모호하거나 한정된 자원에 대한 경쟁 때문에 개인이나 집단이 대안을 선택하는 데 곤란을 겪는 상황을 의미한다.

(2) 조직관리 상의 갈등

행동주체 간의 대립적 또는 적대적 상호작용을 말한다.

2. 갈등에 대한 관점

(1) 고전적 갈등관(1900~1930년대)

갈등은 불필요한 것이며 조직성과에 언제나 부정적인 영향을 미친다고 가정하였기 때문에 갈등의 원인을 찾아내서 제거해야 한다고 보았다. 이 시각은 과학적 관리론, 인간관계론적 입장이다.

(2) 행태론적 갈등관(1940년대 말~1960년대)

갈등이란 조직 내에서 자연스럽게 일어나는 불가피한 현상으로서 이를 완전히 제거할 수 없다는 갈등의 수용입장을 취한다. 이 입장에서는 갈등이 때로는 순기능을 초래한다고 보지만, 능동적으로 갈등을 조장하지는 않는다.

(3) 상호작용적 갈등관(1970년대~현재)

갈등이 오히려 조직 내에서 발전의 추진력으로 작용할 수도 있다는 것을 제시하면서 긍정적 영향을 미치는 갈등은 조장하고 부정적 갈등은 제거해야 한다고 본다. 또한 갈등수준이 너무 낮으면 환경에의 적응력 저하, 독재와 획일주의, 무사안일, 의욕상실, 침체 등의 집단행동을 보이므로 적정한 갈등수준을 유지하는 최적관리가 필요하다고 본다.

▶ 갈등의 순기능과 역기능

갈등의 순기능	갈등의 역기능
① 조직발전의 새로운 계기로 작용하여 장기적으로 조직의 안정화에 기여한다. ② 갈등과정에서의 선의의 경쟁을 통하여 발전과 쇄신을 촉진한다. ③ 갈등의 해결 과정에서 조직의 문제해결능력과 창의력, 단결력을 향상시킨다.	① 조직의 목표달성을 저해한다. ② 구성원의 사기 저하와 구성원 사이에 반목과 적대감을 유발한다. ③ 갈등과 불안이 일상화되는 경우 쇄신과 발전을 저해한다.

2. 갈등의 유형

1. 개인적 갈등

(1) 목표갈등

개인의 목표는 긍정적 속성과 부정적 속성을 동시에 지니고 있거나 서로 상충하는 경우가 있어 양립할 수 없는 목표들 사이에서 쉽게 의사결정을 내리지 못하고 심리적 갈등을 나타낸다. 이러한 개인의 심리에 중점을 둔 갈등은 세 가지 형태가 있다.

① 접근-접근 갈등 : 바람직한 가치를 지닌 둘 이상의 대안 중에서 선택해야 하는 경우

② 회피-회피 갈등 : 바람직하지 못한 가치를 지닌 둘 이상의 대안 중에서 선택해야 하는 경우

③ 접근-회피 갈등 : 바람직한 가치와 바람직하지 않은 가치를 모두 지닌 대안 중에서 선택해야 하는 경우

(2) 역할갈등

한 사람에게 둘 이상의 상이한 역할이 복합적으로 부여될 때 생기는 갈등을 의미한다.

① 역할 내 갈등 : 중간관리자가 조직내에서 상급자와 하급자에 대하여 수행하는 상반된 역할상의 갈등

② 역할 간 갈등 : 상급자가 중간관리자에게 요구하는 역할과 하급자가 중간관리자에게 요구하는 상반된 역할 간의 갈등

2. 의사결정주체간의 갈등 : 대인적 갈등과 집단 간 갈등

(1) 조직 내의 상하단위를 기준

① 협상적 갈등 : 노사관계 및 예산과정에서의 갈등, 이익집단 간의 갈등과 같이 부족한 자원을 둘러싼 이해당사자들 간의 갈등이다.

② 수직적 갈등(관료제적 갈등) : 계층제의 상하 간 발생하는 갈등으로서 권한, 목표, 업무량, 근무조건, 보수 등이 있다.

③ 수평적 갈등(체제적 갈등) : 동일계층의 개인이나 부서 간에 발생하는 갈등으로서 목표의 분업구조, 과업의 상호의존성, 자원의 제한 등이 있다.

(2) 조직 변화에의 영향을 기준

① 마찰적 갈등 : 조직구조에 변화를 초래하지 않는 갈등이다.

② 전략적 갈등 : 조직구조에 변화를 초래하는 갈등이다.

(3) 조직 생산성에의 영향

① 소비적 갈등 : 조직의 팀워크를 깨고 조직의 생산성을 저하시키는 역기능적 갈등으로서 획일성, 통제, 권위, 폐쇄, 불안의 시각을 반영한다. 전통적 관점인 제거 또는 통제의 관점에서 접근한다.

② 생산적 갈등 : 조직혁신이나 조직성과 향상에 도움을 주는 건설적 갈등으로서 다양성, 자극, 성장, 공존의 시각을 반영한다. 변화와 혁신의 촉진제가 될 수 있으므로 조성을 할 필요가 있다.

3. 갈등의 원인과 해결방안

1. 원인

(1) 개인적 갈등의 원인

① 비수락성 : 결정자가 각 대안의 결과를 알지만 만족수준을 충족시키지 못하여 선택에 곤란을 겪는 상황을 의미한다.

② 비비교성 : 결정자가 각 대안의 결과를 알지만 최선의 대안이 어느 것인지 비교할 수 없는 경우에 곤란을 겪는 상황을 의미한다.

③ 불확실성 : 대안이 초래할 결과를 알지 못하여 곤란을 겪는 상황을 의미한다.

(2) 의사결정주체간의 갈등의 원인

① 공동의사결정의 필요성 : 조직이나 집단 간에 있어서 공동으로 의사결정을 할 경우 갈등이 발생한다. 즉 한정된 자원과 시간적 의존성이 크면 클수록 갈등현상은 고조되는 것이다.

② 목표·이해관계의 차이 : 조직간 또는 집단 간에 세부적인 목표나 이해관계의 차이가 있는 경우에 갈등이 발생한다.

③ 현실에 대한 인지·태도의 차이 : 정보나 사실에 대하여 각기 다르게 해석하고 평가하는 경우에 갈등이 발생한다.

④ 역할의 분화와 상호기대의 차이 : 하위체제 및 역할의 분화가 고도화되고 이에 따른 상호간의 의존성이 증대하는 반면에 이에 대한 기대감은 충족되지 않을 때에 갈등이 발생한다.

⑤ 의사전달의 미흡 및 왜곡 : 횡적·종적 의사소통이 결여된 경우에 갈등이 발생한다.

⑥ 자원의 제약 : 예산 및 정원 등 한정된 자원에 공동으로 결부된 경우에 갈등이 발생한다.

⑦ 권력의 차이가 없을 경우 : 권력의 크기가 비슷할 때는 조정이 곤란하므로 갈등이 발생한다.

2. 해결방안

(1) 개인적 갈등의 해결방안

① 비수락성의 갈등 : 새로운 대안의 탐색하거나 기존목표를 수정한다.

② 비비교성의 갈등 : 대안의 우선순위 선정기준이나 비교기준을 명확히 하고 대안이 제기된 전후관계를 파악한다.

③ 불확실성의 갈등 : 대안의 결과를 명확히 예측하기 위한 과학적 분석과 탐색활동의 증가 또는 결과예측이 가능한 새로운 대안을 탐색한다.

(2) 복수주체 간 갈등의 해결방안

① Simon-March의 이론

㉠ 기본적 목표는 합치된 상태에서의 합리적·분석적 해결

ⓐ 문제해결 : 갈등의 당사자 간에 목표의 합의가 이루어져 있으므로 결정되어야 할 문제는 이미 합의를 본 기준에 알맞은 해결책을 강구하는데 있다. 따라서 문제해결에 있어서는 정보수집의 중요성이 강조되며, 탐색활동이 강화될 뿐만 아니라, 새로운 대안의 추구가 강조된다.

ⓑ 설득 : 갈등의 당사자들이 지니고 있는 개별적 목표가 다르지만, 이것을 확고부동한 것으로 인정하지 않는다. 이 방법은 개별목표의 차이가 있기는 하지만, 어느 수준에선가 공동목표에 비추어 해결이 가능하다는 것을 전제로 하는 것이다.

ⓒ 기본적 목표에 대한 미합의상태에서의 정치적·협상적 해결

　ⓐ 협상 : 갈등 당사자 간의 목표의 차이는 움직일 수 없는 것으로 전제하고 설득 없이 합의를 추구하는 것이다.

　ⓑ 정략 : 집단 간의 이해관계의 대립이 있다는 기본적인 상황은 협상의 경우와 동일하나, 협상의 무대는 갈등당사자 집단에 한정되지 않는다는 점이 다르다.

　문제해결과 설득은 분석적·합리적 방법이고, 협상과 정략은 비분석적·정치적 방법이다. 협상과 정략은 갈등의 원인이 보다 근본적(목표 갈등이나 가치 갈등)일 경우 이용된다.

② Thomas의 대인적 갈등해결전략

　ⓐ 의의 : 대인적 갈등의 해결방안을 자신의 이익을 만족시키려는 정도와 상대방의 이익을 만족시키려는 정도라는 두 가지의 독립적 차원을 이용하여 다섯 가지로 분류하였다.

　ⓒ 갈등해결전략

　　ⓐ 회피전략 : 자신의 이익이나 상대방의 이익 모두에 무관심한 대인적 갈등해결 방안이다.

　　ⓑ 수용(순응)전략 : 자신의 이익은 희생하면서 상대방의 이익을 만족시키려는 대인적 갈등해결 방안이다.

　　ⓒ 타협전략 : 자신과 상대방 이익의 중간 정도를 만족시키려는 대인적 갈등해결 방안이다.

　　ⓓ 경쟁전략 : 상대방의 이익을 희생하여 자신의 이익을 추구하는 대인적 갈등해결 방안이다.

　　ⓔ 협력전략 : 자신과 상대방 이익 모두를 만족시키려는 대인적 갈등해결 방안이다.

▶ Thomas의 대인적 갈등해결방안

구분		상대방의 이익을 만족시키려는 정도		
		낮음		높음
자신의 이익을 만족시키려는 정도	낮음	회피		순응
			타협	
	높음	경쟁		협동

(3) 기타 갈등관리 방법

① 갈등예방전략

　ⓒ 조직의 권한과 책임의 한계를 명확히 한다.

　ⓒ 사전적 참여과정을 통한 의사결정을 한다.

　ⓒ 최고관리자의 균형적 자세 및 조정역할을 강화한다.

② 갈등 해소전략

  ㉠ 문제해결

  ㉡ 상위목표의 제시 및 완화 : 완화는 갈등당사자 간의 대립적인 의견이나 이해관계를 모호하게 하고 공통적인 요인을 내세우는 잠정적 해결책이다.

  ㉢ 회피 및 상관의 명령 : 갈등을 초래할 수 있는 결정을 보류·회피하거나 갈등당사자의 접촉을 피하게 하거나 갈등행동을 억압하는 방법으로 단기적 해결방법이다.

  ㉣ 행태변화 : 조직발전 등 행태과학적 기법을 통한 태도변화에 의하여 장기적으로 갈등을 해소하려는 방법이다.

  ㉤ 협상 : 자발적인 협상의 과정을 통해 갈등을 해결하는 방법이다.

  ㉥ 중재 : 갈등당사자간의 협상과정에 제3자가 개입하여 갈등당사간의 협상과정을 돕거나 협상과정에서의 문제점을 감소시키는 방법이다.

③ 갈등 조장전략

  ㉠ 정보 및 권력의 재분배 : 의사전달 통로를 의식적으로 변경시킴으로써 정보·의사결정권·권력 등의 재분배를 야기시킨다.

  ㉡ 수평적 분화를 통한 조직구조의 변경 : 부처 간의 차이를 심화시킨다. 이는 경쟁이 필요할 때 이용한다.

  ㉢ 충격요법적 방법 : 외부집단의 도전이나 위협을 느끼도록 유도한다. 무사안일주의를 타파하는데 기여한다.

  ㉣ 인사정책적 방법 : 고정관념과 경직된 사고방식, 편협한 가치관이나 행태를 줄이는데 도움이 된다.

  ㉤ 경쟁의 조장 : 성과급을 지급하고 보수·인사 등에 있어 경쟁원리를 도입한다.

  ㉥ 의사전달에 의한 방법 : 부서나 인원감축정보를 흘리는 방법이다.

  ㉦ 순환보직 또는 조직개편이나 직무재설계에 의한 방법 : 새로운 조직 환경 하에서 새로운 직무를 담당하게 한다.

제06절 | 조직관리와 혁신기법

1. 조직혁신

1. 개념

(1) 조직혁신이란 조직을 어떤 상태에서 보다 나은 바람직한 상태로 전환시키는 조직변동으로 조직과 관련된 환경에 대응하기 위하여 새로운 아이디어를 창조하여 변화에 적응하고자 하는 과정이다.

(2) 조직혁신은 행태적인 측면과 구조적인 측면으로 구성되어 있다. 행태적인 측면에서의 조직혁신은 구성원 각자의 발전을 통해 조직의 능률성과 효과성을 높이는 과정인 조직발전(OD)을 의미한다. 그리고 구조적인 측면에서의 조직혁신은 조직구조와 조직과정에 대한 개선을 말한다. 조직구조의 혁신은 조직구성원의 만족도보다는 조직 자체의 생산성향상에 더 큰 비중을 두므로 조직발전과 상충되기도 한다.

2. 특성

(1) 조직혁신은 계획적·의도적이며 목표지향적 성격을 띠고 있다.

(2) 조직혁신은 현상을 타파하고 변동을 인위적으로 유도하는 동태적 과정으로 변동에 따른 저항이 수반된다.

(3) 조직혁신은 조직의 구조적·기술적·행태적 측면의 개혁과 쇄신에 중점을 두고, 구성원의 행태와 가치관의 변화를 모색하는 조직발전이 주요한 전략이 된다.

(4) 변동담당자의 적극적인 역할이 중시된다.

3. 접근방법

(1) 구조적 접근방법

구조적 접근방법은 조직의 구조적 요인을 주요 대상으로 하고 통솔범위의 재조정, 분권화의 확대, 기능과 책임의 명확화 등에 중점을 두는 접근법이다. 구조적 접근법은 인간적 요인을 경시한다는 비판을 받기도 한다.

(2) 인간적·행태적 접근방법

인간의 가치관과 행태를 변화시켜 조직전체의 개혁을 추구하는 방법이다. 조직발전(OD)이 이에 해당한다.

(3) 기술적·과정적 접근방법

조직 내 과정 또는 업무의 흐름개선, 업무처리와 의사결정의 합리화를 추구하는 접근방법이다. 과학적 관리법이 추구하던 방법으로, 체제분석기법, 정보관리체제, 운영연구(OR) 등을 활용한다.

4. 추진과정과 저항

(1) 조직발전과정(Caiden)

① 인지단계 : 어떤 사안의 현실수준이 기대수준에 미달하는 차질을 발견하고 혁신의 필요성을 인지하는 단계이다.

② 입안단계 : 혁신의 필요가 인지된 다음에 기준과 실적차이의 차질을 해소시킬 수 있는 대안을 탐색하여 선택하는 단계이다.

③ 시행단계 : 개혁안을 실천에 옮기는 단계로서 개혁에 필요한 인적·물적 자원을 동원하고 개혁에 대한 저항을 극복하면서 상황변화에 잘 적응할 수 있도록 개혁안이 시행되어야 한다.

④ 평가단계 : 조직혁신의 성과를 분석·평가하여 그 결과를 혁신과정의 전 단계에 걸쳐 적절하게 환류시키는 단계이다.

(2) 조직혁신의 저항

조직혁신은 현상의 변동·타파이므로 현상을 옹호·유지하려는 입장에서 저항이 일어나게 된다. 저항의 일반적인 요인으로는 기득권에 대한 침해, 매몰비용, 개혁안내용의 불명확성, 집단 간의 갈등·대립, 정치적·사회적 요인의 작용 등이 있다.

(3) 저항의 극복전략

① 강제적 전략 : 혁신주체가 일방적으로 권력을 통해 상급자로서의 권한행사, 권력구조의 개편, 법령화, 의식적인 긴장조성, 인사조치 등 제재를 가함으로써 저항을 극복하려는 전략이다.

② 공리적·기술적 전략 : 기득권 침해의 최소화, 변화의 시기 및 절차의 조정과 단계별 추진, 인사상·보수상의 우대, 개혁에 따르는 손실보상 등을 통해 저항을 극복하는 것을 말한다.

③ 규범적·사회적 전략 : 상위이념이나 규범적 가치를 통한 설득과 양해, 참여기회의 확대, 의사소통 촉진, 심리적 불안의 해소, 개혁분위기의 적극적인 조성 등을 통해 저항을 극복하는 것을 말한다.

2. 조직발전(OD)

1. 의의

(1) 개념

① 조직발전이란 조직의 환경변화에 대한 대응능력과 문제해결능력(효과성)을 제고하기 위해 행태과학적 지식과 기술을 활용하여 조직 구성원의 가치관·태도·신념 등의 행태를 변화시키고자 하는 계획적·복합적인 관리전략이다.

② 조직발전은 McGregor의 Y이론적 인간관, 개방체제적 조직관을 전제로 한다.

(2) 특징

① 조직발전은 전체적·포괄적·종합적인 접근으로, 행태과학적 지식을 이용하여 구성원의 가치관·태도·신념의 변화를 추구한다.

② 조직발전은 장기적이고 인위적·의도적·계획적 변화과정이며 평가와 환류를 중시한다. 조직발전은 계획된 변화과정으로 체계적인 조직진단, 변동을 위한 전략의 개발, 인적자원의 개발 등을 요구한다.

③ 조직발전은 개방체제관점에서 하위조직체계의 상호연관성을 강조하며, 조직의 효과성증대에 초점을 맞춘다.

④ 조직발전의 관심은 업무의 내용이나 조직구조 등에도 미치지만, 관심의 초점은 대인관계와 집단 및 조직의 과정이다. 특히 인간적·사회적 과정, 문제해결을 지향하는 협동적 과정을 중시하며 이러한 과정들에 인간주의적 가치체계를 도입하고 민주적 분위기를 조성하려는 것이다.

⑤ 작업집단은 조직 구성원들이 필요로 하는 정보의 출처이며 욕구충족의 터전이므로 조직발전은 작업집단을 가장 중시하며 작업집단 내의 관계와 과정, 업무수행 방법, 조직문화 등을 바꾸는 것을 중시한다.

(3) 과정

① 문제의 인지(자료수집) : 조직발전의 대상과 필요성을 인식하는 과정으로서 조직 내의 문제점과 조직구성원의 가치관·태도·규범 등을 파악하는 과정이다. 면접, 질문서, 관찰 등의 방법으로 자료가 수집된다.

② 조직의 진단 : 문제가 인식되면 조직 내에서 무엇이 실제로 진행되고 있는가를 조사하여 문제해결을 위한 구체적인 대안을 설정한다.

③ 행동개입(실시) : 조직발전 기법을 실제로 적용시킴으로써 구성원의 행동변화를 일으키게 하는 핵심과정이다. 개입에는 ㉠ 기술적 개입(시설의 재배치, 구조의 변경 등), ㉡ 행정적 개입(조직의 정책, 절차 등), ㉢ 사회적 개입(갈등의 해결, 구성원의 협동, 신뢰성 등 인간관계)이 있다.

③ 평가 및 환류 : 조직의 진단은 잘 되었는지, 개입은 적절하였는지를 측정하여 평가한다. 평가결과는 환류되어 전략개발, 개입 등의 절차를 다시 밟게 된다.

2. 주요기법

(1) 실험실 훈련(감수성 훈련, T그룹훈련)

① 개념 : 실험실 훈련은 10~20명으로 구성된 소집단을 대상으로 1~2주 동안 외부환경과 격리된 상황에서 실시하는 대표적 조직발전기법이다. 참여자의 경험과 감성을 중시하므로 감수성 훈련이라고도 하며 소규모의 훈련팀을 구성하기 때문에 소집단 훈련(T-Group, training group)이라고도 한다.

② 특징

㉠ 계획된 장소 : 기존 관습이나 관행에서 벗어나야 하므로 계획되고 격리된 장소인 실험실(합숙장소)에서 실시한다.

㉡ 훈련집단의 형성 : 피훈련자들을 하나의 훈련집단(T-Group)으로 형성하고 훈련집단을 자체 분석의 대상으로 삼게 한다.

㉢ 비정형적·자발적 체험학습 : 특정의 감독자나 리더가 없이 피훈련자들은 어떠한 제한이나 절차가 없는, 타인과의 비정형적인 상호작용을 체험한다.

ⓔ 자기의 인식과 타인의 이해 : 참여자들이 스스로의 태도 및 행동을 평가할 수 있는 상황을 마련하여 각자가 느낀 점을 서로 솔직히 말하고 타인의 느낌을 경청함으로써 자기자신과 타인의 입장을 서로 이해하고 받아들이게 되며 자신의 행동이 타인에게 미치는 영향을 검토하여 개인의 태도와 행동의 변화를 유도한다. ➡ 타인지향적·개방적 인간관

ⓜ 가치관·태도의 변화와 능력 향상 : 개방적인 훈련을 통하여 가치관과 태도를 변화시킴으로써 조직의 갈등해소능력, 대인관계능력, 상황대처능력 등을 향상시킬 수 있다.

③ 한계

실험실 훈련은㉠ 시간과 노력이 과다하게 들고, ㉡ 성인의 경우 습관 등으로 인해 태도변화에는 한계가 있으며, ㉢ 효과의 지속성이 의문시된다는 한계가 있다.

(2) 관리망 훈련

① 의의 : 관리망 훈련(Grid training)은 감수성 훈련을 확대·발전시킨 종합적인 접근법으로 인간에 대한 관심을 기준으로 작성된 관리망을 기초로 하여 개인, 집단, 전체조직의 개선이 연쇄적으로 개선될 수 있도록 고안된 계획적·체계적 접근방법이다.

② 목표 : 관리망 훈련의 목표는 생산과 인간에 대한 관심이 모두 높은 9·9(단합형)의 관리유형으로 유도하는 것이다.

(3) 팀 빌딩기법(Team Building)

① 의의 : 팀워크 개선에 초점을 둔 조직발전기법으로서 팀구성원들 간 협조적인 관계를 형성하도록 함으로써 문제해결능력을 높이고 업무수행의 효율화를 기하는 것이 목적이다. McGregor가 1966년 최초로 팀형성기법을 시도하였다. 집단발전 또는 팀발전이라고도 한다.

② 실험실 훈련과 팀형성 : 실험실 훈련이 개개의 행태변화와 능력개선에 중점을 두는 반면, 팀형성은 팀의 공통문제해결을 다루기 때문에 집단능력 향상과 관리행태에 중점을 둔다.

(4) 과정상담

① 의의 : 과정상담(Process consultation)은 구성원의 행태를 개선하기 위한 전략으로 업무과정에 대한 상담과 관련된다. 개인 또는 집단이 조직 내의 과정적 문제를 지각하고 이해하며 해결할 수 있도록 제3자인 상담자가 도와주는 활동이다.

② 초점 : 과정상담의 초점은 조직 내의 인간적 과정을 개선하여 조직의 효율화를 도모하는 데 있다. 과정상담의 과정은 의사전달의 과정, 집단구성원의 기능적 역할에 관한 과정, 집단적 문제해결 및 의사결정의 과정, 집단의 규범 및 성장에 관한 과정, 리더십, 권력 과정 등이다.

(5) 태도조사 환류기법

① 의의 : 조직전반에 관한 실태를 조직구성원들의 태도를 통하여 체계적으로 조사하고, 그 결과를 모든 계층의 구성원들에게 환류 시켜 그들이 환류된 자료를 분석하고 개선방안을 탐색하도록 하여 조직 변화를 위한 기초 자료로서 활용하는 기법이다.

② 가장 오래된 OD기법으로서 태도조사와 연구집회(Workshop)로 이루어진다.

(6) 직무확장과 직무충실

① 직무확장(Job Enlargement) : 직무확장은 직무를 동일인에게 부여하는 전통적인 직무설계방법에 대응하여 동일인에게 다수의 직무를 분담케 하여 일의 범위를 수평적으로 넓혀 한 가지 업무만을 수행하면서 나타나는 권태감, 단조로움을 제거하자는 것이다.

② 직무충실(Job Enrichment) : 직무충실은 계층제적 조직에 있어서 계층분화가 고정화되어 행정의 관리과정이 수직적으로 분담되는 것을 방지하기 위하여 직능을 말단조직에 분산적으로 이양하는 것을 말한다. 직무확장이 불만은 제거하지만 생산성에 기여하지 못하는 문제를 해결하기 위해 Herzberg에 의해 제시되었다.

3. 한계와 성공요건

(1) 한계

조직발전은 ① 시간과 비용이 많이 든다는 점, ② 문화적 갈등을 일으킬 수 있다는 점, ③ 상담자에 대한 조직의 의존이 지나칠 수 있다는 점, ④ 기존 권력구조 강화에 이용될 수 있다는 점, ⑤ 최고관리층을 포함한 조직의 전 계층이 조직발전의 가치를 이해하고 적극적으로 참여하는 일은 쉽지 않다는 점, ⑥ 우수한 상담자를 구하기 어렵다는 점 등이 문제로 지적된다.

(2) 성공요건

① 개혁을 요구하는 조직내외의 압력이 있어야 하며, 개혁의 분위기가 조성되어야 한다.
② 최고관리층의 지지와 지원 하에 장기적인 안목으로 추진되어야 한다.
③ OD전문가와 조직구성원과의 긴밀한 협조관계가 바탕이 되어야 한다.
④ 결과에 대한 적절한 보상제도가 마련되고 지속적인 평가가 뒤따라야 한다.
⑤ OD훈련은 최고관리층으로 부터 시작하여 하위계층으로 실시해야 한다.

3. 목표관리(MBO)

1. 의의

(1) 개념

① 목표관리제(MBO)는 기존의 일방적·지시적인 관리방식을 탈피하여, 조직의 상·하 구성원들이 공동으로 참여하여 조직단위와 구성원의 목표를 명확하게 설정하고 그에 따라 생산활동을 수행한 후 성과를 측정·평가·환류함으로써 관리의 효율화와 조직 전체의 생산성 향상을 도모하는 관리기법이다.

② 구성원 간의 팀워크를 강조하고 상하급자가 공동으로 목표달성의 책임을 지게 하므로 Y이론과 자아실현적 인간관에 입각한 참여지향적 관리기법이다.

(2) 과정

① 조직목표의 명확화와 부하목표의 설정 : 구성원의 참여와 협의에 의해 목표가 설정되고 관리자와 부하 간 목표달성을 위한 협약을 맺는 단계이다.

② 업무수행과 중간결과의 평가와 환류단계 : 참여를 통해 구현되는 목표를 실현하는 단계이다. 이 과정에서는 중간목표에 비추어 중간결과를 평가하고 원래 합의된 목표에 환류시켜 부적절한 목표를 폐기하거나 수정해 나간다.

③ 최종결과의 검토 및 평가 : 부하목표의 수행실적이 설정된 목표에 비추어 어떻게 이루어졌는가를 검토하고 평가하는 단계이다.

④ 환류 : 목표에 입각한 업무수행의 결과가 평가된 후에 이를 환류 시켜, 조직의 공통적인 상위목표에 비추어보고 필요시 목표를 재정립하고 수정한다.

2. 특징 및 장·단점

(1) 특징

① 참여적 관리 : MBO는 모든 조직구성원이 참여하여 목표를 공동관리(수립, 집행, 평가)한다.

② 통합적 관리 : 직원은 참여를 통하여 설정된 목표를 정당한 것으로 인정함으로써 직무만족도가 향상될 뿐만 아니라, 목표를 설정한 직원에게 수단선택에 있어서 재량권이 부여되기 때문에 업무의 성취의욕을 높이고 동기유발을 촉진시킴으로써 조직목표와 개인목표를 조화시킨다.

③ 상향적·자율적 관리 : MBO는 X이론적인 통제적·하향적 지시방식에서 벗어나, Y이론적 관점에서 하급자가 스스로 상급자와 합의하에 목표를 설정하고 집행한다(탈전통적 모형).

④ 계량 가능한 단기목표 : MBO는 추상적·질적·가치적인 목표가 아닌 현실적·계량 가능한 양적·단기적·결과 지향적 목표를 중시한다.

⑤ 성과지향적 관리 : MBO는 투입과 과정보다는, 목표달성이라는 성과(또는 결과)를 중시한다.

⑥ 평가와 환류 중시 : MBO는 평가와 환류를 중시하며 평가는 전 과정에서 수시로 실시한다. 또한 환류를 통하여 집단의 문제해결능력과 개인의 직무수행능력의 향상을 도모한다.

(2) 장·단점

① 장점

㉠ 조직목표를 명확히 하여 조직활동을 목표달성에 집중시킴으로써 조직의 효과성을 제고한다.

㉡ 조직목표와 개인목표를 일치 : Maslow의 자기실현인, McGregor의 Y이론, Argyris의 성숙이론, Herzberg의 동기요인에서 묘사하는 통합적 관리전략이론과 동일하다.

㉢ 참여적 방법에 의한 조직관리의 인간화를 통하여 조직발전 및 조직구성원의 사기앙양에 기여한다.

㉣ 목표의 계량화로 인한 객관적 기준과 책임한계 명확화로 환류기능을 강화한다.

㉤ 자율적 책임제를 통하여 관료제의 경직성을 보완한다.

㉥ 목표·역할 간의 갈등·대립을 감소시키는 동태적 관리방식으로 팀웍을 중시하고 협동적 노력을 극대화한다.

㉦ 개인별 보상체계와 연계되어 연봉제 등 성과중심의 인사관리가 가능하다.

② 단점

　　㉠ 급격한 변화나 유동적이고 복잡한 환경에서는 목표가 빈번히 수정되기 때문에 효용이 제약된다.

　　㉡ 기본적·장기적·질적 목표보다 사소한 단기적·양적 목표에 치중한다.

　　㉢ 운영에 서류작성 등 시간과 노력이 많이 소모되고 관리절차가 복잡하다.

　　㉣ 행정은 목표의 무형성으로 인하여 공적산출단위가 없어, 목표의 명확한 설정과 성과의 계량적 측정이 곤란하다.

(3) 성공적 도입을 위한 조건

① 성공적인 MBO를 위해서는 최고관리층의 관심과 지지, 다른 관리기능과의 통합, 조사연구활동의 강화가 요구된다.

② 조직민주화 및 조직발전에 의한 태도변화가 선행되어야 한다.

③ 어느 정도 안정적이고 예측 가능한 조직 내외의 상황이 마련되어야 한다.

④ 성과에 따른 보상체계의 확립 또한 중요한 선행 조건이다.

▶ MBO와 OD의 비교

공통점	차이점		
① Y이론적 관리방식 ② 동태화 전략(변화·쇄신추구) ③ 평가와 환류기능 중시 ④ 조직의 효과성 제고 ⑤ 조직 내 갈등의 건설적 해결 중시 ⑥ 조직목표와 개인목표의 조화	구분	MBO	OD
	주관자	내부인사(계선중심)	외부전문가
	결정흐름	상향적	비교적 하향적
	전문기술	일반관리기술적용	행태과학적 지식활용
	계량화	예산제도로서의 MBO는 계량화와 관련됨	계량화와 무관

4. 총체적 품질관리(TQM)

1. 의의

(1) 개념

총체적 품질관리(Total Quality Management)는 고객만족을 서비스 품질의 제1차적 목표로 삼고 조직구성원의 광범위한 참여하에 조직의 과정, 절차 및 태도를 지속적으로 개선하여 장기적이고 전략적인 품질관리를 하기 위한 관리철학 내지 관리원칙을 의미한다.

(2) 개념요소

① 총체적(Total) : 고객인 주민의 수요파악에서부터 주민의 만족도를 확인하는 과정까지 행정의 모든 측면의 품질관리를 의미한다.

② 품질(Quality) : 주민의 기대에 그치지 않고 그 기대를 초과하는 수준의 품질을 의미한다.

③ 관리(Management) : 품질개선을 지속적으로 추진하여 조직역량을 유지하고 개선시키는 활동을 의미한다.

2. 특징

(1) 고객이 품질의 최종결정자

행정서비스가 고객의 마음을 끌지 못하면 정상적인 서비스도 높은 질을 가진다고 평가되지 못한다. 따라서 행정서비스도 생산품으로 간주되어 그 품질을 소수 전문가나 관리자가 아닌 고객이 직접 평가한다.

(2) 산출과정의 초기에 품질이 정착

서비스의 질이 산출의 초기단계에 확정되고 추후단계의 비효율을 방지할 수 있고 고객만족을 도모할 수 있다.

(3) 서비스의 변이성 방지

서비스의 질이 떨어지는 것은 서비스의 지나친 변이성에 기인하므로 서비스가 일관성이 없거나 바람직한 기준을 벗어나지 않도록 해야 한다.

(4) 전체 구성원에 의한 품질의 결정

서비스의 질은 구성원의 개인적 노력이 아니라 체제내에서 활동하는 모든 구성원에 의하여 좌우된다.

(5) 투입과 과정의 지속적인 개선

서비스의 질은 고객만족에 초점을 두므로 정태적이 아니라 계속 변동되는 목표이며, 결과나 산출이 아니라 투입과 과정의 계속적인 환류와 개선에 주력해야 한다.

(6) 구성원의 참여 강화

서비스의 질은 산출활동을 하는 구성원과 투입 및 과정의 끊임없는 개선에 의존하므로 구성원의 적극적인 참여가 중요하며 계층수준과 기능단위간의 의사소통 장벽이 없어야 한다.

(7) 예방적 관리

전통적 관리방식이 재화나 서비스에 대한 문제점을 관찰한 다음 사후에 수정하는 데 관심을 기울이는 반면, TQM은 사후품질 평가에 초점을 두지 않고 문제점에 대한 예방적·사전적 관리(통제)를 중시한다.

3. 운영과정

(1) 고객과 업무과정의 식별

구성원들은 자신이 하는 일과 업무의 양을 기술하고 고객이 누구이며 고객들이 필요로 하는 것부터 시작하여 개선되어야 할 작업과정을 확인한다.

(2) 결함과 그 원인 확인

업무수행과정에서 결함, 지연, 재작업이 자주 발생하는 곳이 어디인지를 확인하고 그 원인을 규명한다.

(3) 개선안의 마련과 모의실험

업무과정을 개선하기 위한 대책을 마련하고 이를 시험적으로 시행해본다.

(4) 개선안의 채택과 실시

개선안의 시험적 실시가 성공적이면 이를 조직전체에 도입한다.

(5) 반복

위 개선작업의 단계들을 결함이 없어질 때까지 되풀이하여 업무수행을 지속적으로 개선한다.

4. TQM과의 비교

(1) 전통적 관리와의 비교

구분	전통적 관리	총체적 품질 관리
고객욕구 측정	전문가에 의한 측정	고객에 의한 측정
자원통제	기준을 초과하지 않는 한 낭비를 허용	무가치한 업무·과오·낭비 불허
품질관리	문제점을 관찰한 후 사후수정	문제점에 대한 예방적 관리 중시
의사결정	불확실한 가정과 직관에 근거	통계적 자료와 과학적 절차에 근거
조직구조	통제에 기초한 수직적이고 집권적 구조 중시	수평적 구조 중시

(2) MBO와 TQM의 비교

구 분	목표관리제(MBO)	총체적 품질관리(TQM)
개념	조직 구성원이 공동참여하여 목표를 설정하고 성과를 측정·평가·환류하는 관리기법	고객만족을 1차 목표로 조직의 과정·절차를 지속적으로 개선함으로써 장기적·전략적으로 서비스의 질을 관리
특징(성격)	• 상향적·자율적 관리(수단선택은 자율성 부여) • 통합적 관리 • 성과지향적 관리 • 계량적·유형적·가시적 단기목표 중시 • 평가와 환류 중시	• 서비스의 질을 고객기준으로 평가 • 과정·절차 개선 • 직원에게 권한 부여 • 총체적 품질관리는 개인 성과평가를 위한 도구로 도입된 것이 아니라, 조직의 총체적 품질관리를 위한 기법이므로 개인의 성과평가 도구로는 부적합
효용	• 성과 중심의 인사관리에 유용 • 조직 내 의사소통개선	현대 조직사회가 추구하는 가치와 상황에 적합한 관리모형으로 효용성 높음
한계	• 공공서비스의 경우 구체적·계량적 목표 설정 곤란 • 초기단계에서 과중한 서류작업	• 정부서비스는 질의 측정·고객 범위 설정이 곤란 • 환경의 유동성이 커 장기적 사업추진 곤란
시계(視界)	단기적·미시적	장기적·거시적·전략적
지향	대내적 관리(목표에 의한)지향 - 내향성	대외적 고객지향(고객만족도 중시) - 외향성
초점	결과(수량적 목표의 달성도)	과정(행정서비스의 품질개선)
관리의 중점	사후적 관리(평가 및 환류 중시)	사전적·예방적 관리(통제)
환경	폐쇄체제적 관점	개방체제적 관점
보상방법	개별적 보상	팀 보상 및 구성원 보상

5. 공공부문에의 도입과 적용상 한계

(1) 기업상품이 아닌 서비스의 제공

정부는 상품이 아니라 서비스를 제공하는데, 서비스는 노동집약적이고 산출과 동시에 소비가 이루어지며 품질의 측정이 어렵고, 정부기관에 따라 업무도 다양하다.

(2) 정부의 고객개념 모호성

정부와 국민 간에 있어서는 무임승차 등으로 인하여 직접적인 서비스관계가 형성되지 않으므로 고객의 범위를 설정하기가 곤란하다.

(3) 사업의 장기적 추진 곤란

공공조직의 정치적 환경이 매우 유동적이므로 사업의 장기적인 추진이 어렵다.

(4) 정부조직문화

계량적인 관리방식에 익숙한 정부의 조직문화에서 질적인 관리방식을 취하는 것이 초기에는 그 효과를 발휘하기 어려울 수 있다.

5. 기타 관리와 혁신기법

1. BPR(Business Process Reengineering)

(1) 개념

① BPR이란 비용·품질·서비스 질 및 속도 등과 같은 핵심적 성과지표(KPI)들을 향상시키기 위하여 업무 프로세스를 근본적으로 다시 생각하고 과감하게 재설계하는 것이다.

② 조직을 관리통제위주의 기능별 조직에서 프로세스중심 조직으로 전환하는 것이다.

(2) 필요성

① 조직 내적요인 : 조직의 복잡성 증대, 조직의 민감성·유연성 저하, 프로세스의 단절, 혁신과 합의성 결여, 규모의 비경제 등의 문제를 해결하기 위한 방안으로 등장하였다.

② 조직 외적요인(3C) : 경영환경변화에의 대응으로 고객중심성(Customer), 경쟁과 핵심역량에 대한 집중(Competition), 변화(Change)를 지향하기 위함이다.

(3) 목적과 특징

① 목적 : 조직의 핵심업무과정을 재설계하여 행정의 효율성을 향상시키고 고객만족을 추구하는데 그 목적이 있다.

② 특징 : BPR은 ㉠ 극적 변화(Dramatic), ㉡ 프로세스의 혁신(Process), ㉢ Zero-base에서의 검토(Fundamental), ㉣ 과감한 재설계(Radical)를 특징으로 한다.

2. 벤치마킹(Benchmarking)

(1) 의의

① 모범기준이 될 만한 민간기업의 우수 경영사례들이나 다른 행정기관의 우수 정책사례들을 적극적으로 발굴, 도입하는 기법이다

② 벤치마킹은 체계적이고 지속적인 측정과정이다.

(2) 원칙

① 호혜성(Reciprocity) : 파트너와의 Positive-sum game에 입각할 때 가능하다.

② 유사성(Analogy) : 대상조직과 시행조직의 프로세스 간에 유사성이 있어야 한다.

③ 측정(Measurement) : 성과의 Gap을 가져오는 프로세스의 실행동인을 비교한다.

④ 타당성(Validity) : 실행동인을 자사의 프로세스 개선에 도입하는 근거가 타당해야 한다.

3. 전략적 관리(SM : Strategic Management)

(1) 의의

① 개념 : 전략적 관리는 환경과의 관계를 중시하는 변혁적 관리로서 조직이 새로운 지향노선을 제시하고, 전략기술을 개발·집행하는 관리전략이다. 전략적 관리의 주된 목적은 조직과 그 조직이 처한 환경사이에 가장 적합한 상태를 형성하는 것으로서 조직은 우선 장기적인 관점에서 자신의 대내적 장점 및 약점과 환경으로부터의 위협 및 기회를 분석하고 확인하며, 이러한 분석에 기초하여 최적의 전략을 수립하는 것이다.

② SWOT전략 : 대내적 장점(Strength) 및 약점(Weakness)과 환경으로부터의 기회(Opportunity) 및 위협(Threats)을 분석하고 확인하며 이 분석에 기초하여 최적의 전략을 수립한 다음 이를 집행하는 데 가장 적합한 조직구조, 과정, 각 부문과의 관계, 그리고 구성원의 역할을 설정하고 집행에 필요한 지도력의 제공에 초점을 맞추게 된다.

	강점(S)	약점(W)
기회(O)	• 공격적 전략 : 강점을 가지고 기회를 살리는 전략(SO전략)	• 방향전환전략 : 약점을 보완하여 기회를 살리는 전략(WO전략)
위협(T)	• 다양화 전략 : 강점을 가지고 위협을 회피하거나 최소화하는 전략(ST전략)	• 방어적 전략 : 약점을 보완하면서 위협을 회피하거나 최소화하는 전략(WT전략)

(2) 특징

① 목표지향성 : 보다 나은 상태로 전진해 가려는 관리로서 장기목표를 지향하는 목표지향적·개혁적 관리체제이다.

② 장기적 시간관 : 조직의 변화에는 장기간이 소요된다는 장기적 시간관과 조직의 환경에 대한 이해를 강조한다.

③ 조직의 역량강조 : 환경뿐만 아니라 조직자체의 역량분석을 중시한다. 조직의 강점과 약점, 기회와 위협 등 조직 내의 상황적 조건을 분석한다.

④ 조직 활동의 통합 강조 : 미래의 목표성취를 위한 개발·선택, 이를 위한 주요 조직 활동의 통합을 중시한다.

(3) 효용성

① 격동하는 환경에 대한 조직의 대응능력을 향상시킨다.

② 조직이 장기적이고 포괄적인 안목으로 환경변화에 대응할 수 있게 한다.

③ 개혁의 지향노선을 스스로 통제할 수 있는 조직의 능력을 향상시킨다.

(4) 일상적 관리와 전략적 관리의 비교

일상적 관리	전략적 관리
• 주어진 목표에 관심을 둔다. • 목표는 일반적으로 과거의 경험으로부터 타당성을 얻는다. • 목표는 기능적 단위에 따라 구체적인 하위목표로 분할된다. • 관리자는 기능을 확인하고 수단에 전념하는 경향이 있다. • 관리자는 목표와 비교하여 성과의 증거를 즉시 획득한다. • 공식적 및 사회적 유인은 목표와 관련되어 있다. • 게임의 규칙이 잘 알려져 있기 때문에 경험 있는 개인은 안정감을 느낀다. • 대부분의 문제는 직접적이고 구체적이며 익숙하다.	• 새로운 목표와 전략의 설정과 평가에 관심을 둔다. • 새로운 목표와 전략은 논쟁적이기 때문에 경험은 최소한에 그친다. • 목표는 일반적으로 중요성에 따라 평가된다. • 관리자는 환경에 대한 조직의 관점을 가져야 한다. • 새로운 목표와 전략의 장점은 수년이 지난 후에 발견된다. • 유인은 기껏해야 계획과 느슨하게 관련된다. • 새로운 분야에 대한 노력이 고려될 수 있으나 과거의 경험은 새로운 게임에 능력을 제공하지 못한다.

PUBLIC ADMINISTRATION

PUBLIC ADMINISTRATION

출제율 15~20%

이 단원은 인적자원을 뽑고, 훈련을 통해 능력발전을 기해서 적절한 곳에 배치하고 관리하는 과정을 설명한다. 인사행정의 3대 요소는 임용, 능력발전, 사기로 구성되어 있다.

1장은 인사제도의 변천과정을, 2장은 계급제와 직위분류제를 중심으로 한 공직분류제도를, 3장은 인사행정의 3대 요소에 대하여, 4장은 공직윤리, 공직부패 등에 대하여 설명한다.

제 **04** 편

인사행정론

1. 의의

1. 개념

인사행정이란 행정목적을 효과적으로 달성하기 위하여 필요한 인적자원을 동원하고 능력을 개발하며 적재적소에 배분하고 유지하는 관리활동을 의미한다. 일반계선에 비하여 참모적 기능을 하는 영역이며 채용, 능력개발, 사기관리가 주요 변수이다.

2. 정부의 인사행정과 기업 인사관리의 비교

(1) 공통점

인사행정과 인사관리는 양자 모두 ① 조직의 효율적인 목표달성을 지원하기위한 수단적 성격의 관리활동으로 인력계획·채용·능력발전·사기 등 활동국면으로 이루어지고 ② 활동국면에서 사용되는 관리기법이나 절차 등이 유사하다.

(2) 차이점

① 공익성·봉사성 : 정부활동의 공익추구성, 봉사성, 계속성 등으로 인사행정에서도 기회균등과 공평성의 원칙, 공무원의 신분보장, 정치적 중립성, 노조활동의 제한 등의 특성이 나타난다.

② 법정주의·경직성 : 인사행정의 중요한 원리와 절차는 법률에 의하여 규정되므로 인사관리에 비하여 경직성이 높고 적시성과 융통성이 낮다.

③ 방대성·다양성 : 정부업무 자체의 규모가 크고 종류가 다양하기 때문에 인사행정도 그만큼 복잡하고 다양하다. 정부는 사기업에서 찾아볼 수 없는 특이성이 강한 직무로 구성되어 있어 다른 직장에의 유사한 직무로의 이동 가능성을 제약하게 된다. 이러한 특성은 공무원에 대한 신분보장, 연금관리, 퇴직관리 등이 사기업에 비하여 강화되는 요인으로 작용하게 된다.

④ 정치성 : 인사행정은 정치권력의 영향으로 합리성을 확보하기 어려운 경우가 많다.

⑤ 비시장성 : 정부활동은 비시장성을 띠므로 인사행정의 최적방안을 선택하거나 결과를 평가할 수 없으며 인적 자원에 대한 노동가치의 산출이 곤란하다.

⑥ 제약성 : 인사행정은 공적 상황 또는 정치적 상황 속에서 진행되기 때문에 공공의 감시와 통제를 더 많이 받을 뿐 아니라, 불필요한 절차를 거치는 예가 많다.

▶ 인사행정과 인사관리의 비교

공통점	차이점		
① 목표달성을 위한 수단 ② 관리기법·절차	기준	인사행정	인사관리
	법적 제약의 정도	엄격·경직적	재량·탄력적
	서비스·재화의 성격	비시장성	시장성
	직장 간 유동성	약함	강함
	추구하는 이념	정치성·공공성	경제성·효율성

3. 인사행정의 변수

구분	변수	내용
인사행정의 3대 변수	채용	인력계획, 모집, 시험, 임용
	능력발전	교육훈련, 근무성적평정, 승진, 전직, 전보 등
	사기	보수, 고충관리, 인사상담, 연금, 정치적 중립성, 직업공무원제, 신분보장, 공무원단체 등

2. 현대 인사행정의 특징

(1) 개방체제적 성격

인사행정은 행정체제를 포함한 상위체제로부터의 다양한 요구를 수용하고 이에 적절히 대응하는 성격을 갖고 있다. 즉 체제적 관념에 입각한 상황적응적 접근방법이다.

(2) 가치갈등적 성격

인사행정은 시대나 정치적 상황의 산물로서 다양한 가치를 내포하며 서로 갈등하기도 한다.

(3) 종합학문적 성격

인사행정에 대한 체계적 연구나 효율적인 관리전략의 수립은 여러 관련학문(정치학, 인사심리학, 산업심리학, 조직행동론, 관료제론, 사회학, 노동경제학 등)의 종합학문적 접근을 통해서 가능하며, 가치기준의 다원화에 대응한 접근방법의 분화와 통합 등으로 요약할 수 있다.

(4) 인적자원 관리적 관점

현대행정은 인적자원 관리적 관점에서 비용이나 통제적 측면보다는 인적자원의 관리와 투자의 관점에서 접근하여 조직구성원의 능력개발과 효율적 인적관리에 더 많은 관심을 둔다.

(5) 환경적 영향

한 정부의 인사행정을 지배하는 가치나 원칙은 그 정부의 정치·경제·사회문화적 환경의 특수성에 의해서 결정된다.

✤ 후기인간관계론

1. 의의

인간을 자아실현적 존재로 보고 Y이론적 관리에 의해 개인목표와 조직목표의 통합과 참여적 민주주의를 구현하려는 인간자원관리(HRM)로서 현상학적 접근방법의 옹호자들이 강조하는 것이다.

2. 주요내용

(1) HRM(Human Resource Management : 인적자원관리)

① 의의

조직의 전반적인 전략적 관리와는 분리된 채 단순히 조직에 필요한 인력의 관리라는 특수한 보좌적 기능만을 수행하던 전통적인 인력관리와는 달리, 인력을 조직의 목표달성의 핵심적인 자산, 즉 인적자원으로 인식하고 인적자원의 관리를 조직의 전략적 관리와 연계시킬 것을 강조하는 것이다. 전통적인 인사행정이 전통적인 통제를 전제로 한 실질주의 인사관리, 즉 개인과 조직목표를 상충관계로 인식하는 교환모형이라면, HRM은 개인과 조직의 통합을 강조하는 Y이론적 관점에서 출발한다. HRM은 1970년대 후반이후 기존의 인사관리나 인사행정을 대체하는 개념으로 1940년대의 인간관계론적 전통과 1960대의 조직발전(OD)등에 그 뿌리를 두고 있다.

② 특징

㉠ 승진, 훈련, 경력 발전 등에 있어서 비교적 잘 개발된 내부노동시장체제

㉡ 신축적인 업무조직체제

㉢ 상황 적응적 보상체계와 지식에 기초한 보수구조

㉣ 업무와 관련된 결정에 대한 직원과 작업집단의 참여

㉤ 내부커뮤니케이션의 확대

(2) 직장생활의 질(QWL)

① 의의

1960년대 미시건 대학에서 연구된 것으로서 작업풍토를 변화시켜 궁극적으로 보다 나은 직장생활의 질을 향상하려는 것인데, 직무충실을 비롯하여 직무설계와 사회 기술적 재설계의 원리를 적용하여 작업상황의 질을 개선하려는 종합적인 노력을 말한다. 한마디로 직장에서 근로자의 삶의 질을 향상시키기 위한 인간적이고 민주적인 근로운동을 의미한다.

② 요소와 주요 내용

㉠ 적절하고 공정한 보상

㉡ 안전하고 건전한 작업 환경

㉢ 인간능력의 활용과 개발기회

㉣ 성장과 안전을 위한 미래계획

㉤ 작업조직 내에서의 사회적 통합

㉥ 직장생활과 사생활의 조화

제02절 | 인사행정제도의 발달

1. 엽관주의

1. 의의

(1) 개념

① 엽관주의는 선거에서 승리한 대통령 당선자(정당지도자)가 정부의 모든 관직을 전리품(spoils)으로 획득하고 선거에서의 공헌도와 충성도에 따라 공직을 정당원들에게 임의대로 처분할 수 있는 정치적 인사제도로서 정권이 교체될 때마다 전임 대통령이 임명한 공직자는 경질되고 그 자리에 충성당원들이 새로 임명된다.

② 이러한 엽관주의는 개인의 능력과 자격, 실적에 기준을 두는 실적제와 대비되는 제도로서 엽관제는 정당정치의 발달을 배경으로 선거를 통하여 국민에게 책임을 지는 공직경질제이며 정권교체를 전제로 하므로 복수정당제 하에서 의미가 있는 제도이다.

(2) 발달과정

① 미국의 엽관주의

㉠ 1820년 집권여당과 함께 공무원의 책임을 강조하는 의미에서 6대 Monroe 대통령이 공무원들의 임기를 국회의원과 일치시킨 '공직임기4년 법(Four Year's Law)'을 제정하였다.

㉡ 서부개척민의 지지를 받아 정권을 잡은 제7대 Jackson대통령은 자기를 지지해 준 서부 개척민들에게 공직을 개방하는 것이 행정의 민주화와 지지에 대한 보상이라고 여겨 이를 민주주의의 실천적인 정치원리로 채택하면서부터 엽관주의적 인사행정이 활발하게 이루어졌다.

② 영국의 정실주의

㉠ 은혜적 정실주의 : 1688년 명예혁명 이전에는 체계화된 관료제도가 발달되지 않았기 때문에 당시의 국왕은 개인적으로 가까운 충신이나 의회를 조정하기 위하여 자기편이 될 의원에게 고위관리직이나 고액의 연금들을 국왕의 특권으로 은혜적으로 부여하는 은혜적 정실주의가 발달하였다.

㉡ 정치적 정실주의 : 명예혁명이후 정치적 변혁으로 권력이 국왕으로부터 의회로 이동되고 의회중심의 유력한 정치가들에 의한 정치적 정실주의가 등장하였다. 의회주의와 내각책임제가 발전함에 따라 정당의 유력한 지도자들이 선거운동의 공로와 정치적 고려에 의하여 연금과 관직을 제공하는 정치적 정실주의가 발달하였다.

▶ 정실주의와 엽관주의의 차이점

구 분		정실주의(영국)	엽관주의(미국)
유사점		능력이나 실적 등에 의하여 선발하지 않음	
차이점	시 기	17C 말 절대군주제	19C 초(1829~1883) 민주제
	선발기준	당파성＋정치적 요소(지연, 학벌, 문벌 등)	당파성(정당에의 공헌도)
	신분변경	종신직, 소수교체	정권교체 시 변경, 대량교체
	신분보장	인정	불인정
	배경이념	기득권 존중전통, 공직을 재산권으로 인식	잭슨 민주주의(민주적 책임성)
	실적제 전환	1870년 제2차 추밀원령	1883년 펜들턴법

(3) 발전요인

① 정치적 민주주의의 요청 : Jackson 대통령은 자신을 지지해 준 대중에게 공직을 개방하는 것이 그들의 의사를 정책을 반영할 수 있는 길이며 민주정치를 가능하게 하는 길이라고 믿었다.

② 정당정치의 발달 : 정당정치가 발달하면서 공직인사에서도 정당정치의 이념을 도입하려는 결과로써 엽관주의가 도입되었다. 또한 국민에 대한 공약이나 정책을 보다 강력히 추진하기 위해서는 대통령 측근에 정치적 이념을 같이하는 사람의 임용이 필요했다.

③ 행정의 단순성 : 그 당시의 행정업무는 오늘날과 같이 전문적인 기술이나 지식을 요구하는 것이 아니기 때문에 일반적 상식을 가진 사람이면 누구나 행정업무를 수행할 수 있었다. 그러므로 엽관제도에 의한 공직임용이 가능하였다.

④ 대통령의 지지세력 확보 : 선거에서 승리한 정당이 국민에게 제시한 공약을 강력하게 추진하기 위해 엽관주의가 도입되었다.

2. 효용과 한계

(1) 효용

① 정당정치의 발전 및 행정의 민주화 기여 : 엽관주의는 대통령 및 집권당의 공약·정책의 추진 및 실현을 용이하게 하고 정당정치의 발전에 기여하였으며, 행정의 민주화에 기여하였다.

② 민주통제 및 책임행정 구현 : 주기적인 선거과정을 통해 대폭적인 공직경질이 이루어지므로 민주통제를 강화하고 책임행정을 구현하기 용이하다.

③ 민주주의 평등이념 구현 : 한정된 관직을 대중에게 개방함으로써 보다 많은 사람에게 공직참여기회를 제공하여 민주주의 평등이념에 부합한다.

④ 강력한 정책추진 : 정치지도자의 리더십이 강화되고 정당이념이나 공약의 강력한 추진이 가능해진다.

⑤ 관료제의 쇄신 : 공직경질을 통하여 관료제의 특권화와 공직의 침체화를 방지할 수 있다.

⑥ 정책변동에의 대응과 리더십 강화 : 중대한 정책변동에 대응이 유리하고 관리자 양성이나 국정지도자의 정치적 리더십 강화에 기여한다.

(2) 한계

① 행정의 계속성·안정성 저해 : 정권이 교체될 때마다 공무원이 대량 경질되어 정책의 일관성이나 행정의 안정성이 저해될 수 있다.

② 행정의 전문성 저해 : 공직의 아마추어리즘 및 교체임용주의로 인하여 전문성을 확보하기 어렵고 무능한 사람이 공직에 들어가 업무능률을 저해할 수 있다.

③ 행정의 공정성·중립성 저해 : 관료들이 소수 정당 간부의 특수이익을 위한 도구로 전락되어 행정의 공정성·중립성이 저해될 수 있다.

④ 행정의 부패 : 특정정당에 대한 충성심은 공무원의 공평무사한 임무수행을 어렵게 하고, 신분보장이 되지 않아 재임기간 중 매관매직·뇌물수수 등 공직부패를 조장할 우려가 있다.

3. 우리나라의 엽관주의

(1) 의회주의와 지방자치주의를 채택하고 대통령, 지방자치단체장 등 주요 정책결정자들을 선거로 선출하는 민주국가에서 일정한 범위의 엽관인사는 허용하지 않을 수 없는 것이다.

(2) 우리나라에서도 오래전부터 한정된 엽관인사의 영역을 법적으로 용인해 왔다. 정무직과 별정직, 그리고 단순노무 종사자 등에 대한 엽관적 임용 또는 비실적주의적 임용이 공식적으로 허용되어 있다.

(3) 최근에는 정치체제의 민주화·자율화 촉진, 지방자치 강화, 적극적 인사행정(융통성 있는 인적 자원관리)에 대한 요청으로 엽관주의적 임용의 합법적인 영역이 넓어지고 있다.(오석홍)

2. 실적주의

1. 의의

(1) 개념

실적주의(Merit system)는 개인의 실적에 바탕을 둔 제도로서, 각 개인이 가지고 있는 능력에는 차이가 있음을 인정하는 상대적 평등에 입각하여 당파성이나 학연·혈연·지연 등이 아닌 능력·자격·성적 등 중립적·객관적 기준에 따른 인사행정을 의미한다. 개인의 실적은 일반적으로 직무수행능력, 생산성, 경력 등으로 구체화된다.

(2) 발전요인

① 정당정치 및 엽관주의의 폐해 :㉠ 공직의 대량경질로 인한 신분불안 및 행정의 안정성저해, ㉡ 관료의 정당성 변화로 행정의 정치적 중립 변화, ㉢ 행정 비능률과 예산의 낭비 현상 및 부패·무질서 만연 등 엽관주의의 병폐를 극복하기 위하여 도입되었다.

② 행정국가화 현상과 전문화의 요청 : 행정국가의 등장으로 행정기능이 양적으로 증대되고 질적으로 변화됨으로써 전문적·기술적 능력을 갖춘 유능한 관료가 요구되었다.

③ 정치적 이유 : 1881년 가필드 대통령의 암살을 계기로 엽관주의가 크게 비판받았으며, 1882년 중간선거에서 공화당의 참패로 끝나자 2년 후 대통령 선거에서 자신감이 상실되면서 엽관주의의 개혁을 추진하였다.

④ 행정능률화를 요청하는 정부개혁운동의 전개 : 민주정치의 발전에 따른 국민의 정치의식의 향상과 권리의식의 증대로 인하여 능률적이고 중립성을 띤 인사행정이 요청되고, 이러한 정치적 배경 하에서 정부개혁운동, 행정조사운동이 전개되는 가운데 필연적으로 실적주의의 수립이 요청되었다.

2. 전개과정

(1) 영국

① 성립배경과 주요 내용 : 1853년 Northcote-Trevelyan보고서의 발표와 1855년의 제1차 추밀원령에 의한 미온적인 공무원제도개혁(인사위원회 설치)을 거쳐 1870년 제2차 추밀원령에 의한 개혁으로 결실을 맺었으며, ㉠ 공개경쟁시험제도의 확립, ㉡ 계급의 분류, ㉢ 재무성의 인사권 강화 등을 주요 내용으로 하고 있다.

② 특징 : 영국의 실적주의는 재직공무원중심의 폐쇄형 실적주의를 취함으로서 신분보장을 통한 직업공무원제 확립에 기여하였다.

(2) 미국

① 성립배경 : 미국에서는 팬들턴법(Pendleton Act)의 제정(1883년)으로 실적주의의 기초가 수립되고, 공직에 대한 정당의 지배와 공무원의 정치활동을 금지하는 Hatch법의 제정(1939년)으로 실적주의가 확립되었다.

② 팬들턴법(Pendleton Act)의 주요내용

㉠ 초당적, 독립적 합의제기관인 연방인사위원회 설치

㉡ 공개경쟁채용시험제도에 의한 임용

㉢ 시험에 합격한 공무원에 대한 임용과정의 일부로서 시보임용 기간제의 채택

㉣ 제대군인에 대한 특혜 인정

㉤ 공무원은 정치헌금을 할 의무를 지지 않으며, 정치활동 금지(공무원의 정치적 중립)

㉥ 전문 과목 위주의 시험과목 편성

③ 특징 : 엽관주의가 초래한 병폐를 극복하고자 실적주의를 도입하였으나, 직무중심의 개방형임용으로 직업공무원제 확립에는 기여하지 못하였다.

▶ 미국과 영국의 실적주의의 비교

구 분	미국 – 직위분류제	영국 – 계급제
성립배경	정당정치와 엽관주의의 폐단 극복	귀족정치와 정실주의의 폐단 극복
직업공무원제와의 관련	개방형 실적제(직무 중심) → 직업공무원제에 기여하지 못함.	폐쇄형 실적제(사람 중심) → 직업공무원제에 기여함.

3. 주요내용

실적주의는 이념적으로 자유주의와 개인주의 그리고 정치·행정이원론을 배경으로 하며 다음과 같은 특징을 가지고 있다.

(1) 공직취임의 기회균등

공직은 모든 국민에게 개방되며 성별·종교·사회적 신분·학벌 등에 따른 어떠한 차별도 배제한다.

(2) 실적 중심의 공직임용

공무원의 임용에 있어 직무수행 능력·자격 및 성적을 기준으로 하며 정실이나 당파성을 배제한다.

(3) 공개경쟁시험제도

공직임용에 대한 기회균등보장과 실적·능력 중심의 공직임용이 이루어진다.

(4) 인사권의 집권화

공정하고 독립적인 인사행정을 위하여 초당적인 기구로서 독립된 중앙인사기구를 설치·운영함으로써 인사행정을 통일적이고 집권적으로 수행할 수 있다.

(5) 공무원의 신분보장

공무원은 법령에 저촉되지 않는 한 본인의 의사에 반하여 일체의 신분상의 불이익 처분을 받지 않는다.

(6) 정치적 중립

공무원은 어떠한 정당이 집권하든 당파성을 떠나 국민 전체에 대하여 공평하게 봉사하여야 한다.

(7) 상대적 평등주의

각 개인의 능력에 차이가 있음을 인정하고 능력에 따른 차별을 강조하는 상대적 평등주의를 지향한다.

4. 장·단점

(1) 장점

① 공직임용상의 기회균등을 보장하여 진정한 민주주의 평등이념의 실현이 가능하다.
② 실적에 의한 임용으로 행정의 능률성을 향상시킨다.
③ 공무원의 정치적 중립을 통하여 공익의 대변자로서의 역할을 수행한다.
④ 능력·자격·성적에 의한 인사관리를 통하여 과학적이고 합리적인 인사행정이 가능하며 행정의 전문화에 부응하였다.
⑤ 공무원의 신분보장을 통하여 행정의 계속성과 공무원의 직업적 안정성을 확보하여 직업 공무원제 확립에 기여하였다.

(2) 단점

① 정책추진의 곤란성과 대응성 저해 : 엄격한 실적에 의한 인사가 강조되므로 인사권자의 리더십이 제약을 받게 되고 정치적 환경에서 수행되는 행정의 정치성을 과소평가하게 됨으로써 공무원들로 하여금 집권층의 정책방향과 국민의 요망, 정치적 가치에 무감각하게 한다.
② 인사행정의 집권화와 경직성 : 정치적 간섭으로부터 공무원을 보호하는 데 중점을 두는 소극적 성격을 띠므로 인력의 탄력적 운영을 어렵게 하고 인사행정의 집권화와 이에 따른 인사절차의 합법성에 주력하게 함으로써 인사행정의 경직성과 형식성을 초래하였다.

③ 관료의 특권화·보수화 : 지나친 신분보장은 인사권자의 리더십을 곤란하게 하고 관료제의 강화·특권화·보수화를 초래하였다.

④ 효율적 인사행정의 소홀 : 실적제는 정당의 영향 최소화, 부적격자 제거 등 주로 채용의 공정성에만 초점을 둔 나머지 유능한 인재의 선발이나 능력개발 등은 소홀해진다.

⑤ 실질적인 비형평성과 차별의 심화 : 실적제는 기회의 형평에 초점을 두기 때문에 결과로서의 형평성을 보장하지 못함으로써 소수민족과 여성 등 소외계층에게는 실질적으로 비형평성과 차별을 심화시키는 결과를 초래하였다. → 대표관료제의 대두

⑥ 정치적 자유의 제약 : 실적제의 정치적 중립성 원리는 공무원의 정치적 자유를 지나치게 제약하는 경향이 있다.

3. 적극적 인사행정(실적제 + 엽관제)

1. 의의

적극적 인사행정은 환경변화에 능동적으로 대응하기 위하여 실적주의 및 과학적 인사행정만을 고집하지 않고 엽관주의와 인간관계적 요소 등을 신축성 있게 도입하는 적극적·신축적·분권적 인사행정을 의미한다.

2. 방안

(1) 적극적 모집

(2) 공무원의 능력발전 중시

(3) 인사권의 분권화

(4) 대표관료제의 가미

(5) 인간관리의 민주화

(6) 공무원노조의 허용

(7) 정치적 임용확대 및 엽관주의의 가미

(8) 과학적 인사관리의 지양

4. 대표관료제

1. 의의

(1) 개념

① 대표관료제란 그 사회를 구성하는 모든 집단으로부터 인구비례에 따라 관료를 충원하고 그들을 정부관료제 내의 모든 계급에 비례적으로 배치함으로써(소극적 대표) 정부관료제가 그 사회의 모든 계층과 집단에 공평하게 대응(적극적 대표)하도록 하는 제도이다.

② 대표관료제는 정부관료제가 그 사회의 다양한 인적 구성을 반영하도록 구성함으로써 관료제 내에 민주적 가치를 주입시키려는 의도에서 대두되었다. 따라서 ⊙ 모든 사회계층의 요구가 고르게 반영되는 민주성과 대표성, ⓒ 사회계층의 이익에 적절하게 대응하고 정책적 책임을 지는 대응성과 책임성, ⓒ 소외계층에 대한 배려를 하는 수직적 형평성을 주요 특징으로 하며 특히, 사회적 비 혜택집단(소외계층인 여성·장애인·낙후지역 거주인·소수인종 등)을 적극적으로 우대함으로써 구조적 차별을 시정하는 수직적 형평성을 강조한다.

(2) 소극적 대표와 적극적 대표

① 소극적 대표(구성론적 대표성) : 전체사회의 인구 통계적 특성을 반영하는 관료제의 인적구성요인에 중점을 두고 각 사회집단이 관료제의 모든 계층·직위에 비례적으로 대표되는 것을 의미한다. 이러한 입장을 따르는 학자로는 Mosher, Riper, Subramanian 등이 있다.

② 적극적 대표(역할론적 대표성) : 공직자가 출신 집단의 이익을 위하여 적극적으로 행동하는 관료제를 의미하며, 대표자에게는 다른 사람을 위하여 행동할 권한이 부여되고 있다고 본다. 정부 관료제의 적극적 대표를 주장하는 학자로는 Kingsley, Long, Krislov 등을 들 수 있다.

③ 관계 : 대표관료제는 소극적 대표성이 자동적으로 적극적·능동적 대표성을 보장한다는 가정을 전제로 하고 있다. 즉, 사회적 대표성이 정치적·정책적 대표성으로 표출된다는 전제하에서 공무원들은 자신의 출신 집단의 이익을 위해 행동하려며, 정책의 내용과 집행에 영향을 미친다는 것이다. 그러나 소극적 대표성과 적극적 대표성의 관계는 현실에서 명확하게 검증되지 못했으며 허구에 불과하다는 비판을 받는다.

2. 대두배경 및 필요성

(1) 특정계층의 공직독점 방지

1944년 Kingsley는 영국의 정부 관료제가 Ox-Bridge출신들에 의하여 독점되고 있는 점에 주목하고, 정부 관료제의 인적구성이 그 사회의 인적구성을 반영하게끔 관료제를 구성함으로써 관료제 내에 민주적 가치를 주입시키려는 취지에서 대표관료제라는 용어를 처음 제기하였다.

(2) 행정국가화 현상

대표관료제는 사회문제의 복잡성으로 인해 전문성을 지닌 관료들의 재량권과 예산배분권이 확대되고, 그 결과 행정권과 행정기능이 대폭 강화된 행정국가시대에 정부 관료제가 사회 내의 모든 집단들에게 공평하게 반응하도록 하기 위해 대두되었다.

(3) 실적주의의 한계

공채에 의한 소극적인 실적주의로는 국민에 대한 관료적 대응성을 효과적으로 확보할 수 없으며, 교육에 대한 기회균등이 보장되지 않은 상태에서 실적주의의 공개경쟁채용시험제도는 진정한 기회균등이 아니라는 입장이다.

3. 순기능과 한계

(1) 순기능

① 정부관료제의 민주적 대표성 강화 : 폐쇄적 실적제에 의하여 관료제를 구성할 경우에 특정한 지역, 특정한 대학, 특정한 성별 등에 의하여 구성될 수 있다. 이를 개방형의 성격을 갖는 대표관료제의 채택에 의하여 보완할 수 있다.

② 내부통제의 강화와 행정의 책임성 제고 : 현대행정 하에서 외부통제만으로는 증대하는 관료제를 효과적으로 통제하기 어려워 행정의 책임성과 대응성이 충분히 확보되지 못하므로, 외부통제방법 외에 강력한 내부통제요소의 도입이 필요한데 그 효과적인 방법이 대표관료제의 도입이다.

③ 사회적 형평성(수직적 형평) 실현 : 대표관료제는 공직취임에의 실질적인 기회균등을 확보할 수 있게 함으로써 소수집단의 소득과 직업안정성, 생활수준의 향상, 정책결정과정에 있어서 참여기회와 영향력확대를 통해 정치·경제·사회적 지위의 향상을 가져오게 된다.

④ 실질적 기회균등의 보장 : 대표관료제는 실질적 기회균등을 보장하기 위하여 도입되었다.

⑤ 행정의 대응성 증진 : 한 사회를 구성하는 다양한 구성집단들의 요구를 정책에 반영할 수 있어 행정의 대응성 증진에 기여할 수 있다.

(2) 한계

① 자유주의 원칙 침해 : 출신 집단중심으로 채용이 이루어짐으로써 개인의 능력을 중시하는 자유주의 원칙에 위배된다.

② 역차별과 사회적 분열 조장 : 대표관료제는 역차별을 낳고 사회분열을 조장할 수 있다. 다른 것은 다르게라는 수직적 공평성만을 강조한 나머지 동일한 능력을 가진 자를 역차별 하여 자유주의나 기회균등이라는 수평적 공평을 저해하는 문제가 있다.

③ 행정의 전문성과 생산성 저해 : 집단대표·인구비례 등이 중요하고 능력·자격은 2차적 요소로 취급하기 때문에 실적기준의 적용을 제약하고, 결과적으로 행정의 전문성·객관성·합리성을 저해한다.

④ 재사회화와 새로운 준거집단 : 관료의 공직임용 전의 태도와 가치관은 공직임용 후에 새로운 사회화 과정(재사회화, 내부사회화, 2차 사회화)을 거침으로써 임용 전의 소속계층보다는 현재 소속되어 있는 조직으로부터 압도적인 영향을 받으며 새로운 준거집단의 가치를 더 중시할 수 있다.

⑤ 실적주의와의 상충관계 : 대표관료제는 실적이나 능률에 따라 임명하는 것이 아니라 대표성을 고려해서 임명하는 것이므로 실적주의와 충돌할 가능성이 크다.

⑥ 대표성 확보의 기술적 어려움 : 대표성 있게 관료제를 구성하기는 현실적으로 매우 어렵다. 수많은 직업의 사람과 계층의 사람들의 비율을 정확하게 반영하는 것은 매우 어려운 작업이기 때문이다.

4. 수단

(1) 실천수단

대표관료제를 실천하는 수단으로는 적극적 모집 등 모집방법의 확대, 교육훈련기회 확대, 각종 인사 조치에서의 차별금지 등의 방법에서부터, 사회적 출신집단별 공직임용할당제와 같은 다양한 방법들이 있다. 미국의 카터 행정부하에서 추진된 적극적 조치(=소수민족 우대정책(Affirmative action program))에 의한 소수민족 임용확대와 차별철폐조치는 대표관료제의 전형적인 사례에 해당한다.

(2) 우리나라의 대표관료제 : 균형인사정책

① 양성평등

　　㉠ 여성채용목표제(1996년) : 여성이 시험실시 단계별로 선발예정인원의 일정비율 이상이 될 수 있도록 선발예정인원을 초과하여 여성을 합격시키는 제도로, 2003년 양성평등채용목표제로 대체됨.

　　㉡ 여성입후보자 할당제(2001년) : 국회의원 및 지방의원 모두 비례대표 후보자 중 여성을 50% 이상 의무적 추천, 지역구는 여성을 30% 이상 재량적 추천(공직선거법)

　　㉢ 여성관리자 임용 확대(2002년) : 2002년부터는 5급 이상 여성관리자 임용확대 5개년계획을, 2007년부터는 4급 이상 여성관리자 임용확대 5개년계획(여성관리직 비율을 2011년 말까지 10%, 2012년 계획은 2017년까지 15% 이상이 되도록 함)을 수립

　　㉣ 양성평등채용목표제(2003년) : '여성채용목표제'가 목표를 초과하고 오히려 여성비율이 증가함에 따라, 남녀 어느 한 성(性)의 비율이 30%가 되도록 하는 '양성평등목표제'로 전환

② 지방출신 공직임용 확대

　　㉠ 지역인재 추천채용제(2005년) : 전국 대학총장의 추천을 받아 선발된 지역인재를 일정기간 수습 후에 7급 또는 9급 공무원으로 경력경쟁채용하는 인턴공무원제도

　　㉡ 지방인재채용목표제(2007년) : 5급 공채(행시, 외시) 합격자 중 서울 외 지방출신이 전체 비율의 20%에 미달하는 경우 선발예정인원의 5% 범위 내에서 추가 합격시키는 제도로서 2007년부터 시행되었으며 2015년부터 7급 공채로 확대시행

　　㉢ 지역구분모집제 확대 : 공직 구성의 지역대표성을 확대시키는 제도로서 7·9급 중하위직 공무원을 공채하는 경우 지역별 선발예정 인원을 당해 지역 출원자 중에서 선발하여 해당 지역 소재 각 중앙행정기관의 소속기관에 임용

③ 기타

　　㉠ 장애인 의무고용제(2000년) : '장애인고용촉진 및 직업재활법'에 의거하여 각급 행정기관의 공무원 신규채용 시 소속공무원 정원의 3% 이상을 장애인으로 의무적으로 채용

　　㉡ 이공계 전공자 및 과학기술직 공무원 우대(2005년) : 이공계 전공자 공직진출 확대[기술직 임용확대 5개년계획(2004~2008년)], 기술직의 정책결정 직위 보임을 연차적 확대, 기술업무수당의 인상 등

　　㉢ 저소득층의 공직진출 기회 확대(2009년) : 공무원임용 시 저소득층에 대한 적극적 우대정책을 실시할 수 있도록 근거를 마련〈9급 공개경쟁은 선발인원의 2%(9급 경력경쟁 1%) 이상을 2년 이상 된 국민기초생활보장법에 따른 수급자 중에서 의무적 선발〉

　　㉣ 특수고등학교 공직임용 확대(2012년) : 특성화고등학교 또는 산업수요 맞춤형 고등학교 등의 졸업자 및 졸업예정자를 학교장의 추천을 받아 선발한 후 수습근무을 거쳐 일반직 9급 공무원으로 채용

　　㉤ 한부모가족 보호대상자 임용 우대 : 저소득층 구분모집 대상에 2년 이상 계속하여 「한부모가족지원법」에 따른 보호대상자를 추가

ⓑ 장애인 및 저소득층 초과 합격제 : 6급 이하 공개경쟁임용시험의 장애인 구분모집 및 9급 공개경쟁임용시험의 저소득층 구분모집에 따른 시험 결과, 시험성적이 일반모집 합격자의 시험성적 이상인 구분모집 응시자에 대해서는 선발예정 인원을 초과하여 합격시킬 수 있도록 함

ⓢ 기타 : 국공립대학 여성교수 우대임용, 고령인력 활용, 공개채용 시 학력요건 철폐 등 (국가유공자우대제도의 경우 대표관료제에 해당하지 않는 제도임)

5. 대표관료제와 실적주의

대표관료제에 관한 아이디어는 정부 관료제의 민주화와 임용기회의 형평성을 보장하려는 실적주의의 본래적인 이상과 상충되는 것이 아니다. 다만, 실천적으로 전통적인 실적주의적 기법이 충돌할 수 있다. 실천적 측면에서 양자는 상충·갈등하는 관계이지만, 근본적으로 서로를 대체한다는 개념은 아니며 서로의 문제점을 보완하는 역할을 한다. 따라서 근본적인 모순관계에 있지 않으며 서로를 조화시키는 것이 필요하다.

5. 공무원의 다양성관리

1. 의의

(1) 개념

다양성 관리는 이질적인 조직구성원들을 채용하고 유지하며, 보상과 함께 역량 개발을 증진하기 위한 조직의 체계적이고 계획된 노력을 의미한다.

(2) 다양성관리 정책의 내용

① 채용 프로그램 : 조직구성원의 인적 구성이 다양성을 반영하고 있는지 검토하고, 적정수준의 다양성을 확보하기 위한 정책적 노력을 의미한다.

② 차이에 대한 인식 : 이질적인 구성원 간에 소통과 교류를 통해 왜곡된 이해를 극복하고 이질성에 대한 수용을 통해 다양성관리의 기반을 조성하는 노력을 의미한다.

③ 실용적 관리 방안 : 다양성을 통해 조직의 효과성을 향상시키고 조직구성원의 만족도를 제고시키기 위한 노력을 의미한다.

2. 다양성관리에 대한 접근방법

(1) 멜팅팟(melting pot)

문화적 동화 : 구성원 간의 이질성을 지배적인 주류에 의해 동화시키는 방법으로 다양성으로 인한 조직 응집력의 저하를 방지하기 위한 소극적인 방법이다.

(2) 샐러드볼(salad bowl)

문화적 다원주의 : 각기 다른 특성을 갖는 구성원들이 자신의 특성을 유지할 수 있도록 지원하는 방법으로 다양성을 통한 조직의 탄력성을 극대화하기 위한 적극적인 방법이다.

3. 조직의 다양성 유형화와 관리전략

		변화가능성	
		낮음	높음
가시성	높음	Ⅰ유형 성별, 장애, 인종, 민족	Ⅱ유형 직업, 전문성, 언어(외국어 능력)
	낮음	Ⅲ유형 출신 지역, 가족배경, 성격, 종교	Ⅳ유형 학력, 노동지위(정규/비정규), 가치관

6. 직업 공무원제

1. 의의

(1) 개념

① 직업공무원제란 젊고 유능한 인재들이 공직을 보람 있는 직업으로 선택하여 일생을 바쳐 성실히 근무하도록 운영하는 인사제도로서 공직생활을 보람 있고 명예로운 것으로 여겨 일생을 바치는 것을 의미한다.

② 직업공무원제는 공무원의 장기근속과 성실한 직무수행을 유도하기 위한 제도와 원칙을 토대로 성립한다. 즉, 계급제, 폐쇄형 인사제도, 일반능력자주의적 임용체제를 바탕으로 하며, 전문지식보다 장기적 발전가능성이나 잠재력 등을 본질적 특성으로 한다.

(2) 필요성

의회정치·정당정치에 따르는 정권교체나 정쟁에 의한 영향을 받지 않고 행정의 독립성·안정성·계속성·중립성을 확보하려는 것이 기본이념이다.

① 행정의 안정성과 계속성 확보 : 정권교체 등 정치적 변혁이 있는 경우에도 공무원의 신분을 보장하여 행정의 안정성과 계속성을 도모할 수 있다.

② 행정의 정치적 중립성 및 공익성 확보 : 의회정치 또는 정당정치의 폐단을 방지하고 사회적 중립안정장치로서의 역할을 하며 국가적 통일성·정치적 중립성을 확보할 수 있다.

③ 공무원의 사기앙양 : 공무원의 확실한 신분보장을 통해서 사기를 올리고 유지시킨다.

2. 다른 인사제도와의 관계

(1) 직업공무원제와 개방형·폐쇄형의 관계

① 계급제에 입각한 유럽 국가들은 공직에 대한 사회적 평가가 높고 외부인사의 등용이 금지되는 폐쇄형이므로 직업공무원제와 밀접한 관련이 있다.

② 직위분류제를 채택하고 있는 미국에서는 ⊙ 공직에 대한 사회적 평가가 낮고, ⓒ 외부로부터의 충원이 자유로운 개방형인데다가, ⓒ 정치적으로 임명하는 상위직 수가 매우 많아 직업공무원제가 발달하지 못하였다.

(2) 직업공무원제와 실적주의의 관계

① 의의

양 제도는 공직에의 기회균등, 신분보장, 자격·능력에 의한 임용 등에서 유사한 면이 있지만, 강조점이 다르고 성립배경과 성립요건 등에서도 많은 차이가 있다.

② 차이점

㉠ 역사적 발달과정 : 영국은 계급제를 바탕으로 직업공무원제가 일찍부터 확립되었지만 실적제는 1870년에 확립된 반면, 미국은 1883년 펜들턴법의 제정으로 실적제가 확립되었지만 1930년대에 처음으로 직업공무원제의 필요성이 강조되면서 도입되었다.

㉡ 성립요건 : 실적제에 기반을 둔 미국의 인사제도가 직위분류제와 개방형 및 전문가주의에 입각하고 있는 반면, 직업공무원제는 계급제와 폐쇄형 및 일반능력가주의를 지향하고 있다.

㉢ 신분보장 : 실적제가 정치적인 부당한 압력으로부터 공무원의 권익을 보호하려는 소극적 의미인 반면(미국), 직업공무원제는 공직을 평생의 본업으로 삼을 수 있도록 직업적 안정성을 보장해 주는 적극적 의미이다(우리나라와 유럽).

㉣ 정치적 중립성 : 실적제를 채택한 미국에서는 엽관제의 정치적 폐해를 극복하기 위하여 정치적 중립을 강조하는 반면, 직업공무원제의 유럽 국가에서는 기본적으로 정치적 중립을 토대로 하지만 미국의 실적제에 비하여 정치적 중립에 대하여 관대한 편이다.

③ 양자의 관계

직업공무원제는 실적제를 토대로 할 때 인사제도로서 보다 확고하게 뿌리내릴 수 있다. 실적제 원칙인 기회균등, 공개채용, 정치적 중립, 신분보장 등은 공무원들이 일생을 공직에서 성실히 근무하게끔 유도하는 성격을 지니기 때문이다. 따라서 실적제 없는 직업공무원제가 확립될 수 없다. 그러나 실적제가 된다고 해서 저절로 직업공무원제가 성립되는 것은 아니다. 실적제이지만 개방형인 경우에는 직업공무원제가 확립될 수 없으며 폐쇄형 실적제이어야 직업공무원제가 확립될 수 있다.

▶ **실적주의와 직업공무원제의 비교**

구 분	실적제	직업공무원제
역사적 배경	행정국가 – 부당한 정치압력으로부터 독립	절대군주국가 – 군주의 통치권 강화
성립요건	직위분류제, 개방형 충원, 전문행정가	계급제, 폐쇄형 충원, 일반행정가
신분보장	소극적(정치의 부당한 압력으로부터의 보호)	적극적(공직을 평생의 본업으로 삼게 함)
정치적 중립	엄격	완화
공개채용 시	당사자의 업적성에 역점	공공봉사에 대한 보람과 생애성에 역점

3. 확립요건

(1) 실적주의의 확립

직업공무원제가 발달되기 위해서는 그 기반으로서 실적제가 확립되어야 한다. 즉, 능력에 의한 임용, 공무원의 정치적 중립, 신분보장 등이 이루어져야 한다.

(2) 공직에 대한 높은 사회적 평가

공직이 권력행사 및 벼슬 덤(Position profit)과 같은 특권적 지위로서가 아닌, 민주적 공직관(국민에 대한 봉사자)에 의한 높은 평가를 받아야 한다.

(3) 젊고 유능한 인재의 채용(모집 시 학력·연령제한)

직무경험자가 아니더라도, 학교를 갓 졸업한 유능한 젊은 사람이 공무원으로 채용되어 실적에 따라 높은 상위직까지 승진할 수 있는 절차가 마련됨으로써 공직의 우수성이 확보되어야 한다.

(4) 재직자 훈련에 의한 능력개발

재직자 훈련을 활성화시켜서 공무원의 능력과 잠재력을 개발시키고 자기실현욕구에 의한 동기부여가 이루어지도록 하여야 한다.

(5) 승진·전보·전직제도의 합리적 운영

사기를 좌우하는 승진제도를 합리적으로 운영하고 인사교류를 활성화시킴으로써 근무고충의 해소 및 능력발전 기회를 부여하여야 한다.

(6) 장기적이고 일관성 있는 인력수급계획의 수립

장기적 비전에 따라 연령구조·적성능력·이직률·평균 근무연한 등을 파악하여 인력수급계획을 수립하여야 한다. 또한 인사의 불공평이나 인사침체를 막고 효율적으로 정원관리·승진계획을 추진하여야 한다.

(7) 보수의 적정화와 적절한 연금제도의 확립

민간기업과의 보수적 형평성을 유지하고 연금제도를 합리적으로 실시하면 근무의욕이 고취되므로 직업공무원제가 정착된다.

(8) 폐쇄형 인사제도의 확립

최하위계층으로만 신규인력을 채용해야 한다. 중상위직의 신규채용을 허용하는 개방형에 의한 문호개방은 직업공무원제를 저해한다.

4. 장·단점

(1) 장점

① 공무원집단의 일체감과 공직에 대한 직업의식과 봉사정신을 강화하는데 유리하다.
② 공직전체가 전문직업으로 인식됨으로써 직업의식과 윤리를 확립한다.
③ 신분보장과 승진, 능력발전을 위한 제도를 통해 공무원의 사기를 높일 수 있다.
④ 행정의 전문직업화 및 유능한 인재를 공직에 유치하고 이탈을 방지하여 공무원의 질과 행정의 능률성을 높일 수 있다.
⑤ 직업공무원제는 행정의 중립성, 지속성, 안정성을 확보할 수 있게 한다.

(2) 단점

① 공무원집단의 특권집단화로 인해 민주적 통제가 어렵다.

② 학력과 연령에 관한 요건이 엄격하여 평등한 공직취임의 기회를 제약한다.

③ 일반행정가(Generalist) 중심으로 운영되어 전문가채용이 곤란하고 전문화와 행정기술 발전을 저해할 위험이 있다.

④ 폐쇄형 공무원제도를 택하여 공직사회의 침체 및 쇄신의 어려움을 가져올 수 있다.

⑤ 공무원이 특수직업인이 되어 외부적인 민간부문으로의 직업전환을 어렵게 한다.

5. 직업공무원 제도의 위기

(1) 개방형 인사제도

폐쇄적인 직업관료제가 국민에 대한 대응성이 없다는 비판과 함께 최근 개방형의 계약임용제가 선진국을 중심으로 일반화되면서 직업공무원제도는 중대한 도전을 맞고 있다.

(2) 대표관료제의 대두

대표관료제의 대두는 정책적 고려와 안배에 의한 임용을 가져와 정치적 중립과 실적만을 중시하는 직업관료제나 실적관료제의 이념을 희석시키고 있다.

(3) 후기관료제모형

전문가위주의 다원적인 동태적 조직구조 또한 그 구조적 잠정성과 일시성, 유동성으로 말미암아 일반행정가로 구성되어 있는 직업 관료제집단에 위협을 주고 있다.

(4) 정년단축과 계급정년제

직업공무원의 정년이 날로 단축되는가 하면 상위직에 대한 계급정년제의 도입논의로 직업공무원은 그 수명이 점점 짧아지고 있는 실정이다.

제03절 | 중앙인사행정기관

1. 의의

1. 개념

중앙인사기관이란 정부의 인사기능을 담당하고 인사정책을 수립하며 그 집행을 총괄하는 인사관리기관을 의미한다. 각 행정기관의 균형적인 인사운영, 인력의 효율적 활용, 공무원의 능력발전 등을 위하여 정부의 인사행정을 전문적·집중적으로 총괄하는 기관이다. 하지만 각 부처의 인사기능을 부분적으로 행사하는 부처인사기관은 포함되지 않는다.

2. 설립 배경

(1) 현대행정국가의 기능 확대로 공무원의 수가 증가함에 따라 이를 합리적으로 관리할 인사기관이 필요하게 되었다.

(2) 각 부처 인사행정의 전체적인 조정과 통제를 효율적으로 수행할 수 있는 기관이 필요하게 되었다.

(3) 인사행정에 대한 당파적·정실적 개입이나 영향을 배제하고 공정성·중립성의 확보가 필요하게 되었다.

(4) 사용자로서의 임명권자와 다른, 제3자적 중립기관이 필요하게 되었다.

(5) 인사행정을 개혁하고 전문화·기술화의 수준을 향상시킬 필요에서 중앙인사기관이 요구된다.

3. 기능

(1) 전통적 기능

① 준입법적 기능 : 의회에서 제정한 법률의 범위 내에서 인사행정 전반에 관한 명령과 규칙을 제정하는 것을 말한다.

② 준사법적 기능 : 인사에 관한 구속력이 있는 제재나 의결을 할 수 있는 기능을 말한다.

③ 집행기능 : 인사 관계법령에 따라 임용·훈련·분류·승진·보수·연금, 인사기록의 보존 등 인사사무를 수행한다.

(2) 현대적 기능

① 감사기능 : 법령에 따라 부처인사기관의 인사를 통제·지도한다.

② 권고·보좌적 기능 : 행정수반에게 인사행정에 관한 정책에 대해 권고적·보좌적 기능을 수행한다.

③ 기획기능 : 인력수급계획수립 등 인사에 관한 기획기능을 한다.

2. 조직 형태

1. 조직 유형

(1) 독립 합의형

인사행정의 엽관주의나 정실주의의 폐해를 방지하고 인사행정의 정치적 중립성을 보장하기 위한 조직 형태 → 1883년에서 1978년까지 존속하였던 미국의 연방인사위원회(CSC)와 1978년에 설립된 실적제 보호위원회(MSPB)

(2) 비독립 단독형

행정수반으로부터 독립되지 않아 행정수반의 직접적 통제를 받으며, 의사결정도 행정수반에 의해 임명된 한 사람의 기관장이 하는 일반행정부처와 같은 조직형태 → 한국의 인사혁신처, 1978년에 설립된 미국의 인사관리처(OPM)

▶ **독립 합의형과 비독립 단독형의 장·단점**

	독립합의형(위원회형)	비독립단독형(부처형)
장점	① 인사행정의 정치적 중립 보장 ② 신중한 의사결정 ③ 인사행정의 계속성 확보(위원들의 임명시기를 서로 다르게 하여) ④ 인사행정에 대한 중요 이익집단의 요구를 균형 있게 수용(다양한 위원구성으로)	① 단일의 지도층을 형성하여 인사행정의 책임 소재 명확 ② 중요 인사정책의 신속한 결정 ③ 행정수반이 주요정책의 강력한 추진 ④ 인사행정의 변화에 신속한 대응
단점	① 인사행정의 책임소재 불분명 ② 인사정책 결정의 지연 ③ 초당적인 비전문가를 위원으로 구성하여 비능률적 행정야기 ④ 엽관주의 방지에 초점을 두어 인사행정의 적극화와 전문화에 저해	① 인사행정의 정실화 방지 곤란 ② 기관장의 독선적 결정에 대한 견제 곤란 ③ 중앙인사기관장 교체에 따른 정책변화로 인사행정의 일관성과 계속성 결여 ④ 행정수반에 의한 국정관리의 도구화로 공무원의 권익 침해 가능

2. 특성

(1) 독립성

인사기관의 신분보장, 자주조직권, 예산자주성 등이 보장되는 것으로 '정치적·정당적 기초에 입각한 행정부'에 대한 상대적 독립성을 말한다. 이는 중앙인사기관의 보편적·본질적 성격은 아니며 주로 정당압력이나 정실인사 배제에 그 목적이 있다. 그러므로 정당정치가 발달하여 엽관주의 폐해가 심했던 국가는 독립성이 강하고, 엽관주의 폐해를 경험하지 못한 국가일수록 독립성이 약한 편이다.

(2) 합의성

합의성은 의사결정 구조가 기관장의 단독적 결정형태냐, 아니면 집단적 의사결정방식을 택하는가 하는 문제를 말한다. 중앙인사기관이 인사행정상 준입법적·준사법적 기능과 감사기능을 수행하고 독립성을 가지는 경우에는 신중하고 공정한 판단과 다양한 의견의 반영을 위하여 대체로 합의제로 구성된다.

(3) 집권성

집권성은 엽관주의적 영향을 받기 쉬운 부처 인사기능을 중앙인사기관에 집중시켜 인사행정의 공정성·통일성을 확보하는 데 목적이 있다. 그러나 지나친 집권성은 신축적 인사행정의 운영을 어렵게 하여 인사권이 각 부처 계선기관에 분권화되어야 한다는 주장이 제기된다.

3. 각국의 중앙인사기관

1. 미국

(1) 1883년 Pendleton법에 의해 독립성과 합의성을 가진 중앙인사기관으로 연방인사위원회(CSC)가 설치되었다.

(2) 1978년 「공무원제도개혁법」에 의해 대통령 직속기관으로 인사관리처(OPM)와 독립적 합의제기관으로 실적제도보호위원회(MSPB)로 개편되었다.

① 인사관리처(OPM : Office of Personnel Management) : 대통령 직속의 단독제기관으로 대통령에게 인사자문을 하며 각 부처의 인사를 집행·감독하는 인사행정기관이다. 인사관리처장은 대통령이 임명하며 임기는 4년으로 한다(우리나라의 인사혁신처).

② 실적제보호위원회(MSPB : Merit System Protection Board) : 공무원들의 실적주의를 보호하고 인사권의 남용으로부터 공무원을 보호하기 위해 설치된 독립적인 준사법적 기관이다(우리나라의 소청심사위원회).

(3) 연방정부에서의 노사분쟁의 재결은 연방노사관계청에서 담당한다. 대통령에 의하여 임명되는 5년 임기의 3인의 위원으로 구성되며, 집단적 의사결정을 하는 비독립 합의형의 조직이다.

2. 영국

(1) 1855년 이래 인사위원회가 설치되어 어느 정도의 독립성을 가지면서 주로 공무원의 시험관리·채용기능을 수행하여 왔으나, 주요한 인사기능은 재무성이 담당해 왔다.

(2) 1968년 Fulton위원회의 건의에 따라 인사성이 신설되어 재무성 인사기능을 인계받고, 인사위원회는 인사성에 부설되어 어느 정도 독립성을 유지하면서 시험 관리기능을 수행하였다.

(3) 1981년 인사성이 폐지되면서, 내각사무처에 설치된 관리인사처에 편입되었다.

(4) 1995년 이후 수상실 직속 독임형기관으로 정부개혁(Next Steps)을 담당하는 공공관리실(OPS)이 능률성정밀진단·정보공개·규제완화·시민헌장 제도 관련 기능과 정부조직 관리·공무원의 충원 및 교육훈련·능력개발 등의 인사행정업무를 담당하고 있다. 공공관리실 직속기관으로 인사위원회(CSC)가 있지만 그 기능이 약화되어 있으며, 실적에 입각한 공개경쟁에 의한 임용원칙을 보호하고 시험관리기능을 담당하고 있다.

3. 우리나라의 인사기관

(1) 중앙인사관장기관

국회는 국회사무총장, 법원은 법원행정처장, 헌법재판소는 헌법재판소사무처장, 선거관리위원회는 중앙선거관리위원회사무총장, 행정부는 인사혁신처장이 관장한다. 우리나라는 행정부의 중앙인사기관으로써 인사혁신처는 국무총리소속의 비독립 단독형(차관급)에 해당한다.

(2) 중앙인사관장기관의 기능

① 인사관리에 관한 총괄 : 중앙인사관장기관의 장은 각 기관의 균형적인 인사 운영을 도모하고 인력의 효율적인 활용과 능력 개발을 위하여 법령으로 정하는 바에 따라 인사관리에 관한 총괄적인 사항을 관장한다.

② 초과현원의 총괄 관리 : 중앙인사관장기관의 장은 조직의 개편 등으로 현원이 정원을 초과하는 경우 또는 행정기관별로 고위공무원단에 속하는 공무원의 현원이 정원을 초과하는 경우에는 그 초과된 현원을 총괄하여 관리할 수 있다.

③ 인사 관계 법령관리 : 행정부 내 각급 기관은 공무원의 임용·인재개발·보수 등 인사 관계 법령의 제정 또는 개폐 시에는 인사혁신처장과 협의하여야 한다.

(3) 인사혁신처의 주요 조직과 기능

① 고위공무원 임용심사위원회

㉠ 의의 : 고위공무원단에 속하는 공무원의 채용, 고위공무원단 직위로의 승진임용, 고위공무원으로서 적격 여부를 심사하기 위하여 인사혁신처에 설치한다.

㉡ 구성 : 위원장을 포함하여 5명 내지 7명의 위원으로 구성하며, 인사혁신처장이 위원장이다.

② 소청심사위원회

㉠ 의의 : 인사혁신처 소속의 상설 합의제 기관으로서 행정기관 소속 공무원의 징계처분 기타 그 의사에 반하는 불리한 처분이나 부작위에 대한 소청을 심사·결정하는 준사법적 의결기관이다. 소청심사위원회는 다른 법률로 정하는 바에 따라 특정직공무원의 소청을 심사·결정할 수 있다. 국회, 법원, 헌법재판소 및 선거관리위원회 소속 공무원의 소청에 관한 사항을 심사·결정하게 하기 위하여 국회사무처, 법원행정처, 헌법재판소사무처 및 중앙선거관리위원회사무처에 각각 해당 소청심사위원회를 둔다.

ⓒ 구성 및 자격 : 위원장 1명을 포함한 5명 이상 7명 이내의 상임위원(공무원 또는 민간위원)과 상임위원 수의 2분의 1 이상의 비상임위원(모두 민간위원)으로 구성하되, 위원장은 정무직으로 보한다. 위원은 인사혁신처장의 제청으로 국무총리를 거쳐 대통령이 임명한다.

ⓒ 심사 대상 : 공무원의 신분보장을 저해하는 징계, 강임, 면직, 직위해제 등이 대상이며 근무성적평정이나 승진탈락 등 불만족 사항은 대상이 아니다.

ⓔ 소청의 심사·결정 : ⓐ 소청이 접수되었을 경우 지체 없이 심사하고 접수일로부터 60일 이내에 결정을 하여야 하며 불가피한 경우 30일을 연장할 수 있다. ⓑ 위원회는 소청인에게 진술의 기회를 부여하여야 하며(부여하지 않은 결정은 무효), 재적위원 2/3 이상의 출석과 출석위원 과반수로 결정한다(의견분립 시 소청인에게 유리하게 결정). ⓒ 원 징계보다 과한 징계 또는 원 징계부가금 부과처분보다 무거운 징계부가금을 결정하지 못하며, 위원회의 결정은 처분행정청을 기속한다.

ⓜ 행정소송과의 관계 : 소청심사는 행정소송의 전심(前審)절차로서, 징계처분 등에 대한 행정소송은 소청심사를 거치지 않으면 제기할 수 없다.

▶ 소청심사와 고충심사

구 분	소청심사	고충심사
대상	징계처분 그 밖에 그 의사에 반하는 불리한 처분이나 부작위	인사·조직·처우 등 각종 직무 조건과 그 밖에 신상문제와 관련된 고충
기능	준사법적 기능	정부의 배려적 활동
결정	재적위원 2/3 이상 출석과 출석위원 과반수	재적위원 과반수
구속력	있음	없음

1. 의의

(1) 공직분류란 행정조직 속의 직위를 일정한 기준에 따라 질서 있게 배열하는 것으로, 이러한 분류에 의해 공직구조가 형성되고 인사행정의 기준과 방향이 제시된다.

(2) 우리나라의 공무원은 ① 헌법기관인 입법부, 행정부, 사법부, 헌법재판소, 중앙선거관리위원회 소속공무원으로 나누어지고, ② 임용주체에 따라 국가공무원과 지방공무원으로 분류되며, ③ 이외에도 경력직과 특수경력직, 개방형과 폐쇄형, 직위분류제와 계급제 등 다양한 기준이 있으나, 직위분류제와 계급제가 대표적인 기준이다. 현재 우리나라의 공직분류체계는 계급제의 근간위에 직위분류제를 가미한 체계로 구성되어 있다.

2. 경력직과 특수경력직

1. 경력직 공무원

(1) 의의

경력직 공무원이란 실적과 자격에 의하여 임용되고 신분이 보장되는 공무원으로서 평생토록 공무원으로 근무할 것이 예정되는 공무원을 말한다.

(2) 일반직 공무원

① 개념 : 행정일반 또는 기술·연구 업무를 담당하는 공무원을 말한다.
② 특징 : 일반직 공무원은 직군과 직렬별로 분류되고, 계급은 1급에서 9급으로 구분된다. 단, 연구직 공무원은 연구관·연구사, 지도직공무원은 지도관·지도사의 2계급 구분되며, 고위공무원단 소속 공무원은 계급 없이 직무등급으로 구분된다. 또한 전문경력관은 계급 구분과 직군·직렬의 분류를 적용하지 아니한다.

(3) 특정직 공무원

① 개념 : 법관, 검사(검찰총장 포함), 경찰공무원(경찰청장포함), 외무공무원, 소방공무원, 교육공무원, 군무원, 헌법재판소 헌법연구관, 군인, 국가정보원 직원과 특수 분야의 업무를 담당하는 공무원으로서 다른 법률에서 특정직 공무원으로 지정하는 공무원을 말한다.

② 특징 : 특정직 공무원은 특정한 분야의 업무를 담당하기 위하여 별도의 자격기준에 의하여 임용하는 공무원으로 개별적으로 제정된 법률의 적용을 받는다. 특정직은 별도의 인사법령체계, 계급정년제적용, 별도의 계급체계가 부여 된다. 공무원의 비율 중 가장 많은 비중을 차지하고 있다.

2. 특수경력직

(1) 의의

특수경력직 공무원이란 경력직 이외의 공무원으로서 실적주의자와 직업공무원제의 획일적 적용을 받지 않는 비직업 공무원을 말한다. 그러나 특수경력직 공무원은 국가공무원법에 규정된 보수와 복무규율, 징계 등을 적용받는다.

(2) 정무직공무원

① 개념 : 선거에 의해 임용되는 자, 임명에 국회 동의가 요구되는 공무원, 고도의 정책결정 업무나 이를 보조할 공무원으로서 법률로 지정하는 공무원을 말한다.

② 종류

ㄱ 선거에 의하여 취임하는 공무원(대통령, 국회의원, 자치단체장, 지방의회의원, 교육감)

ㄴ 임명할 때 국회의 동의를 요하는 공무원(국무총리, 감사원장, 헌법재판소장, 헌법재판소 재판관, 중앙선거관리위원회 위원)

ㄷ 고도의 정책결정 업무를 담당하거나 이러한 업무를 보조하는 공무원(장·차관, 처장, 청장, 기타 차관급 이상의 공무원)

(3) 별정직공무원

① 개념 : 비서관·비서 등 보좌업무 등을 수행하거나 특정한 업무 수행을 위하여 법령에서 별정직으로 지정하는 공무원이다.

② 특징 : 주로 공정성·기밀성이 요구되거나 특별한 신임을 요하는 직위에 임용되며, 일반직 공무원의 임용절차를 준용하고 '1급 상당~9급 상당'이란 명칭으로 일반직의 9계급처럼 형성된다.

▶ 우리나라의 공직분류

구 분		내 용
경력직	일반직	• 기술·연구 또는 행정 일반에 대한 업무를 담당하는 공무원 • 행정일반 : 9계급 • 기술·연구 : 2계급(관, 사) • 경력경쟁채용으로 선발하는 특수한 일반직 공무원 　－임기제공무원(기존 계약직을 전환) 　－전문경력관(기존 별정직 중 전문성이 요구되는 직위를 전환) 　－시간선택제 채용공무원(주 20시간 근무)
	특정직	• 법관, 검사, 외무공무원, 경찰공무원, 소방공무원, 교육공무원, 군인, 군무원, 헌법재판소 헌법연구관 및 국가정보원 직원과 특수분야의 업무를 담당하는 공무원으로서 다른 법률이 특정직 공무원으로 지정하는 공무원

구 분		내 용
특수 경력직	정무직	• 선출직 : 대통령, 국회의원, 자치단체장, 지방의회의원, 교육감 • 국회임명 동의 : 국무총리, 감사원장, 헌법재판소장, 국회에서 선출하는 헌법재판소 재판관·중앙선거관리위원회 위원 • 고도의 정책결정업무 : 장·차관, 처장, 청장, 기타 차관급 공무원 • 법령에서 정무직으로 지정하는 공무원 : 대통령 비서실장, 대통령 경호실장, 국무조정실장·국무차장·사무차장, 방송통신위원회 위원장 및 위원, 감사원 감사위원·사무총장, 국회 사무총장·차장, 헌법재판소 사무처장, 중앙 선거관리위원회 상임위원·사무총장·차장, 국가정보원 원장 및 차장, 국민권익위원회 위원장·부위원장·사무처장, 소청심사위원회 위원장, 공정거래위원회 위원장·부위원장, 금융위원회 위원장·부위원장, 국가인권위원회 위원장·상임위원, 특별시 행정부시장·정무부시장 등
	별정직	• 비서관·비서 등 보좌업무 등을 수행하거나 특정한 업무 수행을 위하여 법령에서 별정직으로 지정하는 공무원 • 법령 : 차관보, 국민권익위원회 상임위원, 공정거래위원회 상임위원, 국회수석전문위원, 국가정보원 기획조정실장, 시·도 선거관리위원회 상임위원 등 • 조례 : 의회 전문의원 등

3. 특수한 일반직 공무원

(1) 임기제 공무원

① 의의 : 전문지식이나 기술이 요구되거나 임용관리에 특수성이 요구되는 업무에 근무기간을 정하여 임용하는 공무원을 둘 수 있도록 하되, 직권면직 절차 등 인사 관계 법령을 적용할 때에는 신분보장 규정이 적용되도록 하여 우수한 인재를 확보할 수 있도록 하였다.

② 종 류

㉠ 일반 임기제 공무원 : 직제 등 법령에 규정된 경력직 공무원의 정원에 해당하는 직위와 책임운영기관의 장

㉡ 전문 임기제 공무원 : 특정 분야에 대한 전문적 지식이나 기술 등이 요구되는 업무를 수행하기 위하여 임용되는 임기제 공무원 (지방공무원에는 전문 임기제 공무원을 인정하지 않음)

㉢ 시간선택제 임기제 공무원 : 통상적인 근무시간보다 짧은 시간(주당 15시간 이상 35시간 이하)을 근무하는 공무원으로 임용되는 임기제 공무원

㉣ 한시 임기제 공무원 : 휴직을 하거나 30일 이상의 휴가를 실시하는 공무원의 업무를 대행하기 위하여 1년 6개월 이내의 기간 동안 임용되는 공무원으로서 통상적인 근무시간보다 짧은 시간을 근무하는 임기제 공무원

③ 특징

㉠ 근무기간 : 5년의 범위에서 해당 사업을 수행하는 데 필요한 기간으로 한다.

㉡ 일반직 공무원 : 과거 계약직을 폐지하고 일반직 공무원으로 전환한 것으로 정해진 근무기간 동안 신분보장을 받는다.

㉢ 징계 : 임기제 공무원은 징계 가운데 강등을 적용하지 않는다.

(2) 전문경력관

① 의의 : 계급 구분과 직군·직렬의 분류를 적용하지 아니할 수 있는 일반직공무원으로서 특수 업무에 종사하는 공무원이다. 전문경력관은 별정직 중 전문성이 요구되는 직위를 일반직으로 전환하면서 신설한 직위이다.

② 지정 및 임용

㉠ 지정 : 소속장관은 해당 기관의 일반직공무원 직위 중 순환보직이 곤란하거나 장기 재직 등이 필요한 특수 업무 분야의 직위를 인사혁신처장과 협의하여 전문경력관직위로 지정할 수 있다.

㉡ 직위구분 : 직무의 특성·난이도 및 직무에 요구되는 숙련도 등에 따라 가군(일반직 공무원 5급 이상에 해당), 나군 및 다군으로 구분한다.

㉢ 신규채용 : 경력경쟁채용시험 등을 통해 채용한다.

(3) 시간선택제 채용공무원

① 의의 : 통상적인 근무시간보다 짧은 시간을 근무하는 조건으로 신규 채용하는 일반직 공무원으로서 경력경쟁채용으로 선발하며 정년까지 신분보장이 된다. 5급 이하 직위를 대상으로 채용하고 승진, 보수 및 수당은 시간에 비례하지만 복리후생적 성격을 지닌 수당과 1년 단위 승급은 전일제 공무원과 같다.

② 시간선택제 채용공무원의 임용

㉠ 임용권자 또는 임용제청권자는 통상적인 근무시간보다 짧은 시간을 근무하는 일반직공무원(임기제공무원은 제외)을 신규 채용할 수 있다.

㉡ 시간선택제 채용공무원의 주당 근무시간은 국가공무원 복무규정(주 40시간)에도 불구하고 20시간으로 한다. 다만, 임용권자 또는 임용제청권자는 기관 운영상 필요한 경우에는 5시간의 범위에서 조정할 수 있다.

▶ **특수한 일반직 공무원의 비교**

구 분		임기제공무원	전문경력관	시간선택제 채용공무원
유사점		일반직 공무원, 경력경쟁채용		
차이점	기존	계약직 공무원	별정직 공무원 (전문성이 요구되는 직위)	신설
	근무기간(임기)	있음(5년 이내)	없음	없음
	신분보장	×(임기동안에는 신분보장)	○(정년 60세 신분보장)	○(정년 60세 신분보장)
	지정요건	전문지식·기술이 요구되거나 임용관리에 특수성이 요구되는 업무	순환보직이 곤란하거나 장기 재직 등이 필요한 특수 업무 분야의 직위	업무의 특성이나 기관의 사정 등을 고려
	구분	일반, 전문, 시간선택제, 한시	가군, 나군, 다군	없음
	직군, 직렬, 계급(직급)	있음	없음	있음

3. 폐쇄형과 개방형

1. 폐쇄형

(1) 의의

① 개념 : 공무원의 신규채용이 원칙적으로 당해 계급의 최하위 계급에서만 이루어지고 상위계급의 충원은 내부승진에 의해서 행해지는 제도를 의미한다.

② 특징

㉠ 개방형에 비해 내부승진의 기회가 많고 공무원의 지위향상이나 경력발전을 위한 정책적 관심을 각별히 쏟는다. 주로 계급제에 바탕을 두고 있고, 일반행정가 중심의 인사체제를 이룬다.

㉡ 농업사회 전통이 강하고 계급제를 채택하거나 직업공무원제가 일찍부터 발전한 영국·독일·일본 등에서 확립되었다. 최근 영국을 포함한 많은 나라에서 개방형 임용제를 가미시키고 있다.

(2) 장·단점

① 장점

㉠ 재직 공무원의 승진기회가 확대되어 사기향상에 유리하다.

㉡ 공무원의 신분보장을 통해 행정의 안정성을 제고하고, 직업공무원제 확립에 기여한다.

㉢ 조직에 대한 소속감이 높고 장기경험을 활용할 수 있어 행정능률이 향상된다.

㉣ 경력위주의 승진제도로서 인사행정의 객관성 확보에 유리하다.

② 단점

㉠ 조직의 동태성과 대응성을 저해하고, 공직의 침체와 무사안일을 조장한다.

㉡ 일반행정가 중심으로 공직의 전문성이 저하된다.

㉢ 강력한 신분보장으로 관료에 대한 민주통제가 곤란하고, 관료제를 폐쇄집단화 한다.

2. 개방형

(1) 의의

① 개념 : 개방형제도는 공무원의 신규채용이 모든 계층과 계급에 허용되는 제도를 말한다.

② 특징

㉠ 외부 전문가나 경력자에게 공직의 문호를 개방하여 새로운 지식과 기술, 그리고 새롭고 참신한 아이디어를 받아들임으로써 공직의 침체를 막고 효율성을 높이려는 의도로서 전문행정가 중심의 인사체제이다.

㉡ 일반적으로 직위분류제와 결합되며, 산업사회 전통이 강하고 직위분류제를 채택하고 있는 미국이나 캐나다에서 발달하였다.

(2) 장·단점

① 장점

㉠ 개방형제도는 외부유능인사의 등용과 행정의 전문성 향상에 기여한다.

ⓒ 공직의 신진대사를 촉진하여 공직의 침체와 경직성을 방지할 수 있다.

ⓒ 행정에 대한 민주통제가 용이하여 행정의 대응성을 제고할 수 있다.

ⓔ 정치적 리더십이 강화되어 개혁의 추진세력을 형성할 수 있다.

② 단점

㉠ 현직 공무원의 사기를 저하시킨다.

ⓒ 행정의 안정성을 저해하며 직업공무원제 확립에 불리하다.

ⓒ 인사에 있어 정실개입의 우려가 있다.

▶ 개방형과 폐쇄형의 비교

특성	폐쇄형	개방형
신분보장	신분보장	신분불안정
분류기준	계급·사람	직위·직무
신규임용	최하위직만 허용	전 등급에서 허용
임용자격	일반능력	직무수행능력
승진기준	상위 적격자(내부 임용)	최 적격자(내·외부)
직원간의 관계	온정적	사무적
채택국가	영국, 독일, 프랑스, 일본	미국, 캐나다, 필리핀

4. 계급제와 직위분류제

1. 계급제

(1) 의의

① 개념 : 계급제란 사람을 중심으로 공직을 분류하는 제도이다. 즉 공무원의 능력·자격·학력을 기준으로 하여 공무원을 계급으로 분류하는 제도를 말하며, 신분상의 지위·자격에 중점을 둔다.

② 전개 : 계급제를 채택하고 있는 국가는 관료제의 전통이 강한 서구제국을 비롯하여 이들 국가의 문화적 영향을 많이 받았거나 농업사회를 기반으로 발전한 나라들이며, 영국, 독일, 프랑스, 일본, 우리나라 등에서 운영된다.

(2) 특성

① 4대 계급제 : 계급제를 취하는 대부분의 국가는 4대 계급제로 구분한다.

② 계급간의 차별 : 계급에 따라 사회적 위신·보수·학력 등의 차이가 심하며 따라서 계급 간 승진이 용이하지 않다.

③ 수평적·수직적 융통성 : 직무의 종류에 따른 구분이 없어 수평적 융통성은 높은 반면, 계급간의 차별이 심해서 수직적 융통성은 낮다.

④ 고급공무원의 엘리트화 : 고급공무원의 수를 적게 하고 이들에 대해 교육·대우 면에서 특별한 고려를 하고 있어 고급공무원이 엘리트화 되고 있다.

⑤ 폐쇄형의 충원방식 : 폐쇄형 충원방식을 채택함으로써 공무원의 사기를 높이고 직업공무원제의 확립에 용이하다.

⑥ 일반행정가 지향 : 직위분류제는 어떤 직위가 요구하는 전문지식과 기술을 가진 사람을 선발하는데 반해, 계급제는 장래의 발전가능성과 잠재력을 가진 사람을 채용하여 폭넓은 이해력과 조정능력을 갖춘 일반행정가로 양성하고자 한다.

(3) 장·단점

① 장점

㉠ 넓은 시야를 가진 유능한 인재채용 : 일반적 교양능력을 가진 자를 채용할 수 있고, 채용시험이나 승진시험에서 일반적인 지적능력을 다루므로 응시자 유치가 쉽다. 따라서 인재를 개성과 능력에 따라 신축성 있게 활용할 수 있다.

㉡ 탄력적인 인사관리 : 인력활용의 융통성과 효율성을 높여 탄력적인 인사관리가 가능하다.

㉢ 직업공무원제 확립에 기여 : 폐쇄형의 충원, 강력한 신분보장, 장기적 발전가능성 중시 등을 통해 직업공무원제 확립에 기여한다.

㉣ 협조와 조정 원활 : 일반행정가가 양성되면 직위분류제에 비해 직원간의 의사소통이 쉬워지고 업무조정의 어려움이 줄어들어 정부업무의 통합·조정에 유리하다.

㉤ 직업적 연대의식과 일체감 제고 : 재직자의 사기앙양과 공무원의 직업적 연대의식과 일체감을 제고할 수 있다.

② 단점

㉠ 행정의 전문성 저해 : 계급제는 전문가보다는 일반적 교양능력을 가진 사람을 채용하고 **일반행정가**를 양성하기 때문에 행정의 전문성을 확보하기가 곤란하다.

㉡ 관료주의화 우려 : 지나친 신분보장과 폐쇄형 임용체제로 인해 복지부동, 무사안일, 특권집단화의 우려가 있다.

㉢ 무사안일 및 특권집단화 : 신분보장과 폐쇄형 임용체제로 인해 무사안일을 부추기고 공무원을 특권집단화 할 우려가 있다.

㉣ 직무급 확립 곤란 : 동일계급에 대해서 직무의 종류나 성격과 상관없이 동일보수가 지급되므로 동일직무에 대한 동일보수라는 직무급체계 확립이 어렵다.

㉤ 비합리적 인사관리로 인한 능률저하 : 채용, 인사배치, 보직관리 등이 직무의 내용에 따라 이루어지지 않기 때문에 직위에 적합한 적임자를 채용·배치하지 못하여 행정의 능률이 저하된다.

㉥ 권한과 책임의 한계가 불명확 : 계급제는 직무의 내용이 자세하게 기술되어 있지 않기 때문에 직위분류제 만큼 권한과 책임이 명확하지 않다.

2. 직위분류제

(1) 의의

① 개념 : 직위분류제(Position classification system)는 공직을 직책 중심으로 직무의 난이도와 책임의 경·중도에 따라 등급(class)을 설정하고 이에 따라 공직을 분류하는 제도이다.

② 전개 : 직위분류제는 동일직무·동일보수라는 공평하고 합리적인 직무급 보수제도의 요청에 의하여 탄생하였다. 당시 사기업체에서 발달한 과학적 관리론의 작업과정분석 및 임금의 표준화 등 사기업체의 직무설계방식을 공공부문에 도입한 것이다. 1910년 시카고시에서 처음 직위분류제가 채택되었고, 미국 연방정부에서는 1923년 직위분류법의 제정으로 실시되었다.

(2) 구성요소

① 직위(Poisition) : 한 사람의 근무를 필요로 하는 직무와 책임의 양
② 등급(Grade) : 직무의 종류는 다르지만 직무의 곤란도·책임도 등 자격요건이 유사하여 동일한 보수를 줄 수 있는 모든 직위의 횡적 군(실정법상 계급)
③ 직급(Class) : 직위가 내포하는 직무의 종류·곤란도·자격요건 등이 상당히 유사하여 채용·보수 기타 인사행정상 동일하게 다룰 수 있는 직위의 군
④ 직군(Occupational group) : 직무의 성질이 유사한 직렬의 군
⑤ 직렬(Series of classes) : 직무의 종류는 유사하나 곤란도·책임도가 상이한 직급의 군
⑥ 직류(Sub-series) : 동일한 직렬 내에서 담당분야가 동일한 직무의 군

▶ 우리나라 일반직 공무원의 직급표

직군	직렬	직류	계급 및 직급						
			3급	4급	5급	6급	7급	8급	9급
행정	교정								
	행정	일반행정	부이사관	서기관	사무관	주사	주사보	서기	서기보
		법무행정							
		재경							
	세무								
기술	공업	일반기계							
	농업								

(3) 수립절차

① 계획과 절차의 결정
② 분류담당자 선정과 분류대상 직위의 결정
③ 직무조사(직무기술서의 작성) : 직무조사는 분류될 직위의 직무에 대한 객관적 정보를 수집하고 기록하는 과정이다. 직무조사에서는 직무의 내용, 책임도, 곤란도, 자격요건 등에 관한 모든 자료를 수집해야 한다. 직무조사에서는 질문지법, 면접법, 관찰법 등이 이용된다. 직무조사를 통해 직무기술서가 작성되는데 직무기술서는 직위별 직무의 종류 및 책임도·곤란도를 조사하여 기술한 문서를 말한다.
④ 직무분석
ㄱ 조직 내의 직무에 관한 정보를 체계적으로 수집하여 처리하는 활동을 말한다. 직무분석은 기입내용의 정확성이 확인된 직무기술서를 토대로 하여 직무의 성질과 종류에 따라 직군·직렬·직류별

로 분류하는 종적인 분류이다. 조직의 인적자원 채용, 교육훈련, 직무수행의 평가 등에 활용된다.

ⓛ 유사한 직위를 모아 직류를 만들고, 직류를 모아 직렬을, 직렬을 모아 다시 직군을 만드는 수직적 분류구조를 형성하는 것이다.

▶ **직무분석과 직무평가의 비교**

구분	직무분석	직무평가
분류구조	수직적·종적 분류	수평적·횡적 분류
결정내용	직군·직렬·직류	등급·직급
기초자료	직무기술서	직무분석의 자료에 기초
순서	선	후
목적	직무중심의 객관화·과학화·합리화	보수의 공정성·합리화

⑤ 직무평가

㉠ 직무들의 상대적인 가치를 체계적으로 결정하는 작업을 말한다. 직무평가의 목적은 직무요소의 상대적 가치를 평가해 직무가 요구하는 능력과 공헌도에 따라 보상을 차등화 하는데 있다.

㉡ 직무평가는 직무의 곤란도·책임도·자격요건 등에 의하여 직무를 횡적으로 구분하는 것으로서 여기에서 등급과 직급이 결정된다. 이와 같은 직무평가방법에는 다음과 같은 것들이 있다.

▶ **직무평가의 방법**

구분		특징
비계량적 방법	서열법	• 각 직위가 지니고 있는 직무의 곤란성이나 책임성을 전체적으로 평가하여 상대적 중요도에 의해 직위 간의 서열을 정하는 방법이다. • 평가 작업이 간단하고 시간·노력·비용이 적게 든다.
	분류법 (등급법)	• 직위의 등급수와 분류기준을 작성한 등급기준표를 미리 작성하여 각 등급별로 직무내용·책임도·자격요건 등을 밝힌 등급정의에 따라 각 직위에 가장 적절한 등급을 결정해 나가는 방법이다. • 정부부문에서 일반적으로 사용하는 방법이다.
계량적 방법	점수법	• 직무평가기준표에 따라 직무의 세부 구성요소들을 구분한 후 요소별 가치(상대적 중요도)를 점수로 계량화하여 요소별 점수를 합산한 총점으로 직무의 상대적 가치를 나타내는 직무평가기법이다. • 평가결과의 타당성과 신뢰성이 확보되나 평가절차가 복잡하고 평가요소의 점수화가 임의적이다. • 등급법의 세련된 형태
	요소 비교법	• 대표직위의 요소에 다른 직위의 요소를 비교하여 각 직위의 등급을 정하는 방법이다. • 요소별로 점수 대신 임금액을 곱하므로 평가점수를 가지고 바로 임금액을 산출할 수 있다. • 서열법의 세련된 형태

⑥ 직급명세서의 작성

㉠ 직무의 분석과 평가를 통해 직급·직렬·등급이 결정되면 직급명세서를 작성하는데, 직급명세서란

직급들을 명확히 규정하는 것으로 각 직위를 직급에 배치하는 정급의 지표를 제시하는 것이며 모집, 선발, 훈련, 근무성적평정 등 인사관리의 기준을 제시하는 문서로 활용한다.

ⓒ 직급명세서에는 직급의 명칭, 직책의 개요, 최저자격요인, 채용방법, 보수액, 직무수행방법 등이 명시된다.

⑦ 정급

직급명세서가 작성되면 모든 직위를 각각 해당 직군·직렬·직류와 등급·직급에 배정하는 것

(4) 장·단점

① 장점

㉠ 직무급 확립을 통한 보수의 형평성 제고 : 동일직무에 대한 동일보수 지급으로 직무급제도를 확립하여 보수결정의 합리적 기준을 제시한다. 보수수준의 결정을 능력·자격보다 실제 하는 일을 기준으로 하는 것이다.

㉡ 인사행정의 합리적 기준 제공 : 직무분석이나 직무평가를 통해 직위가 요구하는 직무내용·성질이나 자격요건을 밝혀주어 채용시험·인사배치·승진·전직 등의 합리적 기준을 제시한다.

㉢ 근무성적평정의 객관적 기준 확립과 교육훈련수요의 명확화 : 직책이 요구되는 요건에 관한 정보를 제공한다.

㉣ 권한과 책임한계의 명확화 : 횡적인 직책의 한계와 종적인 상하 직위·감독관계에서 권한과 책임의 한계를 명시하여, 행정조직의 합리화와 개선 및 행정책임과 행정능률 확보에 기여한다.

㉤ 행정의 전문화·분업화의 촉진 : 공무원의 전보·승진이 동일한 직렬 내에서 이루어지므로 동일한 직책을 장기간 담당하게 되어 그 분야의 전문가를 양성하는데 효과적이며 분업화를 촉진한다.

㉥ 효율적인 정원관리 및 사무관리 : 업무처리과정의 간소화나 업무분담의 합리화를 통해 정원관리와 사무관리가 개선된다. 이를 위해서는 정확한 직무분석이 선행되어야 한다.

㉦ 민주통제가 용이 : 직급명세서에 직무내용과 보수액간의 상관관계를 명시한 공직업무의 명세화로 업무에 관한 정보를 국민에게 체계적이고 정확하게 공개하여 행정의 민주화에 기여한다.

② 단점

㉠ 일반행정가 양성 곤란 : 일반교양과 폭넓은 능력을 갖춘 유능한 일반행정가의 확보나 육성이 어렵다.

㉡ 인사배치의 융통성 및 신축성 결여 : 동일 직렬에 한정된 승진·전보만 가능하므로 인사배치의 신축성이 제한된다.

㉢ 직업공무원제 확립의 곤란 : 신분보장이 안 되고 경력발전이 곤란하므로 직업공무원제를 확립하기가 곤란하다.

㉣ 행정의 안정성 저해 : 신분의 임의적 보장으로 행정의 안정성을 저해한다.

㉤ 업무협조·조정 곤란 : 전문적 행정관리에 역점을 둠으로써 업무통합이나 상호간 의사소통이 부진하여 협조·조정이 곤란하다.

㉥ 신분보장이 약함 : 공무원의 신분이 특정 직위와 관련되어 있기 때문에 신분보장이 미흡하고 행정의 안정성이 저해된다.

3. 직위분류제와 계급제의 비교 및 상호조화

(1) 비교

구분	직위분류제	계급제
분류기준	직무의 종류·책임도·곤란도	개개인의 자격·능력·신분
발달배경	산업사회	농업사회
채용국가	미국·캐나다·필리핀	영국·독일·일본
인간과 직무	직무중심	인간중심
채용방법	개방형 실적주의	폐쇄형 실적주의
일반·전문행정가	전문행정가 양성	일반행정가 양성
보수	직무급	생활급
인사배치	신축성·융통성 부족	장기적이며 신축적인 인사행정
행정계획	단기적	장기적
교육훈련	전문지식 강조	일반지식·교양강조
조정·협조	곤란	원활
신분보장	약함	강함
직업공무원제	확립곤란	확립용이
승진한계 및 사기	낮음	높음

(2) 상호조화

① 계급제 채택국가의 경우에는 행정의 전문성을 높이기 위해 직위분류제적 요소를 도입·적용하고 있다. 영국의 경우 1968년 Fulton위원회의 건의로부터 시작되어 1980년대 Thather행정부 이후 전통적인 계급제가 거의 폐지되었다.

② 직위분류제적 채택국가의 경우에는 일반적·종합적인 행정을 위해 계급제를 가미하고 있다. 미국의 경우 고위공무원단(SES)도입 등 직위분류제에 계급제적 직업공무원제 요소를 가미하고 있다.

③ 상호보완 : 상위직과 하위직은 직렬의 수를 줄이고, 중위직은 상대적으로 세분화하는 것이 바람직하다. 직렬의 세분화는 일반행정에서 융통성·탄력성의 발휘를 저해하고, 특히 지방행정기관의 하위직에는 혼합직이 많아서 직위의 세분화에는 한계가 있다.

제 **02** 절 | 우리나라의 인사제도의 개혁-고위공무원단

1. 고위공무원단제도(SES : Senior Executive Service)

1. 의의

(1) 개념과 특징

① 개념 : 고위공무원단제는 공무원들의 경쟁력과 정부서비스의 질을 향상하기 위하여 고위직 공무원을 중하위직 공무원과 별도로 통합관리(pool)하는 제도이다.

② 특징 : 종래 계급제(유럽)의 폐쇄성과 직위분류제(미국)의 전문가지향적 경직성을 극복하고 양자의 장점을 결합시키기 위하여 경쟁성, 성과(책임)관리, 외부 개방성, 통합적 시야, 부처 간 이동성 등을 특징으로 하는 통합적 인사시스템이다. 우리나라는 노무현 정부에서 제도화하였다.

(2) 핵심요소

① 개방과 경쟁 : 개방형직위제도, 부처 내·외 직위공모 등

② 능력발전 : 역량평가제, 교육훈련, 최소보임기간 설정 등

③ 성과와 책임 : 직무성과계약제, 직무등급제, 적격성심사, 인사심사 등

④ 신분보다 일 중심의 인사관리

2. 우리나라의 고위공무원단제도

(1) 구성

① 고위공무원단 : 직무의 곤란성과 책임도가 높은 실·국장급 직위에 임용되어 재직 중이거나 파견·휴직 등으로 인사관리 되고 있는 일반직공무원, 별정직공무원 및 특정직공무원의 군(群)을 말한다.

② 대상 직위

　㉠ 중앙행정기관의 실·국장 및 이에 상당하는 보좌기관

　㉡ 행정부 각급 기관의 직위 중 실·국장에 상당하는 직위

　㉢ 지방직 공무원에는 도입하지 않았지만, 국가공무원으로 임명하는 지방자치단체 및 지방교육행정기관의 실·국장급 직위에 상당하는 직위(광역시·도의 부단체장 및 기획관리실장, 교육청의 부교육감 등)

(2) 고위공무원단으로의 진입

① 고위공무원단 후보자 : 고위공무원단 후보자교육과정을 마치고 역량평가를 통과하면 고위공무원단 후보자가 된다.

　㉠ 후보자교육 과정 : 각 부처의 과장급을 대상으로 하여 정부가 당면한 실제 정책과제에 대한 해결책을 모색하는 문제해결형 교육인 액션러닝(action learning)방식으로 운영하며 고위공무원단 재직자에게는 개인별 부족역량을 보완하는 맞춤형 교육을 실시한다.

ⓛ 역량평가 : 4명 이상의 역량평가위원이 참여하여 제시된 직무 상황에서 나타나는 평가 대상자의 행동을 관찰하여, 그 역량을 사전에 검증하고 평가하는 방법으로 한다. 부처 간 협업을 강화하기 위하여 재직 중 2년 이상 또는 4급 이상의 계급에서 1년 이상 다른 기관 근무경력이 있어야만 고위공무원 역량평가에 응시할 수 있다.

② 임용 : 소속장관이 고위공무원단 후보자 중에서 근무성적·능력·경력·전공분야·인품 및 적성 등을 고려하여 보통승진심사위원회를 거쳐 임용예정 직위의 2~3배수에 해당하는 인원을 우선순위를 정하여 선정하면 고위공무원 임용심사위원회(인사혁신처 소속)의 승진심사를 거쳐 대통령이 고위공무원단 직위로 임용한다.

(3) 인사관리

① 소속과 인사관리 : 고위공무원은 인사혁신처에서 관리·운영하는 고위공무원단 소속 공무원이 되어 범정부적 통합관리의 대상이 된다. 각 부처장관은 당해 기관에 소속되지 아니한 자에 대하여도 임용제청할 수 있으며, 전체 고위공무원단 중에서 적임자를 인선하고 각 부처에 배치된 고위공무원은 소속 장관이 인사권과 복무감독권을 행사한다.

② 정원관리방식 : 1~3급 계급(관리관, 이사관, 부이사관)을 폐지하고 통합관리가 이루어짐으로써 신분적 계급 대신 직위의 직무 값에 따라 부여되는 직무등급을 기준으로 보수지급과 인사관리가 이루어진다.

③ 충원방식 : 부처장관의 재량임용(자율인사)은 50% 이상, 개방형 직위제(공직 내·외부 경쟁)는 소속 장관별로 고위공무원단 직위 총수의 20% 이내, 공모직위제(공직 내부 경쟁)는 소속 장관별로 고위공무원단 직위 총수의 30% 이내에서 지정할 수 있다.(최소보임기간은 2년)

④ 보수 : 고위공무원단의 보수체계는 기본연봉(기준급＋직무급)과 성과연봉을 결합한 직무성과급적 연봉제가 지급된다.

⑤ 근무성적평정

ㄱ 고위공무원단 인사규정 : 성과계약평가 등으로 평정하고 개인의 성과목표 달성도 등 객관적 지표에 따라 5개 등급(매우우수, 우수, 보통, 미흡, 매우미흡)으로 평가한다.

ㄴ 고위공무원 상대평가제 도입 : 고위공무원의 경우 '고위공무원단 인사규정'에 따라 5개 등급으로 평가하되, 부처별로 최상위등급(매우우수)의 인원비율을 20% 이내로 설정하고 하위 2개 등급(미흡＋매우미흡)의 인원비율을 10% 이상으로 설정하여야 한다.

⑥ 검증시스템–적격심사

ㄱ 의의 : 고위공무원단에 속하는 공무원에 대하여 소속장관은 아래 적격심사 대상자에 대하여 지체 없이 인사혁신처장에게 적격심사를 요구하여야 한다. 적격심사는 신분보장이 되는 경력직에 해당되므로 신분보장이 되지 않는 임기제공무원과 별정직은 적격심사 대상이 아니다.

ㄴ 적격심사 대상(직위해제 대상)

ⓐ 최하위 평가등급자 : 총 2년 이상 근무성적평정에서 최하위등급의 평정을 받은 때

ⓑ 무보직자 : 대통령령이 정하는 정당한 사유 없이 직위를 부여받지 못한 기간이 총 1년에 달한 때

ⓒ 최하위 평가등급자＋무보직자 : 근무성적평정에서 최하위 등급을 1년 이상 받은 사실이 있으면서 대통령령으로 정하는 정당한 사유 없이 6개월 이상 직위를 부여받지 못한 사실이 있는 경우

ⓓ 조건부 적격자 : 조건부 적격자가 교육훈련을 이수하지 아니하거나 연구과제를 수행하지 아니한 때

ⓒ 적격심사

ⓐ 요구 : 소속 장관은 소속 공무원이 적격심사 대상에 해당되면 지체 없이 인사혁신처장에게 적격심사를 요구하여야 한다. 적격심사는 대상사유가 발생한 날부터 6개월 이내에 실시한다.

ⓑ 실시 기관 : 인사혁신처소속 고위공무원 임용심사위원회에서 실시한다.

ⓒ 내용 : 적격심사는 근무성적, 능력 및 자질의 평정에 따르되, 고위공무원의 직무를 계속 수행하게 하는 것이 곤란하다고 판단되는 사람을 부적격자로 결정한다.

ⓓ 부적격 결정자의 직권면직 : 부적격결정을 받은 자는 직권면직시킬 수 있다.

⑦ 정년 및 신분보장 : 고위공무원단 소속 공무원의 정년은 60세이며, 정치적 중립과 신분보장 규정이 적용된다. 다만, 가급 고위공무원은 국가공무원법상 신분보장 규정의 적용을 받지 못한다.

(4) 고위공무원단제도 도입 전·후 비교

구분	도입 전		도입 후
소속기관	각 부처	→	고위공무원단
인사 운영	계급제 보수, 정원관리, 승진, 전보 등을 계급기준에 따라 운영	→	직무등급제(가급, 나급) 보수, 정원관리, 승진, 전보 등을 직위 또는 직무등급 기준에 따라 운영
충원·보직이동	부처 내 폐쇄적 임용 • 부처내부 공무원을 연공서열에 따라 승진·전보시켜 충원 • 과장급은 별도 교육 · 검증 없이 국장으로 승진	→	부처내·외 개방적 임용 • 부처내외 공무원간 또는 공직내외 경쟁을 통해 충원 • 과장급은 기본교육·역량평가·직위공모를 거쳐야 승진
성과관리	연공서열 위주의 형식적 관리 목표관리제가 있으나 연공서열 위주로 형식적 운영	→	엄격한 성과관리 직무성과계약제에 따라 성과계약을 체결하고 평가결과에 따라 신분상 불이익도 부여
보수	계급제적 연봉제 • 계급에 따라 보수 차등 • 성과의 차이에 따른 연봉 차이가 미미	→	직무성과급적 연봉제 • 직무의 차이에 따라 보수 차등 • 성과의 차이에 따라 연봉 차등 확대, 특별상여금 지급
자질·능력평가	주관적·추상적 평가 다면평가 등에 의한 주관적 평가	→	역량평가제 역량모델을 과학적으로 설정하여 객관적이고 구체적으로 평가

구분	도입 전	도입 후
교육훈련	획일적 교육 교육프로그램이 다양하지 못하고, 능력발전 기회로 미 인식	개별적·맞춤식 교육 부족한 역량과 자질을 파악하여 향상시키고, 개인이 처한 상황에 따른 맞춤형 교육실시
검증	인사심사 채용·계급 승진 시 인사심사	인사심사＋적격성심사 채용·직위 승진 시 인사심사, 정기적으로 적격성심사 실시
신분관리	안정적 신분보장 성과와 역량이 미달해도 특별한 문제가 없으면 직위 유지	엄격한 인사관리 성과와 역량이 일정수준 계속 미달하면 신분상 불이익 부과

✤ 역량평가

(1) 의의

역량평가는 실제 업무와 유사한 모의상황 하에서 역할연기 등 다양한 평가기법(1:1 역할수행, 1:2 역할수행, 집단토론 등)을 활용하여 현실적 직무 상황에 근거한 행동을 관찰하여 업무를 성공적으로 수행할 수 있는 역량이 있는지를 사전에 평가·검증하는 제도이다. 역량은 조직의 목표달성과 연계해 뛰어난 직무수행을 보이는 고(高)성과자의 차별화된 행동 특성과 태도이다.

(2) 내용

① 추측이나 유추가 아닌, 직접 나타난 행동들을 관찰함으로써 평가자의 주관성을 배제할 수 있다.

② 대상자의 과거성과가 아닌, 미래행동에 대한 잠재력을 측정하므로 향후 나타날 성과에 대한 대외변수를 통제하여 환경적 변인을 제거함으로써 개인의 역량에 대한 객관적 평가가 가능하다.

③ 다수의 평가자가 참여하여 합의에 의해 평가결과를 도출하는 체계로서, 이러한 과정으로 개별평가자의 오류를 방지하고 평가의 공정성을 확보하게 된다.

④ 다양한 실행과제(Exercise)를 종합적으로 활용함으로써 개별 평가기법들의 한계를 극복하고 대상자들의 몰입을 유도하며 다양한 역량들을 측정할 수 있다.

(3) 역량평가 요소

3개(사고, 업무, 관계) 유형에서 6개 역량(문제인식, 전략적 사고, 성과지향, 변화관리, 고객만족, 조정과 통합)을 통하여 고위공무원으로서 요구되는 의사소통, 고객지향, 조정, 통합, 혁신주도 등과 같은 역량을 평가한다.

(4) 장점

① 고위직 대상자 자질의 체계적 검증

② 교육훈련 수요예측 등 능력개발 시스템의 정립

③ 평가자료의 인사운영 활용 등을 통하여 신뢰성 및 공정성 확보

④ 성과에 대한 대외변수의 통제를 통하여 개인역량의 객관적 평가

2. 기타 제도

1. 개방형 직위제도

(1) 의의

개방형 직위란 전문성이 특히 요구(외부, 임기제 공무원)되거나 효율적인 정책수립(내부, 경력직 공무원)을 위하여 필요하다고 판단되는 고위공무원단 직위에 공직 내·외를 불문하고 공개모집과 공개경쟁을 통하여 직무수행요건을 갖춘 자 중에서 최적격자를 임용하는 제도로서 1999년부터 도입되었다.

(2) 운영규정

① 지정

㉠ 소속장관별로 고위공무원단 직위총수의 20% 범위와 중앙행정기관의 과장급직위 총수의 20% 범위 안에서 지정한다.

㉡ 소속 장관은 개방형 직위 중 특히 공직 외부의 경험과 전문성을 적극 활용할 필요가 있는 직위를 공직외부 민간인으로만 적격자를 선발하는 경력개방형 직위로 지정할 수 있다.

② 선발시험 : 소속 장관은 개방형 직위에 공무원을 임용하려는 경우에는 공직 내부와 외부에서 개방형직위 요건에 해당하는 사람을 대상으로 공개모집한 후 중앙선발시험위원회가 실시하는 선발시험을 거쳐 적격자를 선발하여야 한다.

③ 임용절차 : 선발시험위원회는 2명 또는 3명의 임용후보자를 선발하여 소속장관에게 추천하고, 소속장관은 이중에서 임용하여야 한다.

④ 임용방법 : 소속 장관은 경력경쟁채용 등의 방법으로 개방형 직위에 공무원을 임용한다. 다만, 개방형임용 당시 경력직공무원인 사람은 전보, 승진 또는 전직의 방법으로 임용할 수 있다.

⑤ 신분 : 개방형 직위에 임용되는 공무원은 임기제공무원으로 하여야 한다. 다만, 임용당시 경력직공무원인 자는 개방형 직위에 전보, 승진, 전직 또는 특별채용의 방법에 의하여 경력직 공무원으로 임용할 수 있다.

⑥ 임용기간 : 임용기간은 다른 법령에 특별한 규정이 있는 경우를 제외하고는 5년의 범위 안에서 소속 장관이 정하되, 최소한 2년 이상으로 한다. 다만 임기제로 임용되는 경우에는 최소 3년 이상으로 한다.

2. 공모직위제도

(1) 의의

① 개념 : 공모직위제는 해당 기관의 직위 중 효율적인 정책 수립 또는 관리를 위하여 공직 내부의 해당 기관 내부 또는 외부 공무원 중에서 적격자를 임용할 필요가 있는 직위에 대하여 공모직위로 지정하고 공개경쟁 모집을 하는 제도로서 2000년에 도입되었다.

② 목적 : ㉠ 인사행정의 투명성과 공정성을 높이고, ㉡ 우수 고급공무원의 범정부적 활용을 극대화하며, ㉢ 부처할거주의를 척결하고 조정능력을 강화하는 것이다.

(2) 운영규정

① 지정

㉠ 소속장관은 경력직 공무원으로 보할 수 있는 고위공무원단 직위 총수의 30%의 범위 안에서 공모
직위를 지정하여야 한다.

㉡ 경력직 공무원으로 보할 수 있는 과장급 직위 총수의 20%이내에서 지정하여야 한다(의무).

② 선발시험 : 소속장관은 고위공무원단 공모직위에 공무원을 임용하려는 때에는 행정부 내부에서 경
력직 공무원을 대상으로 공개모집에 의한 시험을 거쳐 적격자를 선발하여야 한다. 선발시험은 서류
전형과 면접시험으로 한다.

③ 임용절차 : 선발시험위원회는 2명 또는 3명의 임용후보자를 선발하여 소속장관에게 추천하고, 소속
장관은 이중에서 임용하여야 한다.

④ 임용방법 : 공모직위에 임용되는 공무원은 전보·승진·전직 또는 경력경쟁채용의 방법에 의하여 임용
하여야 한다. 공모직위에 임용된 공무원은 임용된 날부터 2년 이내에 다른 직위에 임용될 수 없다.

3. 개방형 직위제도와 공모직위제도의 비교

구 분	개방형 직위제	공모직위제
대상직위	전문성이 특히 요구되거나 효율적인 정책수립을 위하여 필요하다고 판단되는 직위	효율적 정책수립 또는 관리를 위하여 적격자를 임용할 필요가 있는 직위
공모대상	• 내·외부(행정부 내부+행정부 외부) • 고위공무원단 직위 총수의 20% 이내 • 과장급 직위의 20% 이내 의무적 지정	• 내부(행정부 내부) • 고위공무원단 직위 총수의 30% 이내 • 과장급 직위의 20% 이내 의무적 지정
대상 직종	일반직·특정직·별정직 공무원으로 보할 수 있는 고위공무원단 직위	일반직·특정직으로 보할 수 있는 고위공무원단 직위
근 거	• 국가공무원법 제28조의4 • 개방형 직위 및 공모직위의 운영 등에 관한 규정 (대통령령)	• 국가공무원법 제28조의5 • 개방형 직위 및 공모직위의 운영 등에 관한 규정 (대통령령)
후보자 추천	개방형직위 중앙선발시험위원회 (인사혁신처장 소속, 위원은 모두 민간위원)	공모직위 선발심사위원회(소속장관 소속, 50% 이상은 다른 중앙행정기관 소속공무원 또는 민간위원)
임용기간	최장 5년 범위 내 최소 2년 이상 (임기제 공무원은 최소 3년 이상)	최소 2년 이상
자치단체	• 광역 : 1~5급 직위의 10% 이내 • 기초 : 2~5급 직위의 10% 이내	자치단체 도입 (지정범위와 지정비율은 임용권자가 정하도록 함)

4. 민간근무 휴직제

(1) 의의

공무원이 민간기업 등에 임시로 채용될 경우 3년의 범위 내에서 휴직할 수 있도록 한 제도로서 내부를 벗어나 외부로 채용된다는 점에서 개방형직위제, 계약직공무원채용 등 외부(민간)에서 내부(정부)로 임용되는 제도와 다르다. 2002년부터 공무원임용령(민간근무휴직)에 도입함으로써 시행되었다.

(2) 목적

① 공·사부문 간 인적 교류의 장벽을 제거하여 민·관 간 이해증진을 도모하기 위한 제도이다.
② 행정 내부적으로는 최신 경영기법의 체험 등을 통하여 공무원의 능력을 향상시킬 수 있다.
③ 인력관리의 유연화를 도모할 수 있다.
④ 국가 전체의 경쟁력을 향상시키기 위한 것이다.

1. 의의

(1) 인력계획(Manpower planning)은 정부조직의 인적 자원에 대한 수요예측과 이를 충족시키기 위한 인력의 공급방안을 결정하는 과정을 의미한다.

(2) 즉, 행정환경의 변화에 따른 중·장기 행정수요의 예측에 따라 파악된 인력수요를 직급별·직종별로 예측하고 이에 맞는 공급과 관리계획을 수립하는 것을 의미한다.

2. 필요성과 과정

1. 필요성

(1) 체계적인 인력관리를 통한 행정의 능률성 및 전문성의 확보가 가능해진다.

(2) 인적 자원의 원활한 공급과 조직이 필요로 하는 인력을 적시에 수급할 수 있다.

(3) 변화하는 행정환경에 대응할 수 있는 인력계획을 마련할 수 있다.

2. 과정

(1) 조직목표의 설정 : 조직관리자들이 실현가능한 장래의 사업계획목표를 설정하는 것이다.
민간부문과 달리 공공부문의 경우, 목표설정이 불분명한 경우가 많아 애로점이 있다.

(2) 인력 총수요 예측 : 정부의 목표에 따라 이를 달성하기 위한 인력을 예측하는 것이다.

(3) 인력 총공급 예측 : 기준시점에서 현재 인력을 파악하고 유동인력을 예측해야 한다.

(4) 실제적 인력수요 결정 : 수요와 공급을 비교하여 실제적 인력수요를 결정한다.

(5) 인력확보방안의 결정 : 구체적인 인력확보를 위한 방안의 결정과 관련된다.

(6) 인력확보방안의 시행 : 구체적인 인력확보방안을 실제 시행하게 된다.

(7) 통계자료의 준비 : 시행의 결과를 정확한 통계를 통해서 정리하는 과정이다.

(8) 평가 및 환류 : 정해진 목표와 결과와의 비교·평가를 통해서 환류하는 과정이다.

제 02 절 | 모집·시험·임용

1. 모집

1. 의의

(1) 모집(Recruitment)은 공무원을 채용해야 할 때 지원자를 확보하는 활동이다. 즉, 선발시험에 응할 잠재적 인적 자원을 찾아내서 지원하도록 유도하는 행위이다.

(2) 정부업무의 전문화 수준은 높아지는데 비해서 정부에 대한 사회적 평가나 처우는 민간부문에 비해 높은 편이 아니다. 이러한 환경변화에 대응하기 위해 적극적 모집이 요구된다.

2. 적극적 모집의 방법

(1) 공직의 대한 사회적 평가의 제고

공직의 사회적 평가를 향상시키는 것으로서 적극적 모집의 전제조건이 된다.

(2) 장기적 인력계획의 수립

과학적이고 합리적인 인적자원계획을 마련하고 그에 따라 정기적인 모집계획을 세워 예측가능성을 높여야 한다.

(3) 다양한 방법에 의한 채용확대

특별채용의 확대, 임시고용의 확대, 인턴제도 등 다양한 방식의 모집이 모색되어야 한다.

(4) 모집공고방법의 개선

공직설명회 등 신문 외에 방송 매체 등의 적극적인 활용이 필요하다.

(5) 채용절차의 간소화

수시접수나 온라인 접수 등 지원절차를 간소화하고 채용과정을 신속히 해야 한다.

(6) 지원자격의 완화

모집 자격 및 기준을 완화하여 기회균등을 보장해야 한다.

(7) 사후평가와 환류기능의 강화

모집 정책의 결과를 평가하여 모집방법 개선으로 연계할 필요가 있다.

3. 자격요건

(1) 의의

① 소극적 모집요건 : 외형적·형식적 요건으로서, 학력·연령·국적·성별 등이다.

② 적극적 모집요건 : 내용적·실질적 요건으로서, 능력·가치관·지식·경험 등이다.

(2) 자격요건

① 학력 : 계급제는 엄격하게 규정하며, 직위분류제는 엄격하게 규정하지 않는다. 우리나라는 계급제이면서도 특별한 경우(연구관·지도관 등)를 제외하고는 학력제한을 두지 않는다.

② 지식 : 영국은 일반교양, 미국은 전문지식, 일본·우리나라는 교양 및 전문지식을 본다.

③ 연령 : 계급제(직업공무원제)에서는 연령을 제한하며 직위분류제에서는 제한하지 않는다. 우리나라의 경우 계급제(직업공무원제)를 채택하면서도 연령제한을 두지 않는다.

④ 거주지 : 지방직 시험에서는 거주지 제한조건을 두며, 이는 지방자치와 관련된다.

(3) 결격사유

국가공무원법 제33조는 다음의 경우에 공무원이 될 수 없도록 하고 있다.

① 피성년후견인 또는 피한정후견인

② 파산선고를 받고 복권되지 아니한 자

③ 금고 이상의 형을 받고 그 집행이 종료되거나 집행을 받지 아니하기로 확정된 후 5년을 경과하지 아니한 자 : 집행유예의 경우는 2년

④ 금고 이상의 형의 선고유예를 받는 경우에 그 선고유예 기간 중에 있는 자

⑤ 법원의 판결 또는 다른 법률에 의하여 자격이 상실 또는 정지된 자

⑥ 공무원으로 재직기간 중 직무와 관련하여 형법상 횡령·배임죄를 범한 자로서 300만 원 이상의 벌금형을 선고받고 그 형이 확정된 후 2년이 지나지 아니한 자

⑦ 업무상 위력 등에 의한 간음죄(형법)과 추행죄(성폭력범죄 특례법)을 범한 사람으로서 100만원 이상의 벌금형을 선고받고 그 형이 확정된 후 3년이 지나지 아니한 자

⑧ 미성년자에 대한 성폭력범죄, 아동·청소년대상 성범죄에 해당하는 죄를 저질러 파면·해임되거나 형 또는 치료감호를 선고받아 그 형 또는 치료감호가 확정된 자

⑨ 징계에 의하여 파면처분 받은 후 5년을 경과하지 않았거나 해임처분을 받은 후 3년을 경과하지 아니한 자

2. 시험

1. 의의

(1) 시험(test)이란 공직희망자들의 상대적 능력을 가리려는 제도를 의미한다. 이러한 시험의 종류는 매우 다양한데, 예컨대 필기시험, 실기시험, 적성검사, 성격검사 등을 들 수 있다.

(2) 실적주의에 입각한 인사행정의 기초는 경쟁시험이며, 경쟁시험은 공직에의 기회균등이라는 민주주의 이념과 행정능률을 동시에 실현시킬 수 있는 수단이 된다.

2. 종류

(1) 형식에 의한 분류

① 필기시험 : 필기시험은 모든 종류의 선발 시험에서 보편적으로 널리 사용되는 시험의 방법이다. 필기시험은 표준화가 용이하여 객관성이 높으며 동시에 많은 응시자를 처리할 수 있다. 시험관리가 용이하고 시간과 비용이 적게 든다.

② 실기시험 : 직무수행에 필요한 실제적인 기술과 능력을 평가하는 시험이다. 다수의 응시자를 동시에 테스트하기가 힘들다는 것이 한계이다.

③ 면접시험 : 수험자의 구술능력을 평가하는 시험이다. 면접시험은 필기시험으로 측정하기 곤란한 가치관과 성격, 행태상의 특성, 협조성 등을 평가하는 데 유용하다. 이러한 면접시험에는 평가자의 주관이 개입할 소지가 많아 객관성을 확보하는 것이 어렵다.

✤ 우리나라 공무원임용 시험령 상의 면접시험 평정요소

- 공무원으로서의 정신자세
- 예의·품행 및 성실성
- 전문지식과 응용능력
- 의사표현의 정확성, 논리성, 창의력

---

(2) 목적에 의한 분류

① 신체검사 : 직무수행에 대한 신체적 적격성 판별하는 시험

② 업적검사 : 교육이나 경험을 통하여 얻은 지식이나 기술을 평가하는 시험

③ 적성검사 : 앞으로 적합한 훈련을 받고 경험을 쌓으면 일정한 직무를 배워 잘 수행할 수 있는 소질 또는 잠재적 능력을 측정하려는 시험

④ 지능검사 : 인간의 일반적인 지능 또는 정신적 능력을 측정하려는 시험

⑤ 감성지능검사 : 감성적 능력을 측정하려는 시험

3. 효용도

시험의 효용도란 시험이 목적하는 바를 효율적으로 성취할 수 있는 정도를 말한다. 효용성 있는 시험이 되기 위해서는 타당도, 신뢰도, 객관도, 난이도, 실용도 등을 갖추어야 한다.

(1) 타당도(Validity)

① 개념 : 시험이 측정하고자 하는 요소를 정확하게 측정하는 정도를 말한다. 즉 직무수행능력이 우수한 사람을 잘 식별하느냐의 정도를 가리키는 것이다. 타당도에는 기준타당도, 내용타당도, 구성타당도 등이 있다.

② 기준타당도 : 시험이 직무수행능력을 얼마나 정확하게 측정했는가의 정도를 말한다. 시험성적과 근무성적을 비교하여 양자의 상관관계가 높을수록 기준타당도가 높다고 판단한다. 기준타당도를 검증하는 방법에는 다음과 같은 것이 있다.

㉠ 예측적 타당성 검증 : 시험에 합격한 사람이 일정한 기간 직장생활을 한 다음 그의 채용시험성적과 업무실적을 비교하여 양자의 상관관계를 확인하는 방법이다.

㉡ 동시적(현재적) 타당성 검증 : 앞으로 사용하려고 입안한 시험을 재직 중에 있는 직원들에게 실시한 다음 그들의 업무실적과 시험성적을 비교하여 그 상관관계를 보는 방법이다.

③ 내용타당도 : 시험이 특정 직무수행에 필요한 능력요소(지식·기술·태도 등)를 어느 정도나 측정하느냐에 관한 타당성이다. 따라서 내용타당도를 확보하려면 직무분석을 통해 선행적으로 실질적인 능력요소를 파악해야한다.

④ 구성타당도(해석적 타당도) : 시험이 이론적으로 추정한 능력요소를 얼마나 정확하게 측정할 수 있느냐에 관한 기준이다. 예컨대 창의력을 측정하고자 추상적으로 구성된 민감성, 이해성, 도전성 등을 제대로 측정해 주었는지의 정도를 의미한다.

　　㉠ 수렴적 타당도 : 하나의 개념을 상이한 측정방법으로 측정했을 때 그 측정값 사이의 상관관계가 높은 정도이다.

　　㉡ 차별적 타당도 : 서로 다른 개념을 동일한 측정방법으로 측정했을 때 그 측정값 사이의 상관관계가 낮은 정도이다.

(2) 신뢰도(Reliability)

① 개념 : 시험이 측정해 내는 결과의 일관성을 말한다.

② 검증방법

　　㉠ 재시험법 : 같은 시험을 같은 집단에 시차를 두고 실시한 후 그 성적을 비교한다.

　　㉡ 내적 일관성 확인 : 시험 내용의 동질성을 확인하는 것으로 시험의 모든 항목·문항을 비교하고 그 성적을 상관 짓는 방법이다.

　　㉢ 복수양식법(동질이형법) : 내용이 같은 시험의 형식을 두 가지로 다르게 꾸며 동일집단에 실시하고 그 성적을 비교하는 방법이다.

　　㉣ 반분법 : 문제들을 두 부분으로 나누어 그 성적집계를 비교하는 방법이다.

> **✤ 타당성과 신뢰성의 관계**
>
> (1) 신뢰성은 시험 그 자체의 문제인 반면, 타당성은 시험과 기준과의 관계이다. 신뢰성이 높든 낮든 그것은 근무성적이나 근무행태와의 관계가 아니라 어디까지나 시험성적 그 자체의 문제이다. 한편, 타당성은 항상 근무성적, 결근율, 이직률, 안전사고 등 근무행태의 여러 기준 측면과의 관계에서 나타나게 된다.
> (2) 신뢰성은 타당성의 필요조건이지 충분조건은 아니다. 즉, 타당성이 높으면 신뢰성은 높다고 말할 수 있다. 그러나 신뢰성이 높다고 해서 타당성이 높다고 말할 수는 없다.
> (3) 신뢰도가 낮다면 타당도도 낮다고 할 수 있지만, 타당도가 낮다고 신뢰도가 낮은 것은 아니다.

(3) 객관도(Objectivity)

시험성적이 채점자에 따라 차이가 나지 않는 것을 말한다. 즉 시험의 채점이 채점자의 주관적 판단에 따라 좌우되지 않으며 시험외적 요인에 의하여 영향을 받지 않는 것을 말한다. 일반적으로 주관식시험에 비해 객관식시험이 객관도가 높다.

(4) 난이도(Difficulty)

시험이 쉽고 어려운 정도를 말한다. 시험의 내용이 너무 어렵거나 너무 쉬운 경우 득점이 한쪽으로 몰리게 되므로 우열을 구별하기 위해서는 득점차가 적당하게 분포되도록 해야 한다.

(5) 실용도(Availability)

경제적 측면에서는 시험의 관리비용이 적게 들어야 하고, 시험관리의 측면에서는 시험의 실시 및 채점이 용이해야 한다.

3. 임용

1. 의의

(1) 학문적 개념

임용(任用)이란 정부조직에 사람을 선발하여 쓰는 활동으로서, 특정인을 특정 직위에 배치하고 정부기관의 결원을 보충하는 행위이다. 임용은 ① 공개경쟁채용·경력경쟁채용·개방형 직위제 등의 외부임용(신규임용)과 ② 승진·강임·전직·전보·겸임·직무대행·파견 등의 내부임용(재배치)으로 나누어진다.

(2) 법적 개념

임용이라 함은 신규채용·승진임용·전직·전보·겸임·파견·강임·휴직·직위해제·정직·복직·면직·해임 및 파면을 말한다(공무원임용령). 공무원 관계를 소멸시키는 행위까지 포함하므로 학문적 개념보다 포괄적이다.

2. 외부임용

(1) 공개경쟁채용(공채)

① 의의 : 자격있는 모든 사람들에게 평등한 지원기회를 부여하고 경쟁시험을 실시하여 공무원으로 채용하는 제도로서 이는 실적주의에 기반을 둔다. 9급, 7급, 5급에서 실시한다.

② 요건 : 적절한 공고, 지원기회 개방, 차별금지, 능력기준의 선발, 결과 공개

③ 절차 : 인력계획 ➡ 모집 ➡ 시험 ➡ 채용후보자명부 작성 ➡ 임용추천 ➡ 시보임용 ➡ 임명 및 보직

(2) 경력경쟁채용(기존 특별채용)

① 의의 : 공채에 의하여 충원이 곤란한 분야에 대하여 경력 등 응시요건을 정하여 같은 사유에 해당하는 다수인을 대상으로 경쟁의 방법으로 채용하는 시험이다. 국가공무원법을 개정(2011)하여 기존 특별채용제에서 공정성과 투명성을 높이기 위하여 다수경쟁 요건을 임의요건에서 강제요건으로 강화하면서 명칭을 변경하였다. 제한적인 경쟁채용 제도로서 적극적 인사행정제도이며 최근 확대 추세이다.

② 장점 : 급변하는 정보화 시대의 인력수요에 효율적으로 대응할 수 있으며 공개경쟁채용제도를 보완하고 필요한 인력의 확보를 용이하게 한다.

③ 단점 : 정치적 압력이나 정실이 개입할 가능성이 커서 실적주의를 침해하는 결과를 초래하기 쉽다.

(3) 절차

① 채용후보자명부 등재

㉠ 의의 : 시험실시기관은 시험결과에 따라 합격자를 결정하고 이들의 등록을 받아 합격자 명단을 만드는데 이를 채용후보자명부라 한다.

㉡ 작성 : 채용후보자 명부는 직급별로 시험성적순에 따라 작성하되, 훈련성적 및 전공분야와 그 밖에 필요한 사항을 적어야 한다.

ⓒ 유효기간 : 6급 이하는 2년, 5급은 5년이며 시험실시기관의 장이 필요하다고 생각하면 1년 범위 내에서 연장할 수 있다.

ⓔ 채용후보자의 자격상실

    ⓐ 추천받은 기관의 임용 또는 임용제청에 따르지 아니한 경우

    ⓑ 시보 공무원이 될 자에 대한 교육훈련에 따르지 아니한 경우

    ⓒ 훈련성적 불량, 품위 손상 등 본인의 귀책사유로 교육훈련을 계속 받을 수 없게 되는 등 공무원으로서 직무를 수행하기 곤란하다고 판단되는 경우

ⓜ 채용후보자의 실무수습 및 신분 : 임용권자는 채용후보자에 대하여 임용 전에 실무 수습을 실시할 수 있다. 이 경우 실무 수습 중인 채용후보자는 그 직무상 행위를 하거나 형법 또는 그 밖의 법률에 따른 벌칙을 적용할 때에는 공무원으로 본다.

② 임용추천

ⓐ 의의 : 임용권자나 임용제청권자가 자기 기관의 결원을 보충하기 위하여 채용예정직을 밝혀 후보자를 추천해 주도록 요구하면 시험실시기관은 해당 채용후보자명부에서 후보자를 추천하게 되는데 이를 임용추천이라 한다. 우리나라는 단일추천제와 특별추천제를 채택하고 있다.

ⓑ 임용추천 또는 임용의 유예 : 군입대, 학업의 계속, 6월 이상의 장기요양을 요하는 질병이 있는 경우, 임신 또는 출산, 기타 부득이하다고 인정되는 경우

ⓒ 임용시기의 단축 : 임용권자는 추천된 7급 및 9급 공무원 채용후보자 중 최종합격일부터 1년이 지난 사람은 임용의 유예, 교육훈련 등 불가피한 사유를 제외하고는 지체 없이 임용하여야 한다.

③ 시보임용(試補任用)

ⓐ 의의 : 시보임용은 일정한 기간 동안 임시로 임용하고 그 기간 중에 근무성적이 양호한 경우 정규 공무원으로 임용하는 제도이다. 시보는 다른 선발도구에 비하여 비용이 많이 드는 반면, 실제 부서에서 적격 여부를 검증할 수 있으므로 선발의 타당성을 높이는 데 가장 효과적인 선발수단이다.

ⓑ 목적

    ⓐ 적격성 판단 : 시험만으로는 알 수 없는 직무수행 적격성과 직무수행능력을 확인

    ⓑ 적응훈련 : 현장에서 실무를 미리 습득하게 함으로써 공직에의 적응훈련

ⓒ 시보기간 : 6급 이하 6개월, 5급은 1년 → 5급 이하에만 적용되며 고위직의 경우 비적용

ⓓ 보수 : 임용예정 직급의 1호봉에 해당하는 봉급의 80%에 상당하는 금액 등을 지급할 수 있다.

ⓔ 신분 : 실무 수습 중인 채용후보자는 그 직무상 행위를 하거나 형법 또는 그 밖의 법률에 따른 벌칙을 적용할 때에는 공무원으로 본다.

ⓕ 임용 : 임용권자(임용제청권자)는 시보공무원을 정규공무원으로 임용(임용제청)하려는 경우에는 미리 심사위원회를 구성하여 의결을 거쳐야 한다. 심사위원회는 의결하기 전에 근무성적, 교육훈련성적, 근무태도, 공직관 등에 대한 평가를 실시하여야 한다.

ⓖ 신분보장 : 시보공무원은 정규공무원이 아니므로 정규공무원에게만 적용되는 신분보장 규정이 적용되지 않는다.

    ⓐ 징계 : 시보공무원의 행위가 징계사유에 해당될 경우에는 정규공무원과 동일하게 징계처분이 가능하다.

ⓑ 면직 : 시보공무원이 근무성적·교육훈련성적이 나쁘거나 국가공무원법 또는 이 법에 따른 명
령을 위반하여 공무원으로서의 자질이 부족하다고 판단되는 경우에는 신분보장과 직권면직
규정에도 불구하고 면직시킬 수 있다. 면직하려는 경우에는 미리 심사위원회를 구성하여 의
결을 거쳐야 한다.

ⓒ 소청심사 : 소청심사는 신분보장이 되는 경력직 공무원에게만 인정되는 제도이지만, 소청심
사위원회는 소청심사 청구를 인정하고 있다.

④ 임명(任命) 및 보직(補職) : 시보가 끝나면 임명과 동시에 초임보직이 주어진다. 임명은 정규공무원
의 신분이 부여되는 것이고, 보직은 특정한 직위에 배치되는 것이다.

(4) 외국인과 복수국적자의 임용

국가기관의 장은 국가안보 및 보안·기밀에 관계되는 분야를 제외하고 외국인을 전문경력관, 임기제공
무원 또는 특수경력직공무원으로 채용할 수 있으며 국가안보 및 보안·기밀, 외교, 국가 간 이해관계와
관련 분야에는 복수국적자의 임용을 제한할 수 있다.

3. 내부임용

(1) 배치전환

동일등급(계급) 내에서 담당직위의 수평적 인사이동을 의미하는데, 이에는 전직·전보·파견근무가 있다.

① 전보 : 직무의 성질이 같은 동일직급내의 인사이동을 말한다.

② 전직 : 등급은 같지만 직렬이 다른 직위로의 인사이동을 말한다. 즉 직무의 책임도는 같으나 직무의
성질이 다른 직위로의 이동을 의미한다.

③ 파견근무 : 임시적인 배치전환의 형태로서 보직의 소속을 변경하지 않고 보수도 원래의 소속부서에
서 받으면서 임시로 다른 기관·부서의 일을 담당하는 것을 말한다. 파견근무는 한정적이고 긴급한
인력수요에 대응할 수 있는 간편한 방법이다.

(2) 승진

하위직급에서 상위직급으로 상향 이동하는 종적·수직적 인사이동을 말한다.

(3) 강임

상위직급에서 하위직급으로 하향 이동하는 종적·수직적 인사이동을 말한다.

(4) 겸직

한 사람에게 직무내용이 유사한 복수의 직위를 부여하는 것을 말한다.

(5) 직무대행

상위직급에 결원이 있거나 상급자의 유고시에 하급자에게 그 직무를 임시 대행하게 하는 것을 말한다.

1. 능력발전의 방안

1. 교육훈련

교육훈련은 행정의 목표를 효과적으로 달성하기 위해 공무원에게 직무수행에 필요한 지식·기술을 제공하고 가치관·태도를 발전적으로 변화시키는 활동으로 공무원의 능력발전에 기여할 수 있다.

2. 근무성적평정

공무원의 일정기간 동안에 수행한 능력, 근무성적, 가치관, 태도 등을 평가하는 근무성적평정이 징벌보다는 능력발전에 긍정적인 영향을 미친다. 이를 위하여 근무성적평정의 결과를 개인에게 공개하는 제도적 장치가 수립되어야 한다.

3. 승진 및 배치전환

승진은 공무원의 성공에 대한 기대감이 충족됨으로써 사기를 앙양시키고 인간관계를 활성화 시킨다. 또한, 합리적인 보직관리에 의한 전직이나 전보는 개인에게 다양한 경험을 제공하고 넓은 시야를 제공하는 기회를 주며 사기를 높이는 요인이 되기도 한다.

4. 직무확충 및 기타

직무확장은 수평적 전문화에 의한 나태나 무력감을 제거하고 직무충실은 개인의 책임감을 제고시키는 등의 효과를 가져 온다. 권한의 위임 등의 분권화는 조직구성원에게 사기를 높여 주고, 책임감을 제고시키는 요인이 되며 개인의 창의성과 잠재능력을 개발할 수 있는 방법이 된다.

2. 교육훈련

1. 의의

(1) 교육훈련은 "직무수행능력을 향상시킬 목적으로 지식, 기술, 태도, 가치관의 변화를 촉진하는 계획된 활동"을 말한다.

(2) 교육은 개인의 잠재력을 종합적으로 개발하는 것인 반면, 훈련은 특정 직무와 관련하여 그 직무가 요구하는 자격에 미달한 경우 그 부족한 능력을 보충하는 것이다.

2. 교육훈련수요 및 중요성

(1) 수요

① 개념 : 훈련의 목적은 무엇을 훈련시킬 것인가를 결정하는 기준이 되며, 훈련수요를 판단하는 기준이 된다. 훈련이 실효성을 거두기 위해서는 먼저 훈련수요 파악이 이루어져야 하는데 훈련수요는 직책이 요구하는 자격과 공무원의 현재 자격간의 차이를 통해서 파악한다.

② 발생원인 : 신규채용, 배치전환, 승진, 새로운 업무의 발생, 절차의 변경, 능률향상 추구 등의 경우에 훈련수요가 발생한다.

③ 조사내용 : 교육훈련의 미래목표, 담당직무의 조사, 훈련에 대한 최고관리자의 요망사항, 외부인사로부터 아이디어 흡수, 수강생의 불만 등을 조사한다.

(2) 중요성

① 생산성 향상 : 교육훈련을 통하여 공무원의 지식과 기술이 향상되면 직무수행의 생산성이 향상된다.

② 사기 진작 : 교육훈련을 통하여 새로운 능력을 갖게 되어 직무에 대한 자신감 고양으로 공무원의 사기가 올라간다.

③ 통제와 조정의 필요성 감소 : 교육훈련을 받은 공무원은 스스로의 일을 잘 수행하므로 통제와 조정의 필요성이 줄어든다.

④ 조직의 안정성과 적응성 향상 : 잘 훈련된 공무원의 비축은 조직의 안정성에 기여하고, 변동대응능력에 대한 훈련은 조직의 적응성을 향상시킨다.

⑤ 조직목표와 개인목표의 조화 : 교육훈련을 통하여 조직과의 일체감과 조직목표의 내면화가 촉진되며 조직목표와 개인목표의 조화도 가능해진다. 또한 교육훈련은 공무원의 가치관의 변화, 행정윤리의 확립 및 관료제의 병리극복에 기여한다.

3. 교육훈련의 과정 및 종류

(1) 과정

① 교육훈련의 수요조사 : 교육훈련수요는 직무가 요구하는 지식·기술·능력·태도와 이들 요소에 대하여 공무원이 현재 갖고 있는 상태의 차이로 정의되는데, 교육훈련을 체계적으로 실시하기 위해서는 반드시 필요하다.

② 교육훈련프로그램 개발과 실시 : 수요가 완료되면 수요를 충족시킬 수 있는 교육훈련프로그램이 개발되거나 수정되어야 한다. 프로그램은 교육훈련대상자의 지식, 기술, 능력, 태도, 가치관, 대인관계 등의 변화를 유도하기 위한 계획이다.

③ 개인의 변화 : 교육훈련프로그램에 따라 훈련을 실시하여 개인의 변화를 유도한다.

④ 효과성 평가 : 교육훈련에 대한 평가를 하는 단계이다.

(2) 종류

① 적응훈련(신규채용자훈련) : 신규채용된 공무원이 어떤 직위의 직책을 부여받기 전에 받는 훈련을 의미한다. 이는 기관의 목적, 구조, 기능 등 일반적 내용과 직책에 대한 내용을 알려 주는 것이다.

② 재직자훈련(보수훈련) : 급변하는 행정환경의 변화를 수용하고 그에 적절히 대처하기 위한 훈련을 의미한다. 일정한 기간을 정하여 집중적으로 실시되기도 하고, 해외파견 등의 방법이 사용되기도 한다.

③ 감독자 훈련 : 행정조직의 감독자는 업무를 감독하고 부하를 관리하고 부서를 총괄하는 책임을 지게 되는 훈련이다. 교육훈련의 방법으로는 강의 외에 세미나·토론·사례연구·자주적 연구 등의 방식이 사용된다.

④ 관리자훈련 : 관리자의 정책결정과 기획수립에 필요한 의사결정능력을 함양시키는 훈련이다. 교육훈련의 방법으로는 사례연구·회의식·신디케이트 방식이 활용된다.

4. 교육훈련의 방법

(1) 강의식

① 개념 : 가장 일반적이고 쉬운 교육방법으로서 여러 피훈련자를 일정한 장소에 모아 놓고 강사가 말로 정보를 전달하는 방식이다.

② 강의식의 장·단점

장점	단점
㉠ 논리적·체계적 교육으로 신규 채용 자에게 적합	㉠ 일방적인 주입식으로 인한 흥미 상실
㉡ 일시에 다수인에게 지식을 전달할 수 있어 경제적임	㉡ 실무활동에 기여하지 못함
㉢ 교육 내용의 신축적 조절가능	㉢ 수강생의 참여기회가 적음

(2) 참여식·토론식 기법

① 회의

㉠ 의의 : 피훈련자들을 회의나 토론에 참여시켜 다양한 견해와 의견을 교환하도록 하는 방법이다.

㉡ 장점 : 상호간의 의견이나 정보교환이 용이하고, 보다 민주적이고 신중하게 사고를 할 수 있게 되며, 독창적 의사능력의 개발과 실무활동에 유용하다.

㉢ 단점 : 회의지도에 유능한 리더의 확보가 필요하며, 참가인원의 제약과 시간낭비의 우려가 있고, 결론이 나오지 않을 가능성이 크며 비경제적이다.

② 대집단 토의식 기법

㉠ 패널(Panel, 배심토론) : 하나의 주제에 대하여 연사들이 사회자의 주도하에 청중(피교육자)들 앞에서 각자 의견을 발표하고 토론을 한 후 피교육자들의 질의와 답변이 진행되는 방식이다.

㉡ 심포지엄(Symposium, 공개강연회) : 각 별개의 주제에 대하여 연사들이 청중 앞에서 미리 원고를 준비하여 강연식으로 의견을 발표한 후 청중들의 질의에 답변을 하는 방식으로서 피교육자들에게 광범위한 지식과 견해를 제공하는 방식이다.

㉢ 포럼(Forum, 공개토론회) : 하나의 주제에 대하여 상반된 견해를 가진 동일분야의 연사들이 청중들 앞에서 벌이는 공개토론 방식이다. 패널과 심포지엄은 연사들의 발표가 끝난 후 청중들의 질문과 답변이 이루어지는 반면, 포럼은 처음부터 청중들의 활발한 참여하에 이루어진다.

③ 사례연구(Case study) : 실제 존재했던 사례를 놓고 토론과정에서 거기에 내포된 원리를 스스로 터득하게 하는 방법이다. 사례연구는 집단적으로 진행되며 피훈련자들은 사례의 내용을 먼저 파악한 후 그에 관한 토론집단에 참여하여 자유롭게 토론한다.

④ 역할연기(Role-playing) : 여러 사람 앞에서 실제 행동으로 연기를 하고 연기가 끝나면 사회자가 청중에게 이에 대한 논평을 하도록 하는 방법이다. 대민창구에서 근무하는 공무원들에게 주민을 대하는 태도를 훈련시키거나 관리직 또는 감독직에 있는 공무원에게 부하를 다루는 방법을 훈련시킬 때 많이 사용한다.

⑤ 신디케이트(Syndicate : 분임연구) : 피훈련자를 10인 내외의 소집단으로 나누어 집단별로 동일한 문제를 토론하여 문제해결방안을 찾은 다음 전원이 한 장소에 모여 발표·토론함으로써 합리적인 최종안을 모색하는 것이다. 참가자의 관심을 유도하고 상대방의 의견을 존중하는 방법으로, 최고관리자과정에 적합하다. 그러나 경제적이지 못하고 훈련에 충분한 시간이 요구된다는 문제가 있다.

(3) 체험식 기법

① 현장훈련(OJT : On the Job Training)

ㄱ 개념 : 직장훈련 또는 견습이라고도 불리는 것으로, 피훈련자가 실제 직무를 수행하면서 감독자 또는 선임자로부터 직무수행에 관한 지식과 기술을 배우는 것을 의미한다.

ㄴ 방식 : 실무지도(멘토링), 직무순환(job rotation), 임시배정(transitory experience), 실무수습(인턴쉽)

ㄷ 현장훈련(OJT)과 교육원훈련(Off JT)의 비교

구 분	현장훈련(OJT)	교육원훈련(Off JT)
장점	• 직무의 성격이 고도의 기술, 전문성, 정밀성을 요하는 경우에 적합하다. • 학습의 전이가 용이하다. • 훈련이 추상적이 아니고 실제적이다. • 교육원훈련보다 실시가 용이하다. • 훈련으로 학습 및 기술향상을 알 수 있으므로 구성원의 동기를 유발할 수 있다. • 훈련을 하면서 일을 할 수 있다.	• 현장의 업무수행과는 관계없이 예정된 계획에 따라 실시할 수 있다. • 많은 구성원들을 동시에 교육시킬 수 있다. • 전문적인 지식을 갖춘 교관이 실시한다. • 교육생은 업무부담에서 벗어나 훈련에 전념하므로 교육의 효과가 높다.
단점	• 우수한 상관이 반드시 우수한 교관은 아니다. • 일과 훈련 모두 소홀히 할 수 있다. • 많은 구성원을 한꺼번에 훈련시킬 수 없다. • 전문적 교육시스템과 전문강사에 의한 교육이 되지 않으므로 전문적인 고도의 지식과 기능을 가르치기 힘들다.	• 교육훈련의 결과를 현장에 바로 활용하기가 곤란하다. • 직무수행에 필요한 인력이 줄어 부서에 남아있는 구성원들의 업무부담이 늘어난다. • 비용이 많이 든다.

② 시찰·견학 : 시찰이란 훈련을 받는 사람이 실제로 현장에 가서 어떠한 일이, 어떻게, 어떠한 상황에서 일어나고 있는가를 직접 관찰하게 하는 방법이다. 피훈련자의 시야와 이해력을 넓히는데 효과적이나 막대한 경비와 시간이 소요된다는 문제가 있다.

③ 전직·전보 등 순환보직 : 순환보직은 여러 직위를 맡아 볼 수 있도록 보직을 바꾸는 방법으로서 공무원의 시야·경험을 넓혀 관리능력을 함양시키고 일반 행정가적인 소양을 쌓게 할 수 있으나 이것을 너무 강조하게 되면 행정의 전문성이 떨어진다.

④ 감수성 훈련 : 사전에 과제나 사회자를 정해주지 않고 10명 내외의 이질적이거나 동질적인 피훈련자 들끼리 자유로운 토론을 통하여 거기서 어떤 문제의 해결방안이나 상대방에 대한 이해를 얻도록 하는 방법이다.

⑤ 시뮬레이션(모의실험) : 피훈련자가 업무를 수행함에 있어서 직면하게 될 어떤 가상적인 상황을 설계해 놓고 거기에 대처하도록 하는 것인데 보통 모의실험이라고 한다.

(4) 훈련의 목적에 따른 훈련방법

교육훈련의 목적	교육훈련방법
지식의 축적	독서, 강의, 토의, 시찰, 사례연구 등
기술의 연마	시범, 사례연구, 토의, 전보, 연기, 견습, 현장훈련 등
태도·행동의 교정	감수성훈련, 역할연기, 시범, 사례연구, 토의, 회의, 전보 등

5. 교육훈련의 혁신 – 역량기반교육훈련제도(CBC : competency based curriculum)

(1) 의의

① 개념 : 역량기반 교육훈련은 조직이 목표로 하는 성과를 창출하는데 필요한 역량을 규명하고, 이를 조직구성원들이 인식하고 학습하여 실천케 하는 과정을 뜻한다. 즉, 조직의 실질적인 성과창출에 필요한 역량을 파악하고 현재 수준과 요구수준 간의 격차를 확인한 후 이를 해소하기 위한 교육훈련체계이다.

② 연혁 : 우리나라의 경우 2005년 고위정책과정에 처음으로 도입되었고 2006년부터는 고위공무원단 후보자과정 등에 운영되었으며 2010년부터는 과장급으로 확대하여 역량평가체계를 운영하고 있다.

(2) 역량의 개념과 중요성

① 개념 : 조직목표달성과 연계되어 고(高)성과자에게서 일관되게 관찰되는 지식, 기술, 태도 등 내적 특성들이 상호작용하여 높은 성과로 이어지는 행동적 특성이다. 역량에는 조직의 역량과 개인의 역량이 있다.

② 중요성

㉠ 인재육성 차원 : ⓐ 성과지향적 교육과정 개발의 근거를 제공하고, ⓑ 부서별 특성에 부합하는 인력육성 계획 수립 및 실행방안을 제고하여 줄 수 있으며, ⓒ 합리적 평가기준의 개발과 활용이 가능하며, ⓓ 타 부서의 필요 역량에 대한 정보습득이 용이하여 계획적 경력개발(CDP)에 활용이 가능하다.

㉡ 인력관리 차원 : ⓐ 신규인력의 채용 및 선발기준으로 활용이 가능하고, ⓑ 기존 인력에 대한 교육, 승진, 보상의 근거로 활용이 가능하며, ⓒ 부서별 직무역량 보유자의 식별과 적절한 인력 배치의 활용이 가능하며, ⓓ 업무수행의 목적이나 가치를 인식하여 일에 대한 주인의식(Job ownership)이 강화된다.

(3) 역량기반 교육훈련의 방식

① 액션 러닝(Action Learning)

② 멘토링(Mentoring)

③ 학습조직

④ 워크아웃 프로그램 등

❖ **액션 러닝(Action Learning)**

(1) 의의

액션러닝은 교육 참가자들이 팀을 구성하여 실제 현안문제를 해결하면서 동시에 문제해결 과정에 대한 성찰을 통해 학습하도록 지원하는 행동학습(Learning by doing)으로서 주로 관리자훈련에 사용되는 교육방식이다. 이론과 지식 전달 위주의 강의식·집합식 교육의 한계를 극복하고 참여와 성과 중심의 교육훈련이며 정책현안에 대한 현장방문, 사례조사와 성찰미팅을 통하여 문제해결 능력을 함양하므로 교육생의 적극적 참여, 문제해결형 교육, 토론과 사례연구 등과 깊은 연관이 있다.

(2) 내용

① 공무원 교육훈련 방식의 변화 : 가르치는 교육에서 스스로 배우는 학습으로, 개인의 지식축적 수단에서 조직목표 달성 수단으로, 지식전달 수단에서 문제해결 수단으로, 강의실 교육에서 업무현장 학습중심으로, 공급자중심에서 수요자 중심으로 그 구조와 방식이 변화되는 것을 의미한다.

② 특징 : 교육훈련과 업무현장이 분리되지 않고 성과지향 교육훈련과의 접목이 가능하며 팀활동을 통하여 다양한 관점을 공유할 수 있고 토론을 통하여 최적 해결안을 도출하는데 중점을 두고 있다. 또한 액션러닝을 통해 조직이 안고 있는 문제점을 해결할 수 있고 동시에 개인 및 팀의 발전도 이룰 수 있다는 특성을 지닌다.

(3) 기대효과

① 학습을 통하여 문제를 해결하고자 하므로 학습조직이 활성화될 수 있다.

② 실제 업무현장의 문제점을 다루므로 교육생들이 적극적으로 문제를 해결하려는 태도를 지니게 한다.

③ 문제해결 과정에서 교육생의 핵심역량과 리더십을 개발할 수 있다.

④ 교육생 상호간 의사소통 및 상호작용을 통하여 부처 간 벽을 허물고 타 부처 공무원을 진지하게 이해할 수 있는 팀 빌딩 및 상호이해의 기회를 제공해준다.

3. 근무성적평정

1. 의의

(1) 개념과 연혁

① 개념 : 근무성적평정(Performance evaluation)이란 공무원이 일정기간 동안에 수행한 능력, 근무성적, 가치관, 태도 등을 평가하여 재직, 승진, 훈련수요의 파악, 보수결정 및 상벌에 영향을 주는 인사행정상의 한 과정을 의미한다.

② 연혁 : 공무원을 대상으로 공식적으로 실시된 것은 미국에서 직위분류법(Classification Act, 1923)이 제정되면서부터였다. 우리나라에서는 조선시대 도목정사(都目政事)라는 유사한 제도가 있었으며, 정부수립 이후 각 부처별로 각각 실시해 오던 것이 1961년 근무성적평정규정이 제정되면서 본격화되었다.

(2) 용도

① 인사행정의 기준제공 : 인력계획의 수립, 채용, 선발, 시험관리 등의 합리화와 공정화에 기여한다.

② 공무원의 능력발전 : 공무원의 실력과 능력의 현재 상황을 파악하여 모자라는 기술과 지식을 파악·보충할 수 있고 경력발전, 배치전환의 기회를 제공한다.

③ 시험의 타당도 측정 기준 제공 : 시험은 공직에 적합한 자를 선발하는 하나의 과정이지만 장래의 근무능력을 측정하기란 쉽지 않다. 따라서 이의 적합성 여부를 판단하는 하나의 기준으로 근무성적평정을 이용할 수 있다.

④ 훈련수요의 파악 : 현재의 능력과 실제 담당업무가 요구하는 능력을 비교함으로써 그에 대한 훈련수요를 파악하여 교육훈련을 실효성 있게 할 수 있다.

⑤ 감독자와 부하의 상호이해관계의 증진 : 근무성적평정은 상급자와 부하직원의 이해를 증진시키는 데 도움을 주며, 특히 평정결과를 공개하는 경우 더욱 그러하다.

⑥ 상벌의 목적으로 이용 : 승진, 전보, 성과급의 지급, 훈련 및 퇴직 등에서 상벌의 목적으로 이용되는 데 우리나라의 경우 승진의 기준으로 활용하고 있으나, 보수표 작성에는 이용하지 않는다.

2. 평정의 유형

(1) 평정방법을 기준으로 한 분류

① 도표식 평정척도법

㉠ 의의 : 가장 많이 활용되는 근무성적평정방법으로서 공무원의 질과 성격을 판단하기 위한 평정요소(실적·능력·태도 등)를 나열하고, 이를 판단하는 등급(탁월·우수·보통·미흡 등)을 각 평정요소별로 세분하여 계량화함으로써 각 평정요소에서 얻은 점수의 합계로 평정하는 방법이다.

㉡ 장점 : 평정표의 작성이 간단하고 해당란에 표시만 하면 되므로 많은 사람의 평정에 용이하며 상벌의 목적에 이용하는 것이 편리하다. 또한 평정결과가 점수로 환산되므로 계량화와 통계적 조정이 용이하며 직무분석에 기초하기보다는, 직관과 선험을 바탕으로 하여 평가요소가 결정되기 때문에 작성이 빠르고 쉬우며 경제적이다.

㉢ 단점 : 평정요소와 등급의 추상성이 높고 등급 간 비교기준이 명확하지 않아 자의적 주관적 평정이 이루어지기 쉬우며 관대화·집중화의 오차와 연쇄적 효과(halo effect)가 발생할 수 있다. 관대화·집중화의 오차를 줄이기 위하여 강제배분법을, 연쇄적 효과를 줄이기 위하여 강제선택법을 사용한다.

▶ **도표식 평정척도법의 예**

평정요소	평정요소의 내용	평정척도				
협조성	상사와 동료 간에 원만한 협조관계가 유지되고 있는가?	5점	4점	3점	2점	1점
		매우 좋다	좋다	보통이다	미흡하다	좋지 않다

② 강제배분법 : 근무성적을 평정한 결과 피평정자들의 성적 분포가 과도하게 집중되거나 관대하게 평가되는 것을 막기 위해, 즉 평정상의 오류를 방지하기 위해 평정점수의 분포비율을 획일적으로 미리 정해 놓는 방법이다. 우리의 경우 그 비율을 등급(수·우·양·가) 별 2:4:3:1로 정하고 있다.

③ 사실기록법 : 객관적인 기록이나 사실에 의한 평정으로 도표식평정방법의 임의성과 자의성을 보완
해줄 수 있다.

　　㉠ 산출기록법 : 일정한 시간당 달성한 업무량을 측정하거나 일정한 업무량을 달성하는 데 소요된
시간을 계산하여 그 근무실적을 평가의 대상으로 하는 방법이다. 단순하고 반복적인 업무의 실적
평가에 적합한 반면, 계량화하기 어려운 업무에는 적용이 곤란하다.

　　㉡ 근무태도기록법 : 공무원의 지각 빈도 수, 결근 일수 등의 기록을 근무성적 평정의 주요 요소로
하여 평정하는 방법이다.

　　㉢ 가감점수법 : 피평정자의 행동에 나타난 긍정적 요인과 부정적 요인을 발견하려는 간단한 방법으
로서 우수한 직무수행사항에 대해서는 가점을 주고, 직무수행의 실패나 과오에 대해서는 감점을
주어 나중에 이를 합산하는 방법이다.

④ 중요사건기록법(Critical incident method)

　　㉠ 의의

　　　평정대상자의 직무수행과 관련된 중요사건을 관찰하여 평정기간 동안 일시적으로 기록해 놓았
다가 누적된 사건기록을 중심으로 평정하는 방법이다. 때로는 미리 중요사건을 열거하여 놓고 그
중에서 해당하는 항목을 선정하도록 하는 방법도 사용한다. 중요사건기록법은 인사행정의 객관
적 기준의 발견보다는, 직원의 발전 도모를 목적으로 할 때 적합하다.

　　㉡ 장점

　　　사실에 초점을 두고 평정하므로 근접오류를 방지할 수 있으며, 피평정자의 행동이 기대되었던 행
동과 다른 경우 평정자인 감독자와 피평정자인 부하가 그 사건을 서로 토의하는 과정에서 피평
정자의 태도와 직무수행을 개선시킬 수 있다.

　　㉢ 단점

　　　이례적인 행동을 지나치게 강조할 위험이 있다. 왜냐하면 감독자로 하여금 특히 훌륭하거나 나
쁜 사건만 찾게 하고 평균적인 행동이나 전형적인 행동을 무시하기 때문이다. 또한 사건 간의 상
호비교가 곤란하다.

▶ 중요사건기록법의 예

일자, 장소	중요 사건
(　　　)	일하면서 불쾌감을 표시하거나 화를 낸다.
(　　　)	동료직원 돕기를 거부한다.
(　　　)	작업방법의 개선을 제안한다.
(　　　)	훈련받는 것을 거부한다.
(　　　)	동료직원이 상부지시를 받아들이도록 설득한다.

⑤ 행태기준평정척도법(BARS : Behaviorally Anchored Ration Scales)

    ㉠ 의의 : 도표식 평정척도법에 중요사건기록법을 결합한 방식으로서, 도표식 평정척도법의 주관성을 배제하고 중요사건기록법의 상황비교의 곤란성을 극복하고 평정의 타당성을 높이기 위하여 두 개의 방식을 통합한 것이다. 즉, 주관적 판단을 배제하기 위하여 직무분석에 기초하여 직무와 관련된 중요한 과업분야를 선정하고 각 과업분야에 대해서 가장 이상적인 과업행태로부터 가장 바람직하지 않은 과업행태까지 몇 개의 등급으로 구분하고 각 등급마다 중요행태를 명확하게 기술하고 점수를 할당한다. 이때 중요행태는 중요사건기록법에서 아이디어를 얻을 수 있다.

    ㉡ 장점 : 관리자와 직무수행자가 공동으로 주요 업무를 정하고 업무마다 기준행동을 서술하며 척도의 계량수치도 배정하므로 신뢰와 참여를 얻을 수 있다.

    ㉢ 단점 : 동일직무라도 과업마다 별도의 행태기준을 작성해야 하는 등 시간과 비용이 많이 들고 어느 하나의 행태만을 선택하라는 것은 인간행동의 다양성을 인정하지 않고 상호배타성을 전제로 하기 때문에 설득력이 약하다.

▶ **행태기준 평정척도법의 예**

평정척도	행태유형(문제해결에 대한 협조성 평가)
7	부하직원과 상세하게 대화를 나누고 그에 대한 해결방안을 내놓는다.
6	스스로 해결할 수 없는 문제는 상관에게 자문을 구하여 해결책을 모색한다.
5	스스로 해결하려는 노력은 하나 가끔 잘못된 문제를 초래한다.
4	일시적인 해결책으로 대응하여 문제가 계속 발생한다.
3	부하직원의 의사를 고려하지 않고 독단적으로 결정을 내린다.
2	문제해결에 있어 개인적인 감정을 앞세운다.
1	어떤 결정을 내려야 할 상황인데 결정을 회피하거나 계속 미룬다.

⑥ 행태관찰척도법(BOS : Behavioral Observation Scales)

    ㉠ 의의 : 행태관찰척도법은 행태기준 평정척도법(BARS)의 단점인 바람직한 행동과 바람직하지 않은 행동과의 상호배타성을 극복하고자 개발된 것으로서 행태기준 평정척도법을 바탕으로 직무와 관련된 중요한 과업분야를 선정하고 각 과업분야에 대해서 가장 이상적인 과업행태로부터 가장 바람직하지 않은 과업행태까지 나열하되, 등급에서는 각 행동의 빈도수를 표시한다.

    ㉡ 장점 : 평정요소와 직무와의 관련성이 높으므로 평정결과를 통하여 평정대상자에게 행태변화에 유용한 정보를 환류시켜 줄 수 있다. 특히 도표식평정척도법이 갖고 있는 평정요소의 추상성을 해소하고 등급에서도 막연히 탁월, 우수, 보통 등으로 평가하는 것이 아니라 자주 관찰되는 기준으로 이루어지므로 평정자의 주관을 줄이는데 도움이 된다.

    ㉢ 단점 : 행태의 정확한 관찰이 곤란하므로 도표식평정척도법이 갖는 등급과 등급 간 구분의 모호성과 연쇄적 착오는 여전히 발생할 수 있다.

▶ 행태관찰척도법의 예

평정요소 : 부하직원과의 의사소통					
평정항목	**등급**				
	거의 관찰 하지 못한다				매우 자주 관찰한다
새 정책이나 내규가 시행될 때 게시판에 내용을 게시한다.	1	2	3	4	5
주의력을 집중하여 대화에 임한다.	1	2	3	4	5
지시사항을 전할 때에는 구두로 한 것을 다시 메모로 전달함으로써 쉽게 적는다.	1	2	3	4	5
상부의 지시사항이 있을 때 이를 즉시 전하지 않고 며칠 지난 뒤에 전함으로써 일을 서두르게 만든다.	1	2	3	4	5

⑦ 체크리스트법(프로브스트식 평정법)

    ㉠ 의의

        평가요소에 대한 표준행동목록(질문항목)을 작성하고 이 목록에 대한 가부(可否)를 표시하는 평정방법이다. 표준행동목록마다 가중치를 두어 수치로 환산할 수 있으며 가중치 점수는 평정자의 의도성을 방지하기 위하여 평정자에게 공개되지 않고 인사부서 내부적으로 관리한다.

    ㉡ 장점

        체크리스트에는 평정요소가 명확하게 제시되어 있고 평정자가 피평정자에 대하여 질문항목마다 유무 또는 가부만을 판단하기 때문에 평정하기가 비교적 쉽다.

    ㉢ 단점

        평정요소에 대한 평정항목을 만들기 어려울 뿐만 아니라 질문항목이 많을 경우 평정가가 곤란을 겪게 되며 직무성격에 따라 평정항목이 다를 수 있으므로 부서 내 전체적인 평가에 어려움이 있다.

▶ 가중 체크리스트 평정법의 예

행 태	체크란(예 또는 아니요)	가중치
근무시간을 잘 지킨다.		4.5
업무가 많을 때는 기꺼이 야근을 한다.		5.4
책상 위의 문서는 항상 깨끗이 정돈되어 있다.		3.8
동료의 조언을 경청하기는 하나 따르지는 않는다.		1.7

⑧ 서열법 : 피평정자들을 서로 비교해서 서열을 정하는 방법으로 대인비교법과 2인조비교법등이 있다.

　㉠ 대인비교법 : 기본척도를 피평정자를 기준으로 하여 만든 다음, 피평정자 중에서 가장 우수한 자와 가장 열등한 자를 골라 양측에 배치하고, 다음에 중간정도의 사람을 중간에 배치한다. 그리고 나서 나머지 사람들을 이미 선정된 기준척도와 비교하면서 배치하는 방법이다.

　㉡ 2인조비교법 : 두 사람씩 짝을 지어 비교를 되풀이하여 평정하는 방법이다.

⑨ 강제선택법 : 4~5개의 체크리스트적인 단문 중에서 피평정자에게 가장 적합한 또는 부적합한 표현을 선택하도록 하는 방법으로 체크리스트법은 항목별 점수가 부여되는 계량적 방법이나 강제선택법은 계량화되지 않는다.

(2) 평정주체를 기준으로 한 분류

① 감독자 평정 : 가장 전통적인 방법으로 상급자가 평정하는 방법이다. 수직적 계층구조가 강한 조직에 적합한 방식으로 복수평정과 단수평정이 있다.

② 다면평정(360-Degree appraisal)

　㉠ 의의 : 다면평가제는 전통적인 상급자 평가제의 약점을 보완하는 제도로서, 공무원 개인을 평가할 때 상사·동료·부하·고객 등 다수의 평가자가 여러 방면에서 입체적으로 평가하는 것으로서 360°평정법, 집단평정법, 복수평정법이라고도 한다.

　㉡ 목적(효용성)

　　ⓐ 일면평가에 비하여 종합적·전방위적 평가를 하므로 소수평정자의 주관과 편견, 그리고 이들 간의 개인 편차를 줄임으로써 정확성·객관성·공정성·신뢰성을 확보한다.

　　ⓑ 실적평가보다는 업무수행 행태에 초점을 두어 관리자의 리더십 행태를 개선시킨다.

　　ⓒ 상하 간·동료 간·부서 간, 직원과 고객 간 의사소통(커뮤니케이션)을 증진시킨다.

　　ⓓ 상관 한 사람에게만 복종하고 책임지는 관료제적 병폐를 극복하게 하고 작업집단의 팀워크를 향상시켜준다.

　　ⓔ 행정분권화와 힘실어주기(Empowerment)에 유리한 조건을 형성시키므로 계층구조의 완화와 팀워크가 강조되는 매트릭스, 팀조직 등 새로운 조직유형에 적합한 평가제도이다.

　　ⓕ 외부자인 국민을 평가자로 참여시킴으로써 국민에 대한 공무원의 충성심을 강화시킨다.

　　ⓖ 평가결과에 대한 당사자의 승복을 얻어내기 쉽고 평가결과의 환류를 통하여 자기개발에 대한 동기를 유발시키고 자기역량 강화에 활용하기가 용이하다.

　㉢ 한계

　　ⓐ 많은 사람이 참여하여 평가하므로 평정 시간과 평정관리 비용이 많이 수반된다.

　　ⓑ 조직 내 파벌조성, 담합평가, 모략성 평가 등으로 원활한 근무분위기를 저해할 수 있으며 인맥에 줄서는 부작용으로 사조직의 문제점이 증가될 수 있다.

　　ⓒ 평가자가 잦은 인사이동으로 유동적이거나 피평가자를 잘 모르는 경우 신뢰성이 저하된다.

　　ⓓ 인기투표적 경향으로 능력과 업무실적보다는 인간관계가 좋은 사람이 좋은 평가를 받는 포퓰리즘(Populism, 대중주의)에 기울게 된다.

ⓔ 상관에 대한 여론몰이식 비판으로 계층제적 분배와 통제권의 흐름을 제약하게 되므로 본래적 조직원리에 전면적으로 배치되며 계층제적 조직에는 적합하지 않다.

ⓕ 부하가 상사를 평가하기 때문에 상사는 부하를 의식할 수밖에 없어 관리업무가 곤란해지고 상하 간 갈등을 야기하거나 서로 간에 눈치를 보게 되는 상황을 초래하기 쉽다.

✤ 우리나라의 다면평정제도

(1) 의의

1998년 공무원임용령에 다면평가 결과를 승진에 활용할 수 있는 법적 근거가 마련되었다. 현재 다면평가 결과를 공무원의 역량개발, 교육훈련 등에만 활용토록 하고 승진, 전보, 성과급 지급 등에는 참고자료로만 활용한다.

(2) 내용

① 평정방법 : 온라인 평가가 원칙이다.

② 다면평가의 참여자 : 평가자 집단은 공무원의 상급 또는 상위공무원, 동료, 하급 또는 하위공무원 및 민원인 등으로 구성하되, 평가자의 익명성이 유지되도록 한다.

③ 평정자별 가중치 : 평정주체에 따라 점수의 가중치가 부여되어 있는데 상사 50%, 동료 30%, 부하 20%이다. 민원인 평정은 필수는 아니며 가·감점 방식을 적용한다.

④ 사전교육 : 평정을 실시하기 전에 평정의 객관성과 공정성, 신뢰성을 보장하기 위하여 평정자들에 대해 인사담당자가 사전교육을 실시하도록 되어 있다.

⑤ 자기평정 : 다면평정에 앞서 피평정자 본인이 업무실적기록을 제출하도록 되어 있다.

⑥ 평정결과의 공개 및 이의신청 : 평정결과는 개인에게 통보하여 능력발전을 위한 피드백장치로 활용하도록 하고 있으며, 평정결과에 이의가 있을 경우 5일 이내에 이의신청을 할 수 있다.

---

3. 오류와 한계

(1) 평정상의 오류(오차)

① 연쇄효과(Halo effect) : 한 평정요소에 대한 평정자의 판단이 피평정자의 다른 요소 평정에도 영향을 주는 현상을 말한다. 연쇄효과 방지를 위해 체크리스트 방법 또는 강제선택법을 사용하거나, 피평정자를 평정요소별로 순차적으로 평정한다.

② 집중화 경향 : 집중화 경향이란 평정자가 모든 피평자에게 대부분 중간수준의 점수를 주는 경향을 말한다. 이는 평가에 심리적 부담을 느끼는 평정자의 책임회피 수단으로 잘 나타난다. 이를 방지하려면 강제배분법이 효과적이다.

③ 관대화와 엄격화 경향 : 관대화 경향은 하급자와의 인간관계를 의식하여 평정등급이 전반적으로 높아지는 현상으로 평정자의 통솔력 부족이나 부하와의 인간관계, 평정결과 공개 등으로 인해 발생한다. 관대화 경향과 반대로 전반적으로 낮은 점수를 주는 것을 엄격화 경향이라고 한다. 관대화 경향과 엄격화 경향을 방지하기 위해서는 평정결과를 비공개로 하거나 강제배분법이 필요하다.

④ 상동적 오차(유형화의 오류) : 피평정자에게 가지고 있는 선입견이나 고정관념이 평정에 영향을 주는 오류를 말한다. 인지 대상이 속한 집단의 특성에 비추어 그 대상을 지각하는 것이 고정관념에 의한 오류에 해당한다.

⑤ 시간적 오차(최초효과와 근접효과)

　　㉠ 최초효과(첫머리 효과) : 첫인상에 너무 큰 비중을 두는 데서 오는 착오

　　㉡ 근접효과(막바지 효과) : 가장 최근의 정보를 중시하는 데서 오는 착오로서 최근의 근무성적이나 근무행태에 대한 인상을 가지고 평정하는 경향이다.

　　㉢ 방지 : 시간적 착오는 결과로 나타난 실적을 기준으로 평가하는 목표관리제나 중요사건기록법을 사용하거나, 평가만을 전문으로 하는 별도의 평가센터(Assessment center)를 설치하고 여기서 다양한 자료를 활용하여 평정함으로써 예방될 수 있다.

⑥ 규칙적 오차(체계적 착오)와 총계적 오차 : 규칙적 오차란 어떤 평정자가 다른 평정자보다 언제나 후한 점수 또는 나쁜 점수를 주는 것을 말한다. 일관적·규칙적 착오라고도 한다. 총계적 오차란 평정자의 평정기준이 일정치 않아 관대화 및 엄격화 경향이 불규칙하게 나타나는 경우를 말한다. 불규칙적 착오라고도 한다.

⑦ 유사성의 착오(Similarity error) : 평정자가 자기와 유사한 피평정자에게 높은 평점을 주는 착오이다.

❖ 기타 착오

(1) 대조효과 : 평정자가 최근에 평정한 사람과 대조하기 때문에 발생하는 착오
　　⑩ 성적이 좋지 않은 사람을 평정한 평정자는 다음 사람을 실제보다 우수하게 평가
(2) 근본적 귀속의 착오 : 상황적 요인은 과소평가하고 개인적 요인은 과대평가하거나 그 반대인 경우 발생하는 착오
　　⑩ 상황 악화로 초래된 부하의 실적 부진을 부하 개인의 능력 부족으로 평가
(3) 선택적 지각의 착오 : 모호한 상황에 대하여 부분적인 정보만을 가지고 평가할 때 발생하는 착오
(4) 방어적 지각의 착오 : 평정자가 자신의 고정관념에 어긋나는 정보를 회피하거나 고정관념에 부합되도록 왜곡시킬 때 발생하는 착오로서 유형화의 착오나 투사도 여기에 해당된다.
(5) 투사 : 자신의 감정이나 특성을 다른 사람에게 투사 또는 전가하는 데서 발생하는 착오. 자기와 유사한 피평정자를 좋게 평가하는 유사성의 착오도 투사에 해당된다. ⑩ 평소에 감정이 좋지 않은 피평정자에 대해서 좋지 않게 평가, 노사협상 시 양자는 서로를 불신하는 태도로 적대감을 가지고 협상
(6) 기대성 착오 : 평정자가 피평정자에 대하여 향후에 기대하는 태도 때문에 무비판적으로 사실을 지각하는 데서 발생하는 착오
(7) 이기적 착오 : 자기 자신의 실패에 대한 책임은 지지 않는 반면, 성공에 대한 개인적 공로는 강조하려는 경향이다. 자기가 일을 잘못한 것은 상황적 조건이 나쁜 탓이고, 일을 잘한 것은 자기의 개인적 우월성 때문이라고 생각하는 경향을 지칭하는 것이다.

---

(2) 한계

① 평정자의 주관적 판단이 개입하여 공정한 평정이 어려우며 표준화가 어렵다.

② 과거의 근무성적의 평가에 치중하여 장래의 발전가능성을 적절히 평정하지 못한다.

③ 평정상의 오류로 평정결과의 타당성, 객관성, 신뢰성이 낮다.

④ 자격있는 공정한 평정자를 확보하기 어렵다.

⑤ 평정제도자체를 무효화하는 행태들이 비공식적으로 제도화되기도 하므로 형식적인 평정이 되기 쉽다(목표의 왜곡).

⑥ 피평정자에게 심리적 부담을 준다.

⑦ 연공서열로 순위와 총점이 정해진 이후에 항목별로 점수를 부여하는 역산제의 가능성 때문에 객관적이고 타당한 평가가 어렵다.

4. 우리나라의 주요 평정제도

(1) 의의

① 「공무원 성과평가 등에 관한 규정」에 의하여 4급 이상의 〈성과계약 등 평가제〉와 5급 이하는 근무성적평가제를 의무적으로 실시하도록 하고 있다. 또한 계급을 불문하고 다면평가(임의사항)를 실시할 수 있도록 하고 있다.

② 〈성과계약 등 평가제〉는 목표관리제 평정법을 적용하며, 〈근무성적평가제〉는 도표식평정척도법을 기본으로 하고 다면평정법, 가점법, 강제배분법 등을 보완적으로 적용하고 있다.

▶ 성과계약 등 평가제와 근무성적평가제의 비교

구 분	성과계약 등 평가제	근무성적평가제
대 상	4급 이상	5급 이하
평가시기	연 1회(12월 31일)	정기(연 2회 : 6월 30일, 12월 31일) 및 수시
평가항목	성과목표 달성도, 부서단위의 운영 평가결과, 그 밖에 직무수행과 관련된 자질 또는 능력 등	근무실적 및 직무수행능력으로 하되, 필요시 직무수행태도를 추가
평가위원회	규정 없음	근무성적평가위원회
승진후보자 명부	미작성	• 작성 • 근무성적평정＋경력평정＋훈련성적평정

(2) 성과계약 등 평가(직무성과계약제)

① 의의 : 공무원들이 차상위 직급자와 1년 동안 수행할 업무를 미리 정해 계약한 뒤 연말에 계약내용의 달성도에 따라 임금과 인사에 차등을 두는 제도를 말한다.

② 성과계약평가의 대상 : 고위공무원단을 포함한 4급 이상 공무원과 연구관 및 지도관을 대상으로 하며 5급 이하 공무원 중 적합하다고 인정하는 공무원도 실시할 수 있다.

③ 성과계약 체결

㉠ 소속장관은 평가대상기간 동안의 당해 기관의 임무 등을 기초로 하여 평가대상 공무원과 평가자 간에 1년 단위로 성과계약을 체결하도록 하여야 한다.

㉡ 소속장관은 당해 기관의 업무특성에 맞게 성과목표, 평가지표의 도출방법 및 평가결과의 활용 등에 관한 사항을 정할 수 있다.

④ 성과계약평가 : 평가대상기간 중 평가대상 공무원의 소관 업무에 대한 성과계약의 성과목표 달성도를 감안하여 평가대상 공무원별로 평가한다. 평가등급의 수는 3개 이상으로 하여야 한다. 12월 31일을 기준으로 연 1회 실시한다.

⑤ 특징 : MBO(목표관리)와 성과계약제의 통합
　　㉠ 목표를 중시한다는 점에서 MBO의 요소를 내포하고 있으며, '장관－사무처장－국장－과장' 간의
　　　 직무중심의 성과계약 요소가 결합된 것이다.
　　㉡ Top-down 방식 : 기존의 개인평가 및 MBO가 과장 → 실·국장 → 기관장으로 이루어지는 상향
　　　 식이라면, 직무성과계약제는 장관에서부터 차관 → 실·국장 → 과장으로 이루어지는 하향식으로
　　　 운영된다.

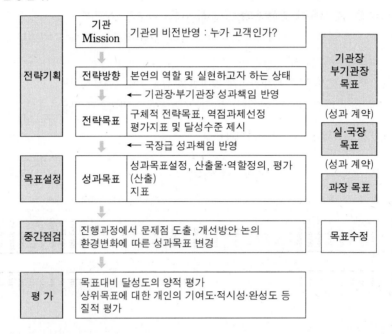

(3) 근무성적평가
　① 대상 : 근무실적 및 능력에 대한 평가로서 5급 이하의 공무원과 연구사 및 지도사와 우정직 공무원
　　　을 대상으로 한다.
　② 시기 : 정기평가는 6월 30일과 12월 31일을 기준으로 하여 각각 실시하며, 수시평가는 승진후보
　　　자명부의 조정사유가 발생한 경우에 실시하되, 승진후보자명부 조정일 현재를 기준으로 하여 실시
　　　한다.
　③ 평가내용
　　㉠ 평가항목 : 근무실적 및 직무수행 능력을 100%로 평가하되, 필요 시 직무수행 태도를 10% 범위
　　　 내에서 추가한다.
　　㉡ 평가요소 : 평가항목별 평가요소는 소속장관이 직급별·부서별 또는 업무분야별 직무의 특성을 반
　　　 영하여 정한다.
　④ 성과목표의 선정 : 소속장관은 평가대상 공무원이 평가자 및 확인자와 협의하여 성과목표 등을 선정
　　　하도록 하여야 한다.

⑤ 평가의 방법

㉠ 평가자는 확인자와 협의하여 평가대상 공무원의 근무실적 및 직무수행능력 등을 감안하여 근무성적을 평가하되, 평가대상 공무원의 성과목표 달성 정도 등을 고려하여 평가하여야 한다.

㉡ 평가등급의 수는 3개 이상으로 하며, 최상위 등급은 상위 20%의 비율로, 최하위 등급은 하위 10%의 비율로 분포하도록 평가한다. 다만, 소속장관이 필요하다고 인정하는 경우에는 분포비율을 달리 정할 수 있다.

㉢ 평가자 및 확인자는 근무성적평가의 결과를 근무성적평가위원회에 제출하여야 한다.

⑥ 근무성적평가위원회

㉠ 근무성적평가 결과를 참작하여 근무성적평가 점수를 정하고 그 결과의 조정·이의신청 등에 관한 사항을 처리하기 위하여 승진후보자명부 작성단위 기관별로 설치한다.

㉡ 위원회는 평가단위별로 제출한 평가대상 공무원의 근무성적평가 결과를 기초로 하여 3개 등급 이상으로 구분하여 점수를 부여하되, 근무성적평가 점수의 총점은 70점을 만점으로 한다.

㉢ 근무성적평가 점수는 최상위 등급은 상위 20%의 비율로, 최하위 등급은 하위 10%의 비율로 분포하도록 부여하며 소속장관이 필요하다고 인정하는 경우 분포비율을 달리 정할 수 있다.

(4) 근무성적평정의 절차

① 평가자 및 확인자 : 평가자는 평가대상 공무원의 업무수행 과정 및 성과를 관찰할 수 있는 상급 또는 상위 감독자 중에서, 확인자는 평가자의 상급 또는 상위 감독자 중에서 각각 소속장관이 지정한다.

② 성과면담 : 평가자는 근무성적평정이 공정하고 타당성 있게 실시될 수 있도록 하기 위하여 근무성적평정 대상 공무원과 성과면담을 실시하여야 하며 최하위등급을 받은 공무원에 대해서는 향후 근무실적 및 직무수행능력 등의 향상을 위한 성과면담을 실시하여야 한다. 소속 장관은 평가자로 하여금 성과면담 및 의견교환의 결과를 인사혁신처장이 정하는 바에 따라 기록·관리하도록 하여야 한다. 성과면담의 횟수제한은 없다.

③ 근무성적평정 결과의 공개 및 이의신청 등

㉠ 평정결과의 의무적 공개 : 평가자, 확인자, 확인자의 상급·상위의 감독자(평가단위 확인자) 중 어느 하나에 해당하는 자는 평정 대상 공무원 본인에게 근무성적평정 결과를 알려주어야 한다.

㉡ 근무성적평정 대상 공무원은 평가자의 근무성적평정 결과에 이의가 있는 경우에는 '확인자'에게 이의를 신청할 수 있다. 다만, 소속 장관이 확인자를 지정하지 아니한 경우에는 각각 평가자에게 이의를 신청할 수 있다.

㉢ 이의신청 결과에 불복하는 평정대상 공무원은 근무성적평가위원회에 평가결과의 조정을 신청할 수 있다.

④ 평가결과의 활용 : 소속장관은 평가결과를 평가대상 공무원에 대한 승진임용·교육훈련·보직관리·특별승급 및 성과상여금 지급 등 각종 인사관리에 반영하여야 한다.

4. 승진과 배치전환

1. 승진

(1) 의의

① 개념
승진(Promotion)이란 하위직급(계급)에서 직무의 책임도와 곤란도가 높은 상위직급(계급)으로 상향 이동하는 것으로서, 대개 직책·위신·보수의 증가 및 권한과 책임의 증가를 수반한다.

② 중요성
㉠ 공무원의 사기앙양

공무원 개인의 성공에 대한 기대감이 충족됨으로써 사기가 높아지고 인간관계의 합리화를 기할 수 있다.

㉡ 유능한 인재의 확보·양성

승진은 유능한 인재의 이직을 막을 수 있게 하고, 관리자 및 간부의 양성에 기여한다.

㉢ 공무원의 능력발전

승진에 따라 직무의 곤란도나 책임도가 높아짐으로써 개인의 안목이나 직무수행능력을 발전시킨다.

㉣ 직무공무원제 확립에 기여

승진제도는 유능한 공무원을 계속 공직에서 근무하도록 하는 중요한 수단이므로 합리적인 승진 제도의 운영은 실적주의 및 직업공무원제 확립에 필수적이다.

(2) 승진의 범위

① 의의
승진경쟁 시 동일 부처내의 직원들끼리만 경쟁하는가, 부처를 초월하여 다른 부처직원들까지 포함시켜 경쟁하는가에 따라 비교류형 승진경쟁(폐쇄주의)과 교류형 승진경쟁제도(개방주의)로 구분할 수 있다. 우리나라는 승진경쟁을 부처 내에 한정시키고 있으며 기본적으로 폐쇄형이다.

② 비교류형과 교류형의 논거

비교류형	교류형
㉠ 당해 부처 직원의 사기 제고 ㉡ 다른 부처 직원에 의한 충원은 행정의 전문성과 능률성 저하 ㉢ 기득권 존중으로 인한 안정	㉠ 유능한 공무원의 선발 ㉡ 공무원의 질의 향상과 부처 간 공무원의 질적 균형의 유지 ㉢ 부처 간의 할거주의 방지 ㉣ 인사침체의 방지 등

(3) 승진의 기준과 일반원칙

① 기준 : 승진기준의 가장 바람직한 판단근거는 승진예정 직위가 요구하는 자격요건에의 적합성 여부이지만, 우리나라는 직위분류제와 계급제를 혼용하고 있어 이러한 자격요건을 명확히 규정하는 것이 어렵기 때문에 경력(Seniority)과 실적(Merit)등의 기준을 사용하고 있다.

구분	경력(연공서열)	실적
장점	㉠ 객관성 확보로 정실과 불공평에 대한 불만 방지 ㉡ 행정의 안정성 유지 ㉢ 직업공무원제 확립	㉠ 정실개입차단 ㉡ 승진의 공정성 확보 ㉢ 평가의 타당성 제고 ㉣ 유능한 인재 등용 ㉤ 조직쇄신과 기관장 부하통솔 용이
단점	㉠ 유능한 인재의 등용이 곤란 ㉡ 행정의 침체화·관료주의화 ㉢ 행정의 질 저하 ㉣ 기관장의 재량권 축소로 부하통솔 곤란	㉠ 시험 준비에만 주력 ㉡ 수험생의 정신적 부담 초래 ㉢ 장기근속자의 사기 저하

② 일반원칙 : 일반적으로 실적과 경력이 혼용되고 있으나 행정의 쇄신을 위해서는 대체로 실적이 중시되는 것이 바람직하다. 하위직은 경력을, 고위직은 상대적으로 실적을 중요시한다.

(4) 우리나라 승진제도

① 일반승진

　㉠ 임용권자가 승진후보자 명부의 순위에 의하여 적격자를 승진 임용하는 것으로서 가장 일반적인 승진임용방식이다. 근무성적평가(90%), 경력평정점(10%)을 고려하여 작성된 승진후보자 명부순위에 의해 승진한다.

　㉡ 계급별 승진 임용

　　ⓐ 고위공무원단 직위로의 승진 : 소속장관이 고위공무원단 후보자 중에서 근무성적·능력·경력 등을 고려하여 보통승진심사위원회를 거쳐 임용예정 직위의 2~3배수에 해당하는 인원을 우선순위를 정하여 선정한 후 인사혁신처(고위공무원 임용심사위원회)의 승진심사를 거쳐 고위공무원단 직위로 승진임용한다.

　　ⓑ 4급으로의 승진 : 해당 기관의 승진후보자명부의 높은 순위에 있는 사람부터 차례로 임용하려는 결원 수에 대하여 2~7배수 범위에 있는 사람 중에서 보통승진심사위원회의 승진심사를 거쳐 임용한다.

　　ⓒ 5급으로의 승진 : 소속장관은 승진시험, 심사승진, 병행의 방법 중에서 선택하여 지정하거나 그 방법을 변경할 수 있다. 병행하는 경우에는 그 실시 비율이 적절한 균형을 유지하도록 하여야 한다.

　　ⓓ 6급~8급으로의 승진 : 4급 승진과 동일하다.

② 특별승진

    ㉠ 의의 : 승진소요 최저연수나 승진후보자명부 우선순위에 관계없이 승진시키는 제도로서 징계 등으로 인하여 승진임용의 제한을 받지 않아야 한다.

    ㉡ 요건[국가공무원법(공무원임용령)] : 다음 각 호의 어느 하나에 해당하면 특별승진임용하거나 일반 승진시험에 우선 응시하게 할 수 있다.

        ⓐ 청렴하고 투철한 봉사 정신으로 직무에 모든 힘을 다하여 공무 집행의 공정성을 유지하고 깨끗한 공직 사회를 구현하는 데에 다른 공무원의 귀감(龜鑑)이 되는 자

        ⓑ 직무수행 능력이 탁월하여 행정 발전에 큰 공헌을 한 자

        ⓒ 제안의 채택·시행 등으로 국가예산의 절감 등 행정운영발전에 현저한 실적이 있는 사람

        ⓓ 공적이 현저한 사람이 명예퇴직할 때

        ⓔ 재직 중 공적이 현저한 사람이 공무로 인하여 사망한 때

③ 승진임용의 제한

    ㉠ 징계의결요구 및 징계처분이 있는 경우

    ㉡ 직위해제·휴직 또는 시보임용기간 중에 있는 경우

    ㉢ 징계처분의 집행이 종료된 날로부터 견책 6개월, 감봉 12개월, 정직 18개월의 기간이 경과하지 아니한 경우

④ 근속승진 : 일정기간이 지나면 자동승진시키는 제도로서 9급에서 6년 이상, 8급에서 7년 6개월 이상, 7급에서 12년 이상 근무한 때에는 직급별 정원에 관계없이 승진하는 근속승진제가 적용된다.

✤ **승진적체의 해소를 위한 방안**

(1) 결원보충제 : 공무원이 1년 이상 파견·교육·휴직 시 별도정원으로 보고 결원보충을 예외적으로 허용하는 제도로서, 부처직원의 승진을 위한 빈자리 확보수단으로 남용되고 있다.

(2) 근속승진제 : 7, 8, 9급 공무원에 대해서 일정기간이 지나면 자동 승진시켜 주는 제도로서 실적 중시의 시대조류에 어울리지 않다는 비판을 받고 있다. 공무원임용령을 개정(2012, 2013)하여 근속승진 기간을 앞당겼고 7급의 경우 6급 정원과 관계없이 근속승진이 가능하도록 하였다.

(3) 복수직급제 : 조직계층 상 동일 수준의 직위에 직급이 다른 사람을 배치할 수 있게 한 예외적인 제도로서 직위가 없어 승진하지 못하는 사례를 방지하는 제도이다. 이는 보직에 있어서 융통성을 기할 수 있지만, 계급과 직책을 부합시켜야 하는 인사원리를 교란하고 계급 인플레이션과 예산낭비 현상을 야기하는 문제가 있다.

(4) 대우공무원제 : 일반직 공무원 중 당해 계급에서 승진소요 최저연수 이상 근무하고 승진임용의 제한사유가 없으며 근무실적이 우수한 자를 바로 상위직급의 대우공무원으로 선발하여 대우수당을 지급하는 제도로서 1990년부터 시행되었다. 원래 승진하지 못한 6급 공무원에게 승진시험을 포기하는 대가로 상위계급으로 대우하면서 수당(월봉급액의 4.8%)을 더 주는 취지였으나, 다른 직급으로 확대되었다. 5급 대우공무원 중 8년 이상 재직하고 실무수행능력이 우수하며 기관운영에 특히 필요한 6급 공무원이 5급 승인임용을 포기하고 6급에 계속 머물기를 원하면 필수실무관으로 임용한다. 필수실무관으로 선발되면 승진을 할 수 없는 반면, 다른 직급은 대우공무원으로 선발되더라도 승진이 가능하다.

(5) 기타 : 통합정원제(6급 이하는 별도로 관리하지 않고 총 정원을 통합하여 인정해주는 제도), 계급정년제(일정계급에서 일정기간 동안 승진하지 못하면 강제퇴직) 등

2. 배치전환

(1) 의의

배치전환은 동일 계급이나 동일 등급 내의 수평적 인사이동으로서 전직, 전보, 인사교류, 전출입, 파견근무 등을 포함한다. 그 중에서 ① 전직이란 직급은 동일하나 직렬을 달리하는 직위로 수평적으로 이동하는 것이고, 직렬이 달라지기 때문에 원칙적으로 전직시험을 거쳐야 한다. 반면 ② 전보는 직무의 내용이나 책임이 유사한 동일한 직급·직렬 내에서 직위만 변동되는 보직변경으로서 전보에 따르는 시험이 필요 없다. 한편 ③ 파견은 소속을 바꾸지 않고 임시적으로 타 기관에 일정기간 근무하는 것이다. 이외에도 동일 인사 관할 내 기관간의 이동인 인사교류, 다른 인사 관할의 기관 간 인사이동인 전출입 등이 있다.

(2) 전직·전보 제도의 기능

① 순기능(전직·전보의 효용성)

- ㉠ 직무의 부적응 해소와 적재적소의 배치 : 공무원이 자신의 능력·적성·가정형편 등으로 현 직위에 적응이 어려울 경우 전직·전보를 통하여 적재적소에 배치하여야 한다.
- ㉡ 행정조직 및 관리상 변동에 대한 적응 : 행정조직의 개편, 업무수행방법의 변동에 따른 인력재배치 시 전직·전보를 활용할 수 있으며, 이 경우 신규채용에 따른 혼란, 낭비, 비용을 최소화할 수 있으며 조직구조 변화에 대한 저항을 줄일 수 있다.
- ㉢ 교육훈련의 수단 : 전직·전보는 순환보직을 통하여 공무원의 능력발전에 기여한다.
- ㉣ 승진기회의 제공 수단 : 승진기회가 부처마다 불균등할 경우 이를 해결하는 수단이 된다.
- ㉤ 공직의 침체 및 권태 방지 : 장기간 동일직위를 맡을 경우 권태감과 피로로 인하여 사기와 능률이 저하되어 조직의 침체와 비능률을 초래하는데, 전직·전보는 이를 방지해 준다.
- ㉥ 부처 간 할거주의 방지 : 전직·전보는 부처 간 조정과 협조를 용이하게 하고 갈등을 해소한다.
- ㉦ 선발의 불완선성 보완 : 선발에서의 불완전성을 보완하여 개인의 능력을 촉진시킨다.

② 역기능(전직·전보의 문제점)

- ㉠ 징계수단 : 직무위반이나 직무태만 시 징계 대신에, 지방이나 한직으로 전직·전보시키는 경우
- ㉡ 감독의 회피 : 대민접촉 부서(세무·건축 등)의 직원은 부패방지 차원에서 일정기간 경과 후 타 기관으로 발령

③ 전직·전보 제도의 용도

소극적인 용도	적극적인 용도
㉠ 징계의 수단	㉠ 직무의 부적응 해소
㉡ 사임의 강요수단	㉡ 인간관계 개선
㉢ 부정·부패의 방지수단	㉢ 행정조직·관리상의 변동에 의한 배치조정
㉣ 개인적 특혜의 제공 수단	㉣ 업무수행에 대한 권태방지와 조직의 활성화

(3) 파견

국가적 사업의 수행, 공무원의 연수, 능력개발을 위하여 인사혁신처와 협의를 거쳐 공무원을 소속변경 없이 일정기간 동안 일시적으로 다른 기관으로 이동시켜 근무하게 하는 것으로서 원래의 소속은 변경 되지 않지만, 지휘감독은 파견기관장에게 받는다.

(4) 인사교류

인사교류란 소속을 변경하는 기관 간 이동으로서 인사교류를 허용하느냐 여부에 따라 교류형과 비교류 형으로 구분한다. 우리나라는 교류형으로서 중앙부처 간, 중앙정부·자치단체 간 정부교류를 허용하고 있다. 인사혁신처장은 산하의 인사교류심의위원회의 심의를 거쳐 인사교류계획을 수립하고, 국무총리 를 경유하여 대통령의 승인을 얻어 이를 실시할 수 있다.

(5) 겸임

잠정적인 결원보충방법으로서, 복수의 직위를 부여하여 직무를 수행하게 하고 책임을 지도록 하는 것 이다. 2년 이내로 제한하며 특별한 경우에 한하여 2년의 범위 내에서 연장할 수 있다.

(6) 전입·전출

전입과 전출은 인사 관할을 달리하는 국회·법원·헌법재판소·선거관리위원회 및 행정부 상호 간에 다른 공무원을 받아들이거나 내보내는 것이다. 이 경우 전입시험을 거쳐 임용된다.

✤ 경력개발 프로그램(CDP : Career Development Program)

(1) 의의

경력개발제도는 조직원이 장기적인 경력목표를 설정하고 이를 달성하기 위해 필요한 경력계획을 수립하여 자신의 역량을 개발해 나가는 활동을 말한다. 이 제도는 조직원이 자기발전욕구를 충족하는 과정에서 조직 의 성과가 향상된다는 점에서 개인과 조직의 발전에 대한 욕구를 전문성이라는 공통분모에서 접점을 찾아 결합한 인사관리제도이다.

(2) 목적

개인목표와 조직목표의 조화를 통해 전문성을 제고시키는 것이 이 제도의 궁극적 목적이다.

(3) 경력개발의 원칙

경력개발 원칙	내 용
적재적소의 원칙	적성·능력·직무 간의 조화
승진경로의 원칙	경력개발에 적합한 승진경로 모형 적용
인재양성의 원칙	외부영입이 아닌, 인재의 내부 양성과 육성 책임
직무와 역량중심 원칙	직급이 아닌, 직무가 요구하는 역량 개발에 중점
개방 및 공정경쟁 원칙	경력개발 기회의 차별 배제 및 기회의 균등 부여
자기주도(상향식)의 원칙	스스로 원하는 경력목표와 경력계획을 상향적으로 수립

제04절 | 공무원의 사기관리

1. 사기

1. 의의

(1) 개념

사기(Morale)는 높은 직무수행 동기(Work motivation)를 의미한다. 즉, 조직목표 달성을 위하여 열성적·헌신적으로 협력하고 노력하려는 개인과 집단의 정신자세·태도이다. 동기의 심리적 기초는 욕구이므로 사기이론과 욕구이론은 표리관계이다.

(2) 성격

① 개인적 성격 : 사기는 개인이 직무와 근무환경에 대하여 가지는 심리상태로서, 개인의 적극적·자발적인 근무의욕이다.

② 집단적·조직적 성격 : 사기는 개인적 만족감의 총화 이상으로서, 조직목표 달성을 위하여 열의와 관심을 가지고 상호협력적으로 조직활동을 수행하려는 정신상태이다.

③ 사회적 성격 : 사기는 사회적 가치나 역할, 사회적 효용성과 결부되어야 하므로 군중열기, 파벌의 내향적인 자기만족, 갱 집단의 허식적인 자기존대 등은 사기가 아니다.

④ 주관적·상황적 상대성 : 사기는 주관적인 근무의욕(동기)을 의미하므로 상대적인 개념이다.

⑤ 민주적 성격 : 사기는 강제적 명령이 아닌 전체 집단의 정열적 노력에 의하여 형성된다.

⑥ 쇄신적 성격 : 사기는 Y이론에 입각하여 자기완성·성취동기·창의성 등과 같은 쇄신적 요인에 의존한다.

2. 효용

(1) 목표달성에 기여

사기가 높으면 조직 활동과 담당직무에 대한 관심이 높아진다. 그리고 자기의 직무·역할을 헌신적으로 수행함으로써 목표달성에 기여한다.

(2) 조직과의 일체감 형성

사기가 높으면 소속된 조직에 대하여 긍지를 가지며, 조직과 지도자에 대하여 충성심을 가진다. 그리고 조직의 명령·지시·규범을 자발적으로 준수한다.

(3) 조직의 쇄신

사기는 창의성과 쇄신성을 발휘하게 하며, 조직의 위기극복 능력을 배양한다.

(4) 생산성과의 관계

일반적으로 사기와 생산성은 밀접한 관계가 있다고 보고 사기가 높으면 생산성도 높아진다고 인식되어 왔지만(사기실재론, Mayo), 실제 연구결과는 사기는 생산성에 영향을 미치는 여러 복합적 요인이나 변수의 하나라는 결과가 일반적이다.

3. 결정요인과 양양방안

(1) 결정요인

① 경제적 요인

민간기업과 형평에 맞는 보수, 합리적인 연금 등

② 사회심리적 요인

인정감(타인으로부터의 가치인정), 성공감(직무수행과 장기근무를 통한 승진 및 봉급인상), 안정감(신분보장), 귀속감(동료의식에 의한 친밀감), 참여의식(조직목표 수립 및 달성에의 참여) 등

(2) 양양방안

① 생리적 욕구의 충족

보수의 수준이 물가수준·민간임금수준 등에 상응하도록 적정수준을 유지하며, 근속수당·성과급 등 인센티브제도를 운영한다.

② 안전 욕구의 충족

신분보장을 강화하고, 소청심사제도 등 불이익 구제를 위한 제도를 정비하며, 연금제도 등을 통해 퇴직 후 생활을 보장해 준다.

③ 사회적 욕구의 충족

비공식집단의 활성화를 통한 애정·사회적 욕구 결핍을 보완한다. 상담·고충처리 등을 통해 고충·불안·좌절감을 해소한다.

④ 존경 욕구의 충족

포상제도를 운영하며, 공직에 대한 사회적 평가를 제고한다.

⑤ 자아실현욕구의 충족

승진제도의 합리적 운영, 직무확충, 제안제도, 공무원단체, 참여확대 및 권한 위임 등을 활용한다.

❖ 유연근무제의 종류

시간선택제 근무제		통상 근무시간보다 짧게 주 15~35시간 근무하고 근무시간비율에 따라 보수를 받으며 신분을 보장받는 정규직 공무원
탄력 근무제 (시간적 유연근무제)	시차출퇴근형	1일 8시간 범위안에서 필수근무시간대(10:00~16:00)를 제외하고는 출퇴근 시간을 탄력적으로 조정할 수 있는 제도
	근무시간선택형	1일 근무시간(4~12H)을 조정하되, 주5일 40시간 근무 유지
	집약(압축)근무형	1일 근무시간(10~12H)을 조정하여 주 40시간 근무를 주 3.5~4일로 압축하여 근무
	재량근무형	출퇴근 의무 없이 프로젝트 수행으로 주40시간 근무 인정
원격 근무제 (장소적 유연근무제)	재택근무형	사무실이 아닌 가정에서 인터넷망을 이용하여 업무처리 및 결재
	스마트워크근무형	사무실이나 집이 아닌 주거지 근처 원격근무사무실(Smart office)에서 인터넷망을 통해 사무처리

4. 측정방법

(1) 태도조사

정부의 관리방침, 상사의 감독방법, 동료관계와 급여, 후생복지, 작업환경에 대한 직원의 의견과 태도를 조사하는 방법이다.

(2) 사회측정법(Sociometry)

집단 내의 '인간관계'를 측정하는 기법으로 조직 구성원 상호간의 선호도, 즉 좋아하는 동료와 싫어하는 동료에 대한 인간관계를 조명하여 소시오그램을 작성하여 이를 분석하는 것이다(Moreno가 창안).

(3) 투사법

피조사자가 모르는 사이에 솔직한 태도를 나타내게 하여 그 결과를 분석하는 방법이다.

(4) 사례나 근무관계의 통계기록에 의한 방법

① 생산성에 관한 기록 : 시간당 생산량, 표준시간에 대한 실제작업량, 인건비나 생산물의 품질 조사
② 이직률 조사 : 행정기관의 경우 대체로 연 10~12%비율이 적정
③ 출퇴근 상황 또는 안전 사고율 등

2. 보수

1. 의의

(1) 보수(Pay)는 경제적으로 보면 공무원이 근로에 대한 대가로 받는 금전적 보상이다. 공무원 보수는 ① 직무수행에 대한 반대급부적 성격(직무급적 성격)과 ② 생활보장적 급부(생활급적 성격)의 이중적 성격을 지닌다.

(2) 우리나라의 보수 관리는 상대적으로 일률적 보수 기준을 적용하기 때문에 다른 나라에 비해 덜 복잡한 편이다. 다만 최근에 성과관리체제의 도입이 강조되면서 보수 관리에 있어서도 많은 변화가 발생하고 있다.

2. 특징(민간기업과 비교)

(1) 이중성

보수는 직무수행에 대한 반대급부(직무급)인 동시에 공무원과 그 가족의 최저생활을 보장하기 위한 생활보장적 급부(생활급)라는 이중성을 갖는다.

(2) 파급성·통제성·경직성

공무원보수는 정부예산에서 차지하는 비중이 크므로 사회에 미치는 영향이 클 뿐만 아니라, 국회나 국민의 직간접적인 정치적 통제를 받고 법적 통제를 받으므로 경직성이 크다.

(3) 이율배반성

납세자들은 최소의 경비로 최대의 봉사를 원하기 때문에 국민들은 행정서비스의 향상을 원하면서도 공무원의 보수를 최소화하도록 압력을 가하는 등의 이중적인 심리를 지닌다.

(4) 비시장성

보수의 재원은 납세에 의한 정부재정이며, 직무수행 성과의 대부분이 시장에서 교환가치가 형성되지 않는 비시장성을 띠기 때문에 노동가치나 이윤에 대한 기여도를 계산하기 곤란하다.

(5) 직종의 다양성과 상이성

직무가 다양하고 근무조건이 서로 다르므로 실적의 비교가 용이하지 않고, 내·외적으로 갈등과 오해의 소지가 많다. → '동일직무에 대한 동일보수원칙'의 적용 곤란

(6) 단체행동의 제약

공무원노조의 노동3권은 제약(단결권과 단체교섭권은 허용되지만 단체행동권은 금지)되기 때문에 민간노조에 비하여 노조의 영향력이 상대적으로 약하다.

(7) 사회적·윤리적 특성

정부는 국민의 신임을 받아야 할 모범적 고용주(Model employer)로서, 공무원의 최저생활비(생계비)를 보장해 주어야 하는 책임을 진다. 따라서 공무원의 책임이나 일의 경제적 가치에도 불구하고 최저한의 생활을 할 수 있는 보수를 지급해야 한다.

3. 결정요인

(1) 의의

보수제도는 ① 대외적 균형, ② 직무·능력 등 동일직위에 대한 동일보수를 의미하는 대내적 형평성, ③ 등급의 적정성, ④ 예산예측의 용이성, ⑤ 처우의 통일성, ⑥ 유인의 제공, ⑦ 여건변화에 대한 보수의 신축적 조정을 통한 적실성 있는 조정을 요건으로 한다.

(2) 보수 결정의 기본원칙

① 대외적 비교성 : 성과측정이 어려워 사기업 보수의 평균을 기준으로 결정된다.
② 대내적 상대성 : 성과에 따르는 보상이 이루어지도록 상하 간의 보수차를 통해 유인을 제공한다.

(3) 결정요인

일반적으로 공무원 보수의 상한선으로 정부의 재정력이, 하한선으로는 공무원의 생계비가, 보수수준은 직위·직책 및 민간부문 평균임금에 의해 결정된다.
① 경제적 요인
　㉠ 생산성, 지불능력과 관련되는 것이다.
　㉡ 정부부문에서는 생산성을 측정하기가 곤란하여 직무에 따라 기업의 평균임금을 기준으로 한다. 이는 직무급과 관련된 기준이 된다.
　㉢ 정부부문에서 재정력은 국민의 담세능력, 물가수준, 경제정책에 따라 달라진다.

② 사회·윤리적 요인(모범적 고용주로서의 국가)

  ㉠ 공무원의 인간다운 생활을 보장하기 위한 수준에서 제공되어야 한다. 이는 생활급의 기준이 된다.

  ㉡ 공무원으로서 권리의 제약에 대한 보상이 필요하다는 관점과 공공에 대한 봉사직으로서 지나치게 높은 보수를 받아서는 안 된다는 관념에 기초한다.

③ 부가적·정책적 요인 : 부가적 요인은 보수 이외에 받게 되는 편익과 특혜를 고려하는 것이며, 정책적 요인은 공무원의 사기와 행정능률을 제고시키기 위하여 공무원보수를 인사행정의 수단으로 활용하는 것으로서 직무의 특수성·직무수행능력 등을 고려한다.

(4) 우리나라 공무원 보수결정의 원칙(국가공무원법 제46조)

① 공무원의 보수는 직무의 곤란성과 책임의 정도에 맞도록 계급별·직위별 또는 직무등급별로 정한다.

② 공무원의 보수는 일반의 표준 생계비, 물가 수준, 그 밖의 사정을 고려하여 정하되, 민간 부문의 임금 수준과 적절한 균형을 유지하도록 노력하여야 한다.

③ 경력직공무원 간의 보수 및 경력직공무원과 특수경력직공무원 간의 보수는 균형을 도모하여야 한다.

④ 공무원의 보수 중 봉급에 관하여는 법률로 정한 것 외에는 대통령령으로 정한다.

⑤ 이 법이나 그 밖의 법률에 따른 보수에 관한 규정에 따르지 아니하고는 어떠한 금전이나 유가물(有價物)도 공무원의 보수로 지급할 수 없다.

4. 종류

(1) 형식적 분류 : 기본급과 부가급

① 기본급 : 공무원의 자격·능력·근무연한·계급·직무의 질과 양에 의하여 결정되며 소정근무시간에 대하여 지급되는 고정적 보수를 말하며 직무급·생활급·연공급·성과급 등이 있다.

② 부가급 : 특수한 근무조건이나 생활조건의 특수성이 인정되거나 또는 행정능률의 증진을 위해 지급되는 부수적인 보수를 말한다. 부가급은 보수의 일부로서 위험수당·가족수당·시간외 근무수당 등 각종 수당이 여기에 해당한다.

(2) 기본급의 결정기준에 따른 분류

① 생활급 : 공무원 및 그 가족의 기본적인 생계유지를 보장하기 위한 것으로서, 지출과 상관성이 높은 연령이나 가족상황(가족 수, 자녀교육비) 등이 고려되며 직무에 관한 요소가 반영되지 않는다.

② 근속급(연공급) : 공무원의 근속연수, 경력, 경험 등 인적 요소의 차이를 기준으로 결정하는 보수로서 연장자를 우선하는 동양적 가치관과 연관된다. 근무연수가 증가됨에 따라 봉급도 증가하므로 근속을 장려하고 생계비를 보장하는 기능도 수행하지만 정부측에서는 인건비부담이 증가한다.

③ 직무급 : 각 직위가 가지고 있는 상대적 가치에 따라 결정되는 보수로서, 직무의 곤란도와 책임도에 따라 지급함으로써 '일에 맞는 보수'를 실현하는 목적을 가진다. 직위에 따른 보수라는 점에서 인간의 능력을 기준으로 하는 능력급이나 직능급과 다르다.

④ 직능급(능력급) : 공무원이 조직목적에 기여할 수 있는 능력 정도에 따라 결정되는 보수이다. 능력의 범위를 더욱 한정하여 직무별 능력을 기초로 하는 보수를 직능급(職能給)이라 한다.

⑤ 성과급(실적급)

    ⊙ 의의 : 성과급(Output payment)제도는 공무원의 직무수행실적을 보수결정의 기준으로 삼는 제도이며, 측정 가능한 직무수행실적 또는 결과와 보수를 연계하는 제도이다. 이는 개인성과급과 집단성과급으로 나눌 수 있다.

    ⓒ 우리나라의 성과급제 : 개인 차원의 성과급제로 성과연봉제(4급 과장급이상)와 성과상여금제(5급 이하)가 있으며, 조직 차원의 성과급제로 기관 평가 성과급 제도가 있다.

    ⓒ 성과급의 효용과 문제점

효용	문제점
• 동기부여와 생산성 향상에 기여한다. • 조직공헌도가 아니라 업무공헌도에 대한 보수는 공무원들에게 형평성에 대한 인식을 실질적으로 느끼게 한다. • 연공서열에 의한 무사안일이나 복지부동 극복 • 공직사회 내부에 경쟁을 촉진시킨다.	• 조직의 위화감과 개인의 심리적 불안을 가져올 수 있다. • 성과지표의 개발 등 성과측정상의 문제가 제기될 수 있다. • 정부업무에 대한 정확한 측정이 어렵다는 문제점이 있다. • 개인별 임금체계로 인한 팀웍이나 부문간·개인 간 연대감 저해

(3) 직능급과 자격급

① 직능급 : 공무원이 조직목적에 기여하는 실질적인 직무상의 능력정도에 따라 결정하는 보수이다.

② 자격급 : 공무원이 가진 학력·자격증·면허증 등에 의하여 표시되는 자격을 기초로 결정하는 보수이다.

▶ **우리나라 공무원 보수제도**

연봉제	고정급적 연봉제	정무직	기본연봉(직책, 계급, 누적성과)		
	직무성과급적 연봉제	고위공무원단	기본연봉	기준급	+ 성과연봉
				직무급 (2등급)	
	성과급적 연봉제	과장급	기본연봉＋성과연봉		
호 봉 제		과장급 미만	봉급(직급과 근무연한)		

5. 보수표의 작성

(1) 의의

    보수표는 기본급의 내용을 체계적으로 명시한 금액표로서 일반직, 특정직, 특수경력직에 대한 보수표는 각각 별도로 작성되며 직종의 분화에 따라 다원화시키는 것이 바람직하다. 공무원의 보수표는 조직 입장에서는 보수행정의 체계화로 인건비 예산편성을 용이하게 하고 공무원 입장에서는 봉급예측으로 심리적 안정감이 부여된다.

(2) 등급과 등급의 수

① 보수등급이란 공무원이 받는 보수액의 격차에 관한 단계구분의 표시를 말한다.

② 일반적으로 계급제하에서는 등급의 수가 적고(우리나라 : 9등급) 직위분류제에서는 등급의 수가 많은(미국 : 18등급) 것이 특징이다. 계급제보다 직위분류제하에서 등급의 수가 많고 기본급 중심이며, 계급제는 등급의 수는 적고 폭은 넓으며 수당의 수가 많다.

③ 등급의 수가 많으면 직무에 상응하는 보수액을 합리적으로 결정할 수는 있으나 등급 간의 차액이 적어지고 융통성이 없다. 그러나 등급의 수가 너무 적으면 융통성은 있지만 정확성이 떨어진다.

(3) 등급의 폭(호봉)

① 등급의 폭이란 각 등급(계급)내에서의 보수액의 단계를 말하며, 호봉이 여기에 해당한다.

② 각 등급 내에서의 보수액이 단일 액이 아니고 차등을 두는 것으로 근속연한에 따라 등급 내에서 여러 단계의 폭을 두는 이유는 ㉠ 경험의 증대에 따른 능력의 증대나 보수의 증대 도모, ㉡ 근로의욕의 자극, ㉢ 장기근속의 유인 때문이다.

(4) 등급 간의 중첩

① 등급 간의 중첩이란 한 등급의 봉급폭이 상위등급의 봉급폭과 부분적으로 중복되는 것을 말한다.

② 등급 간의 중첩을 두는 이유는 ㉠ 경험 있는 공무원의 가치인정, ㉡ 승진이 어려운 장기 근속자에 대한 배려, ㉢ 승진이 갖는 예산상의 부담완화 때문이다.

(5) 보수곡선

① 고위등급에 갈수록 급격히 보수의 증가를 이루고 하위등급에 갈수록 완만해지는 J자 모형을 이루는데 그 이유는 고위직일수록 조직에의 기여도나 직무의 곤란도·책임도가 높으므로 이를 보수에 반영하기 위함이고 직업공무원제 취지상 필요하다.

② 그러나 민간기업에 비해 공무원 보수는 상대적으로 하후상박의 형태를 띤다.

6. 보수제도의 혁신 – 총액인건비제도

(1) 의의

① 개념 : 중앙예산기관(지방자치단체는 행정안전부)이 총 정원과 인건비예산의 총액만을 정해주면 각 부처는 그 범위 안에서 재량권을 발휘하여 인력운영(총 정원과 직급별 정원 및 보수) 및 기구설치에 대해 자율적으로 운영하고 그 결과에 대해 책임을 지는 제도이다(지방자치단체는 기준인건비제도).

② 이론적 근거–신공공관리론 : 일선 관리자에게 권한을 부여하고 성과평가를 통해 책임을 강화하고자 하는 신공공관리론을 이론적 근거로 한다.

(2) 기대효과

① 기관운영의 자율성 제고 : 시행기관은 법령 및 지침상의 기준에 따라 총액인건비 범위 안에서 기관 실정과 업무 특성에 맞추어 기구·정원, 보수, 예산 등을 자율적으로 운영하도록 한다. → 기구·정원 조정, 수당의 신설·통합·폐지, 절감예산 등의 자율적 활용

② 성과와 보상의 연계 강화 : 시행기관은 총액인건비제가 조직의 성과향상을 위한 효율적 수단으로 활용되도록 한다. → 수당 등의 조정 및 예산절감으로 성과인센티브를 확대하여 성과중심문화 형성

③ 자율과 책임의 조화 : 시행기관은 자율적 조직운영의 결과에 대해 책임을 지며, 주관부처는 각 시행기관의 제도 운영상황을 평가하여 차년도 총액인건비 편성 및 정원 심사 등에 반영하도록 한다.

(3) 주요내용

① 예산분야 : 인건비와 운영경비를 총액인건비 대상경비로 하여 이들 경비의 세부항목 간 '전용'은 각 기관장에게 위임한다. 또한 총액인건비 대상경비 내에서 발생한 여유재원의 사용에 대해 각 기관의 재량권을 부여하며 예산 절감액을 성과상여금으로도 지급가능하다.

② 보수분야 : 인건비를 기본항목과 자율항목으로 구분하고 자율항목은 부처가 자율적으로 그 지급대상이나 요건을 정한다.

③ 조직 및 정원분야 : 공무원 총 정원 및 부처별 정원 상한은 행정안전부가 대통령령으로 정하고, 정원규모 및 계급별·직급별 정원은 부처에서 자율적으로 결정한다.

　　㉠ 총정원 : 행정안전부가 대통령령으로 정하며, 필요시 각 부처가 총 정원의 3% 이내에서 정원을 총리령 또는 부령으로 추가 운영이 가능하다.

　　㉡ 직급별 정원 : 실무인력의 직급별 배정은 각 부처가 자율적으로 조정할 수 있도록 하되, 상위직은 상한비율만 설정한다.

　　㉢ 조직관리 : 국 아래 두는 보조기관(과 단위기구)은 각 부처가 정원 범위 안에서 총리령 또는 부령으로 자율적으로 설치·운용한다.

▶ 표준정원제와 총액인건비제도의 비교

구분	표준정원제	총액인건비제도
부처정원규모	정원 1인 증감에도 행정안전부 승인 필요	행정안전부는 정원의 상한만 관리(상한 범위 내에서 실제 정원규모는 부처가 자율적으로 결정)
직급별 정원	행정안전부 승인 필요	부처 자율 결정
기구 설치	• 국 단위 이상 기구는 직제로 규정 • 과 단위 기구 총수 통제	• 국장급 이상 기구는 직제로 규정 • 과 단위 기구는 부처 자율로 설치
지방자치단체	표준정원제(총 정원승인)	기준인건비제 : 행정안전부장관이 정해주는 총액인건비범위 안에서 조례로 총 정원, 계급별 정원, 기구설치·운용

3. 공무원연금제도

1. 의의

(1) 개념

공무원연금이란 공무원이 노령, 질병, 장애 등으로 퇴직하거나 사망할 때 본인 또는 유족에게 지급하는 금전적 급부로서 공무원 및 그 유족의 복리향상과 생활안정에 기여하기 위한 공무원의 사회보장제도이다.

(2) 연금의 본질

① 생활보장설 : 퇴직 후의 생활보장으로 공무원의 사기를 고양한다는 입장이다.

② 위자료설 : 감원 등 조직사정으로 인한 퇴직, 업무상 사망 등에 대하여 위자료의 뜻으로 지급한다는 것이다.

③ 공로보상설 : 장기간 성실한 근무에 대한 위로와 감사를 하기 위하여 지급한다는 것으로서, 독일과 영국의 비기여제(연금기금의 국가조성)가 여기에 해당된다.

④ 거치보수설(보수후불설) : 보수의 일부를 지급하지 않고 적립하였다가 퇴직 이후에 거치된 보수(Deferred wage)로서 지급한다는 것이다. 이때의 연금은 광의의 보수이므로 공무원의 당연한 권리로 인식되며, 현대의 지배적 학설이다. 우리나라와 미국의 기여제(공동조성)가 여기에 해당된다.

2. 기금의 조성방식

(1) 기금제(적립방식)와 비기금제(부과방식)

① 기금제 : 연금지급에 필요한 재원을 조달하기 위하여 미리 기금을 마련하고 이 기금과 기금의 운영·투자에서 얻어지는 이자 및 사업수익을 연금에 충당하는 제도로서, 보험적립제라고도 하며 우리나라와 미국이 이에 해당된다. 초기에 기금을 마련해야 하므로 개시비용이 크고, 운영과정이 복잡하므로 운영 및 관리비용이 많이 들어가며, 인플레이션에 따른 실질가치의 하락가능성이 있으며 시간의 경과에 따라 재정의 악화(연금고갈의 위기)가 초래되는 단점이 있다.

② 비기금제 : 기금을 미리 마련하지 않고 그때그때 국가의 일반세입 중에서 연금지출에 소요되는 재원을 마련하는 제도로서, 현금지출제라고도 하며 유럽 국가들이 여기에 해당된다. 연금수익이 없기 때문에 장기적으로 비용이 많이 소요되고 그때그때 세입으로 연금을 지급하게 되므로 미래세대에게 부담이 되며 예산삭감 시 충분한 보장을 하지 못하는 단점이 있다.

(2) 기여제와 비기여제

① 기여제 : 정부와 공무원이 공동으로 기금조성의 비용을 부담하는 제도이다. 우리나라의 경우에는 정부와 공무원의 비용부담률이 5:5로 동등하고, 기여금 납부기간은 최장 36년이다(기여율 : 기준소득월액의 9%).

② 비기여제 : 기금조성에 필요한 비용을 공무원에게 부담시키지 않고 정부가 전액 부담하는 제도이다.

3. 우리나라의 공무원연금제도

(1) 단기급여 : 공무원의 공무로 인한 질병·부상과 재해에 대하여 지급하는 급여

① 공무상 요양비 : 공무상 질병 또는 부상으로 인하여 진단·치료 등 요양을 하는 때 2년의 요양기간 범위 내에서 지급한다.

② 재해부조금 : 수재·화재, 그 밖의 재해로 재산에 손해를 입었을 때 공무원 전체의 기준소득월액의 평균액의 4배에 상당하는 금액의 범위 내에서 지급한다.

③ 사망조위금 : 공무원의 배우자나 부모 또는 자녀가 사망한 경우 지급한다.

(2) 장기급여 : 공무원의 퇴직·장애 및 사망에 대하여 지급하는 급여

① 퇴직급여 : ㉠ 10년 이상 재직한 공무원이 퇴직할 때 지급하는 급여로서 퇴직연금(사망할 때까지 매월 연금지급), 퇴직연금일시금(퇴직금을 일시에 지급), ㉡ 10년 미만 재직한 공무원이 퇴직할 때 지급하는 퇴직일시금 등

② 장해급여 : 공무상 질병 또는 부상으로 인하여 폐질상태가 되어 퇴직한 때 지급하는 장해연금, 장해보상금(일시금)이 있다.

③ 유족급여 : 공무원 사망 시 유족에게 지급하는 급여이다. 유족연금(퇴직연금의 60%), 유족연금기부가금, 유족연금특별부가금, 유족연금일시금, 유족일시금, 유족보상금 등이 있다.

④ 퇴직수당 : 공무원이 1년 이상 재직하고 퇴직 또는 사망한 때 지급하는 급여로서, 소요비용은 국가가 전액 부담한다.

4. 공무원단체

1. 의의

공무원단체는 공무원들의 권익을 옹호하고 근무조건을 유지·개선하기 위하여 조직되는 단체로서 공무원노동조합을 지칭한다. 일반적으로 친목활동, 상조활동, 교육 및 홍보활동, 대표활동 등을 수행하는데 이 중 가장 기본적인 것이 대표활동이다.

2. 기능과 한계

(1) 기능

① 압력단체의 기능 : 공무원들은 공무원단체를 통하여 그들의 집합적인 의사를 개별적인 관리자, 단위 행정기관, 행정부, 입법부, 사법부 및 국민들에게 표시할 수 있다.

② 공무원집단의 욕구충족 기능 : 복지증진, 정책결정과정에의 참여, 오락 및 친목활동 등을 추구함으로써 경제적 욕구는 물론, 귀속감 등의 사회적 욕구를 충족시켜 준다.

③ 행정의 민주화 기능 : 관리층과의 대화와 협상을 통하여 상호이해의 증진 및 관리층의 횡포를 방지함으로써 고질적인 권위주의와 비민주적 행태를 시정하게 하여 행정의 민주화와 행정발전에 기여한다.

④ 실적제의 강화 기능 : 실적제를 해친다는 견해와 실적제에 도움이 된다는 견해가 있지만, 실적제는 약화되기보다는 오히려 강화되어 왔다.

⑤ 공직윤리 확립 기능 : 공무원단체는 공무원들이 직업적인 행동규범으로부터 이탈되는 것을 막는 사회적 견제작용을 하고 전문직업화를 통한 자율적 통제를 가능하게 한다.

(2) 한계

① 행정의 지속성 및 안정성 저해 : 국가의 존립과 질서를 유지하거나 국민생활과 직결되고 파급효과가 큰 분야에서의 단체 활동이나 쟁의는 국민생활에 결정적 타격을 주므로 제한이 불가피하다.

② 공익 및 봉사자이념에 배치 : 공무원은 업무의 공공성 및 독점성이 강하고 국민에 대한 봉사자이자 공익의 대변자이므로 노조를 결성하는 것은 지극히 이기주의적인 발상이며 국민에 대한 봉사자라는 공복관념과 상충한다.

③ 실적주의 저해 : 공무원의 신분보장을 지나치게 강조하고 선임 위주의 인사원칙을 내세워 실적주의 인사원칙을 저해할 가능성이 있다. 이는 관리자의 재량권이나 고유권한을 제약하여 부하통솔을 곤란하게 하고 인사행정의 통일성 및 행정능률을 저해한다.

④ 노사관계 구분 곤란 : 정부부문의 경우 관리층이나 비관리층 모두 국민에 대하여 피사용자적 입장에 있으므로 노사구별이 어렵다

⑤ 정치세력화 : 공무원단체가 특정 정당·정파를 지지하거나 반대하는 등 정치세력화해서 정쟁에 휘말리고, 공무원의 정치적 중립을 저해할 가능성이 있다.

3. 공무원단체의 권리

(1) 단결권

① 개념 : 단결권은 단체를 결성할 수 있는 권리로서, ILO 협약 제87조는 군대와 경찰을 제외한 모든 공무원에게 단결권을 인정할 것을 요구하고 있다. 미국은 1912년 로이드 라 폴렛법(Lloyd La Follet Act)에 의하여 공무원노조의 결성을 승인하고 단결권을 허용하였다.

② 인정여부 : 오늘날 대부분 나라에서 공무원의 단결권을 인정하고 있지만, 민간부문과 달리 구성률이 저조하며 공무원의 단결력은 약한 것이 특징이다.

③ 적용대상 : 공무원의 단결권은 직무의 영향력, 공공성 또는 공공서비스의 긴요성과 깊은 관련이 있으므로 영향력이 큰 고위직 공무원과 경찰·군인·교도관·소방관 등은 단결권이 허용되기가 곤란하다.

(2) 단체교섭권

① 개념 : 단체교섭권은 노조가 관리층과 자주적으로 교섭하는 권리로서, 단체교섭은 노사관계의 핵심이다.

② 교섭 대상 : 일반적으로 ㉠ 협상허용사항은 근무조건, 고충처리, 노조활동에 대한 규정 등이고, ㉡ 협상불가사항은 신규채용(실적주의 보호), 기관의 임무결정, 보수(기관대표자에게 결정권이 없으며 다른 사업예산의 축소를 초래) 등이 있다.

③ 적용여부 : 대부분의 나라에서 단결권과 함께 단체교섭권을 인정하고 있다. 미국의 경우 1962년 케네디 대통령에 의하여 단체교섭권이 인정되었다. 영국의 휘틀리 협의회(Whitley Council)는 1919년에 설립된 교섭기관으로서 노사 동수로 구성되며 인사행정의 모든 문제가 토의되고 있다.

(3) 단체행동권

① 개념 : 단체행동권은 단체교섭이 원활히 이루어지지 않아 분쟁상태가 발생한 경우 요구조건을 관철하기 위하여 공무원단체가 파업이나 태업 등으로 실력행사를 할 수 있는 권리이다.

② 인정여부 : 단체행동권을 인정할 경우 공익의 침해가 너무 크며 민간부문과 달리 정부 측에서는 직장폐쇄를 사용할 수 없으므로 형평성 차원에서도 대부분의 나라에서 인정하지 않으며 국제기구에서도 단체행동권을 보호하고 있지 않고 있다. 가장 진보적인 프랑스는 일반직 공무원까지도 단체행동권을 인정하고 있다.

4. 우리나라의 공무원단체

(1) 공무원단체 관련 법령

① 헌법 규정 : 헌법 33조 제2항은 공무원인 근로자는 법률이 정하는 자에 한하여 단결권·단체교섭권 및 단체행동권을 가진다고 규정하고 있다.

② 국가공무원법 : 국가공무원법 제66조에서는 공무원의 노동운동 기타 공무 이외의 일을 위한 집단적 행위를 하여서는 아니 된다. 다만 사실상의 노무에 종사하는 공무원(우정직 노조)에 대해서 노동3권을 인정한다. 그러나 노동3권이 인정되므로 일반직 공무원과 달리 공무원직장협의회에는 가입할 수 없다.

③ 교원노조법 : 국·공·사립학교 교원들의 노동조합설립을 허용하고, 교원노조에 단결권과 단체교섭권은 부여하되 파업 등 단체행동권을 행사하지 못하도록 규정하고 있다.

④ 공무원의 노동조합설립 및 운영에 관한 법률

(2) 공무원의 노동조합설립 및 운영에 관한 법률

① 단체의 구성−단결권

㉠ 설립단위 : 국회·법원·헌법재판소·선거관리위원회·행정부·특별시·광역시·도·시·군·구(자치구를 말한다) 및 특별시·광역시·도의 교육청을 최소단위로 한다.

㉡ 설립신고 : 노동조합을 설립하려는 사람은 고용노동부장관에게 설립신고서를 제출하여한다.

㉢ 가입범위

ⓐ 일반직 공무원

ⓑ 특정직공무원 중 외무영사직렬·외교정보기술직렬 외무공무원, 소방공무원 및 교육공무원 (다만, 교원 제외)

ⓒ 별정직공무원

㉣ 가입할 수 없는 공무원

ⓐ 업무의 주된 내용이 다른 공무원에 대하여 지휘·감독권을 행사하거나 다른 공무원의 업무를 총괄하는 업무에 종사하는 공무원

ⓑ 업무의 주된 내용이 인사·보수 또는 노동관계의 조정·감독 등 노동조합의 조합원 지위를 가지고 수행하기에 적절하지 아니한 업무에 종사하는 공무원

ⓒ 교정·수사 등 공공의 안녕과 국가안전보장에 관한 업무에 종사하는 공무원

㉤ 노동조합 전임자의 지위

ⓐ 공무원은 임용권자의 동의를 얻어 노동조합의 업무에만 종사할 수 있다.

ⓑ 국가 및 지방자치단체는 전임자에 대하여 그 전임기간 중 보수를 지급하여서는 안 된다.

② 단체교섭 및 단체협약체결

㉠ 노동조합의 대표자는 그 노동조합에 관한 사항 또는 조합원의 보수·복지 그 밖의 근무조건에 관한 사항에 대하여 정부교섭대표와 각각 교섭하고 단체협약을 체결할 권한을 가진다.

㉡ 정책결정에 관한 사항, 임용권의 행사 등 그 기관의 관리·운영에 관한 사항으로서 근무조건과 직

접 관련되지 아니하는 사항은 교섭의 대상이 될 수 없다.

　ⓒ 조정신청 : 단체교섭이 결렬된 경우에는 당사자 일방 또는 쌍방이 중앙노동위원회에 조정을 신청할 수 있다. 조정신청이 있는 날부터 30일 이내에 종료하여야 한다. 다만, 당사자 간의 합의가 있는 때에는 30일 이내의 범위에서 연장할 수 있다.

　ⓔ 공무원노동관계조정위원회의 구성

　　ⓐ 단체교섭이 결렬된 경우 이를 조정·중재하기 위하여 중앙노동위원회에 공무원노동관계조정위원회를 둔다.

　　ⓑ 국가공무원노조는 물론 지방공무원노조도 중앙노동위원회에 조정을 신청을 한다.

③ 단체행동권-정치활동 및 쟁의행위의 금지

　㉠ 정치활동 금지 : 노동조합과 그 조합원은 다른 법령에서 금지하는 정치활동을 할 수 없다.

　㉡ 쟁의행위 금지 : 파업·태업 그 밖에 업무의 정상적인 운영을 저해하는 일체의 행위를 하여서는 아니 된다.

④ 복수노조인정

⑤ 다른 법률과의 관계

　이 법의 규정은 공무원의 공무원직장협의회의 설립·운영에 관한 법률에 의하여 직장협의회를 설립·운영하는 것을 방해하지 아니한다. 따라서 공무원들은 공무원노조에도 가입이 가능하고 공무원직장협의회에도 가입이 가능하다.

5. 고충처리제도와 제안제도

1. 고충처리제도

(1) 의의

① 개념 : 고충처리는 공무원이 근무생활과 관련하여 제기하는 고충을 심사하고 그 해결책을 강구하는 활동이다. 심사대상은 근무조건, 인사관리 및 기타 신상문제이다.

② 목적 : 공무원의 신분보장, 조직원의 사기앙양, 직업공무원제 발전에 기여 등이 이 제도의 목적이다.

(2) 우리나라의 고충처리제도

① 대상

　㉠ 근무조건(봉급·수당, 휴가, 업무량, 근무환경, 주거·교통 등)

　㉡ 인사관리(승진·전보, 근무성적평정, 경력평정, 승진후보자명부 순위, 교육훈련, 상훈, 제안 등)

　㉢ 기타 신상문제(성별·종교별 등 각종 차별, 개인의 정신적·신체적 장애로 인한 고충으로서 직무수행과 관련된 것)

② 고충심사위원회

　㉠ 중앙고충심사위원회 : 인사혁신처에 설치(소청심사위원회가 관장), 보통고충심사위원회의 재심청구와 5급 이상 공무원의 고충을 심사·처리

　㉡ 보통고충심사위원회 : 임용권자 또는 임용제청권자 단위로 설치하고 6급 이하 공무원의 고충을

심사·처리

③ 절차 : 고충심사위원회는 고충심사 청구서가 접수된 날로부터 30일 이내에 재적위원 과반수의 찬성으로 결정하여 설치기관의 장에게 송부하고, 설치기관의 장은 스스로 고충의 해소를 위한 조치를 하거나 관계기관의 장에게 필요한 조치를 요청하여야 하며, 요청을 받은 처분청 또는 관계기관의 장은 특별한 사유가 없는 한 이를 이행하고 그 결과를 통보하여야 한다.

④ 고충심사위원회 결정의 효력 : 국가공무원법에서는 이행하지 못하는 '특별한 사유'를 인정하므로 권고적인 것으로서 기속력은 없다.

2. 제안제도

(1) 의의

제안제도는 공무원의 창의적 의견과 고안을 장려하고 개발하여 행정과 정부시책에 반영함으로써 행정의 능률화와 경비의 절약을 기하며, 공무원의 참여의식과 과학적인 문제해결능력의 증진 및 사기앙양을 목적으로 시행되는 제도이다(주민제안은 포함되지 않음).

(2) 효용과 한계

① 효용 : 제안제도는 1차적으로 행정의 능률화, 예산절약에 기여를 하고, 공무원의 근무의욕을 고취시킬 수 있으며, 창의력 개발에 도움이 된다. 2차적으로는 하의상달을 통한 사기앙양으로 연결되며 행정의 민주화를 제고할 수 있다.

② 한계 : 제안제도는 동료들 간의 경쟁 심리를 자극할 수 있으며, 합리적이고 공정한 심사가 뒷받침되어야 하는 전제조건이 필요하다.

(3) 우리나라의 제안제도

① 공무원 제안의 범위·대상 확대 : 제안은 연중 상시 제안할 수 있으며 자신의 업무와 관련한 제도개선사항도 제안으로 제출할 수 있도록 하고, 공동제안의 경우 소속기관장의 허가 없이 3인 이상이 공동으로 제안 가능하도록 함.

② 공무원제안의 처리절차 개선과 우수한 제안의 보상 확대 : 제출된 제안은 1월 이내에 채택여부를 결정하고 우수한 제안을 제출한 자에 대하여는 상금과 상여금을 각각 지급할 수 있도록 한다.

제04장 공무원의 근무규율

제01절 공직윤리

1. 의의

1. 개념과 특징

(1) 개념

① 공직윤리는 공무원이 국민 전체의 봉사자로서 공무(행정업무)를 수행하는 과정이나 공직이라는 신분 면에서 준수해야 할 행동규범 또는 가치기준이다. 공무원이 입안하여 집행하는 정책의 내용도 윤리적이어야 한다는 의미도 내포하고 있으며 윤리에 대한 평가 시 결과론적 윤리관과 의무론적 윤리관이 균형있게 조화되어야 한다.

② 공직윤리는 소극적으로는 부패방지 및 부정행위를 하지 않아야 한다는 것을, 적극적으로는 행정목적과 공익을 실현하기 위한 능동적인 행정을 수행해야 한다는 것을 의미한다.

(2) 특징

① 높은 수준과 엄격성 : 행정은 독점적 권력을 지니고 있어 국민에게 미치는 영향이 매우 크므로 행정윤리는 다른 직업윤리보다 더욱 수준이 높을 뿐만 아니라 엄격히 요구된다.

② 공익추구성 : 공무원은 국민 전체에 대한 봉사자이므로 공익을 추구해야 한다.

③ 안정적 가치체계 : 행정윤리는 시대정신을 반영하되, 비교적 안정적인 가치체계를 유지한다.

④ 역사성, 맥락성, 생태성 : 행정윤리는 불변의 보편적 규범이 아니며 특정 시점이나 사실에 따라 다르게 적용되며 사회문화의 영향을 받으므로 각국의 역사와 문화에 따라 다양한 형태로 존재한다.

▶ 윤리설의 관점

상대주의 윤리설	절대주의 윤리설
목적론	의무론
결과중시	동기중시
처벌이 목적	문제해결이 목적

2. 중요성

(1) 행정국가 성립

중앙집권화 현상과 더불어 행정기능의 양적 확대와 질적 변화로 관료의 전문성·영향력·재량권·정책결정 권한·자원배분 권한 등이 증대됨에 따라 외부통제가 곤란해지자 윤리문제가 부각되었다.

(2) 외부통제의 약화

특정 민간기업이나 이익집단과의 유착과 포획 현상, 정치 간섭 증대, 권한의 남용과 부정부패의 가능성을 높이기 때문에 윤리문제가 부각되었다.

(3) 공공부문에서의 개혁

전통적 관리방식(공공성, 합법성 강조)과 새로운 관리방식(성과, 경쟁, 자율성 강조) 간의 충돌과 갈등은 윤리적 문제를 야기한다. 최근 신공공관리 방식이 타율적·수동적으로 활용되고 있다는 점에서 윤리의 핵심가치가 크게 침해되고 있다.

2. 우리나라 공직윤리의 내용

1. 자율적 공직윤리

공무원이 직업윤리를 그들 스스로 확립하고 도덕적이고 양심적으로 이를 준수하는 것을 의미한다. 자율적인 것이므로 이상적이나 구속력과 구체성이 없어 실효성은 낮다. 우리나라의 경우에 공무원 헌장과 공무원 행동강령 등에서 규정하고 있다.

> **❖ 공무원헌장**
>
> (1) 공무원헌장 : 전문
>   우리는 자랑스러운 대한민국의 공무원이다.
>   우리는 헌법이 지향하는 가치를 실현하며 국가에 헌신하고 국민에게 봉사한다.
>   우리는 국민의 안녕과 행복을 추구하고 조국의 평화 통일과 지속 가능한 발전에 기여한다.
>
> (2) 공무원헌장 : 본문
>   ① 공익을 우선시하며 투명하고 공정하게 맡은 바 책임을 다한다.
>   ② 우리 사회의 다양성을 존중하고 국민과 함께 하는 민주 행정을 구현한다.
>   ③ 창의성과 전문성을 바탕으로 업무를 적극적으로 수행한다.
>   ④ 청렴을 생활화하고 규범과 건전한 상식에 따라 행동한다.

2. 법령상 공직윤리

(1) 헌법상 의무

① 공무원은 국민에 대한 봉사자이며 국민에 대한 책임을 진다.

② 공무원의 정치적 중립과 신분은 법률로 보장된다.

(2) 국가공무원법상 의무(공무원의 13대 의무)

① 성실의 의무 : 모든 공무원은 법령을 준수하며 성실히 직무를 수행하여야 한다. 법령위반 시 징계책임은 물론, 민·형사상의 책임을 진다.

② 복종의 의무 : 공무원은 직무를 수행함에 있어서 소속상관의 직무상 명령에 복종하여야 한다. 다만, 위법부당한 상관의 명령은 복종할 의무가 없으며 복종 시 그 결과에 대한 책임을 져야 한다.

③ 직장이탈 금지의 의무 : 공무원은 소속상관의 허가 또는 정당한 이유 없이 직장을 이탈하지 못한다. 수사기관이 공무원을 구속하고자 할 때에는 사전에 그 소속기관의 장에게 통보하여야 한다. 다만, 현행범은 그러하지 아니하다.

④ 친절·공정의 의무 : 공무원은 국민 전체의 봉사자로서 친절·공정히 집무하여야 한다. 공정성은 공사를 구별하여 공무원 개인의 이익이나 이해관계를 개입시켜서는 안 된다는 의미이다.

⑤ 비밀엄수의 의무 : 공무원은 재직 중은 물론 퇴직 후에도 직무상 알게 된 비밀을 엄수하여야 한다.

⑥ 청렴의 의무(금품 수수금지 의무) : 공무원은 '직무와 관련'하여 사례·증여 또는 향응을 수수할 수 없으며 '직무상의 관계 여하를 불문'하고 그 소속 상관에 증여하거나 소속 공무원으로부터 증여를 받아서는 안 된다.

⑦ 외국정부의 영예 등 규제 : 공무원이 외국정부로부터 영예 또는 증여를 받을 경우 대통령의 허가를 얻어야 한다.

⑧ 품위유지의 의무 : 공무원은 직무의 내·외를 불문하고 그 품위를 손상하는 행위를 해서는 안 된다. 공무원의 신분에서 오는 신분관련 규정으로서 직무와의 관련성을 묻지 않는다.

⑨ 영리업무 및 겸직 금지 : 공무원은 공무 이외의 영리를 목적으로 하는 업무에 종사하지 못하며 소속기관 장의 허가 없이 다른 직무를 겸할 수 없다. 이익충돌에 의한 공익침해의 방지와 부수적 업무로 인한 업무능률 저하와 복무기강의 해이를 방지하기 위한 것이다.

⑩ 정치운동의 금지 : 정당 기타 정치단체의 결성에 관여하거나 가입할 수 없으며 특정 정당 또는 특정인의 지지나 반대를 위한 정치활동을 해서는 안 된다. 위반시 3년 이하의 징역에 처한다.

⑪ 집단행위의 금지 : 공무원은 노동운동 기타 공무 이외의 일을 위한 집단적 행위를 해서는 안 된다(다만, 사실상 노무에 종사하는 공무원은 제외). 위반시 1년 이하의 징역 또는 1천만원 이하의 벌금에 처한다.

⑫ 선서의 의무 : 공무원은 취임한 때에 소속기관장 앞에서 선서를 하여야 한다.

⑬ 종교중립의 의무 : 공무원은 종교에 따른 차별 없이 직무를 수행하여야 하며 공무원은 소속상관이 이에 위배되는 직무상 명령을 한 경우에는 이에 따르지 아니할 수 있다.

(3) 공직자윤리법상 의무

① 고위공직자의 재산등록 및 공개의무

㉠ 재산등록의무 : 4급 이상의 일반직 국가 및 지방공무원과 이에 상당하는 공무원과 정무직공무원, 법관, 검사, 헌법재판소 헌법연구관, 군인(대령 이상), 경찰(총경 이상), 소방(소방정 이상), 정부투자기관의 장과 부기관장, 상임이사, 상임감사 등은 본인·배우자·직계존비속(외척과 출가한 딸은 제외)의 보유재산을 등록하고 변동사항을 신고해야한다.

ⓒ 재산공개의무 : 1급 이상의 일반직 국가 및 지방공무원과 이에 상당하는 공무원과 정무직공무원, 군인(중장 이상), 경찰(치안감 이상), 소방(소방정감 이상), 정부투자기관의 장과 부기관장, 감사 등은 재산을 공개해야 한다.

② 선물수수의 신고·등록의무 : 공직자 또는 그 가족이 공직자의 직무와 관련하여 외국정부나 외국인 으로부터 받은 일정가액(국내시가 10만원 또는 미화 100달러 이상)의 선물을 신고하고 인도해야한 다. 신고된 선물은 신고 즉시 국고에 귀속된다.

③ 퇴직공무원의 취업제한의무 : 재산등록의무자는 퇴직일로부터 3년간 취업심사대상기관에 취업이 제 한된다. 대상자는 관할 공직자윤리위원회로부터 퇴직 전 5년 동안 소속하였던 부서업무와 밀접한 관 련성이 없다는 확인 또는 취업승인을 얻은 경우에는 취업이 가능하다.

▶ **퇴직공직자의 업무취급 제한**

기관업무기준 취업심사대상자는 다른 법률에 특별한 규정이 있는 경우를 제외하고는 퇴직 전 2년부 터 퇴직할 때까지 근무한 기관이 취업한 취업심사대상기관에 대하여 처리하는 업무를 퇴직한 날부 터 2년 동안 취급할 수 없다.

④ 이해충돌방지의 의무화 : 국가·지방자치단체는 공직자가 수행하는 직무가 공직자의 재산상 이해와 관 련되어 공정한 직무수행이 어려운 상황이 야기되지 아니하도록 이해충돌의 방지에 노력하도록 한다.

⑤ 주식백지신탁의무 : 재산공개대상자와 기획재정부 및 금융위원회 4급 이상 공무원은 대통령령이 정 하는 금액을 초과하는 주식을 보유한 경우에는 주식백지신탁심사위원회(인사혁신처 소속)가 직무관 련성이 없다고 결정한 때를 제외하고는 이를 매각하거나 신탁재산의 관리·운용·처분에 관한 권한을 수탁기관에 위임하는 주식백지신탁계약을 체결하도록 한다.

3. 이해충돌의 방지

(1) 이해충돌의 의미와 유형

① 개념 : 공직자가 직무를 수행할 때에 자신의 사적 이해관계가 관련되어 공정하고 청렴한 직무수행이 저해되거나 저해될 우려가 있는 상황을 의미한다.

② 유형: 실질적 이해충돌, 외견상 이해충돌, 잠재적 이해충돌

(2) 이해충돌 회피제도

① 개념 : 공무원이 충돌되는 이해관계에서 벗어나게 하는 것을 의미한다.(근거 : 자기심판 금지의 원칙)

② 특징 : 사전적·예방적 제도, 대리인의 신뢰성 확보장치

③ 우리나라의 이해충돌의 회피제도 : 인사청문회, 백지신탁제도, 직무배제, 제척·기피·회피

✤ 공직자의 이해충돌 방지법

1. 총칙
   (1) 목적
   이 법은 공직자의 직무수행과 관련한 사적 이익추구를 금지함으로써 공직자의 직무수행 중 발생할 수 있는 이해충돌을 방지하여 공정한 직무수행을 보장하고 공공기관에 대한 국민의 신뢰를 확보하는 것을 목적으로 한다.
   (2) 공직자의 의무
   ① 공직자는 사적 이해관계에 영향을 받지 아니하고 직무를 공정하고 청렴하게 수행하여야 한다.
   ② 공직자는 직무수행과 관련하여 공평무사하게 처신하고 직무관련자를 우대하거나 차별하여서는 아니 된다.
   ③ 공직자는 사적 이해관계로 인하여 공정하고 청렴한 직무수행이 곤란하다고 판단하는 경우에는 직무수행을 회피하는 등 이해충돌을 방지하여야 한다.

2. 공직자의 이해충돌방지 및 관리
   (1) 사적이해관계자의 신고 및 회피·기피 신청 : 공직자는 직무관련자가 사적이해관계자임을 안 경우 안 날부터 14일 이내에 소속기관장에게 그 사실을 서면으로 신고하고 회피를 신청해야하고, 기피를 신청할 수 있다.
   (2) 공공기관 직무 관련 부동산 보유·매수 신고
   (3) 사적이해관계자의 신고 등에 대한 조치 : 직무수행의 일시 중지 명령, 직무 대리자 또는 직무 공동수행자의 지정, 직무 재배정, 전보 중 어느 하나에 해당하는 조치를 하여야 한다.
   (4) 고위공직자의 민간 부문 업무활동 내역 제출 및 공개
   (5) 직무관련자와의 거래 신고
   (6) 직무 관련 외부활동의 제한
   (7) 가족 채용 제한
   (8) 수의계약 체결 제한
   (9) 공공기관 물품 등의 사적 사용·수익 금지
   (10) 직무상 비밀 등 이용 금지
   (11) 퇴직자 사적 접촉 신고 : 소속 기관의 퇴직자(공직자가 아니게 된 날부터 2년이 지나지 아니한 사람)

3. 이해충돌 방지에 관한 업무의 총괄 및 징계와 벌칙
   (1) 공직자의 이해충돌 방지에 관한 업무의 총괄 : 국민권익위원회
   (2) 징계 : 소속 공직자가 이 법 또는 이 법에 따른 명령을 위반한 경우에는 징계처분을 하여야 한다.
   (3) 벌칙 : 직무수행 중 알게 된 비밀 또는 소속 공공기관의 미공개정보를 이용하여 재물 또는 재산상의 이익을 취득한 공직자는 7년 이하의 징역 또는 7천만원 이하의 벌금에 처한다.

1. 의의

1. 개념과 특징

(1) 개념

① 좁은 의미 : 공직부패란 공무원이 자신의 직무와 직·간접적으로 관련된 권력을 부당하게 행사하여 법규나 도덕규범을 위반해 사익을 추구하거나 혹은 공익을 침해한 행위를 말한다.

② 넓은 의미 : 좁은 의미의 공직부패만이 아니라 행정권의 오·남용으로 인한 비윤리적 일탈행위를 포함한다.

(2) 공직윤리와의 관계

부패척결은 공직윤리 확립을 위한 필요조건이다.

2. 행정권의 오용

(1) 개념

공무원이 행정윤리에 어긋나게 업무를 처리하는 행위를 행정권 오용이라고 하며 그 유형은 다음과 같이 분류할 수 있다.

(2) 유형

① 부정·부패행위 : 공무원이 과다 징수된 세금을 착복하고 공금을 횡령하는 행위 등

② 비윤리적 행위 : 공무원이 특혜의 대가로 금전을 수수진 않았더라도 자신과 관계있는 자 또는 특정집단을 후원하거나 이득을 주기 위한 행위

③ 법규의 경시 : 법규를 무시하거나 자신의 행위를 정당화하려는 방안으로 법규를 해석하는 경우로서 예산 등 현실적 제약 등을 이유로 법규정대로 시행하기를 거부하는 경우

④ 입법의도의 편향된 해석 : 법규를 위반하지 않는 합법적 범위 안에서 특정이익을 옹호하는 경우로서 환경보호론자들의 의견을 무시한 채 개발업자의 편을 들어 법규에 의한 개발을 허용하는 경우

⑤ 불공정한 인사 : 능력과 성적을 무시하고 편파적인 인사를 하는 경우

⑥ 무능 : 맡은 업무에 대한 전문지식이나 능력이 부족한 경우

⑦ 실책의 은폐 : 관료가 자신의 실책을 은폐하는 경우

⑧ 무사안일 : 부여된 재량권이나 의무를 행사하지 않고 적극적인 조치를 취하지 않는 직무유기 행위

(3) 행정권 오용에 해당하지 않는 것

① 법규의 엄격한 적용

② 재량권 행사 등

2. 유형

1. 부패의 내용에 의한 분류

(1) 직무유기형 부패 : 시민이 개입하지 않은 공무원 단독의 부패(복지부동 등)로서, 공익을 해치는 행위이다.

(2) 후원형 부패 : 공무원이 정실이나 학연 등을 토대로 불법적인 후원을 하는 행위이다.

(3) 사기형 부패 : 공무원이 공금이나 예산을 횡령하거나 유용하는 행위이다.

(4) 거래형 부패 : 공무원과 시민이 뇌물을 매개로 이권이나 특혜 등을 주고받는 행위이다.

2. 내부부패와 외부부패

(1) 외부부패 : 관료와 국민 간에 형성되는 부패를 말한다.

(2) 내부부패 : 관료내부에서 공무원과 공무원 간에 이루어지는 부패를 말한다.

3. 권력형 부패와 생계형 부패

(1) 권력형(정치적) 부패 : 상층부에서 정치인들이 정치권력을 부당하게 행사하는 권력형 부패를 말한다.

(2) 생계형(행정적) 부패 : 하급행정관료들이 생계유지차원에서 저지르는 생계형 부패를 말한다.

4. 제도적 부패와 일탈형 부패

(1) 제도적(체제적) 부패

부패가 일상화되고 제도화되어 행정체제 내에서 부패가 실질적인 규범이 되고 바람직한 행동규범은 예외적인 것으로 전락되는 부패로서 조직 전체 차원에서 연속적으로 이루어진다(⑩ 인허가시 급행료).

(2) 일탈형(우발적) 부패

개인의 윤리적 일탈에 의하여 발생하게 되는 부패로서 연속성이 없고 구조화되지 않은 일시적 부패를 의미한다(⑩ 무허가업소를 단속하던 단속원이 금품을 제공하는 특정업소에 대해 단속을 하지 않는 것).

5. 흑색부패, 회색부패, 백색부패(부패의 용인가능성 정도에 따라)

(1) 흑색부패(악성화된 부패)

사회체제에 명백하고 심각한 해를 끼치는 부패로 구성원 모두가 인정하고 처벌을 원하는 부패를 말한다(⑩ 공금횡령, 뇌물수수, 불법행위 등).

(2) 백색부패(경미한 부패)

사회에 심각한 해가 없거나 관료의 사익을 추구하려는 의도가 없는 선의의 부패로서 구성원들이 어느 정도 용인할 수 있는 관례화된 부패를 말한다(⑩ 미풍양속형 부패, 선의의 거짓말 등).

(3) 회색부패(일상화된 부패)

사회체제에 파괴적인 영향을 미칠 수 있는 잠재성을 지닌 부패로서 사회구성원 가운데 일부집단은 처벌을 원하지만 다른 일부집단은 처벌을 원하지 않는 부패를 말한다(예 과도한 선물수수).

3. 원인과 접근방법

1. 일반적인 원인

(1) 사회적 원인

시민의식의 미발달, 고객의 특권의식과 이기적 편의주의, 전통적·비생산적 가치관과 관습, 미분화된 역할관계, 강한 1차 집단적 유대, 물질숭상적 가치관의 팽배 등

(2) 경제적 원인

경제력 집중, 독점지대 추구, 기업에 의한 공무원 포획(Capture), 졸부심리 등

(3) 정치적 원인

정실주의, 정치적 정당성의 결여, 민주적 정치원리 미확립, 정치권력 집중 등

(4) 행정적 원인

발전행정과 개발독재(이권과 특혜 부여), 정실주의, 불균형 성장과 개발이익의 불공정한 분배, 업무의 독점성(지대추구와 포획), 행정재량의 팽창, 경제적 규제 강화, 법령의 비현실성, 행정절차의 복잡성·번문욕례(Red-tape), 열악한 근무환경과 낮은 보수, 신분과 장래에 대한 불안, 정실인사 등

2. 다양한 접근방법

(1) 기능주의적 분석과 후기 기능주의적 분석

① 1960년까지의 기능주의 입장에서는 부패를 발전에 있어서 과정상 불가피하게 발생하는 부산물 혹은 발전의 종속변수로서 필요악으로 보고, 국가가 성장하여 어느 정도 발전단계에 들어서면 부패는 소멸되는 것으로 이해하였다.

② 1970년대 이후의 후기기능주의는 부패란 자기영속적인 것이며, 국가가 성장 발전한다고 해서 파괴되는 것이 아니라, 다양한 원인을 먹고 사는 하나의 유기체로 파악하였다. 이 입장은 지도자의 부패행위가 조직의 구성원에게 모방되어 부패가 확산되고 만연해 있어 구성원들이 부패불감증에 빠진다는 부패의 잘못된 확산효과를 중요시한다.

(2) 일반적인 접근방법

① 도덕적 접근법 : 부패를 개인행동의 결과로 보고 부패의 원인을 개인의 윤리·자질의 탓으로 돌리는 입장이다. 부패의 사회적 맥락을 설명하지 못하고 규범과 실제 간의 간극을 설명하지 못하는 한계를 가지고 있다.

② 사회문화적 접근법 : 특정한 지배적 관습이나 경험적 습성과 같은 사회문화가 부패를 조장한다고 보는 입장이다. 공식적인 법규보다도 사회문화적 관습을 중시하는 후진국의 부패현상을 설명하는데 유용하다.

③ 제도적 접근법 : 사회의 법과 제도적 장치의 미비로 부패가 발생한다고 보는 입장이다. 실제 큰 영향을 미치는 사회문화적 환경을 도외시하는 문제가 있다.

④ 체제론적 접근법 : 부패는 어느 하나의 변수에 의해 설명되는 것이 아니라 한 사회의 문화적 특성, 제도상의 결함, 구조상의 모순 등 다양한 요인에 의하여 복합적으로 나타난다는 입장이다. 따라서 관료부패를 지엽적이고 부분적인 대응만으로는 억제하기 어렵다고 본다.

⑤ 구조적 접근법 : 공직사유관, 공무원들의 잘못된 의식구조 등 구조적인 요인이 부패의 원인이라고 보는 입장이다.

⑥ 시장·교환적 접근법 : 경제학자의 관점으로서 정부 규제가 경제적 지대(Economic rent)를 창출하기 때문에 부정부패가 발생한다고 본다.

⑦ 권력 문화적 접근법 : 공·사의 혼동이나 권력남용, 과도한 권력집중에 의한 부패유발을 강조한다.

⑧ 군사 문화적 접근법 : 정치문화의 미성숙과 군사문화의 구조화(권위주의적 정치와 관료주의적 정치)가 행정부패를 유발하는 요인이다.

4. 부패의 기능과 부패방지에 대한 대책

1. 기능

순기능	역기능
① 행정능률의 향상	① 사회기강의 해이와 불신 확대
② 소득 재분배	② 인플레이션과 사치의 조장
③ 자본형성에 기여	③ 행정비용 인상과 국고 손실
④ 권력행사간의 갈등 완화	④ 가진 자 위주의 봉사

2. 부패방지에 대한 대책

(1) 생활급의 지급

공무원이 생계의 위협을 받지 않음은 물론 문화인으로 생활할 수 있는 급여를 지급하여야 한다.

(2) 절차의 간소화

복잡한 절차나 까다로운 수속은 부패의 소지가 되므로 이를 간소화해야 한다.

(3) 분권화

권력의 과도한 집중으로 인하여 부패유발의 위험이 있다면 분권화를 촉진해야 한다.

(4) 연고주의의 불식

연고주의를 배격하고 성취주의를 보편화해야 한다.

(5) 제도의 정비와 실천

부패를 방지할 수 있는 법과 제도를 정비하고 실천하여야 한다.

(6) 행정의 투명화

행정의 투명화를 위한 정보공개제도나 행정절차법제도의 내실 있는 운영이 요구된다.

(7) 관주도발전의 지양

행정이 경제발전 위주의 국가발전전략을 수행하는 과정에서 정경유착과 같은 부패가 발생하였다. 따라서 앞으로는 이를 지양하고 간접유도형의 전략을 수행하여야 한다.

(8) 기타

내부통제의 강화와 내부고발제도, 정치엘리트의 강력하고 지속적인 부패척결조치, 처우개선과 인사관리의 합리성 및 공정성 확보, 봉사지향적 가치관의 확립, 민주통제의 강화, 행정기능의 한계성 인식 등을 들 수 있다.

❖ 부패방지 및 국민권익위원회 설치·운영에 관한 법률(부패방지편)

(1) 국민권익위원회 설치목적

① 고충민원의 처리와 이에 관련된 불합리한 행정제도의 개선
② 부패의 발생을 예방하며 부패행위를 효율적으로 규제(기존의 국가청렴위원회의 기능)하도록 하기 위해, 국무총리소속으로 설치 → 위원회는 그 권한에 속하는 업무를 독립적으로 수행

(2) 국민권익위원회의 조직

위원회의 구성	위원장 1명을 포함한 15명의 위원 ① 부위원장 3인은 각각 고충민원, 부패방지업무, 국무총리행정심판위원회의 운영업무를 분장 ② 위원장과 부위원장(모두 정무직)은 국무총리제청으로 대통령이 임명 ③ 상임위원은 위원장의 제청으로 대통령이 임명
하부조직 (사무처)	① 기획조정실 ② 고충처리부 : 고충민원 조사상황의 총괄 및 조정, 분야별 고충민원 조사·확인, 위원회 권고안 및 의견표명의 작성·시행과 그 이행실태의 확인·점검 ③ 부패방지부 : 공공기관의 부패방지를 위한 시책 및 제도개선사항의 수립·권고, 공공기관에 대한 부패방지실태조사, 부패행위에 대한 신고접수·신고자의 보호 및 보상 등 ④ 행정심판부 : 행정심판제도에 관한 연구·개선, 행정심판 청구사건의 검토 → 국무총리 행정심판위원회의 위원장은 국민권익위원회 부위원장 1명이 겸직

(3) 관할 대상 부패행위

① 직접적 부패행위 : ㉠ 공직자가 직무와 관련하여 지위·권한을 남용하거나 법령을 위반하여 자기 또는 제3자의 이익을 도모하는 행위, ㉡ 공공기관의 예산사용이나 계약의 체결·이행에 있어서 법령에 위반하여 공공기관에 대하여 재산상 손해를 가하는 행위
② 간접적 부패행위 : 직접적 부패행위나 그 은폐를 강요, 권고, 제의, 유인하는 행위

(4) 부패행위 신고와 처리
　① 신고의 주체 : 모든 국민은 부패행위를 기명의 문서로 위원회에 신고할 수 있고, 공직자에 대해서는 부패행위에 대한 신고를 의무화
　② 신고의 처리 : 위원회는 접수된 신고사항에 대하여 일정사항을 확인한 후, ㉠ 조사가 필요한 경우 감사원·수사기관 또는 해당 공공기관의 감독기관(조사기관)에 이첩, ㉡ 차관급 이상, 광역단체장, 경무관급 이상의 경찰공무원, 법관 및 검사, 장관급 장교, 국회의원 등 고위공직자의 부패혐의에 대해서는 검찰에 고발(→ 검찰이 공소를 제기하지 않을 경우 고등법원에 재정신청)

(5) 내부고발자 보호제도
　① 신고자 및 협조자 신분보장 : ㉠ 신고자는 신고와 관련하여 소속기관·단체·기업 등으로부터 징계 등 신분상 불이익을 받지 않으며, 불이익이 예상되는 경우 위원회에 신분보장조치요구, ㉡ 위원회의 신분보장조치 요구에 대한 소속기관의 이행의무 부과(→ 불이행시 형사처벌), ㉢ 신고자의 신변보호조치요구권, 경찰의 신변보호조치에 의해 보호되고 있는 신고자의 인적사항 공개 및 보도 금지(→ 위반 시 형사처벌)
　② 신고자에 대한 포상 및 보상 : 부패신고에 대한 포상과 포상금지급, 신고로 공공기관의 수입회복 등을 가져온 경우 보상금지급

(6) 국민감사청구제 규정
　19세 이상의 국민은 공공기관의 사무처리가 법령위반 또는 부패행위로 인하여 공익을 현저히 해하는 경우 대통령령이 정하는 일정한 수 이상의 연서로 감사원에 감사를 청구한다.

(7) 비위면직자의 취업제한
　비위면직자 등(재직 중 직무와 관련된 부패행위로 당연 퇴직·파면·해임된 자 또는 직무와 관련된 부패행위로 벌금 300만원 이상의 형의 선고를 받은 자)은 퇴직일부터 5년간 취업제한기관에 취업할 수 없다.

1. 의의

1. 개념

(1) 행동규범으로서의 관점

공무원이 정치에 개입하지 않는다는 의미가 아니고, 어느 정당이 집권하든 공평무사하게 자신의 힘을 다해 여·야 간에 차별 없이 봉사하는 것을 의미한다. 즉, 부당하게 정파적 특수이익과 결탁하여 공평성을 상실하거나 정쟁에 개입하지 않는 공평성 및 무당파성의 견지를 말한다.

(2) 인사관리의 관점

공무원 충원 등 모든 인사관리에 있어서 정치적인 간섭이 배제되어야 한다.

2. 대두배경

(1) 정치적 중립은 엽관주의의 폐해 및 정치적 영향으로부터 공무원을 보호하고 행정의 전문성과 안정성 확보를 위한 실적주의가 대두되면서 강조되었다.

(2) 최근에는 적극적 인사행정과 대표관료제가 대두되고, 엽관주의에 대한 재해석이 이루어지고 있으며, 공무원의 헌법상 기본권의 보장 등을 위해 정치적 중립의무를 완화 혹은 현실화하고 있다.

2. 필요성과 한계

1. 필요성

(1) 행정의 능률성과 전문성 확보

행정에 대한 정치권력의 개입을 방지하고 비능률과 낭비를 극복함으로써 실적주의에 의한 행정의 능률성과 전문성을 확보할 수 있다.

(2) 행정의 공평성·불편부당성 확보

민주국가의 공무원은 국민전체의 봉사자로서 보편적 이익인 공익을 옹호하고 증진시켜야 하며 특정정당의 이익과 결탁해서는 안 된다.

(3) 행정의 안정성·계속성 확보

정권교체에 관계없이 공무원의 신분보장으로 직무에 대한 전념을 유도한다.

(4) 실적주의의 확립

행정의 계속성·안정성·전문성·능률성 및 공무원의 신분보장을 위해서는 실적주의의 확립이 요구된다.

(5) 행정의 자율성 확보

행정의 고유영역(행정의 전문성·독자성)의 확보, 즉 행정의 자율성이 확보되어야 국민에 대한 계속적인 봉사가 가능하다.

(6) 인사관리상의 비정치성에 의한 엽관주의의 방지

정치적 중립의 근본적 정신은 엽관주의에 의한 부정부패를 막자는 것으로 이념적으로는 정치행정이원론에 입각한 공무원에 대한 인사관리상의 비정치성을 의미하며 실제적으로는 행정의 공평무사성을 의미한다.

2. 한계

(1) 대표관료제와의 상충

정치적 중립을 전제로 하는 실적주의는 다양한 국민의 의사를 국정운영과정에 반영하고자하는 대표관료제와 상충된다.

(2) 공무원의 참정권 제한의 문제

정치적 중립의 강조는 공무원의 시민으로서의 정치적 참여기회와 욕구를 박탈하는 측면이 있으므로 정치적 중립과 정치적 기본권과의 조화가 요구된다.

(3) 참여적 관료제의 발전 저해

공무원의 정치참여를 제한하는 것은 공무원들의 정책과정 참여능력과 이익조정능력을 제약하기 때문에 '참여적 관료제'의 발전을 저해한다.

(4) 행정과 정치 분리의 비현실성

공무원의 정치적 중립성을 요구하는 이론은 정치·행정이원론이 지배적이었던 시대의 유물이기 때문에 정치·행정일원론이 지배적인 오늘날에는 적합하지 않다.

3. 각국의 정치적 중립

1. 의의

공무원의 정치적 중립은 나라마다 역사적인 상황에 따라 엄격하게 제한하는 나라도 있고, 그렇지 않은 나라도 있다. 일반적으로 ① 엽관주의의 폐단을 심하게 겪었던 나라는 비교적 엄격하게 정치활동을 제한하고, ② 직업공무원제의 전통이 강한 나라는 정치활동의 허용범위가 상대적으로 광범위한 편이다.

2. 미국

(1) Pendleton법(1883년)

엽관주의의 폐해를 방지하기 위하여 공무원의 정치적 중립성을 최초로 명시하고 실적주의를 도입하였다.

(2) Hatch법(1939년)

뉴딜정책의 실시와 더불어 정당의 행정침해를 막기 위하여 공무원의 정치활동을 광범위하고 엄격하게 제한하였다.

① 선거자금 공여 금지

② 선거운동 금지

③ 공무원신분으로 입후보 금지

④ 공무원단체의 정치활동 금지

⑤ 특정정당가입 및 직위보유 금지

(3) 연방선거운동법(1974년)

공직 내·외의 여건변화와 더불어 정치활동 금지의 완화가 이루어졌는데 이 법에서는 주 및 지방정부 공무원들에게 강제를 수반하지 않는 특정 정당자금의 유치 및 공여, 정당활동에의 적극적인 참여, 특정 정당의 후보를 위한 선거활동 등을 허용했다.

3. 영국

(1) 영국도 초기에는 정치활동을 규제하다가 공무원의 정치적 권리가 강화되면서 완화되어 갔다.

(2) 휘틀리 협의회(Whitley Council)의 보고를 기초로 1953년에 제정된 재무성규칙에서는 공무원을 3개의 집단으로 구분하고 각각 정치적 활동의 범위를 다르게 규정하였다. 즉, 하위직은 정치활동을 자유롭게 허용하고, 중간직은 허가를 받으면 가능하게 하고, 상위직은 거의 전적으로 금지하였다.

4. 우리나라의 정치적 중립

(1) 헌법(제7조)은 '공무원은 국민전체에 대한 봉사자로서 국민에 대한 책임을 진다. 공무원의 신분과 정치적 중립은 법률에 의하여 보장된다.'고 규정하여 공무원의 정치적 중립을 천명하고 있다.

(2) 국가공무원법(제65조)

① 국가공무원법은 공무원이 정당 기타 정치단체의 결성에 관여하거나 가입할 수 없다.

② 공무원이 선거에서 특정정당 또는 특정인의 지지나 반대를 하기 위한 다음의 행위를 금지한다.

　㉠ 투표를 하거나 하지 아니하도록 권유하는 행위

　㉡ 서명운동을 기도주재하거나 권유하는 행위

　㉢ 문서나 도서 게시

　㉣ 기부금 모집

　㉤ 정당이나 정치단체에 가입 또는 가입하지 아니하도록 권유하는 행위

③ 다른 공무원에게 위의 금지사항에 위배되는 행위를 하도록 요구하거나 또는 정치적 행위의 보상이나 보복으로서 이익 또는 불이익을 약속할 수 없다.

제 **04** 절 │ 공무원의 신분보장과 징계

1. 신분보장

1. 의의

(1) 개념

신분보장이란 공무원이 자기의 의사에 반하여 신분상의 불이익처분을 받지 않도록 하는 제도이다. 신분보장은 직업공무원제의 필수적인 기본요건이지만 개방형 직위의 확대, 고위공무원단제 도입 등 적극적 인사행정과 맞물려 갈수록 약화되고 있는 추세이다.

(2) 필요성과 한계

① 필요성 : ㉠ 행정의 일관성·전문성·능률성·책임성을 유지시키고, ㉡ 직업적 안정성 확보로 공무원의 능동적·창의적 노력을 보장하며, ㉢ 공무원의 개인적 이익을 보호하고 사기를 높여 주고, ㉣ 특정 세력이 아니라 국가와 국민 전체에 충성하도록 한다.
② 한계 : ㉠ 행정에 대한 민주통제를 곤란하게 하고, ㉡ 무능하고 불필요한 공무원을 도태시키기가 곤란하며, ㉢ 인적자원 활용의 융통성을 저해하고, ㉣ 경쟁압력의 부재로 능력발전을 저해하며, ㉤ 공무원들의 특권집단화로 인한 자기이익 추구, 무사안일, 복지부동의 행태를 보일 수 있다.

2. 신분보장의 법적 근거

국가공무원법(제68조) : 공무원은 형의 선고·징계처분 또는 이 법이 정하는 사유에 의하지 아니하고는 그 의사에 반하여 휴직·강임 또는 면직을 당하지 아니한다. 다만, 1급 공무원과 배정된 직무등급이 가장 높은 등급의 직위에 임용된 고위공무원단에 속하는 공무원은 그러하지 아니하다.

2. 징계와 소청심사

1. 의의

(1) 징계(Discipline)는 공무원의 신분적 이익의 전부 또는 일부를 박탈하는 불이익처분으로서 법령위반자에 대한 처벌을 뜻하므로 교정의 목적도 있지만 예방의 목적도 있다.

(2) 징계의 사유

① 국가공무원법 및 국가공무원법에 의한 명령에 위반하였을 때
② 직무상의 의무에 위반하거나 직무를 태만히 하였을 때
③ 직무의 내외를 불문하고 그 체면 또는 위신을 손상하는 행위를 한 때

2. 징계의 종류

(1) 경징계

① 견책 : 전과에 대하여 훈계하고 회개하게 함에 그치는 가장 경한 처분으로서, 6개월간 승진·승급이 제한되며 견책 역시 징계의 한 종류이므로 처분사유설명서가 교부되어야 한다.

② 감봉 : 직무수행은 가능하나, 1~3개월 동안 보수의 1/3을 감액지급하며 12개월간 승진·승급이 제한된다.

(2) 중징계

① 정직 : 공무원 신분은 보유하나 1~3개월 동안 직무에 종사하지 못하게 하는 처분으로서, 보수의 전액을 감하며 18개월 간 승진·승급이 제한된다. 정직처분기간은 경력평정에서 제외된다.

② 강등 : 공무원 신분은 보유하나 1계급 아래로 직급을 내리고(고위공무원단에 속하는 공무원은 3급으로 임용하고, 연구관 및 지도관은 연구사 및 지도사로 한다) 3개월간 직무에 종사하지 못하게 하는 처분으로서 그 기간 중 보수의 전액을 감하며 18개월간 승진·승급이 제한된다.

③ 해임 : 공무원을 강제로 퇴직시키는 처분으로서, 3년간 공직취임이 제한되며 연금법상 불이익이 없다. 다만 금전적 비리(뇌물·향응수수, 공금횡령·유용 등)로 해임된 경우 퇴직급여의 경우 5년 미만은 1/8이, 5년 이상은 1/4이 감액되며 퇴직수당도 1/4이 감액지급되는 등 연금법상 불이익을 받는다.

④ 파면 : 해임과 같이 강제퇴직시키는 처분으로서, 5년간 공직취임이 제한되며 연금법상 불이익이 있다. 퇴직급여의 경우 5년 미만은 1/4이, 5년 이상은 1/2이 감액되며 퇴직수당도 1/2이 감액지급되는 등 연금법상 불이익을 받는다.

3. 징계부가금

공무원의 징계 사유가 '금전, 물품·부동산 그 밖의 재산상 이익을 수수한 경우와 예산·기금·국고금·보조금·국유재산·공유재산 및 물품을 횡령·배임·절도·사기·유용한 경우에는 해당 징계 외에 금품 비위 금액의 5배내의 징계부가금을 징계위원회의 의결을 거쳐 부과할 수 있다.

4. 징계기관 및 절차

(1) 징계기관

① 중앙징계위원회 : 국무총리 소속하에 설치되며 위원장(인사혁신처장) 1인을 포함한 17명이상 33명 이하의 위원으로 구성되고, 주로 고위공무원단 소속 공무원과 5급 이상 공무원의 징계사건을 심의·의결한다.

② 보통징계위원회 : 각 중앙행정기관에 설치되며 6급 이하 공무원의 징계를 심의·의결한다.

(2) 징계절차

징계의결요구서를 접수하면 중앙징계위원회는 60일 이내, 보통징계위원회는 30일 이내에 징계에 관한 의결을 하여야 한다.

5. 소청심사

(1) 의의

징계에 대한 불복 시 소청심사위원회에 소청을 제기하여 심사를 청구할 수 있다. 신분상의 모든 불이익 처분이나 부작위가 소청심사 대상이며, 승진탈락 및 근무성적평정결과는 대상이 아니다.

(2) 인사혁신처 소속 소청심사위원회(지방소청심사위원회는 시·도별로 설치)

공무원의 소청을 심사하기 위하여 5~7인의 상임위원으로 구성된 준사법적 의결기관으로 공무원 임용 결격사유를 지닌 사람이나 정당법에 의한 정당원은 위원이 될 수 없다.

(3) 절차

불이익 처분 설명서를 받은 날로부터 30일 이내에 청구가 가능하며 위원회는 청구서를 받은 날로부터 60일 이내에 결정을 해야 한다. 소청심사를 거치지 아니하고는 행정소송을 제기가 불가능하며, 소청결정에 불복하는 소청인은 소청결정서를 받은 날로부터 90일 이내에 행정소송을 제기할 수 있다.

(4) 효력

① 소청심사위원회의 결정은 처분청의 행위를 기속한다.
② 소청결과에 대한 재심청구는 불가능하다.
③ 소청심사위원회는 원 징계보다 무거운 결정을 내릴 수 없다.

3. 공무원의 퇴직

1. 강제퇴직제도

(1) 당연 퇴직

당연 퇴직이란 임용권자의 처분에 의해서가 아니고 법률에 규정된 일정한 사유(형사 처분 등 임용결격 사유 발생이나 사망 등)의 발생으로 공무원관계가 소멸되는 경우이다.

(2) 직권면직

직권면직이란 공무원이 일정한 사유에 해당되었을 경우에 본인의 의사와는 무관하게 임용권자가 그의 공무원신분을 박탈하는 제도를 말한다. 그 사유는 다음과 같다.
① 직제·정원의 개폐, 예산의 감소 등에 의하여 폐직 또는 과원이 되었을 때
② 휴직기간의 만료 또는 휴직사유가 소멸된 후에도 복귀하지 아니할 때
③ 직위해제처분에 따라 대기명령 받은 자가 그 기간 중 능력의 향상 또는 개전의 정이 없다고 인정될 때
④ 전직시험에서 3회 이상 불합격한 자로서 직무수행능력이 부족하다고 인정된 때
⑤ 징병검사·입영 등의 명령을 기피하거나 군복무를 이탈하였을 때
⑥ 해당 자격증의 효력상실 또는 면허가 취소되었을 때

(3) 정년제도

① 의의 : 행정의 생산성을 늘리고 신진대사를 촉진시키기 위하여 정해진 법정시기에 공무원을 자동 퇴직시키는 제도를 말한다.

② 유형

㉠ 연령정년제 : 법정연령에 달하면 자동 퇴직하는 제도로 우리나라는 5급 이상 60세, 6급 이하도 60세로 통일되었다.

㉡ 근속연령제 : 일정한 법정근속연한에 달하면 자동 퇴직하는 제도이다.

㉢ 계급정년제 : 특정계급에서 일정기간 승진하지 못하면 자동 퇴직하는 제도로 경찰공무원, 소방공무원, 군인 등에 적용되고 있다.

2. 자진 퇴직

(1) 의원면직

공무원 스스로의 희망에 의하여 면직하는 경우이다.

(2) 명예퇴직

장기 근속한 2급 이하 공무원에 대하여 일정한 자격을 가진 경우 명예로운 퇴직기회를 부여하고, 자진 퇴직하는 경우 명예퇴직수당을 지급하는 제도이다.

4. 기타 공무원 신분제한 제도

1. 직위해제

(1) 의의

임용권자가 공무원에게 직위를 부여하지 않고 일정한 기간 동안 직무에서 격리시키는 처분으로서 제재적 의미를 가진다. 공무원신분이 상실되는 해임과 파면과 달리, 직위해제는 공무원 신분은 유지되지만 출근의무가 없고 보수도 삭감된다.

(2) 사유

① 직무수행 능력이 부족하거나 근무성적이 극히 불량한 경우 → 주관적인 요건으로 남용 시 신분보장 위협

② 중징계(정직·강등·해임·파면) 의결 요구 중인 경우

③ 형사사건으로 기소된 경우(약식명령은 제외)

④ 고위공무원단에 속하는 일반직 공무원으로서 적격심사를 요구받은 자

⑤ 금품비위, 성범죄 등 대통령령으로 정하는 비위행위로 인하여 감사원 및 검찰·경찰 등 수사기관에서 조사나 수사 중인 자로서 비위의 정도가 중대하고 이로 인하여 정상적인 업무수행을 기대하기 현저히 어려운 자

2. 대기명령

(1) 직무수행능력부족·근무성적불량의 사유로 직위해제된 자에게는 3개월 이내의 기간 동안 대기를 명하고 능력회복이나 태도개선을 위한 교육훈련 또는 특별한 연구과제의 부여 등 필요한 조치를 취하는 제도를 말한다.

(2) 인사권자는 대기명령을 받은 자의 대기발령기간 종료 시 직위를 부여할 수 있으며, 개전의 정이 없다고 판단되면 징계위원회 동의를 거쳐 직권면직을 처분할 수 있다.

3. 강임

(1) 강임은 하위직급으로 하향 이동하는 것이다. 하위의 직급에 임명하거나 고위공무원단에 속하는 일반직 공무원을 고위공무원단 직위가 아닌 하위직위에 임명하는 것을 말한다.

(2) 임용권자는 '직제 또는 정원의 변경이나 예산의 감소 등으로 직위가 폐직되거나 하위의 직위로 변경되어 과원이 된 경우' 또는 '타 직렬로의 전직 시 본인이 동의한 경우'에는 소속 공무원을 강임할 수 있다.

5. 부정청탁 및 금품 등 수수의 금지에 관한 법률(약칭 : 부정청탁금지법)

1. 목적

부정청탁금지법은 공직자 등에 대한 부정청탁 및 공직자 등의 금품 등의 수수(收受)를 금지함으로써 공직자 등의 공정한 직무수행을 보장하고 공공기관에 대한 국민의 신뢰를 확보하는 것을 목적으로 한다.

> **❖ 이 법에서 사용하는 용어의 뜻**
>
> (1) 공공기관
>   가. 국회, 법원, 헌법재판소, 선거관리위원회, 감사원, 국가인권위원회, 중앙행정기관(대통령 소속 기관과 국무총리 소속 기관을 포함한다)과 그 소속 기관 및 지방자치단체
>   나. 공직유관단체
>   다. 공공기관의 운영에 관한 법률에 따른 기관
>   라. 각급 학교 및 「사립학교법」에 따른 학교법인
>   마. 언론사
> (2) 공직자
>   가. 공무원
>   나. 공직유관단체 및 기관의 장과 그 임직원
>   다. 각 급 학교의 장과 교직원 및 학교법인의 임직원
>   라. 언론사의 대표자와 그 임직원
> (3) 금품
>   가. 금전, 유가증권, 부동산, 물품, 숙박권, 회원권, 입장권, 할인권, 초대권, 관람권, 부동산 등의 사용권 등 일체의 재산적 이익
>   나. 음식물·주류·골프 등의 접대·향응 또는 교통·숙박 등의 편의 제공
>   다. 채무 면제, 취업 제공, 이권(利權) 부여 등 그 밖의 유형·무형의 경제적 이익

2. 부정청탁의 금지

(1) 부정청탁의 금지

누구든지 직접 또는 제3자를 통하여 직무를 수행하는 공직자등에게 인가·허가, 조세부과, 채용·승진, 시험·선발, 직무상 비밀누설, 각급 학교의 입학·성적조작에 해당하는 부정청탁을 해서는 아니 된다.

(2) 예외사항

① 「청원법」, 「민원사무 처리에 관한 법률」, 「행정절차법」, 「국회법」 및 그 밖의 다른 법령·기준에서 정하는 절차·방법에 따라 권리침해의 구제·해결을 요구하거나 그와 관련된 법령·기준의 제정·개정·폐지를 제안·건의하는 등 특정한 행위를 요구하는 행위

② 공개적으로 공직자등에게 특정한 행위를 요구하는 행위

③ 선출직 공직자, 정당, 시민단체 등이 공익적인 목적으로 제3자의 고충민원을 전달하거나 법령·기준의 제정·개정·폐지 또는 정책·사업·제도 및 그 운영 등의 개선에 관하여 제안·건의하는 행위

④ 공공기관에 직무를 법정기한 안에 처리하여 줄 것을 신청·요구하거나 그 진행상황·조치결과 등에 대하여 확인·문의 등을 하는 행위

⑤ 직무 또는 법률관계에 관한 확인·증명 등을 신청·요구하는 행위

⑥ 질의 또는 상담형식을 통하여 직무에 관한 법령·제도·절차 등에 대하여 설명이나 해석을 요구하는 행위

⑦ 그 밖에 사회상규(社會常規)에 위배되지 아니하는 것으로 인정되는 행위

(3) 부정청탁의 신고 및 처리

① 공직자등은 부정청탁을 받았을 때에는 부정청탁을 한 자에게 부정청탁임을 알리고 이를 거절하는 의사를 명확히 표시하여야 한다.

② 공직자등은 동일한 부정청탁을 다시 받은 경우에는 이를 소속기관장에게 서면(전자문서 포함)으로 신고하여야 한다. 또한 감독기관·감사원·수사기관, 국민권익위원회에도 신고할 수 있다.

③ 신고를 받은 소속기관장은 신고의 경위·취지·내용·증거자료 등을 조사하여 신고 내용이 부정청탁에 해당하는지를 신속하게 확인하여야 한다.

④ 소속기관장은 부정청탁에 관한 신고·확인 과정에서 해당 직무의 수행에 지장이 있다고 인정하는 경우에는 부정청탁을 받은 공직자등에 대하여 다음의 조치를 할 수 있다.
ⓐ 직무 참여 일시중지
ⓑ 직무 대리자의 지정
ⓒ 전보
ⓓ 그 밖에 국회규칙, 대법원규칙, 헌법재판소규칙, 중앙선거관리위원회규칙 또는 대통령령으로 정하는 조치

⑤ 소속기관장은 공직자등이 다음에 해당하는 경우에는 그 공직자등에게 직무를 수행하게 할 수 있다.
ⓐ 직무를 수행하는 공직자등을 대체하기 지극히 어려운 경우
ⓑ 공직자등의 직무수행에 미치는 영향이 크지 아니한 경우
ⓒ 국가의 안전보장 및 경제발전 등 공익증진을 이유로 직무수행의 필요성이 더 큰 경우

3. 금품 등의 수수 금지

(1) 금품 등의 수수 금지

① 공직자등은 직무 관련 여부 및 기부·후원·증여 등 그 명목에 관계없이 동일인으로부터 1회에 100만원 또는 매 회계연도에 300만원을 초과하는 금품 등을 받거나 요구 또는 약속해서는 아니 된다.

② 공직자등은 직무와 관련하여 대가성 여부를 불문하고 제1항에서 정한 금액 이하의 금품 등을 받거나 요구 또는 약속해서는 아니 된다.

(2) 예외사항

① 공공기관이 소속 공직자등이나 파견 공직자등에게 지급하거나 상급 공직자등이 위로·격려·포상 등의 목적으로 하급 공직자등에게 제공하는 금품 등

② 원활한 직무수행 또는 사교·의례 또는 부조의 목적으로 제공되는 음식물·경조사비·선물 등으로서 대통령령으로 정하는 가액 범위 안의 금품 등

③ 사적 거래(증여는 제외한다)로 인한 채무의 이행 등 정당한 권원(權原)에 의하여 제공되는 금품 등

④ 공직자등의 친족(「민법」 제777조에 따른 친족을 말한다)이 제공하는 금품 등

⑤ 공직자등과 관련된 직원상조회·동호인회·동창회·향우회·친목회·종교단체·사회단체 등이 정하는 기준에 따라 구성원에게 제공하는 금품 등 및 그 소속 구성원 등 공직자등과 특별히 장기적·지속적인 친분관계를 맺고 있는 자가 질병·재난 등으로 어려운 처지에 있는 공직자등에게 제공하는 금품 등

⑥ 공직자등의 직무와 관련된 공식적인 행사에서 주최자가 참석자에게 통상적인 범위에서 일률적으로 제공하는 교통, 숙박, 음식물 등의 금품 등

⑦ 불특정 다수인에게 배포하기 위한 기념품 또는 홍보용품 등이나 경연·추첨을 통하여 받는 보상 또는 상품 등

⑧ 그 밖에 다른 법령·기준 또는 사회상규에 따라 허용되는 금품 등

(3) 수수 금지 금품 등의 신고 및 처리

① 공직자등은 자신과 자신의 배우자가 수수 금지 금품 등을 받거나 그 제공의 약속 또는 의사표시를 받은 경우에는 소속기관장에게 지체 없이 서면으로 신고하여야 한다. 공직자등은 신고나 인도를 감독기관·감사원·수사기관 또는 국민권익위원회에도 할 수 있다.

② 공직자등은 자신과 자신의 배우자가 수수 금지 금품 등을 받거나 그 제공의 약속이나 의사표시를 받은 사실을 알게 된 경우에는 이를 제공자에게 지체 없이 반환하거나 반환하도록 하거나 그 거부의 의사를 밝히거나 밝히도록 하여야 한다. 다만, 받은 금품 등이 다음에 해당하는 경우에는 소속기관장에게 인도하거나 인도하도록 하여야 한다.

ⓐ 멸실·부패·변질 등의 우려가 있는 경우

ⓑ 해당 금품 등의 제공자를 알 수 없는 경우

ⓒ 그 밖에 제공자에게 반환하기 어려운 사정이 있는 경우

③ 소속기관장은 수수 금지 금품에 대한 신고를 받거나 금품 등을 인도받은 경우 수수 금지 금품 등에 해당한다고 인정하는 때에는 반환 또는 인도하게 하거나 거부의 의사를 표시하도록 하여야 하며, 수사의 필요성이 있다고 인정하는 때에는 그 내용을 지체 없이 수사기관에 통보하여야 한다.

❖ 음식물·경조사비·선물 등의 가액 범위

(1) 음식물(제공자와 공직자등이 함께 하는 식사, 다과, 주류, 음료, 그밖에 이에 준하는 것을 말한다) : 3만원

(2) 경조사비 : 축의금·조의금은 5만원. 다만, 축의금·조의금을 대신하는 화환·조화는 10만원으로 한다.

(3) 선물 : 금전, 유가증권, 제1호의 음식물 및 제2호의 경조사비를 제외한 일체의 물품, 그 밖에 이에 준하는 것은 5만원. 다만, 「농수산물 품질관리법」 제2조제1항제1호에 따른 농수산물(이하 "농수산물"이라 한다) 및 같은 항 제13호에 따른 농수산가공품(농수산물을 원료 또는 재료의 50퍼센트를 넘게 사용하여 가공한 제품만 해당하며, 이하 "농수산가공품"이라 한다)은 10만원으로 한다.

- 농수산가공품의 경우 설날·추석 전 24일부터 설날·추석 후 5일까지는 20만원까지 수수를 금지하는 금품 등에 해당하지 않는다.

PUBLIC
ADMINISTRATION

출제율 10~15%

이 단원은 정부가 다양한 활동을 수행하는데 있어서 필요로 하는 정부예산에 대하여 설명한다. 이 단원에서는 예산편성 → 예산심의 → 예산집행 → 결산의 순서로 이루어지는 예산의 과정과 시대변화에 따라 다르게 전개되어 왔던 예산제도에 대하여 설명되어 있다.

1장은 예산의 원칙과 종류에 대하여, 2장은 예산과정을 중심으로, 3장은 예산제도에 대하여 설명한다.

제 05 편

재무행정론

1. 재무행정의 의의

1. 재무행정의 개념과 범위

(1) 개념

재무행정이란 국가·지방자치단체·기타 공공기관이 공공의 수요를 충족시키기 위하여 필요한 재원을 합리적으로 동원·배분하고 이를 효율적으로 관리·사용하는 모든 과정을 말한다. 재무행정의 주된 관심사는 정부의 수입과 지출에 관한 예산의 관리에 있다.

(2) 범위

① 좁은 의미의 재무행정 : 고전적 행정학(행정관리설)의 입장으로서 행정의 관리적 측면만을 강조하여 예산편성, 예산집행, 회계 및 보고, 국고관리와 수입의 조달, 회계검사 등을 재무행정(재무관리)으로 이해하였다(L. D. White).

② 넓은 의미의 재무행정 : 기능적 행정학(통치기능설)의 입장으로서 경제대공황과 제2차 세계대전 이후 행정의 적극적 역할을 반영하여 재정정책 등 행정의 정책적 측면까지 포함하였다(M. E. Dimock).

2. 공공재정의 범위

공공재정의 기본구조				적용법규	관리책임자
공공재정	국가재정	예산	일반회계	국가재정법	기재부장관
			특별회계 기업특별회계	정부기업예산법	중앙관서의 장
			특별회계 기타특별회계	개별법	
		기금	기금	국가재정법	
			금융성기금		
	지방재정	예산	일반회계	지방재정법	자치단체의 장
			특별회계		
		기금			
	공공기관의 재정			공공기관운영에 관한 법률	공공기관의 장

2. 예산의 의의

1. 개념

(1) 일반적 의미

예산은 1회계연도 동안 국가의 수입과 지출에 대한 예정적 계획이다. 예정적이라는 점에서 사후에 확정적 계수로 표시되는 결산(決算)과는 다르다.

(2) 행정적 의미

재정적·수량적 용어로 표현된, 장래의 일정기간에 걸친 최고관리층의 체계화된 종합적 사업계획을 의미한다. 따라서 예산에는 이를 통하여 달성하고자하는 국가의 목적과 의지, 최고관리층의 가치가 내포되어 있다.

2. 속성

① 예산은 한정된 자원의 배분과 관련된다. 이때의 초점은 예산액보다는 예산이 담고 있는 정책에 있다. 특정 사업에 대한 예산의 배정은 결국 가치배분의 성격을 담고 있기 때문이다.

② 예산은 예산액이라는 화폐가치로 표현된 자원의 규모는 물론 정책이 담고 있는 가치를 포함하는 것으로 사실판단과 가치판단이 동시에 포함되어 있다. 만약 예산이 희소한 자원의 배분과 관련된다면 자원배분의 효율성이라는 경제논리가 강조될 것이고, 희소한 자원을 둘러싼 가치갈등이 문제된다면 정치논리가 강조될 것이다. 이에 대한 예산모형이 합리모형과 점증모형이다.

③ 예산은 정부의 사업을 담고 있는 것으로 자원배분으로서 시장과 대비되는 정부논리가 담겨져 있다. 만약 시장실패가 문제된다면 예산의 기능은 강화될 것이지만, 정부실패가 문제된다면 예산의 기능은 약화될 것이기 때문이다.

3. 예산의 기능

1. 일반적인 예산의 기능

(1) 정치적 기능(Wildavsky)

① 예산은 희소한 경제자원의 배분에 관한 권위적 결정이므로, '예산을 둘러싼 이해관계자들의 대립·갈등·투쟁·타협이라는 정치적 속성'을 지닌다.

② 이러한 정치과정을 통해 ㉠ 여러 가지 이익 간의 갈등을 조정하고, ㉡ 정부활동에 대한 정치적 통제 기능을 수행한다.

(2) 법적 기능

① 예산은 입법부가 행정부에 대하여 재정권을 부여하는 법적인 기능을 갖는다. 입법부가 승인한 예산의 용도와 액수를 행정부가 법률과 같이 준수하여야 하는 것이다.

② 즉 입법부에서 확정된 예산은 그 집행에 있어서 법적인 강제력이 부여되고 행정기준으로서의 기능을 하게 되는 것이다.

(3) 행정적 기능

① 재정통제기능 : 행정관료의 예산집행에 있어 부정행위를 막는 기능을 말한다. 즉 예산을 지출 품목 별로 상세히 편성하여 ⊙ 공무원의 재량권 통제, 부패방지, 책임한계를 명확하게 하고ⓒ 입법부의 행정부에 대한 재정통제를 통해 재정민주주의의 구현이 가능하다.ⓒ 1921년 이래 미국연방 정부에 도입된 품목별예산(LIBS)이 대표적이다.

✤ 재정민주주의와 주민참여예산제도

1. 의의

재정민주주의란 스웨덴의 경제학자인 빅셀이 연구한 것으로서 재정주권이 납세자인 국민이게 있다는 것을 의미하며 시민의 예산감시나 국민의 알권리를 충족시키는 고객 중심의 이념을 의미한다.

2. 협의와 광의의 개념

(1) 협의의 개념은 국가의 재정활동이 국민의 대표기관인 국회의 의결에 의해 행해지도록 해야 한다는 의 미이다.

(2) 광의의 개념으로 해석하면 재정주권이 납세자인 국민에게 있다는 것을 의미한다. 이렇게 확대해서 해 석할 때는 국민은 이제 더 이상 과세와 공공서비스 수혜의 대상이라는 수동적 객체에서 벗어나 예산과 정에 국민의 의사를 반영하고 예산운영을 감시하며 잘못된 부분의 시정을 요구할 수 있고 해야 하는 능 동적 주체이다. 이러한 광의의 관점에서 시민에 의한 예산통제의 필요성이 증대되는 것이다.

3. 조세반란(Tax Revolt)과 미국 Califonia주의 "Proposition13"

(1) 배경 : 조세반란(Tax Revolt)은 납세자의 권리를 회복하려는 일종의 납세자혁명으로 1978년 미국 Califonia주의 "Proposition13" 이 대표적 사례이다. 보수주의 운동가인 Howard Jarvis가 주민 발의에 의한 주민투표를 통해 조세를 제한하는 주 헌법안 수정안을 성공적으로 이끌어 낸 후 이와 유사 한 운동이 다른 주까지 확산된 것을 계기로 붙은 명칭인데 결국 캘리포니아에서 일어난 이러한 조세반 란은 세입감소를 초래하게 되었고 나아가 작은 정부를 추진하는 배경이 되었다.

(2) 의의 : 이러한 움직임의 중심에는 정부실패를 해결하기 위해서는 정부가 서비스를 독점적으로 제공할 것이 아니라 정부규모와 예산을 줄이고, 고객인 시민이 자유롭게 서비스공급주체를 선택할 수 있도록 정부 독점권의 타파가 필요하며, 공무원이 철저한 공복(公僕)의식에 바탕을 두고 고객인 시민을 존중해 야 한다는 '납세자주권주의'를 의미한다.

4. 주민참여예산제도

(1) 개념

주민참여예산제도는 그동안 자치단체가 독점적으로 행사해 왔던 예산편성권을 지역사회와 지역수빈에 게로 분권화하는 것으로 예산편성과정에 해당 지역주민들이 직접 참여하는 주민참여제도의 일종이다.

(2) 시행

광주광역시 북구가 2004년부터 처음 도입한 제도로서 지방재정 운영의 투명성과 공정성 및 효율성을 높이고 재정민주주의 이념을 구현하고 있어 관심을 모으고 있다. 전라북도 의회는 2006년에 광역자치 단체로는 처음으로 주민참여예산제도를 도입하였고 경남 김해시는 예산편성 과정에 지역주민의 참여 권리를 대폭 확대하기 위해 시민들을 대상으로 2007 당초예산안 편성에 주민참여예산제도를 도입하여 주민들의 의견을 청취하였다.

5. 국민참여예산제도(2019년부터 시행)

② 관리적 기능(1950년대) : 일정한 예산액의 지출을 통해 최대한의 성과를 달성하는 기능을 말한다. 세계 대공황 이후에 도입된 성과주의예산(PBS)이 대표적이다.

③ 계획기능(1960년대) : 예산지출을 통하여 목표를 효과적으로 달성하기 위한 체계적인 재정계획 수립을 중시하는 기능을 말한다. 1965년 이후의 계획예산(PPBS)가 대표적이다.

④ 참여적 관리기능(1970년대 초 이후) : 구성원의 참여에 의한 예산운영을 강조하고, 목표관리(MBO)가 대표적이다.

⑤ 감축기능(1970년대 말 이후) : 자원난시대에 들어와 사업의 우선순위에 따라 원점에서 예산을 배분하려는 기능을 말하고, 영기준예산(ZBB)이 대표적이다.

(4) 경제적 기능(Musgrave : 경제안정, 소득재분배, 자원배분기능 강조)

① 경제안정기능 : 정부는 예산을 통하여 경제정책을 추진하는데, 경제불황기에는 예산의 지출규모를 확대하여 경기회복을 도모하고 호황기에는 지출규모를 축소하여 경기과열을 억제함으로써 경제의 안정에 기여한다.

② 경제성장촉진기능 : 예산은 자본형성을 통하여 경제성장촉진기능을 수행한다. 정부는 경제기반시설에 예산을 투자함으로써 자본을 형성하여 경제성장을 촉진한다.

③ 소득재분배기능 : 예산은 수입에 있어서 상속세·소득세 등의 세율조정이나 지출에 있어서 사회보장적 지출 등을 통하여 소득을 재분배한다.

④ 자원배분기능 : 국방·치안·도로·공원 등의 공공재의 공급은 시장기능에 맡길 수 없으므로 정부가 예산이라는 메커니즘을 통해 조세를 징수하여 공급한다.

2. 예산의 신 기능론 : Schick의 공공지출관리의 규범

(1) 총량적 재정규율(Aggregate fiscal discipline)

① 총량적 재정규율이란 예산 총액의 효과적인 통제를 의미하는 것으로, 예산총액은 각 부처의 예산요구에 대한 단순한 수용이 아니고 어떤 의도적인 결정의 결과여야 함을 뜻한다.

② 총량적 재정규율을 실현하기 위해서는 개별적 지출요구를 심의하기 전에 예산금액·GDP대비비율 등으로 표현되는 지출총액에 대한 한도액에 설정되어야 한다.

③ 거시경기전망을 통해 3~5년간의 세수를 예측하고 이 속에서 지출한도액이 설정되며, 지출은 행정수요를 고려한 중기지출전망을 통해 총액으로 결정되게 된다(거시적·하향식 예산결정). 이러한 총액의 결정은 중앙예산기관에 의해 주도된다.

(2) 배분적 효율성(Allocative efficiency)

① 부문 간 재원 배분을 통한 재정지출의 총체적 효율성(예산배분에서의 파레토 최적)을 도모하는 것을 말한다. 경제학에서는 각 부문별 한계편익이 동일하도록 자원을 배분하는 것을 의미하지만 정부부문에서는 자원배분의 우선순위 결정을 강조한다.

② 제도적으로는 국가 목표의 우선순위 결정과 중기지출계획에 입각한 부문 간 배분이 달성될 수 있도록 하기 위한 중앙예산기관의 전략적 기능, 배분된 예산을 책임있게 재배분하고 집행할 각 중앙관서의 장의 권한이 부여되어야 한다.

(3) 운영상 효율성(Operation efficiency)

① 배분적 효율성이 부문 간 자원배분의 효율성을 의미한다면, 운영상 효율성은 부문 내 자원배분의 효율성을 의미한다.

② 경제학적으로는 한계비용과 한계편익이 일치되도록 자원을 배분하는 것으로 표현되는 투입과 산출의 관계에서의 효율성을 의미한다. 이를 통해 공공서비스 공급의 낭비를 제거하고 비용절감과 생산성 향상을 꾀하는 것이다.

③ 이를 위해 각 부처는 효율성을 높이고 시장가격과 경쟁적인 비용으로 공공서비스를 생산할 수 있도록 해야 한다. 제도적으로는 관서운영경비지출의 총액이 결정되면 지출한도 내에서의 운영상 재량이 주어지며, 예산절감을 위한 유인구조(불용액 이월제도나 예산성과금제도 등)와 성과평가 시스템을 강화해야 한다.

4. 예산의 원칙

1. 의의

(1) 개념

예산의 원칙은 예산의 과정, 즉 예산안의 편성·심의·집행·결산 및 회계검사 과정에서 지켜야 할 규범과 준칙(Rules)을 말한다.

(2) 예산원칙의 변화

예산의 원칙은 통제중심의 전통적 예산원칙에서 관리중심의 현대적 예산원칙으로 변화하였다.

2. 전통적 예산의 원칙(F. Neumark의 원칙)

전통적(고전적) 예산원칙은 '입법부 우위의 예산원칙으로서 통제 중심적 예산원칙'이다. 전통적 예산원칙은 정부의 기능이 단순하고 예산의 규모가 작았던 입법국가시대에 적용되는 것으로 Neumark와 Sundelson이 주장하였다.

(1) 공개성의 원칙

① 의의 : 모든 예산은 공개되어야 한다. 우리나라에서는 매년「예산개요」를 발간하고 인터넷에 공개하여 이 원칙을 지킨다. 다만, 국가안보를 위한 예산은 공개하지 않는다.

② 예외 : 신임예산, 국방비, 국가의 중요한 정보관련 예산 등은 예외이다.

(2) 명료성(명확성)의 원칙

① 의의 : 예산구조나 과목은 단순하여 국민들이 쉽게 이해할 수 있도록 명확해야 한다. 이는 예산 명확성의 원칙이 예산공개의 전제조건이 되는 것이다.

② 예외 : 총액계상예산(총괄예산) 등

(3) 완전성의 원칙(예산총계주의)

① 의의 : '예산총계주의'로서 예산에 모든 세입과 세출이 빠짐없이 계상되어야 한다는 원칙이다.

② 예외 : 순계예산, 기금, 현물출자, 전대(轉貸)차관 등

(4) 단일성의 원칙

① 의의 : 예산은 가능한 단일의 회계 내에서 정리되어야 한다는 것이다. 이는 회계장부가 너무 많으면 재정구조를 이해하기 어렵기 때문이다.

② 예외 : 특별회계, 기금, 추가경정예산 등

(5) 한정성의 원칙

① 의의 : 예산은 주어진 목적, 규모, 그리고 기간에 따라 한정된 범위 내에서 집행되어야 한다는 것을 의미한다.

② 예외

㉠ 양적 한정성의 예외 : 예비비, 추가경정예산

㉡ 질(목적)적 한정성의 예외 : 이용과 전용

㉢ 기간의 한정성 예외 : 이월, 계속비 등

(6) 정확성(엄밀성)의 원칙

① 의의 : 예산과 결산이 가능한 한 일치하도록 해야 하는 것을 말한다.

② 예외 : 과년도 이월, 불용액 등

(7) 사전의결의 원칙

① 의의 : 행정부가 예산집행을 하기 전에 입법부에 의하여 예산이 먼저 심의·의결되어야 한다는 원칙이다.

② 예외 : 사고이월, 준예산, 예비비의 지출, 전용, 이체, 대통령의 긴급재정경제처분, 선결처분 등이 있다.

(8) 통일성의 원칙

① 의의

㉠ 특정한 수입과 특정한 지출이 연계되어서는 안 된다는 원칙이다. 즉, 국가의 모든 수입은 일단 국고에 편입되고 여기서부터 모든 지출이 이루어져야 한다(전체 세입으로 전체 세출을 충당해야 한다)는 원칙이다.

㉡ 통일성의 원칙은 목적구속금지의 원칙에 해당하며, 직접사용 금지의 원칙과도 관련된다.

② 예외 : 특별회계, 목적세, 기금, 수입대체경비 등

3. 현대적 예산의 원칙(H. Smith의 원칙)

현대적 예산원칙은 행정국가 하에서 예산은 정책목표를 달성하기 위한 효과적인 수단으로 인식되면서 행정부가 신축성과 재량성을 가지고 예산운영상의 책임을 져야한다는 원칙이다.

(1) 행정부 계획의 원칙

예산은 행정부의 정책이나 사업계획을 반영하는 것이므로 예산편성은 행정부의 사업계획과 연계되도록 하여야 한다는 것이다.

(2) 행정부 책임의 원칙

행정수반의 지휘와 감독 하에 입법부의 의도에 따라 가장 효과적인 방법으로 집행할 책임이 행정부에 있다는 것이다.

(3) 보고의 원칙

예산의 편성·심의·집행은 정부 각 기관으로부터 제출되는 재정보고 및 업무보고에 기초를 두어야한다는 원칙이다.

(4) 적절한 수단구비의 원칙

행정부가 예산에 관한 책임을 완수하기 위해서는 중앙예산기관뿐만 아니라 예산의 배정, 예비비제도 등 적절한 행정상의 수단을 필요로 한다는 원칙이다.

(5) 다원적 절차의 원칙

현대의 행정활동은 매우 다양하므로 사업의 성격에 따라 예산절차를 다르게 하여야 한다는 것이다.

(6) 행정부 재량의 원칙

입법부가 명세예산을 의결할 경우 상황변화에 따른 행정부의 적절한 대처를 어렵게 하고 효과적이고 능률적인 예산운영을 어렵게 하므로 의회는 총괄예산으로 통과시켜 행정부에 재량권을 주어야 한다는 원칙이다.

(7) 시기 신축성의 원칙

경제사정 등의 변화에 적응할 수 있도록 예산의 집행시기를 적절하게 조절할 수 있어야 한다는 것이다.

4. 국가재정법 상 예산의 원칙

(1) 재정건전성 확보의 원칙

정부는 재정건전성 확보를 위하여 최선을 다하여야 한다.

(2) 국민부담 최소화의 원칙

정부는 국민부담의 최소화를 위하여 최선을 다하여야 한다.

(3) 재정성과의 원칙

정부는 재정을 운용함에 있어 재정지출 및 조세지출의 성과를 제고하여야 한다.

(4) 예산투명성 확보와 국민 참여 제고의 원칙

정부는 예산과정의 투명성과 국민 참여를 제고하기 위하여 노력하여야 한다.

(5) 예산의 양성평등의 원칙

정부는 예산이 여성과 남성에게 미치는 효과를 평가하고 그 결과를 예산편성에 반영하기 위하여 노력하여야 한다.

(6) 온실가스감축인지예산

정부는 예산이 온실가스감축에 미치는 효과를 평가하고, 그 결과를 정부의 예산편성에 반영하기 위하여 노력하여야 한다.

제02절 | 예산관계법률과 예산기구

1. 예산의 법적기초

1. 예산과 법률

(1) 예산의 형식

① 법률주의 : 세출예산과 세입예산을 매년 입법부가 법률로 확정하여 예산에 법적 구속력을 인정하는 것을 말한다(미국, 영국, 프랑스, 독일). 이 때 징세의 근거가 되는 조세법은 세입예산과 함께 매년 법률로 제정되는 1년세주의로 운영된다.

② 의결주의 : 예산이 법률과는 다른 예산서 형태로 의회의결의 형식을 취하게 된다. 그러나 이 경우에도 세출예산만이 법률적(법률에 준하는) 구속을 받게 되고 세입예산은 법률적 구속을 받지 않고 단순한 세입의 예상견적을 기재한 참고자료에 불과하게 된다. 세입은 별도의 조세법에 따라 징수되므로 영구세주의가 된다.

▶ 법률주의와 의결주의

구 분	법률주의	의결주의
의의	예산이 법률의 형식으로 의회 의결을 얻는 것	예산이 법률보다 하위의 예산서 형태로 의회 의결을 얻는 것
대통령의 거부권	거부권 행사 가능	거부권 행사 불가능
특징	세출예산과 세입예산을 매년 입법부가 법률로 확정	행정부가 편성한 예산을 매년 의회가 의결
채택국가	영국, 미국	한국, 대륙법계 국가

(2) 헌법

① 우리나라 헌법은 조세법률주의를 채택하고 있으며, 행정부제출예산제도와 국회의 심의, 감사원의 회계검사와 직무감찰을 규정하고 있다.

② 국회의 재정권 : 국회의 예산심의, 준예산, 예비비, 계속비, 추가경정예산, 목적 외 사용금지, 채무부담행위에 대한 국회동의 등을 규정하고 있다.

2. 예산관련 주요 법률

(1) 국가재정법

① 목적 : 국가재정에 관한 총칙으로 효율적이고 성과지향적이며 투명한 재정운용과 건전재정의 기틀을 확립하기 위해 국가의 예산·기금·결산·성과관리 및 국가채무 등 재정에 관한 사항을 규정한 법이다. 지방자치단체에는 지방재정법이 적용된다.

② 주요 내용

㉠ 국가재정운용계획의 수립 : 정부는 재정운용의 효율화와 건전화를 위하여 매년 당해 연도를 포함한 5회계연도 이상의 기간에 대하여 국가재정운용계획을 수립하고 회계연도 개시 120일 전까지 국회에 제출해야 한다.

㉡ 재정통제 강화

ⓐ 국회의 예·결산 심사기능을 강화 : 예·결산 첨부서류를 확대하고, 결산서 제출시기를 단축하는 등 조기결산체제를 구축함으로써 심도 있는 국회심의와 예산·결산 간의 효율적 연계를 도모한다.

ⓑ 재정투명성 제고(재정공표) : 예산·기금·결산·국채·차입금·국유재산의 현재액 및 통합재정수지 등 국가와 지방자치단체의 재정에 관한 중요한 사항을 매년 1회 이상 정보통신매체·인쇄물 등 적당한 방법으로 알기 쉽고 투명하게 공표하여야 한다.

ⓒ 예비비제도 개선 : 일반예비비 규모를 일반회계 예산총액의 1% 이내로 그 한도를 설정하고, 인건비(보수인상)충당을 위해 예비비의 사용목적을 지정할 수 없다.

ⓓ 추가경정예산제도 개선 : 건전재정 유지를 위해 대규모 자연재해 발생 등 일부 예외적인 경우를 제외하고는 추가경정예산안을 편성할 수 없도록 제한한다.

ⓔ 조세감면관리 강화 및 조세지출예산제도 : 조세감면 등의 재정지원의 추정금액을 기능별·세목별로 작성한 조세지출예산서를 예산안과 함께 국회에 제출하도록 한다.

ⓕ 국가채무관리 합리화 : 국가채무에 대한 체계적인 관리를 위해 기획재정부장관에게 매년 국채·차입금의 상환실적 및 상환계획, 증감에 대한 전망 등을 포함하는 국가채무관리계획을 수립하여 회계연도 개시 120일 전까지 국회에 제출하도록 의무화한다.

ⓖ 시민의 불법지출에 대한 시정요구 : 예산 및 기금의 불법지출에 대하여 일반 국민들이 책임 있는 중앙관서의 장 또는 기금관리주체에게 시정을 요구할 수 있도록 하고, 이에 따른 시정처리결과 예산절약 등에 기여한 경우 시정요구를 한 자에게 성과금을 지급할 수 있도록 한다.

ⓗ 국세감면한도제 도입 : 기획재정부장관은 국세감면율(국세감면액/국세수입총액＋국세감면액)이 대통령령이 정하는 비율이하가 되도록 노력해야한다.

▶ **국가채무(조세와 공채 비교)**

구분	조세	공채
조달	강제징수 ○	강제징수 × (공모 또는 중앙은행 인수)
부담주체	현세대(재정 부담이 미래세대로 전가(분담)되지 않음)	세대 간 분담(이용자·세대 간에 비용부담 전가)
수익자 부담주의	비적용	적용(편익을 누리는 미래세대가 비용부담)
성격	수익	부채
경기회복	효과 작음	효과 큼(불황 시 공공지출 확대로 수요 진작)

구분	조세	공채
저항	큼	작음
장점	• 이자지급 부담이 없고 채무관리 비용이 발생하지 않아 간편하고 비용 절감 • 납세자인 국민이 비용부담을 인식하므로 정부지출에 대한 통제가 용이하고 정부정책의 성과에 대한 직접적 책임요구 가능 • 현세대의 의사결정에 대한 재정 부담이 미래세대로 전가되지 않음	• 세대 간 비용·편익의 형평성 제고 • 일시적인 대규모 투자재원 동원이 가능하여 시의성 확보 • 불황 시 경기회복 효과 큼 • 공채로 공공시설 건설시 사용료를 징수하므로 과다수요 또는 과다지출이 발생하지 않음 • 조세수입 부족 시 재원의 한정성 해결
단점	• 세대 간 비용·편익의 형평성 문제 발생 • 조세로 공공시설 건설시 무상 제공되므로 자유재(Free goods)라는 인식으로 과다수요 또는 과다지출되는 비효율성 발생 • 일시적인 대규모 투자재원 동원이 곤란하여 시의성 결여 • 과세대상과 세율 결정 등 법적 절차의 복잡성·경직성	• 이자 지급 부담이 있으며 채무관리 비용이 발생하여 복잡하고 비용 증대 • 납세자인 국민이 비용부담을 인식하지 못하므로 정부지출에 대한 통제가 곤란하고 정부정책의 성과에 대한 직접적 책임 요구 곤란 • 현세대의 의사결정에 대한 재정 부담이 미래세대로 전가 • 적자재정과 부채증가로 재정운영의 경직성 확대

 ⓒ 재정운영효율성 제고

  ⓐ 성과중심의 재정운용 : 중앙관서의 장과 기금관리주체에게 예산요구 시 성과계획서 및 성과보고서의 제출을 의무화함으로써 성과관리체제를 구축하였다.

  ⓑ 중기계획서 : 각 중앙관서의 장으로 하여금 5회계연도 이상의 중기사업계획서를 1월 31일까지 기획재정부장관에게 제출하도록 하는 한편, 기획재정부장관은 중앙관서별 지출한도를 포함한 예산안편성지침을 3월 31일까지 통보할 수 있도록 한다.

  ⓒ 회계 및 기금 간 여유재원의 신축적인 운용 : 국가재정의 효율적인 운용을 위하여 회계 및 기금 간 여유재원의 전출입을 허용한다.

  ⓓ 예비타당성조사 및 총사업비관리제도 : 예비타당성조사와 총사업비관리제도의 법적 근거를 마련하고, 국회가 요구하는 사업에 대해서는 예비타당성조사와 타당성 재조사를 실시하도록 한다.

  ⓔ 국가재정의 통합운영 : 국가재정의 효율적인 통합운용을 위해 특별회계·기금의 여유재원을 당해 회계·기금의 목적수행에 지장을 초래하지 않는 범위 내에서 일반회계에 전입하여 활용할 수 있다.

  ⓕ 예산총계주의 원칙의 예외 인정 : 현물출자, 전대차관, 수입대체경비의 초과수입

  ⓖ 기타 제도에 대한 법적 근거 마련 : 출연금, 총액계상사업, 대규모 개발사업 예산의 단계별편성, 수시배정, 배정유보, 총사업비, 기술료 등 현행 재정제도들에 대한 명확한 법적근거를 마련한다.

　　　　ⓔ 기타

　　　　　　ⓐ 기금운용계획의 변경가능 범위축소 : 기금운용계획변경 시 국회에 제출하지 아니하고 자율적
　　　　　　　　으로 변경할 수 있는 주요항목 지출금액의 범위를 비금융성기금은 20% 이하로, 금융성기금
　　　　　　　　은 30% 이하로 축소한다.

　　　　　　ⓑ 세계잉여금제도 개선 : 세계잉여금의 사용 순서를 교부금정산, 채무상환, 추가경정예산편성
　　　　　　　　순으로 하고, 사용시기와 관련하여 정부결산에 대한 대통령의 승인이후 사용할 수 있도록 명
　　　　　　　　문화한다.

　　　　　　ⓒ 성인지예·결산제도 도입 : 예산이 여성과 남성에게 미치는 효과를 평가하고, 예산편성에 반
　　　　　　　　영하기 위하여 이를 예산의 원칙에 명문화하고, 이에 따른 성인지 예산서와 성인지 결산서를
　　　　　　　　예·결산 첨부서류로 국회에 제출하도록 한다. 성인지 예산은 기획재정부장관이 여성가족부장
　　　　　　　　관과 협의하여 제시한 기준 및 방식에 따라 각 중앙관서의 장이 작성한다.

　　　　　　ⓓ 국민참여예산제도 도입 : 중앙정부 예산편성과정에 국민이 참여하는 국민참여예산제도가 국
　　　　　　　　가재정법 개정으로 2018.3 시행되면서 2019 예산부터 처음 적용되었음

　(2) 정부기업예산법

　　① 의의 : 정부기업(조달·우편·우체국예금·양곡관리)의 합리적 경영을 위하여 국가재정법에 근거하여
　　　　별도로 제정된 법이다. 책임운영기관(특별회계기관)은 정부기업예산법의 적용을 받는다.

　　② 주요 내용

　　　ⓐ 5개 특별회계의 관리 : 우편·우체국예금·양곡관리·조달사업·책임운영기관 특별회계를 관리한다.

　　　ⓑ 원가계산 : 경영관리 및 요금결정의 기초를 제공하기 위하여 원가계산을 한다.

　　　ⓒ 회계처리의 구분(재무제표의 작성) : 대차대조표와 손익계산서 등 재무제표의 작성으로 자산상태
　　　　를 정확히 파악하고 손익계산을 분명하게 한다.

　　　ⓓ 회계처리의 원칙(발생주의 채택) : 사업의 경영성과 및 재정상태를 명확히 파악하기 위하여 재산
　　　　의 증감이나 변동을 발생한 사실에 근거하여 회계처리 한다.

　　　ⓔ 감가상각(減價償却) 실시 : 고정자산 중 감가상각을 필요로 하는 자산은 회계연도마다 감가상각
　　　　을 실시한다.

　　　ⓕ 독립채산제 원칙의 배제 : 이익금 처분에 있어서 국무회의의 심의를 거쳐 대통령의 승인을 얻은
　　　　때에는 이익금의 일부 또는 전부를 일반회계에 전입할 수 있다.

　　　ⓖ 예비비 : 특별회계는 예측할 수 없는 예산 외의 지출 또는 예산초과지출에 충당하기 위하여 예비
　　　　비로서 상당하다고 인정되는 금액을 예산에 계상할 수 있다. 일반회계의 예비비가 예산총액의
　　　　1/100 이내로 한정하는 것과 차이가 있다.

　　　ⓗ 신축성과 자율성의 보장 : ⓐ 수입금마련지출제도(예산초과수입은 해당 사업의 직접비용으로 사
　　　　용 가능), ⓑ 각 세항 및 각 목 비용의 전용 가능(기획재정부장관의 사전승인 불요), ⓒ 국채발행
　　　　등 자금조달의 용이(기획재정부장관이 차입) 등

　(3) 국고금관리법

　　① 일반회계·특별회계·기금과 관련된 국고금의 효율적이고 투명한 관리를 목적으로 제정한 법률이다.

　　② 납입고지서의 전자송달제도를 도입하였으며, 계좌이체제도, 관서운영경비 등을 규정하고 있다.

(4) 국가회계법

① 제정이유와 목적

㉠ 국가회계의 투명성과 신뢰성을 높이고 재정에 관한 유용한 정보를 생산·제공하도록 하기 위하여 중앙관서 등에 복식부기 및 발생주의 기반의 회계방식을 도입하는 근거를 마련하고, 국가회계의 처리기준과 재무보고서의 작성 등에 관한 사항을 정하려는 것이다.

㉡ 각 중앙관서별로 재무책임관을 임명하여 소속 중앙관서의 새로운 회계에 관한 사무를 총괄적으로 수행하도록 하고, 회계·결산의 결과가 국가재정의 운용과정에 적극적으로 활용될 수 있도록 회계·결산 결과를 분석하는 근거를 마련하였다.

㉢ 국가자산·국가부채가 체계적이고 총괄적으로 관리됨에 따라 국가재정의 현황이 한눈에 파악되고 재정건전성 여부에 대한 분석이 가능하며, 국가가 수행한 사업별로 투입된 원가가 파악됨에 따라 사업별 성과평가의 토대가 마련되었다.

② 주요 내용

㉠ 회계책임관의 임명 : 중앙관서의 장은 그 소관에 속하는 회계 업무를 총괄적으로 수행하도록 하기 위하여 회계책임관을 임명하도록 하고, 회계책임관은 소속 중앙관서의 내부통제 등 회계업무에 관한 사항과 소속 중앙관서의 회계·결산 및 분석에 관한 사항 등을 담당하도록 한다.

㉡ 국가회계의 처리기준 마련 : 중앙관서의 장과 기금관리주체는 회계업무처리의 적정을 기하고, 재정상태 및 재정운영의 내용을 명백히 하기 위하여 기획재정부령으로 정하는 회계에 관한 세부처리기준에 따라 회계업무를 처리하도록 한다.

㉢ 복식부기 및 발생주의회계방식 도입 : 국가의 재정활동에서 발생하는 경제적 거래 등은 그 발생사실에 따라 복식부기 방식으로 기록하도록 한다.

2. 재무행정조직

1. 기본체제

(1) 의의

세출예산에 관한 사무를 총괄하는 중앙예산기관, 세입과 결산을 총괄하는 국고수입지출총괄기관, 중앙은행이 있다.

(2) 삼원체제와 이원체제 : 중앙예산기관과 국고수지총괄기관의 분리/통합

구 분	분리형(삼원체제)	통합형(이원체제)
형 태	3원 체제 (중앙예산기관, 수지총괄기관, 중앙은행)	2원 체제 (재무성, 중앙은행)
나라 및 체제	대통령제(미국)	내각책임제(영국, 일본) 대통령제(우리나라)
장 점	효과적인 행정관리 수단, 강력한 행정력 발휘, 초월적 입장 유지	분리형과 반대
단 점	세입 및 세출기관의 분리로 세입·세출의 연계 미흡	분리형과 반대

2. 특징

(1) 중앙예산기관

① 의의 : 세출예산을 배분·총괄하는 기관으로서, 국가 예산정책을 입안하고 각 부처의 사업을 평가·검토하여 국가의 예산안을 편성하며 예산이 성립된 다음에 예산을 배정하고 예산집행을 통제하는 중앙행정기관이다. 우리나라는 기획재정부(이원체제)가 이에 해당된다.

② 기능 : 예산의 편성(주로 축소조정) 및 집행의 관리(예산의 배정, 예비비의 관리 등), 재정계획 및 사업의 검토, 재정개혁(예산·기금정책의 개선 등), 국민과 입법부의 의사반영(예산제출 및 공개)

③ 유형

  ㉠ 행정수반 직속 : 미국의 관리예산처(OMB : Office of Management Budget)가 대표적으로 포괄적이고 방대한 기능을 수행

  ㉡ 재무성 소속 : 세입 및 국고를 관리하는 재무성에 중앙예산기관을 두는 유형으로서 일본과 영국의 재무성, 1994~1998년까지의 우리나라 재정경제원(예산실), 2008년 이후 현재 기획재정부(예산실)

  ㉢ 중앙기획기관 소속 : 기획과 예산을 일치시키기 위하여 중앙예산기관을 기획기관에 소속시킨 유형으로서 1994년 이전의 우리나라 경제기획원 예산실

  ㉣ 예산기능 분리형 : 중앙예산기관이 하나의 독립된 중앙부처 형태로 존재하는 유형으로서, 1999년 이후 2008년까지 우리나라의 기획예산처(국무총리 직속)

(2) 수입지출총괄기관

① 의의 : 세입예산의 수입과 세출예산의 지출을 총괄하는 기관으로, 우리나라는 기획재정부(세제실, 국고국)가 이 기능을 담당한다.

② 기획재정부 : 국고를 관리하고 수입·지출을 총괄하는 기관으로, 경제정책을 수립·총괄하고, 조세정책 및 제도의 입안, 국고·정부회계·국유재산 및 국가채무관리 등의 업무를 수행한다.

(3) 중앙은행

우리나라의 중앙은행인 한국은행은 무자본 특수법인으로서 정부의 재정대행기관(Fiscal agent)이다. 한국은행은 정부의 은행(정부 각 부처의 예금계정의 취급, 국고금의 수납 및 지급, 정부의 자금부족시 정부에게 자금융자), 화폐의 발행과 환수, 통화량의 조절(기준금리의 조정 등 통화정책의 수립 및 집행), 민간은행의 은행, 해외자산의 관리, 국채발행업무 대행(국채의 인수와 상환) 등의 기능을 수행한다.

(4) 기타 재무행정조직

우리나라의 경우 ① 지방재정 총괄기관은 행정안전부, ② 회계검사기관은 감사원, ③ 국회의 예산관련기관은 국회예산정책처이며, ④ 이외에도 자문기관으로서 재정정책자문회의가 있다.

3. 기획과 예산

1. 의의

(1) 예산은 1년간에 걸친 사업계획의 화폐적 표현이다. 따라서 계획과 예산은 동전의 양면과 같은 상호유기적인 관계이므로 계획 없이 예산이 운용될 수 없으며, 예산의 제약을 고려하지 않고 계획이 제대로 추진될 수 없다.

(2) 예산결정과정에서 단기적인 예산을 장기적인 계획과 연계시킴으로써 자원배분의 합리성을 확보하는 것이 중요하다.

(3) 기획과 예산의 연계의 필요성과 한계

① 필요성 : ㉠ 예산의 뒷받침이 없는 계획은 비현실적이며, ㉡ 양자의 유기적 연결이 없으면 주요 정책목표와의 관련성을 알 수 없고 자원낭비를 초래하게 되며, ㉢ 양자의 유기적 연결을 통하여 자원배분의 합리화를 도모할 수 있다.

② 한계 : ㉠ 중장기계획에 포함된 사업은 당연한 사업으로 간주되어 예산의 신축성을 저해하며, ㉡ 인플레이션이 심화될 경우 목표와 예산상에 괴리가 발생하게 된다.

2. 계획과 예산의 괴리원인

(1) 제도적·구조적 요인

① 예산제도의 결함 : ㉠ 계획의 심사분석이나 결산의 결과의 예산편성 미반영, ㉡ 통제지향적(품목별)·점증적 예산제도, ㉢ 예산편성 시 사업선정의 합리적 기준 결여, ㉣ 특별회계 및 기금의 과다와 무분별하고 방만한 운용 등

② 계획과 예산의 특성 : 계획은 장기적·추상적·포괄적·합리적·분석적 성격을 띠고 국회의결이 불필요한 반면, 예산은 단기적·구체적·점증적·정치적 성격을 띠며 국회의결이 필요

③ 계획의 비합리성 : 불확실한 정보, 시간적 차원에 대한 인식 부족, 합리적 원가의식의 결여, 사실분석의 왜곡, 정치적 압력 등의 이유로 계획이 비합리성을 띨 경우

④ 재원부족 : 재원부족으로 예산이 계획을 뒷받침하지 못하는 경우

⑤ 상황변동에의 적응 불능과 예산신축성의 결여 : 상황에 제대로 적응하지 못하거나 예산이 경직성을 띨 경우 예산과 계획의 차질이 불가피

⑥ 계획·예산기구의 이원화 : 계획기구와 예산기구가 분리된 경우 계획과 예산의 통합이 곤란

⑦ 예산심의 과정의 왜곡 : 지역구 의원들은 무리하게 지역사업에 치중하므로 예산의 배분적 비효율성이 발생

(2) 행태적 요인

① 가치관·행태의 차이 : 계획담당자는 미래지향적·발전지향적·쇄신적·이상적·소비지향적인 반면, 예산담당자는 현상유지적·비판적·부정적·보수적·현실적·저축지향적이므로 마찰이 불가피

② 계획과 예산에 대한 인식 부족 : 양자가 일치되어야 한다는 인식의 부족

3. 계획과 예산의 연계방안

(1) 계획·예산기구의 일원화

계획과 예산의 연계 및 기획담당자와 예산담당자의 유기적 협조체제의 구축을 위해서는 계획기구와 예산기구가 동일부처로 귀속될 필요가 있다.

(2) 인사교류와 공동교육훈련

계획담당자와 예산담당자 상호간의 인사교류·순환보직과 공동교육훈련을 실시함으로써 상호간의 이해를 촉진한다.

(3) 예산제도의 개선

통제중심의 품목별예산제도에서 계획과 예산이 밀접하게 관련된 사업계획 중심의 예산제도를 지향하고, 조직내부의 예산편성 기초자료로 기획예산이나 관리예산을 활용하거나, 중기재정계획(국가재정운용계획)의 구속력을 높인다.

(4) 심사분석 및 결산제도의 강화

계획집행에 대한 심사분석 및 평가를 강화하고 예산집행 후의 결산제도의 운영을 강화한다.

(5) 예산집행의 신축성 유지

계획담당자와 예산담당자가 예측할 수 없었던 사태가 발생할 경우에 대비하여, 상황변화에 신속하고 융통성 있게 대처할 수 있도록 예산집행의 신축성이 확보될 수 있는 제도의 마련이 필요하다.

(6) 국가재정운용계획

기획재정부 장관이 작성하여 국회에 제출되는 국가정책의 Vision과 재정투자계획을 제시하는 5년 단위의 중장기 계획으로, 단년도 예산편성 및 기금운영계획과 연계하고(지출한도 설정), 매년 수정·보완하여(Rolling plan) 국가재정운용의 기본 틀로 활용되는 계획이다. → 1982년부터 실시된 중기재정계획을 대체

제 **03** 절 | 예산의 종류와 예산의 분류

1. 예산의 종류

1. 세입·세출의 성질에 따른 종류 – 일반회계예산·특별회계예산·기금

(1) 일반회계예산

① 개념 : 일반적인 국가활동에 관한 총세입·총세출을 망라하여 편성한 예산을 말한다.

② 특징 : 일반회계예산은 국가재정의 중심적 예산으로서 그 세입은 원칙적으로 조세수입을 재원으로 하고 그 세출은 국가사업을 위한 기본적 경비지출로 구성된다.

③ 일반행정기관 뿐 아니라 입법부, 사법부, 헌법재판소 등 조세 외에 특정한 세입이 없는 정부기관은 모두 일반회계에 포함된다.

(2) 특별회계예산

① 의의

㉠ 개념 : 특정한 세입으로 특정한 세출에 충당하기 위하여 일반회계와 별도로 구분하여 계리할 필요가 있을 때 법률에 의해 설치하는 예산이다.

㉡ 목적 : 특별회계는 정부의 모든 재정활동이 단일회계로 계리될 때 특정한 정부사업의 재정수지가 분명히 파악되지 않기 때문에, 특별회계를 설치하여 이를 담당하는 재정운영 주체의 경영상 자율성 증대를 통해 재정운영의 효율성을 높이기 위해 필요하다.

㉢ 설치요건

ⓐ 국가가 특별한 사업을 운영하고자 할 때 : 우편사업, 우체국예금사업, 양곡관리사업, 조달사업 등 4대기업특별회계와 책임운영기관 특별회계(기업형기관은 특별회계로, 행정형기관은 일반회계로 운영)

ⓑ 국가가 특정한 자금을 보유·운영하고자 할 때 : 자금관리 특별회계 등

ⓒ 기타 특정한 세입으로 특정한 세출에 충당할 때 : 교통시설특별회계, 국유임야관리특별회계, 환경개선특별회계, 국가균형발전특별회계 등

② 특징

㉠ 예산통일성의 원칙과 예산단일성의 원칙의 예외이다.

㉡ 국민의 세금이 아닌 별도의 특정한 수입(사업소득, 부담금, 수수료, 일반회계의 전입금)이 재원이 된다.

㉢ 특별회계의 설치는 반드시 법률에 의한다. 또한 특별회계는 신설시 기획재정부장관으로부터 타당성 심사를 받아야 한다.

㉣ 4대기업특별회계와 책임운영기관특별회계는 정부기업예산법에 의해 기업회계의 원칙으로 운영된다(발생주의 원칙, 원가계산, 감가상각, 수입금 마련지출제도, 집행의 신축성 확보를 위한 목간 전용의 용이, 자금조달을 위한 국채발행 가능).

③ 장·단점

장점	단점
㉠ 특정정부사업 재정수지의 경영성과 명확화 ㉡ 재량권의 인정으로 경영의 합리화 및 효율성 추구 ㉢ 행정기능의 전문화·다양화에 부응	㉠ 예산구조와 체계의 복잡화 ㉡ 일반회계와의 교류로 인한 중복발생으로 국가재정의 전체적인 관련성 불분명 ㉢ 고도의 자율성 인정으로 입법부의 예산통제 곤란, 예산통제나 민주통제의 곤란

④ 일반회계와 특별회계 간의 관계

일반회계와 특별회계 또는 특별회계 상호간에는 명확하게 단절되어 있지 않고 전출입 등 상당한 교류가 있다. 이러한 전출입관계로 인하여 일반회계와 특별회계간이나 특별회계 상호간에는 세입·세출에 많은 중복이 있게 되므로 진정한 국가의 예산규모를 파악하려면 일반회계예산과 특별회계예산의 합계액에서 중복분을 공제해야 한다. 이를 예산순계라 한다.

(3) 기금

① 의의

㉠ 개념 : 기금(Fund)이란 국가가 특정한 목적을 위하여 특정한 자금을 운용할 필요가 있을 때에 한하여 법률로 설치하되 세입세출예산 외로 운영된다.

㉡ 목적 : 기금은 예산 원칙의 일반적인 제약으로부터 벗어나 좀 더 탄력적으로 운용할 수 있도록 특정사업을 위해 보유·운용하는 특정자금이라고 할 수 있다.

㉢ 기금은 국무회의의 심의를 거쳐 대통령의 승인을 얻은 기금운용계획에 따라서 중앙관서장의 책임 하에 운용된다.

② 특징

㉠ 재원 : 예산은 조세수입을 재원으로 하며 무상적 급부를 원칙으로 하나, 기금은 조세가 아닌 일반회계로부터의 전입금이나 정부출연금, 자체수입, 차입 등에 의존하며 유상적 급부가 원칙이다.

㉡ 운용방식 : 예산은 회계연도 내의 세입이 그 해에 모두 지출되는데 반해, 기금은 조성된 자금을 회계연도 내에 운용해 남는 자금을 계속 적립해 나간다. 또한 예산은 국회의 승인 등 국회의 통제를 받으나 기금은 국회의 통제가 비교적 약하고 신축적이며 기업회계방식을 적용한다.

㉢ 기금은 예산 외로 운용되므로 예산단일성 및 통일성의 원칙의 예외이다.

③ 기금의 관리·운용

㉠ 운용원칙

ⓐ 기금관리·운용의 원칙 : 기금관리주체는 당해 기금의 설치목적과 공익에 맞도록 관리·운용하여야 한다.

ⓑ 기금자산운용원칙 : 기금관리주체는 자산운용에 있어서 안정성·유동성·수익성 및 공공성을 고려하여 기금자산을 투명하고 효율적으로 운용하여야 한다.

ⓒ 기금의 계리(발생주의적용) : 사업의 경영성과 및 재정 상태를 명백히 하기 위하여 자산의 증감 및 변동을 그 발생의 사실에 따라 계리한다.

    ⓛ 기금운용계획안의 수립

        ⓐ 중기사업계획서 제출 : 기금관리주체는 매년 1월 31일까지 당해 회계연도부터 5회계연도 이상의 기간 동안의 중기사업계획서를 기획재정부장관에게 제출하여야 한다.

        ⓑ 기금운용계획안 작성지침 시달 : 기획재정부장관은 자문회의의 자문과 국무회의의 심의를 거쳐 대통령의 승인을 얻은 다음 연도의 기금운용계획안 작성지침을 매년 3월 31일까지 기금관리주체에게 통보하여야 한다.

        ⓒ 기금운용계획안의 작성·제출 : 기금관리주체는 기금운용계획안지침에 따라 다음 연도의 기금운용계획안을 작성하여 매년 5월 31일까지 기획재정부장관에게 제출하여야 한다.

        ⓓ 기금운용계획안의 확정 : 기획재정부장관은 제출된 기금운용계획안에 대하여 기금관리주체와 협의·조정하여 기금운용계획안을 마련한 후 국무회의의 심의를 거쳐 대통령의 승인을 얻어야 한다.

    ⓒ 기금운용계획안의 국회제출 및 심의·의결 : 정부는 기금운용계획안을 회계연도 개시 120일 전까지 국회에 제출하고 국회는 회계연도 개시 30일 전까지 의결해야 한다. 이는 기금이 예산에 준한 국회의 통제를 받음을 의미한다.

    ⓓ 기금의 결산 : 세입세출 결산의 일정과 동일하다.

  ④ 기금운용의 감독과 평가

    ㉠ 기금운용 및 운용의 심의 : 기금관리주체는 기금관리·운용에 관한 중요사항을 심의하기 위하여 기금별로 기금운용심의회를 설치하여야한다.

    ㉡ 기금정책의 심의 : 기금관련정책과 운용방향의 심의는 기획재정부장관소속의 재정정책자문회의가 한다.

    ㉢ 기금운용의 평가 : 기획재정부장관은 기금운용실태를 조사·평가하여야 하며, 3년마다 기금존치 여부를 평가하고 평가결과를 국회에 제출해야한다.

  ⑤ 기금과 예산의 관계 : 정부는 국가재정의 효율적 운영을 위하여 필요한 경우에는 회계 및 기금의 목적수행에 지장을 초래하지 아니하는 범위 안에서 회계와 기금 간 또는 기금상호간에 여유재원을 전입 또는 전출하여 통합적으로 활용할 수 있다.

▶ 일반회계예산, 특별회계예산, 기금의 비교

구 분	일반회계예산	특별회계예산	기 금
설치사유	일반적인 재정활동	• 특정한 사업을 운영하고자 할 때 • 특정한 자금을 보유하여 운용하고자 할 때 • 특정한 세입으로 특정한 세출에 충당함으로써 일반회계와 구분하여 회계처리 할 필요가 있을 때	특정 목적을 위하여 특정 자금을 신축적으로 운용할 필요가 있을 때
재원조달 및 운용형태	조세수입과 무상급부 원칙	일반회계와 기금 운용형태 혼재 (무상급부＋유상급부)	출연금과 부담금 등을 수입원으로 융자사업 등 유상급부 제공

구 분	일반회계예산	특별회계예산	기금
수립 및 확정	• 부처의 예산요구 • 기획재정부가 정부예산안 편성 • 국회의 심의·의결	좌 동	• 기금관리주체가 계획안 수립 • 기획재정부장관과 협의·조정 • 국회의 심의·의결
집행절차	합법성에 입각한 엄격한 통제	좌 동	합목적성 차원에서 상대적으로 자율성과 탄력성 보장
수입과 지출의 연계	배제(통일성 원칙)	연계(통일성 원칙의 예외)	연계(통일성 원칙의 예외)
심의·의결 및 결산	국회의 심의·의결과 결산승인	좌 동	좌 동
계획변경	추가경정예산 편성	좌 동	금융성 기금 외의 기금은 20% 이내, 금융성 기금은 30% 이내에서 국회의결 없이 자율적 변경 가능

2. 예산성립시기 기준 – 본예산·수정예산·추가경정예산

(1) 본예산

정부가 국회로 제출한 당초 예산으로서 회계연도 개시일 전에 정기국회의 심의를 거쳐 확정된 최초의 예산을 말한다.

(2) 수정예산

① 의의 : 국회에서 심의 중인 예산안(의결이 확정되기 이전)을 정부가 부득이한 사유로 수정하여 제출한 예산안으로서, 국무회의의 심의를 거쳐 대통령 승인을 얻어 국회에 제출한다. 국회의 예산심의기간인 3개월 사이에 사회적·경제적 큰 변동으로 예산안을 수정할 필요가 있을 때 작성된다. 우리나라는 1970년 예산과 1981년 예산, 2009년 예산에 대하여 증액한 수정예산안이 각각 제출되어 수정예산안 원안대로 통과된 바 있다.

② 절차 : 이미 제출한 예산안에 대한 상임위원회의 예비심사 또는 예산결산특별위원회의 종합심사가 진행 중인 때에는 이미 제출한 예산안과 함께 수정예산안을 심사해야 하며 예산안에 대한 심사가 종료된 경우에는 수정예산안에 대하여 별도로 예비심사와 종합심사를 받아야 한다.

(3) 추가경정예산

① 의의 : 예산안이 국회를 통과하기 전에 수정하는 제도인 수정예산과 달리 예산이 국회를 통과하여 성립한 후에 생긴 사유로 인하여 이미 성립된 예산에 변경을 가할 필요가 있을 때 편성되는 예산이다.

② 특징

㉠ 정부는 국회에서 추가경정예산안이 확정되기 전에 미리 배정하거나 집행할 수 없다.

㉡ 예산단일성 및 한정성 원칙의 예외로서 예산에 대한 통제를 어렵게 하는 요인이 되고 있다.

ⓒ 추가경정예산은 본예산과 별개로 성립되지만 일단 성립되면 별도로 운영되지 않고 본예산과 통합되어 운영되므로 한 회계연도의 예산총액을 파악하기 위해서는 본예산과 추가경정예산을 합산하여야 한다.

③ 편성요건

㉠ 전쟁이나 대규모 자연재해가 발생한 경우

㉡ 경기침체·대량실업 등 대내외 여건에 중대한 변화가 발생하였거나 발생할 우려가 있는 경우

㉢ 법령에 따라 국가가 지급하여야 하는 지출이 발생하거나 증가하는 경우

3. 예산불성립 시 – 준예산·가예산·잠정예산

(1) 준예산

① 의의 : 새로운 회계연도가 개시될 때까지 예산이 성립되지 못할 경우 의회승인 없이 특정경비를 전년도에 준하여 지출할 수 있도록 하는 제도이다. 준예산에 따라 집행된 예산은 당해 연도의 예산이 확정된 때 확정된 예산에 따라 집행된 것으로 본다.

② 특징

㉠ 국회의 의결을 별도로 필요로 하지 않는다는 점에서 사전의결의 원칙에 대한 예외이다.

㉡ 준예산에 의하여 집행된 예산은 해당연도 예산이 성립되면 그 성립된 예산에 의하여 집행된 것으로 본다.

㉢ 준예산은 기간의 제한이 없으며 본예산이 국회에서 의결되기 전까지는 계속해서 사용할 수 있다.

③ 준예산에 적용되는 경비

㉠ 헌법이나 법률에 의하여 설치된 기관 또는 시설의 유지·운영비

㉡ 법률상 지출의무가 있는 경비

㉢ 이미 예산으로 승인된 사업의 계속비

(2) 가예산

① 의의 : 새로운 회계연도가 개시될 때까지 예산이 성립되지 못할 경우 최초 1개월분의 예산을 국회에서 심의·의결시켜 집행하는 예산을 말한다.

② 특징

㉠ 잠정예산과 유사하지만, 사용기간이 1개월로 제한되는 제도이다.

㉡우리나라의 경우 제1공화국에서 채택한 바 있다.

(3) 잠정예산

① 의의 : 새로운 회계연도가 개시될 때까지 예산이 성립되지 못할 경우 최초 4~5개월분에 해당되는 일정 금액의 국고지출을 허용하는 예산을 말한다.

② 특징

㉠ 예산이 성립되면 본예산에 흡수된다.

㉡ 영국, 미국, 캐나다, 일본에서 채택하고 있다.

▶ 준예산, 가예산, 잠정예산의 비교

구 분	채택국가	지출 가능경비	국회의결 여부	기 간
준예산	한국, 독일	한정적	의결 없이 자동적으로 사용	무제한
가예산	프랑스	전반적	의결 필요	1개월
잠정예산	영미계 국가, 일본	전반적	의결 필요	무제한(대개 4개월)

4. 재정정책지향적 예산 – 통합예산·조세지출예산·자본예산

(1) 통합예산

① 개념 : 통합재정 또는 통합예산은 일반회계예산·특별회계예산·기금 등 정부부문의 모든 재정활동을 포함시켜 체계적으로 분류하여 표시함으로써 재정이 국민소득·통화·국제수지 등 국민경제에 미치는 효과를 파악하고자 하는 예산분류체계이다.

② 유용성

　㉠ 국민경제적 효과 분석 : 정부의 수입·지출이 경상·자본거래로 구분되어, 정부소비·저축·총고정자본형성 등의 추정이 가능하며, 거시계량모형을 이용한 정부재정활동의 국민경제적 효과에 대한 분석을 가능하게 한다.

　㉡ 재정의 건전성분석 및 건전재정 유도 : 보전재원 및 순융자를 명시함으로써 재정활동의 국가채무 분포를 파악할 수 있어 재정의 건전성을 판단하는 데 유용하고 건전재정을 유도할 수 있다.

　㉢ 국가 간 재정활동 비교 : IMF 가맹국은 공통된 작성 방식을 따르고 있어 국가 간 정부 재정활동의 구체적 비교가 가능하다.

　㉣ 재정활동의 규모 파악용이 : 통합재정은 내부거래와 보전거래를 차감하는 예산순계형식을 취하므로 순수한 재정활동 규모를 파악하는데 용이하다.

③ 내용

　㉠ 포괄성 : 통합예산은 중앙정부와 지방정부뿐만 아니라 그 보조기관, 정부기업, 정부기금 등 모든 정부활동이 포괄적으로 포함되어야 한다.

　㉡ 순계개념으로 작성 : 정부 간 또는 정부 내 거래로 인한 예산의 이중적 계산은 정확한 예산규모를 파악할 수 없게 하므로 이중거래로 인한 오류(과다계상)를 방지하기 위하여 내부거래를 제외한 순계개념으로 파악한다. 따라서 회계 간 전출입 거래는 물론 실질적으로 내부거래인 회계 간의 예탁·이자지급 등의 거래까지를 제거한 순 세입·순 세출 규모로 작성한다.

　㉢ 순융자(대출순계)의 구분 : 정부재정자금의 융자나 융자회수와 같은 재정자금의 운용상황은 일반세입·세출과 구분하여 순계기준으로 밝혀주어야 한다.

　㉣ 보전재원 명시 : 보전재원은 정부의 총세입액과 총세출액의 차이가 부(負)의 값을 나타내 재정적자가 발생했을 때 이를 보전하기 위한 수단을 의미한다. 보전재원에는 국채발행, 차입, 차관도입 등이 있는데 통합예산은 이러한 자금조달내역을 명시하여 재정적자의 근거를 밝혀야 한다.

　㉤ 현금주의에 의한 작성 : 통합예산은 회계가 아닌 재정통계이므로 현금주의로 작성된다.

④ 우리나라 통합예산의 범위
　　㉠ 일반정부
　　　　ⓐ 중앙정부 : 일반회계＋기타특별회계＋일부기금＋세입·세출 외(전대차관)＋세계잉여금
　　　　ⓑ 지방정부 : 일반회계＋기타특별회계＋전체기금＋교육특별회계
　　㉡ 비금융공기업
　　　　ⓐ 중앙정부 : 기업특별회계(우편사업·우체국예금·조달·양곡관리·책임운영기관)
　　　　ⓑ 지방정부 : 공기업특별회계
　　㉢ 금융성 공공부문(한국은행, 산업은행), 금융성 기금 및 외국환평형기금, 공공기관은 통합예산에서
　　　　제외되고 있다.
⑤ 한계 : 융자지출은 회수되는 시점에서는 흑자요인이 됨에도 불구하고 이를 해당연도의 적자요인으
　　로 보고 이를 기초로 재정운용의 건전성을 판단하는 것은 문제가 있다.

(2) 조세지출예산제도

① 의의
　　㉠ 조세지출은 정부가 받아야 할 세금을 받지 않음으로써 간접적으로 지원하여 주는 조세감면을 일
　　　　컫는 것으로, 정부가 조세를 통하여 확보한 재원을 바탕으로 직접 지원하는 직접지출과는 대비되
　　　　는 개념이다.
　　㉡ 조세지출예산제도는 조세감면의 구체적 내역을 예산구조를 통해 밝히는 것이다. 즉, 조세감면의
　　　　내용과 규모를 예산형식으로 편성하여 매년 국회의 심의를 받도록 하는 것을 말한다. 따라서 이
　　　　제도의 목적은 국회에서 조세감면의 관리 및 통제를 효과적으로 하기 위해 도입되었다.

② 필요성
　　㉠ 재정민주주의의 실현 : 전체적 재정규모가 분명히 밝혀지고 조세지출항목에 대한 평가를 통해 의
　　　　회의 예산심사권이 충실화되고 재정민주주의에 기여한다.
　　㉡ 각종정책수단의 효과성 파악 : 법률에 따라 지출되는 재정정책의 효과를 판단하기 위한 기초 자
　　　　료가 된다. 따라서 각종 정책수단의 상대적 유용성을 평가할 수 있는 효과가 있다.
　　㉢ 정책의 효율적 수립 : 정부가 직접지출(예산지출)을 한 것과 마찬가지로 조세지출(간접지출)을 통
　　　　해서도 민간활동을 지원할 수 있음을 인식하는 것이 정책의 효율적 수립을 위해 필요하다.
　　㉣ 조세제도 및 행정의 개선 : 조세의 정확한 구조를 이해할 수 있게 해 주며, 세법 단순화 및 조세
　　　　행정의 개선에 도움을 줄 수 있다.
　　㉤ 국민의 조세부담 파악과 부당하고 비효율적인 조세지출의 축소 : 조세지출의 필요성이 없어진 후
　　　　에도 관성적으로 존속하는 방만한 조세지출을 방지할 수 있으며, 법정세율과 실효세율의 차이를
　　　　정확하게 알려 줌으로써 정확한 조세부담을 파악할 수 있게 해준다.
　　㉥ 재정부담의 형평성 제고 : 조세감면이나 면제의 대상을 정확히 파악함으로써 재정부담의 형평성
　　　　을 제고하게 된다.
　　㉦ 국고수입의 증대 : 조세감면은 정치적 특혜의 가능성이 커서 특정산업에 대한 지원의 성격을 가
　　　　지며, 부익부 빈익빈의 가능성이 있으므로 이를 통제하기 위해 필요하고 이를 통해 국고수입을
　　　　증대시킬 수 있다.

③ 한계

  ㉠ 법에 의해 획일적으로 감면율이 적용되므로 높은 세율이 부과되는 고소득층에게 보다 큰 감면혜택이 돌아가는 반면, 경제력이 없어 조세감면 혜택이 필요한 대상에게는 혜택이 적다.

  ㉡ 조세지출의 확대는 잠재적 세수와 실제적 세수 간의 격차를 심화시키고, 세제를 복잡하게 하므로 세제전반에 대한 파악이 어려워진다.

(3) 자본예산

  ① 의의

   ㉠ 자본예산제도는 예산을 경상계정과 자본계정으로 구분하고 자본계정에는 엄격한 복식부기를 적용하는 일종의 복식예산이다. 즉 정부예산을 경상지출과 자본지출로 구분하고, 경상지출은 경상수입으로 충당하여 균형을 이루게 하고 자본지출은 그 상당부분을 공채를 발행하여 그 수입으로 충당함으로써 불균형예산을 편성하는 예산제도이다.

   ㉡ 선진국에서는 자본예산편성을 통한 조달재원으로 공공사업을 실시하여 경기를 회복하는데 필요하고, 후진국에서는 경제성장 또는 도시개발계획을 효율적으로 추진하기 위한 투자재원을 확보하기 위해 필요하다.

▶ **경상계정과 자본계정**

재정구분	특징	재원	비고
경상계정	지출효과가 1년 이내인 연례적 경비	경상수입(조세 등)	균형재정
자본계정	지출효과가 1년 이상 장기간 지속되는 경비	국공채발행	불균형재정

  ② 전개과정

   ㉠ 스웨덴 : 자본예산제도가 최초 도입된 스웨덴은 1930년대의 경제대공황에 대처하기 위해 G. Myrdal의 제안에 의해 중앙정부에서 1937년에 채택하였다. 이는 예산은 반드시 연차적 균형을 유지할 필요는 없으며 장기적 관점에서 균형을 유지하면 된다는 장기적 균형예산방식이다.

   ㉡ 미국 : 미국형의 자본예산제도는 주로 지방정부의 지역사회발전 추진과 공공사업을 계획적으로 수행하고자 활용되었으며 대체로 국민경제적 안정 문제와는 별 관련이 없다. 미국의 시정부에서는 1930년대의 불황으로 공공시설의 확충을 조세수입에만 의존할 수 없었기 때문에 자본예산제도를 채택하여 장기계획사업에 소요되는 재원을 장기적 균형예산에 의한 적자재정과 공채발행에 의존하였다.

   ㉢ 개발도상국가 : 경기회복이나 실업자의 구제보다는 적극적으로 경제성장을 위한 투자재원 조달과 이를 위한 장기사업의 예산은 특별히 분석·조정해야 한다는 점에서 스웨덴과는 도입배경이 다르다. 우리의 경우 현재 지방정부에서 예산을 자본계정과 경상계정으로 구분하고 있으나 이는 공식적인 자본예산제도는 아니며, 과거 중앙정부의 일반재정부문이 이와 유사한 것이었다.

  ③ 장·단점

   ㉠ 장점

    ⓐ 국가재정의 기본구조 이해 : 정치가·공무원 및 일반시민으로 하여금 국가재정의 기본구조를 명확히 파악할 수 있게 한다.

ⓑ 자본지출에 대한 특별한 심사·분석 : 경상지출과 자본지출을 구분함으로써 자본지출에 대한 특별한 사정과 분석을 가능하게 한다. 경상계정은 일상적인 국가활동비이므로 자본예산에서 특별한 관심대상이 되지 못한다.

ⓒ 정부의 순자산상태의 변동파악에 이용 : 정부의 순자산상태의 변동을 명확히 하는데 이용될 수 있다.

ⓓ 불경기극복에 이용 : 경제불황기에 적자예산을 편성하여 유효수요와 고용을 증대시킴으로서 불황을 극복하는데 도움을 줄 수 있다.

ⓔ 장기적 재정계획수립에 도움 : 장기적 공공사업계획과 연관성을 갖게 되어 자원개발을 위한 효과적 수단이 될 수 있다. 또한 정부의 장기적인 재정계획수립에 도움을 주고 정부의 신용도를 높이는데도 유익하다.

ⓕ 수익자부담원칙의 구현 : 공채를 통해 만들어진 자산 또는 공공시설은 장기간 이용되며 다음 세대가 혜택을 받기도 한다. 자본계정에서 지출될 대상은 많은 경우 그 혜택이 장기간에 걸치는 것이므로 공채를 발행하여 장래의 납세자가 부담하도록 하는 수익자부담원칙을 구현할 수 있다.

ⓛ 단점

ⓐ 적자재정의 은폐수단 : 경상예산의 불균형을 은폐하기 위해 경상예산에 속하는 각 항목을 자본예산으로 이전하거나 포함시켜 적자재정의 은폐수단으로 이용될 수 있다.

ⓑ 인플레이션 조장의 우려 : 시설재를 위한 투자는 국채발행에 의하여 충당하여도 좋다는 관념이 확립되면서 인플레이션 시기에도 그것을 조장할 우려가 있다.

ⓒ 자본재의 축적 또는 공공사업에의 치중 : 자본예산은 현 경제주체의 재정부담이 안되므로 자칫하면 선심성 공공사업에 지나치게 치중할 우려가 있다. 아니면 불경기를 극복하기 위하여 무리하게 자본재에만 투자하게 된다.

ⓓ 적자예산편성의 치중 : 부채를 동원하여 적자예산을 편성하는데 치중할 우려가 있다.

ⓔ 계정구분의 불명확성 : 정부예산을 경상계정·자본계정으로 구분하지만 두 계정의 구분이 명확하지 않다.

ⓕ 수익사업에의 치중 : 수익이 있는 사업에만 치중하게 되고 그렇지 않은 학교 등 사회복지사업 등은 경시하게 된다.

2. 예산의 분류

1. 의의

(1) 예산의 분류란 예산의 편성·심의·집행 및 회계검사를 용이하게 하기 위하여 세입·세출예산을 일정한 기준에 따라 체계적으로 배열하는 것을 말한다.

(2) 예산을 이용하는 목적이 상이하여 단일의 분류방법으로는 모두의 욕구를 충족시켜 주기 어렵기 때문에 다양한 분류방법이 사용된다.

2. 목적

(1) 사업계획의 수립과 예산심의 용이

예산이 정부의 사업계획을 명백하게 하도록 분류되기만 한다면 예산분류는 의회의 예산심의에 도움을 준다.

(2) 효율적인 예산집행

예산분류는 사업계획을 집행하는 공무원으로 하여금 배정된 예산액과 자기임무를 명확히 인식하게 함으로써 예산집행의 효율성을 상호 비교할 수 있도록 한다.

(3) 회계책임의 명확화

예산분류는 특정기관 또는 그 기관의 세입징수, 지출원인행위, 현금출납에 관한 회계에 관한 회계의 책임을 명확하게 한다.

(4) 국민경제에 미치는 경제적 효과분석

예산분류는 정부활동이 국민경제에 미치는 영향을 파악하는데 도움을 준다.

3. 기능별 분류

(1) 의의

① 정부가 수행하는 기능(공공서비스의 내용), 즉 정부활동이 추구하는 궁극적인 사회경제적 목적에 따라 세출예산을 분류하는 방식으로서, 예산의 기능별 분류는 정부가 수행하고 있는 주요 사업의 목록표와 같이 정부기능들을 총괄적으로 제시한다. 우리나라의 기능별 분류는 일반행정비, 방위비, 교육비, 사회복지, 경제개발비, 지방재정교부금, 채무상환 및 기타로 구분된다.

② 정부활동별 예산배분 현황과 그에 대한 정보를 국민에게 보여줌으로써 시민이 예산을 쉽게 이해할 수 있으므로 '시민을 위한 분류'로서의 성격을 지닌다.

(2) 특징

① 기능별 분류의 대항목은 어느 한 부처의 예산이 아니라 각 부처의 예산을 포괄한다. 예컨대 일반행정비는 어느 한 부처의 일반행정비만이 아니라 모든 부처의 일반행정비가 종합된다.

② 기능별 분류는 공공사업을 별개의 범주로 삼지 않는다. 예컨대 공공사업으로서의 교량건설은 수송비에 포함될 것이며 군사시설의 건설은 방위비에 계상될 것이다.

③ 기능별 분류는 사업별·활동별 분류와 연계된다는 점에서 성과주의예산에 가장 적합한 분류방식이다.

④ 일반행정비는 국민을 위한 국가기능이 아니므로 가능한 한 적게 책정하는 것이 바람직하다.

(3) 장·단점

장점	단점
① 행정수반의 재정정책수립 용이 ② 입법부의 예산심의 용이 ③ 국민이 정부예산을 이해하는데 도움을 줌 ④ 총괄계정에 적합하고 탄력성이 높음	① 회계책임 확보가 곤란 ② 입법부의 효율적인 통제가 어려움 ③ 대분류이어서 어느 부처에서 무슨 사업을 하는지 분명하지 않음 ④ 정부의 활동이나 사업은 두 개 이상의 기능에 중복되는 경우가 있다.

4. 조직별 분류

(1) 의의

예산을 편성하고 집행하는 정부의 조직단위에 따라 분류하는 방식이다. 즉 부처별·기관별·소관별로 분류하는 것이다. 예산분류방법 중 가장 역사가 오래되고 기본적인 예산분류방법이며 세입예산과 세출예산에 모두 적용된다.

(2) 장·단점

장점	단점
① 입법부의 예산심의와 재정 통제를 용이하게 한다. ② 경비지출의 주체를 명백히 함으로서 회계책임이 명백하며 예산의 유통과정이나 단계가 명확하게 드러난다. ③ 분류범위가 비교적 크고 융통성이 있어 총괄계정에 적합하다. ④ 국회에서의 예산심의가 가장 용이하다.	① 경비지출의 목적을 밝힐 수 없다. ② 사업 중심이 아니므로 예산의 전체적인 성과를 파악할 수 없다. ③ 조직 활동의 전반적인 효과나 사업계획의 우선순위를 평가하기 어렵다. ④ 국민경제에 미치는 영향이나 동향 파악이 곤란하다.

5. 품목별 분류

(1) 의의

① 품목별 분류는 지출의 대상(품목)을 기준으로 하여 세출예산을 인건비, 물건비, 경상이전비, 자본지출, 융자·출자, 보전재원 등으로 분류하는 방법이다.
② 이 분류방법은 통제중심의 예산제도로서 주로 세출예산에 적용되며 세출예산은 최종적으로는 품목별로 분류되며 보통 조직별 분류 등 다른 분류방법과 병행되는 경우가 가장 많다. 우리나라는 세출예산과목 중 목이 품목별 분류에 해당한다.

(2) 장·단점

장점	단점
① 지출통제가 쉽고 재량범위를 줄여 부정을 방지할 수 있다. ② 인사관리를 위한 유용한 자료로 이용할 수 있다. ③ 회계책임을 명확히 하고 합법성 위주의 회계검사에 유용하다.	① 세부적인 지출대상에 중점을 두므로 사업의 전체적 파악이 어렵다. ② 행정활동의 자율성을 제약하고 예산의 신축성을 저해한다. ③ 신규 사업보다는 기존사업의 확대에 치중하기 쉽다.

6. 경제성질별 분류

(1) 의의

① 경제성질별 분류란 예산이 국민경제에 미치는 영향을 파악하는 데 도움을 주기 위한 분류방법으로서 정부정책을 결정함에 유용한 자료를 제공함을 그 목적으로 한다.

② 정부의 수입·지출이 국민경제나 국민소득의 기본적 구성요소인 소득·소비·저축·투자 등에 어떠한 영향을 미치고 있는가를 파악하려는 것이다.

(2) 장·단점

장점	단점
① 예산이 국민경제에 미치는 영향 파악이 가능 ② 정부거래의 경제적 효과분석 용이 ③ 경제정책·재정정책 수립에 유용 ④ 국가 간의 예산경비의 비중 비교 가능	① 경제성질별 분류 자체가 경제정책이 될 수 없음 ② 정부예산의 경제적 영향의 일부만을 측정가능 ③ 정책결정을 담당하는 고위공무원에게는 유용하나 일선에서 사업계획을 수립·집행하는 공무원에게는 별로 유용하지 못함

❖ **우리나라 예산과목의 분류체계**

예산과목이란 예산의 내용을 명백히 하기 위해 예산을 일정한 기준에 따라 구분해 놓은 것을 말한다. 예산과목은 세입예산 과목과 세출예산 과목으로 구성된다. 세입예산은 관·항·목으로 구분하고, 세출예산은 소관·장·관·항·세항·목으로 구분한다. 예산과목은 예산분류와 연계되어 있다. 다음은 세출예산과목의 예시이다.

구분	입법과목			행정과목	
소관	장(章)	관(款)	항(項)	세항(細項)	목(目)
조직별(소관별) 분류	기능별 분류		사업계획별 분류		품목별 분류
	이용대상(국회의결 필요)			전용대상(국회의결 불필요)	

제**02**장 예산과정론

1. 예산주기

1. 의의

예산과정이란 예산이 행정부에 의하여 편성되어 의회의 심의·의결을 거쳐 확정되면 각 관계부서에 의하여 집행되고, 감사원의 회계검사와 결산확인을 받아 결산서가 국회에 제출되어 국회의 결산심의·결산승인 끝나면 정부의 예산집행책임이 해제되는 일련의 과정을 말한다. 예산과정의 전체적인 순환주기는 3년이다.

2. 예산주기

예산주기는 일반적으로 연속적이면서 중첩되어 진행된다. 즉 2023년도 예산은 2022년 1년 동안 편성·심의되고, 2023년도 1년 동안 집행되며, 이에 대한 결산은 2024년도에 이루어진다.

3. 예산과정의 특징

(1) 합리적 의사결정과정

예산과정은 목표달성을 위하여 한정된 국가자원의 합리적인 배분을 모색하는 과정이다.

(2) 예산과정의 정치성(Wildavsky)

예산과정은 대외적으로 정당을 통해 국민의사를 반영하는 수단이 되며, 대내적으로는 부처 간, 집단 간에 자신의 이권을 위하여 부단히 투쟁을 벌이는 정치적 과정이다.

(3) 그밖에 예산과정

주기적 순환과정, 사업의 심사·조정과정, 국가자원의 배분과정, 주요정책의 결정과정이라는 특징을 갖는다.

2. 회계연도

1. 의의

(1) 회계연도

예산의 유효기간으로서 수입과 지출을 구분·정리하여 그 관계를 명확히 하기 위한 기간이다. 회계연도를 구분하는 것은 각 연도의 수지상황을 명확히 하고 적정한 재정통제를 하기 위함이다.

(2) 각국의 회계연도

① 1월 1~12월 31일 : 한국, 프랑스 등

② 4월 1일~3월 31일 : 영국, 독일, 캐나다, 일본 등

③ 10월 1일~9월 30일 : 미국 등

2. 회계연도 독립의 원칙

우리나라의 국가재정법에서 각 회계연도의 경비는 그 연도의 세입 또는 수입으로 충당하여야 한다는 회계연도 독립의 원칙을 규정하고 있다.

제 **02** 절 | 예산과정

1. 예산의 편성

1. 의의

(1) 예산편성이란 정부가 다음 회계연도에 수행할 정책이나 사업을 금액으로 표시하여 구체화하는 과정을 말한다. 예산의 편성은 기획재정부를 중심으로 예산편성지침서의 시달, 각 부처의 예산요구서 제출, 중 앙예산기관의 사정, 정부예산안의 확정 등의 단계로 이루어진다.

(2) 예산의 편성은 예산과정 중 정치적 성격을 가장 많이 갖는 것으로 각 부처는 더 많은 예산을 확보하기 위해 중앙예산기관과 치열한 투쟁과 교섭활동을 벌이게 된다. 따라서 예산의 편성과정에서는 경제적 합리성뿐만 아니라 정치적 합리성도 중요한 가치로 작용한다.

2. 행정부제출예산제도

(1) 의의

예산편성권한이 행정부에 있는 예산제도를 행정부제출예산제도라 한다. 우리나라를 비롯한 대부분의 국가에서는 행정부제출예산제도를 채택하고 있다. 이는 행정국가의 등장이후 행정기능이 전문화·다양 화되어 국가사업을 결정하고 집행하는 행정부가 예산편성을 맡는 것이 합리적이라는데 기인한다. 우리 나라는 기획재정부에서 예산을 편성한다.

(2) 장·단점

장점	단점
① 국회의 예산심의 용이	① 예산통제 곤란
② 정책결정과 집행의 유기적 연결	② 의회의 기능 약화
③ 예산편성의 전문성제고	③ 국민에 대한 책임성확보 곤란

3. 예산편성의 형식

(1) 의의

국가재정법 제19조는 "예산은 예산총칙, 세입·세출예산, 계속비, 명시이월비와 국고채무부담행위를 총 칭한다."고 규정하고 있다. 이것은 예산의 형식적 내용을 표현한 것이다.

(2) 내용

① 예산총칙 : 예산총칙에는 세입·세출예산, 계속비, 명시이월비와 국고채무부담행위에 관한 총괄적 규 정을 두고 있다. 이외에도 국채와 차입금의 한도액, 재정증권의 발행과 일시차입금의 최고액, 이용 허가범위, 그 밖에 예산집행에 필요한 사항을 규정하고 있다.

② 세입·세출예산 : 정부예산의 실질적 내용을 구성하고 있는 부분으로서 다음 연도의 세입·세출예산의 내역 등이 상세하게 기술되어 있다. 세출예산은 행정부를 엄격히 구속하므로 입법부 승인 없는 지출이 불가능하지만, 세입예산은 단순한 추정치에 불과하므로 세입예산상 과목이 없어도 징수가 가능하다.

③ 계속비 : 완성에 수년도(5년 이내)를 요하는 공사나 제조 및 연구개발사업은 그 경비총액과 연부액을 정하여 미리 국회의 의결을 얻어 수 년도에 걸쳐서 지출할 수 있도록 한 비용을 말한다.

④ 명시이월비 : 세출예산 중 경비의 성질상 연도 내에 그 지출을 하지 못할 것이 예측될 때에는 그 취지를 세입·세출예산에 명시하여 미리 국회의 승인을 얻어 다음 연도에 이월하여 사용할 수 있도록 규정하고 있다.

⑤ 국고채무부담행위 : 법률에 따른 것과 세출예산금액 또는 계속비의 총액의 범위 외에서 국가가 채무를 부담하는 행위를 할 때에는 미리 예산으로 국회의 의결을 얻어야 하며 이외에 재해복구를 위하여 일반회계 예비비의 사용절차에 준하여 집행할 수 있다.

4. 우리나라의 예산편성절차

(1) 의의

예산편성은 재정운영계획을 수립하고 중앙부처에 예산편성지침서를 시달하는 단계 ➡ 중앙부처가 사업을 확정하고 예산을 요구하는 단계 ➡ 예산실에서 부처의 예산요구서를 사정하는 단계 ➡ 정부의 예산안에 대한 국민의 이해와 지지를 호소하는 단계로 이루어진다.

(2) 예산편성절차

중기사업계획서 제출	1월 31일까지	각부 장관 ➡ 기획재정부장관
↓		
예산편성지침 시달	3월 31일까지	기획재정부장관 ➡ 각부 장관
↓		
예산요구서 제출	5월 31일까지	각부 장관 ➡ 기획재정부장관
↓		
예산사정		개별부처와 기획재정부 간의 예산조정
↓		
국무회의심의와 대통령 승인		
↓		
국회 제출	회계연도 개시 전 120일까지	

① 중기사업계획서의 제출과 국가재정운용계획의 수립
  ㉠ 중기사업계획서 제출 : 중앙관서의 장은 1월 31일까지 당해 회계연도부터 5회계연도 이상의 기간 동안의 신규사업 및 기획재정부장관이 정하는 주요 계속사업에 대한 중기사업계획서를 기획재정부장관에게 제출하여야
  ㉡ 국가재정운용계획 수립 : 기획재정부장관은 각 중앙관서별 중기사업계획서 등의 분석 자료를 토대로 국가재정운용계획안을 수립하여 회계연도 개시 120일 전까지 국회에 제출해야 한다.
② 예산편성지침 통보 : 기획재정부장관은 국무회의의 심의와 대통령의 승인을 얻은 다음 연도의 예산안편성지침을 3월 31일까지 각 중앙관서의 장에게 통보하고, 국회 예산결산특별위원회에 보고한다. 이때, 국가재정운용계획과 예산편성을 연계하기 위하여 중앙관서별 지출한도를 포함하여 통보할 수 있다.
③ 예산요구서제출 : 각 중앙관서의 장은 다음 연도의 세입세출예산요구서를 5월 31일까지 기획재정부장관에게 제출하여야 한다. 기획재정부장관은 예산요구서가 예산안편성지침에 부합하지 아니하는 때에는 기한을 정하여 이를 수정 또는 보완하도록 요구할 수 있다.
④ 예산사정(예산협의)과 예산안편성 : 각 부처의 예산요구서가 기획재정부에 접수되면, 사업부처의 예산요구서에 대한 사정작업이 진행된다.
  ㉠ 예산협의회 : 기획재정부 예산사정관과 각 부처 기획관리실의 예산담당관 사이의 커뮤니케이션 과정을 예산협의회라 한다. 예산협의는 사업내용의 타당성, 사업추진의 시급성, 사업주체의 적합성, 사업운영방식의 효율성, 재원조달 및 지원방식의 적절성 등이 검토된다.
  ㉡ 예산심의회 : 기획재정부의 사정관들의 예산정책에 대한 재검토와 사회경제적 상황변화에 대한 대응 등이 검토되는 과정이다.
  ㉢ 예산에 대한 고위정책결정 : 예산실장은 대통령, 여당 및 국회와 조율을 하면서 정부예산을 편성하게 된다.
  ㉣ 독립기관 및 감사원 예산 : 독립기관(국회·대법원·헌법재판소·중앙선거관리위원회) 및 감사원의 예산을 편성함에 있어 당해 독립기관의 장의 의견을 최대한 존중하여야 한다.
⑤ 예비타당성조사 : 기획재정부장관은 대규모사업에 대한 예산을 편성하기 위하여 중앙관서장이 신청·직권선정하거나 국회가 그 의결로 요구한 사업에 대해 미리 예비타당성조사를 실시하여야 한다.
⑥ 국무회의의 심의와 국회제출 : 기획재정부의 예산안사정이 끝나면 집계하여 행정부 예산안으로서 국무회의를 거쳐 대통령의 승인을 얻어 회계연도 개시 120일 전까지 첨부서류(성인지예산서, 국고채무부담행위 설명서)와 함께 국회에 제출해야 한다.

5. 국가재정법체계의 4대 재정혁신 – 예산편성의 혁신

(1) 의의

종래의 단년도·통제·투입중심의 예산체계를 중장기·자율·성과 중심의 예산체계로 개편하기 위하여 ① 국가재정운용계획, ② 예산총액배분 자율편성제도(Top-down 제도), ③ 성과관리제도, ④ 디지털 예산회계시스템 구축을 추진하고, 이러한 4대 재정혁신을 법제화한 것이 「국가재정법」이다.

(2) 국가재정운용계획

① 의의

    기획재정부장관이 작성하여 국회에 제출되는 국가정책의 비전과 재정투자계획을 제시하는 5년 단위의 중장기 계획으로, 단년도 예산편성 및 기금운용계획과 연계하고(지출한도 설정), 매년 수정·보완하여(Rolling plan) 국가재정운용의 기본 틀로 활용되는 계획이다.

② 특징

    ㉠ 5년 단위의 국가재정운용(수입·지출)에 관한 계획의 수립과 국회제출 : 중장기적 시계에서 국가재원의 전략적 배분을 위해, 기획재정부장관은 매년 당해 회계연도부터 5회계연도 이상의 기간에 대한 국가재정운용계획을 수립하여, 예산안과 함께 국회에 제출한다.

    ㉡ 연동식 계획 : 매년 새로운 1년을 추가하고 지나간 1년을 삭제하여 5년의 계획기간이 계속 지속되는 연동식 계획(Rolling plan)이다.

    ㉢ 국가재정운용계획의 포괄범위 : 국가재정의 전반적 규모와 구조의 정확한 파악, 재원배분과 재정수지의 전략적 운용을 위해, 일반회계, 특별회계, 기금을 포괄하는 '통합재정'을 기준으로 작성한다.

    ㉣ 수록내용 : 재정운용의 기본방향과 목표, 중·장기 재정전망, 분야별 재원배분계획 및 투자방향, 조세부담률 전망 등 향후 5년간 각 분야의 정책방향과 재원투자 규모를 포함한다.

    ㉤ 예산총액배분 자율편성제도(Top-down 제도)의 부처별지출한도로 활용 : 국가재정운용계획상의 분야별 투자규모는 Top-down 제도의 '부처별 지출한도'로 활용하여 단년도 예산편성 및 기금운용계획수립과 연계된다.

③ 국가재정운용계획의 수립절차

    ㉠ 국가재정운용계획안 마련

        ⓐ 부처별 중기사업계획서 제출 : 1월 31일까지

        ⓑ 국가재정운용계획 시안 작성, 분야별 공개토론회, 국무위원 재원배분회의 : 2월~3월

        ⓒ 국가재정운용계획안 마련 및 단년도 지출한도 수립 : 3월 31일까지

    ㉡ 익년도 예산편성 및 국가재정운용계획안 보완

        ⓐ 각 부처 자율예산편성과 예산요구 : 5월 31일까지

        ⓑ 예산처와 예산안 협의·조정(국가재정운용계획 보완 병행)

    ㉢ 국가재정운용계획 및 익년도 예산안 확정, 국회제출 : 회계연도 개시 120일 전까지

(3) 총액배분 자율편성(Top-down) 예산제도

① 의의

㉠ 중앙예산기관과 행정수반이 국가재정운용계획에 근거하여 부처별 지출한도를 제시하면 각 부처가 그 범위 내에서 자율적으로 예산을 편성하고 중앙예산기관이 이를 점검·보완하여 최종적으로 예산안을 편성하는 방식이다.

㉡ 총액배분자율편성제도는 자율편성을 허용하므로 재정운용(자금관리)의 분권화를 강조하지만, 중앙예산기관과 행정수반에게 예산지출한도 설정을 맡기므로 결국 의사결정의 주된 흐름은 거시적·하향적이다.

② 효용성

㉠ 분야별 지출규모가 국무위원 재원배분회의를 통해 국가적 정책 우선순위에 따라 배분되므로, 주요 국정과제 사업의 안정적 추진이 가능하다.

㉡ 각 부처는 지출한도 범위 내에서 자율적 사업추진이 가능하다.

㉢ 이해관계자의 의견을 반영하여 사전에 확정된 국가재정운용계획에 기초하여 단년도 예산을 편성하게 되므로, 국가정책의 투명성과 예측가능성이 제고된다.

㉣ 주어진 지출한도 범위 내에서 각 부처가 자율적으로 예산을 편성하게 됨에 따라 예산을 과도하게 요구할 유인이 사라져 예산과다요구·중앙예산기관의 대폭삭감이라는 악순환 관행을 개선한다.

㉤ 일반회계·특별회계·기금을 포괄한 통합재정을 기준으로 한 국가재정운용계획의 수립과 지출한도 설정으로, 각 부처가 특별회계, 기금 등 칸막이식 재원을 확보하려고 애쓰게 하는 유인을 줄인다.

(4) 성과관리예산제도

① 의의

㉠ 개념

성과관리예산제도란 재정사업으로 달성하고자 하는 목표와 성과지표를 사전에 설정하고, 사업시행결과를 성과지표에 의해 평가하여 그 결과를 재정운영에 환류하는 제도이다.

㉡ 대두배경

예산총액배분 자율편성(Top-down)제도의 도입으로 각 부처의 예산편성 자율권이 대폭 확대됨에 따라, 이에 상응하여 재정집행에 대한 부처의 책임성을 제고하기 위한 제도이다.

> ✿ 성과중심의 재정운용(국가재정법 제8조)
> ① 각 중앙관서의 장과 법률에 따라 기금을 관리·운용하는 자는 재정활동의 성과관리체계를 구축하여야 한다.
> ② 각 중앙관서의 장은 예산요구서를 제출할 때에 다음 연도 예산의 성과계획서 및 전년도 예산의 성과보고서를 기획재정부장관에게 함께 제출하여야 하며, 기금관리주체는 기금운용계획안을 제출할 때에 다음 연도 기금의 성과계획서 및 전년도 기금의 성과보고서를 기획재정부장관에게 함께 제출하여야 한다.
> ③ 기획재정부장관은 대통령령이 정하는 바에 따라 주요 재정사업에 대한 평가를 실시하고 그 결과를 재정운용에 반영할 수 있다.

② 과정

 ⊙ 의의 : 성과관리는「예산편성−예산집행−결산」의 예산주기와 결합되어, 3년을 주기로 하여「성과계획 수립(성과계획서 작성)−당해 연도 사업집행−성과측정·평가(성과보고서 작성)」의 과정으로 이루어진다.

 ⓒ 성과계획 수립 : 각 부처가 기관전체 업무를 대상으로 목표체계(미션 ➜ 전략목표 ➜ 성과목표 ➜ 사업)와 이에 상응하는 성과지표를 구축하는 것이다.

 ⓒ 성과측정·평가, 환류 : 성과지표에 근거한 성과평가와 성과보고서 작성, 그리고 성과결과의 환류가 이루어진다.

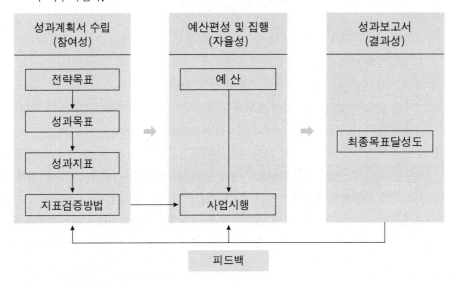

③ 성과계획서와 성과보고서

 ⊙ 성과계획서 : 주요재정사업에 대한 향후 5년간의 중기 전략목표 및 성과목표를 제시하고 목표달성 여부를 판단할 수 있는 지표 및 지표별 목표치를 기술한 보고서로서 임무, 비전, 전략목표, 성과목표, 관리과제, 성과지표 등 포함되며 성과계획서는 구성원의 참여하에 수립된다.

  ⓐ 임무(미션) : 해당기관의 존재이유(목적)와 주요기능이다.

  ⓑ 비전 : 장기적인 목표와 바람직한 미래상으로 조직의 정책추진 방향설정과 구성원에 대한 동기부여 기능을 수행하므로 리더와 부하가 함께 설정하는 것이 바람직하다.

  ⓒ 전략목표 : 국정목표, 기관임무와 비전 등을 감안, 해당기관이 최대 중점을 두고 지향하거나 추진해야 할 내용으로서 국가재정운용계획 '분야별 정책방향 및 투자계획'을 반영하여 수립한다.

  ⓓ 성과목표 : 전략목표를 구체화하는 하위목표로서 주요 재정사업을 통해 달성하려는 구체적인 목표. 국가재정운용계획 '분야별 주요 성과목표'의 내용을 반영하여 수립하고 프로그램예산의 '프로그램'과 1대1 대응하도록 한다.

  ⓔ 관리과제 : 성과목표 달성을 위해 추진하는 개별 정책 또는 사업단위로서 업무추진 및 향후 성과측정 대상으로서 프로그램예산의 '단위사업'과 1대1 대응하도록 한다.

  ⓕ 성과지표 : 성과목표의 달성 여부를 판별하기 위한 척도

구 분	개 념	특 성
투입지표	예산·인력 등 투입물의 양을 나타내는 지표 ▷ 직업훈련교육 예산 집행률	예산집행과 사업 진행과정상의 문제점을 발견하는데 도움
과정지표	사업 진행과정에서 나타나는 산출물의 양을 나타내는 지표 ▷ 직업훈련 교육별 진도율	사업 진도 등 사업추진 정도를 중간 점검하는데 도움
산출지표	사업완료 후 나타나는 1차적 산출물을 나타내는 지표 ▷ 직업훈련 교육 수료자 수	투입에 비례하여 설정한 목표를 달성하였는가를 평가하는데 도움
결과지표	1차적 산출물을 통해 나타나는 궁극적인 사업의 효과, 정책이 미치는 영향력을 나타내는 지표 ▷ 직업훈련 수료자 취업률	사업이 의도한 최종목표의 달성정도에 따른 영향과 효과를 측정하는데 도움

　　　ⓒ 성과보고서 : 성과계획서에 제시된 성과지표의 목표치와 사업진행 후 실적치를 비교분석한 보고서

　④ 제도의 구체적인 내용

　　　㉠ 재정성과목표관리제도(일상적 건강관리) : 성과계획서 작성(FY−1), 재정운용(FY), 성과보고서 작성(FY+1)

　　　ⓛ 재정사업자율평가제도(정기건강검진)

　　　　ⓐ 성과지표만으로는 파악하기 어려운 예산집행 및 모니터링 실태, 타 사업과의 중복성 등 개별 사업에 대한 보다 구체적이고 체계적인 정보를 얻기 위해 실시한다.

　　　　ⓑ 각 부처는 기획재정부가 사전에 제시한 항목에 따라 재정사업을 매년 3분의 1씩(하나의 재정사업은 3년 주기) 자율평가하고 기획재정부는 부처의 자율평가 결과를 확인·점검하여 예산편성 등 재정운용에 활용한다.

　　　ⓒ 재정사업심층평가제도(정밀검사) : 자율평가 결과, 문제가 제기된 사업 등 보다 심층적 분석이 필요한 사업에 대하여 전문연구기관에 의뢰하여 심층평가를 실시한다.

구 분	성과관리제	재정사업자율평가제	재정사업심층평가제 (재정사업 성과평가제)
초 점	성과목표·지표관리 (Performance monitoring)	사업점검 (Program review)	사업평가 (Program evaluation)
방 식	전체사업에 대하여 성과목표와 성과지표를 설정하고 그 결과를 측정해 재정운용에 환류(성과계획서, 성과보고서)	사전에 점검대상 항목을 제시해 사업이 적정하게 운영되고 있는지, 성과가 있는지 등을 체계적으로 파악	개별사업을 대상으로 과학적 평가기법을 사용해 심층·분석하고 문제점 발견, 대안제시
대상사업	모든 사업	전체 사업의 1/3	개별사업

　⑤ 기대효과

　　　㉠ 각 부처가 주요사업의 성과목표와 목표달성 여부를 객관적으로 측정할 수 있는 성과지표를 사전에 제시함으로써, 명확한 목표의식과 책임감을 갖고 사업을 추진하여 재정투입의 효과를 개선할 수 있다.

ⓒ 사업집행 후 자율평가를 통해 성과지표의 목표치와 실적치를 비교분석하여 부진한 경우, 사업추진방식을 개선하여 예산편성에 환류함으로써 낭비요인을 줄인다.

ⓒ 국민들이 정부의 재정운용의 성과를 쉽고 객관적으로 이해할 수 있게 되어 재정운용과정의 투명성을 제고한다.

✤ **성과평가시스템 : 균형성과표(BSC)**

(1) 의의 : 성과평가의 핵심은 '성과지표'가 분명히 설정되어야 하며, 그것도 '미션 → 비전 → 전략목표 → 성과목표 → 성과지표'로 이어지는 하향식(Top-down)의 연역적 추론과정을 거쳐 개발되어 전략과 시스템적으로 연결되어 있어야 한다(정책대표성 원칙). 성과평가를 조직의 전략과 체계적으로 연결시키는 대표적 방법이 균형성과표(BSC)이다.

BSC(Balanced Score Card)란 Kaplan과 Norton에 의해 개발된 것으로, 조직의 목표와 성과를 ① 재무, ② 고객, ③ 내부 프로세스, ④ 학습 및 성장 등의 4가지 관점에서 균형 있게 평가하는 새로운 전략적 성과평가시스템이다.

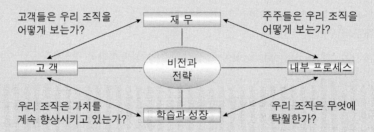

(2) BSC의 특성 : 균형, 전략, 시스템
① 단기적인 재무적 성과와 장기적인 비재무적 성과 간, 내부의 관점과 외부관점 간, 과정과 결과의 균형을 강조한다.
② 성과지표와 전략과의 연계를 강조한다. '미션 → 비전 → 전략목표 → 성과목표 → 성과지표'로 이어지는 목표-수단 또는 원인-결과의 논리구조를 유지함으로써 비전과 전략이 모든 성과평가의 지침이 되도록 한다.
③ 4대 관점의 성과지표와 전략을 시스템적으로 연결시킨다.

(3) BSC의 정부부문의 적용
① 고객관점 : 기업의 BSC에서는 재무적 관점이 성과지표의 최종목표이나, 정부부문의 성과평가에 있어서는 4대 관점 중에서 고객 즉 국민의 관점이 가장 중요한 위치를 차지한다.
② 재무적 관점 : 재정민주주의의 원리에 따라 국민이 요구하는 수준의 서비스의 질과 양을 충족할 수 있는 만큼의 재정자원을 확보하고 이를 경제적으로 배분하고 집행해야 한다.
③ 내부프로세스(업무처리) 관점 : 목표달성을 위해 조직내부의 업무처리에 있어서 신뢰성, 신속성, 공개성과 관련된 것이다.
④ 학습·성장 관점 : 다른 3 관점이 추구하는 성과목표를 달성하는 데 토대를 형성하는 것으로, 조직구성원의 능력발전, 직무만족, 지식의 창조와 관리, 지속적인 자기혁신과 성장 등 주로 인적자원에 대한 성과를 말한다.

(5) 디지털 예산회계시스템

① 의의

　　㉠ 개념 : 세입징수부터 예산편성, 예산집행, 회계·결산, 성과관리, 평가까지 재정활동 전체 업무처리가 동일한 시스템에서 이루어지고 관련 정보가 생성되는 통합재정정보 시스템이다. 중앙정부, 지방정부, 공공기관 재정정보를 연계하여 포괄하고 기존의 예산·회계 정보를 가공, 편집이 용이하도록 디지털화하여 정보분석 및 통계능력을 극대화한 시스템이다.

　　㉡ 특징 : 디지털 예산회계시스템은 공공부문의 성과관리체제 구축 등 상호 연계된 4대 재정혁신을 위한 기본 인프라의 의미를 지니며, 시스템의 핵심적 기반은 '프로그램예산제도'이다.

② 내용

　　㉠ 재정통계의 작성 범위를 공공부문 전체로 확대 : 중앙정부의 일반회계, 특별회계, 기금만으로 한정된 재정범위를 중앙정부의 금융성기금, 지방정부, 국민연금관리공단 등 산하기관, 정부투자기관을 포함한 공공부분 전체로 확대한다.

　　㉡ Program 예산체계로 개편(성과중심형 예산시스템) : 현재의 품목별예산제도는 사업 내 단위 품목에 대한 투입과 통제를 중심으로 하는 제도로 성과관리에 부적합하다. 따라서 「자율과 책임」원리 하에 성과관리를 가능하도록 프로그램예산제도를 도입하여, 개별 Program(단위사업)이 예산과정의 중심역할을 수행하도록 한다.

　　㉢ 발생주의·복식부기 회계제도 도입(성과관리가 가능한 회계시스템) : 발생주의·복식부기 회계제도의 효율적 추진을 위한 중앙정부와 지방정부의 회계기준을 마련하고, 예산과 회계의 연계를 통해 성과관리가 가능한 회계시스템이다.

　　㉣ 통합재정정보시스템 : 중앙정부, 지방정부, 기타 공공부문의 포괄하는 예산·결산, 수입·지출, 사업관리, 실시간 출납, 채무 등 각종 재정현황정보를 실시간으로 제공하는 지능형 재정정보시스템이다.

③ 프로그램 예산제도

　　㉠ 개념 : 프로그램예산 또는 사업별 예산은 예산의 계획·편성·배정·집행의 과정과 체계를 프로그램(사업) 중심으로 구조화하고 그것을 성과평가 체계와 직접 연계시켜 성과를 관리하는 예산이다. 즉, 정부가 수행해야 할 정책의 목표를 일관성 있게 달성하기 위해 유사한 단위사업들을 묶은 프로그램을 중심으로 하여 예산을 편성하고 운영하는 예산이다. 일반적으로 프로그램예산은 정부의 기능(Function), 프로그램(Program), 단위사업(Projects, Activities)의 기본구조를 지닌다.

　　㉡ 프로그램의 역할

　　　ⓐ 예산과정의 전 단계에서 중심점(예산편성에서 전략적 자원배분단위, 탑다운 편성방식의 한도액 설정단위, 예산사정과 심의의 단위, 성과평가와 결산의 단위)

　　　ⓑ 회계차원에서의 중심점(프로그램별 원가계산)

　　　ⓒ 조직차원에서의 중심점(부처 또는 실·국 단위로 프로그램별로 자율중심점, 책임중심점, 성과중심점이 됨)

ⓒ 유용성

ⓐ 프로그램예산의 기본구조는 '정책기능 → 조직 → 프로그램 → 단위사업의 계층구조'로 체계화되어, 전략목표(정책)와 성과목표와 연계가 가능하고, 국가정책이 어느 조직에서 어떤 프로그램으로 추진되는지 알 수 있게 된다.

ⓑ 현재의 지나치게 세분화·칸막이화된 사업단위들이 동일한 성과목표와 연계될 수 있는 프로그램으로 통합되어(ⓔ 현재 보건복지부의 보육시설운영, 만 5세아 보육료 지원, 장애아무상보육 등의 사업단위들을 '보육활동지원'이라는 프로그램으로 통합), 프로그램 내에서 상당한 수준의 자율성을 갖고 성과위주의 예산집행이 가능해진다.

ⓒ 개별프로그램의 추진상황이 모니터링 되므로, 프로그램에 대한 성과책임을 분명히 할 수 있다.

ⓓ 발생주의와 복식부기 도입에 따른 프로그램별 총원가를 산정하여, 원가정보를 활용한 효율적인 자원배분이 가능해진다.

▶ **품목별 예산제도와 프로그램 예산제도의 비교**

	품목별 예산제도	프로그램 예산제도
기본 구조	품목중심(인건비, 물건비 등)	프로그램(정책수행의 최소단위)
관리 목적	투입관리와 통제중심	성과와 자율중심
우선 가치	규정 및 감사	자율과 책임
성과 관리	구조적으로 곤란	용이(제도도입의 목적)

2. 예산심의

1. 의의

(1) 예산심의(豫算審議)는 의회가 행정부 예산안을 분석·검토하여 확정하는 과정으로서, 재정민주주의를 실현하는 중요한 제도적 장치이다. 예산심의는 사업 및 사업수준에 대한 것과 예산총액에 대한 것으로 나누어 볼 수 있다.

(2) 기능

① 정책결정기능 : 사업의 존속 또는 축소·확대여부가 결정되므로 구체적인 정책결정기능을 수행한다.

② 행정부의 감독·통제 기능 : 행정활동의 특징과 그 성패여부를 검토·평가하고 행정부를 감독·통제하는 기능을 수행한다.

③ 국가재원을 합리적으로 배분하는 과정이다.

2. 특징

(1) 대통령제와 내각책임제

① 대통령중심제는 예산심의가 엄격하고 내각책임제를 취하는 경우에는 예산심의가 엄격하지 못하다.

② 내각제는 의회와 정부가 견제와 균형을 유지하기보다는 의회의 다수당이 내각을 구성하고 있고, 내각과 의회가 국민에게 공동으로 책임을 지는 체제이므로 엄격한 심의가 곤란하다.

(2) 예산안과 법률안

① 영국과 미국은 예산이 법률의 형식이나 한국과 일본은 법률의 하위인 의결의 형식을 취한다.

② 법률의 경우 예산이 다른 법률을 개폐·구속할 수 있으므로 엄격한 심의가 이루어진다.

(3) 예산안의 수정

한국과 영국은 정부의 동의 없이는 정부예산을 증액하거나 새로운 비목을 설치할 수 없으나 미국과 일본은 증액 및 새로운 비목의 설치도 자유롭다.

(4) 단원제와 양원제

양원제는 단원제보다 신중하고 양원 간의 갈등이 존재하여 양원의 의견을 조율할 필요가 있다. 따라서 이 과정에서 의회는 더 큰 영향력을 행사할 수 있다.

(5) 전원위원회 중심제와 소위원회 중심제

① 한국·미국·일본 등은 소위원회의 심의를 거쳐 본회의에서 위원회중심으로 심의한다.

② 영국은 심의 없이 하원의원 전원으로 구성된 전원위원회에서 예산을 심의한다.

3. 우리나라의 예산심의절차 및 특징

(1) 심의절차

① 국정감사 : 예산안 심의에 앞서 국정감사를 실시한다. 국회는 국정전반에 관하여 소관 상임위원회별로 실시한다. 다만, 본회의의 의결로 정기회 기간 중에 감사를 실시할 수 있다.

② 시정연설 : 회계연도가 개시되기 120일 전까지 예산안이 국회에 제출되면 본회의에서 대통령의 시정연설과 기획재정부장관의 예산안 제안 설명이 이루어진다. 시정연설의 내용은 법적 구속력이 없다.

③ 상임위원회의 예비심사 : 예산안과 결산은 소관 상임위원회에 회부되고, 소관 상임위원회는 예비심사를 하여 그 결과를 의장에게 보고한다. 상임위원회의 예비심사는 ㉠ 각 소관부처장관의 예산안 제안 설명, ㉡ 상임위 소속 의원들의 정책질의, ㉢ 상임위 소속 소위원회 심사와 계수조정, ㉣ 국회의장에게 예비심사 결과 보고와 예산안의 예산결산특별위원회 회부 순으로 진행된다.

④ 예산결산특별위원회의 종합심사 : 예산결산특별위원회는 여야의원 50인 이내로 구성되는 특별위원회로서 예산안의 종합심사와 계수조정 등 우리나라 예산심의 과정에서 핵심적인 역할을 수행한다. ㉠ 기획재정부장관의 예산안 제안 설명 ➡ ㉡ 예결위소속 전문위원의 예산안 검토보고 ➡ ㉢ 예결위 소속 위원들의 관계 장관에 대한 정책질의 ➡ ㉣ 계수조정소위원회의 부처별 심사와 계수조정 순으로 진행된다. 예산결산특별위원회의 회의는 공개를 원칙으로 한다.

⑤ 본회의 의결 : 예산은 법률의 형태를 띠지 않으므로 별도의 공포절차를 필요로 하지 않으며 예산안의 본회의 의결과 동시에 예산이 확정된다. 국가재정법은 회계연도 개시 120일 전까지 정부가 제출한 예산안을 회계연도 개시 30일 전까지 국회가 의결해야 한다고 규정하고 있다. 따라서 국회의 예산심의 기간은 90일이다.

(2) 특징

① 예산심의가 엄격히 이루어지는 대통령 중심제이지만, 예산심의 과정에서 큰 변화가 없다. 즉, 국회는 행정부가 편성한 예산에 대해서 통합적·포괄적 접근을 하는 것이 아니라, 구체적 기준없이 추상적·정치적으로 조정을 하며 한계 부분에 관심을 집중시키는 경향이 있어 예산결정의 주도자가 아니며 수동적 역할을 수행한다.

② 본회의보다 위원회(상임위원회와 예산결산특별위원회) 중심으로 예산심의가 이루어지며 본회의는 형식적 성격을 띤다.

③ 단원제이므로 양원제와 같은 갈등이 이루어지지 않지만, 여야(與野) 간 갈등이 크다.

④ 법률보다 하위의 효력인 예산의 형식으로 의결된다.

⑤ 각 부처는 소관상임위와 연대의식을 가지고 있으므로 기획재정부 예산실에서 삭감된 부분을 상임위에서 부활시키고자 하며 상임위는 소관부처의 이익을 대변하는 역할을 한다.

⑥ 국회는 정부의 동의 없이 정부가 제출한 세출예산 각항의 금액을 증액하거나 새 비목을 설치할 수 없다.

⑦ 국회는 정부의 예산안에 대해서 큰 수정을 가하지 않고 있다.

4. 우리나라 예산심의과정의 문제점

(1) 국정감사·정책질의의 비효율성과 무리한 자료요구

국정감사와 예산심의가 형식적으로 이루어지고 예산과 무관한 내용의 정책질의와 자료제출요구가 매년 반복되고 있다.

(2) 결산기능의 소홀

결산의 중요성이 과소평가되고 있어 결산심사결과가 예산심의에 환류되어 반영되지 않고 있다.

(3) 전문지식 결여와 국정에 대한 이해 부족

예산행정에 대해 자신의 직접정보보다 행정부가 제공한 간접정보에 의존하며, 예산결산특별위원회 구성에 초선의원이 많아 경험이 부족하고, 임기가 1년이기 때문에 소속의원의 전문성이 떨어진다.

(4) 짧은 심의기간

심의기간이 짧고 심의과정이 형식적으로 운영되고 있어 정책과 사업에 대한 심도 있는 검토가 부족하다.

(5) 심의기준 불분명

사업의 정당성과 타당성의 검토 없이 무분별한 삭감관행이나 담합에 의한 예산증액이 만연하고 있다.

(6) 투입과 통제의 취약

예산심의과정에 대한 국민의견의 투입이나 통제가 취약하다.

3. 예산의 집행

1. 의의 및 절차

(1) 의의

① 예산집행이란 국회에서 예산이 확정된 후 이에 따라 국가가 수입·지출을 실행하고 관리하는 모든 행위를 말한다.

② 예산의 집행은 예산에 정하여진 금액을 국고에 수납하고 국고로부터 지출하는 것만이 아니라 국고채무부담행위나 지출원인행위도 포함하는 국가의 모든 수입 및 지출과 관련된 행위이다.

(2) 절차

① 예산의 배정 : 중앙예산기관인 기획재정부장관이 각 중앙관서의 장에게 예산을 분기별로 집행할 수 있는 금액과 책임소재를 명확히 해주는 절차를 말한다. 예산배정은 확정된 예산을 각 중앙관서가 집행할 수 있도록 예산을 사용할 수 있는 권리를 부여하는 것으로 지출원인행위의 근거가 된다.

② 예산의 재배정 : 예산이 배정되면 각 중앙관서의 장은 예산의 배정된 범위 내에서 예산지출권한을 각 산하기관에 다시 월별로 위임하는 절차를 말한다.

③ 자금의 배정 : 예산배정 후에 기획재정부가 실제 자금을 배정하는 것을 말한다.

④ 자금의 지출

　㉠ 의의

　　세출예산 및 기금운영계획의 집행에 따라 국고에서 현금 등이 지급되는 것이다.

　㉡ 지출의 원칙

　　ⓐ 해당 연도 세입예산으로 지출해야 한다.

　　ⓑ 회계연도 개시 후에 지출해야 한다.

　　ⓒ 월별 세부자금계획의 범위 안에서 지출해야 한다.

　　ⓓ 확정채무가 존재하고 그 이행시기가 도래했을 때 지출해야 한다.

　　ⓔ 계좌이체로 지급해야 한다.

ⓒ 지출의 특례

ⓐ 관서의 운영경비 : 관서를 운영하는데 필요한 경비로서, 그 성질상 규정된 절차에 따라 지출하면 업무수행에 지장을 가져올 우려가 있어 출납공무원으로 하여금 지출관으로 부터 교부받아 지급하게 하는 경비를 말한다. 종전의 일상경비 및 도급경비 등을 관서운영경비로 통합하였다.

ⓑ 선금급과 개산급 : 선금급(先金給)과 개산급(槪算給)은 지출관이 운임, 용선료, 공사·제조·용역계약의 대가 등 경비의 성질상 미리 지급하지 아니하거나 개산(어림셈)하여 지급하지 아니하면, 사무 또는 사업에 지장을 초래할 우려가 있는 경우에 이를 미리 지급하거나 개산하여 지급하는 경비를 말한다. 선금급은 금액이 확정된 것이고, 개산급은 금액에 확정되지 않은 것이다.

ⓒ 지난연도 지출 : 전년에 속하는 채무확정액으로서 현 연도 세출예산으로 지출하는 경비이다.

ⓓ 상계 : 수입징수관·지출관 및 출납공무원은 국가의 채무와 채권이 동일인에게 속하는 경우에는 이를 상계(相計)하여 처리할 수 있다.

ⓔ 지출금의 반납 : 정상적인 절차에 의하여 세출로서 지출된 금액이 계산착오 등의 사유로 반납된 것을 말한다.

ⓕ 회계연도 개시 전 자금 교부 : 회계연도 독립의 원칙과 회계연도 개시 이후의 원칙에 대한 예외로서 해군함정의 군인의 경우처럼 특수한 사정에 의하여, 멀리 바다로 떠나면 최소 몇 개월 이상을 해외 체류하는 경우, 회계연도 개시 이전에 신년도 소요자금을 미리 주는 것을 말한다.

ⓔ 지출사무기관

ⓐ 지출관리기관 : 기획재정부장관은 국가 전체의 지출업무를 총괄한다.

ⓑ 재무관 : 각 중앙관서의 장의 임명(지정)에 의하여 계약 등 지출원인행위를 담당하는 공무원이다.

ⓒ 지출관 : 재무관이 행한 지출원인행위에 대하여 지출을 결정·승인하고 출납기관(한국은행 등)에게 지출을 명령하는 공무원으로서, 지방자치단체에서는 지출원이라 한다.

ⓓ 출납기관 : 지출관의 명령에 따라 현금의 지급을 행하는 집행기관(한국은행, 출납공무원)으로서 지불기관이라고도 한다.

ⓔ 지출관리기관의 겸직금지 : 부정부패를 예방하기 위하여 재무관·지출관·출납공무원은 서로 겸직할 수 없도록 하고 있다.

(3) 목적

① 재정통제 : 입법부의 심의를 거쳐 확정된 예산은 사업계획에 관한 입법부와 국민에 의도를 계수로 표시한 것이므로 행정부는 입법부의 의결을 얻은 금액의 목적과 한계 내에서 예산을 집행해야 한다(재정민주주의의 구현수단).

② 예산의 신축성 유지 : 예산 성립 이후의 환경변화에 융통성 있게 대처하기 위해서는 다양한 신축성 있는 집행방안들이 강구될 필요가 있다.

2. 예산집행의 통제수단

(1) 의의

행정부는 국회가 의결한 범위 내에서 각종 사업을 수행하여 행정의 목표를 달성함에 있어서 정해진 한계를 준수해야 한다. 재정통제의 수단으로는 다음과 같은 것이 있다.

(2) 예산배정과 재배정

① 의의

　㉠ 예산배정 : 중앙예산기관의 장이 각 중앙관서의 장에게 분기별로 집행할 수 있는 금액과 책임소재를 명확히 하는 절차를 말한다. 예산의 배정은 지출원인행위의 근거가 되며 일시에 자금이 지출되는 것을 막기 위한 제도이다.

　㉡ 예산재배정 : 각 중앙관서의 장이 배정받은 금액의 범위 내에서 산하기관에 월별로 집행할 수 있는 예산을 정해 주는 것을 말한다. 예산재배정의 목적은 중앙관서의 장으로 하여금 각 산하기관의 예산집행상황을 감독·통제하고 예산의 한계를 엄수하게 하려는데 있다.

② 절차

　㉠ 예산이 성립되면 각 중앙관서의 장은 예산배정요구서를 기획재정부장관에게 제출해야 한다.

　㉡ 기획재정부장관은 예산배정요구서와 월별자금계획에 의거하여 분기별 예산배정계획을 작성하고, 이를 국무회의 심의를 거쳐 대통령의 승인을 얻어야 한다.

　㉢ 기획재정부장관은 각 중앙관서의 장에게 예산을 배정한 때에는 감사원에 통지하여야 한다.

③ 신축적 예산배정제도

　㉠ 긴급배정 : 회계연도 개시 전 예산을 배정하는 제도

　㉡ 당겨배정 : 집행 과정에서 필요에 의해 분기별 연간 배정계획에 관계없이 앞당겨 배정하는 제도

　㉢ 조기배정 : 경제정책상 사업을 조기 집행을 위해 1/4 혹은 2/4 분기에 앞당겨 집중 배정하는 제도

　㉣ 수시배정 : 분기별 연간 배정계획에 관계없이 수시로 배정하는 제도

　㉤ 감액배정 : 배정잔액 재원을 분기별 연간 배정계획서 보다 삭감된 액수로 배정하는 제도

✤ 긴급배정 가능 대상경비

ⓐ 외국에서 지급하는 경비	ⓑ 선박의 운영·수리 경비
ⓒ 교통·통신이 불편한 지역에서의 경비	ⓓ 부식물의 매입경비
ⓔ 범죄수사 등 특수활동경비	ⓕ 여비
ⓖ 경제정책상 조기집행을 요하는 공공사업비	ⓗ 재해복구비

---

(3) 지출원인행위에 대한 통제

지출원인행위는 예산지출의 원인이 되는 일체의 계약 또는 기타 일정한 금액을 지출할 것을 결정하는 행위로서, 재무관이 지출원인행위를 할 때에는 배정된 예산의 범위 내에서 해야 한다.

(4) 정원과 보수의 통제

인건비는 예산에서 큰 비중을 차지하므로 공무원의 정원 및 보수에 대한 통제는 경직성 경비의 증대를 억제하고자 하는 재정통제의 중요한 수단이다. 우리나라에서는 공무원 정원은 공무원정원령으로, 보수는 공무원보수규정에 의하여 통제하고 있다.

(5) 예산집행의 보고 및 기록제도

중앙관서의 장은 수입·지출에 관한 내용을 기록·보관하고 월별·분기별로 기획재정부장관에게 보고서를 제출하여야 한다.

(6) 총사업비관리제도

① 의의 : 대규모 투자사업의 추진과정에서 총사업비 증액이나 사업기간 변경 사례를 방지하고 재정투자의 생산성을 높이기 위하여 도입된 제도로서 완성에 2년 이상 소요되고 일정한 요건을 갖춘 대규모 사업을 대상으로 기획재정부와 사업추진 부처가 사전 협의·조정하는 제도로서 총 사업비 증액의 폐습을 막기 위한 제도이다.

② 관리 : 중앙관서의 장은 대상사업에 대하여 그 사업규모·총사업비 및 사업기간을 정하여 미리 기획재정부장관과 협의하여야 한다. 변경하고자 하는 때에도 또한 같다.

(7) 예비타당성조사제도

① 의의 : 대규모 신규사업의 무분별한 착수를 막기 위해 일정액(총사업비 500억) 이상의 대규모 사업에 대해 기획재정부가 대상사업의 경제성과 정책성을 분석하는 제도이다.

② 경제성 분석과 정책성 분석

㉠ 경제성 분석 : 비용편익비율, 민감도 분석 등을 중심으로 경제적 타당성을 분석한다.

㉡ 정책성 분석 : 지역경제의 파급효과, 균형발전을 위한 낙후도 평가, 상위계획과의 관계 등을 분석한다.

③ 대상사업 : 총사업비가 500억 원 이상이면서 국가의 재정지원 규모가 300억원 이상인 신규사업으로서 건설공사가 포함된 사업, 정보화사업 및 국가연구개발사업, 그밖에 사회복지·보건·교육·노동·문화 및 관광·환경보호·농림해양수산·산업·중소기업분야의 사업에 대하여 예비타당성조사를 실시하고, 그 결과를 요약하여 국회 소관 상임위원회와 예산결산특별위원회에 제출해야 한다.

④ 대상사업의 선정 : 기획재정부장관이 중앙관서의 장의 신청에 따라 또는 직권으로 선정할 수 있다. 기획재정부장관은 국회가 그 의결로 요구하는 사업에 대하여는 예비타당성조사를 실시하여야 한다.

⑤ 예비타당성조사와 타당성조사의 비교

	예비타당성조사	타당성조사
주체	기획재정부	주무사업부
조사의 초점	경제적 측면, 정책적 측면	기술적 측면
조사의 범위	국가재정 전반	당해 사업
조사기간	단기(수개월)	장기(3~4년)
특징	사전적·개략적	사후적·세부적

3. 예산집행의 신축성을 위한 제도

(1) 의의

예산집행의 신축성이란 예산이 성립된 후에 일어나는 사정변동에 적응하고 예산을 효율적으로 관리·집행하기 위하여 세출예산을 지출목적 이외의 목적으로 사용하거나 정하여진 금액을 초과하여 사용하거나 또는 다음 회계연도로 넘겨서 사용할 수 있게 하는 것을 말한다. 예산집행의 신축성은 정세변동에의 적응, 경제안정화의 촉진, 경비의 절약, 행정재량의 필요성 등 때문에 필요한 것이다.

(2) 예산의 이용 및 전용

① 이용

㉠ 의의 : 이용은 중앙관서의 장이 기관 간 또는 입법과목인 장·관·항 간에 상호 융통하는 것으로서 원칙적으로 이용을 할 수 없지만, 중앙관서의 장이 예산집행 상 필요에 의하여 미리 예산으로써 국회의 의결을 얻어야 한다. 국회의 의결을 얻었을 경우에는 기획재정부장관의 승인을 얻어 이용하거나 기획재정부장관이 위임하는 범위 내에서 자체적으로 이용할 수 있다.

㉡ 이용이 가능한 경우 : 법령상 지출의무의 이행을 위한 경비 및 기관운영을 위한 필수적 경비의 부족액이 발생하는 경우, 환율변동·유가변동 등 사전에 예측하기 어려운 불가피한 사정이 발생하는 경우, 재해대책 재원 등으로 사용할 시급한 필요가 있는 경우 등이다.

② 전용

㉠ 의의 : 전용은 중앙관서의 장이 행정과목인 세항·목 간에 상호 융통하는 것으로서 국회의결이 불필요하며 중앙관서의 장이 기획재정부장관의 승인을 얻어 전용하거나 회계연도마다 기획재정부장관이 정하는 범위 내에서 전용할 수 있도록 함으로써 중앙관서의 장에게 예산집행의 자율성을 확보해 주고 있다.

㉡ 전용 시 고려사항 : 전용할 경우 사업 간의 유사성이 있는지, 재해대책 재원 등으로 사용할 시급한 필요가 있는지, 기관운영을 위한 필수적 경비의 충당을 위한 것인지 여부 등을 종합적으로 고려하여야 한다.

㉢ 전용의 제한 : 당초 예산에 계상되지 아니한 사업을 추진하는 경우, 국회가 의결한 취지와 다르게 사업 예산을 집행하는 경우에는 전용할 수 없다.

(3) 예산의 이월

① 의의 : 이월이란 예산을 다음 회계 연도에 넘겨서 다음 연도의 예산으로 사용하는 것을 말한다.

② 종류

㉠ 명시이월 : 세출예산 중 연도 내에 그 지출을 끝내지 못할 것이 예측될 때에는 미리 세출예산에 취지를 명시하여 국회의 승인을 얻어 다음 연도에 이월하여 사용할 수 있게 하는 것이다.

㉡ 사고이월 : 연도 내에 지출원인행위를 하고 천재지변, 관급자재의 공급지연 등 불가피한 사유로 인하여 연도 내에 지출하지 못한 경비와 지출원인행위를 하지 아니한 부대경비를 다음 연도로 넘겨서 사용한다.

③ 특성

  ㉠ 재이월 : 명시이월은 1회에 한하여 사고이월이 가능하지만, 사고이월은 재차 사고이월이 불가하다.

  ㉡ 계속비·예비비의 이월 : 이월의 요건을 갖추면 이월가능하다.

(4) 예산의 이체

 ① 의의 : 예산의 이체란 기획재정부장관이 정부조직 등에 관한 법령의 제정·개정 또는 폐지로 인하여 그 직무와 권한에 변동이 있을 때 예산집행에 관한 책임소관을 변경시키는 것을 말한다. 예산의 목적은 변경할 수 없고 그 책임소관만 바꾸는 것이다.

 ② 내용 : 중앙관서의 장의 요구에 의하여 기획재정부장관이 하게 되며 국회의결이 불필요하고 예산의 이용 또는 전용을 수반하는 경우가 대부분이다.

(5) 예비비

 ① 의의

  ㉠ 개념 : 예측할 수 없는 예산 외의 지출이나 예산초과 지출을 위해 정부가 상당하다고 인정하는 금액을 세입세출예산에 계상하여 국회 승인을 얻은 것을 예비비라 한다.

  ㉡ 종류

   ⓐ 일반예비비 : 국가의 일반적인 활동에 따른 예비비로서 우리나라와 같이 예비비 사용목적이 포괄적인 나라는 드물다.

   ⓑ 목적예비비 : 특정 용도를 정해 배타적으로 사용할 수 있는 한도액을 정한 경비로서, 봉급·공공자금·재해대책비 등이 있다.

 ② 특징

  ㉠ 예비비는 기획재정부장관이 관리하며 사용한 후에는 별도의 국회의 사후승인을 요한다.

  ㉡ 일반예비비는 일반회계 예산총액의 100분의 1 이내의 금액으로 계상한다.

  ㉢ 예비비를 사용하고자 하는 중앙관서의 장은 예비비사용요구서를 작성하여 기획재정부장관에게 제출하고, 국무회의의 심의를 거쳐 대통령의 승인을 얻어야 한다.

 ③ 사용상의 제한 : 예비비는 예측할 수 없었던 사유에 의한 예산외 지출 또는 예산부족에 의한 예산초과지출에 충당하기 위한 것이므로, 공무원 보수인상을 위한 인건비 충당, 예산 성립 전에 이미 발생한 사유, 국회에서 부결한 용도, 국회 개회 중에는 대규모의 예비비 지출은 제한된다.

(6) 계속비

 ① 의의 : 계속비란 완성에 수년을 요하는 공사·제조 및 연구개발사업을 위하여 경비의 총액과 연부액을 정하여 미리 잠정적으로 국회의결을 얻어 지출할 수 있는 경비를 말한다.

 ② 기간의 한도 : 해당 회계연도로부터 5년 이내로 하며 다만, 사업규모 및 국가재원 여건상 필요한 경우에는 예외적으로 10년 이내로 할 수 있다. 필요 시 국회의 의결을 거쳐 그 연한을 연장할 수 있다.

 ③ 특징

  ㉠ 연부액과 국회의결 : 계속비는 장기계속사업을 일관성 있게 추진하게 하기 위하여 전체 사업경비에 대하여 잠정적 의결을 얻는 것이므로, 매년의 연부액은 별도 의결을 얻어야 한다.

ⓒ 체차이월(遞次移越) : 계속비의 연도별 연부액 중 해당연도에 지출하지 못한 금액은 계속비 사업의 완성연도까지 차례차례로 이월하여 사용할 수 있다.

(7) 국고채무부담행위

① 의의 : 국고채무부담행위는 법률에 의한 것과 세출예산금액 또는 계속비의 총액범위내의 것 이외에 국가가 채무를 부담하는 행위로서 미리 예산으로서 국회의 의결을 얻어야 한다.

② 구성요소 : ㉠ 국회로부터 채무부담 권한만을 미리 인정받은 것으로, ㉡ 실제 지출을 위해서는 미리 세출예산에 계상하여 국회의 의결을 얻어야 하고, 따라서 ㉢ 지출은 당해 연도가 아닌 차기 회계연도부터 이루어진다는 것으로 구성된다.

③ 특징

㉠ 지출권한을 인정받은 것이 아니고 채무부담의무만 진다.

㉡ 따라서 실제 지출에 대해서는 미리 예산에 계상하여 국회의 의결을 얻어야 한다.

㉢ 다만, 미리 전년도에 예산으로서 국회의결을 거치지 않고도 예외적으로 재해복구 등을 위한 경우에는 당해 연도에 국회의결을 거쳐 국고채무부담행위를 할 수도 있다.

▶ **세출예산과의 차이점**

구분	국고채무부담행위	세출예산
국회의결의 성격	채무를 부담할 권한만을 부여(세출을 위해서는 예산으로 국회의결을 얻어야 함)	세출의무를 부담할 권한과 세출을 지출할 권한까지 부여
시간적 효력	복수연도에 걸침을 원칙으로 함	원칙적으로 한 회계연도에 한함

(8) 수입대체경비

① 의의 : 지출이 직접 수입을 수반하는 경비로서 용역과 시설을 제공하여 발생하는 수입과 관련된 경비, 즉 국가가 특별한 서비스를 제공하고 그 제공을 받은 자로부터 비용을 징수하기 위하여 소요되는 경비로서 각 중앙관서의 장은 그 수입의 범위 안에서 경비를 직접 지출할 수 있다. 이는 국고통일의 원칙의 예외에 해당하며 수입대체경비의 인정범위가 점점 확대되고 있는 것이 최근의 추세이다.

② 대상경비 : 대법원 등기소의 등기부 등·사본 발행경비, 외교부의 여권발급경비, 교육부의 대학입시경비, 각 시험연구기관의 위탁시험연구비 등

(9) 예산성과금 지급제도

각 중앙관서의 장은 예산의 집행방법 또는 제도의 개선 등으로 수입이 증대되거나 지출이 절약된 경우에는 증대 또는 절약된 예산의 일부를 이에 기여한 자에게 성과금으로 지급하는 것을 말한다. 수입이 증대되거나 지출이 절약된 예산을 다른 사업에 사용하고자 하는 때에는 예산성과금 심사위원회의 심사를 거쳐야 한다(직권으로 사용불가).

(10) 기타 신축성 유지 방안

① 신성과주의 예산−다회계년도 예산, 총괄배정예산, 지출통제예산, 운영예산 등

② 수입의 특례-과년도 수입, 지출금 반납 등
③ 지출의 특례-자금의 전도, 선금급, 개산급, 도급경비, 과년도 지출, 수입대체경비 등
④ 추가경정예산, 준예산
⑤ 대통령의 긴급재정명령권

4. 구매(조달)행정과 민자유치제도

(1) 구매(조달)행정
① 의의
　㉠ 개념 : 구매(조달)행정이란 행정업무수행에 필요한 수단인 재화, 즉 소모품·비품·시설 등을 적기에 적량을 매입하는 행위이다.
　㉡ 중요성
　　ⓐ 필요한 물품이 신속하게 적기에, 적량이 확보되어야 한다.
　　ⓑ 능률적인 조달행정에 의한 예산절약을 기대할 수 있다.
　　ⓒ 재화의 조달정책을 통하여 국가경제의 발전에도 기여할 수 있다.
② 구매의 방식
　㉠ 의의 : 집중구매제도란 중앙구매기관에서 통합적으로 재화를 구입하여 각 수요기관에 공급하는 제도이고, 분산구매제도란 각 행정관서에서 직접 재화를 구입하는 제도이다.
　㉡ 집중구매의 장·단점

집중구매의 장점(분산구매의 단점)	집중구매의 단점(분산구매의 장점)
㉠ 대량구매를 통한 예산절감 ㉡ 구매행정의 전문화 ㉢ 구매물품 및 절차의 표준화 ㉣ 장기적, 종합적 구매정책 수립에 용이 ㉤ 긴급수요나 예상외의 수요에 신속한 대응 ㉥ 구매업무통제 용이 ㉦ 대규모 공급자에게 유리(대기업)	㉠ 구매절차의 복잡화로 인해 행정비용 증가 ㉡ 특수품목 구입에 불리 ㉢ 신속한 구매 및 적기공급 곤란 ㉣ 중소공급자에게 불리 ㉤ 부처의 실정반영 곤란

③ 우리나라의 구매(조달)행정-국가종합전자조달시스템(e-나라장터)
　㉠ 의의 : 조달 단일창구를 구축하고 공공기관의 물품·용역 구매, 시설공사계약 등에 참가하는 업체의 등록과 입찰, 계약, 대금지불에 이르기까지 모든 단계를 인터넷을 통해 처리하는 시스템이다(www.g2b.go.kr).
　㉡ 도입 효과 : 인터넷 단일창구를 통한 입찰정보 제공, 정보공동사용과 조달과정 온라인화에 의한 구비서류 감축·폐지, 전자적 대금지불, 수요기관의 선택 폭 확대, 정부물품 분류체계 표준화가 가능해졌다.
④ 정부계약
　㉠ 의의 : 정부계약이란 정부가 체결하는 사법상의 계약이다. 따라서 정부계약은 정부가 통치권의 주체로서 행사하는 권력적인 행위가 아니라 사인과 대등한 지위에서 체결하는 행위로, 민법상의 계약자유 원칙이 적용된다.

ⓛ 종류

    ⓐ 일반경쟁계약 : 관계법령에서 원칙으로 하는 계약방법으로 공고에 의해 희망자를 모집하여 정부에 가장 유리한 상대자를 선정해 계약을 체결하는 것을 말한다.

    ⓑ 제한경쟁계약 : 계약의 목적·성질 등에 비추어 필요하다고 인정될 때(특수장비, 특수기술, 특수공법, 특수지역, 특수 물품과 관련된 공사 및 구입 등), 경쟁참가자의 자격을 적극적으로 제한할 수 있도록 하는 제도이다. 제한경쟁계약은 일반경쟁계약의 단점과 지명경쟁계약의 단점을 보완하고 양자의 장점을 취하여 만든 제도이다.

    ⓒ 지명경쟁계약 : 적당하다고 인정되는 수인의 입찰자를 선정하여 이미 지명된 자에게만 경쟁입찰을 시켜서 상대자를 결정하는 계약방법이다. 지명경쟁계약은 한정된 업자를 지명하므로 담합의 위험이 높다.

    ⓓ 다수공급자 계약제도 : 여러 공공기관이 공통적으로 구매하는 물품의 경우, 복수의 공급자와 각각 계약을 맺은 후 최종수요자로 하여금 자신의 필요에 맞는 물품을 직접 선택하도록 하는 제도이다.

    ⓔ 수의계약 : 계약기관이 임의로 적당하다고 인정하는 상대자와 계약하는 방법이다.

ⓒ 우리나라의 정부계약-적격심사낙찰제 : 예정가격 이하로서 최저가격으로 입찰한 순서부터 이행실적, 기술능력 등 계약이행 능력과 입찰가격을 종합심사하여 낙찰자로 결정하는 방식으로서 최저가낙찰제로 인한 부실시공을 방지하기 위하여 1999년부터 도입되어 대표적인 낙찰방법으로 이용되어 왔다.

(2) 민자유치(민간투자)제도

① 의의

    ㉠ 의미 : 민간재원을 활용하여 공공시설을 확충하는 방식이다. 즉 민간기업의 자금, 기술, 지식, 경영노하우 등을 적극 활용하고 시장경쟁원리를 도입함으로써 공공부문의 경영성과를 제고하는 한편 고품질의 공공서비스를 제공하기 위한 공공사업 추진방식이다.

    ㉡ 도입배경 : 부족한 공공시설 투자재원을 민간으로부터 동원함으로써 재정적자 누적에 따른 국가채무부담을 줄이는데 있으며 1992년 영국에서 시작된 PFI(Private Finance Initiative)가 기원이다(강태혁).

② 효용

    ㉠ 민간재원의 활용으로 정부의 국채발행 소요와 재정적자를 줄임으로써 재정건전성을 유지하게 해 주고 정부 재정운영 방식에 있어서 탄력성을 높여 준다.

    ㉡ 현세대와 미래세대간의 비용부담을 공평하게 할 수 있다.

    ㉢ 민간의 투자자금과 경영기법을 유치할 수 있어 민간의 창의와 효율을 도입할 수 있다.

    ㉣ 민간 유휴자금의 공공투자 유인, 신공법의 적용과 공사기간 단축 등으로 건설비용 절감, 시설 사용료 체계의 정비, 운영비용의 합리화 등을 통하여 자원배분의 효율성을 제고할 수 있다.

③ 문제점

    ㉠ 민간시장이 기대하는 투자수익률을 제공해야 하므로 장기적으로 정부 또는 국민의 부담을 증가시킨다.

ⓛ 정부가 매년 임대료형식으로 민간업체에게 투자비를 보전해주는 방식(BTL)의 경우 공공시설 건설에 따른 재원부담을 미래세대에게 전가하는 결과를 초래한다.

ⓒ 시급하지 않은 재정투자 사업을 앞당겨 시행할 경우 적자부분 보전이나 높은 임대료 지급 등으로 오히려 재정압박 요인이 될 수 있다.

④ 방식

㉠ BTO(Build-Transfer-Operate)방식 : 사회기반시설의 준공과 동시에 해당 시설의 소유권이 국가 또는 지방자치단체에 귀속되며, 사업시행자에게 일정기간의 시설관리운영권을 인정하는 방식이다.

ⓛ BOT(Build-Own-Transfer)방식 : 사회기반시설의 준공 후 일정기간 동안 사업시행자에게 해당 시설의 소유권이 인정되며 그 기간이 만료되면 시설소유권이 국가 또는 지방자치단체에 귀속되는 방식이다.

ⓒ BOO(Build-Own-Operate)방식 : 사회기반시설의 준공과 동시에 사업시행자에게 해당 시설의 소유권이 인정되는 방식이다.

ⓔ BTL(Build-Transfer-Lease)방식 : 사회기반시설의 준공과 동시에 해당 시설의 소유권이 국가 또는 지방자치단체에 귀속되며, 사업시행자에게 일정기간의 시설관리운영권을 인정하되, 그 시설을 국가 또는 지방자치단체 등이 협약에서 정한 기간 동안 임차하여 사용·수익하는 방식이다.

⑤ BTO(수익형 민자사업)방식과 BTL(임대형 민자사업)방식의 비교

구 분	수익형 민자사업(BTO)	임대형 민자사업(BTL)
대상시설	도로·철도와 같이 사용료 수입으로 투자비 회수가 가능한 시설	교육·문화·복지시설과 같이 사용료 수입으로 투자비 회수가 어려운 시설
투자비 회수	이용자의 사용료	정부의 시설 임대료
사업 리스크	민간 사업자가 수요부족의 위험부담	정부가 수요부족의 위험부담

4. 결산

1. 의의

(1) 개념

결산이란 1회계연도 내의 세입예산의 모든 수입과 세출예산의 모든 지출의 실적을 확정적 계수로 표시하는 행위를 말한다. 결산은 예산에 의하여 수입·지출을 한 정부의 사후적 재정보고를 의미한다.

(2) 예산과 결산

예산이 1회계연도에 있어서의 수입·지출의 예정액인데 비하여, 결산은 그 집행실적이므로 양자는 원칙적으로는 일치해야하지만 반드시 일치하는 것은 아니다. 그 이유는 예산집행에 있어서 이월·예비비지출·불용액·이용·전용·이체·위법부당한 지출 등 때문이다.

(3) 기능

① 결산은 행정부가 입법부의 의도대로 예산을 집행하였는가를 사후적으로 감독하는 것이기 때문에 결산이 정당한 경우에는 정부의 책임을 해제시켜 주는 역할을 한다.

② 결산은 어디까지나 사후적인 국회의 감독이기 때문에 위법한 지출이나 부당한 지출에 대하여 무효로 하거나 취소할 수 없다.

③ 결산은 회계검사기관의 검사·확인과 국회의 심의·의결에 의하여 확정되며 예산집행에 대한 정부책임이 해제된다.

2. 절차

(1) 출납사무의 완결

출납기한은 출납에 관한 사무 즉, 출납의 장부정리를 마감해야하는 기한으로 다음 연도 2월 10일까지이다.

(2) 결산서의 작성

① 각 중앙관서의 장은 세입세출의 결산보고서, 계속비결산보고서 및 국가의 채무에 관한 계산서를 작성하여 다음 연도 2월 말일까지 기획재정부장관에게 제출한다.

② 기획재정부장관은 세입세출의 결산보고서에 의하여 세입세출의 결산을 작성하여 국무회의의 심의를 거친 후 대통령의 승인을 얻어 다음 연도 4월 10일까지 감사원에 제출하여야 한다. 이 경우, 성과보고서를 첨부하여야 한다.

③ 감사원은 세입세출결산서를 검사하고 그 보고서를 다음 연도 5월 20일까지 기획재정부장관에게 송부하여야 한다.

④ 정부는 감사원의 검사를 거친 결산 및 첨부서류를 다음 연도 5월 31일까지 국회에 제출하여야 한다.

(3) 국회의 결산심사

① 상임위원회의 결산 예비심사 : 상임위원회는 국정감사 전까지 소관기관의 결산에 대해 예비심사를 한다. 국정감사는 결산과정이면서 예산심의 자료수집과정이기도 하다.

② 종합심사 : 예산결산특별위원회는 정부결산 전체에 대해 종합심사를 한다.

③ 본회의 의결 : 예산의 결산은 본회의 의결로 확정된다(정기회 개회 전까지).

3. 문제점과 개선방향

(1) 문제점

① 위법·부당한 경우에도 책임확보수단이 없다.

② 국회의 전문성이 부족하고 짧은 시간에 이루어지기 때문에 심도있는 분석이 이루어지지 못하고 있으며 결산에 대해서는 무관심하다.

(2) 개선방안

    ① 결산의 결과가 예산으로 환류 되도록 결산의 기능을 적극적으로 활성화한다.

    ② 예산위원회와 결산위원회를 분리해서 운영할 필요가 있다.

    ③ 국회의 전문성이 강화될 필요가 있다.

✤ 세계잉여금

1. 의의
   (1) 세계잉여금은 1회계연도에 수납된 세입액으로 부터 지출된 세출액을 차감한 잔액으로서, 결산상 잉여금이라고도 한다.
   (2) 국가재정법에는 ㉠ 세입예산을 초과하여 수납된 세입액과, ㉡ 세출예산 중 지출되지 않은 것, 즉 다음 연도 이월액과 불용액으로부터 발생된다고 규정되어 있다.

2. 세계잉여금의 발생요인
   세계잉여금은 예산상의 징수계획보다 더 걷힌 세금, 예산에 반영했으나 사용하지 않은 불용액·벌과금·기타 수입 등으로 구성된다.

3. 세계잉여금의 처리용도
   (1) 교부세의 정산
   (2) 공적자금상환기금에 출연
   (2) 국채 또는 차입금의 원리금 상환
   (3) 국가배상법에 의하여 확정된 국가배상금 지급
   (4) 재정투융자 특별회계의 차입금의 원리금 상환
   (5) 다음연도 세입으로 이입

---

5. 회계검사

1. 의의

(1) 개념

    행정기관의 수입·지출의 결과에 관한 사실을 확인하거나 검사하고 이에 관한 결과를 보고하기 위하여 장부 기타의 기록을 체계적으로 검사하는 행위를 말한다.

(2) 성격

    ① 회계검사의 대상은 회계와 관계있는 모든 기록을 말한다.

    ② 회계기록은 기장자 이외의 제3자가 검증한 것이어야 한다.

    ③ 회계기록의 정부(正否)검증절차이다. 회계검사는 부기기록이 그 경제적·법률적 사실을 진실하게 표시하고 있다는 것을 입증하는 것이다.

    ④ 회계검사는 회계기록의 적부(適否)에 관한 비판적 검증으로서, 반드시 검사인의 의견표명이 있어야 한다.

(3) 목적

① 정부지출의 합법성 확보를 일차적 목적으로 한다.

② 재정낭비의 방지와 경리 상의 비위·부정을 적발하여 시정한다.

③ 회계검사의 결과를 행정관리의 개선과 정책수립에 반영시킨다.

2. 전통적 회계검사와 새로운 회계검사

(1) 전통적 회계검사

① 특징

㉠ 주로 중앙정부의 행정기관만을 대상으로 한다.

㉡ 합법성 위주의 검사로서, 법률이나 예산에 위반된 수입과 지출이 없는가를 발견하는 것을 목표로 한다.

㉢ 검사의 초점을 재정에 둔다.

㉣ 회계검사와 직무감찰의 분리를 원칙으로 한다.

② 한계

㉠ 행정책임의 확보곤란 : 지출의 형식적 합법성에만 치중한 나머지 국민에 대한 책임성이 부족하다.

㉡ 적극적·능률적 행정수행 곤란 : 법령의 형식적 해석으로 소극적 법규만능주의를 초래한다.

㉢ 공금의 부당지출 방지 곤란 : 불법지출방지는 가능하나 부당지출방지는 곤란하다.

㉣ 정부지출의 전반적인 성과분석 곤란 : 오늘날 중시되는 효과성·합목적성에 대한 분석이 곤란하다.

(2) 새로운 회계검사

① 기준 : 합법성 위주의 검사 이외에 경제성 검사·능률성 검사·효과성 검사 등의 성과감사를 강조한다.

② 대상 : 종전에는 회계감사에 국한되었지만 최근에는 업무감사와 정책감사까지 대상을 확대하고 있다.

③ 책임확보 : 종전에는 회계 상의 책임에 한정하여 추궁하였는데 반해 최근에는 관리책임과 정책책임까지 포함하여 추궁한다.

④ 기능 : 종전에는 오류와 부정의 적발기능과 회계기록의 작성 오류에 대한 비판적 기능이 주를 이루었으나, 최근에는 회계정보를 활용한 행정관리의 개선기능과 감사결과를 계획과 집행단계에 환류하는 환류기능이 강조되고 있다.

3. 우리나라 회계검사기관 – 감사원

(1) 구성

① 지위 : 대통령 직속하의 합의제 의사결정기구로서 헌법기관이다.

② 조직 : 감사원장을 포함한 7인의 감사위원으로 구성된 감사위원회와 사무처로 조직되어 있다.

(2) 기능

① 결산의 사전확인 : 감사원은 국가의 세입과 세출의 결산을 매년 검사하여 대통령과 차년도 국회에 그 결과를 보고해야 할 의무가 있다(헌법 제99조). 이때의 결산검사는 국가의 세입·세출의 결산을 확인하는 합법성과 정확성위주의 검사이다. 그러나 비합법적이고 부적당하더라도 무효나 취소시키는 효과는 없으며 시정조치를 요구할 수 있을 뿐이다.

② 법으로 정한 기관에 대한 회계검사

㉠ 필요적 검사대상 : 국가, 지방자치단체, 한국은행, 국가나 지방자치단체가 자본금의 50% 이상 출자한 기관(정부투자기관, 지방공단 및 공사), 타 법률에 의해 감사원의 회계검사를 받도록 규정된 단체의 회계

㉡ 선택적 검사대상 : 국가·지방자치단체와 계약을 체결한 자, 국가가 재정원조를 공여한 자, 국가 또는 지방자치단체가 자본금의 일부를 출자한 자 등의 회계

③ 직무감찰 : 위 회계검사대상 중 국회·법원 및 헌법재판소에 소속된 공무원이나 고도의 통치행위, 준사법적 행위 등은 감찰대상에서 제외된다.

④ 검사·감찰결과의 처리 : 변상책임의 판정, 징계·문책·해임의 요구, 시정·주의 요구, 개선 요구, 고발 등이다.

▶ 회계검사와 직무감찰의 차이

구 분	회계검사	직무감찰
헌법상의 지위	대부분 헌법기관(영미는 제외)	대부분 비헌법기관
독립성	강함	약함
대상기관	입법부, 사법부, 행정부, 기타 예산지원기관	행정부 중심(입법부, 사법부 등은 제외)
감사내용	합법성에 치중하는 소극적 감사	공무원 비위 적발, 적극적인 행정조치 강구, 행정운용의 개선향상에 기여

4. 정부회계제도

(1) 의의

① 개념

'정부조직의 경제적 사건을 분석, 기록, 요약, 평가, 해석하고 그 결과를 보고하는 기술'이다.

② 유형

정부회계는 경제적 거래를 어느 시점에 할 것인가와 어떠한 방식으로 할 것인가 두 가지 구분방식이 있는데 전자에 의한 분류가 현금주의·발생주의이며, 후자에 의한 분류가 단식부기·복식부기이다.

③ 최근 경향

원래 공공부문에는 현금주의 적용이 원칙이었으나, 최근 성과중심의 행정관리체제가 강조되면서 공공부문에도 발생주의 도입이 적극 강조되고 있다.

(2) 단식부기와 복식부기-기장방식에 의한 구분

① 단식부기

㉠ 단식부기는 차변과 대변의 구분 없이 현금, 특정재산, 채무 등을 중심으로 발생된 거래의 한쪽 면만을 기재하는 방식이다. 단식부기는 거래의 영향을 단 한 가지 측면에서 수입과 지출로만 파악하여 기록하는 방식으로 현금의 증감발생시 회계처리를 하는 현금주의에서 주로 채택한다. 정부의 회계는 전통적으로 단식부기에 의하고 있다.

㉡ 단식부기는 거래의 수가 적고, 규모가 작은 경우에는 간편하기 때문에 사용하기가 매우 편리하다는 장점을 가지고 있으나, 복식부기에 비해 기록의 정확성을 검증하거나 거래의 오류, 탈루 등을 파악하기 어렵다.

② 복식부기

복식부기는 '경제의 일반현상인 거래의 이중성을 회계처리에 반영하여 차변(왼쪽)과 대변(오른쪽)으로 나누어 기록하는 방식'이다. 복식부기는 자산, 부채, 자본을 인식하여 거래의 이중성에 따라 차변과 대변을 계상하고 그 결과 차변의 합계와 대변의 합계가 반드시 일치하도록 하여 자기 검증기능을 갖게 된다. 경제활동의 발생 시에 이를 기록하는 발생주의에서 주로 채택하고 있는 방식이다.

▶ **차변과 대변 구성요소**

차변	대변
자산의 증가	자산의 감소
부채의 감소	부채의 증가
자본의 감소	자본의 증가
비용의 발생	수익의 발생

3) 현금주의와 발생주의-거래의 인식기준에 의한 구분

① 현금주의

㉠ 의의

현금주의는 '현금을 수취하거나 지급한 시점에 거래를 인식하는 방식'으로, 현금을 수취했을 때 수익으로 인식하고 현금을 지불했을 때 비용으로 인식한다. 즉 현금을 지출하지 않으면 비용이 발생하지 않는다고 보는 것이다.

㉡ 주요특징

현금주의 방식은 주로 사업적 성격이 없는 일반행정부문에 적용되는 것으로, 재화와 서비스를 거래하더라도 현금의 흐름이 발생하지 않으면 수입이나 지출로 계상하지 않는다. 통상적으로 단식부기를 활용하는 경우가 많다.

ⓒ 장·단점

이해가 쉽고 예산의 관리·통제가 용이하며 절차와 운용이 간편하고 현금의 흐름과 파악이 용이하다는 장점이 있으나 기록계산의 정확성 확인이나 경영성과 측정이 곤란하다는 것이 단점이다.

② 발생주의

㉠ 의의

발생주의는 현금의 이동과는 관계없이 수익과 비용이 발생된 시점에서 그것을 거래로 인식하여 회계처리를 행하는 방식을 말한다. 즉 현금의 지불여부에 관계없이 공공요금에 대한 고지서를 발부받는 순간 비용이 발생한다고 보는 회계이다.

㉡ 주요특징

발생주의 회계방식은 공무원의 정직성에 의존할 필요 없이, 차변과 대변의 각 합이 같아져야 하는 이중적 회계작성으로 자기검증기능 및 회계상 오류방지기능이 있으며, 정부서비스의 가격을 보다 정확하게 산정하는 데에 도움을 주고, 재정적 성과측정을 향상시키는 도구를 제공해 준다.

㉢ 한계

공공부문의 무형성으로 인하여 자산가치의 정확한 파악이 힘들고 현금흐름의 파악이 곤란하므로 현금예산으로 보완이 필요하며, 회계처리비용이 많이 소요되고 절차가 복잡하며, 부실채권의 파악이 곤란하다는 문제가 있다.

✤ 수정현금주의와 수정발생주의

(1) 수정현금주의
   ① 의의 : 현금주의를 기본으로 하되, 발생주의를 일부 도입하는 방식
   ② 예시 : 영국 자치단체의 경우 연도 중에는 현금으로 기록하였다가 연도 말에는 미지급금(채무)을 일시에 기록하는 방법을 사용

(2) 수정발생주의
   ① 의의 : 발생주의를 기본으로 하되, 발생주의 방식을 일부 변경하거나 현금주의 방식을 일부 도입하는 방식
   ② 예시 : ㉠ 고정자산에 대해서는 감가상각을 하지 않거나, ㉡ 거래발생시점을 기준으로 하되, 현금의 지급이나 수령을 빠른 시간 내(보통 60일 이내)로 한정한다든지, ㉢ 수입은 현금주의로, 지출은 발생주의로 회계처리

▶ 현금주의와 발생주의의 비교

거래의 인식기준	현금주의	발생주의
특징	① 현금의 수납사실을 기준으로 회계계리 ② 단식부기 적용 　→ 외상거래의 경우, 현금의 지불 전까지는 비용으로 간주되지 않음	① 자산의 변동·증감의 발생사실에 따라 회계 계리 ② 복식부기(기업회계방식) 적용 　→ 외상거래는 현금의 지불이 없지만 거래성립 시에 비용으로 인식

거래의 인식기준	현금주의	발생주의
적용 대상	① 사업적 성격이 없는 일반행정부문 : 일반회계 ② 정부특별회계의 일부(기타 특별회계)	① 사업적 성격이 강한 회계부문 : 민간기업 및 공공기관(공기업, 준정부기관 등) ② 정부특별회계 중 정부기업예산법이 적용되는 4대 기업특별회계와 책임운영기관특별회계 ③ 정부기금 ④ 지방재정
장점	① 절차와 운용이 간편하고 이해와 통제가 용이 ② 현금 흐름(통화부문)에 대한 재정 영향 파악이 용이	① 비용·수익, 자산·부채 등 다양한 정보제공으로 사업성과 파악이 용이 ② 부채규모 파악으로 재정 건전성 확보 ③ 회계 상의 오류방지 용이(복식부기의 대차균형의 원리)
단점	① 기록된 계산의 정확성 확인 곤란 ② 경영성과 측정이 곤란 ③ 거래의 실질 등 미반영	① 채권·채무판단 및 감가상각 등에 있어 자의성이 개입될 여지가 있음 ② 절차가 복잡

(4) 우리나라의 정부회계

① 현재 정부회계제도 : 우리나라는 중앙정부와 지방자치단체의 일반회계·특별회계 및 기금은 발생주의 및 복식부기원칙에 따라 결산을 수행하여야 한다.

② 정부의 재무제표

㉠ 작성원칙 : 회계연도 간 비교의 원칙, 계속성의 원칙, 통합재무제표 작성의 원칙, 내부거래 상계의 원칙

㉡ 구성요소 : 재정상태표(대차대조표와 유사), 재정운영표(손익계산서와 유사), 순자산변동표

▶ 회계기준상 재무제표

국가	지방
• 재정상태표 • 재정운영표 • 순자산변동표	• 재정상태표 • 재정운영표 • 순자산변동표 • 현금흐름표

1. 의의

1. 필요성

행정기능이 확대되었으나 재원은 한정되어 있기 때문에 예산배정의 결정문제가 중시되었고 예산결정이론이 대두되었다.

2. 예산결정이론의 전개

(1) 키(V. O. Key)의 '예산이론 부재론'(1940)에서 예산결정에 있어서 어떠한 근거로 X달러라는 금액이 A활동 대신에 B활동에 배정되었는가를 밝혀 주는 이론이 없다고 지적함으로써 예산결정이론의 필요성을 역설하였다.

(2) 이에 대해 Lewis와 Schick는 총체주의(합리주의)의 관점에서, Lindblom과 Wildavsky는 점증주의의 관점에서 답을 제시하였다.

2. 총체주의(합리주의) 예산과 점증주의 예산

1. 총체주의(합리주의) 예산

(1) 의의

① 총체주의(합리주의)는 예산결정에 관련된 모든 요소를 합리적·과학적 분석기법을 사용하여 종합적·계량적으로 평가하여 예산결정 과정상에 고도의 합리성을 추구하려는 것이다. 총체주의(합리주의) 예산결정방식은 과학적 분석기법을 대안의 주요 평가수단으로 삼고 있는 계획예산제도가 대표적이며, 목표관리와 영기준예산제도 등이 이에 해당된다.

② Lewis, Hitch, McKean, Novick 등이 대표적이다.

(2) 특징

① 예산결정은 총체적·종합적으로 이루어져야 한다는 주장으로 경제적 접근법에 해당한다.

② 결정에 관련된 모든 요소를 종합적으로 검토하는 총체적·규범적 접근이다.

③ 사회적 목표의 정의는 명확하여야 하며, 정책은 목적수단접근법으로 다루어져야 한다.

④ 정부의 정책은 여러 가지 가능한 정책 중에서 B/C 분석 등 분석적 작업을 거쳐 의식적·명시적으로 합리적인 것이 선택되어야 하며, 정부의 사업비용은 극소화시켜야 한다.

⑤ 여러 가지 정책 및 사업결정은 상호의존적인데 이러한 결정들을 위해서는 하나의 통합된 종합적인 결정과정을 필요로 한다.

⑥ 하향적·거시적으로 분석되는 경우가 많고 자원의 한계를 인식하는 접근법으로 절대적 합리성을 추구한다.

(3) 한계

① 현실적으로 인간은 총체주의(합리주의) 모형에서 가정하는 것과 마찬가지로 전지전능한 존재가 아니기 때문에 그가 갖는 지식은 항상 부분적인 것에 지나지 않는다.

② 선택되는 대안은 미래의 것이기 때문에 불확실하며 완전한 예측이 힘들다.

③ 총체주의(합리주의) 모형에 따를 때에는 결정에 필요한 모든 대안을 고려해야 하지만 인간의 물리적 한계에 의하여 선택할 수 있는 대안의 범위는 제약을 받는다.

2. 점증주의 예산

(1) 개념

① 점증주의적 예산결정방법은 전년도의 예산액을 기준으로 다음 연도의 예산액을 결정하는 방법이다. 합리성의 기준에서 볼 때 점증주의는 정치적 합리성을 추구하기에 경제적 측면에서 보면 비합리적이며 주먹구구식 성향이 다분하고, 품목별예산과 성과주의예산이 점증주의에 의한 결정방식이다.

② Lindblom, Wildavsky, Fenno, Dye, Dahl 등이 대표적이다.

(2) 특징

① 여러 가지 정책대안 중에서 한정된 몇 가지 대안만을 대상으로 하며 예산과정은 보수적·정치적·단편적이다.

② 정책의 선택은 연속적인 과정이며, 목표·수단의 구분을 꺼리며 한계적 가치만을 고려한다.

③ 예산결정은 보수적이고 단편적이며 정치적 과정이기에 협상과 타협에 의해서 무리수를 피해가며, 절차적·정치적 합리성을 강조한다.

④ 전년도 예산이 예산결정의 기준이며, 다음 회계의 예산은 그것보다 소폭 증감이 되기에 예산결정은 선형성을 띠고 점증적이며 역사적이다. 그리고 전년도 예산액이라는 기준도 중요하고, 조직의 일정한 과정이나 절차를 통하여 예산이 결정되므로 과정 중심적 예산결정이다.

⑤ 예산결정에서 최선의 대안을 강구하지 않는다. 즉 모두가 만족하고 합의할 수 있는 선의 추구보다는 오류나 악의 제거에 역점을 둔다.

⑥ 기관(행정부와 입법부)간에 선형적·안정적 관계가 형성된다.

(3) 한계

① 급격한 변화를 지양하기 때문에 근본적으로 보수주의적인 모형으로 쇄신과 혁신을 요구하는 발전도상국의 사회에 적용하기 어렵다.

② 정치적 다원주의가 지배하는 사회에서는 적용 가능하지만, 결정자의 판단이 크게 작용하는 나라에서는 적용가능성이 적다.

③ 과거의 결정이 잘못된 경우에도 이를 시정하기 어렵다.

▶ **총체주의(합리주의)와 점증주의의 비교**

총제주의(합리주의)	점증주의
① 경제적(완전한) 합리성 추구	① 정치적(제한된) 합리성 추구
② 모든 대안을 총체적으로 분석	② 한정된 수의 대안만 분석
③ 목표·수단 구분접근법	③ 목표·수단분석 미실시
④ 혁신적·합리적 형태	④ 보수적·선례답습적
⑤ 대폭적 예산 증감(포괄적 가치 및 변화추구)	⑤ 부분적·소폭적 예산 증감(한계적 가치만 고려)
⑥ 계획예산, 영기준예산, 일몰법, 자본예산	⑥ 품목별예산, 성과주의예산
⑦ Hitch, mcKean, Novick, Shick	⑦ C. E Lindblom, R. A. Wildavsky

3. 자원의 희소성과 예산결정이론

1. 자원의 희소성과 공공지출관리의 규율

(1) 공공부문에서의 희소성

① 의의 : 재화는 욕구에 비해 상대적으로 희소하다. 사람들이 소비하고자 하는 모든 재화를 생산할 충분한 자원이 없기 때문에 재화가 부족하게 된다. 이를 '희소성의 법칙'이라고 하는데, 재무행정은 궁극적으로 공공부문에서의 희소성의 법칙을 규명하는 학문이다.

② 희소성의 유형(A. Schick)

㉠ 완화된 희소성(Relaxed scarcity)

ⓐ 정부가 현존 사업을 계속하고 새로운 예산공약을 떠맡을 수 있는 충분한 자원을 갖고 있는 상황이다. 즉, 공공자원을 사용하는 면에서 제약 상태가 최소인 경우이다.

ⓑ 예산과정에서는 사업개발에 중점을 두게 되고, 점증주의의 일상성에 얽매이지 않는다.

ⓒ 예산결정의 성향은 통제(관리)기능에서 계획기능으로 옮겨지며, 사업 분석과 다년도 예산편성에 대한 관심이 증가한다.

ⓓ 통상적으로 볼 수 있는 상태는 아니고 미국의 1960년대 중반이 여기에 해당하며, PPBS의 도입과 관련이 있다.

㉡ 만성적 희소성(Chronic scarcity)

ⓐ 대부분의 정부에서 볼 수 있는 일상적인 예산부족상태이다. 공공자원은 기존 서비스의 비용만큼 증가하기 때문에 계속사업에 대해서는 자금이 충분히 있지만 신규사업에 대해서는 자금이 충분하지 못한 상태이다.

ⓑ 이러한 상태에서 예산은 주로 지출통제보다는 관리의 개선에 역점을 둔다.

ⓒ 사업의 분석과 평가는 소홀히 하게 되며, 사업개발은 산발적이고 비체계적인 특징을 보여준다.

ⓓ 만성적 희소성이 존재할 수밖에 없다는 광범위한 신념을 갖는 경우 정부는 ZBB에 관심을 갖게 된다.

ⓒ 급성 희소성(acute scarcity)

    ⓐ 이용가능한 자원이 사업비용의 점증적 증가분을 충당하지 못할 경우에 발생한다.

    ⓑ 이러한 상태 하에서는 예산관련 기획은 거의 없으며, 관리상의 효율성을 새롭게 강조한다. 즉, 급성 희소성은 장기적 기획보다는 단기적 예산편성의 즉흥성을 유도하게 된다.

ⓔ 총체적 희소성(total scarcity)

    ⓐ 가용자원이 정부의 계속사업을 지속할 만큼 충분하지 못한 경우에 발생한다. 정부가 사업의 점증비용을 충당할 수 없는 급성 희소성과 달리 총체적 희소성은 정부가 이미 존재하는 사업에 대해 비용을 충당할 수 없는 조건이다.

    ⓑ 이러한 상태에서는 회피형 예산편성을 하게 된다. 즉, 비현실적인 계획과 부정확한 예산을 꾸며 내도록 만드는 유형을 말한다.

▶ 희소성의 유형

희소성	희소성의 상태	예산의 중점
완화된 희소성	계속＋증가분＋신규사업	• 사업개발에 역점 • PPBS를 고려
만성적 희소성	계속＋증가분	• (새로운) 사업의 분석과 평가는 소홀 • 지출통제보다는 관리개선에 역점을 둠 • 만성적 희소성의 인식이 확산되면 ZBB 고려
급격한 희소성	계속사업	• 예산 기획 활동 중단 • 단기적·임기응변적 예산편성에 몰두 • 비용 절약을 위해 관리상의 효율 강조
총체적 희소성		• 회피형 예산(비현실적인 계획, 부정확한 상태) • 허위적 회계처리 때문에 예산 통제 및 관리는 무의미 • 돈의 흐름에 따라 반복적으로 예산이 편성됨

(2) 공공지출관리의 새로운 규율-A. Schick의 '좋은 예산'과 '나쁜 예산'

  ① 의의 : A. Schick(1998)은 전통적인 재정기능(통제, 관리, 기획 등)과 별도로 재정위기가 세계 각국의 주요이슈로 등장하면서 재정운영의 새로운 규범으로 공공지출관리의 세 가지 규범을 주장하고 있다. 이러한 A. Schick의 신예산기능은 감축관리에 대응하는 신행정국가시대의 예산기능이라 할 수 있다.

  ② 재정운용의 목적(신예산기능의 원칙) : Schick는 재정운용의 목적을 다음 세 가지로 나누고 있는데 그는 재정의 건전성 확보를 위해서는 '총량적 재정규율체제 확립'이 필요하다고 주장하였다. 최근에는 아래 세 가지 규범에다가 새로운 재정규범으로 투명성과 참여까지를 제시하는 학자들도 있다.

    ㉠ 총량적 재정규율(Aggregate fiscal discipline)

      개별부서의 미시적 관점보다는 거시적(Macro-budget), 하향적(Top-down) 관점에서 예산총액의 효과적인 통제를 중시하는 제도이다. 만성적 재정위기하에서 재정의 건전성을 확보하기 위한 규범이다. 중앙예산기관에 큰 권한을 부여하여 거시적으로 지출한도를 사전에 설정해주는 방법이 이에 해당한다.

   ⓒ 배분적 효율성(Allocative efficiency)

    거시적 관점보다는 미시적 관점(Micro-budgeting)에서 각 개별 재정부문간 재원배분을 통한 재정지출의 총체적 효율성을 도모하는 입장이다. 예산배분측면에서 파레토최적을 달성하려는 부문 간 효율성 또는 패키지 효율성이다.

   ⓒ 운영상 효율성(Operational efficiency)

    투입에 대한 산출의 비율을 높이는데 중점을 두는 기술적 효율성(X-효율성)이나 생산적 효율성의 관점이다. 배분적 효율이 부문 간 효율이라면 운영상 효율은 부문 내 효율이다.

  ③ Schick의 '나쁜 예산'론 : Schick는 위의 세 가지 신예산기능의 원칙을 가지고 여러 나라의 예산제도를 비교·평가한 결과 다음과 같은 예산들은 '나쁜 예산'들이라고 본다.

   ㉠ 비현실적 예산 : 정부의 세입능력을 초과해서 세출규모를 설정한 예산

   ㉡ 숨겨진 예산 : 진짜 수입과 지출에 관한 예산은 오직 소수의 관계자만 알고 있는 예산

   ㉢ 선심성 현실 회피적 예산 : 사회적 요구에 부응하는 것처럼 보이기 위하여 재원조달 방안이 불명확한데도 불구하고 대규모 공공지출사업을 발표하는 예산

   ㉣ 반복적 예산 : 정치경제적 상황 변화에 따라 추경예산을 수시로 편성하는 예산

   ㉤ 저금통예산 : 예산서에 계획된 대로 정부지출이 이루어지는 것이 아니라 정부수입이 많아지면 많이 지출하고, 모자라면 지출하지 않는 예산

2. 윌다브스키(A. Wildavsky)의 예산문화론

(1) 점증적 예산

선진국처럼 국가의 경제력이 크고 예측가능성이 높은 경우에 나타나는 예산유형이다. 이때 다원화된 선진사회의 경우에 정치적 합리성에 따른 예산결정이 많이 나타난다.

(2) 양입제출적(세입적) 예산

미국의 도시정부처럼 국가의 경제력은 작지만 예측가능성이 높은 경우에 나타나는 예산결정의 유형이다.

(3) 보충적 예산

경제력은 높으나 재정력의 예측가능성이 낮은 경우, 행정의 능력이 낮은 경우에 나타나는 예산결정 유형이다.

(4) 반복적(답습적) 예산

후진국의 경우처럼 경제력도 낮고 예측가능성도 낮은 경우에 나타나는 예산결정의 유형이다.

 ▶ A. Wildavsky의 예산문화론유형

구 분	풍부한 경제력	부족한 경제력
높은 예측력	점증적(Incremental)	양입제출적(Revenue)
낮은 예측력	보충적(Supplement)	반복적(Repetitive)

제02절 | 예산제도의 변천

1. 예산제도의 의의

1. 의의

(1) 예산기능의 변화에 따라 새로운 예산이론이 형성되면 예산개혁(budget reform)이 이루어지고 거기에 적합한 새로운 예산제도가 등장한다. 미국의 예산제도 개혁에 대한 노력은 예산과정에 합리적 절차를 도입하는 방향으로 전개되어 왔다.

(2) A. Schick은 이러한 행정이념과 기능의 변화와 관련한 예산제도를 통제, 관리, 계획, 감축으로 구분하였으며, 1990년대 이후에는 결과지향적 예산제도가 중시되었다.

2. 예산제도의 지향

(1) 통제지향의 예산제도

지출의 통제를 위해 의회에서 승인한 세출의 권한 내에서 이루어지도록 하며, 예산운영의 합법성을 강조한다. 품목별예산제도(LIBS)가 대표적이다.

(2) 관리지향의 예산제도

회계제도의 신뢰성이 향상되면서 예산운영의 관리통제와 능률성에 초점을 맞춘 성과주의예산제도(PBS)와 같은 예산제도가 등장하였다. 관리지향의 예산제도는 투입보다는 정부활동의 성과에 초점을 둔다.

(3) 계획지향의 예산제도

예산에서 사업을 계속하거나 새로운 사업을 개발 혹은 자원배분의 합리성을 강조하는 것으로 계획예산제도(PPBS)를 통해 추구되었다.

(4) 감축지향의 예산제도

1970년대 자원난 시대에 정부재정의 팽창에 대항하는 조세저항운동이 발생하였고, 이에 따라 재정낭비를 줄이고 능률성을 제고하기 위한 영기준예산(ZBB)와 같은 제도를 말한다.

(5) 결과지향의 예산제도

1990년대 이후에는 행정에 예산상의 재량을 부여하고 결과에 의해 통제하려는 결과지향적 예산제도가 중시되었다.

예산제도	품목별 예산	성과주의 예산	계획예산	영기준예산	신성과주의 예산
예산기능	통제	관리	계획	평가와 감축	결과
핵심요소	투입	투입과 산출	투입, 산출, 목표	우선순위	산출과 결과
행정이념	민주성	능률성	효과성	생산성	생산성

2. 품목별예산제도(LIBS)

1. 의의

(1) 개념

품목별 예산(Line-Item Budgeting System)은 지출대상인 급여·여비·수당·시설비 등으로 분류하여 지출대상과 한계를 규정함으로써 예산지출의 통제를 기하려는 예산제도이다. 이 제도는 정부가 구입하고자 하는 지출품목에 따라 예산을 편성하는 투입중심의 예산제도로서 선·후진국을 막론하고 가장 많이 사용된다. 우리나라 예산편성 과목 중 목(目)에 해당한다.

(2) 배경

① 품목별예산제도는 입법부의 재정통제를 통한 '재정 민주주의 실현'의 한 수단으로서 등장했다고 볼 수 있다.

② 1907년 미국의 뉴욕시에서 처음 채택하였으며, Taft위원회(절약과 능률에 관한 대통령위원회)의 건의로 1921년 미국연방정부에 도입되었다.

③ 최초의 행정부제출예산제도 : 대통령이 편성하는 행정부제출예산제도가 1921년에 품목별로 편성되었고 이는 정부예산의 낭비를 방지하고 절약과 능률을 구현하기 위한 것이었다. 품목별 예산제도는 1921년부터 1950년까지 30년간 연방정부의 차원에서 사용되었다.

(3) 특징

① 통제지향적이며 결정이 점증적으로 이루어진다.

② 19C 통제지향적인 입법부 우위의 예산원칙이다.

③ 투입측면에만 초점을 맞추어 편성되므로 정부가 투입을 통해 달성하고자 하는 사업을 파악할 수 없다. 또한 지출에 따른 성과나 효과에 대해서 관심을 두지 않는다.

2. 장·단점

(1) 장점

① 의회의 예산심의 용이 : 품목별 예산제도는 품목별 지출한도를 식별하기 쉬워서 의회의 예산심의를 용이하게 한다.

② 회계책임의 명확화 : 지출대상을 급여·수당·시설비 등으로 세분화함으로써 회계책임을 명백히 할 수 있다. 즉 예산편성을 지출대상인 품목별로 책정된 금액만큼 지출하였는가를 쉽게 검사할 수 있다.

③ 예산편성 및 운영 용이 : 예산관리에서 가장 기초적인 정보인 필요한 품목의 값이 얼마인가에 따라 편성되므로 복잡한 관련요인들을 포괄적으로 고려할 필요가 없고 계산 작업이 용이하며 예산구조도 이해하기 쉽다.

④ 감사기관의 통제 용이 : 품목별 예산편성은 감사기관의 통제를 용이하게 한다.

⑤ 인사행정의 유용한 자료·정보 제공 : 정원변동이 명백히 표시되어 있어서 정부운영에 필요한 정확한 인력자료와 보수에 관한 비교적 정확한 정보를 활용할 수 있다.

(2) 단점

① 사업이나 활동파악이 곤란 : 정부가 무슨 사업을 어떻게 하고 있는지 전혀 알 수 없다.

② 예산운영의 신축성 제약 : 지출항목을 엄수하여 집행해야 하기 때문에 예산운영의 신축성을 제약한다.

③ 재정정책적 측면의 무시 : 예산항목에만 관심을 집중하는 나머지 예산의 적극적 역할인 재정정책면을 등한시하고, 장기적인 계획과 연계시킬 수 없다.

④ 성과나 산물의 파악이 곤란 : 품목별예산은 지출만을 따지는, 즉 어느 품목에 예산을 얼마나 썼는가 하는 것만을 표시하는 투입중심의 예산제도이므로 사업의 효율성과 성과를 확인하기가 어렵다.

⑤ 점증주의적 예산편성 : 사업의 내용과 무관하게 예산액은 물가변동 등에 따라 전년도보다 증액되는 경향이 있다.

3. 성과주의예산제도(PBS)

1. 의의

(1) 개념

성과주의예산(Performance Budgeting System)이란 정부예산을 기능·활동·사업계획에 기초를 두고 편성하는 예산제도를 말한다. 사업계획을 세부사업으로 분류하고 각 세부사업을 단위원가 × 업무량 = 예산액으로 표시하여 편성하는 예산을 말한다.

(2) 배경

① 지출목적이나 사업의 성과가 불분명한 품목별예산의 문제점을 타파하기 위하여 1950년대 행정국가의 등장과 더불어 관리지향적 예산관에 입각하여 도입하였다.

② 사업중심, 관리중심, 원가중심, 성과중심, 산출중심, 실적 중심의 예산이다.

2. 연혁

(1) 미국

① 1913년 뉴욕시 리치먼드구(區)에서 예산을 업무기능별로 구분하고 업무의 원가를 계산하는 원가예산제를 시도한 데서 그 기원을 찾을 수 있으며, 그 후 1934년 연방정부의 농무성과 TVA가 각각 프로젝트 예산과 사업예산을 사용한 바 있다.

② 뉴딜정책과 2차 세계대전을 거치면서 정부기능의 확대에 따라 정부사업의 수와 규모가 증가하고 정부사업의 효율적 관리에 관심이 높아지면서 1949년 제1차 후버위원회의 건의에 의하여 1950년 의회가 예산회계절차법을 제정하여 연방정부를 비롯한 주 및 지방정부로 확산되었다.

(2) 우리나라

우리나라에서는 1961년부터 국방부 단독으로 성과주의예산 채택을 시도하였고, 1962년과 1963년도에도 보사부와 농림부의 일부사업에 적용하였으나 1964년 중단되었다. 2003년 이후 서울시가 성과주의예산을 도입하여 실시하고 있다.

3. 구조

(1) 구성요소

① 세부사업 : 성과주의예산은 주요사업을 몇 개의 사업으로 나누고, 각 사업을 다시 몇 개의 세부사업으로 나눈 다음 각 세부사업별로 예산을 편성한다.

② 단위원가 : 업무측정단위(성과단위) 하나를 산출하는데 소요되는 경비를 말한다.

③ 업무량 : 계량화된 성과단위에 의해 표시된 세부사업별 업무량을 말한다.

(2) 예산액의 산정

① 세부사업별 예산액＝업무량×단위원가

▶ 성과주의 예산편성의 예

사업명	사업목적	측정단위	실적	단가	금액
긴급출동	비상시 5분 내 현장까지 출동	출동횟수	100건	10만원	1,000만원
일반순찰	24시간 계속순찰	순찰시간	1,000시간	1만원	1,000만원
범죄예방	강력범죄발생을 10% 낮추기 위한 정보활동	투입시간	1,000시간	2만원	2,000만원
계					4,000만원

② 예산액은 업무량에 단위원가를 곱하여 산정하며 업무량은 업무단위로 측정한 단위 수이다(업무단위 ×수). 따라서 활동별 단위원가 변화를 추적함으로써 단위원가가 현저히 상승한 활동에 대해서 중앙에서 집권적으로 능률적 관리를 촉구할 수 있으므로 정보의 계량화를 통하여 관리상의 능률성을 제고시키고 운영관리 지침을 제공해준다.

4. 효용과 문제점

(1) 효용

① 의회와 국민의 이해 증진 : 정부가 무슨 일을 얼마의 돈을 들여서 완성하였는가를 일반국민이나 입법부가 쉽게 이해할 수 있다.

② 예산심의 간편 : 정책이나 계획수립을 용이하게 하는 동시에 입법부의 예산심의가 간편하다.

③ 관리수단 제공 : 신축성을 부여하여 행정기관의 관리층에게 효과적인 관리수단을 제공한다.

④ 자금배분의 합리화·예산집행의 신축성 : 업무측정단위 및 단위원가 산정에 기초하므로 자금배분의 합리화가 가능하고, 세부사업별 총액만이 표시되므로 집행의 신축성이 제고된다.

⑤ 내부통제의 합리화 : 의회에 의한 외부통제보다는 내부적인 행정통제를 합리화시키며 실적의 평가에 도움을 줄 뿐 아니라 장기계획의 수립·실시에 유익하다.

⑥ 성과관리 및 환류기능 강화 : 투입과 산출을 비교·평가하여 성과관리가 가능하고 환류기능을 강화한다.

(2) 문제점

① 업무측정단위의 선정문제

㉠ 업무측정단위의 선정 시 고려사항

ⓐ 단위는 동질성이 있어야 한다.

ⓑ 단위는 계산가능해야 하며 완결된 성과를 표시해야 한다.

ⓒ 단위는 영속성이 있어야 한다.

ⓓ 단위는 이해하기 쉬운 것이어야 한다.

㉡ 성과단위 선정의 어려움 : 공공행정의 무형성으로 인하여 상술한 것과 같은 요건을 모두 구비한 업무측정단위의 선정이 근본적으로 곤란하다.

② 단위원가의 계산문제

㉠ 단위원가란 성과단위 하나를 산출하는데 소요되는 인건비·자재비 등의 모든 경비를 합계한 것을 말한다.

㉡ 회계제도의 미발달·회계직원의 경험 및 전문성의 한계 때문에 단위원가의 정확한 계산이 어려우며, 이로 인하여 정부행정에 전면적으로 도입하는 데 한계가 있다.

(3) 기타 문제점

① 총괄계정 곤란 : 사실상 총괄예산계정에 적합하지 못하여 성과별 분류의 대상은 계량화가 가능한 부·국 수준의 일부 사업이라고 할 수 있다.

② 재정통제의 곤란 : 품목이 아닌 정책이나 사업계획에 중점을 두므로 입법부의 예산통제가 곤란하고 회계책임의 한계가 모호하며 공금관리가 곤란하다.

③ 대안의 합리적 검토 곤란 : 이미 결정된 사업에 한정하여 사업비용의 합리적 책정에 치중하므로 사업의 우선순위 분석이나 정책대안의 평가나 선택에는 도움을 주지 못한다.

4. 계획예산제도(PPBS)

1. 의의

(1) 계획예산제도(Planning Programming Budgeting System)란 장기적인 계획수립과 단기적인 예산편성을 프로그램작성을 통하여 유기적으로 결합시킴으로써 자원배분에 관한 의사결정을 일관성 있고 합리적으로 하려는 예산제도이다.

(2) 계획과 예산의 괴리를 극복하고 양자의 유기적 관계를 통해 예산의 장기적 안목 확보, 계획에 따른 예산편성으로 사업계획의 원활한 수행을 기하고자 하는 기획중심의 예산제도이다.

2. 발달배경과 도입과정

(1) 발달배경

① 거시경제학의 발달 : Keynes 경제학은 재정정책이 불황극복에 효과적이었다는 인식을 심어주었으며 예산의 정책적·장기적 기능에 관심을 가지게 되었다.

② 과학적 기법 발달 : 정보처리 및 의사결정을 위한 새로운 기법, 즉 관리과학과 체제분석의 발달은 객관적·과학적 분석을 정책결정에 적용하게 하였다.

③ 계획과 예산의 일치 요청 : 오늘날 계획기능이 강화되었고 예산도 정부의 활동계획 또는 국가 정책의 계수적·계획적 표현으로 이해됨으로써 양자 간의 밀접한 관련성이 증대되었다.

(2) 도입과정

① 1953년 RAND연구소의 노빅(Novick)이 국방성에 제안하였다.

② 1961년 맥나마라(McNamara) 국방장관은 국방성에 계획예산제도를 도입하였다.

③ 1965년 Johnson 대통령에 의해 연방정부 기관에 기획예산이 도입되었으나 1971년에 공식적으로 중단되었다.

3. 단계와 구조

(1) 장기계획 수립(Planning)

조직목표, 즉 무엇을 할 것인가와 그 우선순위를 결정하고 목표달성을 위한 여러 대안을 평가·선택하는 단계이다.

(2) 실시계획 작성(Programming)

① 장기계획을 실행하기 위한 구체적 활동으로서의 실행예산, 즉 어떻게 할 것인가를 결정하며 각 프로그램에 의하여 예측 가능한 기간에 걸쳐 달성시켜야 할 목표수준과 소요비용을 가용자원을 고려하여 시간적으로 결부시켜 실현가능성을 검토한다.

② PPBS의 핵심단계인 실시계획 작성단계에서 사업을 세분화하여 다음과 같은 사업구조를 마련한 다음 Element를 연차별로 배정하여 5년간의 연동계획을 작성한다.

ㄱ Program category : 동일목표를 성취하기 위한 업무를 최상위 수준으로 대분류한 것으로서 보통 5개 정도로 분류된다.

ㄴ Program sub-category : Program category를 다시 의미 있게 분류한 것으로서 유사성이 많은 outputs을 산출하는 Program element를 묶은 것이다.

ㄷ Program element : 사업구조의 기본단위이며, 최종 산물을 산출하는 조직체의 활동이다.

(3) 예산편성(budgeting)

채택된 프로그램의 초년도분을 수행하는데 필요한 자금을 뒷받침하는 과정으로 1회계연도의 실행 예산을 편성하는 단계이다.

4. 효용과 한계

(1) 효용

① 경제적 논리 도입과 자원배분의 합리화 : 비용편익분석과 비용효과분석 등 분석적 기법을 활용하여 최적의 대안을 선택하는 등 예산결정에 경제적 논리를 적용할 수 있게 한다.

② 계획활동의 강화와 의사결정의 일원화 : 계획과 예산의 과정(기획·사업분석·예산편성)을 단일의 의사결정체제에 일원화할 수 있어 의사결정자가 보다 합리적인 결정을 내릴 수 있도록 한다.

③ 장기적 시계의 제공 : 장기에 걸친 효과와 비용을 분석·평가하여 실현성 있는 계획을 작성함으로써 장기적인 사업계획의 신뢰성을 제고한다.

④ 조직의 통합적 운영 : 대안의 분석과 검토를 통하여 의견교환이 활발해지고 문제점이 이해됨으로써 조직의 통합적 운영이 가능하게 된다.

⑤ 계획과 예산의 일치 : 사업계획과 예산편성간의 불일치를 해소하여 상호 밀접한 관련성을 갖게 한다.

⑥ 최고관리층과 관리수단 : 예산결정과정에 최고관리층의 의사를 반영할 수 있다.

(2) 한계

① 의사결정의 집권화 초래 : 의사결정이 과도하게 집권화됨으로써 구성원의 참여를 제한하므로 비민주적이고 예산집행 시 상황변화에 따른 신속한 적응을 곤란하게 한다.

② 계량화의 곤란 : 계획예산제도는 편익·효과의 계량화에 중점을 두고 있으나, 정부의 사업계획은 계량화가 곤란한 무형적인 정치적·사회적인 편익이 존재한다.

③ 명확한 목표설정의 곤란 : 행정목표의 무형성과 다양한 참여자의 이해대립으로 목표를 정확하게 제시하기 어렵다.

④ 의회지위의 약화 가능성 : 계획예산제도는 고도의 전문성·기술성을 요구하기 때문에 의회의 권위가 상대적으로 저하될 가능성이 있으며 예산심의가 어렵게 된다.

⑤ 공무원과 의회의 이해부족 : 대다수 부처의 공무원과 의회가 PPBS의 복잡한 분석기법과 편성방법을 제대로 이해하지 못하는 경우가 많다.

⑥ 환산작업의 곤란과 문서의 과다 : 계획예산제도의 사업계획구조와 예산과목간의 차이로 예산의 편성·집행에 매우 복잡한 환산작업이 요구된다.

5. 영기준예산제도(ZBB)

1. 의의

(1) 개념

① 영기준예산이란 매년 제로(0) 기준에서 정책의 우선순위를 엄격히 사정(査定)하여 예산을 편성하는 감축지향적 예산제도로서 각 부서에서 추진해오던 사업을 당연한 것으로 인정하지 않고 신규사업은 물론 기존사업까지 모든 예산요구사업을 재검토하여 예산지출의 타당성이 입증되어야만 예산을 배정한다.

② 종래의 점증주의예산은 예산편성을 전년도 예산액을 기준으로 하여 일정한 비율로 증가시켜 왔기 때문에 예산이 낭비되고 필요한 신규사업의 재원을 압박하는 경향이 있었다. 영기준예산은 이러한 단점을 극복하려는 기법으로서 감축기능에 적합한 예산제도이다.

(2) 배경

① 1970년대 석유파동과 스태그플레이션이 장기적인 경기침체를 유발함에 따라 미국 주정부의 세수입은 감소되고 설상가상으로 조세저항운동이 발생함으로써 재정위기를 맞이하게 되었다.

② 이런 상황에서 주정부들은 지출을 줄여야 했으며 이에 따라 기존 PPBS(합리적 자원배분)와 MBO(참여에 의한 목표설정)의 장점을 적절히 혼합하는 영기준예산이 대두하게 되었다.

❖ **일몰법**

1. 개념

① 일몰법이란 특정의 행정기관이나 사업이 일정기간이 지나면 자동적으로 폐지되도록 하는 법률로서 정책의 자동적 종결과 주기적 재심으로 영기준예산적 사고이다.

② PPBS 등으로 의회의 예산심의기능이 약화된 데에 따른 대응으로 입법부에 의한 예산개혁의 일환으로 1977년 미국 콜로라도 주에서 처음 채택되었다.

2. 일몰법과 ZBB의 관계

비교기준		일몰법	영기준예산제도
차이점	성격	법률	예산제도
	과정	예산심의·통제를 위한 입법과정	예산편성에 관련된 행정과정
	주기	3~7년의 장기	매년
	심사범위	최상위 정책	모든 정책
공통점		① 모든 사업의 지속여부를 결정하기 위한 재심사 ② 자원의 합리적 배분과 감축관리의 일환	

2. 연혁

(1) P. Phyrr의 선구적 역할 : 1969년 텍사스전자회사의 부사장이었던 Phyrr가 회사경영난 극복을 위해 개발하였다.

(2) Carter의 연방정부에의 도입 : 1979년 Carter대통령이 연방정부에 도입하였다.

(3) 우리나라는 1983년도 예산부터 선별적으로 ZBB를 적용하고 있다.

3. 특징

(1) 전통적 점증예산과 영기준예산의 비교

점증예산	영기준예산
① 전년도가 예산편성의 기준이 됨	① 영기준(전년도 예산무시)
② 신규사업만을 분석	② 계속사업까지 분석
③ 화폐·품목 중심	③ 목표와 활동중심
④ 의사전달의 제약	④ 상하 간 의사전달의 활발

(2) PPBS와 ZBB의 비교

PPBS	ZBB
① 정책적인 면 강조와 장기적인 계획중시	① 사업지향적이며 감축관리적 측면, 평가·환류중시
② 중앙집권적 결정, 최고관리층의 관리도구	② 분권적 결정, 중간관리층의 관리도구
③ 개방체제	③ 폐쇄체제
④ 5년	④ 1년
⑤ 점증형과 합리형의 중간형	⑤ 기존 프로그램의 계속적인 재평가
⑥ 프로그램 중시, 조직간 장벽타파	⑥ 완전한 합리적·포괄적 접근법
⑦ 거시적·하향적	⑦ 미시적·상향적

4. 절차

(1) 의사결정단위(Decison Unit)의 선정

의사결정단위란 '예산을 가질 수 있는 최하위수준의 단위'로서 의미있는 독립된 단위사업 또는 과·계와 같은 조직단위를 말한다. 즉 활동이나 사업단위·조직단위 등이 결정단위가 된다.

(2) 의사결정항목(Decision Package)의 작성

의사결정항목이란 의사결정단위를 실현하기 위한 여러 가지 대안을 개발하고 비교·평가하여 우선순위를 결정할 수 있도록 필요한 정보를 자세히 담고 있는 문서를 말한다.

결정단위인 사업을 어떤 방법으로 어느 수준에서 수행할 것인가에 관한 대안을 작성하는 것으로 ZBB의 기본적인 요소가 되는 문서이다. 관리자는 의사결정단위별로 대안을 선택하고 선택된 대안에 대해서는 비용편익분석 등을 통해 사업수준을 결정해야 한다.

① 선택적 항목(Alternative package) : 대안패키지로서 사업수행방법 중 가장 좋은 방법을 선택한다.

② 점증적 항목(Incremental package) : 점증패키지로서 ⓐ 전년도보다 못한 수준(최저수준), ⓑ 전년도 수준(현행수준), ⓒ 전년도보다 나은 수준(점증수준) 등 세 가지 사업수행수준을 놓고 비용편익분석을 실시한다.

(3) 우선순위 결정(Ranking)

모든 결정항목에 대해 각 부처의 의견을 존중하여 우선순위를 상향적으로 최고결정자에 이르기까지 단계적으로 평가·결정해 나간다. 하급자가 제출한 결정단위와 결정항목을 심사하여 자금배정과 승인여부를 최종결정한다.

(4) 실행예산 편성

의사결정항목에 대한 우선순위가 결정되고 수행해야 할 사업이 확정되면 우선순위에 따라 예산허용 범위 내에서 그에 관한 실행예산을 편성한다.

5. 장·단점

(1) 장점

① 예산절감과 재정운영·자금배정 탄력성 : 우선순위가 낮은 사업은 축소·폐지할 수 있고 동일한 기관 내에서 시급한 사업에 재원을 융통함으로써 더 많은 자금을 배정할 수 있게 되어 재정운영의 융통성을 확보할 수 있다.

② 예산절감을 통한 자원 난 극복에 기여 : 우선순위가 낮은 사업의 폐지를 통해서 조세부담의 증가를 방지하고, 예산절감을 통한 자원 난 극복에 기여한다.

③ 합리주의와 자원배분의 합리화 : 점증주의의 선례답습적인 예산결정에서 벗어나, 조직의 모든 사업과 활동을 전면적·체계적으로 분석·평가하고 그에 따라 수행해야 할 사업과 활동을 결정하기 때문이다.

④ 사업의 효율성 향상 : 감축지향적 관점에서 사업의 우선순위를 정기적으로 새로이 결정함으로써 예산의 과대추정을 억제하고 사업의 중복이나 낭비를 배제할 수 있다.

⑤ 관리자의 참여 확대 : 모든 계층의 관리자가 의사결정항목 개발에 참여하고 평가에 책임을 지며 결정방식이 상향적이므로 하의상달이 촉진된다.

⑥ 변동대응성 향상 : 매년 재검토를 통하여 신속한 예산조정 등 변동대응성의 증진에 기여한다.

(2) 단점

① 사업축소·폐지 곤란 : 공공부문은 지속적 사업이 많고 국민생활의 연속성이 고려되어야 하며 법령의 제약 때문에 사기업과는 달리 사업의 축소·폐지가 어렵다.

② 장기적 안목의 결여와 목표설정 및 장기 계획기능의 위축 : 현재 사업의 축소지향적 우선순위를 강조하므로 쇄신적 활동을 억제하며 장기적 안목의 결여로 국가적 차원의 장기 계획기능을 위축시킨다.

③ 경직성 경비로 인한 한계 : 국방비, 공무원의 보수, 교육비와 같은 경직성 경비는 삭감하기 곤란한 경비로서 비용편익분석의 대상이 되지 못하므로 비용편익분석을 통하여 타당성이 떨어지는 사업예산을 감축하는 영기준예산의 제약요인이 된다. 즉 경직성 경비 또는 비재량적 지출이 많을수록 영기준예산의 효용은 저하되고 그 적용범위는 좁아진다.

④ 소규모조직의 희생 : 인원이나 예산이 작은 조직의 우선순위가 부당하게 낮게 결정될 수 있다.

⑤ 시간·노력의 과중 및 분석의 곤란 : 매년 모든 사업활동을 평가하고 우선순위를 정하는 작업은 고도의 전문적 분석능력이 요구되며 일선관리자에게 과중한 부담이 된다.

⑥ 보수적·확장지향적 조직행태로 인한 장애 : 보수적·확장지향적인 조직의 성향과 마찰을 빚을 수 있다. 영기준예산제도의 분석적 접근은 실책을 발견하고 시정하려 하기 때문이다.

⑦ 우선순위 결정의 곤란(적용상의 한계) : 가치판단이 개입되는 영역에 적용하기 곤란하고 기준이 모호하여 분석 및 우선순위의 결정이 곤란하다.

▶ 예산제도의 특징

구 분	품목별예산	성과주의예산	계획예산	목표관리예산	영기준예산
지향성	통제(지출통제)	관리	계획	관리	의사결정
관심대상	투입(지출품목)	투입, 산출	투입, 산출, 효과	투입, 산출, 효과	사업대안의 우선순위
주요정보	지출품목의 비용	조직의 사업	사업의 목표	사업의 효율성	사업과 조직의 목표
핵심기술	회계기술	관리적 기술	경제학·계획 기술	관리의 상식	계획과 관리 기술
예산결정 원리	점증적	점증적	집권적, 체제분석적	분권적, 참여적	포괄적
계획책임	거의 없음	분산적	집권적	집권적·분산적	분산적
예산기관의 역할	재정적 적정성 감시	능률성 제고	정책결정	능률성·효율성 제고	정책 우선순위 결정

6. 최근의 예산제도

1. 신성과주의 예산

(1) 의의

최근 OECD 선진국을 중심으로 신공공관리론에 입각한 정부재창조 차원에서 성과주의 예산제도가 다시 주목받고 있는데, 이를 신성과주의 예산제도 또는 성과지향 예산제도라고 한다. 투입보다는 산출 또는 성과를 중심으로 삼고 있으며 주요 목표와 계량화된 성과지표를 사전에 설정하고 성과측정 정보를 활용하여 예산운용의 결과와 예산배분을 직접 연결시키는 예산제도이다.

(2) 특징

① 부처별 예산의 총괄배정과 각 부처장관의 재량권이 증대된다.
② 성과협약의 체결에 따른 관리자의 책임이 증대된다.
③ 발생주의 회계방식의 도입으로 경영성과를 명확히 한다.
④ 지출수요 중심의 지출통제예산 및 지출대예산제도의 활용이 가능하다.
⑤ 운영예산제도, 산출예산제도 등 성과나 결과중심의 예산제도를 운영한다.

(3) 전통적 성과주의와의 차이

구 분	전통적 예산접근(성과주의)	성과지향 예산접근(신성과주의)
정보의 초점	투 입	산출 및 성과
예산결정유형	점증적, 미시적	합리적 총액통제, 거시적
예산기관의 역할	감시통제 중심	관리 중심
의사결정의 흐름	상향적(Bottom-up)	하향적(Top-down)

구 분	전통적 예산접근(성과주의)	성과지향 예산접근(신성과주의)
중심예산 단계	편성 및 집행	집행 및 평가
통제의 책임	중앙정부	운영단위
예산편성단위	품목별	기능별 또는 대항목별
예산집행 재량	법구속적, 회계책임	신축적(Flexibility)
정책결정자의 관심	품목통제(미시적 통제)	목표, 정책 우선순위(거시적 통제)

2. 정치관리형예산(BPM : Budget as Political Management)

(1) 의의

정치관리형예산(BPM)이란 집권적으로 설정된 지출한도 내에서 사업목적을 가장 효과적으로 달성할 수 있도록 편성하는 예산제도로서 총예산을 토대로 한 하향식 예산결정방식이다.

(2) 등장배경

① 정부지출의 축소 : 1980년대 레이건 행정부 시절, 만성적인 적자재정의 문제를 해결하기 위해 각 부처의 사업축소 필요성이 제기되었다.

② 의회와의 정치적 교섭 고려 : 의회의 예산심의기능을 약화시키는 계획예산(PPBS) 등 행정부 우위 예산제도에 대한 의회의 불만이 고조되면서 의회와의 정치적 교섭력을 강화하는 차원에서 대두되었다.

(3) 특징

① 하향적·집권적 예산 : 대통령과 관리예산처장이 연방예산의 기획과 의사결정을 집권적으로 통제하며, 대통령은 예산과정을 통하여 정책결정에 재개입하고 전보다 유리한 위치에 서게 되었다.

② 입법부 우위의 예산 : 중앙예산기관인 관리예산처(OMB)의 장 및 직원이 의회에 출석하여 의회에 명확한 예산문서를 제시함으로써 의회가 정책내용과 변화를 이해하도록 배려한 예산이다.

③ 점증주의의 탈피 : 재정적자를 과감히 탈피하기 위하여 점증적 예산의 성격이 짙었던 사회보장 등의 경직성 경비를 삭감하는 등 경제예측에 기초하여 능동적 예산편성을 강조하였다.

3. 총괄배정예산제도와 지출대예산제도

(1) 총괄배정예산제이란 중앙예산기관이 각 부처에 총괄적 규모로 재원을 배정하면 각 부처는 배정된 범위 내에서 사업의 우선순위에 따라 구체적으로 예산을 편성하는 예산제도로서, 목표달성의 책임은 조직의 관리자에게 완전히 위임되어 있다.

(2) 통제를 중시하던 종래의 집권적 예산편성방식에서 벗어나 부처가 자율적으로 사업의 우선순위를 정하여 추진함으로써 예산편성에 있어서 부처의 자율성과 책임성을 확보할 수 있다.

(3) 캐나다의 지출대예산제도란 상층부에서 예산의 전체 규모와 주요 부문별 배분 규모를 결정하고 각 부문별 배정 규모 내에서 각 부처별로 그 우선순위와 한도 내에서 자율적으로 예산을 사용하는 제도로서 총액예산과 유사하다.

4. 다년도예산제도

(1) 의의

1회계연도를 가지는 단년도 예산제도의 한계를 극복하고자 3년 이상의 다년도를 회계기간으로 삼는 예산제도로서, 계속비 제도의 취지를 모든 예산분야로 확대하는 것이다. 현재 미국의 20개 주정부와 영국, 호주, 스페인 등에서 시행되고 있다.

(2) 효과

① 예산편성 업무량의 감소 : 매년 예산편성 작업에 따른 다른 업무의 정지를 방지하고 편성업무의 부담을 경감시킨다.
② 연도 말 과다집행 방지 : 연도 말 불용액을 남기지 않기 위하여 과다지출하는 낭비 사례를 방지한다.
③ 충실한 예산심의 : 심의기간을 충분히 확보할 수 있으므로 예산심의가 충실화된다.
④ 예산집행의 성과평가 제고 : 예산편성보다는 예산집행의 성과를 평가하는 데 초점을 둔다.

(3) 사례

다년도 예산제도의 일종인 2년 예산제도의 구상은 1977년에 미국의 Leon Panetta 의원이 제안하였으며, 현재 미국의 20개 주정부에서 시행되고 있다. 또한 미국 국방성에서도 시행되고 있으며 클린턴정부 하에서 마련된 연방정부개혁안에서도 도입이 제안된 바 있다.

5. 지출통제예산제도

(1) 의의

지출항목을 없애고 지출을 총액으로만 통제하는 성과(결과)지향 제도로서, 중앙예산기관이 예산의 총액만 정해 주면 각 부처는 그 범위 내에서 구체적 항목에 대한 지출을 재량적으로 집행하는 예산제도이다.

(2) 특징

① 전용의 신축성 : 각 부처는 부서 내의 지출항목을 없애고 부서의 관리자가 필요에 따라 물적 자원을 전용할 수 있도록 한다.
② 이월의 허용 : 지출수요에 따라 예산운용을 신축적으로 함으로써 절감된 예산은 다음 연도에 이월하여 해당 부처가 사용할 수 있도록 한다. → 효율성배당제도

(3) 효용

① 지출우선순위에 따라 예산집행이 신축적으로 이루어짐으로써 재원배분의 효율성을 제고하고, ② 특히 연말의 예산불용 등을 우려하여 낭비적이고 불필요한 지출을 막는 데 크게 기여하며, ③ 예산을 자율적이고 신축적으로 집행하도록 하되 집행의 성과에 대해서는 엄격하게 책임을 지도록 하는 것이다.

6. 산출예산제도

(1) 의의

① 산출예산제도는 1990년대 초에 뉴질랜드에서 도입한 성과중심의 예산제도로서, 과거 투입중심에서 예산지출의 성과 및 서비스의 질 향상에 역점을 둔 예산제도이다.

② 공급자에서 수요자 중심으로 발상을 전환시킴으로써 공공서비스의 산출은 물론 성과와 질에 초점을 두고 있다.

(2) 절차와 특징

① 산출예산은 일종의 '산출비용산정' 개념과 동일한데 이는 기업이 아닌 정부 각 부처가 생산물의 독점 공급자이므로 산출물에 대한 시장가격이 형성될 수 없기 때문에 나온 개념이다.

② 뉴질랜드에서는 각 부처별로 장관과 사무차관사이에 작성하는 구체적인 성과협약에 입각하여 산출물별로 장관과 사무차관사이에 구매계약서가 체결된다.

③ 구매계약서의 체결을 통해 각 부처의 예산이 편성되는데 예산은 각 재화와 서비스의 생산에 대한 공급가격으로서 각 부처입장에서는 산출물에 대한 수입이 된다. 이러한 수입과 사무차관이 재화 및 서비스를 생산하는 데 들어간 실제지출과의 비교를 통해 재무성과표가 작성된다.

④ 산출예산제도는 근본적으로 성과중심의 재무행정관리체계를 확립하기 위한 것이며 실제 수입 및 지출의 정확한 파악을 위하여 발생주의 회계처리방식이 사용된다.

7. 운영예산제도

(1) 의의

호주가 1987년에 도입한 예산제도로서 각종 행정경비(봉급·공공요금·장비비·여비 등)를 운영경비라는 항목으로 하나로 통합하고 행정경비 간의 전용을 보다 용이하게 하여 재정운영의 탄력성과 자율성을 높인다. 총괄경상비제도라고도 한다.

(2) 특징

① 행정경비의 통합 : 각종 행정경비를 하나로 통합한 운영비와 사업비로 크게 구분한다.

② 운영비의 신축적 운용 : 운영비의 상한선 내에서는 관리자가 재량적으로 운용할 수 있으며 각종 행정경비 간의 전용이 보다 용이하다.

8. 각국 재정개혁의 특징

① 결과 또는 성과중심의 관리체계, ② 지출총액에 대한 통제 강화, ③ 권한의 위임과 융통성 부여, ④ 가격원리와 경쟁적 접근방법의 중시, ⑤ 발생주의 회계 도입 등이다.

PUBLIC
ADMINISTRATION

PUBLIC
ADMINISTRATION

출제율 5%

이 단원은 앞부분에서 설명된 행정활동에 대하여 책임을 확보하고, 시대의 변화에 대응하여 행정을 바람직한 방향으로 변화시키려는 행정개혁에 대하여 설명한다.

또한 더욱 빠른 속도로 변화되는 정보통신 기술의 발달에 따른 행정에 대한 영향과 전자정부의 특징에 대하여 정리해 둘 필요가 있다.

1장은 행정의 책임과 책임확보를 위한 통제를, 2장은 행정의 개혁에, 3장은 정보화와 전자정부에 대하여 설명한다.

제 **06** 편

행정환류론

1. 의의

1. 개념

(1) 행정책임은 행정관료가 도덕적·법률적 규범에 따라 행동해야 하는 국민에 대한 의무이자 그 결과에 대하여 통제자의 비판에 대응해야 할 의무이다.

(2) 개인적 차원에서는 공무원 개개인에 대한 의무이며 국가적 차원에서는 국민 전체에 대한 국가역할의 정당성을 확인하는 것이다.

2. 필요성

(1) 행정국가의 대두와 행정권의 강화

행정국가의 대두와 더불어 입법권·사법권에 비하여 행정권이 급격히 강화되어 왔으며 권력이 집중되고 있어서 행정책임의 확보가 필요하다.

(2) 행정의 전문화와 공무원의 재량권의 확대

행정의 전문화로 국민들은 행정의 내용을 파악하기 어렵게 되었다. 또 행정의 재량권의 확대로 행정권의 남용의 가능성이 크므로 행정책임의 확보가 필요하다.

(3) 정부주도의 경제개발 추진

정부가 경제발전에 주도적 역할을 수행함에 따라 정부의 시장개입이 강화되고 정경유착과 같은 부패가 발생하였다.

(4) 시민적 정치의식의 결여

시민의 낮은 정치의식 수준으로 시민의 감시·통제역할이 미흡하다.

2. 기준과 특징

1. 기준

(1) 명문의 규정이 있는 경우

행정책임을 추궁하고자 할 때 우선적으로 고려되는 것으로 헌법과 법률의 규정, 내부의 규칙, 각종 정책에 대한 절차 등이 그 기준이 된다.

(2) 명문의 규정이 없는 경우

    ① 공익 : 행정의 기본적인 지향으로 특수이익·부분이익·개인이익이 아닌 일반이익·전체이익을 말한다. 그러나 불특정 다수의 이익으로 그 개념이 모호한 만큼 악용가능성도 높다.

    ② 행정이념 : 행정책임에 대한 기준이 모호할 때 민주성, 효과성, 능률성, 합법성 등의 이념이 적용된다. 이 기준은 시대와 국가, 대상사업 등의 상황에 따라 다르다.

    ③ 국민의 요구와 기대 : 전체국민에 대한 봉사자로서 국민의 요구와 기대가 그 기준이 된다.

2. 특징

(1) 행정책임은 행정상의 일정한 의무를 전제로 하여 존재한다.

(2) 행정인의 일정한 자율성이나 재량권을 근거하여 발생한다.

(3) 행정책임은 공무원의 결과책임(행정행위의 내용)뿐만 아니라 과정책임(행정행위의 절차)도 포함된다. 즉 행정행위의 결과와 과정에 대한 책임으로서 일반적으로 결과에 대한 책임이 과정에 대한 책임보다 중시된다. 즉 행위의 동기를 파악하는 것은 중시되지 않는다.

(4) 행정책임은 개인적 요구보다도 공익적 요구에 충실하여야 한다.

(5) 행정책임은 행정통제와 표리의 관계이다. 즉 행정책임은 행정통제의 목적이며 행정통제는 행정책임을 보장하기 위한 수단이다.

3. 유형

1. 객관적 책임과 주관적 책임

(1) 객관적(외재적) 책임

    ① 개념 : 객관적 책임이란 외부로부터 주어진 행동기준을 따라야 할 책임으로서 법령을 준수할 책임, 조직의 상하계층관계에 대한 책임, 공익에 대하여 봉사할 책임을 의미하며 법적·조직적·사회적 요구에 대응하는 책임이다.

    ② 특성

        ㉠ 국민에 대한 책임 : 주인인 국민의 여망과 의사 또는 공익적 요구에 부합되는 행정을 수행할 책임을 말한다.

        ㉡ 합법적 책임 : 공식적·법률적 책임이다.

        ㉢ 정책에 대한 책임 : 정책에 구체화된 선거직 공무원의 요구를 실현시켜야 할 책임으로서 정책을 입안하고 법과 행정명령을 집행할 의무를 진다.

        ㉣ 상급자와 부하에 대한 책임 : 상하 계층제적 책임구조인 행정조직 내에서 상급자의 지시나 부여된 목표에 대해 직접적으로 지는 책임을 말한다.

(2) 주관적(내재적) 책임

    ① 개념 : 주관적 책임이란 충성심·양심·일체감 등 개인의 내면적·정신적 욕구와 관련되며 가치관이나 윤리적 기준에 충실하려는 책임을 의미한다.

② 특성

　　㉠ 기능적·직업적·윤리적 책임으로 공무원이 지니는 전문직업인으로서의 가치와 양심에 충실할 것을 요구한다.

　　㉡ 주관적 책임은 행정인이 과오를 범하는 경우 스스로의 양심이 그것을 과오라 인정할 때에만 과오가 된다는 점에서 고도의 개인적·도덕적 성격을 지닌다.

2. 도덕적 책임과 법적 책임

(1) 도덕적 책임(Responsibility)

① 주관적이고 내재적인 개인의 양심과 관련된 책임으로 법적 책임보다 광범위하고 포괄적이며, 타인과의 분담이 가능하다.

② 타인의 잘못으로 인한 책임도 이에 근거하는데 공무원은 법적 책임은 없으면서 자기결정에 대하여 도의적 책임을 지는 경우가 있다.

(2) 법적 책임(Accountability)

① 가장 본래적 의미의 책임으로서 법규나 명령에 따라 행동하여야 할 책임이다. 공식적 관계를 중시하여 법적 책임의 성실성을 담보하기 위한 것이다.

② 도의적 책임은 실제로 분담될 수 있으나, 법적 책임은 결코 분담될 수 없다.

3. 외재적 책임과 내재적 책임

(1) 외재적 책임

① 개념 : 행정인이 대외적으로 입법부·사법부·국민에게 지는 민주적·정치적 책임을 말한다.

　　㉠ 합법적 책임 : 공식적인 법규가 판단기준이 되는 객관적·공식적·강제적 책임

　　㉡ 국민에 대한 응답적 책임 : 국민의 여망이나 요구, 국민정서에 부응해야 할 정치적·민주적·도의적·윤리적 책임

　　㉢ 입법부나 사법부에 대한 책임 : 국회나 사법부 등 제도적 방법에 의하여 확보하는 책임

② Finer

　　㉠ 외부통제의 효율성과 외재적 책임을 중시하였고, 책임을 조직이나 사회 전체차원에서 접근하여 관료 개인에 대한 외부통제가 필요하다고 보았다.

　　㉡ 「민주정부에 있어서의 행정책임」이라는 논문에서 '관료는 대중이 선출한 대표자들에게 책임을 져야 한다.'고 주장하면서 관료의 책임은 어떠한 조직·개인이든 간에 자기 스스로의 행동에 대해서는 심판관이 될 수 없다는 자율적·비제도적 통제의 한계를 지적하면서 사법부·입법부 등 제도화된 외부적인 힘에 의한 통제를 강조하는 근대적인 접근방법이다.

(2) 내재적 책임

① 개념 : 행정인이 외부적인 세력이 아닌 조직 내부의 상급자나 감독자·조직목표 및 자율적인 직업윤리 등에 대하여 지는 책임을 말한다.

ⓐ 직업적·관료적·기능적 책임 : 전문지식이나 기술이 판단기준이 되는 책임

ⓑ 주관적·자율적·재량적·심리적 책임 : 관료의 양심이나 직업윤리 등이 판단기준이 되는 책임

② Friedrich

ⓐ 내부통제의 효율성과 내재적 책임을 중시하고, 책임을 공무원 개인차원에서 접근하여 외부통제가 불필요하며, 자율적·기능적·권능적 책임을 강조하였다.

ⓑ 「공공정책과 행정책임의 성질」이라는 논문에서 책임있는 행위는 기술적 지식과 대중의 감정에 응답하는 것이라고 정의하고 행정책임이란 의회 등 외부의 힘에 의해서 통제되는 것이 아니라 행정인 개인 자신의 마음속에 있는 책임감의 촉진을 통하여 자율적으로 유도되어야 한다는 행정책임에 관한 내부적 접근방법을 강조하였다.

(3) 최근경향

행정사무가 단순했던 입법국가시대에는 외부통제에 중점을 두었지만 민주정치를 전제로 행정의 복잡성이 증대된 현대행정국가에서는 외부통제보다는 내부통제가 상대적으로 강조되고 있으며, 최근에는 종래의 정치적·민주적·외재적 책임론으로부터 기능적·재량적·내재적 책임으로 중점이 전환되고 있다.

4. 행정책임의 순환구조에 따른 유형

(1) 임무적 책임

주인인 국민이 대리인에 대하여 특정 임무나 업무를 맡김으로서 발생하는 책임, 즉 국민의 수임자나 공복으로서 발생하는 책임을 말한다.

(2) 응답적 책임

대리인이 위임자인 주인의 의사나, 지시·요구에 따라 임무를 수행해야 할 책임으로 이는 국민의 여망이나 민의에 부응해야 할 책임이다. 정치적·도의적·윤리적·외재적 책임을 말한다.

(3) 변명적 책임

주인이 대리인의 업무수행결과가 불만족스러울 때 주인의 문책에 따라 변명·해명을 해야 할 설명적·법률적 책임을 말한다.

(4) 수난적 책임

대리인의 해명을 주인이 납득할 수 없을 때 주인으로부터 제재와 비난을 감수해야 할 제재적 책임을 말한다.

5. 정치적 책임과 기능적(직업적) 책임

(1) 정치적 책임

국민에 대하여 책임지는 민주적·응답적 책임을 말한다.

(2) 기능적 책임

전문직업인으로서 직업윤리나 전문적·기술적 기준에 따라야 할 책임을 말한다.

6. 결과적 책임과 과정적 책임

(1) 결과적 책임

행정행위의 내용이나 결과에 대한 책임을 말한다.

(2) 과정적 책임

행정행위의 절차에 대한 책임을 말한다.

▶ Dubnick과 Romzek의 행정책임의 유형

		기관통제의 원천	
		내부적인 통제원천	외부적인 통제원천
통제의 정도	높은 통제수준 (낮은 자율성)	관료적(위계적) 책임	법률적 책임
	낮은 통제수준 (높은 자율성)	전문가적 책임	정치적 책임

제02절 | 행정통제

1. 의의

1. 개념

(1) 행정통제는 행정책임을 확보하기 위한 수단이나 장치로서 행정책임과 표리의 관계에 있다. 대외적으로는 국민에 대한 책임을 확보하고, 내부적으로는 행정목표와 실적의 비교를 통하여 행정의 성과를 제고하며 시정조치를 취하는 계속적 환류과정이다.

(2) 통제(Control)는 목표와 그에 따른 실천을 부합시키는 활동이다. 행정통제란 설정된 행정목표나 기준에 따라 행정활동이 수행되도록 평가하고 시정하는 계속적인 과정이며 민중통제를 통해서 국민의 신뢰를 확보할 수 있으므로 신뢰와도 밀접한 관련이 있다.

2. 필요성

(1) 행정재량권의 확대에 따른 행정책임을 명확히 하고 재량권의 남용을 방지한다.

(2) 행정의 전문성이 높아짐에 따라 외부통제의 효율성이 저하되면서, 상대적으로 내부통제의 중요성이 증가하고 있다.

(3) 내부통제는 주로 능률성이나 효과성을 중시하고, 외부통제는 민주성을 중시한다.

(4) 행정계획의 효과적인 집행 및 행정성과를 종합적으로 확인·평가한다.

2. 원칙과 과정

1. 원칙

(1) 예외성의 원칙

모든 행정과정을 통제할 수 없으므로 통제의 효율성을 높이기 위해 전략적 통제점을 선정하여 예외적인 사항만을 통제해야 한다.

(2) 적응성(신축성)의 원칙

대상업무의 성질에 따라 상황에 맞게 신축적으로 이루어져야 한다. 또한 계획이나 사정변경, 계획실패 등의 모든 경우에 적용될 수 있어야 한다.

(3) 적량성의 원칙

지나친 통제는 행정집행과 재직자의 사기를 위축시키므로 지나치거나 못 미치는 일이 없도록 해야 한다.

(4) 즉시성의 원칙

통제는 목표가 설정되고 계획이 집행되면서 바로 착수되어야 한다.

(5) 일치성의 원칙

피통제자의 권한과 책임이 일치하도록 통제해야 한다.

(6) 비교성의 원칙

통제에 요구되는 모든 실적은 객관적으로 설정된 본래의 명확한 기준에 비추어 보아야 한다.

(7) 명확성의 원칙

통제의 목적이나 기준을 명확하게 인식할 수 있어야 한다.

2. 과정

(1) 통제기준의 설정

① 통제의 과정은 통제의 목표 또는 기준을 확인하는 데서부터 시작된다. 통제기준인 전략적 통제점은 단기간에 전체 상황을 파악할 수 있는 표본을 선정해야 한다.

② 전략적 통제점 선정 시 고려기준

㉠ 적시성 : 통제의 필요성을 신속히 발견할 수 있어야 하며 책임규명 시점을 놓치면 안 된다.

㉡ 경제성 : 경제적이고 능률적으로 통제할 수 있어야 한다.

㉢ 균형성 : 통제부분의 한 부분에 편향되어서는 안 되며 전체적으로 균형있는 성과를 유지하여야 한다.

㉣ 포괄성 : 조직 전체의 활동을 포괄할 수 있어야 한다.

㉤ 사회적 가치성 : 사회적으로 의미 있고 가치 있는 부분을 통제점으로 선정해야 한다.

(2) 정보의 수집

통제기준을 확인한 다음, 통제기준에 대응한 실천상황에 관한 정보를 수집·선별한다.

(3) 성과의 측정과 평가

통제기준과 실적에 대한 정보를 평가하여 기준과 실적의 차질 유무를 확인하고 시정의 필요성에 대한 의사결정을 한다.

(4) 시정조치(Feedback)

평가의 결과에 따라 평가주체는 시정조치를 취한다. 시정조치에 대한 결과는 통제중추에 환류되어 새로운 통제과정이 진행되기도 한다.

3. 유형

1. 행정통제의 구조와 방식

(1) 분류기준

① 통제의 구조-외부통제와 내부통제 : 외부통제는 행정부 외부의 기관이나 사람에 의한 통제로서 행정의 민주성과 대응성을 확보를 목적으로 하며 정치적 성격이 강한 반면, 내부통제는 행정부 내부의

기관이나 사람에 의한 통제로서 능률성 확보를 목적으로 하며 관리적 성격이 강하다. 궁극적으로 실질적인 행정통제가 이루어지기 위해서는 외부통제보다는 내부통제를 더욱 효과적으로 활용해야 한다.

② 통제의 방식—공식통제와 비공식통제 : 공식통제(제도적 통제)는 법이나 제도가 부여한 공식적 통제권한을 지닌 기관이나 사람에 의한 통제이며, 비공식통제(비제도적 통제)는 공식적 통제권한이 없는 기관이나 사람에 의한 통제이다.

(2) 통제의 유형

구 분	외부통제	내부통제
공식통제	• 입법부에 의한 통제 • 사법부에 의한 통제 • 옴부즈만에 의한 통제	• 행정수반 및 국무총리에 의한 통제 • 계서적 통제 • 감사원, 국민권익위원회에 의한 통제 • 정부업무평가에 의한 통제 • 교차기능조직에 의한 통제 • 국무조정실에 의한 통제
비공식통제	• 민중통제(NGO, 선거) • 언론에 의한 통제 • 정당에 의한 통제 • 이익집단에 의한 통제	• 행정윤리에 의한 통제 • 대표관료제에 의한 통제 • 기능적 책임에 의한 통제 • 행정문화에 의한 통제 • 비공식집단에 의한 통제

2. 외부통제

(1) 의의

행정부 외부(국민·입법부·사법부)에서 행해지는 통제를 말하며, 주로 행정의 민주성을 확보하는데 그 목적이 있다.

(2) 유형

① 입법통제

㉠ 의의

국민의 대표기관인 의회가 입법 및 감사기능을 통하여 행정을 감시·통제하는 것이다. 입법부의 구성이 여당 중심인 경우 행정부를 옹호하므로 정책비판이나 행정통제가 잘 이루어지지 않는다.

㉡ 방법

ⓐ 법률제정권에 의한 통제

ⓑ 위임입법(대통령령·총리령·부령 등)에 대한 통제

ⓒ 재정통제(예산·결산에 대한 심의)

ⓓ 행정운영에 대한 통제(국정감사·조사, 질의, 출석요구, 인사청문 및 임명동의, 탄핵소추·해임건의 등)

ⓔ 외교에 대한 통제(조약체결·승인 등)

ⓒ 장·단점

장점	단점
ⓐ 제도화된 통제이므로 비제도화된 민중통제를 보완 ⓑ 다수의원에 의한 집단적 통제 ⓒ 공식적·객관적 외부통제로서 내부통제의 한계 보완 ⓓ 국민요구에 민감한 민주적 통제	ⓐ 전문성과 능력 부족 ⓑ 행정권의 상대적 우월성과 의회의 통제력 약화 ⓒ 정보부족으로 인한 대리손실

② 사법통제

㉠ 의의

사법통제는 국민이 행정에 의하여 위법하게 권익을 침해당한 경우 법원이 이를 구제하거나 행정명령·처분·규칙의 위헌·위법 여부를 심사함으로써 행정을 통제하는 것이다.

㉡ 한계

ⓐ 사후적 구제조치

ⓑ 전문성의 결여

ⓒ 쟁송절차에 따른 시간과 비용의 과다

ⓓ 행정의 능률성에 대한 심리불가능

ⓔ 합법성에 치중하는 소극적 통제이므로 부당한 재량행위에 대한 구제불가

ⓕ 행정의 전문성과 재량권 증대로 통제 곤란하다는 점 등이 한계이다.

③ 민중통제

㉠ 의의

일반국민에 의한 외부적·비공식적 통제로서, 입법통제와 사법통제가 갈수록 무력화되고 새로운 통치질서로서 거버넌스가 중시됨에 따라 더욱 중요시되고 있다.

㉡ 유형

ⓐ 선거 및 투표 　　　　ⓑ 여론의 형성

ⓒ 언론의 역할 　　　　ⓓ 이익집단의 활동

ⓔ 정당의 활동 　　　　ⓕ 시민단체의 활동과 시민참여

ⓖ 정책공동체의 활동

㉢ 한계

ⓐ 비공식적 외부통제이므로 공식적 통제인 입법통제 등에 비하여 실효성이 떨어지고

ⓑ 결정지연 등 시민참여의 일반적 문제점들이 존재하며

ⓒ 이익집단의 경우 정치권력의 불균형으로 인하여 활동적 소수의 특수이익이 반영(대표의 불공정성)될 수 있다.

④ 옴부즈만에 의한 통제 : 국회를 통해 임명된 조사관(옴부즈만)이 공무원의 권력남용을 조사하고, 감시하는 행정통제제도이다.

3. 내부통제

(1) 의의

행정 내부적으로 행정활동이 본래의 목표와 방침대로 잘 이루어지고 있는지 또는 이루어졌는지를 자체 확인·평가하는 통제로서, 갈수록 전문화되는 현대행정에서 더욱 필요하다.

(2) 중요성

① 행정이 국가운영과 시민의 생활에 미치는 영향이 커지면서, 행정활동의 효과성과 능률성을 높이기 위해 그 성과를 분석·평가할 필요성이 증대되었다.

② 행정인의 재량권 확대에 따라 책임한계를 명확히 할 필요성이 높아진 반면, 외부통제의 실효성이 낮아지면서 내부통제가 더욱 중요해지고 있다.

(3) 방법

① 내부·공식통제

  ㉠ 행정수반에 의한 통제 : 선출직 공무원인 대통령에 의한 통제(국민요구에 민감히 반응하므로 직업공무원의 대응성 확보).

  ㉡ 정책 및 기획통제 : 국무회의(주요 정책 심의), 차관회의(조정 및 협의) 등

  ㉢ 운영통제(관리통제) : 국무조정실(정부업무평가, 직무감찰, 정책품질관리 및 차관회의 주재)

  ㉣ 요소별 통제 : 행정안전부(조직 및 정원), 인사혁신처(인사 및 보수), 법제처(법제심사), 기획재정부(재정개혁 및 예산통제·배정, 자금배정 및 결산), 조달청(물자구매 및 공사계약), 문화체육관광부(대국민홍보의 일원화), 국민권익위원회(부패 및 민원처리 시 불평불만 조사) 등 교차기능조직에 의한 통제

  ㉤ 절차통제 : 품의제, 보고, 서울시의 민원처리 온라인공개시스템 등

  ㉥ 감사원에 의한 통제 : 대통령 소속의 헌법상 기관으로서, 회계검사 및 직무감찰 등으로 통제하며 주로 사후적 통제를 한다.

  ㉦ 계층제적 통제 : 조직 내의 수직적 명령복종관계를 전제로 상관이 부하를 통제하는 것

✤ 교차기능조직

(1) 의의

행정체제 전반에 걸쳐 관리기능을 분담하여 수행하는 참모적 조직단위들로서, 계선적 운영조직의 관리적 작용을 대신하여 일반운영기관의 활동을 지원하고 통제하는 기능을 수행한다.

(2) 기능

  ① 정부 전체에 적용될 통제기준의 설정

  ② 계선기관들의 실적에 대한 객관적 평가

  ③ 계선기관들의 의사결정에 대한 사전적 통제(동의 또는 협의권)

  ④ 권한 범위 내에서 계선기관들에 대한 보고접수 및 감사

② 내부·비공식통제

　　㉠ 행정윤리의 확립 : 의식개혁을 통한 자율적 통제로서, 장기적으로 가장 이상적인 통제

　　㉡ 대표관료제 : 각 사회계층에 대한 정책적 책임, 관료집단 간의 견제와 균형

　　㉢ 공무원 노조 : 공직부조리 추방운동, 정실인사 비판 등

　　㉣ 비공식집단과 행정문화 : 비공식조직이나 관료집단 내 하위문화에 의한 자율적 통제기능 수행

4. 옴부즈만(Ombudsman) 제도

(1) 의의

① 개념 : 옴부즈만(Ombudsman)이란 공무원의 위법·부당한 행위로 인하여 권리를 침해받은 시민이 제기하는 민원과 불평을 조사하여 관계기관에 시정을 권고함으로써 시민의 권리를 구제하는 제도이다. 호민관 또는 행정감찰관이라고도 한다.

② 등장배경 – 입법·사법통제의 보완 : 전통적인 입법통제와 사법통제가 제 기능을 수행하지 못하자, 이를 보완하여 보다 쉽고 적절하게 국민의 권익을 보호하려는 통제수단으로 발달하였다. 당초에는 행정통제에 주력하였으나 최근에는 행정에 대한 불평·불만의 처리로 그 중점이 옮겨지고 있다.

③ 연혁 : 1809년 스웨덴에서 헌법상 독립기관으로 채택하여 최초로 시행되었고 스칸디나비아 제국(핀란드·덴마크·노르웨이)으로 확산되었으며, 1960년대 뉴질랜드·영국·프랑스 등에 도입되었다.

(2) 필요성

① 관료권력에 대한 통제기능을 기동성 있게 신속히 수행할 수 있고 큰 비용부담 없이 국민의 권익침해를 구제할 수 있다.

② 행정쟁송을 제기할 경제능력이나 복잡한 서류를 갖출 수 있는 지식과 힘이 없는 일반서민의 권익을 보호할 필요가 있다.

③ 관료나 행정기관의 독선적 자세에 대한 잠재적 견제역할을 수행할 수 있으며 관에 대한 국민의 피해의식을 줄이고 시민참여의식을 높이며 정치발전에 기여할 수 있다.

④ 행정운영의 개선이나 행정개혁의 계기를 마련할 수 있다.

(3) 특징

① 직무수행상의 독립성과 정치적 중립성 : 옴부즈만은 입법부 소속 공무원이지만, 입법부는 옴부즈만을 지휘·감독할 수 없으며 옴부즈만은 불편부당한 입장에서 독립적으로 권한을 행사한다.

② 고발행위의 다양성 : 옴부즈만이 고발할 수 있는 행위는 불법행위는 물론 부당행위, 비능률, 부정행위, 태만, 지연, 과실, 결정의 편파성, 신청에 대한 무응답 등에 이르기까지 다양하다. 고발의 대상이 되는 행위는 불법행위뿐만 아니라 공직의 요구에서 이탈된 모든 행위라고 할 수 있다. 즉, 합법성뿐만 아니라 합목적성에 문제가 있는 행정행위도 조사대상이 된다.

③ 사실조사와 간접적 통제 : 옴부즈만은 행정결정을 취소·변경할 수 있는 권한은 없고, 사실의 조사가 주요한 기능이며 법원·행정기관에 대한 직접적인 감독권은 없다.

④ 신청조사와 직권조사 : 옴부즈만은 시민의 요구·신청·고발에 의해서 활동을 개시하는 것이 일반적이나 신문기사 등을 토대로 직권으로 조사활동을 하는 경우도 있다.

⑤ 신속한 처리와 저렴한 비용 : 행정소송에 비해 옴부즈만의 사건처리과정은 직접적이고 신속하다. 또한 법원에 의하는 것보다 저렴한 비용으로 사건을 신속히 처리할 수 있다.

⑥ 사회적·정치적 성격 : 시민이 불만 등을 제기하고 이의 해결을 원한다는 점에서 청원이나 진정과 비슷하며 헌법에의 규정에서 보듯이 법적으로 확립된 공식적 통제제도이이다. 하지만 다른 법적·공식적 통제제도에 비하여 법적 성격보다는 사회적·정치적 성격이 강하며 융통성이 높고 비공식적 성격이 강하다.

▶ **스웨덴의 옴부즈만과 우리나라 국민권익위원회의 비교**

	스웨덴의 옴부즈만	우리나라 국민권익위원회
차이점	헌법상 기관(공식적·외부통제장치)	법률상 기관(공식적·내부통제장치)
	입법부 소속	행정부(국무총리) 소속
	독임형	위원회형
	신청에 의한 조사 외에 직권조사권 있음	신청에 의한 조사(직권조사권 없음)
	행정부외에 입법부·사법부에 대한 통제도 가능	행정부 내부의 통제만 가능
공통점	① 합법성 외에 합목적성 차원의 조사가 가능하다. ② 직접적으로 무효로 하거나 취소할 수 있는 권한은 없다(간접적 권한 보유).	

(4) 우리나라의 옴부즈만 제도–국민권익위원회

① 의의 : 고충민원의 처리와 이에 관련된 불합리한 행정제도를 개선하고, 부패의 발생을 예방하며 부패행위를 효율적으로 규제하도록 하기 위하여 「부패방지 및 국민권익위원회 설치운영법」에 따라 국무총리 소속하에 설치된 국민권익위원회를 둔다. 각 지방자치단체에 시민고충처리위원회 둘 수 있다(임의기구).

② 고충민원

㉠ 개념 : 행정기관 등의 위법·부당하거나 소극적인 처분 및 불합리한 행정제도로 인하여 국민의 권리를 침해하거나 국민에게 불편 또는 부담을 주는 사항에 관한 민원을 의미한다.

㉡ 고충민원의 신청 및 접수 : 누구든지(국내거주 외국인 포함) 국민권익위원회 또는 시민고충처리위원회에 고충민원을 신청할 수 있다. 이 경우 하나의 권익위원회에 대하여 고충민원을 제기한 신청인은 다른 권익위원회에 대하여도 고충민원을 신청할 수 있다.

㉢ 고충민원에 관한 조사·처리 : 국민권익위원회는 고충민원을 접수한 경우에는 지체 없이 그 내용에 관하여 필요한 조사를 하여야 하며, 접수된 고충민원을 접수일 부터 60일 이내에 처리하여야 한다.

㉣ 고충민원에 대한 조치 : 국민권익위원회는 고충민원과 관련하여 당사자에게 합의 권고, 당사자의 신청 또는 직권에 의하여 조정, 위법·부당한 처분 등에 대해서는 시정조치의 권고, 제도개선의 권고, 감사의뢰 등의 역할을 수행한다.

③ 주요 특징

    ㉠ 행정부 소속기관 : 행정부(국무총리) 소속으로서 독립성이 약하고 행정기관만을 대상으로한다(국회·법원·헌법재판소·선거관리위원회·감사원·지방의회 등은 제외).

    ㉡ 신청에 의한 조사 : 고충민원신청 접수에 따른 조사만 가능하고 직권조사권의 규정이 없으며 사전심사권이 없으므로 사후적 구제수단이다.

    ㉢ 광범위한 관할 사항 : 위법·부당한 행정처분, 접수거부·처리지연 등 소극적 행정행위, 불합리한 제도나 시책에 대한 시정 및 개선권고 등을 담당한다(행정처분에 대한 취소, 변경이나 감사권 없음).

    ㉣ 독립성 : 신분이 보장되고 업무를 독립적으로 수행하며 합의제(위원장 1명을 포함한 15명의 위원–부위원장 3명과 상임위원 3명 포함)로 구성된다.

    ㉤ 비헌법기관 : 헌법적 기관이 아닌, 법률적 기관으로서 안정성에 있어서 한계를 지닌다.

5. 민원사무처리제도

(1) 의의

민원사무처리제도는 민원사무처리에 관한 기본적인 사항을 규정하여 민원사무의 공정한 처리와 민원행정제도의 합리적 개선을 도모하여 국민의 권익을 보호하기 위한 것이다(민원사무처리에 관한 법률).

(2) 민원인의 정의

'민원인'이라 함은 행정기관에 대하여 처분 등 특정한 행위를 요구하는 개인·법인 또는 단체를 말한다. 다음 경우에는 '민원인'으로 보지 아니 한다.

① 행정기관에 특정한 행위를 요구하는 행정기관 또는 공공단체(행정기관 또는 공공단체가 사경제의 주체로서 요구하는 경우 제외)

② 행정기관과 사법(私法)상의 계약관계에 있는 자로서 계약관계와 직접 관련하여 행정기관에 특정한 행위를 요구하는 자

③ 행정기관에 특정한 행위를 요구하는 자로서 성명·주소 등이 분명하지 아니한 자

(3) 종류

① 법정민원 : 관계법령에서 정한 일정 요건에 따라 인가·허가·승인·특허·면허 등을 신청하거나 장부·대장 등에 등록·등재를 신청 또는 신고하거나 특정한 사실 또는 법률관계에 관한 확인 또는 증명을 신청하는 민원

② 질의민원 : 행정업무에 관하여 행정기관의 설명이나 해석을 요구하는 민원

③ 건의민원 : 행정제도 및 운영의 개선을 요구하는 민원

④ 기타민원 : 행정기관에 단순한 행정절차 또는 형식요건 등에 대한 상담·설명을 요구하거나 일상생활에서 발생하는 불편사항에 대하여 알리는 등 행정기관에 특정한 행위를 요구하는 민원

⑤ 고충민원 : 행정기관 등의 위법·부당하거나 소극적인 처분 및 불합리한 행정제도로 인하여 국민의 권리를 침해하거나 국민에게 불편 또는 부담을 주는 사항에 관한 민원

⑥ 복합민원 : 하나의 민원 목적을 실현하기 위하여 관계법령 등에 따라 여러 관계 기관 또는 부서의 인가·허가·승인·추천·협의 또는 확인 등을 거쳐 처리되는 법정민원

⑦ 다수인관련민원 : 5세대(世帶) 이상의 공동이해와 관련되어 5명 이상이 연명으로 제출하는 민원

(4) 민원사무처리의 원칙

① 민원신청 문서의 원칙	② 민원신청 접수거부 금지의 원칙
③ 민원사무 우선처리	④ 민원사무편람 비치
⑤ 민원1회 방문처리의 원칙	⑥ 민원후견인제
⑦ 민원사무처리기준표의 통합고시	⑧ 처리결과의 통지
⑨ 복합민원 일괄처리	⑩ 사전심사 청구제

제02장 행정개혁론

제01절 | 행정개혁

1. 의의

1. 개념

(1) 행정개혁이란 "행정체제의 바람직한 변동"으로서 행정을 현재보다 더 나은 상태로 개선하기 위한 의식적·인위적·계획적인 노력·활동을 의미하며 행정쇄신 또는 정부혁신과 거의 유사한 개념이다.

(2) 이러한 행정개혁은 단순히 조직개편이나 관리기술의 개선뿐만 아니라 행정인의 가치관 및 신념, 태도를 변화시키는 것도 포함한다.

2. 특징

(1) 목표지향성

행정개혁은 보다 나은 상태를 지향하고 바람직한 변화를 추구하는 계획적· 목표지향적 특징을 지닌다.

(2) 동태적·행동지향적 성격

행정개혁은 성공여부에 대한 불확실성과 위험 속에서 새로운 방법을 고안하고 실천하여 불확실한 미래에 대응하려는 동태적·행동지향적 과정이다.

(3) 저항의 수반

행정개혁은 변화를 전제로 하는 개념이므로 현상을 유지하려는 관료나 세력들에 의하여 저항이 수반된다.

(4) 정치적 성격

행정개혁의 목적·대상이나 성공 여부는 정치적 환경이나 정치적 지지에 의하여 크게 영향을 받는다. 개혁의 과정에서 다양한 이해관계의 조정이 필요하기 때문이다.

(5) 계속적·지속적 과정

행정개혁은 일시적·즉흥적인 것이 아닌 계속적인 과정이다.

(6) 포괄적 관련성

행정개혁은 개혁에 관련된 여러 요인(내재적, 외재적 요인)들의 포괄적 연관성을 중시하고 그에 대처하는 활동이다.

3. 필요성

(1) 새로운 이념의 등장

최근 선진국의 행정개혁이 신자유주의의 영향과 관련되는 것처럼 새로운 이념의 등장은 행정개혁을 촉발하는 계기가 된다.

(2) 새로운 기술의 등장

정보통신기술의 발달은 전자정부를 위한 개혁의 계기가 되었다.

(3) 비능률의 제거

불필요한 행정기능의 중복, 과다하게 팽창된 조직을 정비할 필요성이 증대되면 행정개혁이 나타난다.

(4) 정치적 변혁의 발생

정치적 변혁은 구체제의 질서와 관련된 행정체제의 개혁에 대한 요구가 증대되면서 이루어지게 된다.

(5) 국제적 환경의 변화

최근 세계화 및 국제적 상호의존성이 심화되면서, 글로벌스탠다드와 같은 대외적 제약이 강화되고 있다.

(6) 인구구조 변화나 사회의 압력이 증대되면서 행정개혁이 이루어지기도 한다.

2. 접근방법

1. 구조적 접근방법

(1) 의의

① 과학적 관리법이나 Weber의 관료제이론에 근거한 합리적·공식적 조직에 중점을 두는 전통적 접근방법이다. 조직의 구조적 설계를 개선함으로써 행정개혁의 목적을 달성하는 접근방법으로 전통적 조직이론에서 중시되었던 가장 오래된 접근방법이다.

② 1910년대의 Taft위원회, 1940년대의 Hoover위원회의 활동과 관련되며, 우리나라의 행정개혁도 주로 이러한 방식으로 추진되었다.

(2) 내용

① 원리전략 : 조직의 원리에 입각한 최적구조가 업무의 최적수행을 가져온다는 입장으로서 고전적 조직이론에 기초한다. 원리전략의 예로는 구조·직제의 개편, 기능중복의 제거, 권한·책임의 명확화, 조정 및 통제절차의 개선, 의사전달체계의 개선 등이 있다.

② 분권화전략 : 구조의 분권화에 의하여 조직을 개선하려는 것을 말한다. 분권화전략은 공식적 구조의 변화뿐만 아니라 관리자의 행태와 의사결정방식의 변화까지 연결되는 종합적 전략으로서의 성격을 지닌다.

(3) 평가

① 구조나 법령의 변경이 개혁수단이 되고 있으나 개발도상국가에서는 현실적으로 수행되는 기능과 불일치나 격차가 심하다.

② 인간적 요인이 독립변수로서 고려되지 않으며 과소평가되었다.

③ 조직의 동태적 성격과 환경적 요인이 충분히 고려되지 않았다.

2. 관리·기술적(과정적) 접근방법

(1) 의의

행정업무의 수행과정에서의 능률을 향상시키기 위해 새로운 기술 장비를 행정에 도입하거나 관리과학, 체제분석, 컴퓨터 등의 계량화 기법을 활용하는 것을 말한다.

(2) 특징

과학적관리법을 이론적 배경으로 하여 문서의 처리절차, 업무량 측정, 정원관리, 사무실 배치, 행정사무의 기계화, 자동화, 새로운 행정기술·장비를 도입하거나 관리과학, OR, 체제분석, 컴퓨터(EDPS, MIS) 등의 계량화기법을 활용한다.

(3) 평가

① 기술과 인간성 간의 갈등을 소홀히 할 수 있으며, 현실적으로 첨단기술을 운용할 수 있는 인적 자원이 부족한 점 등이 있다.

② 계량적 기계모형으로 복잡한 행정현상을 지나치게 단순화시켜 접근한다.

③ 신생국의 경우 기술적 접근을 활용할 수 있는 여건이 조성되어 있지 않으며 전문인력도 부족하다.

3. 행태적(인간관계적) 접근방법

(1) 의의

① 개혁의 초점을 인간에 두고 행정인의 가치나 행태를 의도적으로 변화시키려는 개혁방법이다. 인위적인 조작적 전략이나 실험실훈련 등에 의하여 변화시켜 행정체제 전체의 개혁을 도모하려는 것이다.

② 행정인의 조직목표와 개인목표의 통합을 추구하면서 집단토론, 감수성훈련 등 이른바 조직발전(Organizational development) 기법을 활용하여 자율적으로 행태나 가치관의 변화를 유도하려는 접근방법이다.

(2) 특징

감수성 훈련, 태도조사 등 조직발전(OD)전략 및 목표관리(MBO)에 의해 구성원들의 심리적 욕구를 충족시켜 조직과 개인의 목표를 조화시키고자 하는 민주적·분권적·참여적 접근방법이다.

(3) 평가

① 장점 : 인간주의를 추구하려는 근래의 연구인들이 가장 중요시하는 전략으로 인간과 참여에 비중을 두고 있기 때문에 개혁이 성공할 가능성이 높다.

② 단점 : 행태과학에 대한 지식이 필요하고 장기간이 소요된다는 문제와 한정된 지식과 정보로 조직 전체에 대한 이해가 부족하고 조직외적 상황에 대한 고려가 부족하다.

4. 종합적(체계적) 접근방법

(1) 종합적 접근은 구조·인간·환경은 물론 조직을 체제로서 파악하여 이들 간의 상호관련성을 고려하는 접근방법이다.

(2) 개방체제 관념에 입각하여 개혁 대상의 구성요소들을 포괄적으로 관찰하고 여러 가지 분화된 접근방법을 통합해 해결방안을 탐색하려는 것으로서 어느 하나의 접근법으로는 한계를 가지기 때문에 다양한 접근방법을 적절히 사용하여야 한다는 것이다.

5. 현대적 접근방법

(1) 사업중심적 접근방법

정책학의 영향으로 발전된 것으로 행정활동의 목표개선과 행정봉사의 양과 질을 개선하려는 것이다. 정책분석과 평가, 생산성 측정, 직무검사와 행정책임 평가 등 산출·정책 중심적 접근 등이 이에 해당한다.

(2) 문화론적 접근방법

행정문화를 개혁함으로써 행정체제의 보다 근본적이고 장기적인 개혁을 달성하려는 것이다.

3. 절차

1. 개혁의 필요성 인식

현재의 상황적 조건이 바람직한 수준에 미치지 못하는 경우 개혁의 필요성이 제기된다.

2. 개혁안의 준비·결정

(1) 개혁담당자

개혁은 최고관리자나 고급공무원, 또는 전문적 개혁 담당자(담당기관)에 의해서 이루어진다. 개혁안의 마련은 공직 내부관료를 중심으로 이루어지는 내부주도형과 외부전문가를 중심으로 이루어지는 외부주도형이 있다.

구분	장점	단점
내부자 주도형	① 시간과 경비 절감 ② 현실성과 실현가능성이 높음 ③ 기관내부의 이익 고려 ④ 실제적인 정책·사업계획에 대한 관심과 집행용이	① 객관성과 종합성 결여 ② 공익보다는 관료의 이익을 우선시 ③ 단편적이고 보수적인 개혁내용 ④ 광범위한 지지확보 곤란
외부자 주도형	① 객관적이고 종합적인 개혁내용 ② 국민의 광범위한 지지 확보 가능 ③ 정치적인 고려 ④ 권력구조의 근본적인 재편성	① 시간·비용 과다 ② 실행가능성 적음 ③ 관료들의 저항 ④ 실제적인 사업계획의 검토나 인사문제에 덜 중점을 두는 문제

(2) 개혁범위와 개혁수준

① 개혁범위는 행정활동의 모든 영역에 걸치는 전면적·포괄적인 것인가 아니면 조직의 구조나 절차에만 국한시킬 것인가 등과 관련된다.

② 개혁수준으로서는 이상적 최적상태, 실천적 최적상태, 만족적 최적상태 등의 수준을 고려해야 한다.

(3) 개혁시기의 선택

① 급진적(전면적)전략 : 근본적인 변화를 일시에 달성하려는 광범위하고 빠른 속도의 전략이다. 정치적·사회적 환경이나 시기가 개혁에 유리하고, 관료제내부의 지지를 얻을 수 있고, 유능한 리더십이 확립되어 있는 경우에는 급진적 전략이 선택될 수 있다.

② 점진적(부분적) 전략 : 개혁이 사회에 미칠 영향을 고려하여 점진적이고 완만하게 개혁을 추진하는 전략이다. 리더십이 충분하지 않거나, 리더십은 효과적이지만 환경이나 시기가 적절하지 않은 경우에는 부분적이고 점진적 전략이 선택될 수 있다.

3. 개혁의 시행

개혁을 실천에 옮기는 데는 낳은 시간과 노력을 필요로 하는 작업이 진행된다. 법령안의 작성, 새로운 규정·편람의 작성, 예산·인사조치, 관계공무원의 훈련 등의 조치가 요구되며 세부적인 집행계획도 수립되어야 한다. 또한 개혁시행은 상황변화에 적응할 수 있는 융통성이 있어야 한다.

4. 개혁의 평가 및 환류

개혁에 대한 공정하고 객관적인 평가를 통해 다시 개혁과정으로 환류 시켜나가야 한다. 개혁은 일회적인 것이 아니라 지속적이고 계속적인 것이 되어야 한다는 것이다.

4. 저항 및 극복전략

1. 저항

(1) 의의

저항이란 행정개혁에 반발하는 태도와 행동을 말한다. 여기에는 묵시적인 저항과 명시적인 저항 모두 포함된다. 행정개혁은 기존 조직과 제도의 변동이나 타파이므로 기존의 조직괴 제도를 유지하고 옹호하려는 입장에 의한 저항을 수반하게 된다. 행정개혁은 이러한 저항을 극복하면서 행정변화를 인위적으로 유도하려는 것이다.

(2) 저항의 발생원인

① 상황적 원인과 심리적 원인

　㉠ 상황적 원인

　　ⓐ 일반적 장애 : 보수적 조직문화, 많은 매몰비용(sunk cost), 법령상 제약, 경직적인 관료주의, 조직 자체의 무능력, 자원의 부족 등

　　ⓑ 개혁추진자의 문제 : 개혁추진자가 지위나 신망이 부족하고 불신의 대상이 될 때

ⓒ 개혁안 자체의 문제 : 성과의 불확실성이 높고 현재보다 못한 대안이며 과거에 실패한 것일 때, 새로운 전문지식과 기술이 미흡할 때

ⓓ 추진방법과 절차의 문제 : 개혁안의 인식과 홍보 부족, 참여의 봉쇄, 강압적 수단, 특정인의 문책형식, 급진적·포괄적 방식 등

ⓛ 심리적 조건 : 개혁에 대한 이해부족과 불신, 새로운 상황에 대한 불안감, 재적응의 부담, 자존심의 손상, 이익침해 또는 권력상실의 인식, 필요성과 성과에 대한 의문, 문책에의 두려움 등

② 개인적 원인과 집단적 원인

㉠ 개인적 원인 : 불확실성에 대한 두려움, 개인적인 피해, 변화를 바라보는 시각의 차이 등

㉡ 집단적 원인

ⓐ 국지적인 변화에만 초점을 맞춘 결과, 조직의 다른 부분에서 반발이 생길 수 있다. 조직의 모든 요소는 시스템적으로 서로 밀접하게 연결되어 있기 때문에 어느 한 부분의 변화 시도는 반드시 다른 부분의 변화를 초래하게 된다.

ⓑ 기존의 권력구조 내지 자원의 배분 구조를 근본적으로 변화시키는 경우 저항에 부딪히기 쉽다.

ⓒ 변화를 저해하는 조직 내재적인 요인이 있다.(유민봉)

2. 저항의 극복전략

(1) 규범적·사회적 전략

① 의의 : 적절한 상징조작과 사회·심리적 지지를 통해 자발적 협력과 개혁의 수용을 유도하는 전략이다. 이는 저항의 가장 근본적인 해결책으로서 조직의 인간화와 밀접한 관련이 있다. 장기적으로 바람직하지만 시간이나 비용이 많이 소요된다.

② 구체적 방법

㉠ 참여의 확대

㉡ 의사소통의 촉진

㉢ 집단토론과 사전훈련

㉣ 개혁에 대한 정보의 제공과 충분한 시간 부여

㉤ 지도자의 카리스마나 상징조작을 활용

(2) 공리적·기술적 전략

① 의의 : 관련자들의 이익침해를 방지 또는 보상하고 개혁과정의 기술적 요인을 조정함으로써 저항을 극복하거나 회피하는 전략을 의미한다. 하지만 비용이 수반되고, 개혁이 퇴색할 우려가 있으며, 반대급부를 제공한다는 측면에서 도덕성 결여의 문제가 제기된다.

② 구체적 방법

㉠ 개혁의 점진적 추진

㉡ 개혁의 적절한 범위와 시기의 선택

㉢ 호혜적 전략 : 조건부 지원이나 인센티브제공

④ 개혁내용의 명확화와 공공성의 강조

⑩ 적절한 인사배치와 신분보장

(3) 강제적 전략

① 의의 : 개혁추진자가 저항을 극복하기 위해 저항자에 대해 제재나 불이익의 위협을 하거나 계서제적 권한의 일방적 행사에 의해 저항을 극복하는 전략을 의미한다. 단기적인 해결방안이며, 일방적인 저항해결 방안이므로 장기적으로 또 다른 저항을 야기한다.

② 구체적 방법

㉠ 의식적인 긴장조성

㉡ 물리적 제재나 신분상의 불이익 위협을 통한 압력행사

㉢ 계서제적 권한에 의한 명령과 상급자의 권한행사

㉣ 일방적인 권력구조의 개편에 의한 저항집단세력의 약화

5. 행정개혁의 실패와 성공적 행정개혁을 위한 요건

1. 실패요인

(1) 개혁정책 수립과정에서의 실패

개혁의 목표를 근본적으로 잘못 설정하거나(3종 오류의 발생), 개혁정책결정과정이 일방적으로 추진되는 경우, 집권적·비밀주의적인 개혁의 추진, 참여자들의 이기주의 등은 실패를 초래하게 된다.

(2) 개혁의 장애

과다한 개혁수요로 인한 과부하, 자원부족, 법령과 관행상 제약, 매몰비용, 부실한 외적통제, 정부관료제의 보수성 등이 개혁에 장애가 된다.

(3) 개혁에 대한 저항

저항을 슬기롭게 극복하지 못하면 개혁은 실패한다.

(4) 개혁추진자의 포획

개혁추진자들이 개혁대상에 포획되는 경우이다.

2. 성공요건

(1) 목표체계의 명료화

개혁의 목표가 실제의 개혁행동과 괴리되지 않도록 국가의 이념과 국민의 의사(행정수요의 명확한 파악)에 기반하고 있어야 한다.

(2) 불확실성의 직시

개혁이 추진되는 환경의 불확실성과 위험을 고려하여 지속적인 평가와 환류를 통한 개혁안의 수정이 요구된다.

(3) 저항에 대한 성숙한 대응

조직 내외 관계인의 참여보장 및 복수의 대안적 개혁안 마련 등이 요구된다.

(4) 개혁의 실현가능성 제고노력

개혁을 구체화하는 단계에 있어 개혁대안의 비용과 효과를 체계적으로 분석하여 이를 공개하고, 정치적 지지와 자원(행정기구, 예산, 인력 등)을 확보하기 위한 노력이 있어야 한다.

1. 의의

1. 정부혁신의 방향과 특징

(1) 1970년대 정부실패, 세계화에 따른 경쟁의 심화, 정보통신기술의 발달 등 행정환경의 변화로 인하여 1980년대 이후 OECD 국가들은 신자유주의와 신공공관리론에 바탕을 두고 감축관리와 시장부활을 통해서 전면적인 공공부문의 개혁을 추진하고 있다. OECD국가의 정부개혁은 정부 내에 시장의 경쟁원리를 도입하려는 데에 기본적인 취지가 있다.

(2) 따라서 OECD국가들의 정부개혁은 '작고 효율적인 정부'를 근본목적으로 하며, ① 정부의 생산성 향상, ② 시장화, ③ 고객지향적 서비스, ④ 분권화, ⑤ 정책역량제고, ⑥ 결과에 대한 책임 등을 공통된 특징으로 하고 있다.

2. OECD국가의 정부혁신배경

(1) 재정적자와 공공부채의 누적적인 증가

경제성장률의 저하로 조세수입은 정체된 반면 사회보장지출은 증가하여 재정적자가 증가하였다.

(2) 정부 비대화 및 공공부문의 비효율성 증대

가격, 경쟁과 같은 시장 메커니즘의 부재 및 성과관리체제의 미흡으로 정부의 비효율성이 증대하였다.

(3) 외부환경의 변화

국제화로 공공부문의 경쟁력 제고와 규제완화의 요청이 커졌다.

(4) 시민의 요구

정부혁신을 요구하는 시민의 요구와 압력이 증대하였다.

(5) 정보통신기술의 발달

행정정보화에 의한 내부관리의 효율과 서비스의 질 향상, 그리고 서류 없는 전자정부 실현의 요구가 커졌다.

3. OECD국가의 정부혁신 방향

(1) 경쟁 및 개방·고객서비스지향

시장원리를 적용하여 공공서비스 제공에 있어 민간과 가격경쟁을 하게 한다. 고객에 대한 대응성을 높이고, 주민이 손쉽게 공공서비스에 접근할 수 있도록 하며, 절차를 단순화하고, 친절한 서비스를 하도록 한다.

(2) 성과중심의 행정체제 구축

투입과 절차보다는 산출과 결과에 중점을 두고 성과중심의 인사, 성과중심의 조직, 성과중심의 재정운영을 강조한다.

(3) 정부기능·조직·인력의 감축

계층제적 구조를 탈피하여 업무중심의 자율적 팀제를 운용하도록 하며, 시장성 테스트(market testing)에 근거한 정부기능재조정을 통하여 불필요한 사업은 폐지하고, 민간부문에서 더 잘 수행할 수 있는 기능은 민영화(공기업 민영화 등)하며, 철저한 책임경영조직으로 전환함으로써 정부의 생산성 향상을 도모하고자 한다. 또한 피라미드형 계층제 구조의 경직성을 탈피, 관리·감독계층을 축소하고 자율적 팀제 운영 확대 등 조직의 동태화·탈관료제화를 추구한다.

(4) 권한위임과 융통성의 부여

내부규제를 완화하고 각 부처의 관리자들에게 권한을 부여하는 대신, 혁신과 창의 및 책임은 증대시키고, 총괄적 예산범위 내에서 목표를 성취할 수 있도록 일선기관에 융통성을 부여한다.

(5) 책임과 통제의 강화

관리자에게 권한을 주는 대신 고위관리자의 책임과 역할을 강조한다.

(6) 비용가치의 증대

납세자의 돈의 가치를 높여 능률성을 증가시키고 낭비를 줄이며 효과성을 향상시키고자 한다.

(7) 정부규제의 개혁

규제의 비용·효과를 면밀히 검토하고 규제 아닌 다른 대안과 파트너십을 통한 문제 해결책을 강구하거나, 자율적 규제 인센티브제도의 도입 등으로 규제를 완화한다.

(8) 정책능력 강화

노젓기보다 방향잡기에 집중토록 하여 중앙정부가 집행기능에 집착하기보다는 전략적인 정책역량을 강화할 수 있도록 한다.

2. OECD국가들의 정부혁신

1. 영국의 정부혁신

(1) 의의

1979년 재정위기를 계기로 본격화된 영국의 정부혁신은 보수당인 Thatcher정권의 등장 이래 포괄적이며 지속적인 행정개혁을 추진하고 있다.

(2) Thatcher행정부

① 능률성 정밀진단(Efficiency Scrutiny : 1979년) : 내각사무처에 민간과 정부의 혼성의 능률팀(Efficiency unit)을 구성하고, ㉠ 비용가치의 증대, ㉡ 서비스 질 향상, ㉢ 관리의 효과성 향상이라는 목표 아래 정부 내의 비능률적 요소를 정밀 진단하였다.

② 재무관리개혁(FMI : Financial Management Initiative : 1982년) : 영국정부는 부서관리자에게 재무관리의 재량권을 확대(자율적 운영권한 측면)하고 실적에 따라 비용·효과성을 평가(책임 측면)하는 재무관리개혁을 단행하였다. 이를 위하여 필수적으로 발생주의회계가 요구되었으며 이는 성과관리체제의 밑바탕이 되었다.

③ Next Steps(1988년) : 정부의 중앙부처가 담당하던 집행 및 서비스기능을 정책기능으로부터 분리하여 책임집행기관(Executive Agency)이라는 새로운 행태의 별도의 집행조직으로 하여금 수행하도록 하였다.

(3) Major행정부

① 시민헌장제도(Citizen's Charter : 1991년) : 1991년 메이저(Major)수상에 의한 시민헌장(Citizen's Charter)이란 고객에 대한 서비스내용과 수준을 헌장에 제시하여 업무의 표준으로 삼는 것이다.

② 공무원제도개혁 및 능률개선 개혁 : 1994년 정책백서는 고급공무원에 대한 개방임용계약제를 실시하고, 매년 종합적 능률개선계획제도를 시행하도록 권고했다.

(4) Blayer행정부

① 제3의 길 : 1996년 집권한 T. Blayer의 노동당정부도 정치적으로 제3의 길을 표방하며 정부현대화라는 개혁프로그램 추진하였다.

② 의무경쟁입찰제도를 최고가치제도로 전환하였다.

2. 미국의 정부혁신

(1) 의의

미국은 1970년대 후반부터 재정적자와 무역적자가 심화된 상황에서 1980년 집권한 D. Reagan대통령이 재정적자 해소를 위해 정부규모의 감축과 정부운영의 효율화를 국가적 과제로 채택하고 이에 따른 보수적인 행정개혁을 단행하였다.

(2) Clinton행정부

① 클린턴 정부의 정부개혁은 국가성과평가팀(National Performance Review)을 중심으로 "작지만 보다 생산적인 정부"(Works Better & Costs Less)구현을 주장하였다.

② A. Gore 부통령을 중심으로 한 공무원 중심의 정부개혁팀으로서 ㉠ 관료적 형식주의의 제거(행정절차의 간소화), ㉡ 고객우선주의, ㉢ 결과달성을 위한 직원에의 권한부여, ㉣ 기본적 원칙으로의 복귀(근본적인 감축) 등을 목표로 행정개혁을 추진했다.

③ 1993년 "행정성과 및 결과에 관한 법률(GRPA)" : 투입이나 절차보다는 산출과 성과 중심의 관리를 강조하였다.

④ 1994년 "연방인력재편법"과 "정부관리개혁법" : 연방인력의 12% 감축을 목표로 하면서 연방정부의 규모 축소에 상당한 비중을 두었고, 정부관리개혁법을 통해서 부처별로 재정책임관을 임명하고 기업회계방식 및 검사를 실시하였다.

⑤ 1998년 NPR을 NPRG(National Partnership of Reinventing Government)으로 바꾸고 향상된 고객서비스와 정보화 시대의 정부를 위한 노력을 지속하였다.

(3) Bush행정부

① 개혁의 원칙과 추진

㉠ 부시 행정부는 고객중심적, 결과지향적, 시장기반적인 원칙을 지닌다. :

㉡ 대통령 비서실과 관리예산처(OMB)에서 주도하여 결과중심(Focused on results)의 정부, 시민과 정부가 최대한 가까워지는 시민중심(More accessible to citizen)의 정부를 실현하고, 당면한 정부의 운영(Management)을 개선하고 성과(Performance)를 향상시키는 것으로서 이를 위하여 14개의 정책을 제시하고 있다.

㉢ 각 기관에 "최고 행정관"(Chief operating officer) 지정 및 이들로 "대통령 정부운영협의회"(President's Mag't Council)를 구성하였다.

② 개혁의 주요내용

㉠ 인적자원의 전략적 관리(Strategic Management of Human Capitap)

㉡ 민간부문과의 경쟁체제의 확대(Competitive Sourcing)

㉢ 재정성과의 향상(Improved Financial Performance)

㉣ 전자정부의 확대(Expanded Electronic Government)

㉤ 예산과 성과의 통합(Budget and Performance Integration)

3. 뉴질랜드 정부혁신

(1) 의의

① 1984년 집권한 노동당의 Lange수상이 광범위한 개혁을 착수하였으며, OECD 국가 중 가장 급진적인 추진전략으로 정부개혁을 성공시킨 나라로 평가된다.

② Path to 2010에서 21C 뉴질랜드의 장기비전 제시 : 소득증대, 공동체 강화, 교육 및 훈련, 환경보호, 세계화, 경제성장 등 전략성과분야에 대해 핵심적인 정책과 목표제시

(2) 주요혁신내용

① 재무부에서 각 부처운영의 상업화 전략을 촉진하기 위하여 새로운 재정운용원리 제시

② 공공부문 전체에 대하여 성과와 책임향상을 위한 성과관리혁신 추진 : 사무차관에 대한 부처운영에 대한 법적 책임부여, 3~5년 계약방식으로 임용, 엄격한 성과관리제도 도입

③ 상업적 경영환경을 도입하기 위하여 재무관리와 회계제도 개혁 추진 : 산출예산제도의 도입, 기업방식의 재무제표작성, 발생주의 회계방식 도입

3. 우리나라의 행정개혁

1. 행정개혁의 전개과정

(1) 역대정부의 개혁의 특징

① 정치권 혹은 일반국민들은 정부의 조직개편의 이유나 목적에 대한 신뢰가 낮았다.

② 조직개편이 정부조직운영의 기본철학에 기초하기보다 정치논리에 따라 이루어진 경우가 많았다.

③ 사회적 환경변화를 감안하지 않고 조직의 축소와 인원감축을 시도한 경우가 많았다.

④ 인간적 요인보다 구조적·기술적 요인을 중시하였다.

⑤ 외국 제도나 이론의 적실성을 고려하지 않고 도입하는 경우가 많았다.

(2) 역대정부의 주요 개혁적 정책

구분	시기	주요 개혁적 정책
박정희정부 (군사정권)	1963 ~1979	• 국가주도의 국가발전(발전행정) : 근대화와 빈곤의 추방, 경제개발 5개년계획 • 행정조직의 증설과 팽창, 부패방지 정화운동(서정쇄신운동) • 유신헌법 제정과 민주화의 후퇴, 전통적 관료제 개혁 미 추진
전두환정부	1980 ~1988	• 국민연금, 최저임금제 시행 • 공직자 사정, 공직자윤리법 제정(1981) • 정권의 정당성 불신과 권위적 개혁으로 실질적 개혁 미흡
노태우정부	1988 ~1993	• 6.29선언과 노태우대통령 후보의 수용, 민주화 추진 • 남북기본합의서 체결 (불가침조약, 비핵화 선언), 러시아와 중국과의 국교수립 • 〈행정개혁위원회〉를 설치했으나 민주화로의 과도기적 성격으로 본격적 개혁제도 미정착
김영삼정부 (문민정부)	1993 ~1998	• 부패척결과 경제정의 : 공직자 재산등록 및 공개와 사정, 금융실명제 • 〈작지만 강한 정부〉 표방 : 공기업의 민영화와 통폐합, 대규모 부처통폐합, 인력 감축(but 실제로 증가), 반부패운동, 〈행정쇄신위원회〉 설치 • 민주화(행정통제 제도 정비) : 행정절차법(1996), 정보공개법(1996) 제정 • 경제위기 미 인식으로 외환위기 초래와 IMF구제금융 요청, 헌정사상 초유의 정권교체 계기
김대중정부 (국민의 정부)	1998 ~2003	• 외환위기 조기극복, 남북긴장완화(6.15 선언)–햇볕정책 • 〈작고 효율적인 정부〉 표방(신자유주의적 개혁) : 공기업의 민영화 강력 추진, 공무원 정원 축소 및 인원감축(역대정부 최초로 정원 4.9% 감소), 책임운영기관 설치, 전자정부법 제정(2001), 〈정부혁신추진위원회〉 설치 • 부패척결 : 제2의 건국운동 전개, 부패방지법 제정(2001)
노무현정부 (참여정부)	2003 ~2008	• 권위주의 철폐 : 상향식 민주주의와 참여와 담론, 시민사회와의 거버넌스(협치) 강화 but 형평성 추구와 진보주의적 성격으로 진보와 보수간 사회갈등 야기 • 〈투명하고 일 잘하는 정부, 능력있는 정부〉 표방 : 성과중심의 4대 재정개혁 but 공무원수 증가(8.9% 증가로 비대한 정부란 비판 제기), 장기적·상시적 로드맵, 학습 중심, 구조 보다는 기능과 과정 중심 개혁(업무재설계, 실국중심의 책임행정체제, 자율성 확대), 〈정부혁신지방분권위원회〉 설치, 고위공무원단제 도입(2006) • 지방분권 정책의 강화 : 3대 특별법 제정과 수도이전 계획(세종특별자치시 설치계획)
이명박정부	2008 ~2013	• 한미FTA체결, 국가신용등급 상승 but 환경파괴와 무분별한 개발(4대강사업) • 작은 정부 : 정부조직 통폐합, 공무원 수 감축(초기 감소하다 소폭 증가), 〈국가경쟁력강화위원회〉 설치
박근혜정부	2013~	• 신뢰와 원칙 강조 but 국민과의 의사소통 미흡 • 과학기술 및 재난안전 관리 강화, 정부 3.0 추진

2. 노무현 정부의 행정개혁(2004년~2008년)

(1) 인사기능 일원화

행정자치부와 중앙인사위로 이원화되어 있던 인사기능을 중앙인사위원회로 일원화하였다.

(2) 소방방재청 신설

행정자치부 민방위재난통제본부를 행자부 소속 소방방재청으로 승격시켜 국가 재난관리체계를 강화하였다.

(3) 일부 청장직급 상향조정

① 국가보훈처 및 법제처장 직급 격상 : 차관급에서 장관급으로
② 문화재청장 직급 격상 : 1급에서 차관급으로

(4) 일부부처간 기능 조정

① 행정개혁업무 이관 : 기획예산처에서 행정자치부로 이관(행자부가 행정개혁업무 총괄)
② 영유아 보육업무 이관 : 보건복지부에서 여성가족부로 이관

(5) 정부혁신본부 설치(2005.1.1)

행정자치부 정부혁신본부(조직혁신국, 행정혁신국, 전자정부국) 설치

(6) 과학기술부 부총리 승격

(7) 여성부가 여성가족부로 명칭 변경

(8) 국방부산하에 방위사업청 신설(2006.1)

3. 이명박 정부의 행정개혁(2008년~2013년)

(1) 청와대 축소

4실10수석 ➡ 1실1처7수석(대통령실)

(2) 국무총리실로 기능통합

국무조정실과 국무총리비서실을 통합하여 설치운영

(3) 중앙행정기관 : 15부 2처 17청 3위원회

3위원회는 개별법으로 중앙행정기관으로 규정함
① 공정거래위원회(독점규제 및 공정거래에 관한 법률)
② 금융위원회(금융위원회의 설치 등에 관한 법률)
③ 방송통신위원회(방송통신위원회의 설치 및 운영에 관한법률)

(4) 8개 부처 복수차관제

기획재정부, 교육과학기술부, 외교통상부, 행정안전부, 문화체육관광부, 농수산식품부, 지식경제부, 국토해양부

(5) 특임장관 (정무장관) 1인 신설

국무총리 산하, 필수적 기구는 아님

(6) 법제처장 및 국가보훈처장 직급조정

장관급에서 차관급으로 하향조정

(7) 방송통신위 신설(대통령직속)

방송위의 방송정책＋정통부의 통신정책

(8) 국민권익위원회(국무총리소속, One-stop 신문고 제도)＝국민고충처리위＋국가청렴위＋행정심판위

4. 우리나라 정부개혁의 주요내용

1. 행정서비스헌장제도

(1) 의의

① 1998년 김대중 정부는 '행정서비스헌장제정지침(대통령훈령)'을 발표하고, 중앙행정기관 및 소속기관과 자치단체 등에게 서비스 헌장을 제정·공포하도록 명시하였다.

② 행정서비스헌장제도는 행정기관이 제공하는 서비스 중 주민생활과 밀접히 관련되어 있는 서비스에 대해 각 공공기관의 의무조항과 일반국민이 누려야 할 권리를 천명하여 제공될 서비스의 기준을 설정하고 불이행시에는 일반국민들이 시정조치와 보상을 요구할 수 있도록 한 고객중심적 관리제도이다.

(2) 특징

① 행정서비스헌장에는 무엇보다도 우선 서비스기준을 구체적으로 제시하여야 한다.

② 서비스의 수준이 이해가능하고 측정 가능할수록 좋다.

③ 서비스의 수준이 최고를 지향해야 하며 이미 달성하고 있는 수준이라면 약속의 의미가 없다. 현 수준에서 도전적인 노력을 통해 달성 가능한 최고의 서비스 수준을 제시하여야 한다.

④ 관련된 정보를 체계적으로 안내하여 이용할 수 있도록 한다.

⑤ 잘못한 일에 대하여 시정 및 보상조치의 내용을 명확히 하고 불만제기나 보상 조치의 절차를 분명히 밝힌다.

⑥ 헌장 제정 과정에 서비스 전달주체인 일선공무원은 물론 대상인 주민의 참여를 보장하고 그들의 요구를 적극적으로 반영한다.

(3) 구성요소와 7대 원칙

헌장의 구성요소	헌장제정 7대 원칙
① 행정서비스의 구체적 기준과 내용을 제시 ② 서비스의 제공방법 및 절차 규정 ③ 잘못된 서비스에 대한 시정 및 보상조치 등 규정	① 고객중심의 원칙 ② 서비스 구체성 원칙 ③ 최고 수준의 서비스제공 원칙 ④ 비용·편익 형량의 원칙 ⑤ 체계적 정보제공 원칙 ⑥ 시정 및 보상조치 명확화 원칙 ⑦ 고객참여 원칙

(4) 장·단점

① 장점

ⓐ 정부와 국민의 암묵적·추상적 관계를 구체적·계약적 관계로 전환시켜 줌으로써 행정에 대한 주민들의 근접통제의 물리적 한계를 극복해 주는 계기가 되었다.

ⓑ 서비스 제공의 투명성과 책임성을 제고하고 공공서비스 품질의 표준화와 구체화 및 서비스에 대한 국민의 기대수준을 명확하게 하였다.

② 단점

ⓐ 공공서비스의 무형성으로 인하여 품질을 구체화·표준화하기 어렵다.

ⓑ 서비스의 표준화와 구체화를 강조하기 때문에 오히려 행정의 획일화를 초래하여 유연성과 창의성을 저해한다.

ⓒ 서비스의 본질적 내용보다는 친절이나 신속과 같은 피상적 측면에 머무르고 있다.

(5) 우리나라의 행정서비스헌장제도

① 의의 : 1998년 대통령훈령으로 〈행정서비스 헌장제정지침〉을 발령하여 중앙부처의 소방, 철도 등 10개 헌장이 시범제정·운영되기 시작하였고, 이후 행정기관별, 분야별 행정서비스 헌장제도를 확대·운영하게 되었다. 거의 모든 중앙부처와 지방자치단체가 행정서비스 헌장제도를 채택하고 있다.

② 적용대상 : 중앙행정기관 및 그 소속기관에 적용함을 원칙으로 한다. 지방자치단체, 법령에 의하여 행정권한을 가지고 있거나 위임 또는 위탁받은 법인·단체 및 그 기관은 이를 준용할 수 있다.

③ 공개 : 행정기관의 장은 헌장을 제정하거나 개선할 때에는 이를 국민이 충분히 알 수 있도록 관보 등에 게재하거나 일정한 장소에 게시하여야 한다.

④ 헌장의 제정 및 개선 원칙

ⓐ 서비스는 고객의 입장과 편의를 최우선으로 고려하는 고객중심적일 것

ⓑ 고객에게 제공되는 서비스의 내용은 고객이 쉽게 알 수 있도록 구체적이고 명확할 것

ⓒ 행정기관이 제시할 수 있는 가장 높은 수준의 서비스를 제공할 것

ⓓ 잘못된 서비스에 대한 시정 및 보상조치를 명확히 할 것

ⓔ 제공된 서비스에 대한 고객의 여론을 수렴하여 이를 서비스의 개선에 반영할 것

⑤ 서비스기준의 설정

　　㉠ 서비스의 기준은 선언적이고 추상적인 내용보다는 구체적이고 계량화된 내용을 제시할 것을 말한다.

　　㉡ 행정기관의 장은 유사한 서비스를 제공하는 민간기업이나 외국기관의 우수사례를 조사하여 이와 대등한 수준의 서비스가 제공될 수 있도록 노력할 것

　　㉢ 행정기관의 장은 서비스의 제공에 드는 비용과 그 서비스로부터 고객이 얻을 수 있는 편익을 비교·형량하여 합리적인 기준이 설정될 수 있도록 노력할 것

⑥ 서비스관련정보

　　㉠ 명패·공무원증의 부착 등 고객 상담에 친절하고 신속하게 대응하는 방법

　　㉡ 서비스 제공자의 부서명 및 연락처

　　㉢ 상담결과 통지의 방법·절차와 소요기간의 명시

　　㉣ 관련 공무원으로부터 도움을 받을 수 있는 사항

　　㉤ 관련 정보나 자료를 요구하는 방법과 절차의 제시

2. 균형성과표(BSC : Balaced Scorecard)

(1) 개념

균형성과표는 재무적 시각뿐만 아니라 비재무적 시각에서 기업의 성과를 보다 균형있게 평가하고, 나아가 기업의 장기적인 전략을 중심으로 성과지표를 도출하여 이를 토대로 조직을 관리하고 그 성과를 평가하는 전략적 성과관리 내지 전략적 성과평가시스템을 의미한다.

(2) BSC의 4대 관점

① 재무적 관점 : 기업 중심의 BSC에서 성과지표의 최종 목표이다. 기업의 주인인 주주들에게 보여주어야 할 성과로서, 순익이나 매출액이 가장 대표적이다.

② 고객관점 : 상품과 서비스의 구매자인 고객들에게 무엇을 어떻게 보여주어야 하는가를 검토할 것을 요구하는 것으로, 고객만족도, 신규고객증가 수, 고객충성도 등으로 성과를 측정할 수 있다.

③ 업무처리과정 관점 : 고객과 주주가 원하는 목표를 달성하기 위해 기업내부의 일처리 방식을 어떻게 할 것 인가에 대한 질문과 답이다. 기업의 전략에 부합하는 제품과 서비스를 계획하고 생산하며 판매하는 일련의 비즈니스 전 과정에서 나타나는 신뢰성이나 신속성 등을 말한다.

④ 학습·성장 관점 : 다른 세 관점이 추구하는 성과목표를 달성하는데 기본 토대를 형성하는 것으로 구성원의 능력개발이나 직무만족과 같이 주로 인적자원에 대한 성과를 포함한다.

(3) 특징

① 재무적 관점과 비재무적 관점의 균형을 강조한다.

② 단기적 목표와 장기적 목표 간의 균형을 강조한다.

③ 과정과 결과의 균형을 강조한다.

④ 내부의 관점과 외부의 관점 간에도 균형을 강조한다.

⑤ 기존의 성과관리와 마찬가지로 성과지표와 전략과의 연계를 그대로 받아들인다. 즉, 비전, 전략, 성과지표로 이어지는 목표-수단 또는 원인-결과의 논리구조를 유지함으로써 비전과 전략이 모든 성과평가의 지침이 되도록 한다.

⑥ 시스템적이다. 즉 4대 관점의 성과지표와 전략을 시스템적으로 연결시킨다.

(4) 정부부문에의 적용

① 고객관점 : 정부는 사업을 통해 순익을 올리거나 매출액을 올리는 기업이 아니다. 따라서 성과평가에 있어서도 재무적 관점보다는 국민이 원하는 정책을 개발하고 재화와 서비스를 제공하는지의 고객관점이 중요하다. 고객관점에서의 행정의 성과지표로는 정책순응도, 고객만족도, 잘못된 업무처리건수, 불만민원 접수 건수, 삶의 질에 대한 통계지표 등을 포함시킬 수 있다.

② 재무적 관점 : 국민이 요구하는 수준의 서비스의 질과 양을 충족시킬 수 있을 만큼의 재정자원을 확보해야 하고 그 돈을 경제적으로 배분하고 집행해야 한다. 지원시스템의 예산부분이 여기에 해당한다. 지방정부의 경우 의무적 경비비율, 예산불용액 비율, 채무상환비 비율, 새로운 세원개발 등이 성과지표로 고려될 수 있다.

③ 업무처리과정 관점 : 정부부문에서의 업무처리 관점은 결정시스템에서의 정책결정과정, 집행시스템에서의 정책집행 및 재화와 서비스의 전달과정, 그리고 조직시스템에 관한 내용을 포괄하는 넓은 의미로 이해할 수 있다. 정책결정과정에서는 이해당사자들의 참여보장, 행정절차법에 따른 절차적 규정준수 등이 중요한 성과측면이다.

④ 학습·성장 관점 : 조직구성원들의 직무수행능력, 직무만족, 지식의 창조와 관리, 지속적인 자기혁신과 성장 등이 중요한 성과측면의 요소이다. 정부의 경우에 보다 구체적인 산출지표로는 공무원의 직무만족도, 제안건수, 스터디 그룹 수 등이 있다.

▶ 핵심성공요인 각 인과관계 설정 : 부천시의 BSC전략지도(환경분야 예시)

부천시의 핵심영역 문화, 경제, 건설교통, 환경, 복지, 자치역량

| 고객관점 | 문화사업 역량강화 | 문화인식 확대 | 복지인프라 확대 | 복지네트워크체계 개선 | 균형적 도시발전 | 편리한 교통체계구축 | 행정서비스 개선 | 맑은물 푸른숲 조성 | 청결한 생활환경 | 첨단 고부가가치산업 육성 | 기업지원 서비스지원 |

| 재무관점 | 민자유치 확대 | 예산의 합리적 운영 | 국도비 안정성 확보 | 자주재원 확보 |

| 내부과정적관점 | 대내외 네트워크 강화 | 행정의 생산성 증대 | 내부역량 강화 |

| 학습성장의관점 (추진역량) | 산, 학, 연 협력시스템 구축 | 지식정보관리 시스템 활용 | 전문 교육훈련 | 변화와 혁신적인 조직문화 |

3. 국가고객만족도(NCSI : National Customer Satisfaction Index)

(1) 의의

국가고객만족도는 미국의 국가품질상(NQA)과 유사한 것으로서 우리나라 국가·산업·기업의 품질경쟁력을 측정·평가·관리하기 위한 국가경쟁력지표로서 우리말로는 국가고객만족도로 표현된다. 한국 생산성본부가 각 기업과 기관을 대상으로 해당 제품이나 서비스를 직접 사용해 본 고객이 그 제품이나 서비스에 대해 평가한 만족수준의 정도를 모델링에 근거하여 측정한 후 이를 계량화한 지표를 의미한다.

(2) 도입배경

① 거시경제 측면에서 기업이나 산업, 국가의 경쟁력을 평가하는 가장 기본적인 지표는 생산성지표이지만 생산성지표는 품질과 같은 질적인 요인이 반영되지 않는다. 질적인 측면에서 경쟁력을 평가할 수 있는 기본적인 지표는 고객들이 제품과 서비스를 직접 평가한 고객만족도이다.

② 종전의 생산지표가 갖는 계량적 측정이 갖는 한계를 극복하기 위해서 각각 다르게 측정되고 있는 기업 간 혹은 고객만족도 측정방법을 하나로 통일하여, 기업 간 혹은 산업간 비교가 가능하도록 설계한 고객만족도로 지수로서 질적인 측면까지 포함하고 있다. 즉 NCSI는 질적인 측면에서 경쟁력을 가늠할 수 있는 가장 객관적인 지표의 제공을 위해 등장하였다.

4. 기타

(1) 3R 기법

① Re-structuring : 넓게는 유·무형의 사회간접자본을 재구축하자는 것이고, 좁게는 정부조직과 기능의 재조직화를 의미한다.

② Re-engineering : 절차 및 공정의 재설계를 의미한다. 즉 조직업무의 전반적인 과정과 절차를 축소·재정비하여 가장 합리적인 방법으로 업무를 수행하려는 조직관리전략이다.

③ Re-orientation : 자유경제의 시장원리와 성과지향적 경제원칙을 수용하여 보호한다는 경쟁, 규제보다는 자유를 지향하는 새로운 관리목표의 재설정을 의미한다.

(2) 벤치마킹(Bench-marking)

최고의 성과를 낸 다른 조직의 관행과 경험을 도입하는 것이다.

(3) 아웃소싱(Out-sourcing)

외부조직이나 인력을 활용하여 공공서비스를 공급하는 것이다.

(4) 다운사이징(Downsizing)

정부의 규모를 줄이는 것이다.

(5) ISO 9000(International Organization for Standardization)

단순히 제품의 품질규격 합격 여부만을 확인하는 일반품질인증과는 달리, ISO 9000은 제품의 생산·유통 등 전 과정에 걸쳐 국제규격을 제정한 국제표준화기구의 품질보증제도로서, 영국표준협회 발의로 1987년에 채택되어 모든 산업에서 인정받고 있다. 우리나라도 제품을 수출할 때 ISO 9000 인증을 요구하는 사례가 늘고 있어 공업진흥청이 인증기관을 지정해 1994년부터 시행하고 있다. 최근 민간기업뿐만 아니라 지방자치단체에서도 ISO 품질인증을 받는 사례가 늘어나고 있다. 공행정의 경우 행정서비스 제도화·표준화된 절차에 의한 투명성과 신뢰성 확보, 행정중심에서 고객중심의 사고로 전환을 꾀하게 되는 등의 효과가 있다.

1. 정보화 사회

1. 개념

① 정보화 사회란 정보의 생산과 관리가 가장 중요한 자원이 되는 사회를 의미한다.

② 이는 최근의 행정환경의 급격한 변화를 주도하는 원동력이 되고 있다. 즉, 컴퓨터 및 각종 정보통신기술의 혁명적 발전에 기반 하여 행정이나 사회전반에 정보통신기술이 보편적인 현상이 된 사회를 의미한다.

2. 특징

(1) 사회적 측면

① 정보의 홍수 또는 폭증(Information explosion)

② 사회조직원리의 변화(분권화, 경계사회 ➡ 무경계사회)

(2) 경제적 측면

① 노동의 의미변화(인간소외 현상 ➡ 자율성과 창의성 존중)

② 경제의 연성화(소프트화, 서비스화, 제품의 경박단소화, 다품종 소량생산, 투자 및 소비의 연성화, 경기변동의 약화)

③ 대기비용과 거래비용의 감소

(3) 문화적 측면

① 물량·소유 중심 ➡ 가치 중심

② 즉시화(卽時化, 신속한 문제해결)

③ 개인의 심리적 거리감 축소(정보통신매체를 이용한 잦은 대화)

(4) 정치적 측면

① 인터넷 및 인터넷 접속 휴대전화의 확산에 따라 전자시민(e-citizens) 급증

② 전자민주주의·참여민주주의·직접민주주의의 실현

③ 신속한 여론의 형성과 파악

▶ 산업 사회와 정보화 사회의 특징비교

구 분	산업사회(대량생산체제)	정보사회(탈대량생산체제)
기호화 방식	아날로그(연속적) ▷ 비디오	디지털(불연속적) ▷ CD-ROM
핵심기술	증기기관(힘과 에너지), 경성적 기술	컴퓨터(기억, 계산, 통제), 하이테크·하이터치
커뮤니케이션	매스미디어를 중심으로 한 대중관계 (One to many)	컴퓨터와 통신을 중심으로 한 다중쌍방향관계 (Many to many)
조직구조	수직적 위계구조(Hierarchy)	수평적 네트워크 구조(Horizontal network)
생산력	물질생산력	정보생산력
경제구조	제조업 중심의 상품경제	정보산업 중심의 시너지 경제
특징(Toffler)	중후장대(重厚長大), 규격화, 분업화, 동시화, 집중화, 극대화, 중앙집권화	경박단소(輕薄短小), 다양화, 업무의 통합, 차별화, 분산화, 적정화, 지방분권화
정치형태	의회민주주의	참여민주주의, 전자민주주의

2. 정보화가 행정에 미친 영향

1. 조직구조에 대한 영향

(1) Leavitt-Whisler(1958년)

일상적인 중간관리층의 업무가 컴퓨터에 의하여 대체되고 비일상적·창의적 업무는 최고관리층으로 이동하므로 종래 피라미드 형태에서 종위에 럭비공을 올려놓은 모양으로 바뀐다고 주장하였다.

(2) 소규모화와 저층구조화

정보통신기술이 풍성한 정보를 수직적·수평적으로 보편적이고 신속하게 소통시키면서 수직적·수평적 조정기제로 활용된다. 이로써 조직 내 중간관리자와 지원인력을 상당부분 감축할 수 있어 조직의 소규모화와 저층구조화를 가져온다. 따라서 수직적 분화는 약화되는 대신, 수평적 분화는 활성화되며 수평적 협력체계의 구축으로 계선과 참모 간의 구별은 모호해지고 네트워크 구조 형태가 증가한다.

(3) 수평적 분화와 네트워크 조직화

공공서비스의 전달이 정보기술의 지원으로 중앙관리 및 조정력의 상실 없이도 분권화, 관리권한의 위임, 시민참여의 가능성이 제고되어 정치적·사회적 네트워크화가 강화되고 있다. 나아가 정보의 흐름이 기존의 조직 내외의 시간적·공간적 경계를 벗어나 정보통신망으로 연결된 가상조직, 네트워크(망) 조직이 확산되고 있다.

2. 조직 내 권력관계에 미치는 영향

(1) 집권화를 촉진시킨다는 입장(Leavitt & Whisler)

통합된 중앙집중형 정보관리시스템으로 인하여 조직의 상층부나 중앙조직의 통제·관리력이 향상된다. Leavitt-Whisler 모형(1958년)도 집권화설을 지지하는 이론이다.

(2) 분권화를 촉진시킨다는 입장

정보의 실시간 분산처리로 하위계층이나 지방조직의 정보접근성이 강화되므로 분권화가 이루어진다 (Toffler, 1980년). 폭포효과는 분권화설 현상이다.

3. 정책과정과 업무내용에 미치는 영향

(1) 정책과정에 대한 영향

정보화의 진전은 정책과정의 각 단계에 영향을 미친다. ① 정책의제형성 단계에서는 사회·경제상황에 대한 광범위한 자료가 수집·분석됨으로써 정책의제형성의 능률화·민주화가 촉진될 수 있다. ② 정책결정단계에서는 다양한 정책대안의 검토가 가능하고 그 불확실성이 감소될 수 있으며 이해관계가 엇갈리는 집단 간의 대립요인을 밝혀 합의도출에 기여하게 된다. ③ 정책집행단계에서는 정보네트워크의 연결과 정보의 분산처리로 정책집행의 효율화에 도움이 되며, ④ 정책평가단계에서는 정책평가의 객관성·정확성·투명성이 제고될 수 있다.

(2) 업무내용의 변화

대체로 구조화된 단순·반복적인 업무가 전산화됨으로써 정보 활용에 필요한 판단력·분석력·창의력이 요구되는 업무가 증가되고 직무내용의 질적 향상이 나타나게 된다. 정보자료를 활용하는 일선관리자와 중간관리자의 직무내용이 많은 변화를 겪게 되고 최고관리층도 전문가시스템의 활용으로 영향을 받게 된다.

4. 행정관리에 미치는 영향

(1) 인사의 유연화

빠른 변화에 적응하기 위하여 연공서열제와 정년제는 무너지고 계약제와 시간제(part time)가 확대되며 재택근무, 원격근무 등 탄력적인 근무제도가 활성화된다.

(2) 행정서비스의 변화

행정전산화에 따라 서비스가 신속하게 이루어지고 서비스를 기다리는 대기비용도 감소되며 행정기관 간의 네트워크형성은 서비스의 동시화·광역화를 가능하게 한다.

(3) 동기유인의 변화

정보기술은 시간적·공간적 제약을 축소시키므로 연공서열에 의한 보상체계보다는, 개인의 전문적 기술과 능력에 의한 보상체계를 더욱 요구하게 한다.

(4) 조직문화의 변화

개방·창의·자율을 공유가치로 하는 네트워크적 문화, 유연한 여성 중심적 문화, 개방적인 열린 문화 등으로 바뀌게 된다.

(5) 비용의 절감

정보화는 탐색비용·협상비용 등 거래비용을 줄여 줌은 물론, 업무수행비용 등 조직비용도 절감해 준다. 또한 정보화로 인한 합리적 정책분석과 업무재설계로 예산이 절감된다.

5. 행정정보화의 역기능

(1) 프라이버시 침해

개인정보에 관한 정부의 데이터베이스가 개인에 대한 감시 도구로 사용될 수 있으며(전자 파놉티곤), 정보 오·남용에 따른 프라이버시 침해를 야기한다.

(2) 비인간화

관리통제의 집중화로 근무에서 오는 스트레스가 증가하게 되고 인공지능(AI)을 활용하여 인간의 뇌처럼 정보를 병렬처리하는 제5세대 컴퓨터가 현실화되어 감에 따라 점점 인간 자신에 대한 신뢰성과 실존가치를 상실하게 된다.

(3) 문화지체

정보기술을 비롯한 과학기술은 비약적으로 발달하는 반면, 인간의 사고와 규범은 이에 적응할 수 없게 되어 문화적 지체현상이 나타난다.

(4) 정보불평등과 정보격차(Digital divide)

① 정보불평등의 개념 : 각종 정보기술과 정보통신 네트워크 그리고 데이터베이스 등 정보화사회에서 중심적인 정보자원의 이용과 점유 기회의 차이에서 발생하는 성, 세대, 계층, 지역 간 불평등을 의미한다.
② 정보불평등의 악순환 : 더욱이 급속히 진행되는 정보화과정은 기존의 정보격차가 줄어들기도 전에 다시 새로운 정보격차를 만들어 낼 것이다.
③ 보편적 서비스의 필요 : 정보격차를 완화하기 위해 모든 사람들에게 동등한 정보 접근 및 이용을 위한 기회를 보장해 주자는 보편적 서비스(Universal service) 정책이다.

3. 행정정보체계

1. 의의

(1) 개념

행정정보체제는 경영정보체제(MIS)를 행정영역에 적용한 개념으로서 행정업무의 수행이나 정책결정을 돕기 위하여 인공적으로 설계·제작된 소프트웨어, 하드웨어, 자료, 절차 등의 집합을 의미한다. MIS와는 다른 시각에서 Bozeman이 행정정보체계론(PMIS)을 제안하였다.

(2) 경영정보체계와 행정정보체계의 비교

구 분	경영정보체제(MIS)	행정정보체제(PMIS)
자료수집	적극적 자료수집	소극적·강제적 자료수집
목표설정	목표의 구체성, 장기적 계획	목표의 추상성, 단기적 계획(장관의 잦은 교체)
의사결정 과정	• 능률성, 비공개성 강조 • 알고리즘에 의한 대안탐색 • 합리모형에 의한 의사결정	• 민주성, 공개성 강조 • 휴리스틱에 의한 대안탐색 • 만족모형 또는 점증모형에 의한 정책결정
평가기준	명확한 평가기준(능률성, 경제성)	불명확한 평가기준(민주성, 형평성, 대응성)
경쟁성과 대기비용	경쟁성, 대기비용 낮음, 서비스 질 높음	• 독점성, 대기비용 높음, 서비스 질 낮음 • 대기비용의 내면화가 곤란
서비스 제공	수익지향주의, 서비스의 차별적 제공	공공성 강조, 보편적 서비스 강조

2. 구성요소

(1) EDPS(전자자료처리시스템)

컴퓨터에 의하여 복잡한 계산과 대량의 자료처리 등을 수행하는 시스템을 말한다.

(2) IPS(정보처리시스템)

조직의 단순 정보를 처리하는 시스템을 말한다.

(3) MIS(관리정보시스템)

거래처리시스템에서 만들어진 자료를 관리업무를 수행하는데 유용한 정보로 바꾸어주는 시스템이다. 정보처리체계를 경영관리의 효율화를 위하여 도입·활용하기 시작한 시스템이다.

(4) DSS(의사결정지원시스템)

상호대화 형식을 통하여 컴퓨터 비전문가인 최종사용자의 비일상적 의사결정을 지원하는 시스템을 말한다.

(5) ES(전문가 시스템)

인공지능에 의한 응용분야로서 전문가가 가지고 있는 전문지식을 컴퓨터에 입력하여 마치 전문가처럼 주어진 문제에 대해 추론을 통해 해답을 제시할 수 있는 시스템이다.

(6) IRM(정보자원관리)

정부 내 모든 정보자원의 소재를 파악하고 효율적으로 관리하는 활동으로 최근 정보기술아키텍쳐를 기반으로 하는 통합전산환경이 강조되고 있다.

(7) EDI(전자문서교환체제)

약속된 포맷을 이용하여 컴퓨터 간에 행정거래를 하는 것을 의미한다.

(8) CRM(고객관계관리)

고객에 대한 다양한 정보를 바탕으로 고객을 세분화하고 그에 따라 업무프로세스·조직·인력을 정비하여 체계적인 마케팅 전략을 수립·운용하는 전략을 의미한다.

3. 행정정보체계 운영상의 문제점

(1) 정보의 그레샴의 법칙

공개되는 공적정보시스템에는 상대적으로 가치가 적은 정보가 축적되는 반면, 사적정보체계에는 가치 있는 정보가 축적되는 현상을 말한다.

(2) 그로슈 법칙

컴퓨터에서 대규모의 경제법칙이 작용한다는 것으로, 일정한 비용으로 소형컴퓨터를 여러 대 운영하는 것보다 규모가 큰 컴퓨터를 한 대 구입하여 공동으로 이용하는 것이 훨씬 경제적이라는 컴퓨터의 규모의 경제를 말한다.

(3) 무어의 법칙

그로슈의 법칙을 뒤집은 법칙으로서 인텔의 공동 창립자인 무어(G. Moore)는 마이크로 칩의 처리능력은 18개월마다 2배로 증가한다고 주장하였다. 즉 컴퓨터가 작을수록 좋다는 것이다.

1. 전자정부

1. 의의

(1) 개념

① 전자정부란 정보기술을 이용하여 정부조직과 업무 및 시스템을 효율적으로 개혁하여 국민에게 각종 행정정보 및 행정서비스를 최상의 수단으로 제공하는 고객지향적인 열린 정부를 의미한다. 전자정부 추진의 목표는 국민을 위한 봉사의 향상이며 그 수단은 정보화와 정부조직의 리엔지니어링이다.

② 전자정부는 단순히 정보통신기술을 적용하여 효율성을 높이는 데 그치는 것이 아니라, 이를 통하여 고객지향적 행정서비스를 실현하고 더 나아가 전자민주주의를 지향하는 것이다. 따라서 전자정부는 민주성(시민만족 및 민주주의의 심화)과 능률성(업무 및 정책결정의 효율화)을 조화시키는 개념이다.

(2) 등장배경(이론적 측면)

① 기술결정론(효율성 모델) : 기술개발이 사회적 목적 달성의 핵심이 된다고 보는 시각으로서 정보기술의 발달이 전자정부 추진의 동인(動因)으로 작용한다고 본다.

② 사회결정론(민주성 모델) : 사회는 능동적으로 기술의 발달·활용에 개입하므로 국민의 의식수준 향상과 욕구증대, 민주적 행정의 요청 등과 같은 사회경제적 요인에 의하여 전자정부가 추진된다고 본다.

2. 전자정부의 지향

(1) 능률형 전자정부

① 의의 : 행정업무의 전자화를 통해 능률적으로 업무를 수행하는 정부이며, Red-tape를 지양하고, 불필요한 정부기관과 조직의 통·폐합과 축소를 지향한다.

② 구현수단 : 전자문서교환체제(EDI), 업무과정의 재설계(BPR), 인트라넷

(2) 서비스형 전자정부

① 의의 : 행정서비스 수혜자로서 국민에 대한 개별적인 행정서비스 활동을 중시하며, 정부기관뿐 아니라 주민과의 전자적 의사소통이 활성화되고, 상호작용이 가능한 온라인 서비스에 의한 다양하고 질 높은 행정서비스를 제공하는 정부이다.

② 구현수단 : 민원 24시, 1회 방문으로 처리하는 one-stop 서비스, 24시간 제공되는 non-stop 서비스, 민원서류자동발급기(Kiosk)

(3) 민주형 전자정부

① 의의 : 전자정부는 규칙의 준수보다는 결과에 대한 책임을 강조하며, 공무원으로 하여금 상황변화에 신속·능동적 대처를 할 수 있는 권한을 부여함으로써 행정조직의 분권화를 촉진하고, 국민이 정책과 정에 참여할 수 있는 정보공간의 확보와 보편적 접근을 보장한다.

② 구현수단 : 전자정보공개, 온라인 시민참여(전자공청회), 전자투표
③ 전자적 시민참여의 단계(UN)
　　㉠ 전자정보화(정보제공형 : e-Information) 단계 : 전자적 채널(정부웹사이트)을 통해 국민에게
　　　정보를 공개한 단계
　　㉡ 전자자문(협의형 : e-Consultation) 단계 : 시민과 선거직 공무원 간의 상호 의사소통과 환류
　　　(feedback)가 이루어지는 단계
　　㉢ 전자결정(정책결정형 : e-Decision) 단계 : 시민의 의견이 정부의 정책과정에 반영되는 단계

▶ **전자정부의 지향과 초점**

구 분	정 의	초 점	이념(기반)
능률형 전자정부	작고 효율적인 정부	국가 경쟁력과 정부 효율성 중시 공급자 중심/통제 지향	정부개입주의
서비스형 전자정부	고객지향적 열린 정부	정부 효율성과 서비스 질 중시 수요자 지향	시장주의
민주형 전자정부	성과중심의 열린 정부	참여와 신뢰성·투명성 중시 전자민주주의 지향	파트너십

3. 전자정부의 특징과 추진 과제

(1) 특징

① 정보통신기술에 바탕을 둔 정부 : 정보통신기술을 적극 활용하여 정보의 통합관리·공유·공개 및 공동이용을 도모함으로써 행정업무의 효율성을 높이고 정부정보에 대한 시민의 접근성을 강화하여 정부에 대한 시민의 신뢰성을 높이며 신속한 서비스를 가능하게 한다.
② 고객지향적 정부 : 공급자(기관) 중심에서 탈피하여 수요자(고객) 중심으로 행정서비스를 제공하며 행정서비스의 실질적 내용은 다양화되지만, 처리의 과정과 형식은 표준화·통합화된다.
③ 탈관료제 정부 : 전자정부는 경직성을 탈피한 신축적·분권적·적응적 정부로서 가상조직, 네트워크 조직, 임시체제 등의 속성이 강하게 나타난다.
④ 작지만 효율적인 정부 : 전자정부는 큰 정부의 비효율성을 극복하고 생산성을 높이기 위해 정보기술 집약화를 이룩한 작고 효율적인 정부로서 예산절감 및 생산성 증가로 행정서비스의 품질을 향상시키는 저비용·고성능의 정부이다.
⑤ 열린 정부 : 전자정부는 열린 정부로서 정부의 투명성과 대응성이 높아지고 시민의 대정부 접근성이 높아진다.
⑥ 통합지향적 정부 : 전자정부는 수평적·수직적으로 통합된 이음매 없는 정부이다. 전자정부는 대내적으로 전통적인 경계관념을 타파하고 대외적으로는 거버넌스 시스템을 형성함으로써 e-Governance(전자적 협치)를 구현한다.
⑦ 쇄신적 정부 : 전자정부는 문제해결 중심의 창의적이고 민첩한 정부이다. 전자정부는 변동지향적이며 집단적 학습을 강조하는 학습조직의 요건을 갖춘 정부이다.

(2) 추진 과제

① 일하는 방식 혁신 : 전자적 업무처리의 정착, 행정정보 공동이용 확대, 서비스중심의 업무재설계를 중심으로 추진하며, 이를 통해 종이문서방식에서 전자문서방식으로, 부서별 업무처리에서 서비스흐름별 업무처리로 전환을 시도한다.

② 대국민·대기업 서비스 혁신 : 대국민 서비스고도화와 대기업 서비스고도화, 전자적 국민참여 확대를 중심으로 추진함으로써, 대국민 서비스혁신에는 기관별 창구, 방문, 대면처리에서 단일창구, 무방문 온라인처리, 제한적 참여(여론조사 등)에서 전자적 참여확대(주민투표 등)를 시도하고 있다.

③ 정보자원관리 혁신 : 정보자원의 통합·표준화(자원관리에서 범정부적 통합관리로, 부문별 표준에서 공통표준 및 상호 연계강화로), 정보보호체계의 강화, 정보화 인력·조직의 전문화를 추진함으로써, 기관별·업무별 자원관리에서 범정부적 통합관리로, 부문별 표준에서 공통표준 및 상호연계를 강화하도록 한다.

④ 환경적 요소

㉠ 조직내부 및 사회·문화적 여건조성과 같은 환경요소가 충족되어야 한다. 이들 환경요소들은 이상에서 언급한 기본 요소들의 효과를 보강시켜 주는 요소로서 행정개혁, 정보공개, 문서감축, 전자서명 등을 포함한다.

㉡ 사회구성원 모두에게 정보통신 인프라에의 동등한 접근과 이용이 보장되어야 한다.

㉢ 정부 및 사회 전반의 정보공개 및 투명성이 확보되어야 한다.

㉣ 정보윤리(Ethics) 혹은 정보모랄(Moral)을 확보해야 한다.

❖ 전자정부의 역기능

① 인포데믹스(Infordemics) : 정보 확산으로 인한 부작용으로 추측이나 뜬소문이 덧붙여진 부정확한 정보가 인터넷이나 휴대전화를 통해 전염병처럼 빠르게 전파됨으로써 개인의 사생활 침해는 물론 경제, 정치, 안보 등에 치명적인영향을 미치는 것을 의미한다.

② 집단극화(Group polarization) : 집단의 의사결정이 개인의 의사결정보다 더 극단적인 방향으로 이행하는 현상을 의미한다.

③ 선택적 정보접촉(Selective exposure to information) : 정보의 범람 속에서 유리한 정보만을 선별적으로 취하는 행태를 말한다.

④ 정보격차(Digital divide) : 정보집근과 정보이용이 기능한 자와 그렇지 못한 자 사이에 경제적·사회적 격차가 심화되는 현상을 의미한다.

---

4. 우리나라의 전자정부

(1) 현황

① 제1차 행정전산망사업(1987년~1991년) : 6개 우선업무(주민등록관리, 부동산관리, 자동차관리, 고용관리, 통관관리, 경제통계)

② 제2차 행정전산망사업(1992년~1996년) : 7개 우선추진업무(우체국 종합서비스, 국민복지업무, 전자자료교환형 통관자동화, 산업재산권정보관리, 기상정보관리, 어선관리업무, 물품목록관리) 및 4대 정책업무(경제·통상업무, 농업기술정보, 환경보전, 국세종합관리)

③ 초고속정보통신망사업(1994년~2010년) : 초고속국가정보통신망(정부투자)과 초고속공중정보통신망(민간투자)

(2) 전자정부의 구현 및 운영 원칙

① 대민서비스의 전자화 및 국민편익의 증진의 원칙 : 대민서비스를 전자화하여 민원인의 업무처리과정에 시간과 노력이 최소화되도록 한다.

② 행정업무의 혁신 및 생산성·효율성의 향상의 원칙 : 업무처리과정을 전자적 처리에 적합하도록 혁신하여 생산성을 향상시킨다.

③ 정보시스템의 안전성·신뢰성의 확보의 원칙 : 보안시스템을 철저히 하여 정보시스템의 안전성·신뢰성을 확보한다.

④ 개인정보 및 사생활의 보호의 원칙 : 개인정보는 법령에서 정하는 경우를 제외하고는 당사자의 의사에 반하여 사용되어서는 안되며 개인의 사생활을 보장해야 한다.

⑤ 행정정보의 공개 및 공동이용의 확대의 원칙 : 행정정보는 인터넷을 통하여 적극 공개하고 행정기관은 행정정보를 다른 기관과 공동으로 이용한다.

⑥ 중복투자의 방지 및 상호 운용성 증진의 원칙 : 부처 간 소프트웨어 중복개발을 금지하고 비용절감을 위해 상호 운용한다.

⑦ 정보기술아키텍처를 기반으로 하는 전자정부 구현·운영의 원칙 : 행정기관 등은 전자정부의 구현·운영 및 발전을 추진할 때 정보기술아키텍처를 기반으로 하여야 한다.

⑧ 행정기관확인의 원칙 : 행정기관이 전자적으로 확인할 수 있는 사항은 민원인에게 제출하도록 요구하여서는 아니 된다.

⑨ 행정기관 보유의 개인정보를 당사자의사에 반하여 사용하는 것을 금지한다.

(3) 우리나라 전자행정서비스

① G2G(Government to Government) : 정부기관 간의 차원으로 각종 행정정보의 공유, 전자결재, 문서의 전자유통 등을 통하여 문서 없는(paperless) 행정을 실현함으로써 효율성을 극대화한다.
▷ 온-나라시스템(정부표준업무관리시스템), 인사정책지원시스템, 디지털 예산회계시스템

② G2C(Government to Citizen) : 정부의 대시민서비스 차원으로 민원처리의 온라인화, 주민등록·자동차·부동산 등 국가 주요 민원정보 데이터베이스의 공동활용체제의 구축으로 국민편의를 제공한다(구비서류 및 방문횟수의 최소화). ▷ 정부 24시, 국민신문고

③ G2B(Government to Business) : 정부의 대기업서비스 차원으로 정부와 기업 간 전자상거래방식의 적용 및 확산, 조달업무의 전자적 처리(입찰정보 및 전자입찰) 등을 통하여 효율성과 투명성을 향상시킨다. ▷ 전자조달 나라장터, 전자통관시스템

▶ 정부운영 패러다임의 변화

구분	정부1.0	정부2.0	정부3.0
운영방향	정부중심	국민중심	국민개개인중심
핵심가치	효율성	민주성	확장된 민주성
참여	관주도·동원방식	제한된 공개·참여	능동적 공개·참여 개방·공유·소통·협력
행정서비스	일방향 제공	양방향제공	양방향·맞춤형제공
수단	직접방문	인터넷	무선인터넷·스마트모바일

✤ 정부 3.0의 과제와 유비쿼터스

1. 정부 3.0의 의미와 10대 과제
   (1) 공공정보를 적극 개방·공유하고, 부처 간 칸막이를 없애고 소통·협력함으로써 국정과제에 대한 추진동력을 확보하고 국민 맞춤형 서비스를 제공함과 동시에 일자리 창출과 창조경제를 지원하는 새로운 정부운영 패러다임을 말한다.
   (2) 정부 3.0의 10대과제
      ① 공공정보 적극 공개로 국민의 알권리 충족
      ② 공공데이터의 민간 활용 활성화
      ③ 민·관 협치 강화
      ④ 정부 내 칸막이 해소
      ⑤ 협업·소통 지원을 위한 정부운영 시스템 개선
      ⑥ 빅데이터(크기, 다양성, 속도)를 활용한 과학적 행정 구현
      ⑦ 수요자 맞춤형 서비스 통합 제공
      ⑧ 창업 및 기업활동 원스톱 지원 강화
      ⑨ 정보 취약계층의 서비스 접근성 제고
      ⑩ 새로운 정보기술을 활용한 맞춤형 서비스 창출
2. 유비쿼터스
   (1) 의의 : 유비쿼터스(Ubiqutous)는 컴퓨터, 전자장비, 센서·칩 등의 전자공간이 종이, 사람, 집 및 자동차 등의 물리적 장소에 네트워크로 통합되어 사용자가 언제, 어디서, 어떠한 기기든지 상관없이 네트워크에 접속할 수 있는 정보통신 환경을 말한다.
   (2) 특징
      ① 정보화 영역이 확대되어 생활공간 속의 사물(생활기기·가전기기·주방기기·자동차·사무용품·식품·장난감·화분 등)들까지 지능화·네트워크화 되어 언제 어디서나 보이지 않게 사용자를 지원한다.
      ② 보이지 않게 사물에 심어진 센서·칩·라벨은 사용자의 의식적인 명령뿐만 아니라 의도까지 반영하기 위해 주변 환경의 상황 정보는 물론이고 사용자의 상황 정보도 언제 어디서나 실시간에 연속적으로 인식·추적·통신한다.
      ③ 현재의 유선 인터넷과 웹 기술을 넘어 무선 인터넷과 증강현실(Augmented reality) 기술을 활용해 실감형 정보를 현실세계에 증강한다.
      ④ 사용자는 PDA 같은 이동형 정보장치를 넘어 입는 컴퓨터와 같은 다양한 유형의 차세대 휴대기기를 사용한다.

(3) 공공부문에의 도입 : 최근 민간부문뿐만 아니라 공공부문에서도 유선인터넷에 집중하였던 전자정부의 형태와 서비스를 획기적으로 변화시킬 수 있는 개념으로 등장하기에 이르렀으며, 유비쿼터스 컴퓨팅 및 네트워킹 기술을 활용하여 국가를 구성하는 모든 국민, 기업, 정부의 기능과 역할을 지능화시켜 국가경쟁력을 향상시키고, 나아가서는 국민의 삶의 질을 혁신적으로 개선시킬 수 있는 비전을 담는 '새로운 국가, 기업의 경영정책과 전략'으로까지 확대되고 있다.

2. 지식관리와 지식정부

1. 지식관리

(1) 개념

단순히 나열되고 파편화된 사실을 자료라 하고, 이러한 자료를 의미 있게 처리한 것을 정보라 했을 때, 일정한 목적에 유용한 정보, 즉 정보에 Knowwhy(목적), Knowhow(방법)가 가미된 것을 지식이라 하고 이러한 지식을 효과적으로 관리하기 위한 방식을 지식관리(Knowledge management)라 한다.

(2) 필요성

① 공급적 측면 : 많은 양의 데이터(Data)와 정보의 적실성이 있고 효과적인 관리가 중요해졌음을 인식하게 되었다.

② 수요적 측면 : 국민경제가 발전하고 국민의 교육수준이 향상됨에 따라 국민의 요구수준도 나날이 증가하고 이렇게 계속해서 증가되어가고 있는 국민의 욕구에 부응하기 위해 정보기술의 발전이 함께 요구되게 되었으며 아울러 지식의 관리도 중요하게 인식하게 되었다.

(3) 주요내용

① 지식의 의미 : 지식은 문제를 찾고 해결할 수 있는 유의미한 정보로서 일반정보에 의미나 부가가치를 부여한 것이다. 또한 지식은 일반정보를 종합적이고 능동적으로 사고하고, 판단, 가공하여 축적되는 의사결정과 행동의 기준이 된다. 세계은행은 지식이 행동에 활용되는 측면을 중시하여 문제를 인식하고 해결할 수 있는 실천적 능력으로 정의하고 있다. 이러한 지식은 개방성과 보편성 그리고 실용성을 지녀야 한다. 이런 지식은 곧 열린 지식, 보편적 지식, 실용적 지식이 되는 것이다.

② 지식의 특성 : 지식은 공공재로서의 특성을 지니고 있는 바 비배제성, 비경합성, 시간·공간적 무제한성, 쌍방향성을 가지고 있다. 다만 경우에 따라서 지적재산권의 보호차원에서 비배제성이 제한되는 경우도 있다.

③ 지식의 종류

㉠ 암묵지(Tacit knowledge) : 어떤 유형이나 규칙으로 표현하기 어려운 주관적이고 내재적인 지식을 말하며 개인이나 조직의 경험, 이미지 혹은 숙련된 기능, 조직문화 등의 형태로 존재한다.

㉡ 형식지(Explicit knowledge) : 누구나 이해 또는 전달할 수 있는 객관적 지식이며 문서, 규정, 매뉴얼, 공식, 컴퓨터 프로그램 등의 형태로 표현될 수 있다.

ⓒ 개인지(Personal knowledge) : 개인이 소유하는 지식이기 때문에 그 내용이 주관적이고 타인에게 공유되지 못한 지식을 개인지라 하고 암묵지와 일맥상통하는 면이 있다.

ⓔ 조직지(Official knowledge) : 개인이 소유하던 지식이 조직차원으로 발전하여 객관적이며 조직원 모두가 공유 가능한 지식을 조직지라 하며 형식지와 일맥상통한다.

▶ 지식변환의 4가지 유형

구분	암묵지식으로	형식지식으로
암묵지식에서	ⓐ 사회화(공동화) → 개인의 암묵지식을 경험을 통해 다른 사람의 암묵지식으로 전환(도예기술)	ⓑ 외재화(표출화) → 암묵지식을 언어로서 형식지식으로 전환 (운전기술을 매뉴얼로 전환)
형식지식에서	ⓓ 내재화(내면화) → 형식지식을 개인의 암묵지식으로 전환 (매뉴얼을 통해 기술습득)	ⓒ 조합화(연결화) → 형식지식을 다른 형식지식으로 이전 및 복합(통계자료에서 요약서 작성)

④ 지식관리의 방식

㉠ 지식의 형성 : 아직 지식으로 형성되지 못한 다양한 자료, 정보 등을 Data Warehouse, Data base management system 등의 정보시스템 방식을 활용하여 체계적으로 저장 관리하여 지식형성의 기반을 마련하고, On Line Analytical Processing, Data Mining 등을 통해 지식을 형성한다.

㉡ 형성된 지식의 관리 : 지식은 개인지 또는 암묵지의 형태로 존재하는바 이를 조직원 모두에게 공유·활용하기 위해서는 조직지와 형식지의 형태로 변형·관리하는 것이 필요하다(암묵지의 형식지화). 변형된 조직지와 형식지의 활용 과정에서 또 다시 새로운 개인지와 암묵지가 발생하고 또 이러한 지식을 조직지와 형식지화 하는 것이 요구된다(형식지의 암묵지화). 즉 개인지와 조직지, 암묵지와 형식지가 반복되는 과정에서 지식의 자기증식을 유도하는 것이 요구되는데, 이러한 지식관리방식이 나선형 지식관리방식이다.

▶ 기존 행정관리와 지식관리

구 분	관료제하의 기존 행정관리	지식정부하의 지식관리
구성원 능력	조직구성원의 기량과 경험이 일과성으로 소모	개인의 전문적 자질 향상
지식 공유	조직 내 정보 및 지식의 분절, 파편화	공유를 통한 지식가치 향상 및 확대재생산
지식 소유	지식의 개인 사유화	지식의 공동재산화
지식 활용	정보·지식의 중복 활용(공유하지 않고 개인별 지식의 각자 창출과 활용)	정보·지식의 공유 활용을 통한 조직의 업무능력 향상(조직적 지식의 창출과 활용)
조직 성격	계층제적 조직	학습조직 기반 구축

2. 지식정부

(1) 의의

① 연성이 강조되는 지식사회에 부응하는 거버넌스의 양태로서 지식정부란 사회구성체들 간 지식의 보유·활용·학습·공유 등을 통해 지식배양(Knowledge cultivating)을 촉진하는 국가를 의미한다.

② 정부, 기업, 개인 등 개별 주체가 능동적으로 지식을 창조·활용하며, 주체들의 지식활동이 유기적으로 연계되며, 지식이 국가 안에서 뿐만 아니라 타 국가와의 상호작용 하에 창조, 활용, 학습, 축적, 공유된다. 축적된 지식이 풍부하고 지식활동을 지원하는 인프라(제도, 가치, 문화 등)가 정비된 상태를 말한다.

(2) 특징

① 지식정부는 대내적으로는 문제해결능력, 미래예측능력, 성찰력, 그리고 성과능력을 극대화한 정부이다. 대외적으로는 유연성, 투명성, 연계성, 그리고 혁신성을 띤다.

② 지식정부는 지식의 공유를 바탕으로 투명성, 접근성, 학습을 그 특징으로 한다.

▶ 기존정부와 지식정부

구분	기존정부	지식정부
지향점	내부지향	외부지향
정책수단	규제와 권한에 기초	지식에 기반
정책목표	고객이 불분명한 효율성	고객만족을 위한 효과성
주요지식	자원과 투입에 관한 지식	과정과 산출에 관한 지식
조직구조	관료적 피라밋 구조	유기적 플랫 구조
정책결정방식	Top-down	Middle-up & down

(3) 역할

① 지식사회에서 정부역할은 기업과 국민의 경쟁력을 강화시키는 후원자로서 국가 지식자본을 효율적으로 활용하여 지식경쟁력을 제고하도록 노력하는 것이다.

② 정부는 조정자 역할을 수행해야 한다. 여기에는 정책의 자원 배분적 역할과, 정책대상집단 등 관련 당사자 간의 갈등·대립의 완화와 이익대립을 원활하게 통합하고 조화롭게 조정하는 역할이 해당된다.

③ 재창조자(Reinventor) 역할을 지속해야 한다. 정부가 지능적이고 효율적으로 잘 작동하게 하기 위해서는 정부의 불필요한 기능을 과감히 없애고, 고객인 기업과 국민에게 민감하게 반응할 수 있는 대응기구를 최적의 규모로 설치해야 한다.

(4) 지식정부 구축을 위한 방안

① 인프라 및 법·제도적 환경의 정비 : 정부는 사회간접자본 확충과 이용환경개선, 인력양성, 규제완화에 중점을 두어야 한다.

② 인사·조직체계의 유연성 확보 : 인적자원관리에 있어서 인간에 대한 투자 및 신지식공무원의 육성이 요구되고, 유연한 지식조직으로의 모색이 요구되며, 업무프로세스의 혁신이 병행되어야 한다.

③ 행정조직문화의 개혁 : 연성적이며 상호협조적인 팀문화를 활성화하고, 지식창출·공유·확산의 지식마인드와 권한이양의 결합으로 책임주의와 성과지향적 조직문화를 정립해야 한다.

④ 행정의 통합성 확보 : 시스템구축에 있어서 통합·연계성을 확보한다.

✤ 4차 산업혁명

(1) 의의

① 사물인터넷, 빅데이터, 인공지능, 사이버 물리시스템 등의 핵심기술을 통한 초연결형·초지능형 자동화 시대로의 사회변혁

② 3차 산업혁명(정보혁명)을 기반으로 물리적 ┌가상적 ┌생물학적 영역의 융합을 통해 사이버 물리시스템(Cyber–Physical Sysrem)을 구축하는 것으로 2016.1 다보스포럼에서 클라우스 슈밥(K.Schwab)에 의하여 처음 사용

(2) 특징

① 초연결성 : 사람–사람, 사물–사물, 사람–사물 등 인간생활의 모든 영역을 연결(사물인터넷)

② 초지능성 : 방대한 빅데이터 분석으로 인간생활의 패턴 파악

③ 초예측성 : 초연결성 ┌초지능성을 토대로 미래를 정확히 예측

④ 정보 및 분석기술의 발달 : 의사결정의 분권화 촉진

⑤ 시민참여의 확대 : 직접민주주의 가능성 제고

> **빅데이터·사이버 물리 시스템·유비쿼터스**
>
> ① 빅데이터 : 빅데이터는 기존의 기업환경에서 사용되는 '정형화된 데이터'는 물론 메타 정보와 센서 데이터, 공정제어 데이터 등 미처 활용하지 못하고 있는 '반정형화된 데이터', 여기에 사진과 이미지와 같은 멀티미디어 데이터인 '비정형 데이터'를 모두 포함하며 ⊙ 초대용량의 데이터양(volume), ⓛ 다양한 형태(variety), ⓒ 빠른 생성속도(velocity)의 특징을 지닌다.
>
> ② 사이버 물리 시스템(cyber–physical system) : 물리적인 실제의 시스템과 사이버공간의 소프트웨어 및 주변 환경을 실시간으로 통합하는 시스템
>
> ③ 유비쿼터스(Ubiqutous) : 컴퓨터, 전자장비, 센서·칩 등의 전자공간이 종이, 사람, 집 및 자동차 등의 물리적 장소에 네트워크로 통합되어 사용자가 언제, 어디서, 어떠한 기기든지 상관없이 네트워크에 접속할 수 있는 차세대 정보통신환경을 의미하며, 개개인의 수요에 맞는 맞춤형 서비스를 제공한다.

PUBLIC
ADMINISTRATION

PUBLIC ADMINISTRATION

출제율 10~15%

지금까지 여러분들이 공부했던 앞단원은 국가행정을 중심으로 한 내용이었다면, 이 단원은 지방자치단체의 활동과 역할을 중심으로 설명이 이루어진다.

특히 지방직 시험에서는 3~4문항 정도 출제되므로 이 단원의 기본 이론과 더불어 최근에 전면 개정된 지방자치법의 중요내용들을 정리해 두는 것이 필요하다.

1장은 지방자치의 본질과 지방자치제도를, 2장은 지방차치단체와 지방자치단체의 사무에 대하여, 3장은 지방재정, 국가와 지방자치단체와의 관계에 대하여 설명한다.

제 **07** 편

지방행정론

1. 지방행정의 의의

1. 개념

(1) 광의(일반적 의미)

행정주체를 불문하고 일정한 지역 내에서 주민복지의 증진을 위하여 행하는 일체의 행정을 말한다. 여기에는 주민에 의한 자치행정, 국가기관의 지방자치단체에 대한 위임행정, 국가기 지방에서 직접 집행하는 관치행정이 모두 포함된다.

(2) 협의

일정한 지역 내에서 행해지는 행정 가운데 지방자치단체에 의한 행정을 의미한다. 자치행정과 위임행정을 의미하며, 관치행정은 제외된다.

(3) 최협의

지방자치단체가 주민들의 의사와 책임 하에 스스로 또는 대표자를 통해 처리하는 행정을 의미한다. 자치행정만을 의미하는 것으로 지방자치의 개념과 동일하다.

2. 특징과 이념

(1) 특징

① 지역행정 : 국가행정이 전국을 단위로 통일적·획일적으로 실시하는 행정인 반면, 지방행정은 일정한 지역을 단위로 개별적·다원적으로 실시하는 행정이다.

② 일선(대화)행정 : 지역주민들과 직접 접촉하면서 주민들의 의견을 수렴하고 이를 바탕으로 정책을 결정하고 집행하는 행정을 의미한다.

③ 생활행정 : 지방행정은 주택, 보건, 상하수도, 청소, 도로교통, 사회복지 등 주민들의 일상생활과 직접 관련되는 사무와 지방주민들의 복지증진에 관한 사무를 처리한다.

④ 자치행정 : 법인격을 가진 지방자치단체가 지역주민이나 그 대표자의 의사와 책임 하에 지방사무를 자주적·자율적으로 처리하는 행정을 의미한다.

⑤ 종합행정 : 국가행정은 각 부처마다 업무와 기능이 전문화된 기능별·분야별 행정이지만, 지방행정은 지역 내의 모든 행정수요에 대응하여 종합적으로 수행된다.

⑥ 비권력적 행정 : 국가행정은 권력적 행정분야가 많은 반면에 지방행정은 주민생활의 편익 도모, 서비스 제공, 기본수요의 충족, 복지증진 등과 같은 비권력적 행정분야를 많이 수행한다.

⑦ 집행적 행정 : 중앙정부가 계획의 수립과 통제기능을 주로 하는 반면, 지방정부는 집행기능을 주로 수행한다.

(2) 이념

① 지방행정의 민주성 : 지방행정은 행정과정의 민주화를 통해 주민의 의사를 반영함으로써 지역주민에게 책임을 지는 행정을 수행해야 한다.

② 지방행정의 능률성 : 지방행정은 주민이 부담하는 지방세를 보다 능률적으로 사용해야 한다.

③ 지방행정의 합법성과 대응성 : 지방행정도 법에 의한 행정과 시민요구에 대응하는 행정을 수행해야 한다.

2. 중앙집권과 지방분권

1. 의의

(1) 개념

① 집권 : 의사결정권이 중앙정부와 상위계층에 집중되어 지방자치단체의 자주성·독립성이 제약되어 있는 경우를 의미한다.

② 분권 : 의사결정권이 지방자치단체에 분산되어 지방자치단체의 자주성·독립성이 보장되어 있는 경우를 의미한다.

(2) 집권과 분권의 유형

① 행정상 집권과 분권 : 조직 상하 간의 권한집중과 위임정도를 의미한다.

② 정치상 집권과 분권 : 중앙정부에의 권한집중인 중앙집권과 지방정부로의 권한분산인 지방분권의 개념을 의미 한다.

▶ **중앙집권·지방분권의 역사적 전개**

구 분	16~18C	19C	20C	1980~
국가성격	절대군주국가	근대입법국가	행정국가	신행정국가
집권과 분권	중앙집권	지방분권	신중앙집권	신지방분권
집권·분권의 성격	정치적 집권	정치적 분권	행정적 집권	행정적 분권
지방자치	지방자치의 부정	지방자치의 발달 (영미 : 주민자치, 대륙 : 단체자치)	지방자치의 위기	지방자치의 발달
이념적 배경	중상주의(개입주의)	자유방임주의	케인즈 경제학	신자유주의
강조점	능률성	민주성	능률성과 민주성의 조화	세계화와 지방화

2. 장·단점

(1) 중앙집권의 장·단점

① 장점 – 능률성 제고

㉠ 정책의 통일성

㉡ 정책의 안정성과 강력성(일단 정해진 방침을 계속 강력하게 추진)

㉢ 행정의 능률성(규모의 경제, 훈련된 관료제, 기계적 능률 등)

㉣ 행정의 전문성(각 부처별로 전문적인 행정)

㉤ 대규모적 사업(광역적인 행정수요에 부응)

㉥ 국가적 위기대응 능력의 제고

㉦ 부분의 이익을 초월한 전체의 이익 도모 및 분열분산의 경향 억제

② 단점 – 획일적 행정과 민주주의 저해

㉠ 행정수요의 지방적 특수성 무시와 획일행정의 폐단 초래

㉡ 자치단체의 창의성 약화

㉢ 주민의 자력에 의한 지역개발의욕 감퇴

㉣ 중앙부처에 의한 감독계통의 다원화로 지방행정의 종합적 처리 저해

㉤ 중앙정부의 행정적 부담의 과중에 따른 국가 전체적인 능률저하 초래

㉥ 주민의 정치훈련 경험기회 박탈로 민주주의 장애

㉦ 지방공기업의 설립 및 경영 곤란으로 지방재정력 약화

(2) 지방분권의 장·단점

① 장점 – 민주성 제고

㉠ 지역실정에의 적합성(지역의 특수성을 감안)

㉡ 민의에 의한 정치로 책임행정 구현 및 행정의 민주화(주민에의 대응성 제고, 풀뿌리 민주주의 구현)

㉢ 사회적 능률(인간의 존엄성·지역사회 발전·장기적 안목에서의 효과성 등)

㉣ 정책의 지역적 실험(자치단체별로 실시하는 특정한 정책의 장단점을 분석함으로써 시행착오를 줄이고 국가 전체에 적용)

㉤ 행정업무 처리의 신속성 확보(현장에서 의사결정이 이루어지므로 중앙집권적 행정보다 업무처리 과정이 짧고 속도가 빨라짐)

㉥ 주민의 자발적 지역개발 촉진

㉦ 지방공무원의 능력발전과 지방정부의 자치역량 및 책임의식 제고

② 단점 – 능률성 저하

㉠ 거시적 차원에서 능률성 저하

㉡ 전국적인 통일성 저해

㉢ 중앙과 지방 간 행정사무의 중복

  ⓔ 행정의 전문화 곤란

  ⓜ 국민전체의 복지향상을 위한 국가전체적 차원의 사회입법 곤란

  ⓗ 대규모사업 추진 곤란(광역적 행정수요에 부적합)

  ⓢ 외부효과를 유발하는 행정사무 처리 곤란

✿ 중앙집권과 지방분권의 측정지표

(1) 특별지방행정기관의 종류와 수 : 그 수가 많으면 중앙집권적이다.

(2) 지방자치단체 중요 직위의 선임방식 : 중앙에 의한 임명은 중앙집권적이다.

(3) 국가공무원과 지방공무원 수의 대비 : 국가공무원의 수가 많으면 중앙집권적이다.

(4) 국가재정의 총규모와 지방재정의 총규모 : 국가재정의 비중이 더 크거나 지방세보다 국세의 비중이 크면 중앙집권적이다.

(5) 지방자치단체의 예산편성·집행 및 회계에 대한 중앙정부의 통제의 폭과 빈도 : 중앙정부의 통제강도와 빈도가 높으면 중앙집권적이다.

(6) 지방자치단체의 사무구성 비율 : 위임사무의 비중이 많거나 위임사무 중에서도 기관위임사무의 비중이 많으면 중앙집권적이다.

(7) 민원사무의 배분비율 : 중앙정부가 민원사무의 상당부분을 관장하는 경우라면 중앙집권적이다.

---

3. 신중앙집권화와 신지방분권화

1. 신중앙집권

(1) 의의

 ① 20C 행정국가 현상이 나타남에 따라 오랫동안 지방자치가 발달되어 온 영미에서 팽창하는 행정수요와 행정능률 향상의 요청, 복지국가의 실현, 현대적 지방자치제도 개편 등에 따라 중앙정부의 역할과 권한이 점차 증대되고 유럽대륙의 단체자치 요소가 도입되면서 새롭게 대두된 중앙집권형태이다.

 ② 중앙집권의 능률성과 지방분권의 민주성을 조화시키며 지방자치의 민주적 통제를 부인하지 않는다는 점에서 지방분권을 무시한 절대군주국가의 중앙집권과 다르다.

(2) 성격

 ① 중앙정부는 행정계획의 수립 및 사후통제 기능을 담당하고 지방정부는 구체적 실행을 담당함으로써 기능적 협력관계를 유지한다.

 ② 능률성과 민주성의 조화를 중시한다.

 ③ 과거의 중앙집권은 권력적·수직적·지배적·후견적 집권성을 띠었으나 신중앙집권화는 사회적·비권력적·지도적·협력적·수평적·기술적 집권성을 띤다.

 ④ 의회와 중앙정부가 지방보다 지식과 이해력이 우월하므로 권력은 분산하되, 지식과 기술은 집중한다.

(3) 촉진요인

① 행정국가화현상의 심화 : 행정사무의 양적 증대와 질적 전문성의 확대는 지방정부에게 많은 어려움을 가져다 주었고, 이에 새로운 형태의 중앙집권현상이 등장하였다.

② 국민적 최저수준의 유지 필요성 : 경제력과 세원의 편재로 지역 간 경제적·사회적 격차(불균형)가 커짐에 따라 이를 국가 전체의 입장에서 조정함으로써 국민적 최저수준(National minimum)이 유지되도록 하기 위하여 중앙정부의 관여가 확대되었다.

③ 정보통신 및 교통 수단의 발달 : 중앙과 지방간의 거리단축, 행정적 공간의 축소(신속한 의사소통), 즉각적인 지시·통제가 가능해짐에 따라 중앙정부의 권한이 강화되었다.

④ 국제정세의 불안정과 긴장고조 : 세계대전이 종식되고 난 후 세계는 자유진영과 공산진영으로 나뉘어져 오늘날까지 국제긴장이 지속되고 있다.

⑤ 국민생활의 확대와 전국적 차원에서 경제적 규제의 필요성 증가 : 교통 수단의 발달로 지역 간 인구이동 활발, 대량생산·대량소비 등으로 문제의 전국화 현상으로 전국적·광역적 해결의 필요성이 증대되었다.

⑥ 과학기술의 발달 : 행정사무처리의 신속화·과학화, 각종 행정통계의 집중관리, 고도의 과학·기술과 지식의 활용 등에 있어서 중앙정부의 집중관리가 요구되었다.

⑦ 공공재정의 역할 증대 : 물가안정, 고용증대, 국제수지 개선, 경제성장 등을 위해서는 국가적 차원에서 공공재정의 계획적 운영이 요구되었다.

(4) 양태(최창호)

① 사무의 상향적 흡수(기초자치단체 ➡ 광역자치단체 ➡ 국가사무)

② 공동소관적 사무의 증대

③ 국가직속기관의 증설(일선기관인 특별지방행정기관)

④ 위임사무의 증대(고유사무 < 위임사무)

⑤ 중앙계획기능의 확대

⑥ 중앙통제의 강화(자치단체 현황보고와 시정조치 및 행정감사, 재정 및 인사통제, 인허가 사무의 설정, 행정규칙과 행정명령의 시달, 대집행)

⑦ 자치구역의 확대지향적 재편성(소규모 자치단체의 통폐합, 중소도시와 주변부의 통합, 광역행정체제의 발전 등)

2. 신지방분권

(1) 의의

① 신지방분권이란 오랫동안 중앙집권적 체제를 유지해 온 프랑스 등 유럽 대륙에서 새롭게 대두된 지방분권으로서, 1980년대 신자유주의를 이념적 배경으로 세계화와 지방화가 동시에 강조되면서 전 세계적으로 더욱 강화되고 있는 추세이다.

② 신지방분권은 중앙집권을 전적으로 배척하는 절대적 지방분권이 아니라, 지방에 대한 중앙정부의 지도와 협력을 인정하고 국가발전을 위한 지방정부의 동참이라는 시대적 요청에 부응해 나가는 상대적, 협조적 지방분권이다.

(2) 성격

① 신중앙집권과 신지방분권은 상호배타적인 개념이 아니라, 능률성과 민주성을 조화시키려 한다는 점에서 상호보완적인 개념이다.

② 신지방분권은 중앙과 지방 간의 병립적 대등관계, 국민생활업무의 자치단체 배분 등 중앙과 지방 간 기능분담의 합리적 조정·재정비, 국가정책에 대한 자치단체의 참여(국정에 대한 지방정부의 참정권 강화) 및 국가정책의 공동결정과 협력 강화(▷ 리우선언과 지방의제 21), 지방정부에 대한 중앙정부의 행·재정적 지원, 지방정부의 자율혁신과 자치역량 제고, 자치단체 상호 간 협력 증대 등을 특징으로 한다.

(3) 촉진요인

① 중앙집권의 폐해 : 국가의 과중한 업무와 지방자치단체의 의존성 심화는 신지방분권을 주장하는 계기가 되었다.

② 국제화·세계화 : 국가보호의 철폐, 문호의 개방, 세계시장에의 참여와 경쟁은 중앙정부가 해오던 기술지원 및 재정지원정책을 지방정부가 대신 하도록 하는 등 중앙정부의 권한을 지방정부에게 이양하고 지방정부는 국가의 지침과 지원을 기다리지 않고 직접 시행함으로써 신지방분권화가 촉진되었다.

③ 정보화의 진전 : 정보통신기술의 발달은 재택근무의 보편화로 지역사회의 정주를 가능케 하였을 뿐만 아니라 지방정부의 정보처리능력을 향상시켜 신지방분권화를 촉진하였다.

④ 다양화, 특수화, 전문화의 추구 : 생산 및 공급방식에 있어서 대량화·표준화·획일화·집중화 등에 대하여 개별화·전문화·다양화·특수화·분권화 등이 중시되는 시대로의 이행은 신지방분권화를 촉진하는 계기가 되었다.

1. 의의

1. 개념

지방자치란 일정한 지역의 주민들이 지방자치단체를 형성하여 그 지역의 문제를 스스로 또는 대표기관을 통하여 처리하는 활동과정을 말한다.

2. 구성요소

(1) 구역

지방정부의 자치권이 일반적으로 미치는 지역적 범위를 의미한다.

(2) 주민

참정권을 행사하고 자치비용을 부담하는 인적 구성요소인 동시에 지방자치단체 운영의 주체이다.

(3) 자치권

지역사무를 자주적으로 처리하기 위한 자주적인 통치권을 의미한다.

(4) 자치기구

집행기관(자치단체의 장)과 의결기관(지방의회)으로 구성된다.

(5) 사무

고유사무와 위임사무(단체위임사무와 기관위임사무)로 구분한다.

2. 필요성과 한계

1. 필요성

(1) 정치적 필요성

① 민주주의 실천원리
② 민주주의 훈련장
③ 전제정치에 대한 방어기능
④ 정국혼란 방지
⑤ 대의민주주의의 한계 극복 등

(2) 행정적 필요성

① 주민참여를 통한 행정통제와 민주화 촉진

② 지역적 실험을 통한 다양한 정책경험

③ 행정의 기능적 분화

④ 종합행정 구현

⑤ 지역실정에 적합한 행정의 구현

⑥ 지방공무원의 사기진작과 능력발전 등

(3) 사회·경제적 필요성

① 실질적인 경제·사회개발의 촉진

② 지역주민의 자주의식 함양

③ 사회계층 간 갈등해소

④ 인적·물적 자원의 집중화 방지

⑤ 다원적 사회의 형성

⑥ 지방문화의 육성·발전 등

2. 한계

(1) 지역주의와 배타성, 지역이기주의로 인한 갈등을 야기하고 국론통합을 저해한다.

(2) 행정적으로 낭비와 비능률을 초래한다.

(3) 경제적 측면에서 규모의 경제 실현을 저해한다.

3. 유형과 특징비교

1. 유형

(1) 단체자치(대륙형)

국가로부터 전래된 자치권을 토대로 국가와 자치단체와의 관계에 중점을 두는 자치제도로서, 지방자치를 국가로부터 독립된 법인격을 가진 단체에 의하여 자치가 운영되는 형태이다. 국가와는 별개의 법인격을 갖는 지방자치단체의 존재를 인정하고 지방적 사무는 가능한 한, 국가의 관여 없이 지방자치단체로 하여금 처리하게 하는 방식이다(대외적 자치).

(2) 주민자치(영미형)

자연적·천부적 권리인 자치권을 토대로 지방정부와 주민의 관계에 중점을 두는 자치제도로서, 지방자치를 중앙 및 지방의 모든 사무를 주민 자신이 참여하여 자주적으로 처리하는 행정으로 보기 때문에 풀뿌리 민주주의와 관련된다(대내적 자치).

2. 주민자치와 단체자치의 비교

구분	주민자치	단체자치
자치의 의미	정치적 의미(민주주의 사상)	법률적 의미(지방분권 사상)
자치권의 인식	자연법상의 천부적 권리(고유권설)	실정법상 국가에 의해 주어진 권리(전래권설)
자치권의 중점	지방자치단체와 주민과의 관계 (주민참여에 초점)	지방자치단체와 중앙정부와의 관계 (사무배분에 초점)
자치권의 범위	광범	협소
권한배분의 방식	개별적 지정주의	포괄적 위임주의
중앙통제의 방식	입법적·사법적 통제	행정적 통제
지방정부의 형태	기관통합형(의결기관 우월주의)	기관대립형(집행기관 우월주의)
사무구분	자치사무와 국가위임사무 비 구분(위임사무 부존재)	자치사무와 국가위임사무 구분
조세제도	독립세(자치단체가 과세주체)	부가세(국가가 과세주체)
중앙·지방간 관계	기능적 협력관계	권력적 감독관계
주요 국가	영국, 미국 등	독일, 프랑스 등 대륙계 국가

3. 양자의 상호접근

2차 세계대전이후 양 제도는 상호 접근해 왔으며 모든 국가는 지방자치를 실시함에 있어 그 나라의 특수성과 현실적 필요를 감안하여 양 제도의 요소와 특징을 혼합·채택하기에 이르렀다. 우리나라는 최근 개정된 (2020년 12월) 지방자치법 목적에 주민의 지방자치행정 참여에 관한 사항을 추가하여 주민자치 원리를 강화하였다.

> **✤ 우리나라 지방자치의 전개과정**
>
> (1) 제1공화국
> ① 1949년 지방자치법 제정
> ② 정국불안과 6·25동란으로 1952년에 지방의회 구성
> ③ 의원은 직선, 자치단체장은 간선 또는 임명
>
> (2) 제2공화국
> ① 자치권을 광범위하게 인정하는 주민자치형의 법적근거 마련
> ② 의원 및 자치단체장 민선(임기4년)
> ③ 단체장에 대한 불신임 의결 및 의회해산권 인정
>
> (3) 제3공화국(5·16 혁명기)
> ① 지방자치에 관한 임시조치법의 제정
> ② 지방자치 중단 : 지방의회해산, 자치단체의 장은 국가가 임명
>
> (4) 제4공화국
> 지방의회는 조국통일이 이루어질 때까지 구성하고 아니한다고 헌법부칙에 규정

(5) 제5공화국

지방의회는 재정자립도를 감안하여 순차적으로 구성한다고 헌법부칙에 규정

(6) 노태우 정부

① 의회구성시한을 헌법부칙에 규정치 아니하고 대신 지방자치법에서 1991. 6. 30일 까지 지방의회구성(선거 실시), 1992. 6. 30까지 자치단체장 선출토록 규정(실시되지 않음)

② 지방자치에 관한 임시조치법 폐지

(7) 김영삼 정부

① 공직선거 및 선거부정방지법 제정

㉠ 자치단체장 및 지방의회 의원 : 주민이 직접 선출

㉡ 임기 4년

㉢ 의회의원 및 자치단체장 동시선거일 : 임기만료 60일전 첫 번째 목요일

② 지방자치단체장 선거 : 1995. 6. 27

(8) 김대중 정부

중앙행정권한의 지방이양 촉진 등에 관한 법률제정

(9) 노무현 정부

지방분권특별법 제정 - 정부혁신지방분권위원회 설치

(10) 이명박 정부

지방분권촉진에 관한 특별법 제정 - 지방분권촉진위원회 설치

(11) 박근혜 정부

지방분권 및 지방행정체제 개편에 관한 특별법 제정 - 지방자치발전위원회설치

(12) 문재인 정부

지방분권 및 지방행정체제개편에 관한 특별법 제정 - 자치분권위원회설치

1. 지방자치단체의 조직

1. 의의

(1) 개념

① 지방자치단체란 '국가 내의 일정한 지역적 범위를 관할구역으로 하여 그 구역의 주민들에 의해 선출된 기관이 국가로부터 상대적으로 독립된 지위에서 주민의 복리에 관한 사무를 자주적으로 처리하는 법인격이 있는 공공단체'를 말한다.

② 지방자치단체로 성립하기 위해서는 장소적 요건으로서 구역, 인적요건으로서의 주민, 법적 요건으로서의 자치권을 구비하여야 한다.

(2) 특성

① 독립된 법인

국가와는 별개의 독자적인 권리와 의무의 주체임을 의미한다.

② 공법인

지역의 공공사무를 처리하기 위해 설립된 공공단체이다.

③ 지역 단체

일정한 지역 내의 공공문제를 주민들이 자치적으로 처리하기 위한 지역단체이다.

④ 통치단체

일정한 지역 안에서 통치권 내지 지배권을 행사하는 단체이다.

⑤ 헌법상 기관

헌법의 의해서 그 권능을 보장받는 기관이다.

2. 종류

(1) 일반지방자치단체

① 광역자치단체

㉠ 특성

ⓐ 광역자치단체에는 특별시, 광역시, 도, 제주특별자치도, 세종특별자치시가 있다.

ⓑ 광역자치단체는 모두 정부 직할 자치단체로서 원칙적으로 법적 지위는 동일하나, 서울특별시, 세종특별자치시, 제주특별자치도는 행정체제의 특수성을 고려하여 일부 특례를 인정받고 있다.

㉡ 종류

ⓐ 특별시 : 「서울특별시행정특례에 관한 법률」에 근거하여, 수도로서의 특수한 지위를 보유

ⓑ 광역시 : 대도시(일반적으로 인구 100만 이상의 시)가운데 법률에 의하여 '도'로부터 분리되어,

도와 동등한 지위를 부여받은 지방자치단체 ➜ 광역시 설치에 관한 구체적인 기준은 법제화 되어 있지 않아, 정치적 판단에 따른 개별 법률의 제정에 의해 설치

ⓒ 도 : 광역의 지방자치단체로서, 지역주민의 생활권을 중심으로 형성된 것이 아니라 국가의 행 정적 편의에 따라 설치

ⓓ 제주특별자치도(➜ 단층제) : 「제주도 행정체제 등에 관한 법률」에 의해 제주특별자치도 관할 구역 내에는 '지방자치단체가 아닌 시(행정시)'를 두고, 행정시장은 일반직(또는 계약직) 지방 공무원으로 제주도지사가 임명하되, 제주도지사 선거에서 도지사후보가 예고한 자를 임명하 는 경우에는 정무직 지방공무원으로 보함, 자치경찰제 실시

ⓔ 세종특별자치시 : 정부의 직할로 세종특별자치시를 설치하며, 세종특별자치시의 관할구역에 는 자치단체를 두지 않음

② 기초자치단체 : 시, 군, 자치구

㉠ 특성

ⓐ 시는 도의 관할구역 안에, 군은 광역시 또는 도의 관할구역 안에 두며, 자치구는 특별시와 광 역시의 관할구역 안에 둔다.

ⓑ 인구 5만 이상인 시와 군을 통합한 지역, 인구 5만 이상의 도시 형태를 갖춘 지역이 있는 군 등은 도·농 복합형태의 시로 할 수 있다.

㉡ 종류

ⓐ 시 : 도시의 형태를 갖추고 인구 5만 이상인 지역에 설치되는 기초자치단체

ⓑ 군 : 주로 농촌지역에 설치되는 기초자치단체

ⓒ 자치구 : 자치구란 특별시와 광역시에 설치된 구(區)를 의미하며, 인구 50만명 이상의 시에 설치된 구는 자치구가 아닌 행정구(일반구)

③ 기초자치단체와 광역자치단체의 관계

㉠ 양자 모두 법인격을 가지고 독자적인 기능을 수행하므로 독립적인 대등관계를 기본으로 한다.

㉡ 법령의 규정에 의하여 위임사무를 처리하는 경우 예외적으로 상하관계(지도·감독관계)에 놓이게 된다.

④ 자치단체 간 구역변경, 폐치·분합, 명칭변경은 법률로, 자치단체의 관할구역변경, 한자명칭 변경은 대통령령으로 가능하다.

(2) 대도시 등에 대한 특례 인정

① 서울특별시·광역시 및 특별자치시를 제외한 인구 50만 이상 대도시의 행정, 재정 운영 및 국가의 지 도·감독에 대해서는 그 특성을 고려하여 관계 법률로 정하는 바에 따라 특례(자치구 아닌 행정구를 둘 수 있고 도가 처리하는 사무의 일부를 직접 처리 가능)를 둘 수 있다.

② 서울특별시·광역시 및 특별자치시를 제외한 다음 각 호의 어느 하나에 해당하는 대도시 및 시·군·구 의 행정, 재정 운영 및 국가의 지도·감독에 대해서는 그 특성을 고려하여 관계 법률로 정하는 바에 따라 추가로 특례를 둘 수 있다.

㉠ 인구 100만 이상 대도시(이하 "특례시"라 한다)

ⓒ 실질적인 행정수요, 국가균형발전 및 지방소멸위기 등을 고려하여 대통령령으로 정하는 기준과 절차에 따라 행정안전부장관이 지정하는 시·군·구

③ 특례 대상 시·군·구의 인정에 관한 세부기준은 대통령령으로 정한다.

(3) 특별지방자치단체

① 특별지방자치단체는 특수한 광역적 사무를 처리하기 위해 설치된 자치단체로 독립된 법인격을 지닌다. 우리나라의 특별지방자치단체로 지방자치단체조합이 있다.

② 지방자치단체조합(국가의 일선기관인 특별지방행정기관과 구분) : 2개 이상의 지방자치단체가 하나 또는 둘 이상의 사무를 공동으로 처리할 필요가 있을 때에는 규약을 정하여 당해 지방의회의 의결과 행정안전부장관(시·군·자치구는 시·도지사)의 승인을 거쳐 설립되는 독립된 공법인(수도권교통조합, 지리산권관광개발조합)이다.

> ✦ **특별지방자치단체 – 지방자치법상**
>
> ① 2개 이상의 지방자치단체가 공동으로 특정한 목적을 위하여 광역적으로 사무를 처리할 필요가 있을 때에는 특별지방지치단체를 설치할 수 있다. 이 경우 특별지방자치단체를 구성하는 지방자치단체는 상호 협의에 따른 규약을 정하여 구성 지방자치단체의 지방의회 의결을 거쳐 행정안전부장관의 승인을 받아야 한다.
> ② 행정안전부장관은 규약에 대하여 승인하는 경우 관계 중앙행정기관의 장 또는 시·도지사에게 그 사실을 알려야 한다.
> ③ 특별지방자치단체는 법인으로 한다.
> ④ 특별지방자치단체를 설치하기 위하여 국가 또는 시·도 사무의 위임이 필요할 때에는 구성 지방자치단체의 장이 관계 중앙행정기관의 장 또는 시·도지사에게 그 사무의 위임을 요청할 수 있다.
> ⑤ 행정안전부장관이 국가 또는 시·도 사무의 위임이 포함된 규약에 대하여 승인할 때에는 사전에 관계 중앙행정기관의 장 또는 시·도지사와 협의하여야 한다.
> ⑥ 특별지방자치단체의 의회는 규약으로 정하는 바에 따라 구성 자치단체의 의회의원으로 구성한다(구성 자치단체의 의회의원이 특별지방자치단체의 의회 의원을 겸함).
> ⑦ 특별지방자치단체의 장은 규약으로 정하는 바에 따라 특별지방자치단체의 의회에서 선출한다. 구성 자치단체의 장은 특별지방자치단체의 장을 겸할 수 있다.

3. 계층구조

(1) 계층구조의 유형

① 단층제 : 관할구역 안에 자치단체가 하나인 구조를 말한다.

② 중층제(다층제) : 하나의 자치단체가 다른 일반자치단체를 그 구역 안에 포괄하고 있어 자치단체가 중첩되어 있는 구조를 말한다.

(2) 단층제와 중층제의 장·단점

구분	단층제	중층제
장점	• 이중행정의 폐단을 방지 • 신속한 행정을 도모 • 낭비 제거 및 능률 증진 • 행정의 책임소재 명확화 • 지역의 특수성·개별성을 존중	• 기초와 광역자치단체 간에 행정기능 분담 • 광역자치단체가 기초자치단체에 대한 보완·조정·지원기능을 수행 • 광역자치단체를 통하여 기초자치단체에 대한 국가의 감독기능을 유지 • 기초자치단체간에 분쟁·갈등 조정
단점	• 국토가 넓고 인구가 많으면 적용곤란 • 중앙정부의 직접적인 지시와 감독 등으로 인해 중앙집권화의 우려 • 중앙정부 통솔범위가 너무 넓게 되는 문제 • 광역행정이나 대규모 개발사업의 수행에 부적합	• 행정기능의 중복현상, 이중행정의 폐단 • 상·하 자치단체 간 책임 모호 • 행정의 지체와 낭비를 초래 • 각 지역의 특수성·개별성 무시 • 중간자치단체 경유에 따라 중앙행정의 침투가 느리고 왜곡되는 문제

(3) 우리나라 자치단체의 계층구조

① 자치계층 : 광역자치단체(세종특별자치시와 제주특별자치도는 단층제)인 특별시·광역시·도와 기초
자치단체인 시·군·자치구로 이루어진 중층제의 형태를 띠고 있다.

② 행정계층 : 행정계층은 2~4계층으로 되어 있다.

㉠ 특별시와 광역시의 경우 시-구-동, 혹은 시-구-면·동으로 되어 있다.

㉡ 도의 경우 도-시·군-읍·면과 인구 50만명 이상의 시의 경우 도-시-구-동으로 되어 있다.

㉢ 제주특별자치도는 도-행정시-읍·면·동으로 되어 있다.

3. 지방자치단체의 구성요소

1. 자치권

(1) 의의

① 개념 : 자치권이란 법인격을 지닌 지방자치단체가 지역적 통치단체로서 일정한 구역과 주민을 지배
하고 그 소관 사무를 스스로의 책임 하에 처리할 수 있는 권능을 의미한다. 자치권은 자치입법권, 자
치행정권, 자치조직·인사권, 자치재정권으로 구분된다(자치사법권은 인정하지 않음).

② 특성 : 자치권은 ㉠ 국가로부터 수여된 권능이므로 종속성을, ㉡ 자치단체의 주민과 구역 안에서 영
향을 미치는 포괄성을, ㉢ 일정한 범위 내에서는 독자적인 권리라는 점에서 자주성을 가진다.

(2) 본질

① 고유권설 : 자치권은 지방자치단체가 본래 향유하는 고유한 기본권리(국가 이전의 권리)이며, 자연법사상에 근거한 것으로, 영미를 중심으로 지방자치이념의 근간을 이루고 있다.

② 전래권설 : 자치권은 국가통치권의 일부가 법률에 의하여 전래된 권리로, 지방자치단체의 고유의 자치권을 인정하지 않는다.

③ 제도적 보장설 – 우리나라의 통설 : 국가의 통치권에 의하여 위임된 권리라는 점에서 전래권설과 동일하지만, 헌법에 의하여 특별한 제도적 보장을 받는 권력이라고 본다.

(3) 내용

① 자치입법권

㉠ 의의 : 자치단체가 그 자치권에 근거하여 당해 관할구역 내에서 적용될 자치법규를 정립할 수 있는 권능을 의미한다. 현행법상 자치법규에는 '조례'와 '규칙'이 있다.

㉡ 조례

ⓐ 개념 : 자치단체가 법령의 범위 안에서 그 권한에 속하는 사무에 관하여 지방의회의 의결(의결 후 5일 이내 단체장에게 이송)로 제정하는 자치법규를 의미한다.

ⓑ 성질 및 종류 : 대외적 효력을 갖는 법규성이 있는 것(예 : 주민의 권리와 의무에 관한 사항)과 조직내부에서 효력을 갖는 행정규칙적인 것이 있다.

ⓒ 제정의 범위 : 지방자치단체는 그 권한에 속하는 사무에 관하여 조례를 제정할 수 있는 바, 자치사무와 단체위임사무에 한한다. 기관위임사무에 관한 조례는 원칙적으로 위법하지만, 개별법령이 기관위임사무에 관한 사항을 조례로 규정하는 경우에는 예외적으로 조례를 정할 수 있다.

ⓓ 한계

㉮ 법률우위의 원칙 : 조례는 국가의 법령을 위반해서는 안 된다.

㉯ 법률유보의 원칙 : 조례는 주민권리침해(권리제한·의무부과·벌칙)에 관한 사항에 대해서는 개별 법률의 위임이 있는 경우에만 규정 가능하다.

㉰ 법령에서 조례로 정하도록 위임한 사항은 그 법령의 하위 법령에서 그 위임의 내용과 범위를 제한하거나 직접 규정할 수 없다

㉱ 광역자치단체 우위의 원칙 : 지방자치단체는 상급자치단체의 조례에 위반하여 조례를 제정할 수 없다.

㉢ 규칙

ⓐ 개념 : 지방자치단체장이 법령(조례)이 위임한 범위 내에서 그 권한에 속하는 사항에 대하여 제정하는 자치법규이다.

ⓑ 제정의 범위 : 기관위임사무를 포함한 모든 사무에 관하여 제정할 수 있으며, 규칙은 원칙적으로 상위법령 또는 조례의 개별적·구체적 위임이 있는 사항에 관해서만 제정할 수 있다.

ⓒ 한계 : 조례와 달리 벌칙은 제정할 수 없으며, 위임이 없는 한 주민의 권리제한이나 의무부과를 규정할 수 없다.

ⓔ 조례와 규칙간의 관계

　ⓐ 조례와 규칙은 형식상 동등하나, 공동으로 적용되거나 상호 충돌할 때에는 조례가 우선한다.

　ⓑ 주민의 권리제한이나 의무부과에 관한 사항은 조례로만, 기관위임사무는 규칙으로만 정할 수 있다.

② 자치조직권

　㉠ 자치단체가 배분된 기능을 분담하기 위한 자치단체 조직체계를 자주적으로 정할 수 있는 권한이다. 주요내용은 행정기구 설치권과 정원 관리권이다.

　㉡ 지방자치의 실질적 보장을 위하여 헌법 제118조 1항에서 지방의회의 설치를 규정하고 제2항에서는 '지방의회의 조직, 의원선거와 지방자치단체장의 선임방법, 기타 지방자치단체의 조직과 운영에 관한 사항을 법률로 정한다.'고 규정함으로써 자치조직권을 보장하고 있다.

③ 자치재정권

　㉠ 지방자치단체가 그 사업처리에 필요한 경비에 충당할 재원을 자주적으로 조달하고, 이를 자유로운 의사와 판단에 의하여 사용할 수 있는 권한을 말한다.

　㉡ 지방세의 종목과 세율은 법률로 결정되며, 따라서 지방세라 하더라도 자치단체가 스스로 세목을 개방하거나 세율을 결정하는 것은 불가능하다.

④ 자치행정권

　㉠ 지방자치단체가 자기의 독자적 사무를 원칙적으로 국가의 간섭을 받지 아니하고 자주적으로 처리할 수 있는 권한을 말한다.

　㉡ 자치행정권의 사무는 고유사무와 단체위임사무를 포함하는 것이 지배적 견해이다.

2. 지방자치단체의 구역

(1) 의의

① 개념 : 자치단체의 구역이란 지방자치단체의 통치권 또는 자치권이 미치는 지역적 범위로서, 자치행정을 합리적이고 능률적으로 수행하여야 할 뿐만 아니라 주민의 일상생활과 정치·경제·문화 등 사회 전반에 영향을 미친다는 점에서 국가행정의 골격을 형성하는 기본적인 제도라 할 수 있다.

② 구역설정기준

광역자치단체	㉠ 행정능률을 높일 수 있는 적정한 재원조달가능성 및 행정능력을 갖는 규모 ㉡ 효율적인 지역개발을 추진할 수 있는 개발권 또는 경제권을 고려. 특히 광역은 하나의 경제기능구역으로서 교통·산업입지 등을 감안하여 국토개발·지역개발의 효율적인 추진이라는 관점에서 확정되어야 함 ㉢ 기초자치단체의 행정기능을 지원·조정이 가능한 구역설정
기초자치단체	㉠ 민주성과 능률성의 조화를 고려한 구역설정 ㉡ 가능한 한 공동사회 및 공동생활권과 일치되는 것이 이상적 ㉢ 자치단체에 대한 주민참여와 통제가 적절하게 이루어질 수 있는 크기

(2) 자치단체 구역의 변경

　① 광역 및 기초자치단체

　　㉠ 자치단체 명칭과 구역변경 및 폐치·분합 : 지방의회의 의견청취 또는 주민투표 실시 후 법률로

　　㉡ 경계변경 및 한자명칭의 변경 : 대통령령으로 정한다.

　　㉢ 지방자치단체 관할 구역의 경계변경 : 지방자치단체의 장은 관할 구역과 생활권과의 불일치 등으로 인하여 주민생활에 불편이 큰 경우 행정안전부장관에게 경계변경이 필요한 지역 등을 명시하여 경계변경에 대한 조정을 신청할 수 있다. 이 경우 지방자치단체의 장은 지방의회 재적의원 과반수의 출석과 출석의원 3분의 2 이상의 동의를 얻어야 한다.

　② 행정구와 읍·면·동

　　㉠ 폐치·분합 : 행정안전부장관의 승인 후 조례로

　　㉡ 명칭·구역 변경 : 자치단체 조례로 정하고 시·도지사에게 보고

3. 주민과 주민참여

(1) 주민과 주민통제

　① 주민의 의의

　　㉠ 주민은 지방자치단체의 인적구성요소로서 피치자인 동시에 지방자치단체의 조직·운영에 참여하는 주권자를 의미한다.

　　㉡ 주민은 국적이나 성, 연령, 행위능력, 자연인·법인 여부를 가리지 않고 지방자치단체에 주소를 가지고 있으면 모두 포함된다.

　② 주민통제

　　㉠ 의의

　　　ⓐ 주민통제란 자치행정의 목표가 효과적으로 수행되고 행정이 주민의 입장에서 행해질 수 있도록 지역주민이 업무수행의 과정이나 결과에 대하여 직·간접으로 통제하는 일련의 활동과정이라 할 수 있다.

　　　ⓑ 현대국가에서 행정권의 확대·우위로 권력남용의 가능성이 커지고, 행정기능이 고도의 복잡성과 전문성을 띠게 됨에 따라 전통적인 입법·사법통제가 그 기능을 제대로 발휘되지 못함으로써 그 중요성이 부각되고 있다.

　　㉡ 수단

　　　ⓐ 직접참정제도 : 직접청구에는 주민발안, 주민투표, 주민소환, 주민감사의 청구 및 주민소송제도가 있다. ⓑ 선거, ⓒ 여론과 매스컴, ⓓ 이익집단, ⓔ 정당, ⓕ 주민참여 등의 방법이 있다.

(2) 주민참여

　① 의의

　　㉠ 개념 : 주민참여란 지방자치단체 또는 그 기관의 정책결정 및 집행과정에 직·간접적으로 영향을 미치거나 영향을 미치고자 하는 주민들의 일체의 목적적 활동을 의미한다.

ⓒ 필요성

　　ⓐ 대의제도의 한계보완

　　ⓑ 행정기능의 변천

　　ⓒ 자치행정의 실현

② Arnstein의 주민참여 8단계 – 정책결정에 미치는 영향력의 정도에 따른 분류

　　㉠ 비참여 : ⓐ 조작(1단계), ⓑ 치료(2단계)는 목적이 주민을 참여시키는데 있는 것이 아니라 자치
단체가 참여자를 교육시키거나 유도하는 데 목적이 있다.

　　㉡ 명목적 참여 : ⓒ 정보제공(3단), ⓓ 상담(4단계), ⓔ 유화(5단계)가 여기에 해당한다. 주민은 각
종 참여를 통해 의견을 제시하지만, 판단결정권은 지방자치단체에게 유보되어 있다.

　　㉢ 실질적 참여(주민권력) : ⓕ 협력관계(6단계), ⓖ 권한위임(7단계), ⓗ 주민통제(8단계)에 이르면
권력은 주민과 지방자치단체에게 재분배되어 주민이 정책결정에 있어서 주도권을 획득하는 상태
에 있게 된다.

③ 주민참여의 기능과 한계

<table>
<tr><th colspan="2">기능</th><th>한계</th></tr>
<tr><td rowspan="5">정치적
기능</td><td>㉠ 대의제의 보완과 민주주의의 유지·발전</td><td rowspan="10"></td></tr>
<tr><td>㉡ 행정의 독선화 방지 및 책임성 확보</td></tr>
<tr><td>㉢ 일반대중의 참여</td></tr>
<tr><td>㉣ 행정개혁의 추진기능</td></tr>
<tr><td>㉤ 소수인의 보호·구제기능</td></tr>
</table>

<table>
<tr><th>기능</th><th>한계</th></tr>
<tr><td></td><td></td></tr>
</table>

<table>
<tr><th colspan="2">기능</th><th>한계</th></tr>
<tr><td rowspan="5">정치적
기능</td><td>㉠ 대의제의 보완과 민주주의의 유지·발전</td><td rowspan="10">㉠ 주민개인의 자질 문제
㉡ 행정의 전문성 저해
㉢ 주민참여의 대표성과 정당성의 문제
㉣ 행정지체와 비효율
㉤ 책임전가</td></tr>
<tr><td>㉡ 행정의 독선화 방지 및 책임성 확보</td></tr>
<tr><td>㉢ 일반대중의 참여</td></tr>
<tr><td>㉣ 행정개혁의 추진기능</td></tr>
<tr><td>㉤ 소수인의 보호·구제기능</td></tr>
<tr><td rowspan="5">행정적
기능</td><td>㉠ 행정서비스의 개선</td></tr>
<tr><td>㉡ 행정에 대한 이해와 협력의 확보</td></tr>
<tr><td>㉢ 정책집행의 순응성 제고</td></tr>
<tr><td>㉣ 정보의 전달 및 수집기능</td></tr>
<tr><td>㉤ 주민상호간의 이해 조정 및 분쟁해결</td></tr>
</table>

1. 의의

1. 우리나라는 지방자치법에서 주민참여제도로서 주민투표, 주민발안(조례제정개폐청구), 주민감사청구, 주민소송, 주민소환제도를 지방재정법에는 주민참여예산제도를 규정하고 있고 모두 시행하고 있다. 2009년 주민투표법을 개정하여 국내거소 신고를 한 재외국민에게도 주민투표권을 인정한 데 이어, 2009년 지방자치법을 개정하여 국내거주 외국인과 국내거소 신고를 한 재외국민에게도 주민발안과 주민감사청구를 인정하였다.

2. 주민

(1) 주민의 자격

자치단체의 인적 구성요소인 주민(요건을 갖춘 외국인 주민도 포함)은 자치단체의 구역 내에 주소가 있는 자로서 자연인이나 법인을 모두 포괄하며 행정서비스의 수혜자이기도 하다.

(2) 주민의 권리

① 주민은 주민생활에 영향을 미치는 지방자치단체의 정책의 결정 및 집행 과정에 참여할 권리를 가진다.

② 주민은 소속 지방자치단체의 재산과 공공시설을 이용할 권리와 그 지방자치단체로부터 균등하게 행정의 혜택을 받을 권리를 가진다.

③ 주민은 그 지방자치단체에서 실시하는 지방의회의원과 지방자치단체의 장의 선거에 참여할 권리를 가진다.

(3) 주민에 대한 정보공개

① 지방자치단체는 사무 처리의 투명성을 높이기 위하여 「공공기관의 정보공개에 관한 법률」에서 정하는 바에 따라 지방의회의 의정활동, 집행기관의 조직, 재무 등 지방자치에 관한 정보를 주민에게 공개하여야 한다.

② 행정안전부장관은 주민의 지방자치정보에 대한 접근성을 높이기 위하여 지방자치정보를 체계적으로 수집하고 주민에게 제공하기 위한 정보공개시스템을 구축·운영할 수 있다.

2. 유형

1. 주민투표제도

(1) 의의

① 주민이 특정사안에 대하여 직접 투표하여 정치적 의사결정을 하는 제도로, 대의민주주의를 대체하려는 것이 아닌 보완하기 위한 제도이다.

② 주민투표는 주민이 자치운영의 실질적 담당자이자 그 중요사안에 대한 궁극적인 결정자라는 점을 명백히 하는 제도이다.

(2) 법적 근거

① 지방자치단체의 장은 지방자치단체의 폐치·분합 또는 주민에게 과도한 부담을 주거나 중대한 영향을 미치는 지방자치단체의 주요 결정사항 등에 대하여 주민투표에 부칠 수 있다.

② 주민투표의 발의자·발의요건·기타 투표절차 등에 관하여 따로 법률로 정한다.

(3) 주민투표법의 주요내용

① 주민투표사무의 관리

주민투표사무는 이 법에 특별한 규정이 있는 경우를 제외하고는 특별시·광역시 또는 도에 있어서는 특별시·광역시·도 선거관리위원회가, 자치구·시 또는 군에 있어서는 구·시·군 선거관리위원회가 관리한다.

② 주민투표권의 소재

18세 이상의 주민과 외국인으로 일정한 자격을 갖춘 자는 지방자치단체의 조례에 의하여 주민투표권이 있다.

③ 주민투표의 대상과 예외

구분	내용
대상	주민에게 과도한 부담을 주거나 중대한 영향을 미치는 지방자치단체의 주요결정사항
예외	㉠ 법령에 위반되거나 재판중인 사항 ㉡ 국가 또는 다른 지방자치단체의 권한 또는 사무에 속하는 사항 ㉢ 지방자치단체의 예산·회계·계약 및 재산관리에 관한 사항과 지방세·사용료·수수료·분담금 등 각종 공과금의 부과 또는 감면에 관한 사항 ㉣ 행정기구의 설치·변경에 관한 사항과 공무원의 인사·정원 등 신분과 보수에 관한 사항 ㉤ 다른 법률에 의하여 주민대표가 직접 의사결정주체로서 참여할 수 있는 공공시설의 설치에 관한 사항 ㉥ 동일한 사항에 대하여 주민투표가 실시된 후 2년이 경과되지 아니한 사항

④ 국가정책에 관한 주민투표

중앙행정기관의 장은 지방자치단체의 폐치·분합 또는 구역변경, 주요시설의 설치 등 국가정책의 수립에 관하여 주민의 의견을 듣기 위하여 필요하다고 인정하는 때에는 주민투표의 실시구역을 정하여 관계 지방자치단체의 장에게 주민투표의 실시를 요구할 수 있다. 이 경우 중앙행정기관의 장은 미리 행정안전부장관과 협의하여야 한다.

⑤ 주민투표의 청구권자

㉠ 주민 : 주민투표청구권자 총수의 20분의 1 이상 5분의 1 이하의 범위 안에서 지방자치단체의 조례로 정하는 수 이상의 서명으로 그 지방자치단체의 장에게 주민투표의 실시를 청구할 수 있다.

ⓛ 지방의회 : 재적의원 과반수의 출석과 출석의원 3분의 2이상의 찬성으로 그 지방자치단체의 장에게 주민투표의 실시를 청구할 수 있다.

ⓒ 지방자치단체의 장 : 단체장은 직권에 의하여 주민투표를 실시하고자 하는 때에는 그 지방의회 재적의원 과반수의 출석과 출석의원 과반수의 동의를 얻어야 한다.

⑥ 주민투표결과의 확정

주민투표에 부쳐진 사항은 주민투표권자 총수의 4분의 1 이상의 투표와 유효투표수 과반수의 득표로 확정된다. 지방자치단체의 장 및 지방의회는 주민투표결과 확정된 사항에 대하여 2년 이내에는 이를 변경하거나 새로운 결정을 할 수 없다.

⑦ 주민투표의 무효판결이 확정된 때에는 그때부터 20일 이내에 재투표를 실시하여야 한다.

2. 조례제정개폐청구권과 주민감사청구권

(1) 조례제정개폐청구(주민발안)

① 의의

일정 수 이상의 유권자가 연서에 의해 당해 지방의회에 조례의 제정이나 개폐를 청구하는 제도를 말한다. 조례의 제정·개정 또는 폐지 청구의 청구권자·청구대상·청구요건 및 절차 등에 관한 사항은 따로 법률(주민조례발안에 관한 법률)로 정한다.

② 지방의회의 의장은 청구를 접수한 날부터 5일 이내에 그 내용을 공표하여야 하며, 공표한 날부터 10일간 청구인명부나 사본을 열람할 수 있도록 하여야 한다.

③ 지방의회는 주민청구조례안이 수리된 날부터 1년 이내에 해당 조례안을 의결하되, 필요한 경우 본회의 의결로 1년 이내의 범위에서 한 차례만 그 기간을 연장할 수 있도록 한다.

④ 주민청구조례안은 「지방자치법」에도 불구하고 지방의회의원의 임기가 끝나더라도 다음 지방의회의원의 임기까지는 회기 중에 의결되지 못한 것 때문에 폐기되지 아니하도록 한다.

(2) 주민감사청구권

① 의의

지방자치단체와 그 장의 권한에 속하는 사무의 처리가 법령에 위반되거나 공익을 현저히 해한다고 인정되는 경우 시·도에 있어서는 주무부장관에게, 시·군 및 자치구에 있어서는 시·도지사에게 당해 주민들이 감사를 청구할 수 있는 제도이다.

② 감사청구제도 운영

㉠ 청구는 사무처리가 있었던 날 또는 종료된 날부터 3년을 경과하면 제기할 수 없다.

ⓛ 주무부장관 또는 시·도지사는 감사청구를 수리한 날부터 60일 이내에 감사를 종료하고 그 감사결과를 청구인 대표자와 당해 자치단체의 장에게 서면으로 통지하고 이를 공표하여야 한다. 다만, 그 기간 내에 감사를 종료하기가 어려운 정당한 사유가 있는 때에는 그 기간을 연장할 수 있다.

(3) 양 제도의 비교

구 분		조례제정개폐청구제도	주민감사청구제도
청 구		18세 이상의 주민은 • 특별시 및 인구 800만 이상의 광역시나 도 　➡ 청구권자 총수의 200분의 1 • 인구 800만 미만의 광역시·도, 특별자치시, 특별 　자치도 및 인구 100만 이상의 시 　➡ 청구권자 총수의 150분의 1 • 인구 50만 이상 100만 미만의 시·군·자치구 　➡ 청구권자 총수의 100분의 1 • 인구 10만 이상 50만 미만의 시·군 및 자치구 　➡ 청구권자 총수의 70분의 1 • 인구 5만 이상 10만 미만의 시·군 및 자치구 　➡ 청구권자 총수의 50분의 1 • 인구 5만 미만의 시·군 및 자치구 　➡ 청구권자 총수의 20분의 1	18세 이상의 주민은 • 시·도는 300명 • 50만명 이상 대도시는 200명 • 그 밖의 시·군 및 자치구는 150명의 범위 안에서
		조례로 정하는 주민 수 이상의 연서로	조례가 정하는 주민 수 이상의 연서로
		지방의회	시·도는 주무부장관에게, 시·군 및 자치구는 시·도 지사에게 감사를 청구
청 구 예 외 대 상		• 법령을 위반하는 사항 • 지방세·사용료·수수료·부담금부과·징수 또는 감 　면하는 사항 • 행정기구설치·변경 • 공공시설설치 반대	• 수사·재판에 관여하게 되는 사항 • 소송이 진행 중이거나 그 판결이 확정된 사항 • 사생활을 침해할 우려가 있는 사항 • 타 기관에서 감사하였거나 감사중인 사항

3. 주민소송제도

(1) 의의

　　주민감사청구 규정에 의하여 공금의 지출에 관한 사항, 재산의 취득·관리·처분에 관한 사항, 계약의 체결·이행에 관한 사항 또는 지방세·사용료·수수료·과태료 등 공금의 부과·징수의 해태에 관한 사항을 감사청구한 주민은 다음의 경우에 그 감사청구한 사항과 관련 있는 위법한 행위나 해태사실에 대하여 당해 지방자치단체의 장을 상대방으로 소송을 제기할 수 있다.

(2) 요건

　　① 주무부장관 또는 시·도지사가 감사청구를 수리한 날부터 60일을 경과하여도 감사를 종료하지 아니한 경우

　　② 감사결과나 감사에 따른 조치에 불복이 있는 경우

　　③ 감사결과조치요구에 대해 해당 지방자치단체의 장이 이행하지 않거나, 장의 이행조치에 불복이 있는 경우

(3) 특성

① 주민감사청구 전치주의 : 주민소송은 주민의 감사청구를 전심절차로 하되 청구대상사항을 재무행위 분야와 위법한 행위만을 대상으로 한다.

② 주민소송은 다수 주민의 연서로써 하는 것이 아니라 주민개개인의 청구로도 할 수 있다.

③ 국민소송은 인정하지 않는다.

(4) 소송 유형

① 당해 행위를 계속할 경우 회복이 곤란한 손해를 발생시킬 우려가 있는 경우에는 당해 행위의 전부 또는 일부의 중지를 구하는 소송

② 행정처분인 당해 행위의 취소 또는 변경을 구하거나 효력의 유무 또는 존재여부의 확인을 구하는 소송

③ 당해 해태사실의 위법확인을 구하는 소송

④ 손해배상청구 또는 부당이득반환청구를 할 것을 요구하는 소송

4. 주민소환제도

(1) 의의

① 일정 수 이상의 유권자가 연서에 의해 자치단체의 장, 의회의원, 기타 주요 공무원의 해직 등을 임기 만료 전에 청구하여 주민투표로 결정하는 제도이다.

② 이 제도는 책임행정을 확보하기 위한 심리적 수단으로써의 의미가 강하다.

(2) 제도 운영

① 주민소환투표 대상 : 당해 자치단체의 장, 지방의원(비례대표 의원 제외), 교육감은 주민소환투표대상에 해당한다.

② 주민소환투표(청구)권자 : 19세 이상 주민과 외국인(영주체류자격 취득일 후 3년이 경과한 자)

③ 주민소환투표의 청구 : 주민소환투표 청구권자는 다음에 해당하는 주민의 서명으로 그 소환사유를 서면에 구체적으로 명시하여 관할 선거관리위원회에 주민소환투표의 실시를 청구할 수 있다.

㉠ 시·도지사 : 해당 자치단체의 주민소환투표 청구권자 총수의 100분의 10 이상

㉡ 시장·군수·자치구의 구청장 : 해당 자치단체의 주민소환투표 청구권자 총수의 100분 15 이상

㉢ 시·도의회 의원과 자치구·시·군의회 의원 : 해당 지방의회 의원 선거구 안의 주민소환투표청구권자 총수의 100분의 20이상

④ 주민소환투표청구 제한

㉠ 임기 개시일 부터 1년 이내, 임기 만료일부터 1년 미만, 해당 공직자에 대한 주민소환투표를 실시한 날부터 1년 이내인 때

㉡ 선출 된 후 정치적 이유로 의한 소환을 방지함으로써 정치적·행정적 안정을 도모

⑤ 권한행사의 정지 및 권한 대행 : 주민소환투표 청구를 받은 선출직 공직자는 주민소환 투표안을 공고한 때부터 주민소환투표 결과를 공표할 때까지 권한행사가 정지되며 부단체장이 권한을 대행한다.

⑥ 투표결과의 확정과 효력

    ㉠ 주민소환은 주민소환 투표권자 총수의 3분의 1 이상 투표와 유효투표수 과반수 찬성으로 확정되며 전체 주민소환 투표자 수가 주민소환 투표권자 총수의 3분의 1에 미달하는 때에는 개표를 하지 아니한다.

    ㉡ 주민소환이 확정된 때에는 투표대상 선출직 공직자는 결과 공표된 시점부터 그 직을 상실한다.

⑦ 주민소환투표 소청 및 소송

    ㉠ 소청 : 주민소환 투표의 효력에 관하여 이의가 있는 해당 선출직 공직자 또는 주민소환 투표권자(주민소환 투표권자 총수의 100분의 1 이상의 서명을 받아야 함)는 주민소환 투표결과가 공표된 날부터 14일 이내에 관할 선거관리위원회 위원장을 피소청인으로 하여 소청할 수 있다.

    ㉡ 소송 : 소청에 대한 결정에 관하여 불복이 있는 소청인은 관할 선거관리위원회 위원장을 피고로 하여 그 결정서를 받은 날로부터 10일 이내에 법원에 소를 제기할 수 있다.

5. 주민참여예산제

(1) 연혁

브라질의 포르투 알레그리시(市)가 1989년 최초로 시행하여 UN의 '훌륭한 시민제도'로 선정되었으며, 우리나라에서는 2004년 광주광역시 북구 의회가 최초로 주민참여예산조례를 제정함으로써 주민참여예산제도가 도입되었다.

(2) 지방예산편성과정의 주민참여

① 지방자치단체의 장은 대통령령으로 정하는 바에 따라 지방예산 편성 과정에 주민이 참여할 수 있는 절차를 마련하여 시행하여야 한다(절차상 구속력 인정).

② 지방자치단체의 장은 예산 편성 과정에 참여한 주민의 의견을 수렴하여 그 의견서를 지방의회에 제출하는 예산안에 첨부하여야 한다.

③ 지방자치단체의 장은 수렴된 주민의견을 검토하고 그 결과를 예산편성시 반영할 수 있다(내용상 구속력 불인정).

6. 지방선거

(1) 선거제도

① 소선거구 다수대표제에 의한 지역대표와 비례대표를 병행(1인 2투표제)한다.

    ㉠ 기초자치단체의 경우 2인 이상 4인 이하의 중선거구제를 가미하여 운영한다.

    ㉡ 소선거구제와 중대선거구제에 대한 찬반론을 보면 다음과 같다.

소선거구제	중·대선거구로 개선
• 단순명료하고, 유권자에게 가장 친숙한 제도 • 지방의회 의원선거는 지역일꾼을 뽑는 것이고, 한국의 정당정치 환경을 고려할 때, 정당공천을 배제한다면 오히려 소선거구제를 유지하는 것이 바람직	• 현 제도는 사표가 많고, 포크 배럴식의 예산할당으로 비효율이 발생하며, 대 정당에 유리하여 소수세력이 진출하기 어려움 • 중·대선거구제는 지역의 다양한 집단의 이익을 대표하는 데 유리하며, 회의 대표성·비례성을 높임.

② 비례대표는 의원 정수의 1/10이며, 비례대표의 1/2은 여성후보를 추천해야 한다.

③ 선거권자는 18세 이상이다.

(2) 정당공천 : 모든 자치단체선거에 정당공천이 허용된다(교육감선거는 불허).

♣ 주민참정제 실시순서

① 조례제정··개폐청구제(1999년)

② 주민감사청구제(2000년)

③ 주민투표제(2004년)

④ 주민소송제(2006년)

⑤ 주민소환제(2007년)

⑥ 주민참여예산제도(2011년 – 의무시행)

제02장 지방자치단체의 기관구성과 사무

제01절 │ 지방자치단체의 기관구성

1. 기관구성의 형태

1. 의의

① 자치단체의 기관에는 단체의사를 결정하는 의결기관과 결정된 의사를 집행하는 집행기관으로 구분된다. 자치단체의 기관구성의 형태는 각국의 역사적 전통과 지방의 특수성에 따라 다양하게 발전되어 왔는데 크게 기관통합형, 기관대립형, 절충형(의회 - 집행위원회형), 주민총회형으로 구분된다.

② 우리나라는 현재 기관대립형을 유지하나, 지방자치단체의 장의 선임방법을 포함한 지방자치단체의 기관구성 형태를 현행과 달리하고자 하는 경우 주민투표로 변경 가능하도록 자율적인 기관구성 선택권을 부여하였다.

2. 기관통합형

(1) 의의

① 기관통합형은 권력융합형인 내각책임제(의원내각제) 정부와 유사하며, 자치단체의 의결기능과 집행기능을 단일기관에 귀속시키는 형태로서 주민자치에 속하는 완전자치형 나라의 전통에 속한다. 이는 지방행정에서 모든 권력은 주민의 직접선거에 의하여 형성된 지방의회에서 유래된다는 입장이기 때문이다.

② 주로 주민자치형 국가에서 채택하고 있으며 영국의 의회형과 미국의 위원회형, 프랑스의 의회의장형이 이에 속한다.

　㉠ 영국의 의회형 : 지방의회가 정책을 결정하고 지방의회의 각 분과위원회가 소속 공무원을 지휘하여 구체적인 집행을 수행하는 형태이다.

　㉡ 미국의 위원회형 : 주민에 의해 선출된 위원들이 정책을 결정하고, 선출된 위원 중 1인이 시장으로 지명되고 다른 위원들 역시 그 시의 행정부서를 나누어 맡아 행정을 수행하는 형태이다.

　㉢ 프랑스의 의회의장형 : 지방의회 의장이 집행기관의 장을 겸하는 형태이다.

　㉣ 의회-시지배인형 : 의회가 선임한 시지배인이 실질적인 행정을 총괄한다. 시장은 의례적·명목적 기능만 수행하고 실질적으로는 의회가 임명한 전문행정관 즉, 시지배인이 의회가 결정한 정책을 책임지고 집행기능을 총괄한다.

(2) 장·단점

장점	• 지방행정의 권한과 책임이 의회에 집중되어 민주정치와 책임행정구현 용이 • 갈등·대립의 소지가 없어 지방행정의 안정성과 능률성 확보 • 다수 의원의 참여에 따른 신중하고 공정한 자치행정수행
단점	• 단일기관에 의한 권력행사로 견제와 균형의 상실로 권력남용 초래 • 의원이 행정을 수행하므로 행정의 전문성을 저해할 가능성 • 단일의 지도자가 없어서 책임소재 불분명 • 지방행정에 정치적 요인이 개입될 우려

3. 기관대립형

(1) 의의

① 기관대립형은 대통령중심제 정부와 유사하며, 자치단체의 결정기능과 집행기능을 각각 다른 기관에 분담시켜 기관 간 견제와 균형이 이루어지도록 하는 형태이다. 단체자치를 바탕으로 하는 대륙계에서 많이 볼 수 있는데 이는 집행기관의 전문성을 중시하는 형태이기 때문이다.

② 유형

㉠ 집행기관 직선형 : 주민에 의해 선출된 시장과 의원들이 각각 집행기관과 의결기관을 맡아 상호 견제에 의해 행정을 수행하는 형태이다.

ⓐ 강시장-의회형(우리나라)은 가장 대표적인 기관대립형으로 시장이 강력한 리더십을 발휘하고 의회가 이를 견제한다.

ⓑ 약시장-의회형에서는 시장의 권한이 약하기 때문에 시장은 공무원에 대한 임명권이나 의회 의결사항에 대한 거부권, 예산편성권 등을 행사하지 못하고 의회가 예산을 편성한다.

㉡ 집행기관 간선형 : 시장을 지방의회가 선출하는 유형이다.

㉢ 집행기관 임명형 : 시장을 의회나 국가가 임명하는 형태이다.

(2) 장·단점

장점	• 전문적인 행정기구를 통한 행정의 전문성 향상 • 시장의 임기가 보장됨으로써 강력한 행정시책을 추진 • 견제와 균형의 원리에 입각하여 운영되기 때문에 권력의 전횡이나 부패를 방지하고 비판과 감시가 용이 • 행정부서 간 분파주의 극복
단점	• 자치단체장은 연임하기 위해서 인기에 영합하는 행정집행을 함으로써 행정의 능률성이나 공평성을 희생할 가능성이 높다 • 반드시 행정능력을 갖춘 인사가 단체장으로 선출되는 것은 아니기에 효율적인 행정을 기대하기 곤란 • 의결기관과 집행기관 대립 시 지방행정의 안정성과 능률성 저해

2. 지방의회(의결기관)

1. 의의

주민이 선출한 의원들로 구성된 의결기관으로서 지방적 사무를 위한 중요정책을 결정하는 의사결정기관이며, 자치단체의 장의 활동을 감시·통제하는 주민의 대표기관이다.

2. 구성

(1) 지방의회의 의원

① 신분 : 지방의회의 구성원으로서, 임기 4년의 정무직 지방공무원

② 보수 : 무급직에서 유급직으로 전환

③ 겸직금지 명확화 : 겸직 금지 대상을 구체화, 겸직신고 내역 공개 의무화

④ 정책지원 전문인력 도입 : 지방의회에서 의원정수 1/2 범위에서 정책지원 전문인력 운영 가능

(2) 의장단

① 의장 1인과 부의장(광역은 2인, 기초는 1인)을 둔다.

② 의장단에 대한 불신임 의결은 재적의원 1/4이상의 발의와 재적의원 과반수이상의 찬성이 필요하다.

(3) 위원회

① 설치 : 지방의회는 조례로 정하는 바에 따라 위원회를 둘 수 있다.

② 종류

㉠ 상임위원회 : 소관 의안과 청원 등을 심사·처리하는 위원회

㉡특별위원회 : 특정한 안건을 일시적으로 심사·처리하기 위한 위원회

③ 윤리특별위원회

㉠ 윤리특별위원회 설치를 의무화

㉡ 민간위원으로 구성된 윤리심사자문위원회 설치하고, 의견청취를 의무화

3. 권한

(1) 의결권

① 의의 : 우리나라는 개괄적 열거주의에 입각하여 지방자치법에 열거된 사항은 반드시 의회의 의결을 거쳐야 한다. 지방의회 의장은 의결에서 표결권을 가지지만 찬성과 반대가 같은 경우 캐스팅보트를 가지지는 못한다. 즉 가부동수의 경우에는 부결된 것으로 본다.

② 지방의회의 의결사항

㉠ 조례의 제정·개정 및 개폐

㉡ 예산의 심의·확정(시·도는 회계연도 개시 15일전까지, 시·군 및 자치구에서는 10일전까지 예산을 확정, cf. 국회─회계연도 개시 30일전까지)

㉢ 결산의 승인

ⓔ 법령에 규정된 것을 제외한 사용료·수수료·분담금·지방세 또는 가입금의 부과와 징수

ⓜ 기금의 설치·운용

ⓗ 대통령령으로 정하는 중요재산의 취득·처분

ⓢ 대통령령으로 정하는 공공시설의 설치·처분

ⓞ 법령과 조례에 규정된 것을 제외한 예산외 의무부담이나 권리의 포기

ⓩ 청원의 수리와 처리

ⓩ 외국 지방자치단체와의 교류협력에 관한 사항

▶ 중앙정부예산과 지방정부예산의 비교

	중앙정부예산	지방정부예산
제출시한	회계연도 개시 120일전	광역 : 50일전, 기초 : 40일전
의결시한	회계연도 개시 30일전	광역 : 15일전, 기초 : 10일전
상임위원회 예비심사	필수	일부 기초의회의 경우 생략함
예산결산특별위원회	상설	비상설

(2) 행정사무감사 및 조사권

① 행정사무감사 : 지방의회는 매년 1회 그 자치단체의 전반적인 사무에 대하여 시·도는 14일의 범위에서, 시·군 및 자치구는 9일의 범위에서 감사를 실시한다. 사무감사는 그 자치단체의 조례에서 정하는 바에 따라 매년 제1차 또는 제2차 정례회의 회기 내에 한다.

② 행정사무조사 : 자치단체의 사무 중 특정 사안에 대하여 본회의에서 의결을 거쳐 본회의 또는 위원회에서 조사한다. 조사를 발의할 때에는 이유를 밝힌 서면으로 하여야 하며, 재적의원 3분의 1 이상의 연서가 있어야 한다.

(3) 선거권과 피선거권

지방의회는 의원 중에서 시·도의 경우 의장1인과 부의장 2인을, 시·군 및 자치구의 경우 의장과 부의장 각 1인을 무기명 투표로 선거하여야 한다. 임기는 2년이고, 의장 또는 부의장이 궐위된 때에는 보궐선거를 실시하며 그 경우 임기는 잔임 기간으로 한다.

(4) 지방의회 인사권 독립

지방의회의 의장은 지방의회 사무직원을 지휘·감독하고 법령과 조례·의회규칙으로 정하는 바에 따라 그 임면·징계 등에 관한 사항을 처리한다.

4. 운영

(1) 정례회

① 정례회는 매년 2회 연다. 정례회는 시·도는 연 40일, 기초는 35일을 넘길 수 없다.

② 1차 정례회는 결산승인, 기타 지방의회 부의안건을 처리한다.

③ 2차 정례회는 예산안 의결 및 기타 지방의회 부의안건을 처리한다.

(2) 임시회

① 개원집회(임기개시일 부터 25일 이내), 자치단체장이나 재적의원 1/3 이상의 요구가 있을 때 15일 이내에 소집된다.

② 지방의회의 개회·휴회·폐회와 회기는 지방의회가 의결로 이를 정한다. 그리고 연간 회의총일수와 정례회 및 임시회의 회기는 조례로 정한다.

(3) 기록표결제도 원칙 도입

① 본회의에서 표결할 때에는 조례 또는 회의규칙으로 정하는 표결방식에 의한 기록표결로 가부(可否)를 결정한다.

② 다만, 다음 각 호의 어느 하나에 해당하는 경우에는 무기명투표로 표결한다.

    ㉠ 의장·부의장 선거

    ㉡ 임시의장 선출

    ㉢ 의장·부의장 불신임 의결

    ㉣ 자격상실의결

    ㉤ 징계 의결

    ㉥ 재의요구에 관한 의결

    ㉦ 그 밖에 지방의회에서 하는 각종 선거 및 인사에 관한 사항

(4) 지방의회 운영의 자율화

지방의회의 회의 운영 방식 등을 조례에 위임하여 지역특성에 맞게 정하도록 자율화

3. 집행기관

1. 의의

집행기관은 의결기관이 결정한 사항을 집행하고 자치단체의 사무를 처리하는 기관이다. 집행기관의 범주에는 단체장, 보조기관, 소속행정기관, 하부행정기관 등이 있다.

2. 지방자치단체의 장

(1) 의의

자치단체장은 자치단체를 대표하고 그 사무를 총괄한다. 따라서 단체장은 ① 주민의 대표기관, ② 자치단체의 대표기관, ③ 자치단체의 집행기관, ④ 국가의 일선기관 등의 지위를 갖는다.

(2) 임기와 신분

① 임기 : 4년이며, 계속재임은 3기에 한한다.

② 신분 : 정무직 지방공무원이다.

(3) 단체장 인수위원회

시·도는 20명, 시·군·구는 15명 이내에서 임기 시작 후 20일 범위내로 단체장 인수위원회를 자율적으로 구성한다.

(4) 권한

① 자치단체장의 일반적 권한

㉠ 통할·대표권 : '통할'이란 자치단체 사무 전반에 대하여 기본방향을 설정하고 종합성과 통일성을 확보하는 것이며 '대표'란 의사의 대외적 표시행위이다.

㉡ 관리·집행권 : 자치단체의 사무뿐만 아니라 법령에 의하여 그 단체의 장에게 위임된 사무도 처리하므로 자치단체의 사무보다 더 광범위한 사무를 관장하고 있다.

㉢ 지도·감독권 : 자치단체장은 소속 각급 행정관청을 지도·감독하며, 상급자치단체는 하급자치단체를 지도·감독한다.

㉣ 소속직원에 대한 임면 및 지휘·감독권

㉤ 규칙제정권 : 법령 또는 조례가 위임한 범위 안에서 규칙을 제정한다.

㉥ 사무의 위임, 위탁권 : 자치단체상은 조례나 규칙으로 정하는 바에 따라 그 권한에 속하는 사무의 일부를 보조기관, 소속 행정기관 또는 하부행정기관에 다시 위임하거나 다른 자치단체에 다시 위탁할 수 있다.

② 지방의회에 대한 권한

㉠ 자치단체장은 지방의회와의 관계에 있어서 총선거 후 최초로 집회되는 임시회 및 일반임시회의 소집요구권, 의회출석 및 진술권, 의안의 발의권, 부의안건의 공고권, 조례공포권, 선결처분권, 재의요구 및 제소권 등이 있다.

㉡ 선결처분권

ⓐ 자치단체장은 지방의회가 성립되지 아니한 때와 의회를 소집할 시간적 여유가 없거나 의회에서의 의결이 지체될 때에는 일정한 사항에 대하여 선결처분을 할 수 있다.

ⓑ 일정한 사항이란 재해복구, 전염병의 예방 등 주민의 생명과 재산보호를 위하여 긴급하게 필요한 경우나 국가안보상 긴급한 지원이 필요한 사항을 말한다.

ⓒ 선결처분은 지방의회에 지체 없이 보고하고 승인을 얻어야 하며 승인을 얻지 못한 때에는 그 때부터 효력을 상실한다.

㉢ 지방의회 의결에 대한 재의요구 및 제소권

ⓐ 재의요구사항

• 조례안에 이의가 있는 경우

• 지방의회의 의결이 월권 또는 법령에 위반되거나 공익을 현저히 해한다고 인정되는 때

• 지방의회의 의결에 예산상 집행할 수 없는 경비가 포함되어 있는 경우, 의무적 경비나 재해복구비를 삭감한 경우

• 지방의회의 의결이 법령에 위반되거나 공익을 현저히 해한다고 판단되어 주무부장관 또는 시도지사가 재의요구를 지시한 경우

ⓑ 재의결 시 대응 : 재의요구사항에 대하여 지방의회가 재적의원 과반수의 출석과 출석의원 2/3 이상의 찬성으로 전과 같은 의결을 하면 그 의결 사항은 확정되는데, 이 경우 자치단체장은 재의결된 날로부터 20일 이내에 대법원에 소를 제기할 수 있다.

▶ **지방자치단체장과 지방의회 상호간의 권한**

지방자치단체장이 지방의회에 대해 갖는 권한	지방의회가 자치단체장에 대해 갖는 권한
지방의회 의결에 대한 재의 요구 및 제소권	서류제출 요구권
자치단체장의 선결처분권	행정사무 감사 및 조사권
의안발안권	행정사무처리상황의 보고와 질문·응답권
임시회 소집요구권	예산·결산 승인권
의회해산권 없음	단체장에 대한 불신임권 없음

3. 보조기관

(1) 부단체장

① 의의

단체장을 보좌하기 위하여 부단체장을 두되, 광역의 경우 부시장 및 부지사는 국가직, 기초의 경우 부시장·부군수·부구청장은 지방직(지방 4급 내지 3급)이다.

② 권한

㉠ 권한대행 : 단체장의 권한을 부단체장이 유효하게 행사하는 것으로 지방자치단체의 장의 권한을 대행하는 부단체장은 법령과 당해 지방자치단체의 조례나 규칙이 정하는 바에 의하여 당해 지방자치단체의 장의 권한에 속하는 사무를 처리한다. 부단체장이 자치단체장의 권한대행을 하게 된 때에는 즉시 이를 지방의회에 통보하여야 하며 권한대행 사유는 다음과 같다.

ⓐ 지방자치단체장이 궐위된 경우

ⓑ 지방자치단체장이 공소제기된 후 구금상태에 있는 경우

ⓒ 지방자치단체장이 의료기관에 60일 이상 계속하여 입원한 경우

ⓓ 지방자치단체장이 당해 지방자치단체의장 선거에 입후보한 경우에는 예비후보자 또는 후보자로 등록한 날부터 선거일까지

㉡ 직무대리 : 자치단체의 장이 출장·휴가 등 일시적 사유로 직무를 수행할 수 없는 경우에는 부단체장이 그 직무를 대리한다.

(2) 행정기구 및 지방공무원

① 행정기구의 설치와 지방공무원의 정원은 인건비 등 대통령령으로 정하는 기준에 따라 그 지방자치단체의 조례로 정한다.

② 자치단체에는 법률로 정하는 바에 따라 국가공무원을 둘 수 있다.

4. 소속행정기관과 하부행정기관

(1) 소속행정기관

① 직속기관 : 자치단체는 소관 사무의 성격상 별도의 전문기관에서 수행하는 것이 효율적인 경우에는 대통령령이나 대통령령이 정하는 바에 따라 자치단체의 조례로 자치경찰기관(제주특별자치도에 한함), 소방기관, 교육훈련기관, 보건진료기관, 시험연구기관 및 중소기업지도기관 등을 직속기관으로 설치할 수 있다.

② 사업소 : 자치단체는 특정 업무를 효율적으로 수행하기 위하여 필요하면 대통령령으로 정하는 바에 따라 그 자치단체의 조례로 사업소를 설치할 수 있다.

③ 출장소 : 자치단체는 원격지 주민의 편의와 특정지역의 개발 촉진을 위하여 필요하면 대통령령으로 정하는 바에 따라 그 지방자치단체의 조례로 출장소를 설치할 수 있다.

④ 합의제 행정기관 : 자치단체는 그 소관 사무의 일부를 독립하여 수행할 필요가 있으면 법령이나 그 자치단체의 조례로 정하는 바에 따라 합의제행정기관을 설치할 수 있다. 합의제행정기관의 설치·운영에 관하여 필요한 사항은 대통령령이나 그 지방자치단체의 조례로 정한다.

⑤ 자문기관 : 자치단체는 그 소관 사무의 범위에서 법령이나 그 자치단체의 조례로 정하는 바에 따라 심의회·위원회 등의 자문기관을 설치·운영할 수 있다.

(2) 하부행정기관

① 하부행정기관의 장 : 자치시가 아닌 시에 시장, 자치구가 아닌 구에 구청장, 읍에 읍장, 면에 면장, 동에 동장을 둔다. 이 경우 면·동은 행정면·행정동을 말한다.

② 하부행정기관의 장의 임명 : 자치구가 아닌 구의 구청장은 일반직 지방공무원으로 보하되, 시장이 임명한다. 읍장·면장·동장은 일반직 지방공무원으로 보하되, 시장·군수 및 자치구의 구청장이 임명한다.

③ 하부행정기구 : 자치단체는 조례로 정하는 바에 따라 자치구가 아닌 구와 읍·면·동에 그 소관 행정 사무를 분장하기 위하여 필요한 행정기구를 둘 수 있다.

제 02 절 | 지방자치단체의 사무

1. 의의

1. 지방자치단체사무의 의의

지방자치단체사무는 지방자치단체가 그 목적을 수행하기 위하여 당연히 처리해야 할 공공행정사무를 의미한다.

2. 사무배분의 의의

사무배분이란 주민의 복리를 극대화하고 국가 전체의 균형적 발전을 도모하기 위하여 각종 행정기능의 처리권한 및 책임을 중앙정부와 각급 지방자치단체 간에 배분하는 것을 말한다.

2. 종류

1. 의의

(1) 종류

우리나라에서는 법적 성질에 따라 자치사무·단체위임사무·기관위임사무로 구분하며 행정 실무적으로는 자치사무·단체위임사무를 지방사무, 기관위임사무를 국가사무라 한다.

(2) 법령규정

① 자치사무와 위임사무 : 지방자치단체는 그 관할구역의 '자치사무'와 '법령에 의하여 지방자치단체에 속하는 사무'를 처리한다고 규정하여 자치사무와 단체위임사무의 근거를 두고 있다.

② 기관위임사무 : 시·도와 시·군·구에서 시행하는 국가사무는 법령에 다른 규정이 없는 한, 시·도지사와 시장·군수·구청장에게 위임하여 행한다.

2. 사무의 종류

(1) 자치사무(고유사무)

① 개념 : 자치사무란 지방자치단체가 자치권에 근거하여 지역주민의 공공복리를 위해 자기의사와 책임 하에 처리하는 자치단체의 본래적 사무로써 고유사무를 의미한다.

② 자치사무의 구분 : 공익상의 이유로 법령에 의해 그 시행이 강제되어 있는 필요사무와 법령에 특별한 규정이 없는 한 지방자치단체가 임의적으로 결정할 수 있는 수의(임의)사무가 있다. 자치사무는 수의사무가 원칙이나 교육법에 의한 각종학교의 설치·운영, 소방법에 의한 화제예방 및 소방사무, 전염병예방법에 의한 전염병 및 기타 질병의 예방과 방역사무 등은 필요사무로 되어 있다.

③ 특징

    ㉠ 자치사무에 대한 국가 또는 상급기관의 감독은 원칙적으로 배제되며, 합법적 감독이나 사후 교정적 감독과 같은 소극적 감독이어야 한다.

    ㉡ 소요경비는 원칙적으로 당해 지방자치단체가 부담한다.

    ㉢ 자치사무는 지방의회의 의결, 동의, 사후감독, 회계감사 등을 받는다.

    ㉣ 국고보조금을 받는 경우에는 장려적 보조금의 성격을 갖는다.

④ 종류 : 상·하수도, 시장, 공원과 운동장, 초등학교, 오물처리 및 청소, 도서관, 학교급식, 주민등록 사무(관례상) 등

(2) 단체위임사무

① 개념 : 단체위임사무는 개개의 법령에 의해 지방자치단체에 위임된 사무이다.

② 특징

    ㉠ 국가나 상급자치단체의 지도·감독은 법령상 광범위하며, 합법적 감독과 합목적적 감독도 가능하지만, 예방적 감독은 원칙적으로 제외된다.

    ㉡ 그 사무가 국가와 자치단체 상호산에 이해관계가 있거나, 국가 스스로 행해야 할 사무인 경우에는 국가가 경비의 전부 또는 일부를 부담하여야 한다.

    ㉢ 지방의회의 관여가 인정된다.

    ㉣ 국가로부터 교부받는 보조금은 부담금의 성격을 갖는다.

③ 종류 : 조세 등 공과금, 하천유지, 국도유지·수선, 보건소설치 및 운영, 예방접종사무, 생활보호 사무 등

(3) 기관위임사무

① 개념 : 기관위임사무란 국가 또는 상급자치단체가 자신의 사무를 직접 처리하지 않고 지방자치단체의 장에게 위임하여 처리하게 하는 사무이다. 기관위임사무는 위임한 법령에 의하여 내용이 정해지며, 포괄적 수권주의에 따라 개별 법령의 근거를 필요로 하지 않는다.

② 특징

    ㉠ 기관위임사무는 지방적 이해관계가 없는 국가사무이다.

    ㉡ 지방자치단체의 장은 국가 또는 상급지방자치단체의 하급행정기관의 지위에서 업무를 수행한다.

    ㉢ 국가와 상급지방자치단체는 기관위임사무에 대하여 적극적인 지도·감독권(사전적 예방감독권까지 포함)을 갖게 되며, 자치단체장이 기관위임사무의 집행을 해태한 경우 감독관청은 직무이행명령과 대집행을 할 수 있다.

    ㉣ 수임주체는 지방자치단체가 아닌 그 집행기관이므로 지방의회는 원칙적으로 관여할 수 없다.

    ㉤ 경비는 전액 국가가 부담하며, 보조금은 의무적 위탁금 또는 교부금의 성격을 띤다.

③ 종류 : 우리나라 위임사무의 대부분이 기관위임사무이며, 경찰사무, 병사사무, 대통령·국회의원 선거사무, 인구조사, 국세조사, 각종 인·허가사무 등이 이에 속한다.

4. 사무의 비교

구분	자치사무	단체위임사무	기관위임사무
개념	전국적 이해관계가 없는 지방의 고유사무	부분적으로 지방적 이해관계가 있는 사무를 자치단체와 지방의회에 위임	직접적으로는 지방적 이해관계가 없는 국가사무를 자치단체장에 위임
비용부담	지방자치단체 부담 (국가보조가능 – 보조금)	일부 국가부담 (부담금)	전액 국가보조 (교부금)
감독관계	소극적 감독 (교정적 감독)	소극적·합목적적 감독 (예방적 감독은 배제)	사전적·적극적 감독 (합목적·예방적 감독)
의회의 관여	가능	가능	사무수행에 필요한 경비부담에 관한 사항 이외는 관여불가능
이해관계	지방	국가 및 지방	국가
예	상·하수도, 시장, 공원과 운동장, 초등학교, 오물처리 및 청소, 도서관, 학교급식, 주민등록사무(관례상) 등	조세 등 공과금, 하천유지, 국도유지·수선, 보건소설치 및 운영, 예방접종사무, 생활보호 사무 등	경찰사무, 병사사무, 대통령·국회의원 선거사무, 인구조사, 국세조사, 각종 인·허가사무 등

3. 사무배분

1. 방식

(1) 개별적 지정방식

① 개념 : 지방자치단체가 처리할 수 있는 권한사항을 국가의 특별법에 의하여 개별적으로 부여하는 유형으로서 개개의 자치단체별로 특별법을 통하여 자치적으로 수행할 수 있는 사무를 개별적으로 지정하는 방식이다. 주로 주민자치제도를 채택하고 있는 국가에서 활용하고 있다.

② 장·단점

장점	㉠ 중앙과 자치단체 간, 광역과 기초자치단체간 사무배분과 그 한계가 명확하고, ㉡ 각 자치단체의 개별적 특수성에 입각한 자치행정이 가능하다.
단점	㉠ 사무범위에 대한 신축성의 결여로 행정수요에 대한 탄력적 대응이 어려우며, ㉡ 사무배분을 위한 계속적인 개별법의 제·개정이 요구됨으로 많은 시간과 노력의 낭비와 행정상의 혼란을 야기할 우려가 있다.

(2) 포괄적 수권방식

① 개념 : 법률이 특히 금지한 사항이나 중앙정부가 반드시 처리해야 할 사항을 제외하고는, 지방자치에 관한 일반법에 자치단체의 구별 없이 모든 자치단체에 사무를 포괄적으로 배분하는 방식으로서, 단체자치를 채택하고 있는 독일·프랑스 등 유럽 국가들에서 사용한다.

② 장·단점

장점	㉠ 권한부여방식이 간편하고, ㉡ 사무처리에 상당한 재량이 부여되며, ㉢ 각 지방자치단체의 특수한 행정·재정수요 및 능력에 적합한 행정이 가능하도록 융통성과 신축성을 부여한다.
단점	㉠ 중앙정부와 자치단체 간 사무구분이 불명확하고, ㉡ 자치사무와 위임사무의 한계가 모호하여 사무처리의 중복이나 상급단체의 지나친 통제·감독을 초래하기 쉽다.

2. 원칙

(1) 일반적인 원칙

① 현지성의 원칙(기초자치단체 우선의 원칙) : 지방행정을 민주적으로 실시하기 위하여 지역사회에 가깝고 주민의 통제가 용이한 기초자치단체에 가능한 한 많이 배분하여야 한다는 원칙이다.

② 보충성 원칙 : 해당지역의 문제는 당해 지역의 주민과 자치단체에 의해 우선적으로 처리하되, 광역자치단체나 국가는 사후에 보충적으로 이를 담당해야 한다는 원칙이다.

③ 능률성(경제성)의 원칙 : 자치단체의 행정적·재정적 능력을 감안하여 최소비용으로 최대의 성과를 얻을 수 있는 자치단체에 사무를 배분하여야 한다.

④ 책임명확화(비경합성)의 원칙 : 사무의 처리와 소속의 책임을 명확히 하여 배분하여야 한다.

⑤ 종합성 원칙 : 특정 기능을 수행하는 특별지방행정기관보다는 종합적 기능을 수행하는 자치단체에 배분하여야 한다.

(2) 우리나라의 사무배분의 기본원칙(지방자치법상의 원칙)

① 국가는 지방자치단체가 사무를 국가와 지방자치단체 간 또는 지방자치단체 상호 간의 사무를 서로 중복되지 아니하도록 배분하여야 한다(비경합성의 원칙).

② 국가는 지역주민생활과 밀접한 관련이 있는 사무는 원칙적으로 시·군 및 자치구의 사무로, 시·군 및 자치구가 처리하기 어려운 사무는 시·도의 사무로, 시·도가 처리하기 어려운 사무는 국가의 사무로 각각 배분하여야 한다(보충성 원칙).

③ 국가가 지방자치단체에 사무를 배분하거나 지방자치단체가 사무를 다른 지방자치단체에 재배분할 때에는 사무를 배분받거나 재배분 받는 지방자치단체가 그 사무를 자기의 책임 하에 종합적으로 처리할 수 있도록 관련 사무를 포괄적으로 배분하여야 한다(포괄적 배분의 원칙).

(3) 자치분권 영향평가 제도 도입

법령 및 조례·규칙 제·개정시 사무배분 적정성, 자치권 침해 여부 등에 대한 영향평가를 실시하도록 하고 자치단체의 의견수렴 절차를 제도화하였다.

3. 지방자치법상의 사무배분

(1) 국가가 처리하여 할 사무

① 국가의 존립·유지에 필요한 사무(외교, 국방, 사법, 국세, 선거, 경찰 등)

② 전국적으로 통일적 처리를 요하는 사무(물가정책, 금융정책, 수출입정책 등)

③ 전국적 규모의 사무(농림·축·수산물 및 양곡의 수급조절과 수출입 등)

④ 전국적 규모 또는 이와 비슷한 규모의 사무(국가종합경제개발계획, 국가하천, 국유림, 국토종합개발계획, 지정항만, 고속국도·일반국도, 국립공원, 우편, 철도 등)

⑤ 전국적으로 기준의 통일 및 조정을 요하는 사무(근로기준, 측량단위 등)

⑥ 고도의 기술을 요하여 지방자치단체의 기술 및 재정능력으로 감당하기 어려운 사무(검사·시험·연구, 항공관리, 기상행정, 원자력 개발 등)

⑦ 사회보장적 사무(실업대책, 사회보장, 생활보호기준의 설정 등)

⑧ 지방자치단체 간 조정 사무

(2) 지방자치단체의 사무

① 포괄적 예시주의 : 지방자치법은 6개의 사무영역과 57개의 사무를 예시하고 있다.

② 시·도의 사무

㉠ 행정처리 결과가 2개 이상의 시·군 및 자치구에 미치는 광역적 사무

㉡ 시·도 단위로 동일한 기준에 따라 처리되어야 할 성질의 사무

㉢ 지역적 특성을 살리면서 시·도 단위로 통일성을 유지할 필요가 있는 사무

㉣ 국가와 시·군 및 자치구간의 연락·조정 등의 사무

㉤ 시·군 및 자치구가 독자적으로 처리하기에 부적당한 사무

㉥ 2개 이상의 시·군 및 자치구가 공동으로 설치하는 것이 적당하다고 인정되는 규모의 시설의 설치 및 관리에 관한 사무

③ 시·군·자치구의 사무 : 시·도가 처리하는 것으로 되어 있는 사무를 제외한 사무. 다만, 인구 50만 이상의 시는 도가 처리하는 사무의 일부를 직접 처리할 수 있다.

1. 교육자치

1. 의의

(1) 교육자치의 의의

① 지방교육자치에 관한 법률의 규정에서 교육의 자주성과 전문성 및 정치적 중립성, 지방교육의 특수성을 보장한다는 지방교육자치를 천명하고 있다. 우리나라는 광역자치단체에 교육감과 교육위원회를 둠으로써 교육자치제도를 시행하고 있다.

② 지방교육자치는 교육의 자주성과 전문성 및 정치적 중립성을 확보할 수 있도록 독자적 기관에 의한 자율과 책임 하에 교육관리가 이루어지는 제도를 마련하려는 것이다.

(2) 교육자치의 원리

① 지방분권의 원리 : 지방교육은 중앙정부의 통제를 지양하고 지방의 특성이 고려되어야 한다. 즉, 지방교육에 관한 사무는 국가로부터 독립된 기구에 의해 결정되고 집행되어야 한다.

② 분리·독립의 원리 : 교육은 가치창조적 활동이기 때문에 외부 간섭이나 통제로부터 벗어나야 한다. 이는 교육활동의 특수성 내지 전문성을 중시하는 원리로서, 교육에는 어떠한 외부적인 통제나 정치적 이용 또는 당파적 방편이 허용되어서는 아니 됨을 강조한다.

③ 전문적 관리의 원리 : 교육은 전문적인 지식과 기술을 갖춘 요원들에 의하여 관리되어야 한다. 나아가 교육자들의 판단과 결정이 존중되어야 하며, 교사들의 자율성이 보장되어야 한다.

④ 주민에 의한 통제의 원리 : 교육의 민주성을 중시하여 주민들의 요구에 부응하는 교육이 되어야 한다. 그러기 위해서는 교육정책과정과 집행과정에 주민들이 최대한 참여해야 한다.

2. 유형

(1) 분리형(미국)

① 의의 : 교육자치조직을 일반자치조직과 별도로 설치하는 유형으로서, 학교구(school district)라는 특별자치단체가 일반자치단체로부터 분리되어 교육을 전문적으로 수행한다.

② 장·단점 : 교육의 전문성과 중립성을 높이고 주민의사를 충분히 반영한다는 장점이 있는 반면, 교육조직을 행정조직과 별도로 운영함에 따라 행정·재정상의 혼란과 낭비를 초래할 수 있다.

(2) 통합형(영국)

① 의의 : 지방교육조직을 일반행정조직에 통합시켜 일반행정과 교육행정이 밀접한 관계를 가지고 수행되는 유형으로서, 영국의 경우 의결 및 집행기능을 수행하는 지방의회의 분과위원회로서 교육위원회를 두고 여기서 교육사무를 처리한다.

② 장·단점 : 분리형과 반대

(3) 절충형(일본)

자치단체의 의결기관은 하나이되, 집행기관은 일반집행기관인 자치단체의 장과 교육사무집행기관을 이원적으로 설치하는 유형이다.

3. 우리나라의 교육자치제

(1) 시·도 단위의 교육자치 실시

지방자치단체의 교육·학예사무는 특별시·광역시·도의 사무로 한다.

(2) 지방교육자치기관

의결기관으로서 시·도의회 상임위원회(교육위원회

교육위원이 과반수가 되도록 시·도의회 의원과 교육위원으로 구성, 교육·학예사무에 관한 한 교육위원회의 의결을 지방의회의 의결로 봄)와 집행기관으로서 교육감

(3) 교육감

임기 4년(계속 재임3기), 주민의 직접선거로 선출 ➡ 교육감의 하급행정청으로 교육청

(4) 교육자치조직에 대한 주민통제 - 주민소환제 도입

교육감에 대한 주민소환제를 도입하였다.

2. 자치경찰제도

1. 의의

(1) 경찰기능을 국가가 수행하는지 자치단체가 수행하는지는 각국의 전통에 따라 다양하다.

(2) 경찰기능 가운데 개인안전기능은 개인의 신체와 재산을 위해로부터 보호하고 시민생활과 관련된 활동으로서 국민에게 편익을 제공하기 위해 최대한의 서비스를 제공하는 기능을, 사회안전 및 질서유지기능은 국가와 사회의 질서와 안전을 유지하는 기능을 의미한다.

(3) 국가경찰만으로 구성되어 있는 일원적 구조 하에서는 개인안전기능보다 사회안전기능의 기능을 중시하는 경향이 있다는 점에서 자치경찰제도의 인정에 대한 의의가 있다.

2. 경찰유형

(1) 국가경찰(유럽 대륙계)

경찰기능을 국가가 수행하며 전국적으로 통일된 경찰행정을 수행한다. 경찰조직이 중앙정부의 관할 하에 있고, 주로 전국적 소요진압 등 시국치안에 중점을 둔다.

(2) 자치경찰(영미계)

경찰기능을 지방자치단체가 수행한다. 경찰조직이 지방정부의 관할 하에 있고, 주민의 권리보호를 중심으로 하는 민생치안·생활치안에 중점을 둔다.

(3) 절충형

경찰기능이 국가적 성격과 지방적 성격을 공유하고 있다는 전제아래 국가경찰과 자치경찰의 균형과 조화를 이루는 제도를 의미한다.

(4) 국가경찰제과 자치경찰제의 비교

구분	국가경찰제	자치경찰제
의의	국가가 설립·조직·관리하고 그 권한과 책임이 국가에 귀속되는 경찰형태	지방자치단체가 설립·조직·관리하고 그 권한과 책임이 지방자치단체에 귀속되는 경찰형태
수단	권력적 명령·강제가 주된 수단	권력적 명령·강제보다는 비권력적 수단 중시
장점	① 국가권력을 배경으로 보다 강력한 집행력 행사가 가능 ② 조직의 통일적 운영 ③ 타 행정부문과 협조·조정 원활 ④ 전국적으로 균등한 경찰서비스 제공	① 지방자치단체별로 독립되어 있어 조직·운영의 개혁 용이 ② 주민의견 수렴이 용이하고 경찰과 시민의 유대 강화 ③ 각 지방의 특성에 적합한 경찰행정 ④ 재원과 책임을 분담
단점	① 각 지방의 실정에 적합한 치안행정 곤란 ② 정부의 특정정책의 수행에 이용되어 경찰본연의 임무를 벗어날 우려가 있음	① 강력한 집행력 행사가 곤란 ② 전국적·광역적·통일적 경찰활동에 부적합 ③ 지역별 불균등한 경찰서비스 제공

3. 우리나라의 경찰제도

(1) 우리나라의 경우 국가경찰과 자치경찰의 이원적 운영으로 절충형에 해당한다.

(2) 국가경찰위원회와 자치경찰위원회

국가경찰위원회	자치경찰위원회
행정안전부소속	시·도지사소속
위원은 대통령이 임명	위원은 시·도지사가 임명
국가경찰행징 심의·의결	자치경찰행정 심의·의결

(3) 자치경찰의 사무

① 지역 내 주민의 생활안전 활동에 관한 사무

㉠ 생활안전을 위한 순찰 및 시설의 운영

㉡ 주민참여 방범활동의 지원 및 지도

㉢ 안전사고 및 재해·재난 시 긴급구조지원

㉣ 아동·청소년·노인·여성·장애인 등 사회적 보호가 필요한 사람에 대한 보호 업무 및 가정폭력·학교폭력·성폭력 등의 예방

　　　　ⓤ 주민의 일상생활과 관련된 사회질서의 유지 및 그 위반행위의 지도·단속.

　　　　ⓥ 그 밖에 지역주민의 생활안전에 관한 사무

　　② 지역 내 교통활동에 관한 사무

　　　　㉠ 교통법규 위반에 대한 지도·단속

　　　　㉡ 교통안전시설 및 무인 교통단속용 장비의 심의·설치·관리

　　　　㉢ 교통안전에 대한 교육 및 홍보

　　　　㉣ 주민참여 지역 교통활동의 지원 및 지도

　　　　㉤ 통행 허가, 어린이 통학버스의 신고, 긴급자동차의 지정 신청 등 각종 허가 및 신고에 관한 사무

　　　　㉥ 그 밖에 지역 내의 교통안전 및 소통에 관한 사무

　　③ 지역 내 다중운집 행사 관련 혼잡 교통 및 안전 관리

　　④ 다음의 어느 하나에 해당하는 수사사무

　　　　㉠ 학교폭력 등 소년범죄

　　　　㉡ 가정폭력, 아동학대 범죄

　　　　㉢ 교통사고 및 교통 관련 범죄

　　　　㉣ 「형법」 제245조에 따른 공연음란 및 「성폭력범죄의 처벌 등에 관한 특례법」 제12조에 따른 성적 목적을 위한 다중이용장소 침입행위에 관한 범죄

　　　　㉤ 경범죄 및 기초질서 관련 범죄

　　　　㉥ 가출인 및 「실종아동 등의 보호 및 지원에 관한 법률」 실종아동 등 관련 수색 및 범죄

(4) 시·도자치경찰위원회

　　① 시·도자치경찰위원회는 위원장 1명을 포함한 7명의 위원으로 구성하되, 위원장과 1명의 위원은 상임으로 하고, 5명의 위원은 비상임으로 한다.

　　② 시·도자치경찰위원회 위원은 다음 각 호의 사람을 시·도지사가 임명한다.

　　　　㉠ 시·도의회가 추천하는 2명

　　　　㉡ 국가경찰위원회가 추천하는 1명

　　　　㉢ 해당 시·도 교육감이 추천하는 1명

　　　　㉣ 시·도자치경찰위원회 위원추천위원회가 추천하는 2명

　　　　㉤ 시·도지사가 지명하는 1명

　　③ 시·도자치경찰위원회 위원장과 위원의 임기는 3년으로 하며, 연임할 수 없다.

1. 의의

1. 개념과 기능

(1) 개념

지방재정이란 지방자치단체의 존립목적을 달성하기 위하여 재화를 강제적 또는 비강제적으로 획득하고 관리하는 일련의 활동을 말한다. 지방자치단체가 원활한 지방행정의 수행을 위해서는 재정력이 필수요소인데 그 동안 우리나라의 지방자치의 가장 큰 문제점은 수직적·수평적 재정력의 격차이다.

(2) 기능

지방재정의 주요한 기능으로 언급되는 것은 자원배분기능이다. 이는 국가의 기능이 효율성, 공평성, 경제안정 등 포괄적 기능을 수행하는 반면, 지방재정은 효율성이 상대적으로 강조된다는 것이다.

2. 특징

(1) 일반적 특징

① 자주성 : 지방재정은 스스로 지방세를 부과·징수하여 예산을 편성하는 것으로서 지방자치의 필수적인 요소이다.

② 제약성(타율성) : 지방재정의 자주성은 국가에 의해 한정된 범위에서 인정된다. 지방세의 세목과 세율은 법률로 결정되며, 대부분의 사용료와 수수료가 정부방침에 의해 통제된다.

③ 응익성 : 국가재정이 응능성(부담 능력에 따른 조세주의)인데 비해서, 지방재정은 응익성(행정서비스로부터 받은 이익에 따른 부담주의)이 강하다. 예를 들면 도시계획, 상하수도, 오물처리, 증명서 발급 등 직접 서비스 제공에 있어서 수익자로부터 목적세나 사용료·수수료·부담금 등을 징수한다.

④ 다양성 : 국가재정이 단일주체인데 대해서 지방자치단체는 면적, 인구, 기능, 산업구조 등이 다양하며 이러한 특성 때문에 지방재정의 개선이 어렵다.

⑤ 불균형성 : 지방자치단체는 지역별 자원의 분포나 개발정도, 입지산업의 유형에 따라 지역발전과 소득의 격차가 나타나게 된다.

(2) 국가재정과의 비교

구 분	국가재정	지방재정
재정의 기능	포괄적 기능(자원배분기능, 소득재분배기능, 경제안정화기능)	자원배분기능(지방공공재 공급)에 치중
서비스의 성격	순수공공재적 성격	'비경합성과 비배제성'이 상대적으로 작은 공공재(준공공재)
재원조달 방식	조세 의존적	다양한 세입원(조세뿐만 아니라 수수료 등 세외수입과 각종 의존재원)
보상 관계	일반적 보상관계 위주	개별적 보상관계 첨가
부담 구조	능력중심의 응능부담의 원칙이 중시	편익중심의 응익부담의 원칙의 가미
평가기준	공평성	효율성

3. 구조

(1) 지방재정의 세입

각급 지방자치단체는 원활한 경비지출활동을 위하여 지속적인 재원확보의 노력을 하게 되는데, 이러한 지방수입을 회계연도별로 구분하여 1회계연도에 소요되는 모든 재원을 지방세입이라 한다.

(2) 지방세입의 종류

① 자주재원과 의존재원(수입의 조달방법)

ㄱ 자주재원 : 지방자치단체가 직접 징수하는 수입으로, 자체수입이라고도 한다. 지방세와 세외수입으로 구성된다.

ㄴ 의존재원 : 국가나 상급자치단체로부터 제공받는 수입으로 지방교부세, 국고보조금으로 구성된다.

② 일반재원과 특정재원(지출용도의 특정여부)

ㄱ 일반재원 : 자금용도가 정해져 있지 않고 지방자치단체가 그 예산과정을 통하여 용도를 결정 할 수 있는 재량의 범위가 넓은 재원이다. 지방세 중 보통세, 세외수입, 지방교부세 등이 해당된다.

ㄴ 특정재원 : 자금용도가 지정되어 있어서 지방자치단체가 임의로 자금용도를 결정할 수 없는 재원이며 목적세, 국고보조금 등이 해당된다.

③ 경상재원과 임시재원(수입의 안정성과 규칙성여부)

ㄱ 경상재원 : 회계연도마다 계속적·안정적으로 확보할 수 있는 재원을 의미하며, 지방세, 사용료·수수료, 보통교부세, 징수교부금 등이 포함된다.

ㄴ 임시재원 : 회계연도에 따라 불규칙적·가변적 확보할 수 있는 재원을 말하며, 특별교부세, 분담금, 기부금, 전입금, 이월금, 지방채, 변상금, 재산매각수입 등이 여기에 해당된다.

2. 자주재원

1. 지방세

(1) 개념

지방세란 자치단체가 지방재정수요를 충당하기 위하여 주민 또는 이와 동일한 지위에 있는 자(법인)로부터 특정한 개별적 보상이나 반대급부 없이 강제적으로 징수하는 재원이다.

(2) 원칙

재정수입의 측면	① 충분성의 원칙 : 지방재정수요를 충족시키는 데 충분한 수입을 확보할 것 ② 보편성의 원칙 : 각 자치단체의 세원이 보편적으로 존재할 것 ③ 신장성의 원칙 : 자치단체의 발전에 따라 자치단체의 세입도 증가될 것 ④ 안정성의 원칙 : 경기변동에 관계없이 세수가 안정적으로 확보될 것
주민부담의 측면	① 부담분임의 원칙 : 전 주민이 지방세를 부담할 것 ② 응익성의 원칙 : 주민이 향유하는 편익을 근거로 비용을 부담할 것
세무행정의 측면	① 자주성의 원칙 : 중앙정부로부터 독자적인 과세주권이 확립될 것 ② 편의 및 최소비용의 원칙 : 징세가 간편하고 경비가 적게 들 것 ③ 확실성의 원칙 : 징세가 확실히 시행될 것 ④ 정착성(국지성, 지역성)의 원칙 : 세원은 가급적 이동이 적고 일정한 지역 내에 정착되어 있을 것

(3) 종류

① 용도에 따른 구분

　㉠ 보통세 : 용도의 구분 없이 징수하는 조세

　㉡ 목적세 : 특정한 세출에 충당하기 위해서 특별히 부과하는 조세

② 과세주체에 따른 지방세 체계

구 분	특별시 · 광역시세	도세	자치구세	시 · 군세
보통세 (9개)	취득세, 레저세, 주민세, 자동차세, 지방소득세, 지방소비세, 담배소비세	취득세, 등록면허세, 레저세, 지방소비세	등록면허세 재산세	주민세, 재산세 자동차세, 지방소득세, 담배소비세
목적세 (2개)	지역자원시설세, 지방교육세	지역자원시설세, 지방교육세		

(4) 우리나라 지방세제의 문제점

① 과세 자주권 결여 : 현행 지방세제는 세목의 결정권이 없으며, 과세표준과 세율의 결정에 있어 부분적인 결정권만이 인정되고, 세율적용의 상한선이 정해져 있어 지방자치단체의 과세자주권은 상당한 제약을 받고 있다.

② 세목은 많으나 세원이 빈약 : 세목은 국세와 비슷하나, 실제로는 거의 과반수 세목이 재원조달기능 역할을 수행하지 못함으로써 세원이 빈약한 실정이다.

③ 세원의 지역 간 편차가 심함 : 대도시에의 지방세원의 편재는 지역 간·자치단체 간 재정불균형을 심화시키고 있다.

④ 세수신장률이 낮음 : 현행 지방세제는 지역경제발전의 산물인 소득과세나 소비과세보다 재산과세위주로 되어 있어 세수의 신장성이 부족하다.

⑤ 획일적인 세율의 적용 : 지방세 부담의 균형화를 도모하기 위해 세목·세율·과세방법 등을 전국에 걸쳐 획일적으로 적용하고 있다.

2. 세외수입

(1) 의의

① 개념 : 세외수입은 일반적으로 자치단체의 자체 세입원 중에서 지방세 수입을 제외한 나머지 수입을 지칭한다. 지방재정의 자주적 기반을 뒷받침해 주는 중추적 세입원이다.

② 특징 : 공동시설의 사용, 행정서비스 제공 등 특정 서비스에 대한 반대급부로서 응익적 요소를 내포하며, 재원조달에 있어 마찰이나 저항이 적다.

(2) 종류

① 사용료와 수수료

㉠ 사용료 : 공공시설을 사용함으로써 얻는 편익에 대해 대가로서 징수하는 공과금을 의미한다(예 : 지하철요금).

㉡ 수수료 : 지방자치단체의 활동에 의하여 개별적 수익을 받는 자에게 그 비용의 일부분을 징수하는 공과금(예 : 주민등록등본 등의 발급 수수료 등)을 말한다.

② 분담금과 부담금

㉠ 분담금 : 자치단체의 사업에 의하여 이익을 얻는 자나, 그 사업을 하게 만든 원인을 만든 자에게, 그 사업의 경비 일부분을 감당하게하기 위해 부과하는 것을 말한다.

㉡ 부담금 : 시·도가 사업을 하는 경우 이익을 얻게 되는 시·군 및 자치구로 하여금 사업시행에 필요한 경비의 일부분을 부담하게 하는 것이다.

③ 재산수입 : 지방자치단체가 소유하는 보통재산 또는 이에 준하는 재산의 임대 또는 매각에 의한 수입을 말한다.

④ 징수교부금 : 시·군·자치구가 국가나 시·도의 위임을 받아 국세와 상급자치단체의 지방세 및 사용료를 징수해 주는 경우, 징수위임기관인 국가 또는 상급자치단체가 시·군 및 자치구에 교부하는 자금이다.

⑤ 기타 세외수입

　　㉠ 이월금 : 동일한 회계에 있어서 전년도에 생긴 잉여금 중에서 금년도로 이월된 금액을 의미한다.

　　㉡ 기부금 : 주민·기업으로부터 그 자발적 의사에 따라 일정한 금액이 그 용도를 지정하거나 또는 지정함이 없이 지방자치단체에 납입되는 것을 말한다.

　　㉢ 전입금 : 당해 지방자치단체의 다른 회계 또는 기금으로부터의 자금의 이동으로 생기는 회계조작상의 수입을 지칭한다.

　　㉣ 잡수입 : 사업장의 생산품 매매수입이다.

3. 의존재원(지방재정조정제도)

1. 의의

(1) 개념

지방재정조정제도란 지방자치단체의 기능수행에 필요한 자체 재원의 부족분을 보충해주고 각 자치단체 간 재정적 불균형을 조정해주는 제도이다. 즉 정부 간의 재정적 협력을 포괄하는 의미로서 ① 중앙정부가 지방자치단체에게 ② 광역자치단체가 기초자치단체에게 ③ 동급 자치단체 간에 재원을 공여하거나 또는 단체 간의 재원 불균형을 조정해줌으로써 지방자치단체의 바람직한 역할 수행을 뒷받침해주려는 재원이전장치이다.

(2) 기능

① 재정력편차의 시정 : 지방자치단체 간의 재정력의 격차로 인하여 발생하는 재정불균형을 조정하는 기능을 수행한다.

② 지방재원의 보장 : 국민최저수준(national minimum)의 유지에 필요한 재원을 보장함으로서 국가적 차원에서의 균질화를 가능하게 한다.

③ 수직적 재정조정 : 중앙정부는 지방재정조정제도를 통하여 지방자치단체상호 간의 재정불균형을 조정할 뿐만 아니라 중앙과 지방간의 수직적 재정조정기능을 한다.

④ 외부효과 시정 : 지방자치단체가 급부하는 공공서비스의 제공에의 비용을 부담하나 혜택을 누리지 못하거나, 편익의 누출(무임승차자의 문제)이 있는 경우 등의 외부성이 발생하는 경우 보조금의 교부를 통해 편익과 비용의 불균형을 시정한다.

2. 지방교부세

(1) 의의

① 개념 : 지방자치단체간의 재정격차를 완화하고 전국적인 최저수준을 확보하기 위하여 지방자치단체의 재정수요에 필요한 부족재원을 국가가 지방자치단체에 보전해 주는 재원이다.

② 기능 : 지방자치단체의 일반재원으로 자치단체의 재정자율성을 제고하는 기능을 한다.

③ 지방교부세는 국가가 자의적으로 교부할 수 없고 내국세 총액의 19.24%와 종합부동산세 전액, 담배에 부과되는 개별소비세 총액의 100분의 45를 재원으로 하고 있으므로 모든 자치단체가 공유하는 독립재원이다.

(2) 종류

① 보통교부세

㉠ 의의 : 용도가 정해지지 않은 자금(일반재원)으로서, 지방교부세의 대부분을 차지한다. 행정안전부장관이 분기별로 교부하며 자치단체는 이를 일반재원으로 사용할 수 있다.

㉡ 재원 : 교부세총액(내국세총액의 19.24%)의 97%(100분의 97)

㉢ 교부기준 : 매년도의 기준재정 수입액이 기준재정 수요액에 미달하는 자치단체에 대하여 그 미달액을 기초로 하여 교부하되, 교부세 총액이 재정부족액을 정확히 계산하지 못하므로 이를 조정하기 위한 비율인 조정률을 계산하여 보통교부세액이 산정된다.

② 특별교부세

㉠ 의의 : 용도가 정해진 자금(특정재원)으로서, 특별한 재정수요가 발생할 경우 행정안전부장관이 수시로 배정한다. 행정안전부장관은 자치단체장이 특별교부세의 교부신청을 하는 경우에 교부하며 행정안전부장관이 필요하다고 인정하는 경우에 신청이 없는 경우에도 교부할 수 있다. 투명성을 제고하기 위하여 민간에 지원하는 보조사업에 대하여는 교부할 수 없다.

㉡ 재원 : 교부세총액(내국세총액의 19.24%)의 3%(100분의 3)

㉢ 교부기준

ⓐ 기준재정수요액으로는 산정할 수 없는 특별한 재정수요 발생 시 교부

ⓑ 재난 복구 및 안전관리를 위한 특별한 재정수요 발생 시 교부

ⓒ 국가적 장려, 국가와 지방간 시급한 협력, 역점시책, 재정운용실적 우수 시 등 교부

③ 소방안전교부세

㉠ 의의 : 자치사무인 소방업무와 관련한 지방예산 부족을 보전하기 위하여 2015년부터 신설한 교부세로서 국세인 '담배부과 개별소비세'의 45%를 재원으로 하는 특정재원이며 행정안전부장관이 관리한다. 행정안전부장관은 지방자치단체의 소방 및 안전시설 확충, 안전관리 강화 등을 위하여 소방안전교부세를 시·도에 전액 교부하여야 한다.

㉡ 대상사업과 교부기준

ⓐ 대상사업 : 소방분야(소방시설 확충 및 소방안전관리 강화)와 안전분야(안전시설 확충 및 안전관리 강화)

ⓑ 교부기준 : 소방 및 안전시설 현황과 투자 소요 40%, 재난예방 및 안전강화 노력 40%, 재정여건 20%

④ 부동산교부세

㉠ 의의 : 국세인 종합부동산세 총액을 예산에 매년 계상하여 자치단체에 전액 교부하되, 교부기준은 재정여건과 지방세 운영상황 등을 감안하여 대통령령으로 정한다.

ⓛ 교부기준

ⓐ 특별자치시·시·군·자치구 : 재정여건 50%, 사회복지 35%, 지역교육 10%, 부동산 보유세 규모 5%

ⓑ 제주특별자치도 : 부동산교부세 총액의 1천분의 18(1.8%)에 해당하는 금액

▶ **지방교부세의 종류**

종류	개념		재원	용도
보통 교부세	재정력지수(기준재정수입액/기준재정수요액)가 1 이하인 자치단체에 교부		[내국세 총액의 19.24%＋정산액]의 100분의 97	일반 재원
특별 교부세	① 기준재정수요액으로는 산정할 수 없는 특별한 재정수요 발생 시 교부	40/100	[내국세 총액의 19.24%＋정산액]]의 100분의 3	특정 재원
	② 재난 복구 및 안전관리를 위한 특별한 재정수요 발생 시 교부	50/100		
	③ 국가적 장려, 국가와 지방간 시급한 협력, 역섬시책, 재정운용실적 우수 시 등 교부	10/100		
소방안전 교부세	소방 및 안전시설 확충, 안전관리 강화 등을 위하여 교부		담배 개별소비세 총액의 100분의 45＋정산액	특정 재원
부동산 교부세	재정여건 및 지방세 운영상황 등을 고려하여 교부		종합부동산세 전액＋정산액	일반 재원

3. 국고보조금

(1) 의의

국가가 시책 상 또는 자치단체가 재정사정 상 필요하다고 인정될 때 그 자치단체의 행정수행에 소요되는 경비의 일부 또는 전부를 충당하기 위하여 용도를 지정하여 교부하는 자금이다.

(2) 특징

국고보조금은 ① 특정재원(용도 지정), ② 의존재원(국가로부터의 교부에 의존), ③ 무상재원(반대급부 수반하지 않는 일방적 급부금) 등의 특징을 가지고 있다.

(3) 유형

① 협의의 보조금(장려적 보조금) : 국가가 시책 상 또는 자치단체의 재정사정상 특히 필요하다고 인정될 때에 용도를 특정하여 교부하는 자금(고유사무에 대한 임의적·장려적 보조금)으로서 국가가 특정한 행정사무의 집행을 장려하거나(장려적 보조금) 지방재정의 어려움을 지원하기 위하여 교부하는 경비(재정지원적 보조금)이다.

② 교부금(위탁금) : 국가가 스스로 해야 할 사무를 자치단체 또는 그 기관에 위임하여 수행하는 경우 국가가 그 소요경비를 전액 교부하는 자금(기관위임사무에 대한 의무적 보조금)이다.

③ 부담금 : 자치단체 또는 그 기관이 법령에 의하여 처리하여야 할 사무로서, 국가와 자치단체 간의 상호이해관계가 있는 경우 그 원활한 처리를 위하여 국가가 그 경비의 전부 또는 일부를 부담하는 자금(단체위임사무에 대한 의무적 보조금)이다.

(4) 효용과 문제점

① 효용으로는 ⊙ 행정수준의 전국적 통일성의 확보에 적합, ⓒ 공공시설 및 사회자본의 계획적·적극적 정비 추진, ⓒ 특정 행정수요에 대한 재원의 보전, ⓔ 행정서비스의 지역 확산에 따른 형평성 제고 등이다.

② 문제점은 ⊙ 지방재정의 자주성을 저해, ⓒ 보조금의 영세성과 세분화에 따른 재정자금의 비효율적 이용, ⓒ 교부절차의 복잡성, ⓔ 보조금 지급조건의 획일적 결정, ⓜ 대부분 정률보조로 지방비 부담과중으로 인한 지방재정의 압박 등이다.

▶ **지방교부세와 국고보조금의 비교**

구분	지방교부세	국고보조금
재원	내국세총액의19.24%(일반회계)＋종합부동산세전액＋담배소비세45%	국가의 일반회계 또는 특별회계예산에서 지원
용도	일반재원 : 기본행정수요경비	특정재원 : 국가시책 및 정책적 고려
배정 방식	재정부족액(법정 기준)	국가시책 및 계획과 정책적 고려
기능	재정의 형평화	자원배분기능
근거	지방교부세법	보조금 관리에 관한 법률
지방비 부담	없음(정액보조)	있음(대부분정률보조)
성격	일반재원, 공유적 독립 재원	특정재원, 의존재원
예산 편성	법령이 정하는 재원을 예산에 계상(예산편성상의 재량여지 없음)	회계연도별로 국회의 심의과정을 거쳐 예산으로 확정(예산편성상의 재량 여지 있음)

4. 자치단체 간 재정조정제도

(1) 조정교부금(지방재정법)

① 시·군 조정교부금

⊙ 의의 : 특별시를 제외한 광역시·도가 관할구역 내의 시·군 간의 '재정력 격차를 조정'하기 위하여 시·군이 징수한 광역시세 및 도세 수입의 일부를 시·군에 배분하는 제도이다.

ⓒ 교부율 : 시·군에서 징수하는 광역시세·도세의 27%(인구 50만 이상의 시와 자치구가 아닌 구가 설치되어 있는 시의 경우에는 47%)에 해당하는 금액을 인구, 징수실적, 해당 시·군의 재정사정 기타 대통령령이 정하는 기준에 따라 배분하며 구체적인 배분기준·산정방법 및 배분시기 등에 관하여는 시·도의 조례로 정한다.

② 자치구 조정교부금

　　㉠ 의의 : 특별시·광역시가 시세수입 중 일정액을 자치구 간 재정력 격차를 조정하기 위하여 자치구에게 지원해 주는 제도이다. 조정교부금제의 운영권한은 특별시·광역시에 있으며 운영의 자율성과 신축성이 보장되어 있다.

　　㉡ 교부방법 : 기준재정 수입액이 기준재정 수요액에 미달하는 자치구에 대하여 그 재원부족액을 교부하므로 자치구 간 재정격차를 완화시켜주는 재정조정의 기능을 수행한다. 기준재정수입액과 수요액의 산정방법은 지방교부세의 산정방식을 준용하지만, 산정요소 중에서 구체성과 신축성이 있다는 특색이 있다. 재원은 보통세로 하며, 교부율·산정방법 및 교부시기 등은 각 특별시·광역시의 조례로 정하므로 자치단체에 따라 다르다

(2) 징수교부금(지방세법)

특별시·광역시·도는 시·군·구에서 특별시세·광역시세·도세를 징수하여 납입한 때에는 납입된 징수금의 3/100에 해당되는 징수교부금을 시·군·구에 교부하여야 한다.

4. 지방채

1. 의의

(1) 개념

지방채란 자치단체가 주로 공공투자사업 소요자금의 동원이나 재정수입 부족액의 보전을 위하여 과세권을 실질적인 담보로 하여 증권발행 또는 증서차입의 형식에 의하여 조달하는 차입자금이다.

(2) 특성

① 2년 이상에 걸쳐 장기 분할상환되는 채무로서, 해당연도의 수입으로 상환하는 일시차입금과 다르다.

② 과세권을 담보하기 때문에 별도의 담보를 제공하지 않는다.

③ 지방채의 매입 여부는 응모자의 자유의사이므로 지방세와 달리 조건만 갖추면 단기간 내에 많은 수입을 확보할 수 있지만, 예외적으로 강제인수시키는 공채도 있다. ▷ 자동차등록 시 도시철도공채, 지역개발채권의 강제구입

④ 국채에 비하여 탄력성이 적고 자주적으로 발행하기가 곤란하다.

(3) 법적근거와 발행조건

① 지방자치법

지방자치단체의 장이나 자치단체조합은 따로 법률이 정하는 바에 따라 지방채를 발행할 수 있다고 규정하고 있다.

② 지방재정법

지방자치단체의 장은 대통령령이 정한 범위 안에서 지방의회의 의결을 얻어 지방채를 발행할 수 있다.

2. 기능과 한계

(1) 기능

① 재원조달기능 : 주민의 복지증진을 위한 대규모 건설사업, 재해 복구사업 등 막대한 재정지출에 필요한 재원조달을 용이하게 할 수 있다.

② 자원배분기능 : 상수도·지하철·도로 등 사회간접자본을 정비·확충하는 데 자원을 충당함으로써 효율적인 자원배분에 기여한다.

③ 세대 간 부담의 공평화 : 내구적 사회자본시설의 확충은 현재는 물론 미래에 편익을 누리게 될 미래의 주민들에게도 그 부담을 공평하게 분담시킬 수 있다.

④ 기타 : 불경기 시의 경기조절기능, 외부재원조달(민자유치)로 지역경제 활성화 등의 기능을 수행하게 된다.

(2) 한계

① 주민부담 가중 : 우리나라와 같은 고금리체계 하에서는 이자부담이 커 발행초기에만 단기적으로 재원동원효과를 얻을 뿐이므로 재정수요가 과잉상태에 있는 현실에서는 일단 지방채를 발행하게 되면 누적되어 갈 가능성이 매우 크다.

② 비효율성 : 투자하려는 사업이 민간기업의 자금부족으로 투자를 못하고 있는 사업보다 투자효율성이 낮다면 자원배분의 효율성이 저하된다.

③ 편중현상 : 지방채 발행이 재정력이 강한 자치단체에 편중되는 경향이 강하다.

3. 종류

(1) 발행형식에 따른 구분

① 증서차입채(지방재정법상 차입금) : 지방자치단체가 차용증서를 제출하고, 자금을 대부받고 차입하는 지방채로서, 실제적으로 장기차입금이며 지방채의 대부분을 차지한다.

② 증권발행채(지방재정법상 지방채) : 자치단체가 증권발행의 방법에 의하여 차입하는 지방채로서, 무기명이며 유통성이 있다.

(2) 발행방법에 따른 구분

모집공채	신규로 발행하는 지방채 증권에 대해 청약서에 의하여 불특정 다수를 대상으로 투자자를 모집한 후 현금의 납입을 받고 증권을 발행하는 것을 말한다. 사모(私募)공채와 공모(公募)공채가 있다.
매출공채	지방자치단체로부터 인·허가나 차량등록 등 특정 역무를 제공받는 주민 또는 법인을 대상으로 원인행위에 첨가하여 소화하는 것을 말한다. 직접매출과 위탁매출이 있다. 지역개발공채, 지하철공채, 도로공채 등이 있다.
교부공채	지방자치단체가 현금을 지급하는 대신에 차후 연도에 지급을 약속하는 증권을 채권자에게 교부하는 것을 말한다. 즉 대규모 공사의 시공업체나 토지소유자에게 공사비나 보상비를 공채로 교부하는 것이다. 발생시점에서는 자금의 이동이 없는 특수한 형태의 지방채이다.

4. 지방채 발행

(1) 기채과정

① 기간시설 등 항구적인 사업을 위해 필요할 때 기채발행계획을 연차별로 수립하여 지방의회 의결(당초예산에 편성)로 발행한다.

② 행정안전부장관은 매년 7월 15일까지 다음 연도 지방자치단체 지방채발행 한도액을 통보하여야 한다.

③ 지방자치단체장이 지방채발행 한도액을 초과하여 지방채를 발행하는 경우 행정안전부장관과 협의하여야 한다.

(2) 기채조건

① 일반적 기준
  ㉠ 지방재정투자사업과 그 직접 수반경비의 충당
  ㉡ 재해예방 및 복구사업
  ㉢ 예측할 수 없었던 세입결함의 보전
  ㉣ 지방채 차환을 위한 자금 조달의 목적

② 기채승인제도 : 종래 지방채 발행에 대한 행정안전부장관의 기채승인제도는 폐지되었다.

5. 지방재정 평가와 지방공기업

1. 지방재정력의 평가지표

(1) 지방재정자립도

① 개념 : 지방재정자립도란 총 세입 중 자주재원이 차지하는 비중으로, 지방자치단체의 일반회계 총세입 중에서 국가로부터 지원받는 의존수입과 자체수입(지방세, 세외수입)이 차지하는 비율을 의미한다.

② 산출방식

$$재정자립도 = \frac{지방세 + 세외수입}{세입총액} \times 100$$

③ 문제점
  ㉠ 총재정규모 파악 곤란 : 자치단체의 재정규모를 반영하고 있지 못하여 구성비가 유사할 경우 재정력이 유사하다고 보는 오류가 있다.
  ㉡ 세출구조 무시 : 자치단체의 세출구조 및 특별회계예산을 반영하고 있지 못하다.
  ㉢ 의존재원의 성격 무시 : 지방교부세의 경우 의존재원이지만, 그 용도가 특정되지 않은 일반재원이라는 점에서 자치단체가 자율적으로 사용할 수 있음에도 불구하고 이를 간과한다.
  ㉣ 지방재정력과의 충돌 : 의존재원의 확대는 지방재정력을 강화시키지만 지방재정자립도는 오히려 약화된다.

(2) 재정자주도

재정자주도는 전체 재원 중에서 일반재원(자주재원 + 지방교부세)이 차지하는 비율을 말하는 것으로 자주재원이 차지하는 비율을 의미하는 재정자립도와는 다르다.

$$재정자주도 = \frac{세수입 + 세외수입 + 지방교부세 + 조정교부금}{일반회계\ 예산규모}$$

(3) 재정력지수

$$재정력지수 = \frac{기준재정수입액}{기준재정수요액}$$

2. 지방공기업

(1) 의의

지방공기업이란 자치단체가 직접 설치경영하거나 법인을 설립하여 경영하는 기업을 의미한다. 지방공기업은 지방자치의 발전과 주민복리의 증진을 목적으로 한다.

(2) 유형

① 직영기업(정부기업) : 자치단체가 자신의 조직과 직원으로 경영하는 기업으로 특별회계로 운영된다 (공영개발사업, 상·하수도사업)

② 간접경영(법인체기업) : 자치단체가 조례로 법인을 설립하여 경영하는 기업으로 독립채산제로 운영된다.

③ 민간위탁 : 계약 등을 통해 지방정부의 사무를 위탁받아 수행하는 기업을 말한다.

(3) 적용대상사업

지방공기업법에 의하면 지방공기업은 수도사업(마을상수도사업 제외), 공업용 수도사업, 궤도사업(도시철도사업 포함), 자동차운송사업, 지방도로사업(유료도로사업만 해당), 하수도사업, 주택사업, 토지개발사업 등을 담당한다.

1. 정부 간 관계론

1. 의의

(1) 개념

① 정부 간 관계는 한 국가 내의 모든 계층의 정부 단위 간(중앙과 지방, 광역과 기초)에 일어나는 활동 또는 상호작용의 총체로 종적관계와 동태적 측면을 강조하는 개념이다.

② 미국은 연방제도를 배경으로 일찍부터 연방정부와 지방정부 간의 관계를 '정부 간 관계(IGR)'로 보고 양자의 관계를 협의와 교섭차원에서 이해하였다.

③ 우리나라는 국가와 지방자치단체의 관계를 상하관계로 보고 국가의 지방자치단체에 대한 지도·감독관계로 파악하며 「지방자치법」과 「지방교육자치에 관한 법률」 모두 국가의 지도·감독을 규정하였다.

(2) 특징

① 정부 간 관계는 모든 계층의 모든 정부 간의 관계를 포괄한다. 즉, 연방과 주, 지방정부 간 상호간의 수직적·수평적 관계를 포함한다.

② 정부 간의 공식적 권한 배분관계를 강조하는 연방제와 달리 구성원 간의 정책결정 및 집행과정에 있어서의 접촉과 정보교환 등을 포함한 상호작용을 강조하며, 이들의 지속적이고 구조적인 측면을 중시한다.

2. 유형

(1) Rhodes의 상호의존모형

① 대리자 모형 : 지방정부가 중앙정부에 종속되어 있어 지방정부는 중앙정부의 대리자에 불과하다고 보는 모형이다.

② 동반자 모형 : 중앙정부와 지방정부가 상호 대등한 입장에서 사무를 처리하는 수평적 정부관계모형이다.

③ 상호의존모형 : 중앙정부는 입법권한과 재원확보의 측면에서, 지방정부는 행정서비스 집행의 조직자원과 정보의 수집처리능력 면에서 우위에 있기 때문에 양자는 상호 협력을 통해 부족한 자원을 교환한다고 보는 모형이다.

(2) D. Wright의 모형

① 의의 : Wright는 미국연방제하의 정부 간 관계를 선임·관계·권위라는 세 가지 기준에 의해 분류하였다.

② 유형

　㉠ 분리권위형(대등형, 조정권위형)

　　ⓐ 독립적 권위 하에 분리적·독립적 관계를 지니는 형태로서, 고유사무가 주종을 이루고 인사·

재정에서 분리되어 중앙과 지방간에 상호 원조와 협력이 원활하지 않다. 각자 독립적 사무영역과 처리권능을 지니므로 상호협력하거나 상호의존할 필요가 없다. 이 모형은 현실과 동떨어진 이념적 모형에 지나지 않는다.

ⓑ 연방제인 미국이 여기에 해당되며, Elcock의 동반자모형과 유사하다. 여기서는 연방정부와 주정부의 권한을 동등하다고 보지만 지방정부는 주정부에 귀속되어 있는 형이다. 주정부의 자치권을 고유의 권리로 보므로 중앙정부의 의지에 의해 함부로 축소되거나 침해될 수 없으며 기능적으로도 중앙정부와 주정부는 상호 독립적이다.

ⓛ 포괄권위형(내포권위형)

ⓐ 계층적 권위 하에 포괄적·종속적 관계를 지니는 형태로서, 중앙과 지방간에는 수직적이고 엄격한 명령·복종관계가 존재하며 지방은 중앙의 인사·재정에 종속된다. 위임사무가 많고 위임사무 중에서도 기관위임사무가 주종을 이룬다.

ⓑ 우리나라가 여기에 해당된다. Elcock의 대리인모형(지방은 중앙의 대리인), 딜런의 법칙 등이 이와 관련된다.

ⓒ 중첩권위형(상호의존형)

ⓐ 전통적인 포괄권위형과 분리권위형을 절충한 형태로서 협상적 권위 하에 상호의존적 관계를 지닌다. 중앙과 지방의 관계를 상호 독립적이거나 종속적 관계로 보지 않고 각자 자기의 영역을 가지고 서로 경쟁하고 협력하는 상호의존 관계로 본다. 기능과 권한이 분산되어 있어 많은 부분에 있어서 세 정부가 동시에 관여하는 일이 벌어지며 많은 공공기능을 중앙정부와 지방정부가 공유하고 양자 간 갈등이 정치적 타협과 협상 등 상호교환 관계를 통하여 해결된다.

ⓑ 고유사무와 위임사무가 공존하되 고유사무가 보다 많으며 위임사무 중에서는 단체위임사무가 많다. 인사는 상호교류하고 재정은 상호의존하므로 연방정부, 주정부, 지방정부 모두 제한된 권한을 가지고 있으므로 하나의 정부가 배타적인 권한을 행사하는 영역은 그리 많지 않다.

(3) Elcock 모형

① 대리인모형 : 지방정부를 중앙정부의 대리인으로 간주하는 모형으로서 지방정부의 주된 임무는 중앙정부가 위임한 사무를 수행하는 것이며 국가의 정책을 집행함에 있어 재량권이 거의 없다.

② 동반자모형 : 중앙과 지방의 관계를 동반자로 보는 모형으로서 중앙정부와 지방정부의 관계에는 여러 가지 복잡한 상호작용이 발생되고 있다는 것이다. 따라서 지방정부는 중앙정부의 정책결정에 어느 정도 영향력을 미칠 수 있으며 지역활동 수행 시 상당한 재량권을 가진다고 본다.

③ 교환모형 : 대리인모형과 동반자모형을 절충한 모형으로서 중앙과 지방이 상호의존 관계에 있다고 본다.

(4) Chandler 모형

① 대리인모형 : 지방정부는 중앙정부의 하급행정기관으로 인식되며 중앙정부가 정책을 결정하고 집행을 지시하며 지방정부는 단순히 집행만 담당한다.

② 동반자모형 : 중앙정부와 지방정부가 상호 대등하면서도 상호협력적이라고 강조하면서 지방정부를 국정운영에 있어서 없어서는 안 될 중앙정부의 파트너로 인식한다.

③ 소작인모형 : 대리인모형에 대한 비판으로부터 제기된 모형으로서 지방정부가 중앙정부의 통제와 규제 속에 있지만, 나름의 재량권을 행사할 수 있다고 본다.

2. 중앙통제

1. 의의

(1) 개념

① 중앙통제는 지방자치단체에 대한 국가의 권력적인 강제작용뿐만 아니라, 지도·지원·협조·조정하는 모든 관계를 총괄하는 의미이다. 실정법상으로는 지도·감독이라는 용어를 사용하며 지도는 비권력적 통제를, 감독은 권력적 통제를 의미한다.

② 현대의 중앙통제는 우월적 지위에서 중앙이 자치단체를 지배하는 형태가 아닌, 공동의 이익을 위하여 조언·기술제공·원조 등을 행하는 상호협력적 관계이다.

(2) 필요성 및 한계

① 필요성
  ㉠ 국민적 최저수준(national minimum)의 보장·실현
  ㉡ 국가위임사무나 재정지원사무의 경우 중앙의 지도·감독이 필수적
  ㉢ 국가의 전체적 통일성 유지

② 한계
  ㉠ 국가 전체의 통일성 유지를 위하여 필요한 경우에 한한다.
  ㉡ 지방자치단체의 헌정상 지위를 저해하지 않는 범위 내에서 가능하다.
  ㉢ 명백한 법적 근거를 두고 법적 절차를 거쳐서 행해져야 한다.

(3) 방식

① 입법통제 : 국회가 법률의 제정 등 입법권이나 국정감사 등을 통해 통제하는 방식이다. 국정감사는 광역자치단체의 국가위임사무 및 국가보조사업에 한하여 국정감사가 가능하다.

② 사법통제 : 지방행정에 있어 위법·부정·비리 사실이 있을 때 법률상 소송절차에 의해 시정·처벌하는 소극적·사후적 통제방식이다.

③ 행정통제 : 행정기관이 행하는 통제로 오늘날 중앙통제 중 가장 광범위하고 중요한 방식이며 명령·처분·승낙과 같은 권력적 통제, 보고와 같은 비권력적 통제가 있다.

2. 우리나라의 중앙통제

(1) 행정적 통제

① 국가와 지방자치단체의 협력 의무 : 국가와 지방자치단체는 주민에 대한 균형적인 공공서비스 제공과 지역 간 균형발전을 위하여 협력하여야 한다.

② 자치단체 사무에 대한 지도 및 지원 : 중앙행정기관의 장은 지방자치단체의 사무에 관하여 조언 또는 권고하거나 지도할 수 있으며, 지방자치단체의 장은 조언·권고 또는 지도와 관련하여 중앙행정기관의 장이나 시·도지사에게 의견을 제출할 수 있다.

③ 국가사무처리의 지도·감독 : 지방자치단체 또는 그 장이 위임받아 처리하는 국가사무에 관하여는 시·도에 있어서는 주무부장관의, 시·군 및 자치구에 있어서는 1차로 시·도지사의, 2차로 주무부장관의 지도·감독을 받는다.

④ 중앙지방협력회의 설치 : 국가와 지방자치단체 간의 협력을 도모하고 지방자치 발전과 지역 간 균형발전에 관련되는 중요 정책을 심의하기 위하여 중앙지방협력회의를 둔다.

⑤ 위법·부당한 명령·처분의 시정

　㉠ 지방자치단체의 사무에 관한 지방자치단체의 장의 명령이나 처분이 법령에 위반되거나 현저히 부당하여 공익을 해친다고 인정되면 시·도에 대해서는 주무부장관이, 시·군 및 자치구에 대해서는 시·도지사가 기간을 정하여 서면으로 시정할 것을 명하고, 그 기간에 이행하지 아니하면 이를 취소하거나 정지할 수 있다(법령위반사항에 한정).

　㉡ 주무부장관은 지방자치단체의 사무에 관한 시장·군수 및 자치구의 구청장의 명령이나 처분이 법령에 위반되거나 현저히 부당하여 공익을 해침에도 불구하고 시·도지사가 시정명령을 하지 아니하면 시·도지사에게 기간을 정하여 시정명령을 하도록 명할 수 있다.

　㉢ 주무부장관은 시·도지사가 위 기간에 시정명령을 하지 아니하면 기간이 지난 날부터 7일 이내에 직접 시장·군수 및 자치구의 구청장에게 기간을 정하여 서면으로 시정할 것을 명하고, 그 기간에 이행하지 아니하면 주무부장관이 시장·군수 및 자치구의 구청장의 명령이나 처분을 취소하거나 정지할 수 있다.

　㉣ 주무부장관은 시·도지사가 시장·군수 및 자치구의 구청장에게 시정명령을 하였으나 이를 이행하지 아니한 데 따른 취소·정지를 하지 아니하는 경우에는 시·도지사에게 기간을 정하여 시장·군수 및 자치구의 구청장의 명령이나 처분을 취소하거나 정지할 것을 명하고, 그 기간에 이행하지 아니하면 주무부장관이 이를 직접 취소하거나 정지할 수 있다.

⑥ 지방자치단체의 자치사무에 대한 감사 : 행정안전부장관은 지방자치단체의 자치사무에 관하여 보고를 받거나 서류·장부 또는 회계를 감사할 수 있다. 이 경우 감사는 법령위반사항에 한하여 실시한다.

⑦ 지방자치단체의 장에 대한 직무이행명령

　㉠ 지방자치단체의 장이 법령에 따라 그 의무에 속하는 국가위임사무나 시·도위임사무의 관리와 집행을 명백히 게을리하고 있다고 인정되면 시·도에 대해서는 주무부장관이, 시·군 및 자치구에 대해서는 시·도지사가 기간을 정하여 서면으로 이행할 사항을 명령할 수 있다.

　㉡ 주무부장관이나 시·도지사는 해당 지방자치단체의 장이 위 기간에 이행명령을 이행하지 아니하면 그 지방자치단체의 비용부담으로 대집행 또는 행정상·재정상 필요한 조치(이하 이 조에서 "대집행 등"이라 한다)를 할 수 있다.

　㉢ 주무부장관은 시장·군수 및 자치구의 구청장이 법령에 따라 그 의무에 속하는 국가위임사무의 관리와 집행을 명백히 게을리하고 있다고 인정됨에도 불구하고 시·도지사가 이행명령을 하지 아니하는 경우 시·도지사에게 기간을 정하여 이행명령을 하도록 명할 수 있다.

　㉣ 주무부장관은 시·도지사가 위 기간에 이행명령을 하지 아니하면 기간이 지난 날부터 7일 이내에 직접 시장·군수 및 자치구의 구청장에게 기간을 정하여 이행명령을 하고, 그 기간에 이행하지 아니하면 주무부장관이 직접 대집행 등을 할 수 있다.

ⓜ 주무부장관은 시·도지사가 시장·군수 및 자치구의 구청장에게 이행명령을 하였으나 이를 이행하지 아니한 데 따른 대집행 등을 하지 아니하는 경우에는 시·도지사에게 기간을 정하여 대집행 등을 하도록 명하고, 그 기간에 대집행 등을 하지 아니하면 주무부장관이 직접 대집행 등을 할 수 있다.

ⓑ 지방자치단체의 장은 제1항 또는 제4항에 따른 이행명령에 이의가 있으면 이행명령서를 접수한 날부터 15일 이내에 대법원에 소를 제기할 수 있다. 이 경우 지방자치단체의 장은 이행명령의 집행을 정지하게 하는 집행정지결정을 신청할 수 있다.

⑧ 지방의회 의결의 재의요구의 지시

㉠ 지방의회의 의결이 법령에 위반되거나 공익을 현저히 해친다고 판단되면 시·도에 대해서는 주무부장관이, 시·군 및 자치구에 대해서는 시·도지사가 해당 지방자치단체의 장에게 재의를 요구하게 할 수 있고, 재의 요구 지시를 받은 지방자치단체의 장은 의결사항을 이송받은 날부터 20일 이내에 지방의회에 이유를 붙여 재의를 요구하여야 한다.

㉡ 시·군 및 자치구의회의 의결이 법령에 위반된다고 판단됨에도 불구하고 시·도지사가 재의를 요구하게 하지 아니한 경우 주무부장관이 직접 시장·군수 및 자치구의 구청장에게 재의를 요구하게 할 수 있고, 재의 요구 지시를 받은 시장·군수 및 자치구의 구청장은 의결사항을 이송받은 날부터 20일 이내에 지방의회에 이유를 붙여 재의를 요구하여야 한다.

㉢ 재의 요구에 대하여 재의한 결과 재적의원 과반수의 출석과 출석의원 3분의 2 이상의 찬성으로 전과 같은 의결을 하면 그 의결사항은 확정된다.

㉣ 지방자치단체의 장은 재의결된 사항이 법령에 위반된다고 판단되면 재의결된 날부터 20일 이내에 대법원에 소를 제기할 수 있다. 이 경우 필요하다고 인정되면 그 의결의 집행을 정지하게 하는 집행정지결정을 신청할 수 있다.

㉤ 주무부장관이나 시·도지사는 재의결된 사항이 법령에 위반된다고 판단됨에도 불구하고 해당 지방자치단체의 장이 소를 제기하지 아니하면 시·도에 대해서는 주무부장관이, 시·군 및 자치구에 대해서는 시·도지사가 그 지방자치단체의 장에게 제소를 지시하거나 직접 제소 및 집행정지결정을 신청할 수 있다.

⑨ 감사원의 회계검사권 및 직무감찰권 : 지방자치단체는 감사원의 필요적 검사대상으로 되어 있으며, 감사원은 지방공무원에 대해서 직무감찰을 할 수 있다.

⑩ 각종 유권해석 및 지침의 제공 : 중앙행정기관은 소관위임사무의 처리에 대한 법령해석 및 지침을 제공한다.

(2) 인사상 통제

① 행정기구의 편제 및 공무원의 정원에 대한 기준제정 : 대통령령이 정하는 기준에 따라 자치단체의 조례로 정하고 있다.

② 자치단체에 두는 국가공무원의 임명 및 감독 : 지방자치단체는 법률이 정하는 바에 의하여 국가공무원을 둘 수 있으며 5급 이상은 당해 자치단체의 장의 제청으로 대통령이, 6급 이하는 당해 자치단체장의 제청으로 소속장관이 각각 임명한다.

(3) 재정상 통제

① 지방자치단체재정운용업무편람 작성·보급(예산편성기본지침의 작성·시달 폐지) : 행정안전부장관은 국가 및 지방재정의 운용 여건, 지방재정제도의 개요 등 지방자치단체의 재정운용에 필요한 정보로 구성된 회계연도별 지방자치단체 재정운용업무편람을 작성하여 지방자치단체에 보급할 수 있다.

② 예산 및 결산 보고 : 광역지방자치단체의 장은 예산 및 결산이 지방의회의 의결을 거쳐 확정된 때에는 행정안전부장관에게 이를 보고하여야 한다.

③ 보조금 사용에 관한 감독 : 지방자치단체가 보조금을 다른 용도로 사용한 경우 등에는 중앙관서의 장은 보조금교부 결정을 취소하고 보조금을 반환하게 할 수 있다.

3. 정부 간 갈등·분쟁 및 조정

1. 의의

(1) 개념

국가이익보다는 자기지역의 이익만을 추구하고 우선시하는 지역주민 또는 자치단체의 태도로서 최근에 입지갈등 등에서 특히 문제가 되고 있다.

(2) 유형

① 유치갈등 : 자기지역에 이익이 되는 조치 또는 선호시설(예 : 고속철도역사, 공항건설 등)을 유치하려는 성향으로 인한 갈등으로, PIMFY(Please In My Front Yard)적 이기주의에 의한 갈등이다.

② 기피갈등 : 자기지역에 불이익이 되는 조치 또는 혐오시설(예 : 쓰레기매립장, 화장장 등)이나 위험시설(예 : 핵폐기물처리장, 가스저장소 등), 지역개발장애시설을 기피하려는 성향으로 인한 갈등으로, NIMBY(Not In My Back Yard)적 이기주의에 의한 갈등이다.

2. 우리나라의 분쟁조정제도

(1) 중앙과 지방 간 분쟁조정제도

중앙행정기관의 장과 자치단체장이 사무를 처리함에 있어 의견을 달리하는 경우에 이를 협의·조정하기 위하여 국무총리실에 협의조정위원회를 설치하고 있으며, 수도권지역의 계획수립과 집행에 있어 관계 중앙행정기관의 장과 서울시장이 의견을 달리하는 경우에는 행정협의조정위원회의 심의를 거쳐 국무총리가 조정하도록 하고 있다. 이는 신청에 의한 조정방식으로 실제적인 구속력은 없다.

(2) 자치단체 상호간 분쟁조정제도

① 당사자 간 분쟁조정제도

㉠ 행정협의회

자치단체는 2개 이상의 자치단체에 관련된 사무의 일부를 공동으로 처리하기 위하여 관계지방 자치단체간의 협의에 따라 규약을 정하여 관계지방의회의 의결을 거쳐 행정협의회를 구성할 수 있다.

ⓛ 자치단체조합

2개 이상의 지방자치단체가 하나 또는 둘 이상의 사무를 공동으로 처리하기 위하여 규약을 정하여 지방의회의 의결을 거쳐 설립되는 법인이다.

ⓒ 전국적 협의체

자치단체의 장 또는 지방의회의 장은 상호간의 교류와 협력을 증진하고 공동의 문제를 해결하기 위하여 시·도지사협의체, 시·도의회의 의장협의체, 시장·군수·자치구의 구청장협의체, 시·군·구의회의 의장협의체를 설립하여, 지방자치에 영향을 미치는 법령 등에 관하여 행정안전부장관을 거쳐 의견을 제출할 수 있다.

② 제3자에 의한 분쟁조정제도

㉠ 중앙 및 시·도지사에 의한 분쟁조정

ⓐ 당사자의 신청 혹은 직권에 의해 분쟁을 조정할 수 있다.

ⓑ 이 경우 관계중앙행정기관의 장과의 협의를 거쳐 지방자치단체중앙(지방)분쟁조정위원회의 의결에 따라 조정하여야 한다.

㉡ 지방자치단체분쟁조정위원회

ⓐ 행정인진부 산하에 중앙분쟁조성위원회를, 시·도에 지방분쟁조정위원회를 둔다.

ⓑ 위원회는 자치단체 간의 분쟁이나 행정협의회의 협의사항을 조정한다.

ⓒ 조정결정에 의한 시설설치 또는 역무제공으로 이익을 받거나 그 원인을 야기하였다고 인정되는 자치단체에 대해 그 시설비나 운영비 등의 전부 또는 일부를 부담하게 할 수 있다.

ⓓ 이행이 이루어지지 않은 경우에 직무이행명령을 내리고 대집행을 할 수 있다.

▶ 우리나라의 분쟁조정제도

중앙과 지방 간 분쟁조정	지방자치단체 간 분쟁조정	주민-정부 간 갈등
① 행정직 조정 : 지도감독, 취소정지권, 직무이행명령제도, 감사제도, 재의요구와 제의지시, 사전승인 ② 사법적 조정 : 헌재의 권한쟁의, 대법원 기관쟁의 ③ 제3자에 의한 조정 : 행정협의조정위원회, 국무총리의 의견조정	① 당사자 간 조정 : 행정협의회, 지방자치단체조합, 사무위탁, 광역계획구역의 지정, 지방공사의 공동설립 ② 제3자에 의한 조정 : 중앙행정기관장 및 시장·도지사의 분쟁조정, 환경분쟁조정위원회, 지방자치단체 분쟁조정위원회, 헌법재판소, 구역개편(구역변경, 폐치·분합)	공청회, 공람, 보상제도 등

4. 광역행정

1. 의의

(1) 개념

① 광역행정(Regionalism)이란 둘 이상의 지방자치단체 관할구역에 걸쳐서 공동적 또는 통일적으로 수행되는 행정을 말한다. 즉 대도시 간의 문제를 해결하고 행정의 능률성·경제성·효과성 등을 향상시키기 위하여 기존 행정구역을 초월하여 더 넓은 지역에 걸쳐 행정을 종합적으로 수행하는 것이다.

② 광역행정은 국가행정의 효율성 증진과 자치행정의 민주성 창달이란 상반되는 요구를 조화시키려는 사상의 표현이므로 중앙집권과 지방분권의 조화를 이루기 위한 제도라고 할 수 있다.

(2) 필요성과 한계

① 필요성

㉠ 규모의 경제 실현 : 지방자치단체 간의 중복투자로 인한 예산의 낭비와 과소비를 방지하고, 규모의 경제(economy of scale)를 추구하기 위하여 필요하다.

㉡ 사회·경제권의 확대 : 과학·기술의 보급 등으로 사회·경제권역이 확대되고 있으므로 기존의 행정구역을 광역화하여 국민의 생활권역과 일치시킴으로써 행정의 효율성과 주민의 편의를 높일 필요가 발생하였다.

㉢ 교통·통신의 발달 : 교통과 통신의 발달은 지역주민의 생활권을 확대하였고, 이는 서로 분리되었던 행정을 유기적·통합적으로 운영할 것을 요구하였다.

㉣ 산업사회의 고도성장과 지역개발 추진 : 도시화의 급속한 진전은 광역도시권을 형성하였고 기능적으로 상호의존성을 요구하는 경향이 강화되었다.

㉤ 행정서비스 평준화의 요구 : 자치단체간의 행정서비스의 불균형은 지방자치의 문제점으로 지적될 수 있는데, 이러한 문제를 해결하기 위해서 광역행정의 필요성이 제기되기도 한다.

㉥ 지방분권과 중앙집권의 조화 : 광역행정은 행정의 능률성 증진을 추구하는 중앙집권과 지방으로의 권력분산을 통하여 민주성을 조화시키는 행정방식이다.

㉦ 지역이기주의 문제의 해결 : 최근에 혐오시설의 입지와 관련하여 자치단체간의 지역이기주의가 만연되는 추세에 있는데 이를 해결하기 위해서 광역행정이 요구된다.

② 한계

㉠ 지역 공동체의식의 감소 : 의도적인 광역행정으로 인하여 기존의 생활테두리 내의 주민들의 공동체의식이 감소할 우려가 있다.

㉡ 지역의 특수성 무시 : 광역행정은 넓은 범위의 행정을 지향하기 때문에 개별지역의 특수성이 무시되고 획일적인 행정이 이루어질 수 있다.

㉢ 지방자치발전의 저해우려 : 광역행정은 중앙의 입장을 강조하는 것이므로 지방자치의 발전에 역행할 우려가 있다.

2. 기준과 방식

(1) 기준

① 이해관계성(골격기준과 세포기준)

㉠ 골격기준(骨格基準) : 도시 상호 간에 이해관계가 긴밀하게 연계되어 있는 기능에 관해서는 광역적 기획으로 접근해야 한다. ▷ 상하수도·교통·통신 등 관련 기능

㉡ 세포기준(細胞基準) : 지방주민의 이해 및 관심과 직결되는 사무는 각 지방정부가 독자적으로 처리하게 하여야 한다. ▷ 경찰·소방·초등교육 등 직접 서비스 기능

② 환경체계성 : 강·해안·대기권 등의 광역환경체계에 속하는 자치단체들은 공통의 문제를 광역적으로 함께 처리하는 것이 바람직하다. ▷ 한강의 경우 서울시, 경기도, 강원도 등

③ 전문서비스성 : 고도로 전문화된 지식과 서비스를 필요로 하는 시설들은 광역행정권을 단위로 하여 여러 자치단체가 함께 처리하도록 함이 경제적이다. ▷ 대학·연구소·종합병원·박물관 등

④ 협력효과성 : 여러 자치단체가 서로 협력하면 보다 효과적·능률적으로 처리할 수 있는 사무들은 광역적으로 처리하는 것이 바람직하다. ▷ 쓰레기 수거 및 처리·동물원·박물관·화장장 등

⑤ 형평성 : 동일한 광역권 내의 자치단체 간 행정서비스가 불균형하면 질 좋은 서비스를 제공하는 자치단체로 주민들이 이동함으로써 지역 간 과밀현상과 과소현상을 초래하므로, 광역화함으로써 동일한 행정서비스를 제공하는 것이 바람직하다.

(2) 방식

① 공동처리방식 : 둘 이상의 자치단체가 상호 협력관계를 형성하여 광역적 행정사무를 공동으로 처리하는 방식으로 ㉠ 협의회, ㉡ 일부사무조합, ㉢ 공동기관의 설치, ㉣ 사무의 위탁, ㉤ 연락회의, ㉥ 상호원조 등이 있다.

② 연합방식 : 복수의 자치단체가 각각 독립적인 법인격을 그대로 유지하면서 자치단체의 상부조직인 연합단체(federation)를 새로 신설하여 광역행정사무를 전담하여 처리하게 하는 방식이다. 연합단체는 사무의 주체가 되어 스스로 의결권, 과세권, 집행권을 가지고 사무를 처리한다.

③ 통합빙식 : 일정한 광억권 내에 여러 자치단체를 포괄하는 단일의 정부를 설립하여 그 정부의 주도로 광역사무를 처리하게 하는 방식이다. 연합방식은 각 자치단체의 법인격이 유지되므로 독자성이 인정되는 반면, 통합방식(합병이나 흡수통합의 경우)은 각 자치단체의 법인격이 유지되지 않으므로 독자성이 침해되며 지방자치가 발달되지 못한 발전도상국에서 많이 채택하는 방식이다.

④ 특별구역의 설치방식 : 특수한 광역행정사무를 처리하기 위하여 일반행정구역이나 자치구역과는 별도의 구역을 설정하는 방식으로서 일종의 특별자치단체이다.

⑤ 특별지방행정기관에 의한 방식 : 기존의 지방자치단체가 수행하는 고유 업무는 그대로 두고 광역 상·하수도, 수질오염 방지시설 등 광역적 행정업무를 처리하기 위해서 특정기능만을 수행하는 국가행정기관을 일반행정기관과는 별도로 설치하는 방식으로 우리나라의 지방국토관리청, 지방해운항만청 등이 그 예가 된다.

3. 우리나라의 광역행정의 방식과 문제점

(1) 방식

① 단일정부방식 – 구역변경에 의한 광역행정(시군통합, 합병)

㉠ 우리나라에서 광역행정 처리방식으로 가장 많이 이용되어 온 것이 합병방식이다. 그 중 특정 기초자치단체나 행정계층이 일정한 자격을 갖추게 되면 법률에 의하여 광역자치단체나 지방자치단체로 승격시켜주는 방식이 보편적이다.

㉡ 주로 대도시의 성장에 따라 합병이나 편입·분리의 형태로 이루어져 왔다. 1990년대에 와서는 시·군 통합을 통한 이른바 통합시를 설치하여 행정구역과 생활권·경제권·문화권을 일치시키려는 경향이 증가하고 있다

② 행정협의회

㉠ 지방자치단체는 두 개 이상의 지방자치단체에 관련된 사무의 일부를 공동으로 관리, 처리하기 위해서 행정협의회를 구성할 수 있다.

ⓛ 행정협의회는 법인격이 없으며, 강제력을 갖지 않기 때문에 행정협의회의 협의사항은 자치단체를 구속하지 않는다.

ⓒ 지방자치단체는 협의회를 구성하려면 관계 지방자치단체 간의 협의에 따라 규약을 정하여 관계 지방의회에 각각 보고한 다음 고시하여야 한다.

ⓔ 지방자치법은 행정협의회에 일정한 권한을 주고, 그의 활동에 일정한 법적인 구속력을 부여하고 있으나, 협의회 내에는 집행기구가 없어 협의회에서 협의된 사항은 지방자치단체에 의해 수행된다. 현재 수도권, 대도시권, 연담도시권, 단핵도시권 협의회 등이 있다.

ⓜ 우리나라의 행정협의회의 문제점

　ⓐ 도시 문제의 광역적 해결을 위한 협의회의 성격만을 가질 뿐 군이나 도간의 문제 해결을 위한 행정협의회가 구성되지 못하고 있다는 것이다.

　ⓑ 지방의회와 주민의 참여가 배제되어 있다.

　ⓒ 소극적인 문제만 해결되고 혐오시설이나 비용부담이 요구되는 사안에 있어서는 협의회의 역할이 미미하다는 점이 지적되고 있다.

　ⓓ 행정협의회가 결정사항 집행에 대해서 법적 구속력이 없고, 불이행에 대한 강제수단도 가지지 못하고 있다.

　ⓔ 사업시행에 있어서 중요한 경비부담에 대한 내용이 없어서 재원조달이 어렵다는 문제가 있다.

③ 지방자치단체조합(특별지방자치단체)

ⓐ 2개 이상의 지방자치단체가 사무의 일부나 여러 개의 사무를 공동으로 처리하기 위해 합의에 의해 규약을 정하고 설치하는 법인체, 즉 법인격을 지닌 공공기관이다. 이는 각 나라에서 매우 일반화된 광역처리방식이다.

ⓛ 사무조합은 일부사무조합, 목적조합, 복합사무조합이 있다. 우리의 일부사무조합은 특별지방 자치단체로서 조합의 명의로 공동사무를 처리할 수 있으며 법인격을 가지고 있고 규약을 제정할 수 있다.

ⓒ 사무조합은 고유의 직원을 두고 독자적인 재산을 보유할 수 있으나 주민이 구성원이 아니고 자치단체가 구성원이기 때문에 주민의 청구권이나 주민에 대한 과세권은 없다.

ⓔ 우리나라는 2개 이상의 지방자치단체가 하나 또는 둘 이상의 사무를 처리할 필요가 있을 때 규약을 정하여 지방의회의 의결을 거쳐 시·도는 행정안전부 장관, 시·군 및 자치구는 시·도지사의 승인을 얻어 설치할 수 있다.

ⓜ 우리나라는 일부사무조합방식을 운영하고 있는데, 과거의 수도권쓰레기매립조합(현재는 지방공사) 및 최근의 정보화자치조합, 수도권광역교통조합 등 최근 증가 추세에 있다.

④ 특별지방행정기관(일선기관)

ⓐ 국가사무가 중앙정부에 의해서만 직접 처리될 수는 없으므로 지방별로 소관사무를 분담시키고 이를 처리하기 위해 중앙정부의 하부기관을 설치하는데 이를 일선기관이라 한다. 일선기관은 국가의 사무로서 특정한 광역서비스의 지속적이고 안정적인 공급을 위한 목적으로 특정기능만을 수행하는 것으로서 일반행정기관과는 별도로 설치하는 방식으로 중앙부처의 거의 모든 부서에서 설치하여 운영하고 있다(지방병무청, 지방경찰청, 지방국토관리청 등).

ⓛ 특별지방행정기관의 문제점

    ⓐ 지방자치단체와 동일한 대상의 업무를 관장하는 특별지방행정기관이 많아 지방행정의 영역을 잠식한다.

    ⓑ 업무의 중복으로 인한 행정의 비능률을 초래하고 있다.

    ⓒ 주민의 의사를 반영할 수 있는 통로가 거의 없으며 민주적 통제가 보장되지 있지 않다

⑤ 사무의 위탁

    ㉠ 지방자치단체는 다른 지방자치단체와 협의하여 그 소관사무의 일부를 다른 지방자치단체 또는 그 장에게 위탁하여 처리할 수 있다. 여기서 협의는 공법상의 계약으로서 사무의 위탁을 그 내용으로 한다.

    ㉡ 사무가 위탁된 경우에 위탁된 사무의 관리 및 처리에 관한 조례 또는 규칙은 규약에 달리 정해진 경우를 제외하고는 사무를 위탁받은 지방자치단체에 대해서도 적용된다.

    ㉢ 사무위탁은 다른 기관의 설치가 없어 비용이 비교적 적게 들며, 자치단체 간 규약만 정하면 손쉽게 활용할 수 있어 가장 간편하고 융통성 있게 광역문제를 해결할 수 있는 방식이다.

(2) 문제점

① 광역행정에 대한 필요성 부족 : 전통적으로 중앙집권적 통제체제가 발달해 왔으며, 국토면적이 협소하고 지방자치가 활성화되지 못하여 광역행정의 필요성이 크지 않다.

② 기초자치단체의 과잉비대화 : 기초자치단체인 시·군의 규모가 상대적으로 크고 사무가 다양하므로, 이를 통합·조정할 중간자치단체의 역할에는 한계가 있다.

③ 광역행정수행체계의 미비 : 광역행정단위인 조정 및 관리기능이 빈약하고, 도시화가 급속히 진행되고 있는 권역에 있어 중심단체의 조정기능이 미약하다.

④ 광역행정제도의 형식적인 운용 : 행정협의회의 독립성과 강제성 부족으로 형식적인 운영에 머무르고 있으며, 협의회 내에 전담기구와 인력이 빈약하여 협의사무의 체계적인 관리가 곤란하며, 일부는 중복 구성되어 유명무실해진 경우도 많다.

⑤ 광역행정주체간의 대립·갈등 : 중앙정부와 자치단체 간 또는 자치단체상호간에 국가시책과 지방단위사업 추진에 있어 책임과 비용부담, 지역이해관계, 피해 자치단체의 계획변경요구 등에 의해 추진이 무산되거나 지연되는 경우가 많다.

4. 특별지방행정기관(일선기관)

1. 의의

(1) 개념

① 특별지방행정기관은 국가의 특정한 행정부처에 소속되어 특수한 전문분야의 국가사무를 처리하는 지방행정기관으로서 지방에서 집행을 담당하는 일선행정기관이다. 따라서 법인이 아니고 자치권을 가지고 있지 않으며 대부분 시·도 경계를 초월하는 광역권에서 업무가 수행 된다(▷ 경인식품의약품안전청). 특별일선기관, 특별지방관서라고도 하며 특정한 국가사무를 지역에서 대신 처리하는 것에 불과한 관치(官治)행정이므로 지방분권과는 관계가 없다.

② 특별지방행정기관은 그 사무의 전문성이나 관할구역의 특수성으로 인하여 특히 필요한 경우에 한하여 설치되는 예외적 기관으로서 서비스구역을 중심으로 설립되는 것이 논리적이므로 서비스의 특성과 규모의 효율성을 살리는 구역을 파악하여 그것을 경계로 하여 설립되어야 한다.

(2) 지방자치단체와의 차이

① 특별지방행정기관은 책임과 권한이 중앙기관에 있고 중앙의 엄격한 통제를 받으므로 관치행정의 경향이 강하다.

② 특별지방행정기관과 중앙기관과의 관계는 중앙집권·지방분권문제가 아니라 행정상의 집권·분권의 문제이다.

2. 장·단점

장점	① 중앙행정기관의 업무부담 경감 ② 광역행정이 용이 ③ 통일적 행정수행에 유용 ④ 행정의 전문성 제고
단점	① 지방자치단체의 종합행정 저해 ② 주민참여 곤란 및 주민에 대한 책임성 결여 ③ 고객의 혼란과 불편 ④ 지방자치단체와의 역할갈등과 중복

3. 유형

(1) 영·미형과 대륙형

① 영·미형 – 특별지방행정기관 : 지방자치의 발달로 위임사무가 없기 때문에 자치단체가 일선기관으로서의 성격을 가지고 있지 않으며 별도의 특별지방행정기관을 설치·운영한다.

② 대륙형 – 보통지방행정기관 : 자치단체가 국가의 위임사무를 처리하므로 자치단체이면서 일반지방행정기관으로서의 이중적 지위를 갖는다.

(2) 보통지방행정기관과 특별지방행정기관

① 보통지방행정기관 : 자치단체가 국가의 행정사무를 위임받아 처리하는 경우이다.

② 특별지방행정기관(일선기관) : 특정한 중앙행정기관의 지방행정관청으로 설치된 기관의 형태이다(지방병무청, 세관, 지방국토관리청 등).

5. 도시행정

1. 의의

(1) 개념

도시 자치단체가 도시의 건전한 발전과 공공복리의 증진을 목적으로 수행하는 일체의 정치적·행정적 작용을 의미한다.

(2) 특징

수요의 양적·질적 성장, 행정대상의 다량성·다양성, 행정기술의 고도화·전문화, 행정통신의 신속성, 도시경제나 사회 환경의 변화성, 광역행정화 등이 있다.

2. 도시일반론

(1) 의의

① 도시의 개념 : 도시권역의 중심지로서 물리적 시설이 타 지역에 비해 현저히 집중되어 있는 곳을 의미한다.

② 도시의 형성목적

ㄱ 소극적 목적 : 외적에 대한 대항, 공동체 보호 등

ㄴ 적극적 목적 : 집적이익의 추구, 인간관계 증가로 인한 이익 등

③ 도시의 기능 : 생활기능, 생산기능, 위락(여가)기능, 교통(연결)기능 등이 있다.

(2) 도시의 분류

① 정책적 분류 : 전원도시, 신도시, 성장거점도시, 연합도시

② 구조적 분류

ㄱ 단핵도시(핵심도시) : 행정·입법·사법 등의 중추기능을 중심부에 집중시키고 있는 도시

ㄴ 다핵도시 : 집중적 활동이 몇 곳에 나누어져 모인 도시로서 부도심권 개발과 관련

ㄷ 대상(帶狀)도시 : 하나의 중심축을 따라 주요 기능이 허리띠처럼 길게 형성된 도시

ㄹ 선상(線狀)도시 : 대상도시의 초기 단계에 나타나는 도시형태로서, 선처럼 뻗은 중심축에 중추기능을 집중시킨 도시

③ 기능적 분류(도시산업의 추이)

ㄱ 저축형 도시 : 농산물을 저장·가공·교환하는 초기의 도시

ㄴ 생산형 도시 : 공업화를 통한 2차 산업을 중심으로 하는 도시

ㄷ 소비형 도시 : 탈공업화를 통한 3차 산업(서비스 산업)을 중심으로 하는 도시

ㄹ 관리형 도시 : 4차 산업(지식정보산업)을 주요 산업으로 하는 도시로서, 공장은 지방에 두고 대도시에서 수요판단, 기획, 자금관리 등의 관리업무를 수행

❖ 신개념 도시- 혁신도시, 혁신 클러스터, 기업도시

1. 의의

참여정부가 지방의 균형발전과 국가경쟁력 향상 차원에서 추진한 지역특화적 발전전략이다.

2. 혁신도시

(1) 의의 : 지방이전 공공기관과 지역의 산·학·연·관이 유기적 네트워크를 통하여 지역발전을 촉진시키는 도시로서 지역의 특화발전과 국가균형발전을 도모하기 위하여 참여정부가 전국의 주요 거점들을 중심으로 건설계획을 수립하였다.

(2) 기업도시와의 차이 : 민간이 주도하는 기업도시와 달리, 혁신도시는 공공 주도로 건설되며 지방으로 이전되는 공공기관과 연계되어 있다는 점이 다르다.

---

3. 클러스터

  (1) 클러스터(cluster, 集積地)

    ① 상호연관관계가 있는 여러 기업과 기관들이 지역특성이 있는 일정한 장소에 밀집하여 정보와 지식의 네트워크를 구축하고 비용절감은 물론 정보지식과 기술의 공유·창출을 통하여 시너지 효과를 창출하는 산업집적지이다. ▷ 미국 캘리포니아의 실리콘밸리(강우량이 적어 첨단기술에 적합)

    ② 기존의 산업단지(공단)는 비용절감을 주목적으로 설치되어 입주업체 간 교류를 통한 시너지 효과가 적다는 점에서 네트워크와 시너지 효과를 강조하는 클러스터와 다르다.

  (2) 혁신 클러스터 : 경제협력개발기구(OECD)는 1999년에 대학, 공공연구기관, 컨설팅회사, 지식서비스 회사 등 지식생산조직이 혁신주체가 되는 클러스터를 '혁신 클러스터'라고 명명하여 생산시슬에 치우친 기존의 클러스터와 구분하였다.

  (3) 우리나라의 추진과정 : 2002년 공업배치 및 공장설립에 관한 법률을 「산업집적활성화 및 공장설립에 관한 법률」로 개정하여 본격 추진하였으며, 과학기술집적지인 대덕연구단지, 창원(기계), 구미(디지털전자), 울산(자동차) 등이 그 예이다.

4. 기업도시

  (1) 의의 : 기업도시는 개발이 활성화하지 않은 지역에 민간기업이 주도적으로 투자계획을 갖고 조성하는 자족적 도시로서 산업·연구·관광·레저·업무 등의 주된 기능과 주거·교육·의료·문화 등의 자족적 복합 기능을 고루 갖추도록 개발된다. ▷ 일본의 도요다市

  (2) 개발 : 민간기업만 참여할 수도 있고 민간과 지방자치단체 등이 함께 개발할 수도 있다. 참여정부는 「기업도시개발 특별법」을 2004년에 제정하고 2005년 기업도시를 선정하였다. 민간이 주도하는 만큼 개발이 활성화할 수 있도록 토지수용권 부여, 세제·부담금 감면, 기반시설에 대한 국고지원, 교육 및 의료기관 설치 등에서 다양한 혜택이 주어진다.

  (3) 유형

    ① 산업교역형 : 제조업과 교역 위주의 기업도시

    ② 지식기반형 : 연구·개발(R&D) 위주의 기업도시

    ③ 관광레저형 : 관광·레저·문화 위주의 기업도시

    ④ 혁신거점형 : 지방이전 공공기관을 수용하여 지역혁신의 거점이 되는 기업도시

3. 도시화

(1) 의의

인구의 집중에 의하여 지역적·사회적 관계에 변화가 일어나는 현상으로서, 초기 단계 → 가속화 단계 → 종착 단계로 진행된다.

(2) 도시화의 분류와 유형

  ① 정상적 도시화(선진국 중심)

    ㉠ 집중적 도시화 : 산업발달로 급성장한 도시가 인구집중으로 인해 각종 문제가 발생된다.

    ㉡ 분산적 도시화(교외화) : 도시의 외곽부에 인구와 산업이 분산되고 중심도시와 교외지역이 상호 통합되어 대도시권을 형성한다.

    ㉢ 역도시화(도시의 쇠퇴) : 도시 전체의 인구와 고용이 감소되어 도시가 쇠퇴하고 황폐화되어 가는 현상으로 인구의 노령화, 공공시설의 유휴화, 저소득층의 유입에 의한 빈민가 난립이 일어난다.

    ㉣ 재도시화 : 도심 부근에 고급주택지 등이 다시 집중되는 현상이다.

② 비정상적 도시화(개도국 중심)

  ㉠ 과잉도시화 : 도시화 수준이 산업화 수준보다 높은 상태의 도시화이다.

  ㉡ 과대도시화 : 도시의 적정규모를 넘어선 상태의 도시화이다.

  ㉢ 과밀도시화 : 집중이 과도하게 됨으로써 집적이익보다 밀집피해가 더 큰 상태의 도시화이다.

  ㉣ 가(假)도시화 : 산업화된 도시가 농촌인구를 흡인(pull-in)함으로써 발생하는 도시화가 아니라, 도시의 산업화 없이 농촌의 잠재적 실업자가 도시로 추출(push-out)됨으로써 발생하는 불건전한 도시화이다.

  ㉤ 불법건물구역 혹은 무허가주택지역 : 도시 변두리에 불법적으로 토지를 점유해 형성된다.

  ㉥ 종주도시화(primate city) : 인구가 제1의 도시에만 집중되어 도시규모별 인구의 정상분포가 이루어지지 않고 있는 현상이다. 국토가 협소한 개도국에서 국가통합에 기여한다.

(3) 도시집중에 따른 문제점과 해결방안

① 도시집중에 따른 문제점

  ㉠ 내부적 문제 : 주택사정의 악화, 극심한 교통난, 상하수도 시설 부족, 공해문제 등 외부불경제 격증, 범죄 등 사회병리 증가, 교통문제 등 혼잡비용 발생, 도시재정부담의 가중 등

  ㉡ 외부적 문제 : 도시 외 지역의 과소현상 → 지역의 균형발전 저해, 사회간접자본시설(도로·지하철 등)에 대한 과도한 투자 → 비경제 초래, 후진지역 잠재자원의 비활용 → 시장협소화 등

② 해결방안

  ㉠ 과도한 편중의 시정(인구의 분산책) : 국토계획과 지역계획의 조화, 산업의 균형적 발전, 공공시설의 분산, 대도시집중에 대한 규제 등[공장총량제(공장 입지 및 건축규제), 과밀부담금(인구집중유발시설에 대한 부담금 부과)]

  ㉡ 부작용 최소화(인구의 수용책) : 도시구조 개편, 토지이용 합리화, 가로확장, 공해방지, 대중교통수단의 확충, 주택건설 등

참고 | 지방자치법 전부개정 주요 내용

1. 획기적인 주민주권 구현

분야	현행	개정
목적규정 (제1조)	• 목적규정에 주민참여에 관한 규정 없음	• 목적규정에 '주민의 지방자치행정에 참여에 관한 사항' 추가
주민참여권 강화 (제17조)	• 주민 권리 제한적 : ① 자치단체 재산과 공공시설 이용권 ② 균등한 행정의 혜택을 받을 권리 ③ 참정권	• 주민 권리 확대 : 주민생활에 영향을 미치는 정책결정 및 집행과정에 참여할 권리 신설
주민조례 발안제 도입 (제19조)	• 단체장에게 조례안 제정, 개·폐 청구	• 의회에 조례안을 제정, 개·폐 청구 가능 (별도법 제정)
주민감사 청구인 수 하향조정 (제21조)	• 서명인 수 상한: 시·도 500명 50만 이상 대도시 300명 시·군·구 200명	• 상한 하향조정: 시·도 300명 50만 이상 대도시 200명 시·군·구 150명
청구권 기준 연령 완화 (제21조)	• 19세 이상 주민 청구 가능	• 조례발안, 주민감사, 주민소송 18세 이상 주민 청구 가능
자치단체 기관구성 형태 다양화 (제4조)	• 기관 분리형(단체장–지방의회)	• 주민투표 거쳐 지방의회와 집행기관의 구성 변경 가능(기관분리형·통합형 등)

2. 역량강화와 자치권 확대

분야	현행	개정
사무배분 명확화 (제11조)	• 지방자치법에 국가·지방간 사무배분 원칙 및 준수의무 등 미규정 (지방분권법에서 규정)	• 보충성, 중복배제, 포괄적 배분 등 사무배분 원칙 규정 • 사무배분 기준에 대한 국가와 자치단체의 준수의무 부과
국제교류 · 협력 근거 신설 (제10장)	• 규정없음	• 국제교류 협력 및 국제기구 지원, 해외사무소 운영근거 마련
자치입법권 보장 강화 (제28조)	• 조례의 제정범위 침해 관련 미규정	• 법령에서 조례로 정하도록 위임한 사항에 대해 법령의 하위법령에서 위임내용·범위를 제한하거나 직접 규정하지 못하도록 규정

분야	현행	개정
특례시 및 자치단체 특례 부여 (제198조)	• 규정없음	• 100만 이상은 특례시로 하고, • 행정수요·균형발전 등을 고려하여 대통령령에 따라 행안부장관이 정하는 시·군·구에 특례 부여 가능
지방의회 인사권 독립 (제103조)	• 의회 사무처 소속 사무직원 임용권은 단체장 권한 ※ 방공무원법에 따라 임용권의 일부를 지방의회의 사무처장 등에 위임 가능	• 지방의회 소속 사무직원 임용권을 지방의회 의장에게 부여
정책지원 전문인력 도입 (제41조)	• 규정없음 ※ 제주특별법에 따라 제주도만 의원정수 1/2범위에서 정책연구위원 운영(21명)	• 모든 지방의회에서 의원정수 1/2 범위에서 정책지원전문인력 운영 가능 ※ 단, 2023년까지 단계적 도입
지방의회 운영 자율화 (제5장)	• 회의 운영 방식 등 지방의회 관련 사항이 법률에 상세 규정	• 조례에 위임하여 지역 특성에 맞게 정하도록 자율화

3. 책임성과 투명성 제고

분야	현행	개정
정보공개 확대 (제26조)	• 자치단체 정보공개 의무·방법 등 미규정	• 의회 의정활동, 집행부 조직·재무 등 정보공개 의무·방법 등에 관한 일반규정 신설 • 정보플랫폼 마련으로 접근성 제고
의정활동 투명성 강화 (제74조)	• 지방의회 표결방법의 원칙 관련 근거 미비	• 기록표결제도 원칙 도입
지방의원 겸직금지 명확화 (제43조)	• 겸직금지 대상 개념이 불명확 • 겸직신고 내역 외부 미공개	• 겸직금지 대상 구체화 • 겸직신고 내역 공개 의무화
지방의회 책임성 확보 (제65조)	• 윤리특위 설치 임의규정 • 윤리심사자문위 설치 미규정	• 윤리특위 설치 의무화 • 민간위원으로 구성된 윤리심사 자문위 설치, 의견청취 의무화
시·군·구 사무수행 책임성 강화 (제189조)	• 시·군·구의 위법 처분·부작위에 대해 국가가 시정·이행명령 불가	• 국가가 보충적으로(시·도가 조치를 취하지 않을 경우) 시·군·구의 위법한 처분·부작위에 시정·이행명령 가능

4. 중앙-지방간 협력관계 정립 및 행정 능률성 제고

분야	현행	개정
중앙지방 협력회의 (제186조)	• 규정없음 ※ 대통령–시도지사 간담회 운영	• '중앙지방협력회의' 신설(별도법 제정)
국가–지방간 협력 (제164조)	• 규정없음	• 균형적 공공서비스 제공, 균형발전 등을 위한 국가–자치단체, 자치단체간 협력의무 신설
자치단체 사무에 대한 지도 · 지원 (제184조)	• 중앙행정기관의 장이나 시·도지사는 관할 지방자치단체의 사무에 대한 조언·권고·지도 가능	• 중앙행정기관의 장이나 시·도지사의 조언·권고·지도에 대한 단체장의 의견제출권 신설
매립지 관할 결정 절차 개선 (제5조)	• 매립지 관할 관련 이견이 없는 경우에도 중분위 절차를 거쳐 결정	• 분쟁 없는 경우 별도 심의의결 절차 생략 등 결정 가능
경계조정 절차 신설 (제6조)	• 규정없음	• 자치단체 간 자율협의체를 통해 경계조정 협의 추진 • 미해결시 중분위 심의를 거쳐 조정 가능
단체장 인수위원회 (제105조)	• 규정없음	• 시·도 20명, 시·군·구 15명 이내에서 임기 시작 후 20일 범위내로 단체장 인수위 자율 구성
행정협의회 활성화 (제169조)	• 설립시 지방의회의 의결 필요 • 자치단체 간 협력에 대한 지원근거 없음	• 설립시 지방의회에 보고로 간소화 • 관계 중앙행정기관의 장은 협력활성화를 위해 필요한 지원 가능
특별지방 자치단체 (제12장)	• 세부사항 미규정 ※ 현행 법 제2조제3·4항에 특별지방자치단체의 설치·운영에 관하여 필요한 사항은 대통령령으로 정하도록 규정(대통령령 미규정)	• 2개 이상의 자치단체가 공동으로 광역사무 처리를 위해 필요시 특별지방자치단체 설치·운영 근거 규정

저자와
협의 후
인지생략

블루 행정학

발행일 2판1쇄 발행 2023년 7월 15일
발행처 듀오북스
지은이 김 현
펴낸이 박승희

등록일자 2018년 10월 12일 제2021-20호
주소 서울시 중랑구 용마산로96길 82, 2층(면목동)
편집부 (070)7807_3690
팩스 (050)4277_8651
웹사이트 www.duobooks.co.kr

정가 32,000원 **ISBN** 979-11-90349-55-0 13350